COLLECTION DE L'ÉCOLE FRANÇAISE DE ROME
47

JACQUES CHIFFOLEAU

LA COMPTABILITÉ DE L'AU-DELÀ

LES HOMMES, LA MORT ET LA RELIGION
DANS LA RÉGION D'AVIGNON À LA FIN DU MOYEN AGE
(VERS 1320 – VERS 1480)

PRÉFACE
DE
Jacques LE GOFF

ÉCOLE FRANÇAISE DE ROME
PALAIS FARNÈSE
1980

ISNN 0223-5099
ISBN 2-7283-0001-1

Diffusion en France :

DIFFUSION DE BOCCARD
11 RUE DE MÉDICIS
75006 PARIS

Diffusion en Italie :

LA BOTTEGA D'ERASMO
VIA GAUDENZIO FERRARI, 9
10124 TORINO

TIPOGRAFIA S. PIO X – VIA ETRUSCHI, 7-9 – ROMA

PRÉFACE

La mort est à la mode. Pour l'historien, le récent intérêt porté à la mort comme objet historique, est le fruit de sa rencontre avec les autres sciences sociales, la conséquence de l'ouverture de nouveaux domaines de l'histoire, en l'occurence la démographie historique et l'histoire des sensibilités.

En sociologie et anthropologie – où l'étude des rites funéraires et des idées sur la mort est traditionnelle – le superbe essai de Robert Hertz : *La représentation collective de la mort* (1907)[1] est resté longtemps sans postérité, mais les œuvres majeures d'Egard Morin, Robert Jaulin, Louis-Vincent Thomas se sont, depuis, imposées à l'attention des spécialistes, historiens compris, et du grand public.

En histoire, après Huizinga, dont le chapitre XI : La vision de la mort, de l'*Automne du Moyen Age* (1919), comme toujours très suggestif et trop littéraire, ouvre une piste, il faut attendre Lucien Febvre qui, dans le célèbre article *«Comment reconstituer la vie affective d'autrefois? La sensibilité et l'histoire»* (1941) déplorait : «Nous n'avons pas d'histoire de la mort»[2], pour que s'ouvrent des recherches en profondeur. Depuis, les ouvrages pionniers d'Alberto Tenenti, les grands livres de François Lebrun, Michel Vovelle, Philippe Ariès, Pierre Chaunu et son équipe ont répondu au delà de toute espérance au souhait de Lucien Febvre.

Certes Paul Veyne a récemment mis en garde avec raison contre un engouement irréfléchi des sciences humaines pour la mort : «L'attitude devant la mort, a-t-il écrit, est un faux objet historique où il est possible de distinguer plusieurs concepts qui sont évidemment mêlés dans la réalité» et il soulignait que, par exemple, dans l'évergétisme antique, le thème du

---

[1] Paru dans l'*Année sociologique*, 1ère série, t. X, 1907, repris dans le recueil posthume *Sociologie religieuse et folklore*, Paris, 1970. (R. Hertz a été tué pendant la guerre de 1914-1918, en 1915).

[2] Article paru dans les *Annales d'Histoire Sociale*, III, 1941, repris dans *Combats pour l'Histoire* (Paris, 1953, p. 221-238).

«tourment de l'au-delà» se ramenait à un autre thème, celui de «l'ostenta-tion du mécénat». Mais c'était en grande partie, ajoutait-il, parce que «à la différence de fondations pieuses et charitables du christianisme, qui ressor-tissent pour une bonne part à la religion, les fondations païennes doivent peu de choses à la mort métaphysique». Disons donc, un peu sommaire-ment, que les attitudes médiévales face à la mort sont à la fois acte social et geste religieux. Le souci de l'ici-bas et la préoccupation de l'au-delà s'y mêlent subtilement.

Il faut donc soigneusement définir une problématique de l'histoire de la mort mais ne pas renoncer à s'intéresser à la mort qui demeure «bonne à penser», selon le mot de l'anthropologue Marc Augé[3].

Si j'ai brièvement rappelé la situation des études historiques sur la mort c'est que Jacques Chiffoleau n'en ignore rien et que sa belle étude non seulement tient compte de ce contexte scientifique, mais me semble desti-née à y prendre une place importante et originale.

Il a choisi pour cadre chronologique de son étude une longue durée d'historien sensible au changement. Sa source principale, les testaments, depuis leur «renaissance», entre 1180 et 1220, dans leur partie en apparence la plus traditionnelle, les préambules, présentent à partir de 1340 environ des formes nouvelles qui révèlent une transformation des mentalités. Ils s'allongent, se parent de procédés rhétoriques, «flamboyants», multiplient et agencent différemment les citations d'autorités et les lieux communs. Comme Jacques Chiffoleau l'a dit ailleurs[4], «peu à peu, c'est la peur de mourir intestat plus que la crainte eschatologique du Jugement Dernier qui s'exprime...». Régression significative de la peur de l'au-delà vers la mort elle-même.

Cette transformation des attitudes face à la mort dans les années 40 du XIVe siècle se retrouve à la même période dans d'autres phénomènes: la pompe funèbre et les pratiques d'enterrement. Ici c'est le progrès spectacu-laire des inhumations de laïcs dans l'espace des églises où la tombe est bien localisée au détriment du cimetière rendu à la nature, abandonné à son apparence de «pré couvert d'herbe» recouvrant la foule indistincte des morts, perdu dans sa mémoire «courte et immense». Déplacement qui s'accélère et se généralise entre 1340 et 1420. De même, vers 1330, apparais-sent à Avignon et à Orange les premiers signes de la transformation du

---

[3] M. Augé, *Pouvoirs de vie, pouvoirs de mort,* Paris, 1977, p. 19-21.
[4] *Ce qui fait changer la mort dans la région d'Avignon à la fin du Moyen Age* in *Actes du Colloque de Louvain* (mai 1979), à paraître dans les *Medievalia Lovaniensia.*

cortège funéraire en procession : torches («brandons»), draps, accompagnement de pauvres et de clercs.

Conclusion de portée générale fort importante. Jusqu'ici cette mutation des comportements était mise en rapport avec la Peste. La Grande Mortalité longtemps négligée dans les schémas explicatifs des transformations de l'Occident à la fin du Moyen Age au bénéfice des événements militaires et politiques (Guerre de Cent Ans, Grand Schisme) puis économiques (mutations monétaires, famine de 1315-1317, désertions rurales) et sociaux (Jacquerie, révolte des Ciompi, soulèvement des Travailleurs d'Angleterre) était devenue ces dernières années, le *Deus ex machina* du bas-Moyen Age. Les démographes pourtant, et les historiens du système global de la féodalité avaient dit ou suggéré que le renversement de la tendance, la fin du «beau» Moyen Age étaient antérieurs à 1348. A Avignon ou en Comtat Venaissin dans ce domaine de la mort qui est devenu un des phénomènes-tests de l'histoire, tout commence à changer avant. La Peste n'est qu'un événement, si grand, si nouveau qu'il soit dans le champ de la science historique, il n'est qu'un révélateur, un accélérateur (ou un frein) de conjoncture, comme tout événement. Ressentie dans les corps, la peste ne retentit que longtemps après – et par des cheminements difficiles à déceler – dans l'esprit des hommes. Certes, au lendemain de 1348, un grand écrivain, Boccace, dans la Préface du *Décameron*, dissèque bien l'événement. Mais l'homme du commun, fût-il un responsable politique ou religieux, se tait. A Avignon comme à Orvieto ou ailleurs les testaments, comme les registres municipaux, sont muets sur la peste, ou peu prolixes. Mais l'évolution des comportements et des pratiques s'accélère et vers 1380 triomphe la mort flamboyante et macabre. Pour désigner le corps mort, *cadaver* remplace *corpus*, un artiste sculpte le célèbre «transi» du tombeau du cardinal La Grange.

Dans cette nouvelle «périodisation» Jacques Chiffoleau rejoint Michelet, une fois de plus aussi bien informé qu'on pouvait l'être à son époque et guidé par son flair historique exceptionnel.

C'est avant la peste que Michelet décèle l'«ébranlement» de la «foi» et de la «féodalité», «l'abattement moral», la «dépopulation trop lente» au milieu desquels éclate «l'extermination, la grande *peste noire...*»[5]. En lisant Boccace, il y voit «quelque chose de plus triste que la mort, c'est le glacial égoïsme qui y est avoué». Ce que Jacques Chiffoleau a bien analysé et précisé, montrant que plus que la mort elle-même ce qui a surtout frappé

---

[5] J. Michelet, *Histoire de France*, Livre VI in *Œuvres Complètes*, éd. P. Viallaneix, t. V, 1975, p. 195 sqq.

les esprits des hommes de 1348, chrétiens pour qui la mort «n'est pas une fin mais un passage», c'est le dérèglement des relations humaines que l'épidémie entraîne : l'abandon des malades par leurs proches, leurs amis, leurs serviteurs, la carence des pouvoirs publics, l'oubli de la pudeur, la mort en vrac et à la hâte. Chiffoleau a compris – à la lumière du comportement de ses avignonnais – que chez Boccace plus encore qu'un tableau saisissant de pittoresque macabre il y a l'explication du trouble de la société frappée par la peste : «l'autorité des lois divines et humaines était comme perdue et dissoute, n'y ayant plus personne pour les faire observer».

Pour opposer à la mort qui n'est plus «apprivoisée» de nouvelles modalités de protection, de nouvelles assurances pour l'ici-bas et l'au-delà, les vivants ont surtout deux nouveaux recours.

Le premier c'est la flamboyance de la pompe funèbre. A la fin du XIVe et au XVe siècle elle est de plus en plus minutieusement organisée par le défunt lui-même, c'est-à-dire par le futur défunt dans son testament. Les funérailles sont désormais marquées par la théâtralité et le narcissisme. Le testateur se fait le metteur en scène de ses propres obsèques. Il organise pompeusement «la mort de soi».

Cette pompe funéraire on ne la trouve pas seulement chez les grands, les riches et les clercs. Les laïcs modestes – les artisans par exemple – adoptent, avec un certain décalage et moins d'éclat, les modèles testamentaires des catégories sociales aisées. Mais le fossé qui sépare pauvres et puissants en est encore plus approfondi par cette nouvelle ostentation funéraire. Non seulement celle-ci demeure hors de leur portée mais ils ornent de leur présence les funérailles des riches comme les prisonniers ornaient les triomphes des généraux antiques et comme plus tôt encore les esclaves étaient sacrifiés lors de la mort de leurs maîtres. En revanche les obsèques des plus illustres mettront le comble aux outrances du nouveau théâtre funéraire. Colette Beaune a décrit la parade mortuaire des nobles au XVe siècle, la fabrication d'une effigie, la multiplication des «pièces d'honneur», la transformation du cercueil en un char mortuaire («le cercueil-représentation»), le déploiement du deuil vestimentaire. C'est «un spectacle à épisodes étalé sur trois jours, une fête triomphale... ce n'est pas triste du tout, mais fastueux et magnifique»[6].

Une autre outrance apparaît dans les testaments : l'hypertrophie du nombre de messes réclamées par le testateur après sa mort, jusqu'à des

---

[6] C. Beaune, *Mourir noblement à la fin du Moyen Age*, in *La mort au Moyen Age*, Colloque de la Société des Historiens Médiévistes de l'Enseignement Supérieur, Strasbourg, 1977, p. 135.

dizaines de milliers[7]. Certes l'appel des chrétiens aux suffrages des vivants en faveur des morts est ancien et la messe y a toujours tenu – depuis saint Augustin, depuis Grégoire le Grand – une place d'honneur. Mais après 1340 les chiffres symboliques du nombre de messes demandées, les échéances traditionnelles de la neuvaine et du bout-de-l'an ou de l'anniversaire cèdent la place à d'autres modèles numériques. C'est d'abord l'épanouissement d'une véritable comptabilité de l'au-delà – selon l'heureuse expression de Jacques Chiffoleau – à visée cumulative et non simplement répétitive. C'est aussi la dilatation du temps des suffrages, de la durée des messes pour les morts à l'infini, en même temps qu'une concentration d'une partie notable de ces messes dans la période qui suit le décès, les années, les mois, les jours et même les heures. Je songe à cette veuve de Valréas, qui, en 1391, répartira les 1485 messes qu'elle réclame après sa mort, sur une période de dix-huit ans, en décroissant «presque de manière asymptotique», ou, pour monter du Comtat à Paris, à ce Pierre de Chatel, maître des comptes royaux qui en 1394 demande 1000 messes le jour et le lendemain de sa sépulture. J'ai rencontré cet accès de ferveur aussitôt après la mort en étudiant le développement, au XIIIe siècle, de la nouvelle croyance au Purgatoire. Il faut se hâter auprès de Dieu tant que le corps est chaud.

Pourquoi ce narcissisme macabre, ce délire numérique? Jacques Chiffoleau avance une hypothèse intéressante. Il a constaté que, dans le champ géographique de sa recherche, «plus le caractère urbain s'accentue, moins les testateurs donnent de précision sur leur lieu d'inhumation, et moins aussi ils retrouvent leurs ancêtres dans la tombe». Le nouveau désarroi devant la mort serait donc une conséquence de l'urbanisation, du déracinement urbain, de l'éloignement du futur défunt de ses pères enfouis dans la terre. Contraint par sa coupure d'avec les ancêtres à se concentrer sur «la mort de soi» le futur mort s'assure un nombreux accompagnement funéraire et tout un cortège posthume de messes. Son délire funèbre n'est que la réaction à une solitude mortuaire, à une mort d'orphelin.

Il faudra regarder si, ailleurs, le modèle avignonnais de la mort flamboyante se retrouve. Mais, d'ores et déjà, il me semble démontré qu'il y a, avant et après peste, un tournant de sensibilité et de mentalité qu'on n'explique pas avec des métaphores et de la littérature mais qu'on peut éclairer par des analyses précises s'appuyant sur une documentation élargie propre à fonder une anthropologie historique de la mort.

[7] Cf. J. Chiffoleau, *Sur l'usage obsessionnel de la messe pour les morts à la fin du Moyen Age*, dans *Faire croire. Modalité, et diffusion des message religieux*, à paraître dans la *Collection de l'École française de Rome*.

Dans cette longue durée où je vois de plus en plus comme entité historique fondamentale, en Occident, un long Moyen Age du IIIe au XIXe siècle, ou, si l'on veut, une longue période féodale, il faut aussi considérer d'un regard neuf les époques intermédiaires. Mais cessons de ne les distinguer qu'en tant que périodes de transition, ne se définissant que par rapport à ce qui précède et ce qui suit. Une grande révision est en cours, aux deux extrémités de ce long Moyen Age. A l'époque de sa genèse le traditionnel Bas-Empire a cédé la place à une Antiquité tardive qui devra encore s'individualiser et englober un haut-Moyen Age qu'on cherche aussi de plus en plus à définir autrement que comme un pré-Moyen Age. Je me méfie des préfixes, notamment des préfixes pré-, proto-, paleo-, néo-, etc... Il me semble que Renaissance, qui est le substantif noble pour le préfixe néo-, et qu'on accole à beaucoup de siècles (le Xe, le XIIe, le XVIe, etc...), est devenu un concept vide. A l'autre bout, au moment de sa disparition, il y a une profonde remise en question des interprétations traditionnelles de la Révolution Française qu'il faut aussi cesser de considérer comme le requiem de la féodalité et l'ouverture du capitalisme. Les passages ne sont pas des transitions, mais des idiosyncrasies. Entre 1340 et 1530 environ il y a une époque qu'il ne faut plus appeler bas-Moyen Age ni définir comme la transition du Moyen Age à la Renaissance. Une époque «flamboyante» qui n'est ni le Moyen Age en crise, ni la Renaissance en gestation. Une période originale, créative, moderne qu'il va falloir étudier de près, et précisément, sans se contenter des vagues couleurs de l'automne que Huizinga, pionnier génial mais incertain, lui a données. Je souhaite que Jacques Chiffoleau, qui ébauche dans ce livre avec perspicacité, érudition et talent quelques éléments essentiels de cette époque, soit au premier rang de ceux qui la caractériseront.

Jacques LE GOFF

Ce livre est dédié,
comme disent les vieux testaments
comtadins, «à mes parents, à mes amis
et à ceux qui m'ont fait du bien».

La vita fugge, e non s'arresta una ora,
e la morte vien dietro a gran giornate,
e le cose presenti, e le passate
mi danno guerra, e le future ancora.

(Petrarca, *Canzoniere*, CCLXXII)

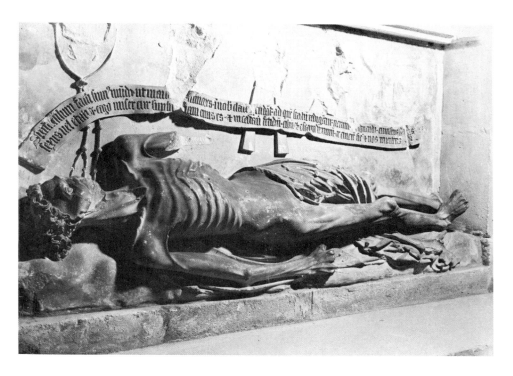

«Nous sommes un spectacle pour le monde. Que grands et petits, par notre exemple, voient bien à quel état ils seront inexorablement réduits, quelque soit leur condition, leur sexe ou leur âge. Pourquoi donc, misérable, es-tu plein d'orgueil? Tu es cendres et cendres tu retourneras, cadavre fétide, nourriture et pitance de vermine» (Avignon. Tombeau du cardinal La Grange).

INTRODUCTION

L'Automne du Moyen Age a-t-il eu lieu[1]? Devant le transi décharné du cardinal La Grange qui pourrait en douter? Le corps putride se décompose, il est la proie des vers, offre aux vivants sa leçon macabre: «tu es cendre et cendre tu retourneras, cadavre fétide, nourriture et pitance de vermine»[2].

Le relief sombre et mutilé d'Avignon témoigne de l'«âpre saveur de la vie»; autour de lui se cristallisent les images tragiques que nous transmettent depuis plus d'un siècle les historiens de la fin du Moyen Age. Car ce n'est pas seulement l'imagination de Michelet ou de Huizinga qui nous entraîne vers ce monde noir et violent, mais tous les livres récents d'histoire religieuse et culturelle: la Chrétienté, minée par la crise économique, les pestes et la guerre est tout à coup saisie par la «démence collective», les «aberrations religieuses», les «excroissances grotesques ou funestes de superstition», le «pathétique», sur «fond musical de *Dies irae*»[3]. Et de cette

---

[1] Cf. le grand livre de J. Huizinga, *L'Automne du Moyen Age,* Paris, trad. française, Editions Payot, 1967.

[2] Cf. l'article de A. Mc-Gee Morganstern, *The La Grange tomb and choir; a monument of the Great Schism in the West,* in *Speculum, a Journal of Medieval Studies,* vol. XLVIII, january 1973, p. 52-69.

[3] *«Pareil climat a souvent provoqué des crises de démence collective, où des bandes déchaînées se sont livrées à des excès divers... on peut parler avec de Felice d'«état de foule», de traumatisme psychologique, d'intoxication collective; l'imagination et l'affectivité vacantes étaient disponibles désormais pour l'aventure pseudo-mystique»* in E. Delaruelle, P. Ourliac, E.-R. Labande, *Le Grand Schisme d'Occident et la crise conciliaire,* in *Histoire de l'Eglise, Fliche et Martin* (sous la direction actuelle de J.-B. Duroselle et E. Jarry) 2 vol., Paris, 1962-1964, p. 828-829.

«La fin du Moyen Age connaissait en effet une explosion d'aberrations religieuses qu'expliquent assez le malheur des temps et les désordres de l'Eglise hiérarchique lors du Grand Schisme», in J. Chelini, *Histoire religieuse de l'Occident Médiéval,* Paris, A. Colin, 1970, p. 473.

«L'élan qui portait vers le sacré pouvait produire, dans ces conditions, les pires effets comme les meilleurs. Il faisait sortir d'une racine unique, et les excroissances grotesques ou funestes de la superstition et les fruits délicats de la vie spirituelle, tour à tour tendre ou pathétique, cultivée dans

crise l'un des symptômes les plus visibles est l'étrange folie qui consiste à accumuler, à multiplier à comptabiliser les suffrages, les messes, les indulgences, par milliers. Tout se passe comme si, une dernière fois avant que Raison ne triomphe, le Moyen Age «énorme et délicat» se manifestait dans son «primitivisme» débridé.

Burckhardt est loin pourtant, et chacun aujourd'hui défend l'idée d'une continuité entre les *Dark Ages* et les Temps Modernes. Les manuels scolaires eux-mêmes placent Louis XI, Rabelais ou Charles Quint à la croisée des chemins. L'étude serrée des fluctuations de la population, de la production, des prix, des salaires, permet de replacer la grande dépression de la fin du Moyen Age dans la longue durée, d'en faire une «crise du féodalisme»[4].

Mais c'est encore l'explosion inattendue, et peut-être sans lendemain, de l'affectivité et de l'irrationnel qui caractérise, pour la plupart des spécialistes, les phénomènes culturels de cette sombre époque. Malgré les progrès de l'historiographie[5], l'univers mental et religieux des hommes du XIVe et du XVe siècle est évoqué le plus souvent sur le mode esthétique : après le temps de l'équilibre, des *Sommes*, de saint Bernard puis de saint Louis, voici celui de l'outrance et du flamboyant dont Gilles de Rais, Jeanne d'Arc et le Téméraire sont les héros. Les successeurs de Michelet et de Huizinga résistent mal à la tentation d'utiliser le *Bourgeois de Paris*, la *Chronique* de Monstrelet, les suppliques éditées par le P. Denifle, ou même les résultats d'enquêtes quantitatives, pour une «mise en scène» bien plus que pour une analyse (mais pourquoi et comment résister à cette tentation?).

La fascination esthétique qu'exerce la fin du Moyen Age (et qui est sans doute à l'origine de ce travail) reste encore trop éloignée de l'approche des économistes et des spécialistes d'histoire sociale pour que des corrélations pertinentes entre l'évolution de la production, les rapports sociaux et le bouleversement des mentalités puissent être toujours clairement établies.

---

l'intimité des consciences», in F. Rapp, *L'Eglise et la vie religieuse en Occident à la fin du Moyen Age,* Paris, Presses Universitaires de France, 1971, p. 163.

«*D'Emile Mâle à Huizinga, en passant par Bergman, sur le fond musical du* Dies Irae *(dont l'intégration à la liturgie date des XIIIe et XIVe siècle, avec sans doute son ajustement mélodique), tout a été dit sur la grande peur de la mort. Inutile de répéter...»* in P. Chaunu, *Le Temps des Réformes,* Paris, Fayard, 1975, p. 181.

[4] G. Bois, *Crise du Féodalisme, économie rurale et démographie en Normandie orientale du début du XIVe siècle au milieu du XVIe siècle,* Paris, Presses de la Fondation Nationale des Sciences Politiques et Editions de l'Ecole des Hautes Etudes en Sciences Sociales, 1976.

[5] Cf. en particulier l'ensemble des travaux d'E. Delaruelle, de M. Mollat, de F. Rapp et la profusion des études récentes sur la «piété populaire».

Comme pour notre XXᵉ siècle finissant on parle de «crise de société», dans l'incapacité où l'on se trouve d'analyser en détail les mutations qui s'accélèrent. Tout au plus avance-t-on en général quelques causalités sommaires qui ne règlent rien en profondeur: c'est la «peur de la peste» qui explique l'obsession macabre, c'est l'«appétit de richesses» des marchands qui rend compte de leur manie de l'accumulation des messes, des reliques, des indulgences.

Il ne fait aucun doute pourtant que la crise des valeurs, des systèmes de représentations, des pratiques symboliques que les historiens de la religion et de la culture s'efforcent de repérer et de décrire, surgit, se développe, se déploie au cœur de la dépression: la grande fracture de l'économie trouve une sorte d'équivalent dans les déchirures que subissent les pensées et les croyances.

L'enquête dont les résultats sont rassemblés ici voudrait seulement, pour cette période troublée du XIVᵉ et du XVᵉ siècle, contribuer à mieux enchâsser l'histoire dite «des mentalités» dans celle, plus large, des formations sociales. Sans simplification, ni réduction, en donnant du «jeu» aux phénomènes idéologiques, en leur laissant une grande autonomie, mais en croyant fermement aussi que c'est dans l'analyse globale des sociétés que ces phénomènes trouvent, en fin de compte, leur vérité.

Il fallait choisir un objet d'observation. J'ai choisi la mort. Non pour proposer une nouvelle histoire du «passage dans l'au-delà» – une de plus – mais parce que la mort est «bonne à penser»[6]. Sur elle se concentrent les intérêts matériels et les phantasmes de tous les hommes.

Elle est d'abord au cœur du grand siècle sombre qui va de 1340 à 1460. Non que surgisse alors une angoisse, une terreur nouvelle devant le Passage (la peur de la mort est immémoriale, et l'on a bien envie d'écrire qu'elle n'a pas à proprement parler d'histoire) mais les pestes, la répétition incessante des épidémies, la crise démographique qui réduit du tiers ou de la moitié la population des villes et des villages marquent sans doute profondément les consciences du XIVᵉ et du XVᵉ siècle (encore faut-il préciser par quelles médiations ou quels processus psychologiques). Au même moment, le corps mort envahit l'art et la littérature, E. Male et A. Tenenti l'ont montré avec talent[7]. La multiplication des cadavres, des squelettes et des danses maca-

---

[6] M. Augé, *Pouvoirs de vie, pouvoirs de mort*, Paris, Flammarion, 1977, p. 19-21. Sur l'histoire et l'anthropologie de la mort, cf. la bibliographie générale.

[7] E. Mâle, *L'art religieux de la fin du Moyen Age en France, étude sur l'iconographie du Moyen Age et sur ses sources d'inspiration*, Paris, A. Colin, 6ᵉ édition, 1969.

A. Tenenti, *La vie et la mort à travers l'art du XVᵉ siècle*, Paris, A. Colin, 1952.

bres sur les murs des églises, dans les cimetières et les livres d'heures est le signe d'un trouble dont les racines les plus profondes n'ont pas encore été toutes dégagées.

Avec la mort, c'est aussi la nature du champ religieux qui est en cause, c'est-à-dire le système d'interprétation du monde que les hommes se donnent et l'ensemble des actions symboliques par lesquelles ils espèrent modifier l'ordre des choses[8]. Dès l'Antiquité tardive la mort est au centre du processus de «christianisation», au cœur des relations entre l'Eglise et la société. Des *refrigeria* aux indulgences *pro mortuis* du XVe siècle, en passant par le culte des saints et des reliques, le contrôle des cimetières, la mise en place de la liturgie des trépassés et la célébration de la Toussaint, l'effort constant des clercs consiste à entourer, à contrôler, à investir ce moment essentiel. Désirant étudier, dans un travail plus vaste, les mutations de la fonction de l'Eglise dans la société du XIIIe au XVe siècle, il m'a semblé que la mort pouvait être, dans un premier temps, un lieu d'observation idéal non seulement pour mesurer l'impact de l'encadrement clérical sur les structures mentales, les pratiques et les croyances, mais aussi pour mieux circonscrire le rôle de l'appareil ecclésial dans les transformations sociales.

La mort en effet est au centre de la vie. La disparition d'un individu met radicalement en cause l'ordre familial, social, politique. C'est donc autour de cette rupture fondamentale que peuvent se lire le plus facilement les processus de reproduction qui permettent au corps social de continuer à se développer. Dans cette société rurale, où la coutume joue un rôle si important, les croyances et les rites visent le plus souvent à cicatriser les blessures infligées par le décès d'un individu au tissu des relations consanguines et territoriales en même temps qu'ils cherchent à atténuer les effets de cette disparition sur la transmission des pouvoirs et des patrimoines.

*
* *

A travers la mort, il s'agit d'esquisser une histoire sociale de la religion. Mais cette histoire, si elle s'inscrit dans un cadre très général, ne peut que

---

[8] Cf. P. Bourdieu, *Genèse et structure du champ religieux*, in *Revue Française de Sociologie*, XII, 1971, p. 295-330 et M. Augé, *Dieux et rituels ou rituels sans Dieux*, in J. Middleton, *Anthropologie religieuse, textes fondamentaux*, Paris, Larousse, 1974, p. 9-36.

Cf. aussi les remarques de A. Dupront in *Vie et création religieuse dans la France Moderne (XIVe-XVIIIe siècle)*, in *La France et les Français*, sous la direction de M. François, Encyclopédie de la Pléiade, Paris, 1972, et *Anthropologie religieuse*, in *Faire de l'histoire*, sous la direction de J. Le Goff et P. Nora, Paris, Gallimard, 1974, tome III.

s'appuyer sur des enquêtes régionales. Il faut s'enraciner dans un territoire. Ecartant résolument les marges, j'ai choisi de m'intéresser au cœur de la Chrétienté d'alors, à la région avignonnaise, parce que dans l'espace symbolique du monde chrétien Avignon est le lieu même de la crise de l'Eglise – Rome n'est plus dans Rome –, du Schisme, bref, du malaise dans la civilisation.

Plus prosaïquement, trois raisons techniques expliquent aussi le choix de la région comtadine. En premier lieu l'abondance des sources, en particuliers des actes de la pratique. Le développement du notariat public a laissé une masse énorme de documents qui, avec du temps et quelque expérience paléographique, apportent de multiples renseignements sur presque toutes les classes sociales. Parmi ces actes, les testaments, en aussi grand nombre qu'à l'Époque Moderne, sont des sources fondamentales. D'autre part, en Comtat, l'Eglise est aussi l'État. Depuis le XIIIe siècle les papes sont les seigneurs de ce territoire (au total une soixantaine de villes, bourgs et villages) et, par une habile politique d'achats ils agrandissent encore leur domaine[9]. Avignon, qui ne fait pas partie de l'ensemble cédé après l'affaire albigeoise, est vendue à Clément VI par la reine Jeanne en 1348. Marqué par la présence des pontifes, puis par celle des légats, pourvu d'un clergé très nombreux, quadrillé par un réseau serré d'évêchés, de monastères et de couvents, le pays semble connaître une vie religieuse intense; il apparaît un peu comme une «Chrétienté modèle» et se retrouve d'ailleurs au XVIe siècle à la pointe du combat contre-réformé[10]. Sans méconnaître le caractère exceptionnel de cette situation, il a paru intéressant d'étudier l'attitude de chrétiens qui sont sous l'autorité non seulement spirituelle mais aussi temporelle de l'Eglise. Enfin, j'ai donné ma préférence à une région dont les paysages et les activités sont variés, vers laquelle convergent de multiples influences. Le Comtat est au point de rencontre du Languedoc, des pays rhodaniens, du Dauphiné et de la Provence. Il est composé de plusieurs «pays» assez contrastés: à la vallée du Rhône, envahie périodiquement par les inondations, marquée par le commerce à long rayon d'action s'oppose la zone agricole des collines où poussent les vignes

---

[9] Cf. par exemple M. Hayez, *Valréas et ses seigneurs au XIVe siècle*, in *Mémoires de l'Académie de Vaucluse*, 6e série, tome I, 1967, p. 277-295. Sur Avignon au temps des papes le livre fondamental est bien entendu celui de B. Guillemain, *La cour pontificale, 1309-1376, étude d'une société*, Paris, Editions de Boccard, 1966.

[10] Cf. les travaux de M. Vénard, en particulier sa thèse récemment soutenue et encore inédite sur la vie religieuse dans la province ecclésiastique d'Avignon à l'Époque Moderne.

Carte I

AVIGNON ET LE COMTAT VENAISSIN

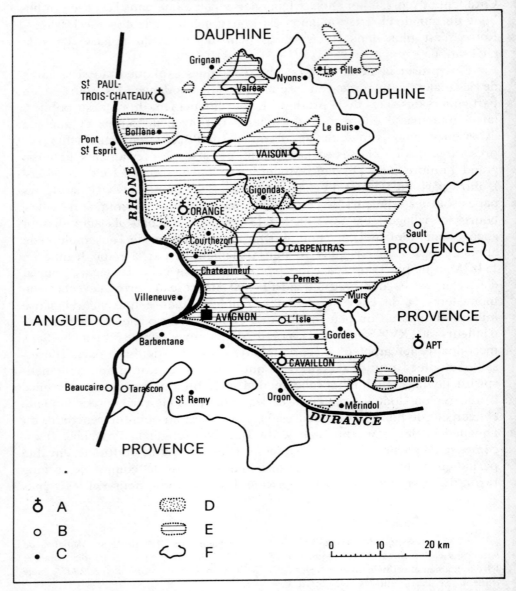

A : évêché; B : chef lieu de judicature; C : localité moins importante; D : principauté d'Orange;
E : limites (simplifiées) du Comtat et du territoire d'Avignon; F : limites d'évêchés.

et les oliviers; les grasses plaines irriguées de la Sorgue donnent du blé et des légumes tandis que les montagnes (Lubéron, Vaucluse, Ventoux) sont couvertes de forêts dégradées par la surpaturation[11]. Le monde cosmopolite d'Avignon contraste avec la société relativement fermée des petits *castra* féodaux, les gros bourgs ruraux de la plaine se distinguent nettement des villages perchés des collines, Carpentras ne ressemble pas à Orange, ni Cavaillon à Valréas. Pour respecter cette diversité, cette richesse, il était nécessaire d'étudier une zone assez vaste, qui débordât les terres pontificales en direction de la Principauté d'Orange et de la Provence: la «région comtadine», telle qu'on l'entend ici, est donc assez largement taillée; elle comprend les évêchés d'Avignon, Cavaillon, Carpentras, Orange, Vaison et Apt.

Il aurait fallu travailler dans la «longue durée», suivre l'évolution des images mentales et des pratiques funéraires de la fin du XIIIe siècle au début du XVIe siècle, des premiers signes de la crise économique et sociale aux premiers signes de la Réforme. La masse des documents, mais aussi leur répartition dans le temps (ils sont assez rares avant 1320), ont rendu très difficile le recours à cette chronologie large. L'étude se concentre donc sur la période la plus noire, la grande dépression des années 1320-1480. Il serait évidemment essentiel de suivre pendant le «beau XVIe siècle» et après la Réforme Tridentine les pratiques et les images qui naissent vers 1380. Mais la tâche dépasse nos compétences: ce serait l'objet d'une autre recherche qui relierait le Moyen Age aux Lumières, si bien étudiées il y a quelques années par M. Vovelle[12].

*
* *

Deux approches successives ont été tentées: saisir d'abord l'évolution des images de la mort, montrer ensuite quel a été le rôle de l'Eglise dans cette mutation et repérer les transformations du champ religieux qui en résultent.

Dans un premier temps les sources font apparaître une évolution parallèle du discours sur la mort et des rites funéraires. L'étude précise des

---

[11] Th. Sclafert, *Cultures en Haute-Provence, déboisements et pâturages au Moyen-Age*, Paris, S.E.V.P.E.N., 1959.

[12] M. Vovelle, *Piété baroque et déchristianisation en Provence au XVIIIe siècle*, Paris, Plon, 1973.

mots et des gestes permet de relier cette évolution à la conjoncture
économique et démographique, et même d'esquisser une explication globale du développement de la pompe funèbre et de l'obsession macabre. Dans
un deuxième temps, toutes les formes d'intervention de l'Eglise dans le
populus sont passées en revue. L'analyse des thèmes de la pastorale, des
pratiques dévotionnelles et charitables permet de saisir les transformations
des images de l'au-delà, et par là même, l'évolution des rapports entre les
hommes et Dieu, la place du sacré dans la société.

Il y a sans doute quelque arbitraire à séparer ainsi, au moins au niveau
de l'analyse, la mutation des images mentales et l'activité pastorale dans
une société où le christianisme informe tous les actes de la vie sociale. Il ne
fait aucun doute que la culture cléricale, savante, dans ce domaine comme
dans tant d'autres, fournit très souvent des modèles diffusés peu à peu dans
toutes les classes sociales (c'est le cas par exemple du thème très ancien du
corps considéré comme une «charogne méprisable»). l'Eglise contrôle très
largement le «temps de la mort» et tous les rites qui s'y rattachent. Mais la
religion des laïcs n'est jamais tout à fait celle des clercs. Et la mort met en
jeu si nettement l'ensemble des croyances d'une société, la totalité de ses
fondements, qu'il a paru nécessaire de l'étudier d'abord de façon relativement autonome, avant d'analyser ensuite le rôle de l'Eglise dans le développement de certaines images ou de certaines pratiques.

Cette méthode, si elle a quelques inconvénients, présente au moins
l'avantage de restituer au *populus christianus* une marge de liberté. Elle
permet de rendre compte de certaines transformations des structures
mentales que, bien souvent, les théories faciles qui font appel à la notion de
«vulgarisation» ne parviennent pas à expliquer complètement. Il n'est pas
question de nier la circulation de certains thèmes savants chez des fidèles
n'appartenant pas aux élites cultivées; encore moins, à l'inverse, de suggérer
qu'il existe une «religion populaire» issue spontanément des milieux les
plus humbles[13]. Il s'agit seulement de reconnaître que certaines mutations,
certaines ruptures, dans l'ordre culturel ou religieux, dépassent très largement l'impact que peut avoir à un moment précis un «appareil» comme
l'Eglise, si puissant soit-il; leurs racines sont beaucoup plus profondes, il
faut les chercher dans les grands mouvements pluri-séculaires qui rythment
la vie matérielle et mentale.

---

[13] Cf. les remarques de G. Ginzburg, dans la préface de son livre *Il formaggio e i vermi*,
Turin, 1976, p. XII-XV; et celles de J.-Cl. Schmitt, in *Religion populaire et culture folklorique*, in
Annales, ESC, 1976, p. 941-953.

Au seuil de cet essai, une dernière difficulté doit être au moins évoquée. A défaut d'élaborer une nouvelle histoire de la mort, prendre la mort comme objet d'étude, comme lieu d'observation sur la société ne va pas sans poser quelques problèmes.

Par sa fonction sociale comme par sa pratique érudite, l'historien entretient en effet avec la mort des relations ambivalentes, ambiguës : il s'en sert, l'utilise, en vit littéralement, fréquente avec assiduité le grand cimetière des archives, mais en même temps, et à la suite de Michelet, n'abandonne jamais le rêve de la nier, de l'effacer, de devenir un «ressusciteur», ou au moins, en l'enfermant dans une analyse présentant toutes les garanties de la rationalité, de la rendre à nouveau inoffensive. Il n'est pas certain que le discours prolixe qui se tient depuis quelques années sur ce thème n'ait pas une fonction d'exorcisme. Autant que faire se peut, j'ai essayé, dans les chapitres qui vont suivre, de ne pas transformer la description des coutumes funéraires, le recours au quantitatif, l'appareil érudit en de nouveaux rites.

Mais au cœur de la recherche la mort était présente et par honnêteté peut-être devrais-je, comme tous ceux qui font du passé l'objet de leurs études, reconnaître, après Michelet, que «j'avais une belle maladie qui assombrit ma jeunesse, mais bien propre à l'historien. J'aimais la mort»[14].

Fontaine-Basse, juillet 1978

[14] J. Michelet, *Histoire de France*, Préface de 1869, cité par J. Favret et J.-P. Peter, *La porte d'enfer*, in *Michelet*, n° 52 de la revue *L'Arc*, Aix-en-Provence, 1973.

Jacques Le Goff a accepté de diriger cette recherche. Il reconnaîtra facilement tout ce qu'elle lui doit. J'espère ne pas m'être trop éloigné de cet «autre Moyen Age» qu'il m'a fait découvrir. L'intérêt que MM. Michel Mollat et Bernard Guillemain ont porté à mon travail et les remarques qu'ils ont bien voulu me faire l'ont rendu moins imparfait. L'amitié et la vaste culture de Jean-Louis Biget ont été aussi des secours précieux et constants. En Avignon, les longues journées de déchiffrement furent plus fructueuses et moins austères grâce à l'accueil de toute l'équipe du Palais des Pape. A Rome, André Vauchez m'a donné d'ultimes conseils et M. Georges Vallet a bien voulu publier dans la *Collection* de l'École française ce premier essai. Dominique Barthélemy, Joël Cornette, Patrick Gambache, Danielle et Michel Zeraffa m'ont apporté une aide de dernière heure que j'apprécie d'autant plus.

SOURCES ET BIBLIOGRAPHIE

SOURCES

I – PRINCIPALES SOURCES IMPRIMÉES

Albanes (J.-H.) et Chevalier (U.), *Gallia christiana Novissima*, tome I, Province d'Aix, Montbé-
liard, 1899; tome VII, évêché d'Avignon, Valence, 1920.

Amargier (P.), *Cartulaire de Trinquetaille*, Gap, 1972.

Baluze (E.), *Vitae Paparum Avenionensium*, 1305-1394, nouvelle édition revue d'après les manuscrits et complétée de notes critiques par G. Mollat, Paris, Letouzey et Ané, 1916-1922
(4 vol.).

Brun (R.), *Annales avignonnaises de 1382 à 1410 extraites des Archives Datini*, in *Mémoires de
l'Institut Historique de Provence*, tome XII (1935), XIII (1936), XV (1938).

Cambell (J.), *Vies occitanes de Saint Auzias et de Sainte Dauphine*, in *Bibliotheca Pontificii
Athenaei Antoniani*, Nº 12, Rome, 1963.

Carreri (F.-Ch.), *Chronicon parvum avinionense de Schismate et de Bello, 1397-1416*, in *Annales
d'Avignon et du Comtat Venaissin*, 1916, p. 160-174.

Chauliac (G. de), *La Grande Chirurgie*, éditée par E. Nicaise, Paris, Felix Alcan éditeur, 1890.

Chobaut (H.), *Prix-fait du «Couronnement de la Vierge»*, publié par les Amis du Couronnement,
Typographie Marc Billeroy, Mallefougasse, Hte-Provence, 1974.

Clouzot (E.), *Pouillés de Provinces d'Aix, d'Arles et d'Embrun*, in *Recueil des historiens de la
France*, Paris, Imprimerie Nationale, 1923.

Denifle (H.), *La désolation des églises, monastères et hôpitaux en France pendant la Guerre de
Cent Ans*, Paris, Picard, 1897-1898.

Duhamel (L.), *Testament de J. de Montenay*, in *Annales d'Avignon et du Comtat Venaissin*, 1916,
p. 147-159.

Duprat (E.), *Testament de Giraud Amic, 1216*, in *Annales d'Avignon et du Comtat Venaissin*,
Tome I, 1912, p. 151-167.

Duprat (E.), *Documents sur l'Ordre du Temple à Avignon*, in *Annales d'Avignon et du Comtat
Venaissin*, 1914-15.

Duprat (E.), *Cartulaire de Notre-Dame des Doms*, Avignon, 1932 (publication inachevée).

Durand (G.), *Rationale Divinorum Officiorum*, traduction de Ch. Barthélémy, Paris, 1854.

Ehrle (F.), *Die Chronik des Garoscus de Ulmoisca Veteri und Bertrand Boysset (1365-1415)*, in
Archiv für Literatur und Kirchengeschichte des Mittelalters, tome VII, 1900, p. 311-420
(Freiburg).

Gonon (M.), *Testaments foréziens, 1305-1316*, Mâcon, Imprimerie Protat frères, 1951.

Guérard (B.), *Cartulaire de Saint Victor de Marseille*, Paris, 1857.

Jeanroy (A.) et Vignaux (A.), *Voyage au Purgatoire de Saint Patrice, Vision de Tindal et de Saint
Paul, textes languedociens du XVe siècle*, Bibl. Méridionale, Toulouse, Privat, 1933.

Labande (L.-H.), *Testament de P. Blau*, in *Annales du Midi*, tome VII, 1895, p. 7-61.

Labande (L. H.) et Requin (E.), *Le testament du cardinal de Foix*, in *Bulletin Historique et Philologique de 1899*, Paris, Imprimerie Nationale, 1900, p. 5 à 28.

Labande (L.-H.), *Chartes de Montmajour aux archives du Palais de Monaco*, in *Annales de la Société d'Etudes Provençales*, 1909.

Labande (L.-H.), *Liquidation de la succession d'un magistrat pontifical au XIVe siècle 1375-1376*, in *Annales d'Avignon et du Comtat Venaissin*, 1912, p. 177-199.

Mall (E.), *Zur Geschichte der Legende vom Purgatorium des Heil Patricius*, in *Romanische Forschungen*, tome VI, Erlanden, 1891.

Mansi (J.-D.), *Sacrorum conciliorum nova et amplisissima collectio*, Florence-Venise, 1759-1798.

Manteyer (G. de), *Les chartes du pays d'Avignon*, Mâcon, 1914.

Martène et Durand, *Thesaurus novus anecdotorum*, Paris 1717.

Martène, *De antiquis ecclesie ritibus*, Paris, 1738.

Pansier (P.), *Annales avignonnaises de 1370 à 1382 d'après le livre des mandats de la gabelle*, in *Annales d'Avignon et du Comtat Venaissin*, 1914-15, p. 5 à 72.

Robert (U.), *Testaments de l'officialité de Besançon 1265-1500*, in Collection des documents inédits sur l'histoire de France, Paris, 1902 et 1907 (2 tomes).

Ripert de Monclar (F. de), *Cartulaire de la commanderie de Richerenches de l'Ordre du Temple*, Avignon-Paris, 1907.

Sauve (P.), *L'Obituaire de l'Eglise-Cathédrale d'Apt*, Monaco-Paris, Imprimerie de Monaco-Librairie A. Picard, 1926.

Smet (J. de), *Lettre de L. Sanctus de Beeringen*, éd. de Smet in *Grandes Chroniques de Flandre*, Bruxelles, 1856, tome III, p. 17.

Tuetey, *Testaments enregistrés au Parlement de Paris sous le règne de Charles VI*, in Collection de documents inédits sur l'Histoire de France, mélanges historiques, tome III, Paris, 1880.

Valois (N.), *Essai de reconstitutions d'anciennes annales avignonnaises*, in *Annuaire-Bulletin de la Société de l'Histoire de France*, Paris, 1902.

Welter (J.-Th), *Un recueil d'exempla du XIIIe s.*, in *Etudes Franciscaines*, déc. 1913 (p. 646-665), fév. 1914 (p. 194-213), mars 1914 (p. 312-320).

II – PRINCIPALES SOURCES MANUSCRITES

Nous ne donnons ici que les références des notariats ayant fait l'objet d'une exploitation systématique ou d'un sondage important. On trouvera dans les notes à la fin de chaque chapitre les références complètes des actes ou des manuscrits qui ne sont pas cités ici.

ARCHIVES DÉPARTEMENTALES DE VAUCLUSE (AVIGNON)

Notariat d'Apt

L. Laurent	étude Pondicq	2 et 2 bis
R. Alamanhi	étude Pondicq	3 à 20
R. Bonet	étude Pondicq	21-23, 25-29
B. Bellon	étude Pondicq	31 à 49
L. de Rocha	étude Pondicq	54 à 67
L. de Rocha	étude Geoffroy	1
J. Rostagni	étude Pondicq	69

C. Brisson	étude Pondicq	100-103
U. Bonet	étude Pondicq	70 – 99
J. Regis	étude Pondicq	105 –111
J. Regis	étude Geoffroy	2
A. Taulier	étude Pondicq	112 – 137
P. de Cumba	étude Pondicq	138-139
H. de Vazelhis	études Pondicq	140 – 141
E. Ricard	étude Pondicq	142 – 170
G. Laurent	étude Geoffroy	3 – 5
M. Garin	étude Pondicq	172 – 199
P. Burdin	étude Pondicq	206 – 262
E. Frilhet	étude Geoffroy	6 – 17
A. Reboux	étude Pondicq	282 – 288
E. Chauvin	étude Pondicq	263 – 274
J. Raquin	étude Pondicq	289 – 298
J. Taulier	étude Pondicq	299 – 320
J. Fluchier	étude Pondicq	321 – 345
E. Garin	étude Pondicq	346 – 386
R. Piquet	étude Geoffroy	18 – 31
J. du Canton	étude Pondicq	403 – 416
P. Laurent	étude Geoffroy	32 – 33
E. Durand	étude Geoffroy	34
R. Plouvier	étude Geoffroy	35 – 39
A. Flauchier	étude Pondicq	419 – 423
A. Girifaud	étude Geoffroy	56 – 64
C. Carin	étude Pondicq	424 – 433
divers notaires	étude Geoffroy	100, 119, 140, 91 bis, 65-68

Notariat d'Avignon

Notaires du XIVe s.		G 701, 702-719
G. de Britonibus	étude Martin	192 – 198
V. de Brieude	étude Martin	285 – 301
J. Girard	étude de Beaulieu	673 – 740
J. de Brieude	étude Martin	203 – 264
J. Morelli	étude Martin	786 – 805
G. Morelli	étude Martin	733 – 774
J. de Gareto	étude Martin	443 – 496

Notariat de Cavaillon

P. Benaye	étude Rousset	20 – 23
G. Girard	étude Rousset	29 – 31
G. Girard	étude Liffran	11
J. de Carlmar	étude Rousset	32
B. Bedos	étude Rousset	24 – 28
B. Bedos	étude Liffran	10
F. Ortolan	étude Rousset	33 – 36

L. de Fractis	étude Rousset	37 – 38
P. Civelli	étude Rousset	39 – 44
J. Benaye	étude Rousset	48 – 50
J. Benaye	étude Liffran	13
J. Michaelis	étude Rousset	52 – 90
J. Michaelis	étude Liffran	15
J. Ferragut	étude Rousset	91 – 97
J. Ferragut	étude Liffran	14
P. de Oxnago	étude Rousset	98 – 120
A. Michaelis	étude Rousset	124 – 133
A. Michaelis	étude Liffran	16 – 19
A. Michaelis	étude Rousset	133 bis
G. Paquet	étude Rousset	134 – 162
J. Mauclerc	étude Rousset	186
P. de Marisio	étude Rousset	163 – 185
J. de Albia	étude Rousset	187
J. de Albia	étude Liffran	20
J. Cartangui	étude Rousset	188-207
J. Cartangui	étude Liffran	21 – 22
N. Minii	étude Liffran	23 – 24
P. Bonnet	étude Rousset	208, 11
B. Forenenqui	étude Rousset	209 – 223
Cl. Pandran	étude Rousset	224
L. Gaudeti	étude Rousset	225
B. Castellan	étude Rousset	226 – 227
H. Puleri	étude Rousset	228 – 269
L. Garnier	étude Rousset	270 – 285
L. Garnier	étude Liffran	106 – 107
E. Gapin	étude Rousset	286 – 309
divers notaires	étude Rousset	310-314, 337-339, 346-347, 361, 370-373, 382.

Notariat de Courthezon

R. Augier	E, Notaires et Tabellions	80-81
R. d'Albruni	E, Notaires et Tabellions	82
M. de Haya	E, Notaires et Tabellions	83 – 101
R. Audouard	E, Notaires et Tabellions	102
R. Merlet	E, Notaires et Tabellions	103 – 104

Notariat de Gordes

F. Botini	étude Rousset (L'Isle-sur-la-Sorgue)	1
J. Folquerii	étude Rousset (L'Isle-sur-la-Sorgue)	169-172

(cf. aussi pour ce village le notariat d'Apt).

Notariat d'Oppède

J. Egidii	étude Roussel (L'Isle-sur-la-Sorgue)	17-41
M. Peiron	étude Roussel (Cavaillon)	848
M. de Rupe	étude Roussel (Cavaillon)	849-852

Notariat d'Orange

B. Castelli	E, Notaires et Tabellions	221
J. Audiberti	E, Notaires et Tabellions	222, 223
divers	E, Notaires et Tabellions	220
N. de Bellaudio	E, Notaires et tabellions	224-226, 228
G. Episcopi	E, Notaires et Tabellions	229
P. Simonis	E, Notaires et Tabellions	247-248
G. Boetti	E, Notaires et Tabellions	245
C. Ebrardi	E, Notaires et Tabellions	239, 241-244
P. Mercerii	E, Notaires et Tabellions	231 – 236
G. Lescola	E, Notaires et Tabellions	246

Notariat de Puymeras

P. Lantelme	Notariat de Vaison	500-501
R. Gontard	Notariat de Vaison	502 – 507
R. Gontard	Notariat de Caromb	1060

Notariat de Vaison

P. Gironely	notaires de Vaison	862
P. Muratoris	notaires de Vaison	863
R. Scaphini	notaires de Vaison	864
G. Mazelli	notaires de Vaison	865-872

Notariat de Valréas

G. et R. Catalan	étude Petit	48 – 52
G. et R. Catalan	étude Evesque	187 – 188
J. Gaston	étude Evesque	189 –195
H. Balent	étude Evesque	196 – 215
H. Balent	étude Petit	59
G. de Pomeriis	étude Petit	53 – 58
G. de Pomeriis	étude Evesque	218 – 221
H. Gay	étude Evesque	217
J. Fabre	étude Petit	60 – 93
R. Dubousquet	étude Evesque	223 – 231
A. Dubousquet	étude Evesque	232
A. Escoffier	étude Evesque	233 – 236

E. Soubeyran	étude Petit	94
E. Cabéol	étude Evesque	237 – 268
J. de Maresco	étude Petit	95 – 100
J. Hitelle	étude Evesque	269 – 298
P. Laure	étude Evesque	299 – 300
J. Durand	étude Evesque	301
N. Arnaud	étude Evesque	302
A. Dubousquet	étude Evesque	303
A. Sabatier	étude Evesque	304 – 341
divers	étude Evesque	342 – 344 377

BIBLIOTHÈQUE DU MUSÉE CALVET (AVIGNON)

ms. 38	*recueil de sermons* provenant de la Biblioth. des Dominicains
ms. 601	*recueil de sermons* (même origine)
ms. 4041-4049	*actes notariés* de Caderousse (1356-1458)
ms. 4076	*actes notariés* de Malaucène (1348)
ms. 4084	*actes notariés* de Pertuis (1356)

BIBLIOTHÈQUE INGUIMBERTINE (CARPENTRAS)

| ms. 106 | *Le purgatoire de St. Patrice* |

BIBLIOTHÈQUE NATIONALE (PARIS)

| ms. lat. 3506 | *Scala Cœli* de Jean Gobi |

BIBLIOTHÈQUE VATICANE (ROME)

Atti Notarili di Orange

J. Guardabatti	133, 134, 135, 136
P. Melzei de Vilario	164
R. Bremundi	56, 57, 58, 59, 60, 61, 62, 63, 64, 65, 66, 67, 68, 69, 70.
G. Duranti	82
B. Castelli	31, 32, 33, 34, 35
Y. Bonelli	44 (formulaire)
R. Roberti	246, 229, 230-234
A. Foresti	122-127, 128-131
P. Treblahi	306, 307, 308, 309, 310, 311, 312, 313, 314, 315, 316.
P. Scofferii	246 – 249
J. Audiberti	14, 15, 16, 17, 18

BIBLIOGRAPHIE

Cette bibliographie est sélective; elle est présentée selon les règles qui ont court dans les publications de l'Ecole française de Rome et ne prend en compte que les ouvrages ayant particulièrement orienté la recherche ou cités plusieurs fois dans le corps du texte. Les références précises des autres livres ou articles sont données dans les notes.

Pour plus de facilité, on a classé les ouvrages en six grandes rubriques:

I.   La mort, anthropologie et histoire.
II. L'Automne du Moyen Age : économie et société.
III. L'Automne du Moyen Age : religion et culture.
IV. Les testaments : le droit et la pratique successorale.
V.   Les testaments : clauses pieuses et mentalités.
VI. La Provence et le Comtat Venaissin à la fin du Moyen Age.

I. LA MORT, ANTHROPOLOGIE ET HISTOIRE

Parmi l'immense littérature consacrée à la mort, en particulier ces dernières années, quelques livres ont davantage retenu l'attention:

Ariès (Ph.), *Essais sur l'histoire de la mort en Occident du Moyen Age à nos jours*, Paris, Ed. du Seuil, 1975. *L'homme devant la mort*, du même auteur, Paris, Ed. du Seuil, 1977 a paru trop tard pour être utilisé ici.

Freud (S.), *Deuil et mélancolie*, in *Métapsychologie*, trad. J. Laplanche et J.-B. Pontalis, Paris, Gallimard, 1968.

Hertz (R.), *Contribution à une étude sur la représentation collective de la mort*, in *Sociologie religieuse et folklore*, Paris, Presses Universitaires de France, 1970.

Jaulin (R.), *La mort sara, l'ordre de la vie ou la pensée de la mort au Tchad*, Paris, Plon, 1967.

Mauss (M.), *Une catégorie de l'esprit humain: la notion de personne, celle de «moi»*, in *Sociologie et anthropologie*, Paris, Presses Universitaires de France, 1950, p. 331-362.

Meyerson (Y.), *Problèmes de la personne. Actes du Colloque du Centre de recherches de psychologie comparative*, réunis par I. Meyerson, Paris-La Haye, Mouton, 1973.

Morin (E.), *L'homme devant la mort*, Paris, Ed. du Seuil, nouvelle édition, 1970.

Thomas (L.-V.), *Cinq essais sur la mort africaine*, Dakar, 1975.

Thomas (L.-V.), *Anthropologie de la mort*, Paris, Ed. Payot, 1975.

Van Gennep (A.), *Les rites de passage*, Paris, Nourry, 1909.

Van Gennep (A.), *Manuel du folklore français contemporain* tome I, vol. II (Du berceau à la tombe), Paris, Picard, 1946.

La mort au Moyen Age (*colloque de l'association des historiens médiévistes français*) (juin 1975), Strasbourg, Istra, 1977.

II. L'Automne du Moyen Age : économie et société

Il ne s'agit ici aussi que de quelques livres qui ont servi à mettre en place le cadre économique et social général de l'étude.

Abel (W.), *Crises agraires en Europe (XIIIe-XIIe siècle)*, éd. française, Paris, Flammarion, 1973.

Biraben (J.-N.), *Les hommes et la peste en France et dans les pays européens et méditerranéens des origines à 1850*, 2 vol. Paris-La Haye, Mouton, 1975.

Bois (G.), *Crise du féodalisme, économie rurale et démographie en Normandie orientale du début du XIVe siècle au milieu du XVIe siècle*, Paris, Presses de la Fondation Nationale des Sciences politiques et Editions de l'Ecole des Hautes Etudes en Sciences Sociales, 1976.

Boutruche (R.), *Les courants de peuplement dans l'Entre-deux-mers : étude sur le brassage de la population rurale*, in *Annales d'histoire économique et sociale*, 1935, p. 13-37 et 124-154.

Boutruche (R.), *Aux origines d'une crise nobiliaire : donations pieuses et pratiques successorales en Bordelais du XIIIe siècle au XVIe siècle*, in *Annales d'histoire economique et sociale*, 1939, p. 162-177 et 257-277.

Boutruche (R.), *La crise d'une société : seigneurs et paysans du Bordelais pendant la Guerre de Cent Ans*, Paris, 1947.

Carpentier (E.), *Une ville devant la peste. Orvieto et la peste noire de 1348*, Paris, S.E.V.P.E.N., 1962.

Carpentier (E.), *La peste noire : famines et épidémies au XIVe siècle*, in *Annales, Economies, Sociétés, Civilisations*, 1962, p. 1062-1092.

Carpentier (E.) et Glenisson (J.), *Bilans et méthodes: la démographie française au XIVe siècle*, in *Annales, Economies, Sociétés, Civilisations*, 1962, p. 109-129.

Guenée (B.), *L'Occident au XIVe et XVe siècle, les Etats*, Paris, Presses Universitaires de France, 1971.

Heers (J.), *L'Occident au XIVe et XVe siècle, aspects économiques et sociaux*, Paris, Presses Universitaires de France, 1970.

Higounet (Ch.), *Mouvements de population dans le Midi de la France du XIe au XVe siècle d'après les noms de lieux et de personnes*, in *Annales, Economies, Sociétés, Civilisations*, 1953, p. 1-24.

Klapisch (Ch.) et Demonet (M.), *A uno pane e uno vino, la famille rurale toscane au début du XVe siècle*, in *Annales, Economies, Sociétés, Civilisations*, 1972, p. 873-901.

Klapisch (Ch.), *Fiscalité et démographie en Toscane (1427-1430)*, in *Annales, Economies, Sociétés, Civilisations*, 1969.

Laslett (P.) et collaborateurs, *Household and family in Past Time*, Cambridge, 1972.

Le Roy Ladurie (E.), *Les Paysans de Languedoc*, Paris, S.E.V.P.E.N., 1966.

Perroy (E.), *A l'origine d'une économie contractée: les crises du XIVe siècle*, in *Annales, Economies, Sociétés, Civilisations*, 1949, p. 167-182.

Renouard (Y.), *Conséquences et intérêt démographique de la peste noire de 1348*, in *Population*, tome III, 1948, p. 459-466.

Russel (J.-C.), *Late ancient and medieval population*, Philadelphie, 1958.

Wolff (Ph.), *Trois études de démographie médiévale en France méridionale*, in *Studi in onore di Armando Sapori*, p. 493-503.

III. L'Automne du Moyen Age : religion et culture

Adam (P.), *La vie paroissiale en France au XIVe siècle*, Paris, Sirey, 1964.

Bernard (A.), *La sépulture en droit canonique du Décret de Gratien au Concile de Trente*, Paris, 1933.

Cahiers de Fanjeaux n° 11, *La religion populaire en Languedoc du XIIIe siècle à la moitié du XIVe siècle*, Toulouse, Privat, 1976.

Chaunu (P.), *Le temps des Réformes, la crise de la Chrétienté, l'éclatement, 1250-1550*, Paris, Fayard, 1975.

Delaruelle (E.), *La piété populaire au Moyen Age*, (recueil d'articles), Turin, Bottega d'Erasmo, 1975.

Delaruelle (E.), Ourliac (P.), Labande (E.-R.), *Le Grand Schisme d'Occident et la crise conciliaire*, in *Histoire de l'Eglise* (fondée par A. Fliche et V. Martin), Paris, Bloud et Gay, 1962-64, 2 vol.

Delumeau (J.), *La civilisation de la Renaissance*, Paris, Arthaud, 1967.

Duby (G.), *Fondements d'un nouvel humanisme, 1280-1440*, Genève, Skira, 1966.

Dumoutet (G.), *Aux sources de la piété eucharistique médiévale*, Paris, 1942.

Emery (R.-W.), *The friars in Medieval France; a catalogue of French Mendicant convents, 1200-1550*, New York, Londres, 1962.

Favier (J.), *Les finances pontificales à l'époque du Grand Schisme d'Occident (1378-1409)*, Bibliothèque des Ecoles françaises d'Athènes et de Rome, fasc. 211, Paris, éd. de Boccard, 1966.

Febvre (L.), *Au cœur religieux du XIVe siècle*, Paris, 1957.

Huizinga (J.), *Le Déclin du Moyen Age*, trad. française Paris, 1967.

Jungmann (J.-A.), *Missarum sollemnia*, trad. française, coll. Théologia n° 19, 3 tomes, Paris, Aubier, 1951.

Lagarde (G. de), *La naissance de l'esprit laïc au déclin du Moyen Age, essais critiques sur les premières manifestations de la conscience laïque des Etats modernes*, 6 tomes, Paris, Presses Universitaires de France, 1934-1946.

Le Bras (G.), *Les confréries chrétiennes, problèmes et propositions* in *Revue d'Histoire du droit français et étranger*, 1940-41, p. 310-363, repris dans *Etudes de Sociologie religieuse*, Paris, 1955.

Le Goff (J.), *Au Moyen Age : Temps de l'Eglise et Temps du marchand*, in *Annales, Economies, Sociétés, Civilisations*, 1960, p. 417-433, repris dans *Pour un autre Moyen Age*, Paris, Gallimard, 1978.

Le Goff (J.), *Le temps du travail dans la «crise» du XIVe siècle : du temps médiéval au temps moderne*, in *Le Moyen Age*, LXIX, 1963, p. 597-613, repris dans *Pour un autre Moyen Age*, Paris, Gallimard, 1978.

Le Goff (J.), *La civilisation de l'Occident Médiéval*, Paris, Arthaud, 1967.

Lubac (H. de), *Corpus Mysticum. L'Eucharistie de l'Eglise au Moyen Age*, 2e éd. Paris, 1949.

Mâle (E.), *L'Art religieux de la fin du Moyen Age en France. Etude sur l'iconographie du Moyen Age et sur ses sources d'inspirations*, Paris, A. Colin, 6e éd., 1969.

Meiss (M.), *Painting in Florence and Siena after the Black Death*, Princeton University Press, Princeton, 1951.

Meiss (M.), *La mort et l'office des morts à l'époque du maître de Boucicaut et des Limbourg*, in *Revue de l'Art*, n° 1-2, 1968, p. 17-25.

Molinier (A.), *Les obituaires français du Moyen Age*, Paris, 1890.

Mollat (M.), *Genèse médiévale de la France Moderne*, Paris, 1970.

Mollat (M.), *Recherches sur les pauvres et la pauvreté dans l'Occident médiéval*, Paris, Publications de la Sorbonne, 1974; *Les pauvres dans la société médiévale*, du même auteur, Paris, Fayard, 1978, est paru trop tard pour pouvoir être utilisé ici.

Philippeau (A.), *Introduction à l'étude des rites funéraires et de la liturgie des morts*, La maison Dieu n° 1, 1945.

Rapp (F.), *L'Eglise et la vie religieuse en Occident à la fin du Moyen Age*, Paris, Presses Universitaires de France, 1971.

Righetti (M.), *Manuale di storia liturgica*, 4 vol., Milan, Ed. Ancora, 1949 et suiv.

Tenenti (A.), *La vie et la mort à travers l'art du XVᵉ siècle*, Paris, A. Colin, 1952.

Tenenti (A.), *Il senso della morte e l'amore della vita nel Rinascimento*, Turin, Einaudi, 1957.

Tenenti (A.), *L'attesa del giudizio individuale nell'iconografia del quattrocento*, in *l'Attesa dell'età nuova nelle spiritualità della fine Medioevo*, Convegno del Centro di Studi sulla spiritualità medievale, 1960, Todi, 1961.

Toussaert (J.), *Le sentiment religieux en Flandre à la fin du Moyen Age*, Paris, Plon, 1963.

Vauchez (A.), *La spiritualité du Moyen Age occidental, VIIIᵉ-XIIᵉ siècle*, Paris, Presses Universitaires de France, 1975.

IV. Les testaments : le droit et la pratique successorale

Aubenas (R.), *Le testament en Provence dans l'ancien droit*, Thèse de droit, Aix, éd. P. Roubaud, 1927.

Aubenas (R.), *Notes sur quelques formulaires et styles de procédures (1294-1539)*, in *Le Moyen Age*, Paris, 1931.

Aubenas (R.), *Etude sur le notariat en Provence au Moyen Age et sous l'Ancien Régime*, Aix, 1936.

Aubenas (R.), *La famille dans l'ancienne Provence*, in *Annales d'histoire économique et sociale*, 1936, p. 523-541.

Aubenas (R.), *Autour du testament* loco defuncti, in *Annales de la faculté de droit d'Aix*, nouvelle série, n' 33, 1941.

Aubenas (R.), *Cours d'histoire du droit privé*, tome III, (*testaments et successions dans les anciens pays de droit écrit au Moyen Age et sous l'Ancien régime*), Aix, polycopié, 1952.

Auffroy (H.), *Evolution du testament en France des origines au XIIIᵉ siècle*, Thèse de doctorat, Paris, A. Rousseau éd., 1894.

Bastier (J.), *Le testament en Catalogne du IXᵉ siècle au XIIᵉ siècle : une survivance wisigothique*, in *Revue d'histoire de droit français et étranger*, juillet-septembre 1973.

Bougon (L.), *Le testament en Auvergne, du XIIIᵉ siècle à la rédaction de la coutume (1510)*, Thèse de doctorat, Paris, A. Rousseau éd., 1911.

Boyer (L.), *Introduction à l'étude du testament forézien, suivie des testaments enregistrés à la cour de Forez*, Mâcon, Imprimerie Protat Frères, 1964.

Caillemer (R.), *Origine et développement de l'exécution testamentaire (époque franque et Moyen Age)*, thèse de doctorat, Lyon, 1901.

Carlin (M.-L.), *Recherches sur l'apparition du notariat public dans la Provence méridionale*, in *Bull. phil. et Hist. du Comité des travaux historiques*, année 1965, Paris, 1968.

Carlin (M.-L.), *La pénétration du droit romain dans les actes de la pratique provençale (XIᵉ-XIIIᵉ siècle)*, Paris, Librairie Générale de Droit et de Jurisprudence, 1967.

Charrin (L. de), *Les testaments de la région de Montpellier au Moyen Age*, Thèse de droit, Ambilly, Presses de Savoie, 1961.

Chevrier (G.), *Déclin et renaissance du testament bourguignon* in *Mémoire de la Société d'histoire du droit et des institutions des anciens pays bourguignons, comtois et romands*, fasc. 9 et 10, 1943-44-45.

Chevrier (G.), *Remarque sur l'évolution de l'acte à cause de mort en Bourgogne et en Forez du XIe au XIIIe siècle*, in *Mémoire de la Société d'Histoire du droit et des institutions des anciens pays bourguignons, comtois et romands*, fasc. 12, 1948-49.

Chevrier (G.), *Evolution des formes du testament bourguignon*, in *Mémoire de la Société d'histoire du droit et des institutions des anciens pays bourguignons, comtois et romands*, fasc. 17, 1955.

Falco (M.), *Le disposizioni pro anima, fondamenti dottrinali e forme giuridiche*, Turin, 1911.

Foreville (R.), *Les testaments agathois du Xe au XIIIe siècle*, in *Bull. philo. et hist. du Comité des travaux historiques et scientifiques*, 1961, Paris, Imprimerie Nationale, 1964, p. 357-388.

Gouron (A.), *Les étapes de la pénétration du droit romain au XIIe siècle dans l'ancienne Septimanie*, in *Annales du Midi*, LXIX, 1957, p. 103-121.

Gouron (A.), *Diffusion des consulats méridionaux et expansion du droit romain au XIIe et XIIIe siècle*, in *Bibliothèque de l'Ecole des Chartes*, tome CXXI, p. 26-76.

Ourliac (P.), *Droit romain et pratique méridionale au XVe siècle, Etienne Bertrand*, Paris, Sirey, 1937.

Ourliac (P.), *Le droit privé dans les villes du Midi de la France*, in *Recueil de la Société Jean Bodin*, tome VIII, 1957.

Terrin (O.), *Evolution de la pratique agathoise du Xe au XIIIe siècle*, Thèse de droit, Montpellier, multigraphié, 1968.

V – Les testaments : clauses pieuses et mentalités

Bastard-Fournié (M.), *Mentalité religieuse aux confins du Toulousain et de l'Albigeois à la fin du Moyen Age*, in *Annales du Midi*, tome LXXXV, juillet-septembre 1973, p. 267-287.

Chiffoleau (J.), *Pratiques funéraires et images de la mort à Marseille, en Avignon et dans le Comtat Venaissin*, in *Cahiers de Fanjeaux*, no 11, Toulouse, Privat, 1976.

Costecalde (H.), *Mentalité gévaudanaise au Moyen Age d'après divers testaments inédits du XIIIe, XIVe et XVe siècle*, Société des Lettres, Sciences et Arts de la Lozère, *Chroniques et Mélanges*, tome IV, 1924-29, p. 177 et suiv.

Folz (R.), *L'esprit religieux du testament bourguignon au Moyen-Age*, in *Mémoire de la Société d'histoire du droit et des institutions des anciens pays bourguignons, comtois et romands*, fasc. 17, 1955, p. 7-18.

Gonon (M.), *La Vie familiale en Forez et son vocabulaire d'après les testaments*, Mâcon, 1960.

Gonon (M.), *Les institutions et la société en Forez d'après les testaments*, Mâcon, 1960.

Hayez (A.-M.), *Clauses pieuses de testaments avignonnais au XIVe siècle*, in *Actes du 99e Congrès des Sociétés savantes (Besançon)*, Paris, Bibliothèque Nationale, 1977, p. 129-159.

Lorcin (M.-Th.), *Les clauses religieuses dans les testaments du plat-pays lyonnais au XIVe et au XVe siècle*, in *Le Moyen Age*, 1972, p. 287-323.

Nucé de Lamothe (M.-S. de), *Piété et charité publique à Toulouse de la fin du XIIIe siècle au milieu du XVe siècle d'après les testaments*, in *Annales du Midi*, 1964, no 1.

Vovelle (M.), *Piété baroque et déchristianisation en Provence au XVIIIe siècle*, Paris, Plon, 1973.

N. B.: Le livre de P. Chaunu, *Mourir à Paris, XVIe-XVIIe siècle*, Paris, Fayard, 1978, a paru trop tard pour pouvoir être utilisé ici.

VI – La Provence et le Comtat Venaissin à la fin du Moyen Age

Amargier (P.), *Le couvent dominicain d'Avignon des origines à la peste noire*, in *Etudes Vauclusiennes*, janvier-juin 1971, p. 21-29.

Baratier (E.), *La démographie provençale du XIIIe au XVIe siècle*, Paris, S.E.V.P.E.N., 1961.

Baratier (E.), Duby (G.), Hildesheimer (E.), *Atlas historique de Provence*, Paris, 1969.

Bardinet (L.), *Les Juifs du Comtat Venaissin au Moyen Age et leur rôle économique et intellectuel*, in *Revue historique*, tome XIV, 1880, p. 1-60.

Bautier (R.-H.), *Feux, population et structure sociale au milieu du XVe siècle : l'exemple de Carpentras*, in *Annales, Economies, Sociétés, Civilisations*, 1959, p. 255-268.

Bautier (R.-H.) et Sornay (J.), *Les sources de l'histoire économique et sociale du Moyen Age, Provence, Comtat Venaissin, Dauphiné, Etats de la Maison de Savoie*, 3 tomes, Paris, Editions du C.N.R.S., 1968, 1971 et 1976.

Benoit (F.), *La Provence et le Comtat Venaissin*, Avignon, Aubanel, réd. 1975.

Bérenger-Féraud (B.), *Traditions et réminiscences populaires de Provence*, Paris, E. Leroux éd., 1885.

Castellani (Ch.), *Le rôle économique de la communauté juive de Carpentras au début du XVe siècle*, in *Annales, Economies, Sociétés, Civilisations*, 1972, p. 583-611.

Chiffoleau (J.), *L'espace urbain et l'espace régional de Cavaillon vers 1320-1340*, in *Provence Historique*, tome XXVI, 1976, p. 287-300.

Chiffoleau (J.), *Charité et assistance en Avignon et dans le Comtat Venaissin*, in *Cahiers de Fanjeaux*, n° 13, Toulouse, Privat, 1978.

Chobaut (H.), *Les Institutions municipales dans le Comté Venaissin des origines à 1790*, in *Positions des Thèses de l'Ecole des Chartes*, année 1910, p. 27-33.

Choquet (M.), *Histoire de Valréas*, Valréas, 1951, 2 tomes.

Clerc (M.), *Un homme d'affaire avignonnais au XVe siècle : Alaman de Passis*, in *Provence Historique*, tome VII, 1957, p. 305-336.

Coulet (N.), *Jalons pour une histoire religieuse d'Aix au Bas Moyen-Age (1350-1450)*, in *Provence Historique*, tome XXII, fasc. 89, juillet-septembre 1972, p. 203-260.

Coulet (N.), *Encore des villages disparus, dépeuplement et repeuplement autour d'Aix-en-Provence*, in *Annales, Economies, Sociétés, Civilisations*, 1973, p. 1463-1483.

Coville (A.), *La vie intellectuelle dans les domaines d'Anjou-Provence de 1380 à 1435*, Paris, Droz, 1941.

Deprès (M.-E.), *Les funérailles de Clément VI et d'Innocent VI d'après les comptes de la cour pontificale*, in *Mélanges d'archéologie et d'histoire de l'Ecole Française de Rome*, XXe année, avril-juin 1900, p. 235-250.

Dianoux (H. de), *Cimetières juifs et soins pour les défunts en Avignon et dans le Comtat Venaissin*, in *Archives juives*, 7e année, 1970-71, n° 1.

Duby (G.), *Recherches récentes sur la vie rurale en Provence au XIVe siècle*, in *Provence Historique*, 1965, tome XV, p. 97-111.

Fantoni-Castrucci (S.), *Istoria della città d'Avignon e del Contado Venesino*, Venetia, G.-G. Hertz, 1698, 2 vol.

Faure (Cl.), *Etudes sur l'administration et l'histoire du Comtat Venaissin (1229-1417)*, in *Recherches historiques et documents sur Avignon, le Comtat Venaissin et la Principauté d'Orange*, Avignon-Paris, 1909.

Fornery (J.), *Histoire du Comté Venaissin et de la ville d'Avignon* (éd. moderne d'un érudit de l'Ancien Régime), Avignon, Seguin-Roumanille, 1909, 3 vol.

Gagnière (S.), *Les sépultures à inhumation du IIIe au XIIIe siècle de notre ère dans la vallée du Rhône*, in *Cahiers rhodaniens*, XII, 1965, p. 53-110.

Girard (J.), *Les Baroncelli d'Avignon*, Publications de l'Institut Méditerranéen du Palais du Roure, Avignon, 1957.

Guillemain (B.), *La cour pontificale d'Avignon (1309-1376), étude d'une société*, Paris, Editions de Boccard, 2e éd. 1966.

Hayez (M.), *Valréas et ses seigneurs au XIVe siècle*, in *Mémoires de l'Académie de Vaucluse*, 6e série, tome I, 1967, p. 277-295.

Labande (L.-H.), *Avignon au XIIIe siècle, l'évêque Zoen Tencarari et les Avignonnais*, Paris, 1908.

Labande (L.-H.), *Avignon au XVe siècle, légations de Charles de Bourbon et du Cardinal Julien della Rovere*, Monaco-Paris, 1920.

Labande (L.-H.), *Les primitifs français, peintres et verriers de la Provence occidentale*, Marseille, Librairie Tacussel, 1932.

Lacave (M.), *Entreprises industrielles comtadines (1450-1560)*, Thèse de droit, Faculté de droit et de sciences économiques de Montpellier, dactylographiée, Montpellier, 1971.

Malaussena (P.-L.), *La vie en Provence aux XIVe et XVe siècles; un exemple Grasse à travers les actes notarités*, Paris, Librairie Générale de droit et de jurisprudence, 1969.

Maureau (A.), *Les grands hivers à Avignon, essai d'éphémérides*, in *L'Accent*, n° 1032, Noël, 1971.

Mollat (G.), *Les papes d'Avignon (1305-1378)*, Paris, 10e éd., 1965.

Morganstern (A.-M.), *The La Grange Tomb and Choir : a monument of the Great Schism of the West*, in *Speculum, a journal of medieval studies*, vol. XLVIII, January 1973, n° 1.

Pansier (P.), *L'œuvre des repenties à Avignon du XIIIe au XVIIIe siècle*, Avignon, Roumanille, 1910.

Pansier (P.), *Les œuvres charitables d'Avignon en 1433*, in *Annales d'Avignon et du Comtat Venaissin*, 1912, p. 219-242.

Pansier (P.), *Les cimetières et la chapelle de Champfleury*, in *Annales d'Avignon et du Comtat Venaissin*, tome XIV, 1928, p. 90-100.

Pansier (P.), *Les anciens hôpitaux d'Avignon*, in *Annales d'Avignon et du Comtat Venaissin*, 1929.

Pansier (P.), *Les peintres avignonnais du XIVe et du XVe siècle*, Avignon, Roumanille, 1934.

Pansier (P.), *Les confréries d'Avignon au XIVe siècle*, in *Annales d'Avignon et du Comtat Venaissin*, 1934.

Poly (J.-P.), *La Provence et la société féodale (879-1155), contribution à l'étude des structures dites féodales dans le Midi de la France*, Paris, Bordas, 1976.

Renouard (Y.), *La papauté à Avignon*, Paris, Presses Universitaires de France, 1969 (3e édition).

Ribbe (Ch. de), *La société provençale à la fin du Moyen Age*, Paris, Perrin, 1898.

Roze (J.-J.), *Etudes historiques et religieuses sur le XIVe siècle ou tableau de l'église d'Apt sous la Cour Papale*, Avignon, Aubanel, 1842.

Sautel (J.), Gagnière (S.), Girard (J.), Chobaut (H.), *Vaucluse, essai d'histoire locale*, Avignon, Rullière, 1944.

Sauve (F.), *Les épidémies de peste à Apt, notamment de 1588 et 1721 d'après les documents communaux*, in *Annales de la Société d'Etudes Provençales*, Aix, 1905.

Sclafert (Th.), *Cultures en Haute-Provence, déboisements et pâturages au Moyen Age*, Paris, S.E.V.P.E.N., 1959.

Stouff (L.), *Trois dénombrements de la population arlésienne aux XIIIe XIVe et XVe siècle*, in *Bull. philo. et hist. du Comité des travaux hist. et scientifiques*, année 1962 (1965), p. 275-292.

Stouff (L.), *La viande, ravitaillement et consommation à Carpentras au XVe siècle*, in *Annales, Economies, Sociétés, Civilisations*, 1969, p. 1431-1449.

Stouff (L.), *Ravitaillement et alimentation en Provence aux XIVe et XVe siècles*, Paris-La Haye, Mouton, 1970.

Stouff (L.), *Une confrérie arlésienne de la 1e moitié du XVe siècle : la confrérie de St. Pierre de Luxembourg*, in *Provence Historique*, tome XXIII, fasc. 93-94, juillet-décembre 1973, p. 339-360.

Venard (M.), *Les confréries de pénitents au XVe siècle dans la province ecclésiastique d'Avignon*, in *Mémoires de l'Académie de Vaucluse*, 1967, p. 55-79.

Venard (M.), *Les confréries de métiers dans le Comtat Venaissin au XVIe siècle*, in *Provence Historique*, tome XXVI, fasc. 103, 1976, p. 65-82.

Vovelle (G.) et (M.), *Vision de la mort et de l'au-delà en Provence d'après les autels des âmes du Purgatoire, XVe-XXe siècles*, Cahiers des Annales, Paris, A. Colin, 1970.

Zerner (M.), *Le terroir de Valréas au XVe siècle*, in *Provence Historique*, XIX, 1970.

Zerner (M.), *Taux de croissance démographique d'après les testaments à Valréas*, in *La démographie médiévale, sources et méthodes*, actes du Congrès de l'Association des médiévistes de l'enseignement supérieur public (Nice, 1970), Annales de la Faculté des Lettres et sciences humaines de Nice, 1971, p. 17-19.

SIGLES ET ABRÉVIATIONS

A.A.C.V.	: Annales d'Avignon et du Comtat Venaissin.
A.C.	: Archives Communales.
Annales, E.S.C.	: Annales, Economies, Sociétés, Civilisations
A.D.V.	: Archives départementales de Vaucluse
A.N.O.	: Atti notarili Orange (Bibliothèque Vaticane)
B. Vat.	: Bibliothèque Vaticane.
B. Calvet	: Bibliothèque du Musée Calvet en Avignon.
Mém. Acad.	: Mémoire de l'Académie de Vaucluse.
Not.	: Notaire.

N. B. : Les références des actes notariés sont données de la façon suivante : ville-siège du notariat/nom du fond/numéro du fond/folio de la première page de l'acte étudié

Ex. : Cavaillon-Rousset 20 fo 10 vo.

PREMIÈRE PARTIE

LES IMAGES DE LA MORT

Dans une première approche, il faut donc reconstituer les images du passage dans l'au-delà, analyser leur diversité, comprendre leur évolution. La tâche n'est pas simple, surtout si l'on veut repérer l'articulation entre le bouleversement des systèmes de représentations et la crise économique, sociale, qui affecte alors tout l'Occident.

Sur le plan documentaire plusieurs angles d'attaque sont possibles. L'archéologie d'abord. Elle n'est malheureusement pas d'un grand secours car les tombes monumentales sont rares[1] – seuls les plus riches en font construire – et aucune fouille systématique du type de celles faites il y a quelques années dans l'Albigeois n'a été entreprise dans les cimetières comtadins[2].

Les textes narratifs sont peu nombreux; ils offrent parfois des descriptions saisissantes d'une mortalité[3] mais ne peuvent à eux seuls faire l'objet d'une étude de portée générale. Quant aux livres liturgiques, aux recueils de sermons, aux livres d'heures, ils ne donnent du passage dans l'au-delà qu'une image savante, cléricale, accrochée aux autorités; importants pour saisir les grands thèmes de la pastorale de la mort, ils sont incapables de révéler les pratiques et les croyances de tout un peuple, dans leur richesse et leur diversité.

[1] E. Mâle, le premier a remarqué cette rareté des pierres tombales dans le Midi, in *L'art religieux de la fin du Moyen Age en France*, Paris, A. Colin, sixième édition, 1969, p. 426, cf. p. 171.

[2] J. Bordenave et M. Vialelle, *La mentalité religieuse des paysans de l'Albigeois médiéval*, Toulouse, 1973. Cf. cependant S. Gagnière, *Les sépultures à inhumation du IIIe au XIIIe siècle de notre ère dans la vallée du Rhône*, in *Cahiers Rhodaniens* (Institut international d'études ligures), XII, 1965, p. 53-110, qui donne un certain nombre d'exemples intéressants.

[3] Cf. en particulier les descriptions de la peste de 1348 faites par L. de Beeringen (éditée par de Smet, *Recueil des Chroniques de Flandre*, Bruxelles, 1956, t. III, p. 17) et de G. de Chauliac (éditée par Nicaise), *La Grande Chirurgie de G. de Chauliac*, Paris, 1890, p. 167 et suivantes. Cf. chapitre II, p. 97.

Seuls les testaments, déjà souvent mis à contribution pour d'autres lieux et d'autres temps, ont donné un corpus documentaire satisfaisant. Les images savantes de la mort, quelque peu stéréotypées, y côtoient les coutumes qui entourent et socialisent ce moment essentiel. Les formules d'un côté, les gestes rituels demandés par les testateurs de l'autre permettent de reconstruire, avec précaution, le «passage» vers l'autre monde. Bien mieux, le testament, parce qu'il est un trait d'union entre les générations et qu'il organise la reproduction sociale, éclaire le point nodal de tous les systèmes de représentations concernant la mort : les relations entre les vivants et les défunts.

Mais comme tous les matériaux dont se sert l'historien il ne livre pas immédiatement ce qu'on attend de lui. Il n'est qu'un miroir déformant. Avant de l'interroger, mesurons la distance qui le sépare de l'objet qu'il reflète.

CHAPITRE PREMIER

LE MIROIR DE LA MORT

Le testament de la fin du Moyen Age, un *speculum mortis*? On en doute souvent. Le discours figé du formulaire, la codification extrême des paroles et des gestes des notaires et de leurs clients, la présence contraignante de la parentèle et des clercs pendant la dictée de l'acte déconcertent ceux qui espèrent saisir le reflet fidèle de toute une société à l'heure de la mort.

Il faut donc faire tout de suite une première remarque sur la nature du testament : il forme un tout, possède une unité fondamentale. Dissocier à l'intérieur d'un même acte ce qui relève de l'histoire juridique, économique, sociale et ce qui a trait à la religion, c'est s'exposer à ne pas comprendre comment s'articulent les représentations mentales de la mort sur celles de la vie, et sur la vie elle-même.

Les historiens du droit et des mentalités n'ont pas toujours évité ce danger. Certains, depuis Auffroy et Caillemer[1], mais surtout depuis R. Aubenas et G. Chevrier, s'attachent à décrire l'évolution formelle de l'acte de dernière volonté[2]. Dans leurs études les legs pieux et charitables, même

[1] H. Auffroy, *Evolution du testament en France, des origines au XIIIe siècle*, Thèse de doctorat, Paris, A. Rousseau éditeur, 1894. R. Caillemer, *Origine et développement de l'exécution testamentaire (époque franque et Moyen Age)*, Thèse de doctorat, Lyon, 1901. Cf. aussi L. Bougon, *Le testament en Auvergne du XIIIe siècle à la rédaction de la Coutume (1510)*, Thèse de doctorat, Paris, A. Rousseau éditeur, 1911.

[2] Parmi l'abondante production de R. Aubenas il faut surtout retenir *Le testament en Provence dans l'Ancien Droit*, Thèse, Aix, Editions P. Roubaud, 1927; *Notes sur quelques formulaires notariaux et style de procédure (1294-1539)*, in *le Moyen Age*, Paris, 1931; *Autour du testament loco defuncti*, in *Annales de la Faculté de Droit d'Aix*, nouvelle série n° 33, Aix 1941; *Cours d'histoire du droit privé* (tome III), *Testaments et successions dans les anciens pays de droit écrit au Moyen Age et sous l'Ancien Régime*; Aix, 1952 et suivantes. De G. Chevrier cf. surtout *Déclin et renaissance du testament bourguignon*, in *Mémoire de la Société d'histoire du droit et des institutions des anciens pays bourguignons, comtois et romands*, fascicules 9 et 10, 1943-44-45;

quand ils forment l'essentiel de l'acte, sont donnés comme des ajouts venant
«christianiser» le testament romain dans les pays de droit écrit, la coutume
dans les pays de droit coutumier. Mais il y a anachronisme si le religieux est
ainsi séparé du profane, si les liens concrets et fonctionnels unissant, dans
le même acte, les legs pieux et le partage des biens entre les héritiers ne
sont pas nettement reconnus. D'autres historiens, après l'article pionnier de
R. Folz[3] étudient les «clauses religieuses». Ils oublient souvent que le
testament ne se termine pas avec les derniers legs aux clercs et aux filleuls
et qu'il a pour fonction essentielle d'organiser la vie économique et sociale
de la famille après la mort d'un de ses membres. La signification profonde
du choix de sépulture, de la pompe funèbre et surtout des demandes de
messes et de prières pour les défunts échappent alors à l'analyse dans une
large mesure.

Remarque sur l'évolution de l'acte à cause de mort en Bourgogne et en Forez du XIᵉ siècle au XIIIᵉ
siècle, in Mémoire de la société d'histoire du droit et des institutions des anciens pays bourgui-
gnons, comtois et romands, fascicule 12, 1948-49; Évolution des formes du testament bourguignon,
idem, fascicule 17, 1955; Les transformations du don in extremis, Etudes à la mémoire de Noël
Didier, Paris, 1960. Cf. enfin sa préface au livre par ailleurs très intéressant de L. Boyer,
Introduction à l'étude du testament forézien, suivi des testaments enregistrés à la Cour de Forez,
Mâcon, Imprimerie Protat frères, 1964. Parmi les études plus récentes, en dehors du travail de
L. Boyer, celles de L. de Charrin, Les testaments dans la région de Montpellier au Moyen Age,
Thèse, Ambilly, Les Presses de Savoie, 1961; R. Foreville, Les testaments agathois du Xᵉ au XIIIᵉ
siècle, in Bull. Philologique et Historique du Comité des Travaux Hist. et scient., 1961, Paris,
Imprimerie Nationale, 1964, p. 357-388. M.-L. Carlin, La pénétration du droit romain dans les
actes de la pratique provençale (XIᵉ-XIIIᵉ siècle), Paris, Librairie Générale de droit et de
Jurisprudence, 1967; O. Terrin, Evolution de la pratique testamentaire agathoise du Xᵉ au XIIIᵉ
siècle, Thèse de droit, multigraphiée, Montpellier, 1968, J. Bastier, Le testament en Catalogne du
IXᵉ au XIIᵉ siècle une survivance wisigothique, in Revue d'histoire de droit français et étranger,
juillet-septembre 1973, m'ont été particulièrement utiles.
    [3] R. Folz, L'esprit religieux du testament bourguignon au Moyen Age, in Mémoire de la
Société pour l'histoire du droit et des institutions des anciens pays bourguignons, comtois et
romands, fasc. 17, 1955, p. 7 à 18. Parmi les études plus récentes il faut citer : M. S. de Nucé de
Lamothe, Piété et charité publique à Toulouse de la fin du XIIIᵉ siècle au milieu du XVᵉ siècle,
d'après les testaments, in Annales du Midi, Janvier 1964; M.-Th. Lorcin, Les clauses religieuses
dans les testaments du plat-pays lyonnais au XIVᵉ et au XVᵉ siècle, in Le Moyen-Age, 1972,
p. 287-323; M. Bastard-Fournié, Mentalité religieuse aux confins du Toulousain et de l'Albigeois à
la fin du Moyen-Age, in Annales du Midi, tome 85, juillet-septembre 1973, p. 267-287;
A.-M. Hayez, Clauses pieuses de testaments avignonnais au XIVᵉ siècle, in Actes du 99ᵉ Congrès
National des Sociétés Savantes, Besançon, 1974, Paris, Bibliothèque Nationale, 1977, tome I,
p. 129-159. Faut-il préciser que Piété baroque et déchristianisation en Provence au XVIIIᵉ siècle
par M. Vovelle (Paris, Plon, 1973) a été un guide très précieux et a sans cesse donné l'occasion
de comparaison entre le Moyen Age et la fin de l'Époque Moderne.

La présente recherche concerne les représentations mentales; on ne s'est nullement proposé une étude globale qui utiliserait l'ensemble des dispositions testamentaires pour brosser un tableau des pratiques juridiques, de l'échelle des fortunes, de la taille des familles etc. Mais, d'entrée de jeu, il semble nécessaire de rappeler cette vérité banale : si la reproduction économique et sociale de la famille passe par le testament, l'image que la famille se donne d'elle-même, de son histoire, de sa continuité, n'y tient pas moins une place essentielle. Et si l'acte de dernière volonté est un discours sur la mort, où l'on peut entrevoir certaines représentations mentales, ce discours, en tant que tel, revêt une forme particulière – c'est un acte juridique – et a une fonction économique et sociale précise qu'il ne faut pas non plus négliger. Le testament, pris comme un tout, témoigne de la société qui le produit, mais en retour cette société est modifiée par lui, et pas seulement sur le plan économique[4]. Les formulaires véhiculent et imposent des modèles de conduite sociale (partages successoraux, organisation de la famille etc.), mais leur diffusion massive dans toutes les classes sociales à partir de la fin du XIIIe siècle joue aussi un rôle majeur dans l'évolution des images de la mort et de l'au-delà.

Si l'on veut mesurer l'aptitude réelle de cet acte à devenir un «miroir de la mort», il faut retracer, même brièvement, l'histoire de la pratique testamentaire et tenter de saisir ce qui, dans les conditions concrètes de la rédaction du testament, est révélateur de sa fonction sociale.

*
*   *

I – LA «RENAISSANCE» DU TESTAMENT AU XIIe ET AU XIIIe SIÈCLE

Vers 1300, il y a seulement un peu plus d'un siècle que les Provençaux et les Comtadins ont redécouvert la forme testamentaire. C'est peu à l'échelle des temps médiévaux. C'est essentiel, pour comprendre la place du testament dans la société au XIVe et au XVe siècle.

---

[4] Cf. l'article déjà ancien de R. Boutruche, *Aux origines d'une crise nobiliaire : donations pieuses et pratiques successorales en Bordelais du XIIIe au XVIe siècle*, in *Annales d'histoire sociale*, 1939, p. 162-177 et 257-277 qui, d'un point de vue peut-être encore trop économiste, essaie de mesurer l'impact des legs religieux sur la crise sociale de la fin du Moyen Age.

Testaments et actes «mortis causa»

Attesté encore assez tard à l'époque mérovingienne[5], le testament romain disparaît pratiquement de Provence et de Comtat entre la fin du VIIIe siècle et le milieu du XIIe siècle, même si les règles romaines de dévolution des patrimoines sont alors toujours plus ou moins observées. Auffroy admet la survie de la forme testamentaire dans l'ensemble du Midi, mais des études récentes montrent que si elle subsiste en effet plus ou moins nettement en Septimanie, par exemple, il n'en est pas de même à l'est du Rhône[6]. Dans la Provence féodale du Xe siècle, la *divisio* à parts égales règle encore la succession des grands, mais elle se fait en réalité *ab intestat*[7]. Nulle trace alors de testament romain bien constitué, avec institution d'héritier et quarte légitime. Le mot même de *testamentum* finit par désigner tout acte écrit[8].

Comme partout ce sont alors les donations *pro remedio anime* qui remplissent les cartulaires. Au temps de la Paix de Dieu puis des Croisades, ces dons témoignent de l'intérêt de plus en plus vif accordé par les *milites*, mais très tôt aussi en Provence par la fraction la plus riche des roturiers citadins, à la valeur rédemptrice de l'aumône[9]. Lérins, Saint-Victor et, plus proches du Comtat, Montmajour, Saint André du Mont-Andaon, les Hospitaliers de Trinquetaille, les Templiers de Richerenches, les chapitres cathédraux réformés profitent de ces largesses[10]. Ils reconstituent ou arrondis-

---

[5] R. Aubenas, *Le testament en Provence, op. cit.*, p. 14 et suivantes (qui cite le testament de Césaire d'Arles en 542 de forme encore très romaine) et M.-L. Carlin, *La pénétration du droit romain, op. cit.* p. 3 et suiv., p. 255 et suiv.

[6] O. Terrin, *Evolution de la pratique testamentaire agathoise, op. cit.*, p. 14 et suiv. L. de Charrin, *Les testaments dans la région de Montpellier, op. cit.*, p. 14 et suiv., qui reprennent les arguments de P. Tisset, *Placentin et son enseignement à Montpellier, Droit romain et coutume dans l'ancien pays de Septimanie*, in *Recueil de mémoires et travaux publiés par la Société d'histoire du droit... écrit*, fasc. 12, 1951, qui admet la persistance d'une tradition empirique et coutumière du testament romain. Rien de tel en Provence selon M.-L. Carlin, *op. cit.*, p. 3.

[7] Cf. J.-P. Poly, *La Provence et la société féodale (879-1166), contribution à l'étude des structures dites féodales dans le Midi*, Paris, Bordas, 1976, p. 157 et suiv.

[8] Cf. par exemple le *Cartulaire d'Apt*, édité par N. Didier, J. Barruol, H. Dubled, Paris, Dalloz, 1967, p. 55 et actes n° 36 et 39.

[9] M.-L. Carlin, *La pénétration du droit romain dans les actes de la pratique provençale, op. cit.*, p. 216 et suiv.

[10] Cf. les cartulaires des abbayes et des Ordres : *Cartulaire de Trinquetaille*, édition P. Amargier, Gap, 1972 ; B. Guérard, *Cartulaire de St. Victor de Marseille*, Paris, 1857 ; E. Duprat, *Cartulaire de N. D. des Doms*, Avignon, 1932 ; L.-H. Labande, *Chartes de Montmajour aux archi-*

sent leur patrimoine en devenant les intermédiaires irremplaçables entre Dieu et les hommes.

Si la forme romaine du testament a pratiquement disparu, l'idée persiste qu'on puisse faire en prévision de sa mort un acte qui ne prendra effet qu'après celle-ci. Et cette idée se retrouve aussi bien dans les donations pieuses in *articulo mortis* que dans les donations entre vifs avec réserve d'usufruit[11].

Il faut attendre le dernier tiers, et parfois les dernières années du XIIe siècle, pour voir «renaître» peu à peu le testament «romain», avec ses clauses essentielles (*nuncupatio*, clause codicillaire, présence des sept témoins et surtout institution d'héritier). Vers 1160-1170 les donations en faveur de bénéficiaires religieux ou laïcs constituent la part la plus importante de la documentation. Mais à partir de 1180-1200 les actes incluant l'institution d'héritier sont de plus en plus féquents, sans remplacer immédiatement toutes les vieilles *donationes mortis causa*.

Dans le premier tiers du XIIIe siècle, les testaments comtadins sont encore assez simples. Les préambules, peu développés, reprennent rarement les évocations de l'imminence du Jugement et de la fragilité humaine que l'on trouve dans les donations un siècle plus tôt. Les dispositifs se réduisent au strict minimum : élection de sépulture, quelques legs pieux, désignation de l'héritier, des *gadiatores*, nomination des témoins. Le nombre restreint d'actes conservés ne nous permet pas de saisir avec précision la diffusion de cette nouvelle forme juridique dans les différentes couches sociales. Si les seigneurs des *castra*, les chevaliers urbains et les plus riches des roturiers sont encore les plus nombreux, on rencontre aussi dans les cartulaires un certain nombre de petits alleutiers sans grande fortune[12].

Dans la chronologie sommaire que l'on vient d'esquisser c'est le caractère tardif de la diffusion du testament en Provence et en Comtat qui frappe d'abord. Chez les notaires italiens l'institution d'héritier est attestée dès le milieu du XIIe siècle; de même dans la région d'Agde[13], ou un peu plus tard,

---

ves du palais de Monaco, in *Annales de la Société d'études provençales*, 1908; G. de Manteyer, *Les chartes du pays d'Avignon*, Mâcon, 1914; F. de Ripert de Monclar, *Cartulaire de la commanderie de Richerenches de l'Ordre du Temple*, Avignon-Paris, 1907, etc...

[11] M.-L. Carlin, *La pénétration du droit romain, op. cit.*, p. 236 et suiv.

[12] M.-L. Carlin, *La pénétration du droit romain, op. cit.*, p. 219. Il faut noter cependant que les donateurs ou les testateurs du *Cartulaire de Trinquetaille* par exemple, s'ils n'appartiennent pas à une grande famille (Porcellet, acte nº 63), sont tous issus de milieux aisés comme le montrent les dons en espèces et en nature qu'ils font aux Hospitaliers (cf. l'édition de P. Amargier, *op. cit.*, p. 53, 59, 69, 70, 105, 106, 114).

[13] O. Terrin, *Evolution de la pratique testamentaire agathoise, op. cit.*, p. 21 et suiv.

vers 1160-1170, à Montpellier et dans le reste de la Septimanie[14]. La
«renaissance» du testament suit donc très exactement les étapes de la
pénétration du droit romain et le développement du notariat public. Or, sur
ce point aussi, la Provence marque un léger retard sur l'Italie du Nord et les
pays à l'ouest du Rhône. Des *magistri* sont attestés en Avignon vers 1148,
mais il faut attendre 1197 pour trouver trace d'un *notarius civitatis*, le début
du XIIIe siècle pour qu'apparaissent les premiers notaires publics (alors que
les *tabelliones publici* instrumentent déjà depuis près de cinquante ans en
Septimanie[15]). La Provence occidentale, qui a oublié plus complètement les
formes romaines que le Bas-Languedoc profite moins vite aussi des échanges avec l'Italie (grâce auxquels en partie le droit romain se développe de
nouveau). En Comtat comme en Septimanie cependant, si l'importance des
influences italiennes ne fait pas de doute, ce sont essentiellement les
transformations sociales et la croissance économique qui expliquent le
succès de ces nouvelles formes juridiques.

La nouvelle société et la démocratisation du testament.

A partir de la fin du XIIe siècle, de nouvelles terres sont défrichées; les
paluds comtadins, drainés et asséchés, ne tardent pas à produire des
céréales d'excellente qualité. Les moulins se multiplient sur les bords de la
Sorgue, Avignon s'étend au-delà de ses remparts et devient un gros marché
du blé. Les échanges locaux et régionaux par le Rhône et la Durance
s'intensifient, les bénéfices des péages augmentent sans cesse, la masse
monétaire s'accroît[16]. Dans les villes et les gros bourgs, tandis que les
chevaliers citadins cherchent à s'emparer des tonlieux, les bourgeois, artisans ou marchands, prennent une importance nouvelle. L'ère des communes et des consulats commence[17]. C'est dans ce contexte de forte croissance,

[14] A. Gouron, *Les étapes de la pénétration du droit romain en Septimanie*, in *Annales du Midi*,
1957, t. 69, n° 38, p. 103-120. L. de Charrin, *Les testaments dans la région de Montpellier, op. cit.*,
p. 25 et suiv.

[15] A. Gouron, *Les étapes de la pénétration du droit romain, op. cit.*, et M.-T. Carlin, *Recherches sur l'apparition du notariat public dans la Provence Méridionale*, in *Bull. Philo. et Hist. du
Comité des Travaux Scientifiques*, année 1965, Paris, 1968.

[16] Toute cette évolution a été bien mise en valeur par J.-P. Poly, in *La Provence et la société
féodale, op. cit.*, p. 213-249 et 286-317.

[17] *Idem*, p. 310-317; comme l'a montré par ailleurs A. Gouron l'installation des consulats
n'est pas sans rapport avec la pénétration du droit romain : cf. *Diffusion des consulats
méridionaux et expansion du droit romain aux XIIe et XIIIe siècle* in *Bibliothèque de l'Ecole de
Chartes*, 1963, tome CXXI, p. 26-76.

où la ville, le commerce et la monnaie jouent un rôle de plus en plus grand que se développe, non parfois sans résistances, le droit romain et avec lui le testament nuncupatif.

La pratique nouvelle des juristes offre en effet, à une époque où les échanges s'accélèrent, où la mobilité sociale et géographique est plus importante, des solutions commodes, sûres et rapides pour régler une transaction ou transmettre un bien. Dans cette société en pleine expansion démographique et économique, le partage des patrimoines peut donner lieu à des contestations très âpres, ou même mettre en cause la structure familiale. Le testament, par la relative liberté qu'il laisse au chef de famille, contribue au contraire à renforcer la cohésion du groupe familial, sans pour autant le fermer aux échanges avec l'extérieur. On peut facilement étendre au Midi français la remarque de P. Toubert pour le Latium : le développement de la pratique testamentaire accompagne et favorise la mise en place de structures familiales «plus souples et plus finement articulées»[18].

Techniquement, c'est un instrument beaucoup moins rigide que la donation entre vifs puisqu'il ne recourt pas à la notion de réserve d'usufruit et surtout qu'il peut être révoqué, ou complété par codicille. Il connaît d'autant plus de succès qu'il parvient à intégrer, ou à recouvrir, certaines pratiques coutumières anciennes et que, par ailleurs, il prend en charge la vieille fonction de *gadium spiritualis*, de gage pour l'au-delà. La présence des *gadiatores* à la fin du testament est particulièrement révélatrice de cette adaptation des formes romaines classiques aux exigences d'une société chrétienne dont les racines ne plongent pas toutes dans la romanité[19].

Dans une très large mesure la forme nuncupative explique la rapidité de la diffusion du testament. Il est dicté par le *de cujus*, en langue d'oc, devant sept témoins et en présence du notaire qui note rapidement au brouillon, ou directement sur son registre de brèves, les principaux éléments de l'acte. Ce premier texte est ensuite retranscrit, avec cette fois l'ensemble du formulaire, pour en faire une expédition destinée au testateur et une copie, conservée par le notaire sur un registre d'étendues. L'essentiel des actes étudiés ici provient des minutes notariales, et non, comme dans d'autres régions (le Forez ou le Lyonnais par exemple[20]) des

---

[18] P. Toubert, *Les structures du Latium médiéval*, in *Bibliothèque des Écoles françaises d'Athènes et de Rome*, Paris, 1973, tome I, p. 98 et suivantes.

[19] M.-L. Carlin, *La pénétration du droit romain, op. cit.*, p. 275.

[20] Cf. M. Gonon, *Testaments foréziens*, Mâcon, Imprimerie Protat, 1951; L. Boyer, *Introduction à l'étude du testament forézien; op. cit.* M.-Th. Lorcin, *Les clauses religieuses dans les testaments du plat-pays lyonnais, op. cit.*, etc...

registres d'officialité ou de cour de justice . Les notaires comtadins jouissant de la qualité de *persona publica* les testaments enregistrés par eux sont reconnus comme authentiques et leur publication n'est pas requise[21]. Jusqu'au XVIIIe siècle, c'est la forme nuncupative qui domine très nettement en Provence et dans le Comtat[22].

L'*illiteratus* peut donc, moyennant quelques sous, voire quelques deniers, faire venir le notaire (qui, rappelons-le, est loin d'occuper alors la position sociale confortable de ses successeurs de l'époque contemporaine) et lui dicter, devant la famille et les voisins assemblés, ses ultimes volontés. L'essentiel est que soient prononcées les paroles presque sacramentelles *Ego instituo talem heredem meum universalem*[23]. Cependant, en droit, la capacité de tester n'appartient pas également à tous. Seul celui qui est *sui juris*, qui n'est pas sous la puissance d'un *pater familias*, la possède pleinement. En Provence, l'*alieni juris* peut toutefois effectuer avec le consentement de son *pater familias* une donation pour cause de mort, qui ressemble à s'y méprendre au testament, avec la seule nuance qu'il n'y a pas d'institution d'héritier mais désignation d'un «donataire universel»[24].

Toutes ces règles limiteraient considérablement notre champ d'investigation si, dans la pratique, elles n'étaient pas souvent atténuées, tournées, voire oubliées. La puissance paternelle est loin d'avoir en Provence la rigueur qu'elle avait à Rome. Les pères peuvent en effet émanciper leurs fils ou les autoriser expressément à tester[25]. Au XVe siècle, l'artifice de la *donatio mortis causa* est de moins en moins employé et le juriste comtadin Etienne Bertrand admet que la *patria potestas*, pour qu'elle ait son plein effet, implique la communauté de vie[26]. Celle-ci, encore effective assez

---

[21] P. Ourliac, *Droit romain et pratique méridionale au XVe siècle, Etienne Bertrand*, Paris, Librairie Sirey, 1937, note 3, p. 153. Même chose à Montpellier, L. de Charrin, *Les testaments de la région de Montpellier, op. cit.*, p. 155.

[22] M. Vovelle, *Piété baroque et déchristianisation, op. cit.* p. 46-49.

[23] P. Ourliac, *Droit romain et pratique méridionale, op. cit.* p. 152.

[24] R. Aubenas, *Cours d'histoire du droit privé*, Aix, polycopié, 1952, tome III, *Testaments et successions dans les anciens pays de droit écrit au Moyen Age et sous l'Ancien Régime*, p. 60-61.

[25] Cf. par exemple 1329, Orange, BV ANO 136 fo 67 ro; 1427, Avignon-Martin 97; Cf. aussi P. Ourliac, *Droit romain et pratique méridionale, op. cit.*, note 2 page 62.

[26] P. Ourliac, *Droit romain . . ., op. cit.*, p. 55-56; Au XVe siècle certains notaires respectent mieux que d'autres les règles concernant la donation pour cause de mort, par exemple à Valréas pendant les années 1450-59. (Valréas-Petit 73 fo 90 vo, 78 fo 8; Valréas-Evesque 235 fo 132, 291, 180, 314, 318, 320, etc...).

souvent à la campagne, devient beaucoup plus rare en ville en raison des déplacements de population. Enfin, il est clair qu'à partir des années 1340, la répétition des mortalités et la faible espérance de vie «libèrent» de la tutelle parentale la plupart des comtadins; ceux-ci ont déjà le plus souvent enterré père et mère quand ils songent à leur tour à faire leur testament.

Pour toutes ces raisons la forme nuncupative connaît un succès grandissant d'abord dans les villes, puis, peu à peu, dans les gros bourgs ruraux et les campagnes. On ne possède pour le Comtat et Avignon que quelques actes dispersés datant du XIIIe siècle. Ils émanent tous de la noblesse ou de riches bourgeois[27]. En revanche, les testaments que l'on peut trouver dans les premiers minutiers montrent très bien cette progressive démocratisation du testament. A Marseille par exemple, dès les années 1270-1280, les actes émanent autant des petits artisans, voire des agriculteurs vivant en ville, que des couches sociales plus aisées, nobles, marchands ou clercs[28]. Il en va sans doute de même dans les principales villes comtadines.

Mais c'est seulement à partir des années 1320-1340 que les minutes des notaires, et donc les testaments, ont été conservés en grand nombre. Plus de 5000 registres datant du XIVe et du XVe siècle sont entreposés actuellement au Palais des Papes d'Avignon qui abrite les Archives départementales de Vaucluse. Ils contiennent approximativement 35.000 à 40.000 testaments. Les aléas de la conservation n'expliquent pas tout; il est impossible que la date d'apparition des premières séries de minutes ne soit pas révélatrice d'un gonflement rapide de la «consommation» d'actes juridiques à la fin du XIIIe siècle et au début du XIVe siècle. C'est seulement alors que se vulgarisent définitivement les formes romaines.

[27] Il peut s'agir par exemple des testaments des évêques d'Avignon : 1212, *Cartulaire de N. D. des Doms*, édition Duprat, Avignon, 1932 (qui n'est d'ailleurs pas un vrai testament au sens romain du terme), 1278 (testament de R. d'Uzes) in *Gallia Christiana Novissima*, tome VII, col. 245-246; de ceux de nobles comtadins : Bérenger de Caderousse, 1226, E. Duché de Caderousse 67 (1); Bertrand de Fos, 1247, Biblio. Calvet ms. 2095 pièce n° 3; Alasacie femme Guillaume d'Ancezune, 1263, E, Duché de Carerousse 67 (3); Raymond de Lagnes, 1270, 4 G 18 f° 125; Raymond d'Ancezune, 1286, E, Duche de Caderousse, 67 (3) etc... Quelques actes émanent de la bourgeoisie avignonnaise ou de riches veuves 1213; Ste Catherine, H 86; 1243, 1 G 459, pièce 59; 1258, Epicerie A1; 1260, Dominicains H 3; 1291, Epicerie B 6; 1281, in Duprat, *Documents sur l'Ordre du Temple à Avignon*, in *AACV* 1914-15 p. 93.

[28] J. Chiffoleau, *Pratiques funéraires et images de la mort à Marseille, en Avignon et dans de Comtat Venaissin*, in *Cahier de Fanjeaux* n° 11 p. 274 et note p. 299. La plupart des testaments étudiés proviennent des Archives communales de Marseille, cf. en particulier les actes émanant de laboureurs (1278, A.C.M. II 2 f° séparé; 1278, II, 2 f° 50 etc.).

II - Sociologie des testateurs au XIVᵉ et au XV siècle

L'étude systématique de l'ensemble des testaments comtadins de la fin du Moyen-Age a été écartée pour deux raisons au moins : le dépouillement de ces actes, qui sont dispersés dans des registres souvent dépourvus de table, est très lent et surtout son caractère exhaustif n'est absolument pas ici une nécessité scientifique. D'une part, les testaments conservés ne représentent en effet qu'une fraction, souvent impossible à calculer, des actes passés effectivement devant notaire. D'autre part, les formations sociales concernées étant relativement homogènes il a été possible de délimiter à l'intérieur de l'espace comtadin des lieux d'expérimentation précis et significatifs.

Le choix des échantillons

Quatre zones, aux caractères originaux mais toutes centrées sur des villes possèdant aussi un notariat important, ont été choisies.

D'abord Avignon, qui s'impose comme lieu de résidence des papes puis des légats, comme centre d'échanges et de commerce et, moins spécifiquement, comme grande ville, périodiquement ravagée par les épidémies mais aussitôt repeuplée par les innombrables migrants qui y passent et y meurent. L'installation de la cour pontificale, le prodigieux développement urbain qui en résulte[29] puis, au temps du Schisme, le départ des papes et la crise qui frappe alors de plein fouet ce qui n'a été qu'une capitale provisoire et un peu artificielle, singularisent le destin de cette ville. On a souvent retenu de la papauté avignonnaise qu'elle avait été administrative, gestionnaire. Mais pendant plus de soixante-dix ans la «cour romaine» est aussi le premier centre pastoral de la Chrétienté où se relance, sans succès, l'idée de croisade, où s'élabore la politique indulgencière, où se déroulent les procès de canonisation, où se développent enfin les querelles disciplinaires (Spirituels) et théologiques (Mystique rhénane, Ockhamisme, Vision Béatifique)[30]. Il est impossible que la présence des pontifes, des cardinaux

---

[29] Sur tous ces problèmes cf. B. Guillemain, *La cour pontificale, op. cit.*, et en particulier p. 499 et suiv.

[30] Sur les Spirituels cf. *Franciscains d'Oc, Les Spirituels (1280-1324), Cahier de Fanjeaux* nº 10, Privas, Toulouse, 1975. Sur les diverses querelles théologiques cf. G. Mollat, *Les papes d'Avignon*, Paris 1964 et les tomes XIII et XIV de *l'Histoire de l'Eglise*, Fliche et Martin. Sur les

et de leurs familiers, des clercs qui peuplent la Chancellerie, la Chambre, la Pénitencerie, des innombrables quémandeurs de bénéfices, des théologiens Mendiants ne marque pas profondément les coutumes, la pastorale de la mort, voire même les images que l'on se fait du passage dans l'au-delà, comme elle marque alors tous les aspects de la vie sociale. Mais Avignon n'est pas seulement une ville de clercs. Après le départ des papes elle reste une ville de marchands; par tradition, parce que sa situation sur le grand axe rhodanien est privilégiée, mais aussi parce que les pontifes ont attiré les Italiens et que ceux-ci, Francesco di Marco Datini en tête, ont installé des comptoirs, ouvert des boutiques, parfois fait souche[31]. Au XVe siècle les marchands d'Asti, de Lucques, de Plaisance, de Florence sont encore très nombreux. Ils achètent des biens en Comtat, épousent parfois les filles des notables, s'installent : les Pazzi deviennent Passis, les Peruzzi, Pérussis[32]. Ce monde cosmopolite où les échanges épistolaires se multiplient, où s'élaborent et se développent les techniques commerciales les plus modernes, où l'accumulation devient une vertu essentielle, a-t-il eu face à la mort des comportements spécifiques? A-t-il joué le rôle de modèle pour les bourgeoisies locales? Ou bien au contraire ses velléités de modernité s'arrêtent-elles quand il faut, *in articulo mortis*, dicter son testament? A elle seule la présence de cette riche bourgeoisie urbaine suffirait à justifier l'étude des testaments avignonnais. Avignon enfin est une grande ville (peut-être 30000 habitants vers 1370)[33], encombrée d'une population flottante impossible à chiffrer où les mortalités font des coupes sombres. Les étrangers affluent. Les marchands bien sûr, mais surtout les migrants de condition très modeste, qui, par milliers, après avoir déguerpi et fui la peste ou les routiers cherchent en ville un refuge illusoire. Ils viennent des pays envi-

---

procès de canonisation cf. les travaux d'A. Vauchez, *La sainteté en Occident aux derniers siècles du Moyen Age*, à paraître dans la *BEFAR*.

[31] Y. Renouard, *Les relations des papes d'Avignon et des compagnies commerciales et bancaires de 1316 à 1378*, Paris, 1942; R. Brun, *Quelques italiens d'Avignon au XIVe siècle. I. Les archives Datini à Prato*, in *Mélanges d'archéologie et d'histoire*, Tome XI, 1923, p. 103-113; Sur Francesco di Marco Datini lui-même cf. Iris Origo, *Le marchand de Prato*, traduction française, Paris, Albin Michel, 1959, p. 25 à 50 en particulier.

[32] J. Girard, *Les Baroncelli d'Avignon*, Publications de l'Institut méditerranéen du Palais du Roure, Avignon, 1957; M. Clerc, *Un homme d'affaire avignonnais au XVe siècle : Alaman de Passis*, D.E.S. d'histoire médiévale, Faculté d'Aix-en-Provence, 1956, (dactylographié), même titre, *Provence Historique*, tome VII, 1957, p. 305-336. M. de Guillermier, *L'installation d'une famille florentine à Avignon au XVe siècle : les Pérussis*, Aix-en-Provence, Faculté des Lettres, (Travaux et mémoires XV) La Pensée Universitaire, 1960.

[33] B. Guillemain, *op. cit.*, p. 722-723.

ronnants mais plus encore, par la vallée du Rhône, de Franche-Comté, de
Bourgogne, de Flandre même. Avignon, on le verra en repèrant les diocèses
d'origine de la plupart des testateurs, est alors un lieu de la mobilité et du
déracinement. Par là elle ressemble un peu à toutes les villes de la fin du
Moyen Age et la mort y a forcément une signification très différente de celle
qu'elle doit avoir dans les bourgs de la plaine irriguée où, malgré les
épidémies et les désertions, règne une plus grande stabilité.

Parmi les séries de registres comtadins (plus de 3.700) il était nécessaire
de faire des choix. Malgré un certain nombre d'études récentes sur Carpentras qui auraient facilité la compréhension des problèmes spécifiques de
cette ville, il n'a pas été possible, pour des raisons matérielles, de faire un
dépouillement systématique des actes notariés locaux[34]. On s'est contenté à
regret de quelques sondages. De même pour l'Isle-sur-la-Sorgue, où, semble-
t-il, s'est développé un milieu artisanal original et prospère[35], mais où les
séries notariales ne commencent vraiment qu'à l'extrême-fin du XIVe siècle
et rendent les comparaisons avec d'autres villes ou villages très difficiles. En
revanche trois régions, ayant chacune leur originalité, offrent des possibilités documentaires satisfaisantes : au sud, Cavaillon et son territoire; au
nord, Valréas et les villages qui l'entourent; à l'est, le pays d'Apt entre
Lubéron et Plateau de Vaucluse.

Malgré l'ancienneté du siège épiscopal, Cavaillon n'est au début du
XIVe siècle qu'un gros bourg agricole dominé par quelques familles et par
l'évêque entouré du chapitre et des administrateurs des biens épiscopaux.
Le pape et l'évêque se partagent d'ailleurs la seigneurie sur la ville. La
majorité des 3.500 habitants de la cité et des maigres faubourgs qui
l'entourent vit de l'exploitation de la terre. Nombreux sont les cavaillonnais,
laboratores ou *ortholani* qui, chaque matin, quittent la cité et y reviennent le

[34] Cf. en particulier les études de R.-H. Bautier, *Feux, population et structure sociale au milieu du XVe siècle : l'exemple de Carpentras*, in *Annales*, E.S.C., 1959, p. 255-268; de L. Stouff, *La viande. Ravitaillement et consommation à Carpentras au XVe siècle*, in *Annales E.S.C.*, 1969, p. 1431-1449; de C. Castellani, *Le rôle économique de la communauté juive de Carpentras au début du XVe siècle*, in *Annales E.S.C.*, 1972, p. 583-611. La plupart des actes notariés de Carpentras se trouvent encore au Palais de Justice de cette ville et sont, on peut le regretter, difficilement accessibles, ou du moins se prêtent mal à une exploitation systématique.

[35] Cf. la Thèse de droit encore inédite de M. Lacave, *Entreprises industrielles comtadines (1450-1560)*, Faculté de Droit et de Sciences Economiques de Montpellier, 1971, 2 tomes dactylographiés. L'auteur, qui majore sans doute l'importance des «entreprises industrielles» dans la vie économique comtadine, montre très bien cependant, à partir surtout des registres notariés de l'Isle-en-Venaissin, la présence d'un milieu artisanal très prospère.

soir après avoir travaillé toute la journée dans leurs champs ou leurs jardins. Les terres irriguées, la vigne et les céréales couvrent l'ensemble du *territorium* tandis que les activités artisanales, les échanges monétarisés, y compris les prêts à intérêt, sont peu développés. Si elle favorise l'extension de certaines cultures pour l'approvisionnement de la cour pontificale, la présence très proche d'Avignon stérilise peut-être, ou au moins ralentit, le développement du commerce des objets manufacturés. La ville semble peu ouverte sur l'extérieur. L'étude des contrats de mariage révèle une certaine endogamie, l'activité des notaires se limite à la cité et à quelques villages au pied du Lubéron (Taillades, Robion, Maubec, Oppède). On possède peu de témoignages sur le rayonnement de ce gros bourg peuplé d'agriculteurs et de propriétaires fonciers[36].

Aux frontières des espaces comtadins et dauphinois, à près de 60 km. d'Avignon, au milieu d'une petite région peu urbanisée, Valréas est dans une situation différente. La ville, qui était sous la domination d'une multitude de petits coseigneurs, a été peu à peu intégrée aux terres pontificales par une habile politique d'achats[37]. Comme à Cavaillon l'activité primordiale reste agricole car la plaine est riche, le blé et les vignes abondants, mais l'artisanat et les échanges tiennent une place non négligeable dans l'économie locale. L'installation dès le XIIIe siècle des frères de Saint Antoine et surtout d'un couvent de Cordeliers, les déplacements nombreux des notaires qui «couvrent» l'ensemble du plat-pays et sont en relation directe avec Avignon, Vaison, Carpentras, Pernes etc., sont autant de signes révélateurs du dynamisme de cette petite ville qui compte elle aussi au début du XIVe siècle environ 3.500 habitants.

Apt n'est pas une cité comtadine mais provençale. Toutefois, c'est bien vers le Comtat et Avignon que regarde l'ensemble de son *pagus*, tout entier organisé autour de la vallée du Calavon et isolé du reste de la Basse-Provence par la chaîne du Lubéron. Cette situation à elle seule pourrait

---

[36] H. Peretti, *Cavaillon au début du XIVe siècle*, in *Provence Historique*, tome XXVI, 1976, p. 307-313 et J. Chiffoleau, *L'espace urbain et l'espace régional de Cavaillon vers 1320-1340*, in *Provence Historique*, tome XXVI, 1976, p. 287-300.

[37] M. Choquet, *Histoire de Valréas*, Valréas, 1951, 2 tomes; M. Hayez, *Valréas et ses seigneurs au XIVe siècle*, in *Mémoires de l'Académie de Vaucluse*, 6e sèrie, tome I, 1967, p. 277-295; M. Zerner, *Le terroir de Valréas au XVe siècle* in *Provence Historique*, 1970; de la même *Taux de croissance démographique d'après les testaments à Valréas* in *La Démographie médiévale, sources et méthodes*, actes du Congrès de l'Association des Historiens Médiévistes de l'Enseignement supérieur public (Nice 1970), *Annales de la Faculté des Lettres et Sciences Humaines de Nice*, Monaco, 1971, p. 17-19.

justifier l'utilisation des registres aptésiens dans cette étude. Mais si les contacts avec la plaine sont privilégiés, ils ne font pas oublier les liens anciens qui unissent Apt avec le comté de Forcalquier, la Haute-Provence, la montagne. Dès que la vallée se resserre on sort en effet du domaine de l'irrigation, des légumes et des fruits, des céréales nobles, pour entrer dans celui du méteil, du seigle, du mouton et de la forêt plus ou moins dégradée par la surpâturation[38]. La ville semble vivre de ce contact. L'artisanat y est prospère mais rustique (tisserands, savetiers, travail du cuir). La petite société aptésienne est encore très marquée au début du XIVe siècle par les traditions de la Haute-Provence féodale. La vie communautaire y est bien établie mais les évêques ont contrecarré le développement du consulat[39]. Quelques familles continuent à monopoliser les charges et les honneurs; les Bot par exemple ont donné trois évêques et une bonne demi-douzaine de chanoines à l'église locale. En 1326 une dizaine de moniales (dont l'abbesse) sur la quarantaine que compte le monastère Sainte-Catherine sont issues de cette lignée[40]! Les petits seigneurs des *castra* périphériques qui descendent souvent de familles autrefois puissantes (Agoult, Ponteves, Reillane, Simiane etc.)[41] jouent encore un rôle important dans la vie locale et régionale. Ce sont d'ailleurs ces mêmes familles que l'on retrouve à Sault, Ansouis, Puimichel, Cabrières et Apt dans l'entourage de saint Auzias et sainte Dauphine de Sabran dont les *vitae* occitanes racontent les miracles et les faits édifiants[42]. La relative originalité de la société aptésienne, la situation de contact de la ville expliquent le choix de ce quatrième lieu d'expérimentation qui présente l'avantage de nous donner un grand nombre de testaments ruraux provenant le plus souvent des *castra* de la région. Plus encore que ceux de Valréas, les notaires d'Apt se déplacent constamment. Urbain

[38] Cf. Th. Sclafert, *Cultures en Haute-Provence, déboisements et pâturages au Moyen-Age*, Paris, S.E.V.P.E.N., 1959, p. 45 et suiv.

[39] L'évolution du consulat est rappelée par A. Gouron dans *Diffusion des consulats méridionaux et expansion du droit romain aux XIIe et XIIIe siècle*, in *Bibliothèque de l'Ecole des Chartes*, 1963, tome CXXI, p. 49 et suiv.

[40] Cf. *l'Obituaire de l'Église-Cathédrale d'Apt*, édité par F. Sauve, Monaco-Paris, Imprimerie de Monaco-Librairie A. Picard, 1926, p. XXV-XXXIII. Une copie moderne de la liste des moniales de 1326 se trouve à la Bibliothèque Inguimbertine de Carpentras, ms. 1655 fo 73 vo.

[41] *Obituaire, op. cit.*, p. XXXVI-XLII.

[42] *Vies occitanes de Saint Auzias et de Sainte Dauphine* publiées par le P. Jacques Cambell, O.F.M. in *Bibliotheca Pontificii Athenaei Antoniani*, no 12, Rome, 1963. Dauphine par exemple guérit Louis de Sabran, apprend par révélation la mort de Raimond d'Agout, convertit Guiraud de Simiane, et c'est l'évêque Auzias de Pontevès qui lui donne les derniers sacrements!

Bonnet, Guillaume Laurent ou Martin Garin viennent d'Orange, de Saint-Paul-Trois-Châteaux, de Forcalquier. Mais ils n'hésitent non plus à faire de véritables tournées dans les villages de la plaine du Calavon. Près du tiers des testaments conservés ont été ainsi établis lors du passage, ou de l'installation temporaire (quelques semaines, quelques mois, une année au plus) du notaire dans un *castrum*. Cette grande mobilité des hommes de lois aptésiens indique à la fois le rayonnement de la ville sur toute la région et les besoins des bourgs et des hameaux, qui ne peuvent entretenir à demeure un spécialiste de l'écrit mais qui néanmoins font appel à lui pour les actes importants de la vie économique et sociale (vente, constitution de dot, testament etc.).

Problèmes statistiques

Comme souvent avec les sources médiévales, le traitement statistique global s'est révélé difficile pour de multiples raisons : tous les testaments ne sont pas exactement construits sur le même modèle; les séries sont plus ou moins concordantes sur le plan chronologique, les lacunes risquent de privilégier un ensemble d'actes au détriment des autres etc. L'utilisation des courbes et des moyennes ne peut donc être considéré ici que comme un auxiliaire de la recherche, précieux mais pas essentiel; il a paru préférable de procéder par touches statistiques successives, chaque série étant traitée séparément.

Encore fallait-il constituer des ensembles cohérents et suffisamment fournis. Pour Apt, Cavaillon et Valréas le problème a été résolu par le dépouillement systématique de tous les registres notariés jusqu'en 1500. 1173, 927 et 743 testaments ont été ainsi retrouvés. Si la plupart des décennies du XVe siècle sont représentées dans chaque série par 50 à 150 actes, il n'en va pas de même entre 1300 et 1370 où l'on compte seulement quelques unités par décennies. Pour compléter les informations dont on peut disposer pour le XIVe siècle, on a donc aussi dépouillé systématiquement tous les registres du Comtat antérieurs à 1350, ceux d'Orange jusqu'en 1370, ceux de Vaison jusqu'en 1380, ceux de Courthezon jusqu'en 1400. Pour la période postérieure, seuls des sondages ponctuels ont été faits dans les minutiers des mêmes localités afin de mesurer les évolutions possibles (ces dépouillements complémentaires ont donné en tout 568 testaments).

Le cas d'Avignon est plus complexe encore puisqu'il reste peu de registres pour la période antérieure à 1390 (une trentaine) mais beaucoup trop pour le XVe siècle (1300) Afin de constituer une série représentative du XIVe siècle il a fallu chercher, comme l'a fait de son côté Mme A.-M. Hayez dans une étude récente[43], dans les archives communales, hospitalières ou des ordres religieux; un peu plus de 160 actes ont été ainsi retrouvés. Mais ils ne constituent pas l'équivalent d'un ensemble tiré des minutes notariales puisque les Aumônes, les hôpitaux ou les couvents de Mendiants ne conservent dans leurs archives que les actes les plus importants, ceux qui les concernent directement et qui émanent souvent de donateurs très riches. Pour le XVe siècle, après un certain nombre de sondages (141 testaments), cinq études ont fait l'objet d'une exploitation systématique. Leur activité est assez importante (les registres ont donné 484, 237, 569, 149 et 340 testaments) et se répartit sur 3 à 6 décennies. Leur clientèle est variée et relativement représentative de la population avignonnaise[44].

Malgré ses imperfections le stock de testaments ainsi constitué (plus de 5400 actes auxquels il faut ajouter un sondage portant sur 285 testaments marseillais) permet de saisir dans leur diversité les pratiques funéraires dans l'ensemble de la région comtadine. Il le permet d'autant mieux que l'étude de la clientèle des notaires montre, sinon la généralisation, du moins une très large extension sociale de la pratique testamentaire pendant toute la période 1320-1480.

La clientèle des notaires[45]

Il est souvent très difficile de connaître la condition et la situation sociale exacte de la plupart des clients des notaires. Si le clerc est toujours nettement distingué, il est parfois plus difficile, surtout au XVe siècle, de reconnaître un chevalier ou un damoiseau si son titre n'est pas clairement donné (l'emploi pléthorique de l'adjectif *nobilis* brouille souvent les cartes). En Avignon le métier du roturier est indiqué dans la très grande majorité des testaments, mais ce n'est le cas que pour 10% à 15% des actes de Valréas, Apt ou Cavaillon. Quant au niveau de fortune, il est encore plus difficile à évaluer puisqu'un testament ne donne jamais la liste des biens de

---

[43] A.-M. Hayez, *Clauses religieuses de testaments avignonnais au XIVe siècle, op. cit.*, p. 129-130.

[44] Il s'agit des études des notaires V. et J. de Brieude (1415-1479), J. Morelli (1430-1459); J. Girard (1424-1469), G. Morelli (1463-1494) et J. de Gareto (1468-1499).

[45] Nous avons laissé de côté pour cette étude, non sans regrets, les très nombreux testaments émanant des colonies juives comtadines. Nous nous réservons cependant d'exploiter la centaine d'actes que nous avons retrouvés au hasard des minutes notariales. Les groupes qui ont donné le plus de testaments sont ceux d'Avignon, de Cavaillon et dans une moindre mesure d'Apt et de Valréas.

celui qui teste et n'est suivi d'un inventaire que de façon rarissime. La mention de la dot, quand il s'agit de la restituer, peut être un indice, de même que les legs pieux et charitables, étant entendu une fois pour toutes qu'il est impossible de dire si ceux-ci sont proportionnels à la fortune réelle de celui qui les ordonne. Même dans ce dernier cas il est parfois très difficile de faire la somme exacte des dons destinés aux clercs et aux pauvres dans la mesure où le testateur laisse ses exécuteurs testamentaires libres d'agir à leur guise, ou bien lègue des biens mobiliers ou immobiliers impossibles à évaluer. En Avignon, à Cavaillon et à Orange cependant, il indique le plus souvent, au début de l'acte, la somme totale qu'il destine au rachat de ses fautes et qu'il faut par conséquent distraire de l'ensemble de ses biens. Tous ces renseignements, malgré leur caractère partiel, permettent cependant d'esquisser à larges traits une sociologie des testeurs.

Une première remarque concerne leur répartition par sexe. Les femmes, qui se trouvent beaucoup plus souvent que les hommes dans la situation de l'*alieni juris*, testent naturellement moins souvent qu'eux. Toutefois, nombreuses sont les veuves qui, dans la position de chef de foyer, passent des actes devant notaire. Il arrive aussi souvent que les femmes mariées sans descendance, voire même les filles majeures, non seulement fassent une *donatio mortis causa* mais testent véritablement après avoir obtenu une autorisation paternelle ou maritale[46]. De sorte que les donations et testaments féminins représentent globalement le tiers de l'ensemble étudié. Il n'y a de ce point de vue aucune différence notable entre les diverses séries de documents. Seulement quelques nuances :

[46] Cf. P. Ourliac, *Droit romain et pratique méridionale, op. cit.*, note 2 page 62 qui cite l'autorisation suivante : «*Anno quo supra et die predicta noverint etc... quod in mei notarii, discretus vir Bertrandus Bernardi de Ruppe Maura, avenionensis diocesis, pater dicte Bertrande filie sur presenti uxori relicte condam magistri Petri de la Aye barbitonsoris, licenciam, consensum, auctoritatem et expressum consensum testandi codicillandi donationes quascumque tam inter vivos quam causa mortis faciendi, ordinandi et statuendi*». Toutefois les cas où, comme ici, une femme mariée, et même veuve d'un premier mariage, demande une autorisation à son père sont très rares.

RÉPARTITION PAR SEXE DE L'ENSEMBLE DES TESTATEURS

	H	F
AVIGNON (XIVe)	67 %	33 %
AVIGNON (XVe)	63,7%	36,3%
CAVAILLON (XIV-XVe)	64,7%	35,3%
VALREAS (XIV-XVe)	60,8%	39,2%
APT-ville (XIV-XVe)	63 %	37 %
APT-campagne (XIV-XVe)	66 %	34 %
COMTAT (XIV-XVe)	63 %	37 %

Les forts pourcentages de testaments masculins en Avignon au XIVe siècle s'expliquent surtout peut-être par un taux de masculinité élevé à l'intérieur de la ville (présence de la cour pontificale et d'immigrants récents)[47]. Dans les campagnes aptésiennes au contraire, c'est sans doute le poids plus fort de la tutelle paternelle sur les filles et même sur les femmes mariées qui rend compte de la faiblesse du nombre des testatrices.

Ces pourcentages ne connaissent pas de grandes variations sur l'ensemble de la période étudiée. Tout au plus peut-on noter au cours du XVe siècle une augmentation régulière du nombre des hommes par rapport aux femmes, qui s'accélère peut-être après 1450. Mise à part la ville d'Avignon, ce phénomène semble général :

ÉVOLUTION DU NOMBRE DES TESTATEURS ET DES TESTATRICES.

	1300 - 1399		1400 - 1449		1450 - 1499	
	H	F	H	F	H	F
Total COMTAT	58,7%	41,3%	60 %	40 %	66,5%	33,5%
CAVAILLON	55,8%	44,2%	58,8%	41,2%	71,4%	29,6%
VALREAS	58,6%	47,4%	57 %	43 %	66 %	34 %
APT	64 %	36 %	57,8%	42,2%	70,1%	29,9%

[47] Cf. B. Guillemain, *La cour pontificale, op. cit.*, p. 497 à 695.

Il est difficile d'expliquer de façon univoque cette évolution mais il serait tentant de la mettre en relation avec une application plus stricte des règles en matière de capacité de tester, elles-mêmes contemporaines de cette seconde vague de diffusion des formes et des principes du droit romain que M. Ourliac a repéré dans la région comtadine à partir du milieu du XVe siècle[48].

Etant donné l'originalité du cas avignonnais, on distinguera, pour tenter de délimiter les contours sociologiques de la clientèle des notaires, les testateurs comtadins de ceux qui vivent dans la capitale de la Chrétienté.

En Comtat, la clientèle des notaires est toujours très variée, même quand on observe ici ou là une légère spécialisation auprès d'une couche sociale ou d'un corps de métier. Les clercs et les nobles, qui font appel le plus souvent aux mêmes notaires que les roturiers[49], ne représentent guère plus de 6% à 12% de l'ensemble des testateurs. Ils forment toutefois deux groupes relativement homogènes, qui par leurs fonctions sociales, sont d'une importance capitale.

Les testaments émanant du clergé forment 3% du total (110 sur 3383). Mis à part les actes de trois évêques[50] ils viennent surtout de prêtres assez riches, souvent des membres des chapitres cathédraux. A Cavaillon par exemple les chanoines représentent le quart des testateurs clercs et lèguent presque toujours beaucoup plus que la moyenne des cavaillonnais[51]. Il en va de même à Apt et à Orange[52]. Mais les curés et les desservants d'églises paroissiales urbaines ou rurales sont aussi très nombreux. Dans la région cavaillonaise, on voit ainsi les vicaires de Mérindole, des Taillades, de

---

[48] P. Ourliac, *Droit romain et pratique méridionale, op. cit.* p. 29-30.

[49] Les évêques eux-mêmes font leurs testaments devant les notaires de la ville et les actes qui les concernent sont inserrés dans les registres ordinaires de ces hommes de loi. cf. Orange (1348), BV ANO 34 fo 6, Cavaillon (1447) Liffran 16 fo 18o vo etc ...

[50] Cf. note 49 et le testament de l'évêque de Vaison (1348) publié dans la *Gallia Christiana*, Tome I, instruments, p. 152.

[51] Alors que la moyenne des legs cavaillonnais est de 20 florins, les legs des chanoines dépassent souvent 50 ou 100 florins, cf. par exemple Pons de Lagnes (1342), Liffran 11 fo 28 qui donne 100 livres, Gautier Aycard (1429) Rousset 82 fo 11 qui donne plus de 140 fl., Antoine Bernard (1437), Rousset 120 fo 15, plus de 200 fl. cf. aussi (1409) Avignon-Martin 271 fo 44, (1422) Cavaillon-Rousset 89 fo 24, (1457) Cavaillon-Rousset 131 fo 62, (1466) Cavaillon-Rousset 178 fo 59, (1471) Cavaillon-Rousset 181 fo 213, (1476) Cavaillon-Rousset 161 fo 28, (1480) Cavaillon-Liffran 21 fo 140, (1483) Cavaillon-Rousset 231 fo 101 vo etc...

[52] (1311) Orange BV ANO, 133 fo 62, (1390) Apt-Pondicq 27 fo 44, (1423) Apt-Pondicq 118 fo 25, (1478) Apt-Pondicq 287 fo 14 etc...

Maubec, d'Oppède, de Robion, de Saumane, du Thor faire leurs testaments. De même autour d'Apt et de Valréas les prêtres de Sault, de Saignon, de Saint-Saturnin, de Viens, de Vinsobre, de Taulignan, de Visan, Grillon etc...[53]. Ils ont bien souvent peu de choses à léguer mais doivent montrer l'exemple à leurs paroissiens en évitant de mourir intestat (cet argument ne vaut évidemment pas pour les clercs non-résidents[54]). Quant aux prêtres sans bénéfice ni charge d'âme, ou aux altaristes qui hantent les villes en quête d'anniversaires ou de messes *de mortuis*, ils apparaissent beaucoup plus rarement[55]. Tout en majorant l'importance quantitative des chanoines, il semble pourtant que l'échantillon de testaments cléricaux dont nous pouvons disposer reflète assez bien la diversité de l'Eglise comtadine. De même, dans chaque série de testaments, le rapport entre les actes émanant des laïcs et ceux qui sont faits par des clercs paraît significatif des situations locales. A Cavaillon, où l'évêque et le chapitre dominent la vie de la cité, les clercs sont nombreux (5,2% des testateurs). En revanche, dans une ville comme Apt, où le chapitre est important mais où les activités économiques et sociales semblent plus diversifiées, leur nombre est proportionnellement plus réduit (2,3% des testateurs en ville, 3% des testateurs à la campagne). A Valréas, qui n'est pas une cité épiscopale et où l'encadrement religieux est réalisé en partie par des réguliers, leur importance numérique est presque

---

[53] *Mérindole* (1347) Cavaillon-Rousset 36 f⁰ 72,
   Taillades (1348) Cavaillon-Rousset 45 f⁰ 15,
   Maubec (1357) Cavaillon-Rousset 39 f⁰ 16,
   Oppède (1449) Apt-Geoffroy 992 f⁰ 9,
   Robion (1452) Cavaillon-Rousset 164 f⁰ 9 et 10,
   Saumane (1495) Cavaillon-Rousset 241,
   Le Thor (1499) Cavaillon-Rousset 281 f⁰ 212 etc.
   Sault (1371) Apt-Pondicq 7 f⁰ 56,
   Saignon (1395) Apt-Pondicq 41 f⁰ 3, (1436) Apt-Pondicq 139, (1475) Apt-Pondicq 258 f⁰ 94,
   Saint Saturnin (1467) Apt-Pondicq 243 f⁰ 94,
   Viens (1450) Apt-Pondicq 243 f⁰ 179,
   Vinsobre (1443) Valréas-Petit 90 f⁰ 17,
   Taulignan, Valréas-Evesque 255 f⁰ 15,
   Visan, Valréas-Evesque 269 f⁰ 187,
   Grillon (1481) Valréas-Evesque 278 etc...
   [54] Un prêtre de Vinsobre habite Valréas (1443, Valréas-Petit, 90 f⁰ 171). Un prêtre de Malaucène habite Orange (1347, BV ANO 65 f⁰ 126) etc.
   [55] Par exemple (1450) Cavaillon-Rousset 161 f⁰ 187, ou bien Cavaillon-Rousset 173 f⁰ 53 etc.

négligeable (1,75% des testateurs). Ces chiffres restent à peu près constants pendant tout le XIVe et le XVe siècle.

Les testaments nobles représentent 5,5% de l'ensemble étudié (189 sur 3383). Il est possible que quelques grandes familles aient eu recours à des notaires particuliers[56] mais il semble que la très grande majorité des nobles, comme les clercs, fasse appel aux hommes de loi du village ou de la ville qu'ils habitent. Mis à part quelques grands personnages[57] l'essentiel de ces actes émane de la petite noblesse. Accrochés aux parts de coseigneurie qu'ils possèdent sur les *castra* et les cités de la région, installés en ville, ces damoiseaux et ces petits chevaliers urbains sont souvent moins riches que les bourgeois au milieu desquels ils vivent. A Cavaillon, les Cabassole, les Romeu, les Carbonel, les Agarin[58] appartiennent exclusivement à des familles nobles citadines, n'ayant pas de possessions importantes dans les villages. A Valréas en revanche les descendants d'anciens seigneurs de la ville[59] se mêlent aux damoiseaux des campagnes environnantes (Colonzelle, la Garde-Adémar, Grillon etc...)[60]. Dans la région d'Apt, les seigneurs de Viens, de Simiane, de Caseneuve, de Sault, de Goult, de Murs, tout en vivant dans la cité, semblent avoir une position plus solide à côté des damoiseaux faméliques des *castra* et des nobles d'origine proprement urbaine[61]. Si à

---

[56] De ce point de vue la situation semble assez différente de celle de Montpellier où «les notaires devaient tenir des registres spéciaux à la noblesse, au moins aux XIIIe et XIVe siècles»: L. de Charrin, *Les testaments dans la région de Montpellier, op. cit*, p. 71.

[57] Prince d'Orange (1281, A. M. Orange AA 5), Giraud Amic (E, Duché de Caderousse, 67 (1)), famille de Sabran (1339, BV ANO 82, f° 5), famille de Mornas (1339, BV ANO 82, f° 46, 1351 BV ANO 32 f° 34), Giraud Ademar, seigneur de Grignan (1462, Pernes-Guillaume 294 f° 141) etc...

[58] Cf. les *Cabassole* (1347, Cavaillon-Rousset 35 f° 115); les *Romeu* (1403, Cavaillon-Rousset 69 hors-cartulaire, 1408 Cavaillon-Rousset 67 f° 76 f., 1404 Cavaillon-Rousset 91 f° 128, 1465 Cavaillon-Rousset 177 f° 65); les *Carbonelli* (Cavaillon-Rousset 64 f° 9; 1409 Avignon-Martin 280 f° 7; 1420 Cavaillon-Rousset 75 f° 92; 1466 Cavaillon-Rousset 160 f° 97 v°); les *Agarin* (1401 Cavaillon-Rousset 61 f° 42; 1416 Cavaillon-Rousset 71 f° 71; 1468 Cavaillon-Rousset 180 f° 2B; 1482 Cavaillon-Rousset 230 f° 26).

[59] Descendants de coseigneurs en 1398 (Valréas-Evesque 204 f° 64)

[60] Valréas-Petit 54 f° 50 v°; Valréas-Petit 59 f° 33; Valréas-Evesque 255 f° 29 etc...

[61] Biblio. Inguimbertine, ms. 1655 f° 90-91 (transcription moderne d'un registre des Corde-liers d'Apt) testaments de la famille de Forcalquier; de même pour la famille de Simiane (ms 1655 f° 44 et 45). Marguerite de Ponteves, dame de Caseneuve, teste en 1451 (Apt-Pondicq 209 f° 94). Plusieurs testaments des familles de Sault, d'Agout (1348, Apt-Pondicq 2 f° 42 f; 1392 Apt-Pondicq 39 f° 29 etc.) de Murs (1476 Apt-Pondicq 327 f° 160) se trouvent aussi dans les registres aptésiens à côté de ceux des damoiseaux urbains (1426 Apt-Pondicq 142 f° 66 v°; 1442 Apt-Pondicq 327 f° 160 etc...).

Cavaillon le pourcentage de testateurs nobles reste stable tout au long du
XIVe et du XVe siècle (8,96% au XIVe siècle et 9,26% au XVe siècle) on
constate qu'il diminue légèrement à Apt (3,7% et 3,4%) et à Valréas (5,4% et
4,5%). C'est le signe, sinon d'un affaiblissement de la noblesse dans ces deux
villes, du moins d'un poids social plus faible et peut-être d'une extension
plus large de la pratique testamentaire parmi les roturiers.

Dès le XIIIe siècle, nous l'avons vu à partir du cas marseillais et de
quelques exemples comtadins, les citadins, même très humbles, ont pris
l'habitude de tester. Au début du XIVe siècle la pratique testamentaire
semble bien implantée dans de nombreux petits villages (même les moins
riches des habitants d'Entrechaux par exemple, qui n'a que quelques dizaines de feux, ont coutume de tester vers 1320[62]). Cependant, au moins jusque
vers 1360 les indices dont on dispose – profession du testateur, somme
destinée aux legs pieux et charitables etc. – montrent que ce sont surtout
les notables, la *sanior pars*, des villes et des villages qui teste. A Orange ou à
Valréas les drapiers, les hommes de loi ou les membres de leurs familles
sont encore les plus nombreux dans la première moitié du XIVe siècle et
leurs dons sont souvent plus importants que ceux des clercs et des nobles[63].
Jusqu'à la fin du XVe siècle, les notaires et les *jurisperiti* semblent d'ailleurs
sur-représentés parmi les testateurs roturiers dont on peut connaître le
métier : 15% et 18% des testaments cavaillonais et aptésiens par exemple
viennent de ce groupe social, ce qui est beaucoup par rapport à l'ensemble
de la population (en dépit du nombre très important d'hommes de loi
attestés dans les villes du Midi à cette époque). Dès les années 1320
cependant, les minutes contiennent des actes révélant des situations sociales modestes ou très modestes[64]. Vers 1340-1360 les artisans apparaissent de

---

[62] Cf. tous les testaments d'Entrechaux in Vaison-Milon 862 f° 39, 44, 45, 46, 47, 56, 57
etc...

[63] Cf. par exemple le testament d'un très riche drapier d'Orange en 1324 (Orange BV ANO
134 f° 72 et suivants) et ceux de membres de la même profession en 1329 (Orange BV ANO 134
f° 87), 1340 (femme de drapier, Orange BV ANO 70 f° 145), 1341 (veuve de drapier, Orange
BV ANO 64 f° 3), 1347 (idem, Orange BV ANO 65 f° 131). Testaments de *jurisperitus* (ou de
femme de *jurisperitus*) en 1340 (Orange BV ANO 70 f° 143), 1348 (Orange BV ANO 229 f° 23)
etc. Même chose à Valréas : drapier en 1390 (Valréas-Evesque 194, f° 121 v°), notaire en 1331
(Valréas-Petit 48 f° 28), 1382 (Valréas-Evesque 193 f° 106), 1395 (Valréas-Evesque 201 f° 43)
etc...

[64] Entre 1320 et 1340 les cavaillonnais (veuves, pauvres artisans, agriculteurs etc.) qui
lèguent moins de 5 livres sont relativement nombreux : cf. en particulier 1332 Cavaillon-
Rousset 25 f° 86, 1341 Cavaillon-Rousset 21 f° 24, Cavaillon-Rousset 26 f° 122, Cavaillon-Rousset

plus en plus souvent : forgerons, tisserands, tailleurs, bouchers à Valréas[65], petits marchands merciers, tisserands et cardeurs de laine, savetiers et fustiers à Apt[66] etc... Au XVe siècle, c'est le tour des *cultores, laboratores, pastores, ortholani* qui, par exemple à Cavaillon, représentent un bon tiers des testateurs[67]. Dans ce dernier cas nous sommes très largement tributaires des sources qui indiquent alors beaucoup plus souvent qu'au XIVe siècle le métier de celui qui teste. Il est clair en particulier que les travailleurs de la terre utilisent le testament beaucoup plus tôt que ne le suggère l'arrivée tardive des «laboureurs» et des «jardiniers» dans les séries étudiées. Toutefois, il est possible que la démocratisation de la pratique testamentaire se soit effectuée assez lentement dans certains milieux, en particulier à la campagne. Tout en rappelant l'avance de la Provence sur des pays plus septentrionaux dans le domaine du droit romain nous suivrions volontiers M. L. Boyer dans son *Introduction à l'étude du testament forézien*[68] quand il écrit : «Le testament du XIIIe siècle en Forez est surtout le testament de notables ou de gens aisés; ce n'est qu'au début du XIVe siècle que cette forme à la fois neuve et très ancienne à disposer à cause de mort rallie les campagnes à son usage». Il reste qu'à partir de 1380 la pratique du testament est quasi-universelle. Deux exemples ponctuels suffisent à le montrer. Quand Monique Zerner compare les testaments de Valréas des

---

31 fo 34 etc. Même chose à Courthezon par exemple, E. Not. et Tab. 80 fo 3, 81 fo 44, 81 fo 47 etc...

[65] Forgerons en 1400 (Valréas-Evesque 206 fo 56), 1452 (Valréas-Petit 74 fo 110), 1491 (Valréas-Evesque 314 fo 25), tisserands et tailleurs en 1419 (Valréas-Evesque 211 fo 13), 1420 (Valréas-Petit 59 fo 9 v, Valréas-Petit 59 fo 30), 1447 (Valréas-Petit 68 fo 107), 1449 (Valréas-Evesque 235 fo 93 vo), 1455 (Valréas-Petit 86 fo 148), 1457 (Valréas-Petit 86 fo 452), 1477 (Valréas-Evesque 251); bouchers en 1398 (Valréas-Evesque 204 fo 25), 1419 (Valréas-Evesque 211 fo 43) etc...

[66] Marchands : 1381 (Apt-Pondicq 24 fo 33); 1420 (Apt-Pondicq 78 fo 21); 1429 (Apt-Pondicq 82 fo 34); savetiers : 1372 (Apt-Pondicq 27 fo 6); 1410 (Apt-Pondicq 73 fo 36); 1412 (Apt-Pondicq 48 fo 107); 1415 (Apt-Pondicq 108 fo 106); fustiers en 1378 (Apt-Pondicq 9 fo 8), 1383 (Apt-Pondicq 13 fo 14); 1433 (Apt-Pondicq 102), 1457 (Apt-Pondicq 169 fo 5); tisserands et cardeurs de laine en 1384 (Apt-Pondicq 84 fo 45); 1414 (Apt-Pondicq 112 fo 42), 1459 (Apt-Pondicq 275 fo 18 vo) etc... Au total sur 142 testateurs dont les professions sont connues on compte 10 *mercatores*, 9 savetiers, 16 fustiers, 11 tisserands et 3 cardeurs de laine.

[67] 37 *laboratores* sur les 111 testateurs roturiers dont les métiers sont connus. Les laboureurs proprement dits sont les plus nombreux mais on trouve aussi la mention de cultores en 1473 (Cavaillon-Liffran 241 fo 167), 1477 (Cavaillon-Rousset 202), 1480 (Cavaillon-Liffran 21 fo 259). Les *pastores* (1489 Cavaillon-Rousset 288 fo 49 vo, 1491 Cavaillon-Rousset 239 fo 4) et les *ortholani* (1333, Cavaillon-Rousset 26 fo 31) sont aussi présents.

[68] L. Boyer, *Introduction à l'étude du testament forézien, op. cit.*, p. XIII.

années 1419-1420 avec ce que lui apprend le cadastre de 1414, elle constate que sur 31 testaments, 3 viennent du groupe des gros propriétaires, 5 des propriétaires moyens, 16 des microfundistes, 6 de personnes qui n'ont, dans le cadastre, qu'une pauvre maison. Par ailleurs 13 autres testaments émanent de nouveaux arrivants qui ne sont pas inscrits sur les livres cadastraux; il s'agit de paysans des environs, d'artisans (fabricant de chausses, serrurier, vannier) et d'un barbier. Au total «les différents niveaux sociaux que le cadastre permet de reconnaître sont représentés grosso modo conformément à leur importance numérique (dans l'échantillon des testaments)»[69]. Si l'on fait d'autre part, pour les années 1380-1500, une répartition des testateurs cavaillonnais en fonction de la somme qu'ils consacrent au rachat de leurs fautes (si elle n'est jamais exactement proportionnelle aux fortunes, elle reste grossièrement significative), on constate aussi que l'ensemble de la société est représenté :

Testateurs donnant 100 florins et plus	21	3,09%
Testateurs donnant de 50 à 99 florins	37	5,45%
Testateurs donnant de 20 à 49 florins	173	25,51%
Testateurs donnant de 10 à 19 florins	253	37,31%
Testateurs donnant moins de 10 florins	194	28,61%
TOTAL	678	100%

Les plus pauvres (ou les plus ladres?) sont sous-représentés. Mais le fait que plus de 65% des cavaillonnais donnent moins de 20 florins (qui constituent une somme moyenne tout au long du XVe siècle) est révélateur de cette large extension sociale de la pratique testamentaire dans les villes et les campagnes.

La sociologie des testateurs avignonnais est plus complexe mais suit à peu près le même modèle.

---

[69] M. Zerner, *Taux de croissance démographique d'après les testaments à Valréas, op. cit.*, p. 17-19.

Les clercs sont nombreux : ils représentent environ 13% des testateurs pendant tout le séjour des papes, seulement un peu plus de 6% au XVᵉ siècle (soit tout de même le double de la moyenne comtadine). Au hasard des minutiers on trouve quelques testaments de cardinaux et d'évêques[70] mais ce sont les chanoines qui forment le tiers de l'effectif (35 sur 105), ce qui ne surprend pas étant donné l'importance du chapitre cathédral et des chapitres collégiaux (Saint-Pierre, Saint-Agricol, Saint-Didier) dans la vie religieuse de la cité. Au temps des légats la ville semble exercer encore une relative attraction sur un certain nombre de clercs aisés puisque quelques chanoines dont les bénéfices se trouvent hors du diocèse résident pourtant en Avignon[71]. Avec leurs familiers et leurs serviteurs les chanoines forment

[70] Par exemple le cardinal de Foix (1464 Avignon-de Beaulieu 752 fᵒ 434), les évêques de Cavaillon (1466, Avignon-De Beaulieu 754 fᵒ 415), de Troyes (1454, de Beaulieu 733 fᵒ 420) de Fréjus (1449, Avignon-de Beaulieu 723 fᵒ 98) etc. Le testament du cardinal de Foix a été édité par Labande et Requin in *Bulletin Historique et Philologique* de 1899, Paris, Imprimerie Nationale, 1900, p. 5 à 28. Un certain nombre de testaments de cardinaux ont été publiés : cf. celui de J. de Montenay publié par L. Duhamel in *Annales d'Avignon et du Comtat Venaissin* 1916, p. 147-159; celui de P. Blau par L.-H. Labande, in *Annales du Midi*, tome VII, 1895, p. 7 à 61. Une copie du testament de saint Pierre de Luxembourg se trouve en Avignon-Martin 221 fᵒ 318.

[71] Chanoines de Saint Didier :
1385 (10 G 14, nᵒ 77),
1438 (Avignon-de Beaulieu 697 fᵒ 221),
1442 (Avignon-de Beaulieu 708 fᵒ 296),
1449 (Avignon-Martin 797 fᵒ 173),
1451 (Avignon-Martin 223 fᵒ 42),
1454 (Avignon-Martin 802 fᵒ 79),
1456 (Avignon-Martin 804 fᵒ 75),
1463 (Avignon-Martin 739 fᵒ 11),
1463 (Avignon-Martin 757 fᵒ 157).
Chanoines de Saint-Agricol :
1336 (8 G 9), 1396 (8 G 26),
1366 (9 G 35),
1374 (9 G 27 nᵒ 580),
1382 (9 G 27 nᵒ 574),
1435 (Avignon-de-Beaulieu 689 fᵒ 285 vᵒ),
1443 (Avignon-Martin 792, fᵒ 166),
1448 (Avignon-Martin 784 fᵒ),
1448 (Avignon-Martin 236 fᵒ 23),
1451 (Avignon-de Beaulieu 727 fᵒ 76),
1455 (Avignon-Martin 803 fᵒ 84),
1458 (Avignon-Martin 248 fᵒ 142),

un groupe social important, ouvert aux nouveautés intellectuelles et artisti-ques[72]. A côté d'eux les petits bénéficiers, les vicaires, les chapelains, les altaristes sont aussi très nombreux, de même que les clercs-fonctionnaires qui gravitent autour de la cour pontificale puis, au XVᵉ siècle dans l'admi-nistration des légats, à la Cour Temporelle par exemple[73]. Les nobles représentent 8% des testateurs au XIVᵉ siècle, 5% au XVᵉ siècle (13 sur 164 et 73 sur 1501). Les chevaliers et les damoiseaux avignonnais ne forment pas une caste fermée. Ils n'hésitent pas à se faire marchand ou à épouser des filles de bourgeois[74]. Ils accueillent facilement aussi bien la noblesse que les groupes de marchands qui arrivent avec les papes. Au XVᵉ siècle quelques vieilles familles comtadines (les Cabassole par exemple) sont toujours présentes[75]; on rencontre aussi parfois des membres de la cour du

1462 (Avignon-de Beaulieu 750 f⁰ 301) etc...

Chanoines résidant en Avignon mais ayant des bénéfices en dehors du diocèse : à l'Isle-sur-la-Sorgue en 1459 (Avignon-de Beaulieu 744 f⁰ 418), à Rodez en 1434 (Avignon-de Beaulieu 686 f⁰ 37), à Gap (Avignon-Martin 202 f⁰ 410), à Sens en 1448 (Avignon-Martin 784 f⁰ 302 v⁰), à Cavaillon en 1483 (Avignon-Martin 473 f⁰ 260).

[72] Le type même de ces chanoines est Jean de Montagnac, chanoine de Saint Agricol et commanditaire d'Enguerrand Quarton; cf. *Le prix-fait du Couronnement de la Vierge* publié par H. Chobaut, typographie Marc Billerey, Mallefougasse, Haute-Provence, 1974. Cf. aussi le testament de ce chanoine en 1449 (Avignon-de Beaulieu 723 f⁰ 156).

[73] Prêtres bénéficiers :
1365 (9 g 34 n⁰ 749),
1373 (G 706 f⁰ 86),
1393 (G 459 n⁰ 51),
1442 (Avignon-de Beaulieu 708 f⁰ 445),
1450 (Avignon-Martin 798 f⁰ 98),
1451 (Avignon-de Beaulieu 727 f⁰ 32),
1457 (Avignon-de Beaulieu 739 f⁰ 17) etc...
Altaristes divers venant de diocèses souvent éloignés :
1365 (9 G 34 n⁰ 749),
1393 (G 459 n⁰ 51),
1445 (Avignon-de Beaulieu 716, originaire de Clermont),
1471 (Avignon-de Beaulieu 758 f⁰ 92, originaire de Rodez),
1474 (Avignon-Martin 755 f⁰ 191, originaire de Besançon).
Clercs de la Cour Temporelle : 1375 (G 709 f⁰ 20),
1435 (Avignon-de Beaulieu 689 f⁰ 297) et de nombreux fonctionnaires laïcs de la même Cour Temporelle.

[74] Pierre Martin par exemple qui est marchand est aussi petit-fils de chevalier (1348, H. Augustins 32 n⁰ 187); Catherine Avenière fille de changeur est veuve d'un damoiseau (1369 8 G 26 f⁰ 101, ou Arch. Hosp. Av., Aumone de la Fusterie B1).

[75] Testaments de membres de la famille Cabassole :
1426, Raymond (Avignon-Martin 204 f⁰ 326),

roi René, de la cour de Lorraine, et même un conseiller du roi de France[76]. Les marchands italiens continuent de vivre en colonies, envoient leurs fils fonder des comptoirs, épousent les filles de leurs associés[77]. Cependant, l'assimilation entre les lignages anciens, les grandes maisons bourgeoises, qui s'attribuent parfois le titre de *miles*[78] et les marchands italiens se réalise peu à peu. Les alliances matrimoniales entre vieux lignages et nouvelles maisons, entre italiens et comtadins, ainsi que l'acquisition de terres contribuent, surtout à partir de 1450, à enraciner dans la région les riches étrangers dont les familles étaient arrivées quelques décennies plus tôt[79]. Ils n'hésitent pas à acheter des seigneuries, à vivre noblement, et même à participer à la direction de la cité comme viguiers, consuls, recteurs du pont, maîtres des rues ou des vivres. Sur les listes communales on voit ainsi à côté des d'Ancezune, seigneurs de Caderousse, des Forcalquier, seigneurs de Céreste, d'un Simiane seigneur de Chateauneuf, un Damiani d'Asti seigneur de Vernègue, un Pazzi seigneur d'Aubignan etc.[80]. Le lucquois Balthazar Spifami, qui a été viguier en 1468 et a exercé presque toutes les charges municipales pendant vingt ans, est conseigneur de Caumont quand il teste en 1482[81] et l'astésan Antoine Cardini possède en 1490 les seigneu-

---

1447, Guillaume (Avignon-de Beaulieu 720 fo 485),

1462 (Avignon-de Beaulieu 750 fo 478),

1462, Catherine de Sade, veuve de Jean Cabassole (Avignon-de Beaulieu 750 fo 517 ro),

1462 Alaysette Cabassole veuve de J. de Lucques, (Avignon-de Beaulieu 750 fo 52).

On trouve aussi des membres de la famille Astoaud :

1479 (Avignon-Martin 446 fo 184 vo) ou d'Agout, 1486 (Avignon-Martin 771 fo 462).

[76] Un écuyer du Roi René, 1429 (Avignon-Martin 210 fo 54), un membre de la cour de Lorraine, 1489 (Avignon-Martin 777, fo 146); sur la famille de Jean Cadard, médecin et conseiller de Charles VI, qui s'installe en Avignon en 1425-25, cf. P. Pansier, *Les Cadard à Avignon*, in *Annales d'Avignon et du Comtat Venaissin*, 1931, p. 5 à 74. Testament de J. Cadard, 1447, E. Duché de Caderousse, liasse 35, et les textes édités par Pansier, *op. cit.*, p. 51-52.

[77] Pierre Baroncelli par exemple épouse en premières noces une Pazzi, sa fille Jeanne, un Peruzzi; cf. M. de Guillermier, *L'installation d'une famille florentine...*, *op. cit.*, p. 43 et J. Girard, *Les Baroncelli...*, *op. cit.*, p. 24.

[78] Les Sade, les Larteyssut étaient au XIVᵉ siècle des marchands de chanvre (cf. A.-M. Hayez, *Les clauses pieuses... op. cit.* p. 132 note 26). Au XVᵉ siècle, ils se font appeler *domicelli* et *burgenses*, Labande, *Avignon au XVᵉ siècle, op. cit.*, p. 24.

[79] Pierre Baroncelli par exemple épouse en secondes noces une fille de la famille de Sade (J. Girard, *Les Baroncelli...*, *op. cit.*, p. 40), Jean de Brancas a épousé Clémence d'Agout qui teste en 1480 (Avignon-Martin 763 fo 148), etc...

[80] L.-H. Labande, *Avignon au XVᵉ siècle, op. cit.* cf. La liste des officiers communaux p. 543-561.

[81] Avignon-Martin 765 fo 98 (1482).

ries de Farges et de Vedennes[82]. Il n'est pas besoin de multiplier les exemples pour mettre en évidence l'originalité de cette nouvelle noblesse avignonnaise, si éloignée de la vieille aristocratie des *castra* comtadins. Elle tend à devenir une «rentière du sol» mais vit encore surtout des profits du commerce et se mêle constamment aux plus riches bourgeois pour contrôler les activités urbaines.

La démocratisation de la pratique testamentaire s'est faite plus vite encore dans les villes que dans les campagnes. On ne s'étonnera donc pas de trouver parmi les testateurs avignonnais de la fin du XIIIe siècle et du début du XIVe siècle non seulement des marchands et des hommes de lois, mais aussi un grand nombre d'artisans, bouchers, poissonniers, fustiers, épiciers, savetiers, fourniers etc...[83]. Au XVe siècle l'ensemble des testateurs et des testatrices (pour qui on indique le plus souvent la profession du mari) se répartit comme suit:

Hommes de loi (notaires et gradués)	8,8%	
Marchands (*mercatores*, épiciers, drapiers, merciers)	26,5%	le monde du commerce : 32,7%
Manieurs d'argent (changeurs, orfèvres, argentiers)	2,6%	
Métiers de l'accueil et du commerce (aubergiste 0,83%, transports 2,2%)	3,6%	
Artisans de l'alimentation (fourniers, bouchers, etc...) . . .	5 %	artisanat 31,6%
Artisans de la construction (fustiers, maçons, etc...)	11,4%	
Artisans de l'habillement (tisserands, tailleurs, chapeliers, savetiers, etc...)	15,2%	
Santé (médecins, barbiers, apothicaires)	2,7%	
Administration (mesureurs, scribes, sergents, gardiens) . . .	4,5%	
Agriculteurs (*laboratores*, jardiniers, pasteurs etc...)	16,8%	
Divers	2,9%	

[82] Avignon-Martin 482 f° 168 (1490).
[83] A.-M. Hayez, «*Les clauses pieuses...*» op. cit., p. 132-133 qui signale des épiciers, des bouchers, des poissonniers, des merciers, des drapiers, des marchands de chanvre, des

Graphique nº I
ÉVOLUTION DE LA CLIENTÈLE DES NOTAIRES AVIGNONNAIS AU XVᵉ SIÈCLE

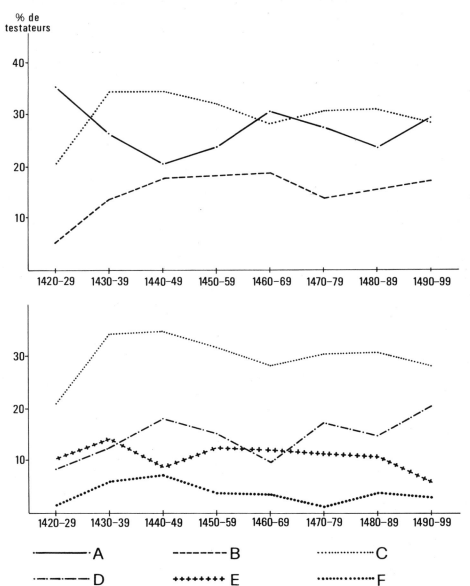

A : marchands; B : agriculteurs; C : artisans (moyenne générale); D : artisans de l'habillement;
E : artisans de la construction; F : artisans de l'alimentation.

Ces chiffres, établis à partir des testaments des cinq études qui ont fait l'objet d'un dépouillement systématique, évoluent peu au cours du siècle (cf. graphique nᵒ I). Il faut cependant tenir compte de la relative spécialisation de chacun des notaires. Pour la première moitié du siècle J. Girard a une clientèle de marchands, de juristes, d'artisans aisés, de notables. Il instrumente surtout pour des testateurs habitant dans les paroisses les plus riches de la ville (Notre-Dame-la-Principale, Saint-Pierre essentiellement). En revanche ce sont les artisans qui sont les clients les plus nombreux de J. de Brieude, mais les merciers et les petits drapiers viennent aussi chez lui (cf. graphique nᵒ II). D'origine cavaillonnaise, il garde quelques contacts avec cette ville et avec les avignonnais originaires de cette région[84]. Il travaille dans presque toutes les paroisses d'Avignon. Jean Morelli est le notaire des couches sociales les moins riches, des artisans et des agriculteurs. Sa clientèle habite surtout la paroisse Saint-Didier. Pour la seconde moitié du siècle, si les choses sont moins tranchées entre Guillaume Morelli et Jean de Gareto, le premier semble avoir des relations très nombreuses avec les milieux des juristes et instrumente souvent dans la paroisse Saint-Symphorien tandis que le second a pour clients de nombreux artisans et laboureurs et se promène dans toute la ville. Il faut tenir compte de ces disparités pour expliquer les variations des chiffres d'une décennie à l'autre. Globalement toutefois l'ensemble des couches sociales et des quartiers de la ville est représenté.

Si les hommes de loi, souvent gradués de l'Université[85], sont proportionnellement moins nombreux que dans le reste du Comtat, les *mercatores* occupent en revanche la première place. Après le Schisme et les guerres du début du siècle les grands hommes d'affaires, évoluant dans le cadre

---

marchands divers sans doute assez riches mais aussi des fustiers, des savetiers, des ferratiers, des laboureurs beaucoup plus modestes.

[84] 1423 (Avignon-Martin 296 fᵒ 98), 1426 (Avignon-Martin 204 fᵒ 326), 1428 (Avignon-Martin 207 fᵒ 20) etc...

[85] Licencié ès lois :
  1476 (Avignon-Martin 756 fᵒ 196),
  1496 (Avignon-Martin 492 fᵒ 2);
  bacheliers :
  1424 (Avignon-de Brieude 677 fᵒ 219);
  1427 (Avignon-de Beaulieu 674 fᵒ 155);
  docteurs :
  1433 (Pons Trenquier) (Avignon-de Beaulieu 684 fᵒ 217),
  1439 (Avignon-de Beaulieu 700 fᵒ 197),
  1465 (Avignon-de Beaulieu 753 fᵒ 369) etc...

Graphique nº II

LA CLIENTÈLE DES NOTAIRES AVIGNONNAIS AU XVe SIÈCLE D'APRÈS LES TESTAMENTS

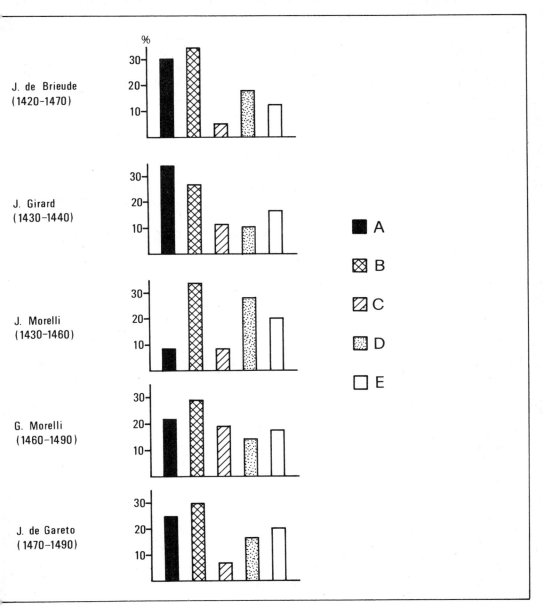

A : % de marchands; B : % d'artisans; C : % de juristes; D : % d'agriculteurs; E : % divers.

européen, ne se sont pas réinstallés en Avignon[86]. Mais un grand nombre de petits et moyens marchands sont restés, et connaissent, tout au long du XVe siècle, une honnête aisance. A partir des années 1450-1460 ils sont d'ailleurs renforcés par l'arrivée de nouveaux italiens[87] et profitent très largement de l'expansion commerciale qui se manifeste alors. Mais que de nuances entre le grand marchand d'Asti ou de Florence et le petit revendeur, entre le gros drapier et le mercier sans envergure[88]! Ces hommes et ces femmes vivent pourtant dans un même milieu, qui doit moins son originalité à l'importance du voyage, des déplacements à long rayon d'action dans leur vie quotidienne (tous les avignonnais, les laboureurs et les artisans comme les marchands, sont à cette époque des migrants, des voyageurs), qu'aux habitudes de l'échange, de l'accumulation, du maniement de l'argent. Ce sont aussi des citadins, souvent depuis plusieurs générations, qui déjà semblent coupés des racines qu'ils pouvaient avoir dans le monde des campagnes. Autour d'eux tout un monde de «services» spécifiques s'est créé qui participe un peu «par ricochet» de cette nouvelle mentalité : ce sont les aubergistes, les hôteliers, les charretiers, les maréchaux-ferrant qui sont représentés par plus de 6% des testateurs[89].

---

[86] A commencer par Datini qui part mais laisse un comptoir avec lequel il continue d'avoir des relations très fréquentes. Cf. Iris Origo, *Le marchand de Prato, op. cit.*, p. 48-49.

[87] Cf. J. Girard, *Les Baroncelli, op. cit.*, p. 21-22; M. de Guillermier, *L'installation d'une famille florentine, op. cit.*, cf. tout le chapitre V. : *L'extension commerciale et financière*.

[88] Cf. les drapiers de Turin : les Damiani, 1441 (Avignon-Martin 102 fo 112), 1482 (Avignon-Martin 750 fo 57) etc... forment une famille très importante qui joue un rôle essentiel dans la vie économique et politique de la cité dans les deux derniers tiers du XVe siècle. Cf. aussi les testaments des marchands (ou des femmes de marchands) suivants :

    1420 (Avignon-Martin 293 fo 107),
    1429 (Avignon-Martin 98 fo 137),
    1485 (Avignon Martin 770 fo 43) etc...

A côté de ces très grands hommes d'affaires on trouve des marchands évoluant dans des cercles plus étroits : marchands de l'Isle-sur-la-Sorgue ou de Carpentras,

    1431 (Avignon-Martin 217 fo 256),
    1441 (Avignon-Martin 216 fo 202 vo).

Les petits merciers, marchands de bois, revendeurs en tous genres sont aussi très nombreux : 1442 (Avignon-de Beaulieu 708 fo 365),

    1445 (Avignon-Martin 795 fo 163),
    1491 (Avignon-Martin 485 fo 4 ro),
    1499 (Avignon-Martin 496 fo 1) etc...

[89] Pour le XIVe siècle *le Liber divisionis cortesanorum et civium* donne une liste de 61 hôteliers ou aubergistes. Cf. M. et A.-M. Hayez, *L'hôtellerie avignonnaise au XIVe siècle : à propos de la succession de Siffrède Trelhon (1387)*, in *Provence Historique*, fascicule 100, p. 235-284.

Les artisans constituent le deuxième groupe social important (plus de 31% des testateurs au total). Ici encore, la lecture des testaments donne l'impression d'une grande variété de conditions[90]. Comme au XIVe siècle, ce sont les métiers de l'habillement qui viennent en tête, mais les artisans qui fabriquent des toiles et des draps sont bien moins nombreux que ceux qui les transforment (tailleurs, savetiers, pelletiers etc...)[91]. La grande période d'explosion urbaine de la première moitié du XIVe siècle est achevée depuis longtemps mais les métiers de la construction, en particulier les fustiers et les maçons, restent encore assez nombreux tandis que ceux de l'alimentation sont, semble-t-il, dans une position beaucoup moins favorable qu'au temps des papes. Les agriculteurs et les jardiniers qui travaillent dans les champs et les vergers autour de la ville forment la dernière catégorie importante, la moins riche sans doute (il est rare que la somme prévue pour le rachat des fautes dépasse 10 florins). Les médecins, barbiers, apothicaires, et le groupe des sergents, des gardiens, des mesureurs etc., complètent cette liste de métiers qui reste très révélatrice de la grande extension de la pratique testamentaire parmi les citadins.

Au total, cette rapide sociologie de la clientèle des notaires confirme la démocratisation du testament, aussi bien en ville qu'à la campagne. Même les vagabonds et les pauvres mendiants testent[92]! Certes, les nobles, les bourgeois, les hommes de loi, les chanoines sont surreprésentés, de même que le monde des villes, au détriment des classes les plus pauvres, des agriculteurs, du monde des campagnes et des *castra*. Mais l'impression d'ensemble demeure : la très grande majorité des comtadins utilise le testament aux XIVe et XVe siècle. Le Comtat d'ailleurs n'est pas une exception. Partout le testament connaît cet essor, dans les pays de droit écrit, mais aussi, dans une moindre mesure et dans des formes bien

---

[90] On trouve par exemple des fustiers, des maçons ou des poissonniers qui ne donnent comme prix de leur passage dans l'au-delà que quelques sous ou quelques florins : 1439 (Avignon-Martin 788 fo 191 ro) où un pauvre fustier donne 4 fl.; 1450 (Avignon-Martin 798 fo 256) où un maçon donne seulement 2 fl. On pourrait multiplier les exemples. Il faut opposer ces testaments de pauvres à ceux de gros artisans qui lèguent parfois plus de 150 ou 180 florins : 1443 (Avignon-Martin 792 fo 119 ro) où une veuve de fournier lègue 160 fl. : cf. 1450 (Avignon-Martin 798 fo 196) où un pelletier donne 185 fl. etc...

[91] Peu de changements de ce point de vue avec le XIVe siècle. Cf. B. Guillemain, *La Cour pontificale, op. cit.,* p. 661-662.

[92] Testament d'une «vagabonde» à Apt en 1463 (Apt-Pondicq 269 fo 15 vo), testament d'un pauvre mendiant en Avignon en 1451 (Avignon-Martin 799 fo 66 ro) etc...

différentes, en France coutumière et dans toute l'Europe, des villes italiennes à l'Angleterre, des ports de la Hanse à la Péninsule Ibérique[93].

III – La pratique testamentaire au XIVe et au XVe siècle

Que signifie donc cette extension considérable, dans toutes les classes
sociales, de l'habitude de tester? Quelles fonctions essentielles, économiques, sociales, spirituelles, le testament remplit-il pour connaître un tel
succès? Une étude des modalités concrètes de la pratique testamentaire
peut nous aider à répondre à ces questions.

La reproduction de la famille

«*Acta facta, lecta et recitata fuerunt in hospicio dicti testatoris*». Ce n'est
pas chez le notaire, mais dans l'*hospicium* ou la *domus* familiale que
s'établissent la majorité des testaments. Non seulement parce que le testateur est le plus souvent malade ou mourant mais aussi parce que c'est dans
la maison même que doivent se prendre les décisions qui la concernent. En
dictant leurs dernières volontés dans un lieu sacré (cloître, monastère,
cimetière etc.) certains avignonnais rappellent, s'il en est besoin, que cet
acte est éminemment religieux[94]. Mais ceux qui testent ainsi hors de la

---

[93] Sur les testaments parisiens cf. P. Tuetay, *Testaments enregistrés au Parlement de Paris
sous le règne de Charles VI, Collection des documents inédits sur l'Histoire de France, mélanges
historiques*, tome III, Paris, 1880. Cf. aussi U. Robert, *Testaments de l'officialité de Besançon
(1265-1500), Collection des documents inédits sur l'Histoire de France*, Paris, 1902 et 1907, 2 tomes.
M. Gonon, *Testaments Foréziens 1305-1316*, Mâcon, Imprimerie Protat fréres, 1951, et le livre
déjà cité de L. Boyer.
    Sur les testaments étrangers on a consulté : les testaments tirés des minutes des notaires
italiens; *Il cartolare di Giovanni Scriba*, édition F. Patetta et M. Chiaudano, Turin, 1935;
Imbreviature di Giovanni di Guiberto (1200-1211), Edition M. W. Hall-Cole, H. G. Krueger,
R. G. Ressert, R. L. Reynolds, Gênes, 1939; *Imbreviature di Oberto Scriba di Mercato*, édition
M. Chiaudano, Gênes, 1940; *Les actes de Caffa du notaire Lamberto di Sambuceto*, édition
M. Balard, in *Gênes et l'Outre-Mer*, tome I, Paris-La Haye, 1973. Des comparaisons utiles ont pu
aussi être faites avec *The will in medieval England, from the conversion of the Anglo-Saxons to
the end of the Thirteenth Century*, par M. M. Sheehan, Pontifical Institute of Medieval Studies,
Toronto, 1963 et avec les travaux de Ahasver von Brandt sur les testaments de Lubeck,
Notamment *Mittelalterliche Bürgertestamente, Neuerschloessene Quellen zur Geschichte der Mate-
riellen und geistigen Kultur*, in *Sitzungsberichte der Heidelberger Akademie der Wissenschaften*,
Philosophischistorische Klasse, Jahrgang 1973, Heidelberg, 1973, p. 5 à 32.
    [94] Par exemple dans le cloître de l'église Saint-Pierre en 1468 (Avignon-Martin 782 fᵒ 332),
dans un cimetière en 1468 (Avignon-Martin 782 fᵒ 392); chez les Célestins en 1466 (Avignon-
Martin 742 fᵒ 276) etc...

maison, voire à l'hôpital, sont souvent des étrangers de passage, des migrants encore mal installés qui n'ont pas de famille[95]. Il arrive aussi que quelques notables veuillent donner à cet évènement une solennité particulière[96] mais il est significatif que 90% des actes soient établis au logis.

La maison c'est aussi la maisonnée qui entoure le testateur, attentive à ses paroles, plus ou moins prompte à exercer des pressions, satisfaite ou dépitée. On la suppose présente plus qu'on ne la voit vraiment au moment de la rédaction de l'acte. Les listes de sept témoins recèlent rarement les noms de parents proches ou éloignés[97]. En revanche elles révèlent bien davantage les milieux par rapport auxquels se définit précisément la famille : ce sont les *«voisins, connaissances et amis»*[98], les artisans du même métier, les membres du même groupe social[99]. Ils sont appelés dans la maison du *de cujus* pour témoigner de la cohérence et de la continuité de la vie familiale pendant la rédaction du testament, parce qu'ils en sont aussi les témoins dans la vie quotidienne avant et après ce moment solennel.

Comme l'indication du lieu de rédaction, les préambules de nombreux actes nous disent explicitement que c'est la vie de la famille qui est alors en jeu dans le testament. On fait appel au notaire parce qu'il faut se préparer à la mort, payer à Dieu son gage, mais aussi *«parce qu'un père de famille ne doit pas mourir intestat»*[100], *«afin qu'aucune question ne surgisse à propos des biens»*[101], *«afin que les biens ne soient pas matière à litiges»*[102], *«afin que nulle discorde ne s'élève entre les héritiers»*[103], pour éviter *«les discordes et les*

---

[95] Le marchand qui teste à l'hôpital de Valréas en 1470 (Valréas-Evesque 220 f⁰ 29) est originaire du diocèse de Liège; les laboureurs qui testent à l'hôpital dit «des Lombards» en Avignon en 1452 (Avignon-Martin 800 f⁰ 97 et 101) sont originaires des diocèses de Chartres et de Lisieux; tel autre en 1470 (Avignon-Martin 264 f⁰ 131) du diocèse du Puy, etc...

[96] Cf. par exemple N. de Beaumont à Orange (Orange, not. et tab. 222 f⁰ 84) et Auzias de Sabran (1410, Apt-Geoffroy 1 f⁰ 40) qui testent l'un et l'autre chez des religieux ou des religieuses.

[97] Pour la simple raison qu'on ne peut être à la fois témoin et partie.

[98] Expression d'un testament aptésien (1429, Apt-Geoffroy 57 f⁰ 20).

[99] Les chevaliers et les damoiseaux cavaillonnais par exemple prennent leurs témoins parmi la noblesse urbaine (cf. le testament de G. Raysosi, 1333, Cavaillon-Rousset 26 f⁰ 70). Les artisans d'Avignon choisissent des compagnons du même art que le leur (cf. les testaments de coutelliers en 1458, Avignon-Martin 248 f⁰ 161, 168, 171, 191, etc.) et le docteur en lois P. Trenquier a auprès de lui 1 docteur en lois, 1 licencié en lois, 2 bacheliers en décrets (1439 : Avignon-de Beaulieu 700 f⁰ 137) etc...

[100] Orange 1350 (BV ANO 122 f⁰ 33).

[101] Orange 1352 (E, not-tab. 224 f⁰ 42).

[102] Valréas 1398 (Valréas-Evesque 204 f⁰ 42).

[103] Apt 1340 (Bibliothèque Inguimbertine ms 1655 f⁰ 74).

scandales»[104], les «*dissensions et les controverses*»[105], les «*débats*»[106], afin que «*la concorde*», «*la paix et la tranquillité*»[107] règnent entre tous. Il faut mettre en ordre ses affaires ici-bas avant de gagner l'au-delà. Mourir intestat est condamnable parce que, non seulement Dieu mais aussi les hommes, qui vont se déchirer pour récupérer les dépouilles du défunt, n'y trouvent pas leur compte. C'est une imprévoyance qui conduit à la dislocation du groupe familial, provoque une rupture, menace l'ordre social.

Sans nier pour autant cette rupture qu'est la mort, et même dans une certaine mesure en l'entourant d'un discours et d'un cérémonial inconnus jusque là, le testament s'adresse en effet à la *posteritas*[108]. Il vise essentiellement à réaliser une continuité, à organiser la reproduction de la famille. On le voit bien dans l'importance que prennent les legs aux parents et la désignation de l'héritier universel. Il n'est pas question ici d'étudier le droit successoral au XIVe siècle et au XVe siècle[109]. Rappelons seulement les règles les plus importantes; elles ont toutes pour fonction d'assurer sans heurt la survie et le développement de la communauté familiale.

1) Nombreux sont encore les testaments qui prévoient le partage à parts égales entre tous les héritiers mâles, légitimes, nés ou à naître. Il n'est pas rare de voir ainsi les biens d'un testateur, même modeste, partagés entre 3, 4, parfois 6 enfants[110]. Mais il arrive aussi que, pour limiter la division du patrimoine, ce partage ne concerne en fait que deux des fils du

[104] Cavaillon, 1336 (Cavaillon-Rousset 26 fo 70).
[105] Apt, 1426 (Apt-Pondicq 142 fo 60).
[106] Avignon, 1452 (Avignon-Martin 223 fo 284).
[107] Cavaillon 1336 et Orange 1348 (Cavaillon-Rousset 26 fo 70 et BV ANO 122 fo 2). Pour cela il est nécessaire par exemple de payer ses dettes (salaires impayés : 1321, 8 G 26 fo 100; créances diverses à payer ou récupérer – cf. en particulier le testament de B. Cardini de Florence qui donne une liste exacte de créances qu'il a sur un certain nombre d'autres marchands, 1412 Avignon-Martin 46 fo 3 vo –). Il est significatif de voir saint Auzias déclarer dans sa *Vita* qu'il peut mourir parce qu'il a payé toutes les dettes, tous les legs de ces prédécesseurs («*pueys que la sua terra fos de deutes delhieurada, devia breumen d'aquesta vida passar*»), *Vies occitanes de saint Auzias et sainte Dauphine, op. cit.*, p. 118-119.
[108] Apt, 1397 (Apt-Geoffroy 1 fo 67).
[109] Cf. M.-L. Carlin, *La pénétration du droit romain, op. cit.*, p. 284 et P. Ourliac, *Droit romain et pratique méridionale, op. cit.*, p. 133. Sur tous les problèmes de la famille provençale cf. Aubenas, *La famille dans l'ancienne Provence*, in *Annales d'histoire économique et sociale* 1936, p. 523-541.
[110] Ainsi les partages entre quatre fils ne sont pas rares à Apt et à Cavaillon (Apt, 1371 Apt-Pondicq 7 fo 86 vo; 1382, Apt-Pondicq 53 fo 26 ro; 1386 Apt-Pondicq 68 fo 44; 1394 Apt-Pondicq 69 fo 13 v; Cavaillon, 1344 Cavaillon-Rousset 36 fo 61 vo, 1368 Cavaillon-Rousset 43 fo 69, 1434 Cavaillon-Rousset 72 fo 110 ro etc...). Partage entre 5 frères, 5 enfants (Apt, 1400

testateur (les autres sont désintéressés du gros de l'héritage par un legs de terres ou d'argent)[111]. Malgré les crises démographiques le partage à parts égales progresse encore au XVᵉ siècle (à Valréas par exemple les testateurs qui choisissent ce mode de succession sont 20% en 1350-1400, 26% en 1450-1500, à Apt le pourcentage passe de 10 à 22%[112]). C'est le signe de l'attachement des populations comtadines à cette règle ancestrale.

La meilleure manière d'éviter l'émiettement d'une fortune est évidemment de la confier à un seul fils; cette décision ne pose aucun problème lorsque l'enfant est unique, mais conduit à faire un choix lorsque les héritiers potentiels sont trois ou quatre. Il ne semble pas cependant, sauf peut-être en Avignon au XVᵉ siècle, que la primogéniture ait fait beaucoup de progrès entre 1340 et 1480 : le pourcentage des testateurs désignant seulement un fils comme héritier varient très peu entre ces deux dates (il passe entre 1350-1400 et 1450-1500 de 21% à 17% à Cavaillon, de 27% à 26% à Apt, de 34 à 33% à Valréas, tandis qu'en Avignon il s'élève de 13% à 19% entre 1400-1450 et 1450-1500[113]).

2) La division à l'infini des patrimoines à laquelle conduit cette habitude séculaire du partage est néanmoins tempérée de plusieurs façons. L'ensemble de la parentèle qui pourrait avoir des prétentions sur l'héritage est désintéressé de la succession par un legs formel d'une légitime de 5 sous[114] et surtout une vieille règle prévoit l'exclusion de la succession des

---

Apt-Pondicq 62 fᵒ 23 et 1406 Apt-Geoffroy 48 fᵒ 23), voire même entre huit enfants (1450, Avignon-de Beaulieu 726 fᵒ 58 vᵒ).

Seuls les fils légitimes peuvent évidemment prétendre à la succession de leur père mais les bâtards, qui sont nombreux, ne sont pas entièrement oubliés dans les testaments. Quelques legs leur sont souvent octroyés, parfois même le *victum* et *vestitum* chez les fils légitimes ou une pension (cf. 1385, Valréas-Evesque 192 fᵒ 110 v; 1439, Avignon-de Beaulieu 700 fᵒ 137; 1442, Avignon-de Beaulieu 708 fᵒ 360 vᵒ; 1494, Avignon-Martin 781 fᵒ 62 vᵒ; 1499, Avignon-Martin, brèves de J. de Ulmo, 1488-1500, fᵒ 33, etc...).

[111] Apt, 1430 (Apt-Pondicq 83 fᵒ 19 vᵒ); 1441 (Apt-Pondicq 86 fᵒ 60); 1442 (Apt-Pondicq 93 fᵒ 174); 1330 (Cavaillon-Rousset 25 fᵒ 15); 1336 (Cavaillon-Rousset 26 fᵒ 123); 1403 (Cavaillon-Rousset 63)

[112] Soit à Valréas 16 testateurs sur 82 en 1350-1400, 56 testateurs sur 212 en 1450-1500, 14 testateurs sur 139 à Apt pour 1350-1400, et 72 sur 323 en 1450-1500.

[113] Soit 16 testateurs sur 75 et 60 testateurs sur 336 à Cavaillon, 38 testateurs sur 139 et 83 testateurs sur 323 à Apt, 28 testateurs sur 83 et 70 testateurs sur 212 à Valréas. En revanche la proportion de testateurs désignant un seul fils comme héritier universel s'accroît nettement en Avignon entre 1400-50 (47 testateurs sur 359) et 1450-1500 (124 testateurs sur 647).

[114] Sous la forme : «*item lego cuilibet... quinque solidos et quod amplius non possint petere in bonis meis*» (Ile-sur-la-Sorgue, Roussel 24 fᵒ 53).

filles dotées[115]. En réalité, cette exclusion totale est toute théorique et il arrive que les filles soient nommées co-héritières avec les garçons[116], ou même qu'en l'absence d'héritiers mâles proches (enfants ou frères) elles obtiennent en totalité la succession. Sur l'ensemble de la période étudiée plus de 7% des testateurs d'Avignon, 9% de ceux d'Apt et de Cavaillon, 11% de ceux de Valréas transmettent ainsi leurs biens à leurs filles (ces pourcentages sont évidemment plus élevés encore chez les testatrices – plus de 11%, 13%, 14% et 13% – les biens maternels se transmettant plus volontiers «par les femmes»[117]).

3) En l'absence d'enfants ou d'autre héritier proche (frères) l'épouse est fréquemment l'héritière universelle de son mari. Cette règle est surtout vérifiée en Avignon où les femmes obtiennent la succession de leur époux dans plus de 24% des testaments (Apt et Cavaillon 14% seulement)[118]. Inversement, les testatrices avignonnaises choisissent très souvent leur mari comme héritier universel (31% des actes contre 19% et 24% seulement à Apt et Cavaillon). C'est qu'en Avignon, on le verra plus loin, les couples de migrants sans enfant qui se font donation mutuelle, sont beaucoup plus nombreux que dans le reste du Comtat où, malgré les crises démographiques les structures familiales sont plus stables et cohérentes. A Apt, Cavaillon ou Valréas le nombre des femmes et des maris héritiers universels diminue d'ailleurs nettement à partir de 1450, dès lors que la reprise démographique se fait sentir et que les crises de mortalités ne ravagent plus la progéniture des testateurs.

[115] Cf. les statuts d'Avignon en 1154; sur ce point N. Didier, *Le texte et la date du statut de Guillaume II de Forcalquier sur les filles dotées*, in *Etudes Dumas, Annales de la Faculté de Droit*, Aix en Provence, 1950, p. 115 et suiv.; Cf. aussi P. Ourliac, *Droit romain et pratique méridionale, op. cit.*, p. 140; et J.-P. Poly, *La Provence et la société féodale, op. cit.*, p. 158-160.

[116] Cf. par exemple 1334 Cavaillon-Rousset 29 f⁰ et 1456, Apt-Pondicq 226 f⁰ 22, etc...

[117] Soit, chez les testateurs 75 sur 1006 en Avignon, 78 sur 725 à Apt, 54 sur 566 à Cavaillon, 61 sur 455 à Valréas. Chez les testatrices 69 sur 612 en Avignon, 69 sur 432 à Apt, 40 sur 290 à Cavaillon, 35 sur 270 à Valréas.

[118] En Avignon 245 testateurs sur 1006 choisissent leur femme comme héritière universelle. Ce n'est le cas que de 103 testateurs sur 725 à Apt, 82 testateurs sur 566 à Cavaillon. Inversement 193 testatrices avignonnaises sur 612 choisissent leur mari comme héritier Ce n'est le cas que de 83 testatrices sur 432 à Apt, 93 testatrices sur 291 à Cavaillon.

NOMBRE DE TESTATEURS ET DE TESTATRICES
CHOISISSANT LEUR CONJOINT COMME HÉRITIER UNIVERSEL[119].

		1400-1450	1450-1500
APT	Testateurs choisissant leur femme.	19%	8%
	Testatrices choisissant leur mari	22%	19%
CAVAILLON	Testateurs choisissant leur femme.	15%	14%
	Testatrices choisissant leur mari	26%	25%
VALREAS	Testateurs choisissant leur femme	10%	7%
	Testatrices choisissant leur mari	15%	10%
AVIGNON	Testateurs choisissant leur femme	22%	25%
	Testatrices choisissant leur mari	29%	33%

4) En fait, le choix de l'héritier dépend donc étroitement de la situation démographique de chaque famille. L'examen de l'attitude des testateurs dans ce domaine nous conduit à faire une remarque qui concerne directement leur représentations de la continuité de la vie familiale, donc de la mort. En Avignon, où sont nombreux les nouveaux arrivants et les migrants, les fils de famille sont appelés plus rarement que dans le Comtat à prendre la succession de leurs pères (ils sont désignés comme héritiers universels dans 27% des testaments seulement, alors que c'est le cas dans 37% des actes de Cavaillon, 44% des actes d'Apt, 57% des actes de Valréas[120]). C'est le conjoint, le frère ou le cousin, voire le compagnon ou l'associé qui hérite; il a le même âge que le testateur. La vie de la famille s'inscrit ainsi dans le temps court, elle n'a pas de «profondeur» généalogique. L'idée que la mort est une rupture et une fin irrémédiable s'impose peut-être plus facilement dans la grande ville que dans les bourgs et les campagnes comtadines où, malgré les épidémies et les désertions, la continuité de l'histoire familiale dans la longue durée est mieux assurée.

[119] Tous les pourcentages ont été arrondis au point inférieur ou supérieur.
[120] Soit, pour Avignon 269 testateurs sur 1006 en Avignon, 210 sur 566 à Cavaillon, 318 sur 725 à Apt, 261 sur 455 à Valréas.

Cette continuité, le testament tend à l'assurer. Le soin que prend le mari de l'avenir de sa femme, quand il ne la fait pas son héritière universelle, en est encore un signe. La dot est restituée, généralement augmentée d'un don spécifique. Il est parfois prévu une rente et les héritiers doivent souvent le *victum et vestitum* à la veuve[121]. Dans certains cas sa vie est encore plus minutieusement prévue : Guillaume Romeu de Cavaillon par exemple prévoit que sa femme aura un logis séparé si elle ne peut s'entendre et *stare pacificam* avec leur fils Syffrein[122]. Si les enfants sont mineurs, la veuve garde souvent l'usufruit sur les biens et possède parfois la tutelle des héritiers.

Enfin, prévoyant la mort de parents encore jeunes, ou les décès successifs des héritiers les plus proches, les nominations de tuteurs ou de curateurs et les clauses de substitution font du testament un acte particulièrement bien adapté à cette époque de crise démographique[123]. Quoiqu'il arrive le développement du groupe familial voulu par le testateur (et qu'il peut, grâce aux substitutions, contrôler pour plusieurs générations) doit être préservé et encouragé.

Mais ce ne sont pas seulement ces dispositions générales et essentielles qui sont garantes de la continuité. De nombreux autres legs plus modestes témoignent de cette volonté des testateurs. Prenons l'exemple des dons de vêtements qui sont minutieusement prévus, dans les testaments féminins surtout. La garde-robe constitue parfois l'essentiel de la fortune personnelle d'une femme mariée. Elle peut représenter une somme non négligeable étant donné le prix de la plupart des vêtements[124]. Aussi voit-on quelques testatrices ordonner de vendre leurs robes pour payer leurs obsèques. Mais souvent aussi elles choisissent de partager leurs vêtements entre leurs parentes, amies, servantes. Telle femme d'Orange fait des legs à ses sœurs, belle-sœurs, telle autre à ses cousines et servantes[125]. A Apt une femme

---

[121] Cf. par exemple Avignon, 1485 (Avignon-Martin 770 f⁰ 25).

[122] 1404, Cavaillon-Rousset 91 f⁰ 128.

[123] On n'a pas remarqué cependant que les clauses de substitution soient plus abondantes pendant les périodes de crise démographique. La substitution va généralement des enfants masculins aux frères, puis aux enfants féminins du testateur. En réalité, les combinaisons les plus diverses sont utilisées. Elles sont souvent complexes, ce qui devait entraîner contestations et conflits. Cf. M. Petitjean, *Essai sur l'histoire des substitutions du IXe au XVe siècle dans la pratique et la doctrine spécialement en France méridionale*, Dijon, 1975.

[124] Un manteau ou une robe peut coûter jusqu'à 25 ou 30 florins (1430, Avignon-Martin 99 f⁰ 147).

[125] Orange, BV ANO 229 f⁰ 48 v⁰; Orange BV ANO 246 f⁰ 41 v⁰ etc...

donne une robe et un manteau à sa nourrice, une avignonnaise donne tunique et houppelande à ses commères et à sa domestique[126]. A Saint Saturnin d'Apt une mère lègue toute sa garde-robe à ses filles et à ses petites filles[127] etc....

Il s'agit souvent des vêtements de tous les jours, des vêtements usagés, ceux dans lesquels on voyait la testatrice dans la vie quotidienne : «*quod quotidie portabam*»,«*raubas cotidianas*», «*raubam mei corporis*»[128]. Il s'agit parfois de vêtements anciens légués par des parents : « ... *gardacossium de camelino quod fuit domine matris mee*», «... *raupam quod erat matris sue*» etc...[129]. Enfin dans certains cas, la testatrice demande que la légataire porte ses vêtements : «*quas vestes portare debeat amore mei*», «... *et rogo eam quod eas (vestes) portet amore mei*»[130]. Ainsi en un temps où le vêtement n'est pas comme aujourd'hui un bien de consommation vite détruit, une robe ou un manteau passés d'une femme à l'autre, souvent d'une mère à sa fille ou à sa petite-fille, peuvent être un trait d'union entre les générations. Cette circulation des vêtements est aussi un gage, modeste mais chargé d'un symbolisme très clair, de cette continuité de la vie que le testament s'efforce de créer.

Cependant le legs des robes et des tuniques participe en même temps d'une autre symbolique, celle du dépouillement nécessaire au chrétien pour arriver «humble et nu» devant Dieu. S'oubliant totalement, le testateur partage jusqu'à ses vêtements, et les bénéficiaires de ce partage ne sont pas seulement ses proches, mais aussi et surtout les pauvres[131], et à travers eux le Christ («*Ce que vous avez fait au plus petit d'entre les miens c'est à moi que vous l'avez fait*»). C'est dire l'ambivalence du don de vêtements qui à la fois manifeste la continuité de la vie ici-bas (circulation des vêtements dans la famille et entre les classes sociales) et l'espérance du bon passage dans l'au-delà (offrande des vêtements à Dieu par l'intermédiaire de ses pauvres, comme viatique pour l'autre monde). Cette ambivalence se retrouve en réalité dans l'ensemble des dispositions testamentaires, même celles qui apparaissent comme les plus profanes. Et la désignation d'héritier n'y

[126] 1433 Apt-Pondicq 84 f° 62, 1456, Avignon-Martin 243 f° 102.
[127] 1433, Apt-Pondicq 84 f° 31.
[128] Orange BV ANO 70 f° 117, 1461 Avignon-Martin 241 f° 116.
[129] Orange BV ANO 70 f° 117, Apt-Pondicq 84 f° 31 v°.
[130] Archives Hospitalières d'Avignon, Aumône de la Petite Fusterie, B 13.
[131] Cf. le chapitre V, p. 302-303.

échappe pas. Mourir intestat est un péché à la fois parce que la reproduction de la famille risque de souffrir de cette impréparation et parce que le
pater familias risque, lui, de ne pas entrer au Paradis.

Mieux, les deux risques sont liés indissolublement : si le testateur
n'entre pas au Paradis, il peut venir menacer les vivants et troubler l'ordre
familial, et si les vivants se battent autour de l'héritage, ils oublient le
testateur qui a besoin de leurs suffrages. C'est pourquoi bien souvent
celui-ci prend des précautions, donne l'ensemble ou une partie de ses biens
sous la réserve que ses héritiers feront dire des messes et prieront pour le
repos de son âme.

C'est pourquoi aussi les fils de famille s'empressent de payer le legs de
leurs parents : ainsi saint Auzias, après la mort de son père, lorsqu'il devint
comte :

> «... *la heretat sua paternal et trobec agreugada e honerada de motz*
> *legatz del payre e del avi e dels autres que avian d'aqui en reyre tenguda*
> *aquela heretat, et de motz deutes e autres fayssos opremeguda. Enconte-*
> *nen, am gran diligensa, per relevar les armas desls predecessors seus, el*
> *doneo obra que tot se pagues e se emendesso las querelas e li forfache de*
> *sos predecessors, si alous per aventura s'en poguesso trobar[132]*».

Il n'y a pas d'un côté un texte technique qui organise la vie de la famille
après la mort du chef de foyer et de l'autre un «passeport pour l'au-delà»[133];
il y a un seul discours, proféré par le même homme, qui prévoit tout cela à
la fois. C'est la grande force de l'Eglise que d'avoir réussi à lier ainsi, dans le
même acte, l'avenir des vivants à l'avenir des morts[134].

---

[132] *Vies occitanes de Saint Auzias et de Sainte Dauphine, op. cit.* p. 90-91 : «*Il trouva l'héritage*
paternel grevé de legs nombreux tant de son père que de son aïeul et de ceux qui l'avaient jadis
détenu, ainsi que moult dettes et charges. Il fit aussitôt grande diligence pour soulager les âmes de
ces prédécesseurs, s'appliquant à tout payer, à faire taire les plaintes et à effacer les forfaits de ces
prédécesseurs, pour autant qu'il s'en présenta».

[133] Expression empruntée à J. Le Goff, *Civilisation de l'Occident Médiéval*, Paris, Arthaud,
1967, p. 240.

[134] C'est pourquoi le testament du Midi de la France n'est pas moins «religieux» que celui
des pays de langue d'oil. Les juristes à ce sujet ont parfois fait preuve d'un parti-pris «nordiste»
pour le moins stupéfiant; cf. Auffroy qui, au début du siècle écrit : «*Les testaments du Midi se*
présentent avec un cachet beaucoup moins profondément religieux que les documents correspon-
dants du Nord. Deux causes peuvent expliquer le fait : d'un côté, l'acte testamentaire était familier
aux populations méridionales; elles n'éprouvaient aucune répugnance à l'utiliser pour le règlement
d'intérêts de famille, dont au Nord la coutume tranchait seulement le conflit, sans intervention de la

L'Eglise et le testament.

«*J'ai entendu dire qu'un homme qui avait plusieurs filles fit son testament; il leur légua de très grosses dots et ne garda rien pour son âme. Une sage personne vint le voir et lui dit :*
– Sire, vous avez là une fille à qui vous n'avez rien donné.
Le testateur lui répondit :
– Qui est-elle? N'ai-je pas donné à Berte, Marie, Bertrande? ai-je d'autre fille?
Alors son interlocuteur lui dit :
– Sire, certes vous en avez une à qui vous n'avez rien donné.
– Qui est-elle donc, dites-le moi?
Alors il répondit :
– Sire c'est votre âme, par Dieu.
C'est vrai, dit-il, et moi qui ne m'en souvenais plus!».

Les comtadins ont peut-être entendu cet *exemplum* tiré du recueil d'un Frère Sachet marseillais de la fin du XIIIe siècle[135]. Il illustre parfaitement l'effort séculaire de l'Eglise pour rapprocher la sollicitude du testateur envers ses héritiers du soin qu'il doit avoir aussi de son âme.

Cet effort est constant, aussi bien chez les papes qui dans leurs *Décrétales, Sexte, Clémentines* essaient d'aménager le droit et d'intégrer les formes romaines aux traditions de l'Eglise[136] que chez les évêques, réunis en conciles provinciaux, qui rappellent constamment au cours du XIIIe et du XIVe siècle la nécessité de la présence d'un prêtre au cours de la rédaction du testament. Certes, à Narbonne en 1227, à Toulouse en 1229, à Arles en 1234, à Béziers en 1246, c'est peut-être encore la crainte de l'hérésie, de l'imposition in extremis du *consolamentum* qui pousse à réclamer la «*praesentia semper catholicorum virorum et parrochialis sacerdotis*»[137]. Mais ces

---

volonté de l'homme. D'autre part, l'enthousiasme religieux en Provence ou en Comté de Toulouse n'atteignit jamais la même exaltation qu'au sein de la vraie France. Plus enclins à l'hérésie les habitants du Sud étaient moins passionnément dévoués à la foi catholique...» (souligné par moi), in *Evolution du Testament en France, op. cit.,* p. 482-483.

[135] J. Th. Welter, *Un recueil d'exempla du XIIIe siècle,* in *Etudes Franciscaines,* mars 1914, *exemplum* n° 221 p. 315.

[136] Cf. le *Corpus Juris Canonici,* édition E. Friedberg, Leipzig, 1881. *Décrétales* de Grégoire IX, Lib. III, tit. XXV; *Sexte,* lib. III, tit. XI, *Clémentines,* lib. III, tit. VI. Cf. aussi le *Dictionnaire de Droit canonique,* tome VII, col. 1190-1192.

[137] Narbonne 1227, Mansi XXIII, col. 22; Arles 1234, Mansi XXIII, col. 341-342; Béziers 1246, Mansi XXIII, col. 702; Albi 1254, Mansi XXIII, col. 842 etc...

prescriptions sont reprises à Arles en 1275, en Avignon en 1279, 1282, 1326, 1337 etc.[138]. Ce n'est pas l'inertie des prélats qui ont souvent coutume de reprendre les prescriptions des conciles antérieurs qui explique à elle seule ces répétitions en un temps où l'hérésie n'est plus à craindre. C'est qu'en réalité, les règles édictées par les évêques ne sont pas observées scrupuleusement et la présence du prêtre auprès du testateur continue d'être essentielle pour l'Eglise.

Dans les textes conciliaires du début du XIVe siècle, on cherche surtout à démasquer la malice des héritiers qui cachent et modifient les dernières volontés des testateurs; on pousse ceux-ci à restituer les biens mal acquis. Mais ce qui est en jeu c'est la possibilité pour les clercs d'encadrer les derniers moments. En dépit d'une tradition de la satire anticléricale, qui date du Moyen Age et qui a souvent été reprise par une certaine historiographie positiviste, ce n'est pas l'*invidia* ou l'*avaricia* des moines et des prêtres, désireux d'extorquer de l'argent au mourant, qui rend compte en dernière analyse de cette volonté d'assister à la rédaction de l'acte (même s'il est clair que leur présence leur apporte souvent des legs importants et si, dans certains cas, les mobiles matériels peuvent les pousser à venir assister un testateur *in articulo mortis*). Ce qui doit être invoqué, c'est plutôt la nécessité pour les clercs de remplir pleinement la fonction de leur *ordo* : garantir la continuité en se posant en intermédiaires entre Dieu et les hommes, entre ici-bas et au-delà, entre les vivants et les morts. Ayant assisté à la rédaction du testament ils peuvent faire respecter les décisions du défunt par sa famille, voire même parler pour lui et, en sens inverse, de part la volonté du mort, ils peuvent aussi prétendre rassembler pour lui les suffrages et les dons des vivants.

Loin d'avoir marqué un recul par rapport à l'époque dorée des donations *pro remedio animae*, la prodigieuse démocratisation de la pratique testamentaire au XIIIe siècle et au début du XIVe siècle donne en réalité aux clercs l'occasion d'intervenir dans des milieux où cela n'avait pas été possible jusque là (même si cette évolution se fait dans un contexte qui n'est pas toujours favorable à l'Eglise : hérésies, contestation de l'autorité temporelle des seigneurs-évêques par les consulats, développement avec le droit romain d'un certain individualisme). La longue histoire de la «christianisation» de la mort, commencée dès le Bas-Empire, continuée en particu-

---

[138] Arles 1275, Mansi XXIV, col. 148, Avignon 1279, Mansi XXIV, col. 231, Avignon 1282, Mansi XXIV, col. 435; Avignon 1326, Mansi XXV, col. 743, Avignon 1327, Mansi XXV f° 1085 etc.

lier à Cluny avec la promotion de la liturgie des trépassés, connaît avec la généralisation du testament une étape décisive.

L'évolution de la diplomatique révèle clairement cette «christianisation». L'Eglise en effet réussit à incorporer peu à peu aux formes romaines les dispositions et même les formules des vieilles *donationes mortis causa*[139]. A l'inverse de celui du Bas-Empire, le testament du XIIIe siècle et du XIVe siècle ne commence pas par la nomination de l'héritier universel mais se termine par elle; l'invocation à Dieu, le choix du lieu de sépulture et l'ordonnance des legs destinés à racheter les fautes du testateur tiennent désormais les premières places. Mieux, l'Eglise réussit peu à peu à «sacramentaliser» le testament. Au moins par un geste, le signe de croix, et une parole, la *commendatio anime*. L'invocation par laquelle débute le testament est le plus souvent sous la forme simple «*In nomine Domini...*», mais il arrive, surtout au XVe siècle, que l'on trouve des mentions faisant explicitement référence au signe de la croix. «*Signaculo Sancte Crucis me muniendo...*», «*Factoque signo Sancte Crucis (†) sic, dicendo in Nomine Patris et Filii et Spiritus Sancti..*»[140]. Parfois, comme dans les bénédictionnaires et les autres livres liturgiques une croix est dessinée au milieu du texte pour indiquer le moment précis où l'on doit se signer.

La *commendatio anime*, qui en général suit l'invocation, les formules rappelant la nécessité de tester et précède le choix de sépulture, s'est imposée lentement. Elle est rarement attestée au XIIIe siècle, se fait plus fréquente vers 1290-1330 et se généralise ensuite[141]. Cette clause est calquée très exactement sur la vieille prière que l'on récite près du lit du mourant, en particulier au moment de l'administration des derniers sacrements[142]. Les clercs essaient donc de rapprocher au maximum, jusque dans les gestes et les mots, l'heure de la rédaction du testament de celle où sont donnés les derniers sacrements, dont ils s'efforcent aussi de généraliser la pratique. Mourir intestat et mourir sans confession sont unis dans la même réprobation. Un subterfuge permet même aux parents d'un mort qui n'a pas eu le temps de tester de faire en son nom une *ordinatio ad pias causas* ou même

[139] Cf. le chapitre II et Carlin, *La pénétration du droit romain... op. cit.*, p. 235-237.

[140] Valréas-Evesque 217 fo 301 vo, 217 fo 710, 247 fo 26 etc. Le testament reproduit est de 1383, Valréas-Evesque 194.

[141] On ne le trouve pas dans le testament de G. Amic de 1216 publié par Duprat in *AACV* 1912 p. 163 ni dans ceux du cartulaire de Trinquetaille. En revanche, à la fin du XIIIe siècle, elle est dans le testament de R. d'Uzès, évêque d'Avignon, in *Gallia Christiana Novissima*, Valence, 1920, tome VII, col. 246.

[142] Cf. M. Righetti, *Manuale di Storia liturgica*, tome II, p. 371-372, tome IV, p. 247.

un testament *loco defuncti* qui pallie, au moins sur le plan religieux, cette absence de préparation[143].

Mais comment les choses se passent-elles concrètement? Autant qu'on puisse en juger par les listes des témoins (qui n'incluent pas l'ensemble des présents mais seulement sept d'entre eux[144]), les situations locales sont assez variées. En Avignon ou à Apt les prêtres-témoins sont peu nombreux (ils sont mentionnés dans moins de 20% de testaments). En revanche ils sont très souvent présents à Cavaillon et plus encore à Valréas (dans 36% et 67% des testaments). Dans cette dernière ville c'est peut-être une certaine émulation entre les desservants de la paroisse et les Cordeliers qui explique la présence constante des clercs ou des religieux auprès des testateurs. Mais le rôle direct que joue l'Eglise se marque aussi par la nomination des exécuteurs testamentaires, pris en partie ou en totalité dans le clergé. La vieille tradition qui fait des clercs les *eleemosynarii*, les *manumissores*, les *gadiatores* privilégiés des défunts semble en particulier très vivante à Valréas (ils sont présents dans plus de 87% des testaments[145]) où les Cordeliers se partagent ce rôle avec les séculiers, le gardien des Frères Mineurs représentant alors son couvent auprès du mourant et de sa famille. A Cavaillon, le confesseur, les chanoines, voire l'évêque sont parfois *gadiatores*[146], mais c'est le prêtre administrateur de l'*anniversarium* de l'église-cathédrale qui le plus souvent est présent et nommé exécuteur de la volonté du défunt. Dans les petits villages le curé joue aussi ce rôle[147] alors qu'au contraire en Avignon les réguliers comme les séculiers interviennent très peu dans ces nominations. Il est plus facile au curé de campagne qu'au clergé avignonnais de connaître ses ouailles et les maladies des uns ou des autres. De plus, dans la grande ville, au XVe siècle, tester est devenu aussi, peut-être plus vite qu'ailleurs, un acte technique, qui commence à se

---

[143] Cf. chapitre II, 3, le temps de la mort, p. 117-152 : 1407, Apt-Pondicq 48 fo 49; 1420 Valréas-Petit 59 fo 13; 1389, Courthezon, Not, et Tab. 87 fo 16, etc... Cf. R. Aubenas, *Autour du testament loco defuncti*, in *Annales de la Faculté de Droit d'Aix*, nouvelle série no 33, Aix, 1941.

[144] Le chapelain peut donc être présent sans pour autant faire partie des témoins officiels; cf. l'exemple de celui de Monnieux qui est présent à la rédaction du testament d'un de ces paroissiens mais ne fait pas partie de la liste officielle, 1464, Apt-Pondicq, 255 fo 53.

[145] Au total plus de 600 testaments sur 740 font des clercs les *gadiatores* privilégiés.

[146] Le confesseur, 1342 Cavaillon-Liffran 11 fo 69, 1465, Cavaillon-Rousset 191 fo 50, 1466, Cavaillon-Rousset 192 fo 44, 1499, Cavaillon-Rousset 244 fo 63-64; l'évêque, 1336 Cavaillon-Rousset 26 fo 70, 1342 Cavaillon-Liffran 11 fo 2 etc.; l'administrateur des biens de l'*anniversarium*, Cavaillon-Rousset 68 fo 12, Cavaillon-Rousset 100 fo 67-68 etc...

[147] Cf. le prieur de Taulignan par exemple Valréas-Petit 59 fo 28. Il semble aussi qu'à Orgon les clercs aient été systématiquement exécuteurs testamentaires, cf. Avignon-Martin 308.

détacher progressivement du moment de la mort; l'appel aux clercs se révèle alors moins nécessaire. L'approche même du passage dans l'au-delà est pourtant l'une des conditions nécessaires à la pastorale et à l'encadrement de la mort par l'Eglise.

La proximité de la mort

La plupart des testaments sont faits sinon «*in articulo mortis*», du moins pendant une maladie grave ou une épidémie[148]. Le testateur est «*eger*», «*debilis*», l'acte est établi dans la chambre «*in qua jacebat in lecto*», «*in qua jacebat egrotans*», «*in qua dictus testator infirmibatur*»[149]. Souvent, le barbier ou le médecin qui soigne le malade fait partie du groupe des témoins[150]. Parfois une indication portée en marge nous apprend que le testateur est décédé quelques jours ou quelques semaines plus tard[151]. Il est très rare que l'heure de la rédaction soit indiquée. Quand c'est le cas on constate que le notaire, comme le prêtre appelé au chevet du mourant, se déplace à n'importe quel moment de la journée : très tôt le matin, à prime, à l'heure de la messe du matin[152], à tierce, à midi[153], à none ou à «*l'heure des vêpres*»[154], à l'heure de complies, à l'heure de «*l'Ave Maria introytus noctis*»[155], parfois même «*très tard*», «*au milieu de la nuit*», ou «*avant le chant du coq*»[156], ce qui traduit une certaine précipitation et annonce les derniers moments.

Le rythme mensuel des testaments, qui ne connaît jamais de très grosses variations pendant l'année, montre cependant que c'est pendant les mois compris entre avril et octobre que testent le plus les comtadins. C'est très exactement la saison la plus meurtrière, celle où, avec la chaleur,

---

[148] Même chose à Montpellier ou à Grasse par exemple, cf. P.-L. Malaussena, *La vie en Provence aux XIVe et XVe siècle, un exemple Grasse à travers les actes notariés*, Paris, Librairie Générale de Droit et de Jurisprudence, 1969, p. 346.

[149] 1452 Cavaillon-Rousset 164 fo 9, Avignon-Martin 99 fo 171, 1440, Mazan-Bertrand, 1366 etc...

[150] Avignon-Martin 230 fo 236, Cavaillon-Rousset 26 fo 70, Cavaillon-Rousset 78 fo 38, Avignon-Martin 223 fo 383 etc...

[151] 16 juin-5 septembre, Cavaillon-Rousset 78 fo 38, 9 avril-19 avril, Valréas, 235 fo 88 etc...

[152] Apt-Pondicq 108 fo 77, Apt-Pondicq 108 fo 34.

[153] Apt-Pondicq 105 fo 79, 107 fo 24, 108 fo 24.

[154] Apt-Pondicq 108 fo 26, Apt-Pondicq 108 fo 14.

[155] Apt-Pondicq 105 fo 77, 108 fo 29, 109 fo 1, fo 29, fo 11 etc...

[156] 1428, Avignon-Martin 301 fo 50, 1382 Apt-Pondicq 12 fo 34 vo.

Graphique nº III

RÉPARTITION ANNUELLE DES TESTAMENTS À VALRÉAS ET APT

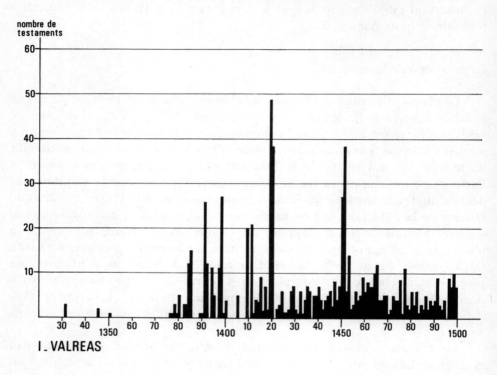

I _ VALREAS

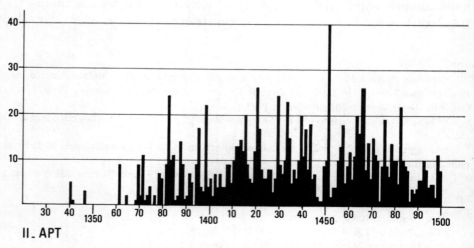

II _ APT

Graphique n° IV
RÉPARTITION ANNUELLE DES TESTAMENTS AVIGNONNAIS

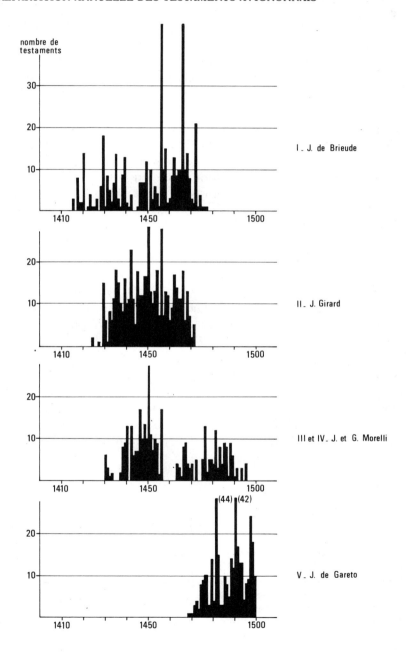

reviennent les fièvres et les pestilences. Mais la répartition dans le temps des testaments conservés n'est jamais vraiment révélatrice des rythmes démographiques. Les actes n'ayant pas été enregistrés dans leur ensemble par une officialité ou une cour de justice, on ne peut, comme en Forez, en Lyonnais ou même à Lubeck[157], les utiliser comme une source fidèle pour connaître les crises de mortalité. Une partie seulement des minutes a été conservées, les notaires sont souvent victimes de la peste et leur travail n'est plus régulièrement assuré en temps d'épidémie. On a conservé très peu de registres et de testaments pour les années 1348 et 1361. Comme à Orvieto ou à Perpignan, les praticiens comtadins et avignonnais, contraints de s'exposer en venant prendre à domicile les dernières volontés des malades, sont décimés[158]. Dans les années qui suivent des précautions sont prises : certains testaments sont dictés au notaire à travers la porte fermée de la maison[159]! Mais en plein XVe siècle, il arrive encore que les témoins refusent de venir «*propter metum epidemie*»[160], ou même qu'il n'y ait plus de notaire : en 1467, à Mazan cinq témoins déclarent qu'un homme a fait son testament devant eux... «*deux ou trois jours avant la fête de la décollation de Saint Jean Baptiste, le dit Dominique Cappel, à cause du manque de notaire du fait de la très grande mortalité due à l'épidémie de peste, au dit lieu de Mazan, fit et dicta son testament devant seulement trois témoins*»[161]. Toutefois un nombre anormalement élevé d'actes signale presque toujours une épidémie (au XVe siècle les plus fortes et les plus générales ont lieu en 1419-20, 1433-34, 1450-51, 1463-66, 1475-77, 1482-83, 1493-94).

Si les mouvements démographiques dans leur ensemble ne peuvent être déduits de ces variations, il apparaît bien cependant que les testateurs dans leur très grande majorité dictent leurs dernières volontés non seulement dans la pensée de la mort, mais aussi dans sa proximité immédiate. Il y a certes des différences entre l'homme qui teste «*eger et debilis*» et attend la mort depuis longtemps et le bien-portant qui a une peur soudaine de

---

[157] E. Fournial, *Les villes et l'économie d'échange en Forez aux XIVe et XVe siècles*, Paris, Presses du Palais Royal, 1967, p. 175. M.-Th. Lorcin, *Les campagnes de la région lyonnaise aux XIVe et XVe siècles*, Lyon, Imprimerie Bosc frères, p. 211-220; A. von Brandt, *Mittelalterliche Bürgertestamente, op. cit.* p. 32.

[158] E. Carpentier, *Une ville devant la peste. Orvieto et la Peste Noire de 1348*, Paris, S.E.V.P.E.N., 1962, p. 130, 145, 188-189; R. W. Emery, *The black death of 1348 in Perpignan*, in *Speculum, A journal of medieval studies*, vol. XLII, oct. 1967, p. 611-623.

[159] Avignon-Martin 207 fo 69, 209 fo 33.

[160] Avignon-Martin 268 fo 126.

[161] Cité par P. Ourliac, in *Droit romain et pratique méridionale, op. cit.*, p. 154.

l'épidémie, mais tous attendent le dernier moment pour régler leurs affaires. Les condamnés à mort eux-mêmes ne testent-ils pas sur les lieux du supplice, comme ce damoiseau condamné à être noyé dans la Durance en 1404, qui devant le peuple assemblé, «*fait son dernier testament, à haute et intelligible voix*», avant d'être jeté dans la rivière[162]!

A partir du XVᵉ siècle, et surtout peut-être en Avignon, certains citadins choisissent toutefois de tester alors qu'ils sont en bonne santé et ne sont menacés en aucune façon. L'habitude de dicter ses dernières volontés avant de partir en voyage ou en pélerinage est très ancienne. Elle est encore attestée assez souvent aux XIVᵉ et au XVᵉ siècle[163]. Mais il s'agit d'autre chose : l'utilisation constante des services des hommes de loi, des notaires, les progrès importants des techniques juridiques, du droit romain, ont fini par rendre banale la dictée du testament, au moins dans certains milieux. Tester devient un geste relativement technique qui, s'il n'est pas laïcisé[164], se détache déjà un peu du moment sacré et sacramentel des derniers instants, du passage ritualisé dans l'au-delà. Deux indices montrent cette évolution : le nombre croissant de testateurs qui refont plusieurs fois leur testament, et celui, important aussi, des couples ou des associés qui, pour des raisons familiales ou économiques, dictent le même jour et devant le même notaire leurs dernières volontés. Plus on avance dans le XVᵉ siècle plus on rencontre de ces testateurs qui passent trois, quatre, voire cinq fois devant le notaire, au point que dans certains cas cela semble tourner à la manie[165]. De la même façon se multiplient les testaments de conjoints ou d'associés qui généralement se font donations mutuelles[166].

Néanmoins ces actes ne représentent qu'une faible part de l'ensemble étudié. C'est bien dans la proximité de la mort que se font la plupart des testaments et l'Eglise a encouragé ce rapprochement qui lui permet de «sacramentaliser» l'acte juridique et de mieux contrôler et unifier les pratiques et les croyances. Mais si le testament est à la fois le lieu des règles

[162] Bibliothèque Calvet, ms. 2487 fᵒ 61.
[163] 1446, Avignon-Martin 795 fᵒ 126; 1459 Apt-Pondicq 182 fᵒ 2; 1464 Apt-Pondicq 182 fᵒ 2; 1466 Avignon-Martin 260 fᵒ 160.
[164] M. Vovelle, *Piété Baroque et déchristianisation, op. cit.*, p. 63-65.
[165] Tel cavaillonnais fait et refait son testament le 7, 9 et 12 janvier (Cavaillon-Rousset 71 fᵒ 4); tel notaire en 1429, 1430, 1435 et 1436 (Avignon-de Beaulieu 677 fᵒ 119, 684 fᵒ 4, 689 fᵒ 110, 691 fᵒ 290) tel bourgeois d'Avignon le 4 septembre 1480, le 10 mai, 6 août, 18 août 1482, le 8 mai 1490. (Avignon-Martin 466 fᵒ 359 vᵒ, 472 fᵒ 231, 383, 414, 482 fᵒ 420) etc...
[166] Deux fustiers associés font le même jour leurs testaments, 1451, Avignon-Martin 799 fᵒ 145 et 146, un mari et une femme font un testament conjoint, 1442 Apt-Pondicq 169 fᵒ 33 (6ᵉ cahier), 1466 Avignon-Martin 74 fᵒ 224 vᵒ etc...

successorales, des coutumes, des pratiques religieuses unifiées, quelle peut donc être la part de l'initiative personnelle dans les dernières volontés? Est-ce bien le testateur, en tant qu'individu, qui parle dans les actes que nous offrent les minutes comtadines et qui sont, nous venons de le voir, soumis aux pressions de la parentèle, des voisins, des clercs, pris dans le moule juridique imposé par le notaire?

L'individu, la coutume et la dictée du testament

Avant de prendre la forme, écrite et latine, que nous lui connaissons, un testament se parle, se dicte, se discute[167]. Une fois mis au net sur le *brevarium*, l'acte est relu, «*récité*»[168] par le notaire pour recevoir l'assentiment de son client, dont les décisions sont généralement transcrites au style direct. Bien sûr, la plupart des testateurs pensent, comme cette femme de l'Isle-sur-la-Sorgue, que les *scriptura publica sunt perpetua* tandis que la mémoire des hommes peut défaillir[169] et qu'il faut, quand on veut fixer ses dernières volontés, faire appel à ce spécialiste de l'écrit qu'est le notaire : l'écrit dans le Midi latin s'est depuis longtemps affirmé comme la forme qui fixe la coutume, les contrats, les actes les plus importants. Mais c'est oralement que le testament s'élabore, se construit. La *nuncupatio*, la prononciation solennelle des dernières volontés suppose la présence d'un public (le notaire, les témoins, la famille, les voisins, les clercs). Le moment de la rédaction est, nous venons de le voir, un temps très socialisé, avec ses règles, ses usages. On est loin des testaments spirituels de l'Epoque Moderne ou des testaments du Code Civil qui se font dans le secret d'un cabinet ou la solitude d'une méditation sur la mort. La redécouverte du droit romain contribue au développement d'un relatif individualisme mais le testament de la fin du Moyen Age n'a jamais été le fruit des décisions parfaitement autonomes d'un individu libre d'agir à sa guise, comme certains juristes l'ont parfois laissé entendre. Est-ce bien une décision libre qui fait par exemple changer d'avis à trois jours d'intervalle tel étranger

---

[167] Un certain nombre de testaments en provençal ont cependant été conservés : cf. par exemple 1401, Avignon-Martin 280 f° 7; 1403, Cavaillon-Rousset 63 f° séparé; 1440 Apt-Pondicq 86 f° 60; Apt-Pondicq 125 f° 5 v°; cf. aussi le testament de Jean Bellaboche, publié par P. Pansier, *Histoire de la langue provençale en Avignon*, tome II, Avignon, 1925, p. 136 et suiv.
[168] Cf. l'expression «*post recitationem dicti testamenti*» que l'on trouve dans un certain nombre d'actes, par ex. Avignon-Martin 268.
[169] 1373, L'Isle-Roussel 13 f° 58 v°.

testant à Valréas (dans le premier testament c'est un habitant de Carpentras qui est l'héritier universel, dans le deuxième le couvent des Frères Mineurs...)[170]? Ne serait-ce pas l'intervention des séculiers qui peut expliquer que tel artisan aptésien décide le 6 mai de se faire enterrer chez les Cordeliers, mais le 27 revienne sur sa décision et choisisse le cimetière de la Major dont il est le paroissien[171]? On pourrait multiplier les exemples.

Les conditions concrètes dans lesquelles se déroule la dictée de l'acte montrent que pèse sur elle une série de contraintes (le terme même de contraintes est d'ailleurs ici inadéquat puisqu'il suggère que le poids de la coutume, des parents, des clercs s'exerce de l'extérieur sur les décisions du testateur, alors qu'il en fait partie intégrante). La pression sociale, la circulation des modèles culturels poussent un certain nombre de testateurs à «paraître», à revendiquer, ne serait-ce qu'au moment de la mort, l'appartenance à un *status* qui n'est pas celui dont ils font partie effectivement. Mais curieusement dans cette société où les barrières du droit et des conventions entre les ordres ne sont pas encore entièrement étanches, il ne semble pas qu'il y ait une codification et une hiérarchisation très strictes des pompes funèbres par exemple[172]. Certes, elles sont modulées selon la richesse des testateurs, mais ce qui en forme le noyau, pour le riche notable comme pour l'agriculteur comtadin, c'est encore la «commune coutume».

Plus que la pression de tel ou tel clerc, d'un membre de la famille, de la convention sociale, c'est en effet la coutume qui parle par la voix du testateur: *«juxta communem consuetudinem predicti loci»*[173]. C'est elle qui dicte invariablement, ou presque, les décisions concernant les funérailles, les legs pieux et charitables, et aussi dans une certaine mesure, le choix des héritiers. C'est la coutume qui exige qu'on fasse un legs à la Charité de Vaison, à l'*eleemosyna consueta* de Cavaillon, à chaque hôpital d'Orange ou d'Avignon[174], à la chandelle de Notre-Dame, au brandon qui accompagne le *Corpus Christi*, au cierge pascal, au luminaire des autels des patrons de la

---

[170] Valréas-Petit 75 f° 17.

[171] Apt-Pondicq 333 f° 71 et Apt-Pondicq 342 f° 98.

[172] La situation est bien différente dans la Provence de la fin de l'Ancien Régime, cf. M. Vovelle, *Piété Baroque, op. cit* p. 67-74. Nous verrons cependant – au chapitre II – qu'un début de hiérarchie des pompes funèbres se met en place peu à peu en Avignon au XVe siècle.

[173] Valréas-Petit 80 f° 105 (1461).

[174] Vaison-Milon 864; Cavaillon-Rousset 216; BV ANO 59 f° 15 et pratiquement tous les testaments avignonnais du XIVe siècle

paroisse[175]. Cet aspect stéréotypé des milliers de testaments a souvent rendu les historiens très sceptiques, voire hypercritiques : il serait impossible de faire l'histoire de la piété personnelle des testateurs à travers ces répétitions désolantes. Mais l'histoire de la forme elle-même, du stéréotype, ne peut-elle pas être tentée ? Cette répétition, cette codification extrême des legs n'a-t-elle pas une fonction quasi rituelle ?

Le notaire dans son formulaire est le gardien de la coutume. C'est lui qui propose au testateur, dans un ordre apparemment immuable, les legs aux clercs, aux confréries, aux pauvres, aux parents. Apparemment, car cet ordre varie en fait très légèrement avec chaque notaire et surtout d'une ville à l'autre : quand J. de Brieude, homme de loi avignonnais mais originaire de Cavaillon, retrouve en Avignon un de ses compatriotes, il n'hésite pas à reprendre pour lui l'ordre et les modalités des legs en vigueur dans sa ville natale[176]. Cet ordre, ce cadre, est parfois si rigide qu'il s'applique sans précaution aux étrangers qui pourtant n'ont pas à tenir compte de la *consuetudo* locale[177], ou bien même aux juifs dont les rites mal connus deviennent alors, la convention notariale aidant, des «*missae ut est moris judeorum*»[178] !

Cependant, la convention notariale elle-même enregistre très lentement les transformations, les évolutions, surtout peut-être dans les préambules. Le discours sur la mort qui s'y développe ne vient évidemment pas des testateurs. Il est de source savante et emprunte dans une large mesure aux modèles cléricaux et liturgiques, mais il évolue en fonction du public qui le reçoit. Certes, les formules sont souvent ajoutées par le notaire a posteriori, au moment de grossoyer l'acte, mais elles sont sans doute aussi récitées au moment de la rédaction et elles reviennent de toutes façons vers la famille sous la forme de l'expédition. L'intense circulation des hommes de lois et de leurs formulaires au niveau inter-régional et international contribue ainsi à standardiser, à unifier les images de la mort[179].

---

[175] Bibliothèque Calvet, ms 4076 f° 60; E, Not-Tab. 81 f° 2; Vaison-Milon 863 f° 58; Arch. Hosp. Avignon, Epicerie B9.

[176] 1426 Avignon-Martin 204 f° 326. J. de Brieude reprend en particulier le legs pour le «gage spirituel» de 6 sous 6 deniers en vigueur à Cavaillon. A Orvieto il arrive aussi que les notaires proposent eux-mêmes certains legs, cf. E. Carpentier, *Une ville devant la peste, op. cit.,* p. 118.

[177] Apt-Pondicq 390 f° 142.

[178] Apt-Pondicq 266 f° 125.

[179] On a vu certains notaires d'Apt venir de Saint-Paul-trois-Châteaux, Cavaillon Forcalquier, etc... Les avignonnais sont parfois originaires de régions beaucoup plus lointaines :

Le moule juridique, le cadre étroit de la convention notariale laisse donc peu de place à l'individu.

Pourtant dans certains actes le testateur intervient personnellement, bouscule l'ordre des legs pieux, demande des pompes funèbres particulières, un tombeau, parfois même fait ajouter explicitement un ou deux intercesseurs privilégiés au préambule du notaire [180]. C'est que le testament, bien qu'il recouvre des règles coutumières sous son habit romain, implique dans sa forme même la reconnaissance de l'individu. Même s'il est établi dans la maison, devant la parentèle, c'est un acte unilatéral, qui ne requiert pas le consentement d'autres personnes. On est loin désormais de la *laudatio parentium*. Comme le souligne G. Chevrier, par le testament la volonté de l'homme «... ouvrant une brèche dans le réseau des consentements extérieurs qui l'enserraient, repoussant les barrières qui soustrayaient à son emprise la transmission de certains biens... réclame la liberté de disposer... Elle entend fixer par elle-même, sous les réserves imposées par les convenances sociales et la pietas familiale, la part du patrimoine dévolue au successeur qu'elle a choisi»[181]. Le testament «romain» suppose et permet une relative libération de l'individu puisque, formellement au moins, c'est la seule volonté du testateur, et non la coutume familiale, qui désigne l'héritier (même si son choix obéit encore en dernière analyse à une série de contraintes coutumières). Mieux, c'est la mort de l'homme qui s'est posé en individu dans le testament, qui crée finalement l'héritier, et non plus le *mos majorum* reconnu par tous les parents vivants.

S'il ne faut pas s'attendre à retrouver dans chaque acte l'originalité et la personnalité de celui qui teste, chaque acte en revanche reste le témoignage d'une volonté individuelle, d'une personne[182].

«L'air de la ville rend libre», mais il contribue aussi à faire prendre conscience de l'individualité. Les citadins du XIIe et du XIIIe siècle, dégagés

---

Bar-le-Duc, Mende, Chartres, Bourges, Fréjus, Quimper, Limoges, etc.; cf. la liste des notaires in Bautier-Sornay, *Les sources de l'histoire économique et sociale du Moyen Age, Provence – Comtat Venaissin, Dauphiné, Etats de la maison de Savoie*, vol. II, p. 1289-1306.

[180] 1442, Avignon-Martin 230 fo 40 vo où le testateur fait rajouter dans la marge un certain nombre de saints patrons.

[181] G. Chevrier, Préface au livre de L. Boyer, *Introduction à l'étude du testament forézien*, op. cit., p. V.

[182] M. Lombard, dans son *Introduction* au *Colloque sur les problèmes de la Personne*, Actes publiés sous la direction de I. Meyerson, Mouton, Paris-La Haye, 1973, p. 11-19, suggère un lien étroit entre le développement urbain et la naissance de la notion de personne.

en partie des structures féodales, vivant quotidiennement la division du travail, découvrent la conscience, la morale de l'intention, le sujet. Abélard et les Victorins, au niveau le plus élaboré, sont les initiateurs de cette découverte[183]. Mais le développement de la pratique testamentaire, au niveau le plus large et le plus humble, porte aussi témoignage du bouleversement des pratiques juridiques et des mentalités provoqué par l'essor économique et le développement urbain.

*
*   *

Les testaments du XIVᵉ et du XVᵉ siècle ne sont donc pas les simples «reflets» de l'Automne du Moyen Age, même s'ils émanent de la très grande majorité des hommes et des femmes qui vivent alors en Comtat et s'ils sont établis pour la plupart dans la proximité de la mort. Leur histoire montre qu'ils témoignent des changements intervenus dans les structures familiales, l'image que l'on se fait de la mort, la christianisation des pratiques funéraires, et qu'ils contribuent aussi, en tant qu'acte juridique, à confirmer ou à accélérer ces changements. C'est pourquoi le testateur est l'objet de tant de pressions et le testament l'enjeu d'une lutte constante des clercs pour maitriser cette évolution. Toutefois, si la minute du notaire ne nous livre pas, et ne nous livrera jamais, la pensée intime du testateur face à sa mort, elle est un témoignage irremplaçable de ce qu'est la mort pour toute une société.

La démocratisation de la pratique testamentaire à partir du milieu du XIIIᵉ siècle contribue à imposer dans presque toutes les classes sociales une image générale de la mort très différente de celle qui existait deux cent ans plus tôt, au temps des obituaires et des donations *pro remedio anime*. Le testament en effet assure la continuité de la vie familiale mais donne à la mort de l'individu, à la «mort de soi»[184] une place qu'elle n'avait jamais eue jusque là. Le testament libère l'individu du réseau des «obéissances, des soumissions, des solidarités»[185] où il se débattait, mais en contre partie

---

[183] Sur la «renaissance» du XIIᵉ siècle les travaux sont très nombreux. En quelques pages le P. Chenu dans *L'Eveil de la conscience dans la civilisation médiévale* (Conférence Albert-le-Grand 1968, Inst. d'Etudes Médiévales Montréal, Librairie J. Vrin, Paris, 1969) réussit cependant à proposer une synthèse qui met en valeur la nouveauté radicale des découvertes d'Abélard ou des Victorins.

[184] Expression empruntée à Ph. Ariès, *Essais sur l'histoire de la mort en Occident du Moyen-Age à nos.jours*, Paris, Editions du Seuil, 1975, p. 32 et suiv.

[185] J. Le Goff, *Civilisation, op. cit.*, p. 348.

commence à le placer seul face à sa propre mort, de plus en plus abandonné par la parentèle et les ancêtres qui autrefois l'entouraient et se chargeaient entièrement du «passage».

L'histoire du testament c'est aussi l'histoire de cet abandon et de cette solitude. Ce n'est plus la coutume, la voix des *patres* qui «fait» l'héritier, mais, seul, celui qui va mourir.

La découverte inquiétante de la «mort de soi» est donc très étroitement contemporaine du développement de la pratique testamentaire. Elle commence comme elle dès la fin du XIIe siècle ou le début du XIIIe siècle, dans un contexte culturel précis où les vieilles solidarités et les liens ancestraux sont remis en question par l'essor économique et urbain, la revendication de nouveaux droits, le développement d'une morale de l'intention. Bien avant par conséquent les pestes et les mortalités, ces grandes responsables de l'angoisse de la mort à la fin du Moyen Age dans l'historiographie traditionnelle.

CHAPITRE II

LE PASSAGE

Dès le début du XIIIe siècle, le développement de la pratique testamentaire révèle donc un changement d'attitude à l'égard de la mort. Il faut attendre cependant le siècle suivant pour voir l'image traditionnelle du «passage dans l'au-delà» se modifier sensiblement et prendre une importance qu'elle n'avait pas jusque là.

La vieille métaphore du «voyage», de la «migration des âmes» s'enrichit, se transforme. Les testaments en sont un double témoignage : tandis que les formulaires donnent de la mort une image relativement simple, d'origine savante et cléricale, qui évolue lentement, les pompes funéraires traduisent plus clairement et plus vite l'idée que les testateurs se font de leur «passage»; derrière les legs destinés à l'organisation de ce théâtre de la mort apparaît peu à peu un nouveau système de représentation.

Avant de confronter les formulaires et la pratique, il est cependant indispensable de revenir sur la présence constante, obsédante, de la mort (de la réalité biologique de la mort) tout au long du XIVe siècle et du XVe siècle. Les mortalités, la dépopulation ont dû peser lourdement; mais doit-on pour autant établir une relation de cause à effet directe entre la démographie et l'évolution des structures mentales? La «peur de la mort», le «traumatisme de la peste» peuvent-ils à eux seuls rendre compte des «aberrations macabres» du XVe siècle? La peste et la crise démographique ne doivent pas être pour les historiens des mentalités ce qu'elles ont été trop longtemps pour les économistes : les seules responsables de la grande dépression de la fin du Moyen Age. Nous savons maintenant que l'idée de la «mort de soi» s'installe bien avant 1348 et la lecture attentive des testaments incite à examiner avec prudence les liens complexes et subtils qui existent entre la démographie et les représentations mentales.

I – Présence de la mort

L'évolution démographique globale

«La dépopulation fut effroyable. Dans ces années lugubres, c'est comme un cercle meurtrier : la guerre mène à la famine, et la famine à la peste; celle-ci ramène à la famine à son tour. On croit lire cette nuit de l'exode où l'ange passe et repasse touchant chaque maison de l'épée[1]».

Depuis Michelet bien des travaux ont apporté, et apportent encore, des lumières décisives sur la crise démographique du grand siècle sombre qui va de 1350 à 1450[2]. Nous n'avons pas l'intention de jouer ici les démographes; par manque de compétence, parce que l'objet de notre étude se situe plus nettement dans la sphère des «mentalités», mais surtout parce que les enquêtes de E. Baratier sur la population provençale, les recherches de R.-H. Bautier sur Carpentras nous donnent déjà courbes et analyses[3].

Qu'y voit-on? Une situation bien proche de celle de la Normandie décrite récemment par G. Bois[4]; son «modèle Hiroschima», avec quelques variantes, pourrait tout aussi bien s'appliquer aux plaines du Bas-Rhône. Comme en Normandie l'essor démographique engagé au moins depuis le XIIIe siècle se ralentit, ou s'arrête, dès le début du XIVe siècle[5]; passé 1348 c'est l'effondrement. Il faut attendre les trois dernières décennies du XVe siècle pour voir la Provence et le Comtat commencer à se repeupler. Certes, les chiffres donnés par les sources, le plus souvent d'origine fiscale, sont difficiles à manier et parfois impossibles à comparer. Mais l'évolution du nombre des hommes, transcrite en valeur indicée, ne laisse pourtant aucun doute sur l'ampleur du désastre entre 1340 et 1470. La population d'Apt par exemple diminue presque des trois quarts, celle de Carpentras de plus de la

---

[1] J. Michelet, *Histoire de France*, Livre IX, Chap. III.

[2] Parmi les derniers en date cf. en particulier : G. Bois, *Crise du féodalisme, op. cit.*, p. 27 à 72; J.-N. Biraben, *Les hommes et la peste*, Mouton, Paris, La Haye, 1976; M.-T. Lorcin, *Les campagnes de la région lyonnaise, op. cit.*. J. Glenisson et E. Carpentier font le point sur des travaux plus anciens dans *Bilans et méthodes : la démographie française au XIVe siècle*, in *Annales E.S.C.*, 1962, p. 109-129.

[3] E. Baratier, *La démographie provençale du XIIIe siècle au XVIe siècle* Paris, Ecole Pratique des Hautes Etudes, Démographie et Société, vol. V, 1961; R.-H. Bautier, *Feux population et structure sociale au milieu du XVe siècle. L'exemple de Carpentras*, in *Annales E.S.C.*, 1959, p. 255-268.

[4] G. Bois, *Crise du féodalisme, op. cit.*, p. 27-72 et p. 209 et suivantes.

[5] E. Baratier, *La démographie provençale, op. cit.*, p. 77 et 80-81.

PRÉSENCE DE LA MORT 93

moitié (cf. graphique n° V). On peut facilement généraliser cette observation à l'ensemble du pays.

Si les points communs avec la situation normande sont nombreux, il ne faut pas cependant négliger d'importantes nuances. En particulier, le choc de la Peste Noire a été plus brutal et plus difficile à surmonter dans le Midi. E. Baratier perçoit bien quelques signes timides de reprise à la fin du XIVe siècle et au début du XVe siècle[6], mais rien de comparable avec la «récupération» des années 1380-1415 observée par G. Bois. En revanche, la situation militaire semble avoir été globalement moins défavorable dans le Midi à partir de 1430, sans avoir hâté pour autant la reprise.

Il faut aussi faire quelques distinctions régionales. La Haute-Provence et le Comtat montagneux, très peuplés, à la limite du déséquilibre dès la fin du XIIIe siècle, ont été beaucoup plus éprouvés que la plaine rhodanienne. La population de la baillie d'Apt passe de l'indice 100 en 1315 à l'indice 25 en 1470, tandis que celle de la viguerie de Tarascon connaît des pertes importantes, mais, toutes proportions gardées, moins catastrophiques (elle passe de l'indice 100 en 1315 à l'indice 46 en 1471)[7]. La Basse-Provence en effet est plus favorisée sur le plan économique (cultures intensives, vignes, terres irriguées, foires et marchés, intense circulation monétaire et commerciale); elle se repeuple facilement grâce à l'immigration. Dès avant 1348 l'arrivée de la cour pontificale explique en partie le développement rapide d'Avignon et de certaines villes comtadines (par exemple Carpentras, dont la population augmente encore entre 1300 et 1340)[8]. Mais les courants migratoires ne s'arrêtent pas au milieu du siècle, bien au contraire ils s'amplifient à partir de 1370 et pendant tout le XVe siècle. Les paysans abandonnent leurs montagnes voisines et s'installent dans la plaine, tandis que toute une population errante chassée par la guerre et la disette descend par la vallée du Rhône des pays d'Oïl, d'Allemagne, de Flandre, et vient se mêler aux autochtones[9]. Certes, les grandes voies de communications, la promiscuité de la vie citadine contribuent sans doute à accentuer et à multiplier les risques de peste et de mortalité; la population des villes et des bourgs de la plaine comtadine se reconstitue cependant beaucoup plus

---

[6] E. Baratier, *La démographie provençale, op. cit.*, p. 121.

[7] Les indices ont été calculés à partir des chiffres donnés par E. Baratier, qui indique toutefois que le nombre des feux de 1470 est sans doute légèrement sous-estimé.

[8] Cf. B. Guillemain, *La cour pontificale, op. cit.*, p. 497 à 695.

[9] Sur les désertions dans les régions du Bas-Rhône, cf. notamment N. Coulet, *Encore les villages disparus, dépeuplement et repeuplement autour d'Aix en Provence*, in *Annales E.S.C.*, 1973, p. 1463-1483. Sur l'immigration, cf. chap. III, p. 192.

Graphique n° V

LA CRISE DÉMOGRAPHIQUE : DEUX EXEMPLES, CARPENTRAS ET APT

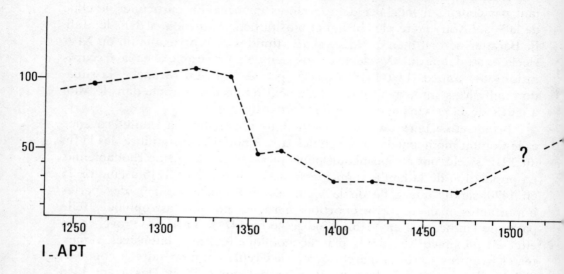

I _ APT

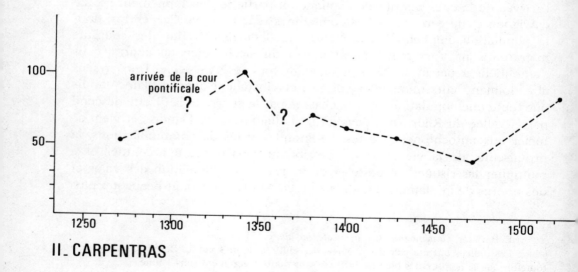

II _ CARPENTRAS

Evolution de la population en valeur indicée d'après E. Baratier et R.-H. Bautier (1348 = 100).

vite que celle des *castra* ou des cités de Haute-Provence. La croissance
économique reprend d'ailleurs plus vite aussi dans la plaine que dans la
montagne.

Tous les indices sont concordants sur un point : la reprise n'est guère
sensible avant le dernier tiers du XVe siècle. A Carpentras, à Apt, ou même
dans le plus petit village des confins du Dauphiné[10], l'étiage se situe vers
1470 et la reprise ne se manifeste qu'ensuite, par paliers. Dans notre région
ce sont moins les guerres et les prélèvements incessants de la fiscalité
princière au XVe siècle que l'ampleur même de la crise démographique,
économique et sociale dès la seconde moitié du XIVe siècle qui rend
compte du caractère tardif de la reprise. La Normandie de G. Bois s'enfon-
ce en plusieurs étapes dans la crise. En Provence et en Comtat, le choc
initial paraît avoir été plus grand, plus profond, plus brutal. Sans reprendre
l'analyse des causes de cette effroyable hécatombe, il faut insister pourtant
sur les conditions concrètes, matérielles, de la mort.

«*Lou flagel mortal de Diou*»[11]

Pour Nostradamus, au XVIe siècle, le fléau de Dieu par excellence, c'est
encore la peste. Elle étend son ombre sur toute cette période. *Pestis,*
pestilencia finissent par désigner toute maladie, tout fléau (même les routiers[12]!). Le mot devient la figure la plus courante de la mort.

«*Incepit tanta mortalitas fere generaliter in universo urbe*»[13]. Indépendamment des réactions de peur et de panique qu'elle suscite, et sur
lesquelles nous reviendrons, la peste de 1348 frappe tous les témoins, en
Avignon comme ailleurs, par son universalité, par son ampleur. Guy de
Chauliac, qui séjourne alors sur les bords du Rhône, écrit : «*Je la nomme*
grande, parce qu'elle occupa tout le monde, ou peu s'en fallut. Car elle
commença en Orient, et ainsi, jettant ses flèches contre le monde, passa par
notre région vers l'Occident. Et fust si grande qu'à peine elle laissa la quatrième
partie des gens . . .»[14]. Pour ce médecin nourri d'astrologie, c'est la conjonc-

---

[10] cf. le cas de Vinsobre étudié par E. Baratier, *La démographie provençale, op. cit.,* p. 87-89.
Le village qui a environ 90 feux en 1377 n'en a plus qu'une soixantaine vers 1460.

[11] Cf. Suares, *Avenio Christiana,* B. N. ms 8973, 381 et *Gallia Christiana novistima, op. cit.,*
Avignon, col. 354.

[12] A. C. Orange, *Délibérations,* du 10 janvier 1391, BB 1 fo 75, où les routiers sont assimilés
à des gens malveillants et à une «peste» sociale.

[13] *Vitae paparum avenionesium,* réunies par E. Baluze, rééditées par G. Mollat, Paris,
1914-1927, tome I, p. 251.

[14] G. de Chauliac, *La grande chirurgie,* édition E. Nicaise, Paris, F. Alcan, 1890, p. 170.

tion cosmique de Saturne, Jupiter et Mars qui déclenche le fléau universel. Plus prosaïquement, le chroniqueur de la *Vita* de Clément VI rappelle que non seulement les hommes mais aussi les chiens, les chats, les coqs et les poules et de nombreux autres animaux sont morts de la peste[15]. La terre entière est en deuil.

Récits et archives communales ne nous permettent pas de décrire, avec autant de précision qu'E. Carpentier pour Orvieto, les réactions des Avignonnais face à cette première épidémie[16]. Une seule chose paraît certaine : la reprise très rapide de la vie économique, peut-être stimulée par cette énorme ponction humaine. De même la vie politique et sociale des cités et des bourgs semble se réorganiser assez vite[17].

Beaucoup plus que ce premier choc, c'est la répétition du fléau qui marque les consciences. L'oubli ne peut faire son travail. Dès 1361 on apprend que le mal peut revenir. Les testateurs recommandent de nouveau leur âme à Dieu et choisissent une sépulture s'ils meurent «*de cette mortalité ou de quelque autre à venir*»[18]! Les riches qui n'avaient pas été atteints en 1348, ou les enfants nés depuis, sont touchés à leur tour[19]. Dans le dernier tiers du XIVe siècle les vagues de mortalités se succèdent, à intervalles assez larges d'abord, tous les deux ou trois ans ensuite. A partir de 1400-1410, le

[15] *Vitae paparum avenionensium, op. cit.,* p. 251.

[16] Sur la Peste Noire les études sont innombrables; cf. par exemple G. Prat, *Albi et la Peste Noire,* in *Annales du Midi,* 1952; R.-W. Emery, *The Black Death of 1348 in Perpignan,* in *Speculum, a journal of medieval studies,* vol. XLII, oct. 1967, p. 611-623, pour ne citer que les travaux concernant le Midi français. En Italie l'importance des chroniques et des archives communales permet de mieux saisir les réactions de la population et des autorités face à l'épidémie : cf. W. Bowsky, *The impact of the Black Death upon the Sienese Government and society,* in *Speculum,* vol. XXXIX, 1964, p. 1-34 et surtout E. Carpentier, *Une ville devant la peste, Orvieto et la Peste noire de 1348,* Paris, S.E.V.P.E.N., 1962. Pour Avignon, on ne dispose malheureusement que de quelques récits (celui de G. de. Chauliac, *op. cit.,* et la lettre de Louis Sanctus de Beringen à un de ses correspondants de Bruges, éditée par De Smet, in *Recueil des chroniques de Flandre,* Bruxelles, 1856, tome III, p. 17). Sur l'atmosphère de terreur provoquée par l'épidémie et ses ressorts psychologiques profonds, cf. supra chapitre III, p. 202-204.

[17] C'est l'avis de B. Guillemain, in *La cour pontificale, op. cit.,* p. 558-559 et p. 583. A Perpignan, qui ne bénéficie pas comme Avignon de la présence pontificale, la peste ne semble pas non plus avoir provoqué de désintégration de la vie sociale, (cf. R.-W. Emery, *The Black death of 1348 in Perpignan, op. cit.*).

[18] «... *vel alias quascumque*...»! 1361, Apt-Pondicq 2 bis f° 7v°.

[19] G. de Chauliac le remarque très nettement : «*Elle differoit de la précédente, de ce qu'en la première moururent plus de populace; et en ceste cy plus de riches et nobles, et infinis enfans, et peu de femmes ...*» *La Grande Chirurgie, op. cit.,* p. 173.

mal est endémique; comme les petites bandes de routiers il hante le pays, fait le siège d'une ville ou d'un village, puis s'éloigne, avant de revenir insidieusement avec un convoi de marchands ou une compagnie de soldats. L'épidémie est le mode le plus fréquent de la mort. La peste d'abord vécue comme une apocalypse, entre maintenant dans la vie quotidienne.

Relisons quelques lettres adressées à Datini par ses correspondants d'Avignon. Entre les nouvelles de la colonie italienne et le récit d'une bonne vente, il est rare qu'une phrase ou deux ne concerne pas la peste. A force de répétition elle est considérée comme un événement presque ordinaire, dont le marchand doit tenir compte dans ses affaires au même titre que le cours du florin ou le prix du drap de Flandre :

11 juin 1383 « ... A Tarascon il y a la peste et ici nous avions du temps assez mauvais pour la voir apparaître aussi ...»

15 juin 1383 « ... Il est mort des gens de la peste ici. Et il en meurt encore; il fait un mauvais temps de vent du sud et la chaleur est très forte; la mortalité toutefois n'est pas grande, de quarante par jour, ou environ ...»

20 août 1383 « ... Ici il meurt quelques personnes de la peste, mais ce n'est pas une chose importante. Thomas di Lorenzo a eu la fièvre trois jours, mais il est guéri à présent; Dieu soit loué!»

24 oct. 1383 « ... Ici il ne meurt plus personne de la peste, ou presque, et on tient pour certain que la contagion est passée. Le cardinal d'Amiens a réchappé; il n'a pas plu à Dieu de l'appeler afin qu'il purge encore quelques péchés. C'est dommage; s'il était mort vous auriez été payé plus tôt que vous ne le serez, car il avait fait un testament ...»

....

16 août 1390 « ... Nous avons dit comment la contagion avait commencé ici. Il en meurt à présent 20 à 30 par jour et pas mal ont réchappé».

 4 Sept. 1390 « ... La contagion est dans Avignon; il en meurt 25 à 30 par jour ...»

13 Nov. 1390 « .. Nous sommes tous saufs, grâce à Dieu, et la mortalité à un peu baissé ici ... »

28 Janv. 1391 « ... La mortalité a complètement cessé ici ... »

....

 8 Oct. 1397 « ... La mortalité a commencé ici au mois de Juillet et n'a cessé d'augmenter, et pour cette raison beaucoup de cardinaux et d'autres gens également sont partis ... »

23 Nov. 1397 « ... Le Pape est à Châteauneuf ... et nous en aurions fait volontiers autant, nous aussi, si nous avions eu quelqu'un à qui pouvait laisser la boutique .. »

14 Août 1398 «... *La peste fait encore des ravages, calculez 20 à 25 par jour, et pendant cette lune il y en a eu certain jour 40. Ils ne donnent pas beaucoup de travail aux médecins; en 20 ou 30 heures ils sont expédiés* ... »[20].

La suite normale des «âges de la vie» est bouleversée par cette quotidienneté de l'épidémie. La mort arrive sans crier gare; elle n'est plus la fin logique de la vieillesse. La peste s'étend sur le monde entier, mais elle est capable aussi d'arrêter le cours du temps : son empire est universel.

Désarmés, atterrés en 1348, les Comtadins et les Avignonnais ne vont cependant pas rester sans réaction devant la recrudescence des mortalités. Sauf peut-être à la fin du XVe siècle, quand le mal se fait moins virulent, les moyens employés pour le combattre semblent parfaitement dérisoires du strict point de vue prophylactique. Ils manifestent cependant eux aussi une certaine accoutumance à la mort épidémique. Celle-ci est donc de moins en moins vécue comme un fléau envoyé par Dieu; c'est désormais un mal contre lequel on peut se prémunir.

Les remèdes spirituels ne sont jamais négligés. Dès 1349 Clément VI compose une «messe pour éviter les épidémies»[21], assortie de 260 jours d'indulgences. On peut supposer qu'en Avignon, comme dans certaines autres villes de Provence, des prédicateurs sont sollicités «*afin de prêcher pour la consolation de la ville*»[22]. Quand le danger menace, les consuls eux-mêmes demandent aux autorités religieuses de faire dire des prières, décident de vouer la cité à un saint[23]. Les processions se multiplient, autour des murailles et près des portes, pour empêcher l'épidémie d'entrer[24].

[20] R. Brun, *Annales avignonnaises de 1382 à 1410 extraites des archives Datini*, in *Mémoires de l'Institut Historique de Provence*, 1935 et 1936, p. 41, 43, 45, 124-126 (tome XII, 1935) et p. 38-39 (tome XIII, 1936).

[21] Cette *Missa pro vitanda mortalitate* a été publiée par J. Viard in *Bibliothèque de l'Ecole des Chartes*, tome LXI, 1900, p. 334-388; cf. aussi L'*Histoire littéraire de la France*, tome XXXVII, P. 389.

[22] En 1415 par exemple la ville d'Aix ravagée par la peste demande un prédicateur au couvent dominicain de Saint Maximin «*ut predicaret hic pro consolatione urbis*»; cf. Albanès, *Le couvent royal de Saint-Maximin*, Marseille, 1880, p. 145, note n° 1.

[23] En 1428 par exemple les syndics d'Avignon décident de faire *ratione mortalitatis* une procession jusque chez les Carmes; H. Cordeliers 31 fº 212. A Apt en 1465 les consuls demandent à l'évêque d'ordonner des prières et des processions générales pour la cessation de la peste. En 1482, ils décident de vouer la ville à Sainte Anne : cf. F. Sauve, *Les épidémies de peste à Apt, notamment de 1588 à 1721 d'après les documents communaux*, in *Annales de la Société d'Etudes provençales*, Aix, 1905, p. 1-7.

[24] Les autorités communales d'Orange décident par exemple de faire célébrer des messes aux quatre portes de la ville : A. C. Orange, CC 368 (1450); CC 371 (1456); CC 378 (1466);

Devant la contagion, dont la réalité est de mieux en mieux comprise, deux solutions sont possibles : s'enfermer ou fuir. Mourir de la peste c'est un peu mourir comme à la guerre : assiégé ou pendant la retraite. Devant l'épidémie comme devant les routiers, c'est souvent la première solution qui est choisie. Les portes sont fermées et gardées, les fêtes religieuses et les foires supprimées[25]. Les étrangers, les marchands, les mendiants sont refoulés impitoyablement, ce qui n'empêche pas cependant la contagion d'entrer. Au tournant du XIVe siècle et du XVe siècle, la mort est souvent ainsi une mort obsidionale.

Mais, comme les Florentins de Boccace, les Avignonnais les plus riches, le pape le premier, ont parfois aussi cherché le salut dans la fuite. La ville devient déserte, un silence inquiétant s'abat sur elle :

« Avignon n'est plus ce qu'il était d'habitude... D'abord il n'y a personne, on dirait un château de petites gens, et puis il n'a plus de seigneurs, ils sont hors d'ici, enfin il n'y vient personne... »

(1er février 1398).

« On ne fait plus rien à présent. Avignon est devenu fort déserte; on dirait une ville conquise... »

(14 février 1404)[26].

La mort des années 1360-1450, c'est aussi cette étrange impression d'anéantissement, des individus et du corps social tout entier.

Toutefois l'appel angoissé à Dieu et à ses saints, le repliement de tout un village ou de toute une ville sur elle-même, attendant avec inquiétude que l'épidémie passe son chemin, ou, au contraire, la fuite éperdue vers les terres salubres, l'abandon des biens et des parents morts, n'excluent pas l'appel aux médecins. En 1370, pendant la maladie de son fils, le marchand

CC 383 (1475); CC 385 (1477), cités par S. Gagnière et J. Sautel, *La peste en Comtat Venaissin*, Avignon. s.d. p. 7.

[25] En 1474 en Avignon par exemple le légat ordonne de chasser les mendiants, de garder les portes et de ne pas accepter les voyageurs étrangers (cité par Labande, *Avignon au XVe siècle, op. cit.*, p. 146). En 1479, pour empêcher que la peste ne se propage à l'occasion des indulgences de N. D. des Doms, les portes de la ville sont fermées (A. C. Avignon, Sommaire des délibérations BB 67 p. 185); en 1482 on ordonne de chasser les mendiants et les personnes soupçonnées d'être pestiférées (A. C. Avignon, *idem*, BB 67 p. 210). A Valréas en 1475 on défend aux étrangers de rentrer (A. C. Valréas, BB 5, délibération du 8 avril 1375, citée par Charransol, ms 2119 à la Bibliothèque du Musée Calvet); en 1481 on institue la garde des portes (*idem*, AA 4); en 1483, on décide de tenir la foire à l'extérieur des murs (*idem* BB 10, délibérations du 29 Juin 1483) etc... On pourrait multiplier les exemples.

[26] R. Brun, *Annales avignonnaises, op. cit.*, p. 40 et 50.

Jean Teysseire fait d'abord appel au *physicus* et à *l'apothicarius* avant de recourir à tous les saints du Paradis[27]. La proximité de l'Université de Montpellier, l'importance de la colonie juive où les médecins sont nombreux et réputés expliquent sans doute la présence, très tôt, d'un grand nombre de praticiens en Comtat[28]. P. Pansier, dans un relevé qui n'est sans doute pas exhaustif, trouve la trace de près de 500 médecins et barbiers pour les seuls XIVe et XVe siècle[29]. Ils sont nombreux en Avignon, mais présents aussi dans les petites villes et il est rare qu'un *castrum* ne possède pas au moins son barbier. Les délibérations communales témoignent souvent du zèle des consuls et des syndics à rechercher des médecins; ceux-ci sont d'ailleurs appointés dans bien des cas par les communautés urbaines ou villageoises. A Pernes par exemple les démêlés des habitants avec les praticiens qui refusent de soigner les pestiférés reviennent souvent dans les registres de délibérations. Lorsqu'il est vraiment impossible de garder un médecin sur place, on fait appel à celui de Carpentras qui vient deux fois par semaine[30]. A Valréas, les syndics qui connaissent sans doute aussi quelques difficultés pour trouver un physicien ou un barbier, vont jusqu'à promettre au candidat éventuel de le loger gratuitement[31].

La médecine de ce temps est impuissante le plus souvent. Guy de Chauliac, Jean Tournemire, Raymond Chalmel, qui exercent tous trois dans l'entourage des papes, ne jurent, dans les divers traités qu'ils nous ont laissés, que par astrologie, fumigations, purges et cautérisations, tandis que les recettes les plus curieuses se transmettent de bouche à oreille[32]. Bien qu'il soit très peu efficace, le recours plus fréquent aux médecins implique cependant un rapport nouveau des hommes à leur propre mort. Désormais,

---

[27] Cf. Bayle, *Un trésorier général de la ville d'Avignon au XIVe siècle, la messe de la concorde*, in *Mémoire de l'Académie de Vaucluse*, 1889, p. 149.

[28] A. Coville, *La vie intellectuelle dans les domaines d'Anjou-Provence de 1380 à 1435*, Paris, Droz, 1941, p. 543 et suiv. Sur les médecins pontificaux cf. B. Guillemain, *La cour pontificale, op. cit.*, p. 376 et suiv.

[29] Les recherches de P. Pansier concernant les médecins sont restées manuscrites. Cf. les ms 5684 et 5685 à la Bibliothèque du Musée Calvet.

[30] P. Pansier, *Inventaire de la pharmacie de Pernes en 1365*, in *AACV* 1929, p. 111-123. Cf. aussi les A. C. de Pernes, délibérations communales, BB 48 fo 9, BB 55 fo 8 etc...

[31] Délibération du 18 Mai 1424, cf. les ms. de Charransol (no 2119) à la Bibliothèque du Musée Calvet.

[32] G. de Chauliac, *La Grande Chirurgie, op. cit.*, p. 172-173; J. Tournemire, *Preservatio a pestilencia secundum magistrum Johanem de Tornamira*, B. N. ms lat. 1391 et 6957 fo 123-126; R. Chalmel de Viners, qui a été médecin de Clément VI, a écrit un *Liber de Peste*, (ms 403 de la Bibliothèque de Chartres).

c'est moins directement l'action pernicieuse du Démon, ou vengeresse de Dieu, qui est reconnue dans la maladie, que la seule faiblesse humaine devant l'attaque de la peste. La croyance en l'immanence de l'action divine s'estompe. Les syndics cherchent sans cesse des médecins pour soigner leurs concitoyens, et commencent à faire appel à des matrones pour surveiller les accouchements. L'épreuve fantastique des pestes et de la dépopulation leur a appris que la longueur d'une vie et la prospérité d'un peuple dépendent désormais presque autant d'eux-mêmes que de Dieu[33].

Disettes et catastrophes; la conscience de la crise.

L'épidémie n'est évidemment pas la seule figure de la mort. La peste est précédée ou suivie par la famine; les inondations, les «grands hivers» et les sécheresses inquiétantes se succèdent dans les chroniques.

Comme la succession des «âges de la vie» est bouleversée par la peste, le rythme des saisons se désintègre dans une accumulation de catastrophes naturelles. Dès 1307-1308 des pluies diluviennes s'abattent sur la Provence; en 1315 il pleut pendant les moissons, «*religieux et laïcs... pieds nus, font des processions, mais les péchés des hommes étaient très grands et Dieu les exauça tardivement*»[34]. Le Rhône et la Durance débordent, emportent les ponts, les récoltes et parfois les hommes (notamment en 1342, 1353, 1359, 1376, 1396, 1398, 1450, 1469, 1471, 1475, 1476, 1495 etc.[35]). Aux inondations classiques d'automne et d'hiver, il faut ajouter les grands froids; les fleuves charrient alors des blocs de glace, le sol se craquèle, les grains, les oliviers, la vigne, le bétail meurent. En 1355 il neige pendant près de vingt jours sur Avignon; en 1397 le gel s'étend sur les campagnes durant trente nuits[36]. En 1439, les loups viennent rôder autour de Carpentras et les syndics de Pernes

---

[33] A.C. Pernes, BB 31 f⁰ 9 (délibération du 24 sept. 1439) : «... *providatur de una matrona pro pueris nascituris* ... », renouvelée en 1442 (BB 32 f⁰ 5), 1450 (BB 39 f⁰ 4), 1491 (BB 64 f⁰ 6) etc...

[34] *Vitae paparum, op. cit.*, I, p. 112-113.

[35] 1342, 1353, 1359 in *Vitae paparum, op. cit.*, I, p. 242, 310, 339, 1396 in F. Ehrle, *Die Chronik... op. cit.*, p. 348-349. 1398 in N. Valois, *Essai de reconstitution d'anciennes Annales Avignonaises* in *Annuaire-Bulletin de la Société de l'Histoire de France*, 1902, p. 7. 1450 mentionnée en marge d'un recueil de traités théologiques ayant appartenu à un prêcheur d'Avignon, ms. 225 de la Bibliothèque du Musée Calvet. 1471, in Labande, *Avignon au XVᵉ siècle, op. cit.* p. 116, 1469, 1471, 1475, 1476, 1495 in *Notes chronologiques sur les différentes inondations dont la ville d'Avignon et les lieux environnants ont eu à souffrir*, sans nom d'auteur (en réalité P. Achard), Avignon, Seguin, 1873.

[36] *Vitae paparum, op. cit.*, p. 333; F. Ehrle, *Die Chronik...*, *op. cit.*, p. 350.

engagent un chasseur pour protéger la population[37]. Fréquents au XIVe siècle, *l'hyems aspera* ou la *granda fregor* est attestée semble-t-il moins souvent après 1410 (1308-09, 1311, 1353, 1362, 1364, 1382, 1405, 1408, 1431, 1442, 1480, 1490[38]). Il arrive enfin que les étés soient torrides, la canicule grille les blés et l'eau manque dans les puits (1355, 1377, 1426, 1429[39]).

La peste, qui désorganise les courants commerciaux et renchérit les prix, les catastrophes naturelles multiples et répétées contribuent à maintenir présent pendant deux siècles le spectre de la famine. Une année sur cinq au moins est une année d'inquiétude ou de disette[40]. Les archives communales de Carpentras font, entre 1357 et 1480, plus de vingt-cinq fois allusion au manque de grains. Il en va de même à Apt et dans la plupart des localités comtadines. Les autorités communales essaient parfois, non sans mal, d'organiser les secours. A Carpentras en 1405 on perquisitionne pour éviter les accaparements; en Avignon on envoie deux membres du conseil acheter du blé «*ad succurrendum pauperibus personnis*»[41]. Dans les deux cas on craint de voir les pauvres mourir de faim, «*... ne pereant fame*»! La famine est encore très souvent, avec la peste, la principale cause de décès pour les plus démunis.

Dernier élément de la trilogie traditionnelle des fléaux de l'Automne du Moyen Age : la guerre. Elle a sans doute fait moins de victimes directes que la peste ou la famine, mais par les destructions qu'elle entraîne, par la pression fiscale qu'elle provoque, elle est cependant une des composantes essentielles de la cise du XIVe et du XVe siècle. Sur le plan idéologique, elle contribue très fortement à renforcer dans l'esprit des contemporains l'idée du désordre universel, que les épidémies et les disettes ont déjà installée solidement dans les consciences.

---

[37] A. C. Pernes, BB 29 f° 20.

[38] 1308-09; 1311, 1353, 1355, 1361-64, in *Vitae paparum, op. cit.*, p. 333, 340, 407, 352 etc ...; 1382-83-84 cité par L. Stouff, *Ravitaillement et alimentation en Provence au XIVe et au XVe siècle*, Mouton, Paris-La Haye, 1970; 1397, 1405 in F. Ehrle, *Die Chronik, op. cit,* p. 370 et 378. Cf. aussi A. Maureau, *Les grands hivers à Avignon, essai d'éphémérides*, Avignon 1971 (extrait de l'*Accent*, n° 1032, Noël 1971).

[39] 1355, in *Vitae paparum, op. cit.*, p. 314; 1377, in F. Ehrle, *Die Chronik, op. cit.*, p. 330; 1427, in L. Stouff, *op. cit.*, p. 286.

[40] Cf. L. Stouff, *Ravitaillement et alimentation en Provence, op. cit.*

[41] L. Stouff, *op. cit.* En 1473 à Carpentras on craint de voir les pauvres mourir de faim : A. C. Carpentras BB 90 f° 69. La disette de 1473 semble avoir été aussi très durement ressentie en Avignon : les autorités communales demandent à Giorgio Saretti et Antoine Seytres d'aller acheter du blé pour plus de 2.000 ducats! A. C. Avignon, CC 97 et 69 et Labande, *Avignon au XVe siècle, op. cit.*, p. 125.

Beaucoup plus que du passage de troupes importantes ou de l'affrontement violent de grandes armées, le Comtat et Avignon souffrent des ravages causés par les routiers et les «Grandes Compagnies». Celles-ci, licenciées par les belligérants de la guerre franco-anglaise, descendent par la vallée du Rhône, se louent au plus offrant, et vivent littéralement sur le pays. Arnaud de Cervole, l'«Archiprêtre», commence ses dévastations en 1357, puis ce sont les soldats de Du Guesclin (1365-1369), les compagnies de «bretons» (1374-1378), les mercenaires de Raymond de Turenne (1380-1399) qui ravagent successivement le Comtat[42]. Les troubles du Schisme, sur le plan strictement militaire, sont certainement moins dévastateurs. Ils se limitent aux deux sièges du Palais (1397-1403 et 1409-1411) et à des escarmouches dans les campagnes. Après 1420, les troubles sont moins nombreux. Certes, en 1433, le cardinal de Foix est contraint de s'imposer par la force; une fois de plus le pays est mis à sac par des troupes étrangères mais c'est là, semble-t-il, les derniers ravages importants de cette période (mises à part les opérations des Dauphinois sur Valréas au milieu du siècle et le passage de troupes gasconnes et lorraines en 1479 et 1486[43]). En réalité, l'essentiel des destructions s'est fait entre 1370 et 1420, les suppliques éditées par le P. Denifle en portent témoignage[44].

Faut-il rappeler que, plus encore que les destructions, c'est le poids de la fiscalité nécessitée par cet état de guerre endémique qui pèse sur l'économie de la région. Cl. Faure, et surtout J. Favier, ont montré l'importance et la fréquence de ces prélèvements; les tailles exceptionnelles se multiplient, non pour élever des murailles et payer des soldats mais, le plus souvent, pour acheter à prix d'or le départ des routiers[45].

La guerre est donc une autre peste; elle contribue à désintégrer la vie économique et sociale; elle fait littéralement mourir le pays :

«...*Les gens d'armes gâtèrent les blés de la présente cité* (de Carpentras), *et des villages fortifiés de Monteux, Serres, Auriol, Sarrians...lesquels*

---

[42] Cf. J. Fornery, *Histoire du Comté Venaissin et de la ville d'Avignon*, Avignon-Seguin-Roumanille, tome I, p. 320 et suiv.

[43] L.-H. Labande, *Avignon au XVe siècle, op. cit.*, p. 424-425.

[44] H. Denifle, *La désolation des églises, monastères et hôpitaux en France pendant la guerre de Cent Ans*, Paris, Picard, 1897-98, tome I, p. 410-411 et 424 à 444.

[45] G. Faure, *Etude sur l'administration et l'histoire du Comtat Venaissin 1229-1417*, in *Recherches Historiques sur Avignon, le Comtat Venaissin et la Principauté d'Orange*, Paris-Avignon, 1919, p. 109 et suiv. Cf. aussi J. Favier, *Les finances pontificales à l'époque du Grand Schisme d'Occident*, Paris, 1966.

*gens d'armes et de guerre empêchèrent les étrangers ou forains de venir dans la
présente cité, de sorte qu'il y eut une cherté de blé...»*[46].

De la répétition incessante des épidémies, des famines, des catastrophes naturelles, des guerres, naît l'idée, fréquemment exprimée au XVᵉ
siècle, que la mort est à l'œuvre universellement, dans les hommes, les bêtes
et les choses. La plupart des contemporains ont une conscience aigue de la
crise qu'ils traversent; ils décrivent les lieux où ils vivent comme un
royaume de mort et de désolation :

« ... *Assurément, Francesco, cette Provence paraît être et est une caverne
de brigands à cause des guerres qui ont sévi ici; toute chose y est sauvage. Je
suis allé à Orgon et à Salon où il y avait de votre temps, vous le savez, de si
beaux faubourgs et de si belles hôtelleries; aujourd'hui, c'est une compassion à
voir, et il en est de même des autres endroits. La route, vous le savez, est
coupée d'Avignon à Nice, actuellement il n'y passe personne; tous les chemins
sont rompus et envahis d'arbres; si vous les voyiez, vous diriez qu'il n'y passe
plus personne. Voilà comment vous apparaîtrait ce pays qui passait pour une
des merveilles du siècle, et certainement l'envie vous abandonnerait d'y demeu-
rer... »*[47].

Quatre-vingts ans plus tard l'archevêque d'Avignon retrouve le même
ton que le correspondant de Datini :

« ... *Et en somme, il y a tant de dommaiges et tant de pertes à la chose
publique et à tous particuliers, grands et petis, de ceste ville et d'icy entour, que
on ne le sauraoit ne pourroit estimer...* (la cité) *est à présent plus pouvre
qu'elle ne fut cent ans, voire par aventure deux cens... »*[48].

Ainsi à partir de 1320, la mort change de visage. Certes, les famines, les
épidémies sont monnaie courante dans l'Occident médiéval depuis des
siècles, mais la répétition et l'accumulation des malheurs entre 1320 et 1460
a quelque chose d'exceptionnel. La mort emporte alors en une seule fois
des milliers de chrétiens, elle n'attend pas et se précipite aussi bien sur les
jeunes que sur les vieux. Elle bouleverse l'ordre de la vie, l'ordre social et
parvient parfois à rendre silencieuses les villes et les campagnes. Les vieilles
règles du deuil, qui canalisent et réduisent le traumatisme de la mort, sont
mises à rude épreuve dans ce monde qui est lui-même en train de mourir.

---

[46] A. C. Carpentras, BB 13 fᵒ 153.

[47] R. Brun, *Annales avignonnaises, op. cit.*, p. 113 (lettre du 25 Juin 1389).

[48] Lettre d'Alain de Coetivy à son neveu gouverneur du Roussillon, conseiller et chambel-
lan du roi (25 sept. 1471). Editée par L.-H. Labande, in *Avignon au XVᵉ siècle, op. cit.*, p. 116.

Les sources narratives éclairent bien cette conscience de la crise que l'on perçoit chez la plupart des contemporains mais elles ne permettent pas toujours de reconstituer l'image précise qu'ils se font de la mort. Ce que les lettres et les chroniques ne disent pas, les testaments le développent abondamment, malgré l'inertie de la forme juridique.

II – L'HEURE DE LA MORT

C'est d'abord une image assez simple, mais d'origine savante, conforme à la tradition chrétienne, que nous renvoient les préambules des actes. Ils comprennent généralement l'invocation et la recommandation à Dieu, parfois l'évocation de l'imminence du Jugement et les raisons qui poussent le chrétien à tester.

Les *practicae* notariales et les *formae testamenti* utilisées comme modèles par les juristes comtadins ayant été rarement conservées[49], ce sont surtout les préambules contenus dans les registres d'étendues qui ont été utilisés ici. On a choisi de préférence des séries de testaments issues de la même ville ou du même village afin de repérer plus facilement les modifications éventuelles. La simple lecture de centaines de préambules, par sa monotonie, indique clairement qu'il ne s'agit pas de cerner des discours personnalisés sur la mort. La formule connaît de multiples variations de détails, mais le stéréotype règne sans partage. Les notaires emportent avec eux leur stock de phrases toutes faites; ils se les échangent, se les empruntent et même, peut-être, se les lèguent avec leur étude et leur clientèle! De là cette inertie du formulaire à travers les siècles dénoncée par les juristes et les historiens des mentalités. Mais entre le début du XIVe siècle et la fin du XVe siècle, les préambules des testaments se transforment cependant, et si les stéréotypes ont la vie dure, leur emploi, leur juxtaposition se modifie sensiblement.

De la simplicité au style flamboyant

C'est l'allongement progressif des actes, et en particulier des formules initiales, qui frappe d'abord.

«*In nomine Domini nostri Ihesu X. Amen. Anno ab Incarnatione eiusdem Mo CCo XVIo, scilicet VIII Kal. Octobris. Ego, Geraldus Amicus filius quondam*

---

[49] Cf. par exemple Cavaillon-Rousset 12, ou bien l'Isle-Roussel 162, Orange 1343-51, B. V. ANO, 445-46.

domini Geraldi Amici et Galburgis, sanus mente licet corpore, testamentum meum facio in hunc modum... »[50]. Au XIIIe siècle, après la date et avant l'indication du lieu de sépulture, il est rare que le notaire indique autre chose que la santé mentale et physique du testateur et la clause stipulant qu'il s'agit bien du dernier testament. Celui-ci garde une simplicité et une rigueur toute romaine. Mise à part la référence à l'Incarnation du Christ, peu ou pas d'allusions à la conception chrétienne de la mort. La clause de *commendatio anime* elle-même apparaît très tard, à la fin du siècle[51]. Tout se passe comme si, à la faveur de la redécouverte du droit romain, on avait oublié les vieilles formules d'invocation (ou de malédiction) des donations *pro remedio anime*.

Les lieux communs, au sens fort et médiéval du terme, sur l'imminence du Jugement et la nécessité de tester ne réapparaissent que progressivement, à partir du début du XIVe siècle. Vers 1340, à Cavaillon, à Apt comme à Valréas ou en Avignon, le préambule prend une place plus importante

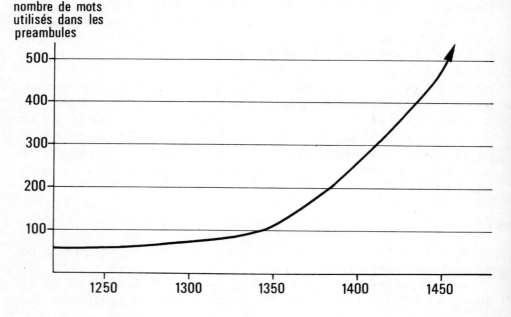

L'ALLONGEMENT DES PRÉAMBULES DES TESTAMENTS
(il ne s'agit évidemment que d'une moyenne indicative)

[50] Testament de Giraud Amic édité par E. Duprat, *Le testament de Giraud Amic*, in *Annales d'Avignon et du Comtat Venaissin*, 1912, p. 163.
[51] Cf. chapitre I, p. 74-75.

dans l'ensemble de l'acte. Alors qu'il tient en quelques lignes et rarement plus de cinquante mots vers 1270-1280, il occupe désormais toute une page de la minute du notaire, utilise plus d'une centaine de mots. Un demi-siècle plus tard, l'allongement est encore plus sensible et vers 1450 c'est le foisonnement : on consacre deux ou trois pages aux formules initiales et il n'est pas rare d'utiliser 400 à 600 mots.

Pour empirique, grossier et approximatif qu'il soit, cet essai de mesure révèle un phénomène important : au XIVe et au XVe siècle se construit peu à peu le formulaire que l'on retrouve, à peine modifié (seulement traduit le plus souvent), à la fin du XVIIe siècle, et qui se défait, ou même littéralement disparaît au siècle des Lumières[52]. Ce n'est pas dans l'Europe tridentine, ou post-tridentine que le testament a pris ses formes baroques mais bien pendant la crise de la fin du Moyen Age. M. Vovelle relie le phénomène qu'il observe à la fin de l'Ancien Régime au processus de laïcisation et de déchristianisation qui affecte alors toute la société provençale. Est-ce à dire, à l'inverse, que l'allongement progressif du formulaire aux XIVe et XVe siècle révèle une christianisation plus poussée des usages de la mort et en particulier de l'habitude de tester? Peut-être; nous avons déjà eu l'occasion de souligner que la démocratisation de la pratique testamentaire s'inscrivait parfaitement dans la longue histoire de la christianisation de la mort. Mais cette mutation prend place aussi dans un mouvement beaucoup plus large, qui affecte non seulement le religieux, mais aussi l'ensemble des systèmes de représentation. Tous les actes notariés, et pas seulement les testaments, connaissent alors cet allongement du formulaire. Cette évolution s'explique en premier lieu par une amélioration constante des techniques et de la langue du droit qui cherchent à préciser au maximum chaque mot, chaque situation, à prévenir toute contestation ultérieure, à donner à l'acte une sûreté totale, au besoin par la redondance. Sur les 500 mots d'un préambule de la fin du XVe siècle, la moitié au moins sont consacrés ainsi à renforcer la valeur juridique du testament : «*et si unquam aliud fecerit seu condiderit testamentum seu testamenta, codicillum seu codicillos, donationem causa mortis, vel alias quas cumque ultimas voluntates, illud, illos, illam, illas, illud et illa pro nunc cassavit, infregit, revocavit penitus et annulavit, nulliusque valoris, efficaciae momenti, et veritatis ab inde in antea et deinceps esse voluit ipse Dominus testator, jussit et ordinavit . . .*»[53].

Mais l'allongement du formulaire s'explique aussi par une évolution du goût. De plus en plus, les notaires et leurs clients sont sensibles non

[52] M. Vovelle, *Piété Baroque et déchristianisation, op. cit.*, p. 57 et suiv.
[53] 1375, testament de l'Isle-sur-la-Sorgue, ms 1802. Bibliothèque du Musée Calvet.

seulement à la validité d'un acte juridique mais aussi à sa beauté intrinsè-
que (un praticien de l'Isle-sur-la-Sorgue ne donne-t-il pas pour titre à un
modèle de préambule qu'il a copié : «*suit un début ou préambule d'un très
beau (pulcherrime) modèle de testament*»[54]?). Toute une esthétique de la
redondance et de l'ornementation, qui trouve sa meilleure expression dans
le gothique flamboyant ou l'*ars nova*, se développe à partir du XIVe siècle.
Sur le plan strictement formel, le développement du préambule suit cette
logique flamboyante. L'écriture du notaire elle-même, voire la présentation
matérielle de son registre, traduisent aussi cette mutation du goût et offrent
comme un équivalent graphique des transformations du style et du contenu
des formulaires : à la simplicité, à la rondeur et à la régularité des années
1330 succèdent progressivement la majuscule ornementée, les lettres aux
formes aigues, tandis que les abréviations disparaissent peu à peu
(cf. fig. n° I en fin de volume).

Il serait donc exagéré de déduire des mutations de la forme des
préambules l'idée d'une transformation parallèle des seules images mentales concernant la mort et l'au-delà. Mais dans le discours testamentaire, la
redondance, la multiplication des figures de style, l'allongement des formules sont peut-être autant de moyens pour se protéger de l'agression de la
mort. Tout un apparat verbal, inconnu jusque là, entoure la désignation du
lieu de sépulture et le choix de l'héritier; c'est sans aucun doute le signe
d'une mutation des représentations mentales, dont les formulaires, à eux
seuls, ne nous donnent pourtant pas la clef.

Evolution des formes, mais transformation aussi des contenus. Le début
du testament, qui avec la *commendatio anime* et le signe de croix donne à
l'ensemble de l'acte son caractère sacramentel, se présente comme un
véritable *Credo* : on invoque la Trinité, on se confie à Dieu et aux saints, et
surtout, à partir du milieu du XVe siècle, on affirme hautement sa «*foi
sainte, catholique et orthodoxe*»[55], on déclare mourir «*in fide christiana
credens firmiter articulos fidei, renuncians dyabolo et omnibus operibus
eius*»[56]. Au début du XVIe siècle, il arrive même que l'on retrace très
rapidement l'histoire du Salut : l'homme a été fait à l'image de Dieu, mais
c'est par la faute de nos premiers parents que nous sommes mortels[57].

---

[54] L'Isle-sur-la-Sorgue Roussel 162 (début du XVe siècle)
[55] 1467, Cavaillon-Rousset 184 f° 54.
[56] 1446, Avignon-de Beaulieu 717 f° 277.
[57] 1434, Avignon-Martin 87 f° 580; 1435, Avignon-Martin 206 f° 257; 1468, Avignon-Martin
221 f° 341 etc...

L'originalité de cet acte de foi ou de cette réflexion sur la vanité des choses mondaines est qu'elle se fait à partir de thèmes souvent très anciens. L'invention se trouve moins dans la nouveauté radicale des formules que dans la manière, imperceptiblement nouvelle, qu'a le notaire, après le clerc, de pratiquer le collage des autorités et des lieux communs. Trois de ces thèmes reviennent constamment : la peur et le Jugement, la condition humaine, le corps et l'âme.

La peur et le Jugement

«*Nous devons craindre la mort pour de multiples raisons...*»; ainsi commence l'article *Mors* dans la *Scala Coeli* composée par le Dominicain Jean Gobi au début du XIVe siècle[58]. Et de donner quelques *exempla* propres à inspirer la peur.

Dans les préambules des testaments, comme dans les sermons des prédicateurs, c'est en effet le vocabulaire de la peur qui caractérise le plus souvent l'*eventus mortis*. *Timor, metus, anxietas, formido* et leurs composés ou dérivés font partie du champ sémantique de l'événement de la mort[59].

Peur du «*Jugement terrible*», ou de la «*fureur terrible*» de Dieu[60], de l'«*Antique Ennemi*», des «*peines infernales*»[61], mais surtout peut-être des *pericula* qui guettent le chrétien au moment de sa mort[62].

Empreint parfois de résonnances apocalyptiques, le vocabulaire de la crainte s'applique moins désormais à la grandiose comparution devant Dieu, le Jour du Jugement Dernier, qu'aux conditions particulières du passage dans l'au-delà. «*Mieux vaut tester dans la crainte de la mort que décéder intestat après avoir vécu dans l'espoir d'une longue vie*»! Plus que la colère divine, ce sont les périls du voyage qu'il faut craindre et éviter. La citation, fréquente au XVe siècle, de la parole évangélique «*Venez les bénis de mon Père...*»[63] rappelle que l'homme est destiné à entrer en Paradis

---

[58] B. N. ms lat. 3506 fo 70.

[59] *evenius mortis* in Cavaillon-Rousset 26 fo 70. *Timor, metus, anxietas* sont utilisées fréquemment dans les préambules d'Orange et de Valréas : cf. par exemple 1348, Orange BV ANO 44 fo 35; 1398, Valréas-Evesque 204 fo 51 etc...

[60] L'Isle-Roussel 162; 1438, Apt-Geoffroy 3 fo 7.

[61] 1371, Isle-sur-la-Sorgue, Arch. Départ. des Bouches du Rhône, 308 E 20 fo 3.

[62] 1342, Cavaillon-Rousset 31 fo 6 vo «... *cupiens mortalibus periculis obviare*...».

[63] 1348, Orange BV ANO 44 fo 35 vo etc. 1373, L'Isle-Roussel 13 fo 3; 1379, Cavaillon-Rousset 228 fo 46 vo. La citation «venez les bénis de mon Père» se trouve déjà fréquemment dans les chartes du *Cartulaire d'Apt, op. cit.* en 906 (no 10), 967 (no 23), etc.. Cf. par exemple pour le XVe siècle 1465, Avignon-Martin 242 fo 186.

malgré son péché et atténue encore l'image du Dieu-Juge. On implore avec confiance la clémence, la pitié, la bonté, la miséricorde infinie de Dieu. Les trompettes du *Dies Irae* ne retentissent guère dans les préambules des testaments du XIVe et du XVe siècle. On utilise toujours quelques mots terrifiants de l'eschatologie du haut-Moyen Age mais en leur faisant subir des glissements de sens : ce n'est plus directement l'horreur du châtiment divin qui terrifie mais les attaques ultimes des démons avant le «passage» dans l'au-delà. Et la «crise eschatologique» qui éclate pendant le Grand Schisme (prédication de Vincent Ferrier, départ soudain des enfants pour le Mont Saint-Michel, prophétisme de Marie Roubine etc.) ne marque pas les formulaires et les pratiques; on est donc incapable de dire dans quelle mesure elle modifie durablement les images de mort[64].

A partir de 1350-60, le thème de la peur de Jugement, s'il subsiste comme une sorte de référence obligée, occupe d'ailleurs une place de plus en plus réduite dans l'ensemble des préambules. En revanche, les notaires, en accord avec la sensibilité de leur temps, développent considérablement les formules qui concernent la vanité des choses d'ici-bas.

L'humaine condition

C'est autour du thème de la fragilité humaine que se construit toute une partie du formulaire évoquant la condition de l'homme sur la terre. Mais, apparemment, cette évocation constante de l'*humana fragilitas mortis* ne doit rien à l'expérience traumatisante des épidémies du XIVe siècle et du XVe siècle. C'est en effet un lieu commun très ancien, sans doute pris aux stoïciens par les Pères et utilisé fréquemment dès le haut-Moyen Age. Encore présent dans les donations des cartulaires provençaux au XIe et au XIIe siècle[65], il réapparaît en force dans la plupart des testaments à partir du début du XIVe siècle[66].

[64] Cf. M. M. Gorce, *Saint Vincent Ferrier*, Paris, 1923. Sur le pélerinage des enfants cf. *supra* p. 293-294. Sur Marie Roubine cf. N. Valois, *Jeanne d'Arc et la prophétie de Marie Roubine* in *Mélanges Paul Fabre*, Paris, 1902 p. 452-467. Je compte reprendre très prochainement ce problème de l'eschatologie pendant le Schisme.

[65] M. Falco, *Le disposizioni «pro anima», fondamenti dottrinali e forme giuridiche*, Torino, 1902, p. 196 et suiv., qui cite les formulaires *Arvenses* 3 et *Biturricenses* 9 in M.G.H. LL, Sect V, p. 30, 37, 156, 172 etc. Cf. aussi M.-L. Carlin, *La pénétration du Droit romain...*, op. cit, p. 235 et suiv. qui cite les cartulaires de Lérins, du Chapitre d'Aix. On pourrait aussi retrouver cette formule dans les actes du Xe siècle du *Cartulaire d'Apt, op. cit.*, chartes no 8 et 17. L'expression la plus courante est alors celle que l'on rencontre dans un acte d'Arles (in *Gallia Christiana novissima*, Arles, no 369) : «*Dum fragilitas humani generis pertimescit ultimum vite tempus subitanea transpositione venturum opportet...*».

[66] Par exemple 1342, Cavaillon-Rousset 31 fo 6; 1420, Valréas-Petit 59 fo 42 etc...

Il s'agit de l'humaine fragilité *de* la mort, et non *devant* la mort. L'homme n'est fragile que devant Dieu, et la mort, depuis le péché originel, n'est que le signe le plus clair de cette fragilité et de cette imperfection. Evoquée de façon générale, presque abstraite, la mort n'est pas le témoignage de la faiblesse humaine devant l'attaque de la maladie ou les agressions de la nature, mais seulement la conséquence inéluctable de la faute d'Adam et d'Eve.

Les préambules ne font que très rarement allusion à l'épidémie, aux mortalités. Il est dans leur nature de n'évoquer le passage dans l'au-delà qu'à travers le lieu commun, la formule. Seul l'emploi de quelques adverbes glissés entre deux sentences par un testateur ou un notaire peut faire allusion aux malheurs des temps[67].

Vers 1350-1380 une évolution se produit. A côté du thème de la *fragilitas*, dont l'utilisation est constante, s'accumulent d'autres lieux communs qui finissent par former un discours prolixe, inconnu quelques décennies plus tôt. «*Quia nemo in carne positus potest terribili Domini Judicium aliquatenus evitare...*»[68]. On ne peut s'évader de la condition humaine, ni fuir le jugement de Dieu: «*nichil sit morte certius*», rien n'est plus certain que la mort. A ces constatations générales se mêlent désormais l'évocation de la «*misère de ce monde*»[69], de l'«*état instable*» où se trouve l'homme[70], de la vie, considérée comme «*une vallée de larmes*»[71]. La formulation reste traditionnelle, mais l'accumulation sur quelques lignes de ces *loci communes* révèle bien davantage l'inquiétude des hommes devant les coupes sombres des pestes et des mortalités.

A partir du début du XVe siècle, et sans que l'on observe à cet égard des différences notables entre les actes avignonnais et ceux du Comtat, apparaît enfin un thème relativement nouveau: celui de la mort comme faucheuse universelle: «*Parce que la mort enlève (rapere) les jeunes comme les vieux...*», «*Parce que la mort enlève vieillards et jeunes, forts et malades, riches et pauvres, ducs et princes...*»[72]. La danse macabre entre dans les

---

[67] Par exemple un testament fait en Avignon par un chanoine d'Arles emploie pour qualifier la peste un certain nombre d'adverbes ou de qualificatifs qui ne figurent pas dans les formulaires les plus courants: la mort peut «*pervenire celeriter*», elle peut frapper «*imminente*» etc... (*Gallia Christiana Novissima*, Arles, col. 1123-1124).

[68] Testament de l'évêque de Vaison en 1348 in *Gallia Christiana Novissima*, tome I, Instrumenta, p. 152.

[69] 1385, Courthezon, E, Not. et Tab. 98 fo 66 (la vie est «*miserrima*»).

[70] 1429, Avignon-Martin 211 fo 88.

[71] 1435, Avignon-Martin 87 fo 238.

[72] 1423, Apt-Pondicq 134 fo 173 etc.

formulaires. L'image abstraite de la Sentence Générale qui s'abat inexorablement sur les hommes (et que n'aurait pas désavouée les théologiens du
XIIᵉ siècle) se transforme nettement. Après 1400-1420, la mort devient un
personnage, elle enlève par violence non seulement les vieillards, mais tous
les hommes, riches ou pauvres. Le formulaire met toujours l'accent sur
l'universalité de cette «*plaie terrible*», mais en insistant désormais concrètement sur l'étendue de son pouvoir.

Loin d'être inerte, le formulaire enregistre donc les transformations de
l'image de la mort, à peu près au même rythme que l'art et la littérature.
Rappelons l'évolution analogue des représentations figurées décrite par
Alberto Tenenti : au début du XVᵉ siècle, dans la danse macabre, «le
sentiment de la puissance et de l'inexorabilité de la mort» est toujours là,
mais «interprété par une sensibilité différente. L'affirmation de la mortalité
perd l'aspect abstrait et symbolique que les italiens lui avaient donné, et
elle n'est plus représentée comme la victoire d'une force transcendante»[73].

L'attention portée dans le formulaire aux relations entre l'âme et le
corps, spécialement le corps mort, est un autre témoignage (comme l'iconographie de la Danse) non seulement d'une «présence multiple du macabre,
mais de son avènement dans la psychologie des hommes du XVᵉ siècle»[74].

L'âme et le corps

On trouve déjà dans le *De contemptu mundi* ou dans les *Vers de la
Mort*[75] la plupart des lieux communs utilisés à ce sujet. Mais, ici encore,
c'est davantage l'accumulation des sentences traditionnelles que l'apparition de nouveaux termes qui révèle l'inquiétude et le trouble des hommes
du XIVᵉ et du XVᵉ siècle.

Reprenant la plus pure tradition de la philosophie antique, le corps est
d'abord décrit comme un tombeau, ou plutôt comme une prison de l'âme.
Les «*liens de la chair*» (*nexus carnis*) sont souvent évoqués[76], et, pour les
plus savants, l'enveloppe terrestre de l'âme n'est parfois qu'un triste *ergastulum*[77]. Dans la tradition patristique, le mépris du corps est lié très étroitement au rappel de l'innanité des origines. Innocent III évoque avec des

---

[73] A. Tenenti, *La vie et la mort à travers l'art du XVᵉ siècle*, Paris, A. Colin, 1952, p. 29.
[74] A. Tenenti, *op. cit.*, p. 30.
[75] Innocent III, *De contemptu mundi*, P. L. CCXII et Hélinand de Froidmont, *Les vers de la
mort*, édition F. Wulff et E. Walberg, Paris, Firmin-Didot et Cie, 1905.
[76] 1427, Avignon-Martin 97 fᵒ 20; 1468, Apt-Pondicq 195 fᵒ 112 rᵒ etc.
[77] 1373, Isle-Roussel 13 fᵒ 48 vᵒ.

images brutales «*la misère de la condition humaine*», «*le caractère vil de la matière dont est fait l'homme*», «*l'incommodité de la vieillesse et la briéveté de la vie*», «*la putréfaction des cadavres*», essentiellement pour fustiger les biens de ce monde, les valeurs profanes. Les testaments reprennent tous ces thèmes : «*factus est homo mortalis, esca vermium putredo*»[78], «*Deus qui me formavit de nichilo*», «*homo pulvis est, et in pulvere reveterit*»[79]. Mais ces citations ne conduisent plus vraiment au *contemptus mundi*. Leur fonction morale semble avoir presque disparu. Elles ne sont là désormais que pour renforcer l'image de la mort triomphante et de l'humaine fragilité. Elles témoignent moins du mépris du monde ou d'une intention moralisatrice que d'une certaine fascination pour le corps mort.

L'emploi généralisé du mot *cadaver* en est un autre signe. Jusque vers 1380-1410 en effet les notaires et les testateurs parlent de *corpus*, parfois de *corpus miserabilis*. Il faut attendre le début du XVᵉ siècle pour voir le mot cadavre passer dans l'usage courant. Certes, Isidore de Séville déjà glosait sur le *cadaver* comme *car(o) da(ta) ver(mibus)*, comme chair donnée au vers. Innocent III parle de putréfaction et les prédicateurs du XIIIᵉ et du XIVᵉ siècle n'hésitent pas à évoquer la corruption du corps[80]. Mais il est significatif de voir le mot se généraliser au moment même où les testateurs accordent de plus en plus d'importance à leur corps mort dans la pompe funèbre, au moment même où le cardinal La Grange commande au sculpteur du tombeau de Saint-Martial l'image d'un corps décharné et rongé par les vers[81].

L'horreur et la fascination du corps mort relèguent quelque peu au second plan le sort de l'âme. Dans les formulaires, l'évènement de la mort est ressenti comme la séparation radicale du corps et de l'âme : «*cum anima mea fuerit a carnis nexibus liberata seu rellaxata...*»[82]. L'âme est «*expulsée*», «*libérée*» du corps; elle se sépare de lui[83]. Il s'agit là aussi d'un thème très ancien sans cesse repris par les Pères, puis les théologiens. Dans les sermons, la vie se termine toujours «*per corporis et anime separationis*»[84], l'âme «*fuit le corps*»[85]. Le moule diplomatique du testament reflète et

[78] Arch. Départ. des Bouches-du-Rhône 308 E 20 fᵒ 3.
[79] 1419, Valréas-Evesque 211 fᵒ 28; 1385, Courthezon, Not. et Tab. 98 fᵒ 66.
[80] Si l'on s'en tient aux seuls recueils de sermons utilisés dans la région d'Avignon cf. par exemple le ms. 38 de la Bibliothèque du Musée Calvet, fᵒ 38.
[81] Cf. chapitre III p. 173-174.
[82] Ms. 4047 de la Bibliothèque du Musée Calvet, fᵒ 4 vᵒ.
[83] 1350, Orange, BV ANO 308 fᵒ 452.
[84] Ms 38 fᵒ 41 de la Bibliothèque Calvet.
[85] Ms 601 fᵒ 55 de la Bibliothèque Calvet.

LES MOTS OU LES EXPRESSIONS-CLEFS DU FORMULAIRE.

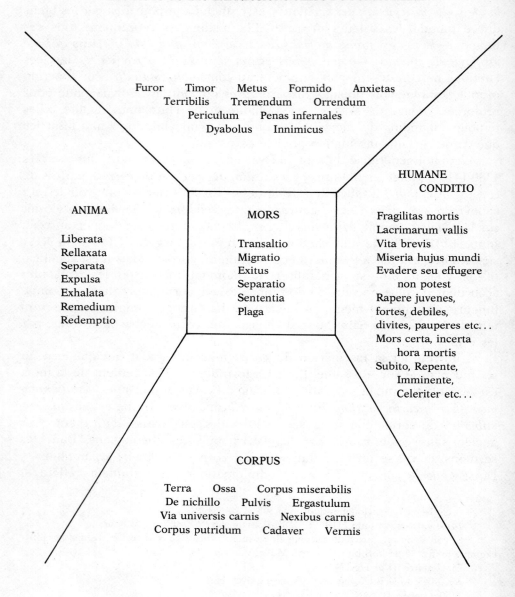

Furor   Timor   Metus   Formido   Anxietas
Terribilis   Tremendum   Orrendum
Periculum   Penas infernales
Dyabolus   Innimicus

HUMANE CONDITIO

ANIMA

Liberata
Rellaxata
Separata
Expulsa
Exhalata
Remedium
Redemptio

MORS

Transaltio
Migratio
Exitus
Separatio
Sententia
Plaga

Fragilitas mortis
Lacrimarum vallis
Vita brevis
Miseria hujus mundi
Evadere seu effugere
    non potest
Rapere juvenes,
fortes, debiles,
divites, pauperes etc...
Mors certa, incerta
    hora mortis
Subito, Repente,
    Imminente,
    Celeriter etc...

CORPUS

Terra   Ossa   Corpus miserabilis
De nichillo   Pulvis   Ergastulum
Via universis carnis   Nexibus carnis
Corpus putridum   Cadaver   Vermis

impose pratiquement cette conception animiste sous la double forme de la *commendatio anime* et de l'*electio corporis sepulture*. L'âme rejoint Dieu pendant que le corps reste attaché à la terre. Cette idée de la séparation radicale semble bien ancrée : au XVe siècle, nombreux sont les *Dialogues de l'âme et du corps* qui vulgarisent la position de l'Eglise [86] et il arrive que quelques testateurs fassent de leur âme une héritière universelle[87]!

Premier bilan

L'apport des formulaires ne peut être négligé sous le fallacieux prétexte de leur inertie pluriséculaire. Certes, ils recourrent aux lieux communs des textes théologiques ou des préambules des donations, utilisés deux ou trois siècles plus tôt. Tirés des autorités ils ne peuvent évidemment donner de la mort qu'une image savante et relativement stéréotypée. Cependant, l'accumulation et la juxtaposition de tous ces lieux communs les détournent parfois insensiblement de la signification qu'ils devaient avoir chez les Pères ou les théologiens du XIIe siècle. Ainsi, peu à peu, c'est la peur de mourir intestat, plus que la crainte eschatologique du Jugement Dernier, qui s'exprime dans les sentences évoquant le *Judicium terribilis*. L'affirmation de la fragilité devant Dieu, dont la mort est le signe universel, laisse aussi progressivement la place à l'évocation de la faiblesse humaine devant les attaques multiples et concrètes de la mort. Les préambules utilisant de façon exclusive les *loci communes* ou les *sentenciae* des autorités ne font aucune allusion explicite aux malheurs des temps, mais, comme dans la Danse Macabre, la mort enlève désormais par force les hommes, quelque soit leur *ordo* ou leur *status*. Le cadavre, la putréfaction témoignent autant d'un goût morbide pour le macabre que de la volonté d'éloigner les délices de la vie mondaine.

On observe peu de différence entre les préambules avignonnais et ceux du Comtat. Si la ville est le lieu de la modernité, où l'évolution devrait être

---

[86] Cf. dans le même dépôt les manuscrits 341 f° 113 v° : «*Incipit tractatus traditus permodum dialogus inter corpore et anima*» et aussi 344 f° 40 de la Bibliothèque Calvet.

[87] L'expression est très courante (cf. par exemple 1344, Orange BV ANO 82 f° 110 v°) quand un testateur laisse l'ensemble de ses biens à l'Eglise et aux pauvres. Elle répond très exactement à l'*exemplum* du Frère Sachet provençal cité p. 103 mais semble indiquer que c'est moins directement l'amour du prochain que l'obsession du salut qui explique le choix des testateurs.

la plus sensible, les déplacements fréquents des notaires, les contacts qu'ils entretiennent de façon permanente les uns avec les autres, unifient très vite les formules.

Il est très difficile de dater avec précision ce qui ne se réalise que très progressivement. Il semble toutefois que les années 1360-1410 ont été décisives. C'est à ce moment que le formulaire s'allonge nettement et que l'accumulation des vieilles formules finit par donner une image nouvelle de la mort. Malgré la concordance chronologique avec la répétition des mortalités, rien n'indique vraiment que c'est le choc des pestes et de la crise démographique qui provoque cette mutation. On peut bien entendu le supposer, mais il faut reconnaître que les préambules ne nous disent pas par quel processus psychologique l'épidémie a contribué à bouleverser les structures mentales. Il ne suffit pas d'évoquer la peur ou le traumatisme des mortalités successives pour rendre compte de l'évolution de l'image de la mort et de la flambée du macabre. Peut-être la suite des testaments nous éclairera-t-elle sur ce point?

Enfin, si elle évolue, l'image que développent les préambules repose sur une double affirmation : le passage dans l'au-delà implique la séparation radicale entre l'âme et le corps, et cette séparation se fait à un moment précis, brutal, *hora mortis*, que l'on ne connaît pas et auquel il faut se préparer. «*Cum morte nichil sit certius et nichil incertius hora mortis...* », «*Sachant que certaine est la mort, mais incertaine l'heure d'icelle...*», entre la fin du XIIIᵉ siècle et le début du XVIIIᵉ siècle cette formule s'impose partout[88].

En réalité, il n'est pas certain que cette conception savante de la mort soit partagée par l'ensemble des testateurs. Certes, Escarinche ou Glari, ou Garamundo – tels sont les noms de la mort en Provence[89] – arrive sans crier gare, mais les folkloristes nous ont appris que, bien souvent, la séparation du corps et de l'âme ne se «fait pas sans hésitation», et que l'âme elle-même est parfois «quelque chose d'à-moitié matériel»[90]. Pour mesurer vraiment les mutations des mentalités, il est nécessaire de confronter les formulaires stéréotypés et savants des notaires et les coutumes ou les gestes rituels évoqués par les testateurs eux-mêmes.

---

[88] Pour le XVIIIᵉ siècle cf. les préambules cités par M. Vovelle, in *Piété Baroque et déchristianisation, op. cit.*, p. 661 et suiv.

[89] A. Van Gennep, *Manuel du Folklore Français contemporain*, tome I, vol. II, Paris, Picard, 1946, p. 657.

[90] A. Van Gennep, *Manuel, op. cit.*, tome I, vol. II, p. 792-793.

III — LE TEMPS DE LA MORT.

La pratique telle qu'elle se reflète dans l'organisation de la pompe funèbre nous donne une tout autre image de la mort.

Dans le formulaire seule l'heure du trépas, de l'obit, de la comparution devant Dieu est évoquée : la mort s'accomplit en un instant. Dans l'organisation des obsèques en revanche, la mort apparaît moins comme un «acte instantané» que comme un «processus durable»[91]. On y parle moins de l'«heure de la mort» que du «temps de la mort»[92], et ce *tempus* dure et englobe non seulement le moment précis où l'on passe de vie à trépas, mais aussi la veillée, les funérailles, la neuvaine et tout le temps du deuil jusqu'à la messe de bout-de-l'an. Ces pratiques rituelles correspondent à l'idée d'un passage vers l'au-delà qui ne se fait pas d'une seule traite mais qui a une durée propre, des étapes qu'il convient de franchir[93].

Il est difficile de connaître à partir des seuls testaments l'ensemble des pratiques funéraires car de nombreux comtadins ou avignonnais font confiance à leurs exécuteurs testamentaires et à la coutume; ils donnent une somme globale «*étant inclus tous les frais pour mes funérailles et obsèques*»[94], «*y compris pour les funérailles et obsèques tant pour le jour de ma sépulture que pour la neuvaine et le bout-de-l'an*»[95].

Néanmoins on peut assez facilement distinguer plusieurs séquences rituelles dans le scénario funéraire tel qu'il apparaît dans les testaments les plus détaillés. Elles correspondent aux principales étapes du rite de passage définies par les folkloristes et les ethnologues[96].

Le moment de la mort proprement dit, de l'agonie à l'annonce publique du décès, occupe peu de place dans la majorité des actes, de même que le temps pendant lequel le mort reste encore sous son toit (veillées et visites). Les coutumes familiales, où les clercs interviennent très peu, règnent presque sans partage sur les débuts des rites. C'est plutôt le cortège qui mène de la maison mortuaire au cimetière qui retient en général l'attention

---

[91] R. Hertz, *Mélanges de sociologie religieuse et folklore*, Paris, PUF, réédition 1970, p. 34.

[92] On rencontre cette expression à Marseille, en Comtat, mais plus souvent encore à Orange cf. par exemple BV ANO 130 f° 73.

[93] A. Van Gennep, *Manuel...*, *op. cit.*, tome I, vol. II, Paris, Picard, 1946, p. 649 et suiv.

[94] 1394 Cavaillon-Rousset 54 f° 60.

[95] 1450 Avignon-Martin 798 f° 98.

[96] Cf. essentiellement A. Van Gennep, *Les rites de passage*, Paris, Nourry, 1909; et R. Hertz, *Mélange de sociologie religieuse et folklore*, *op. cit.*

du testateur. Enfin, les repas funéraires et les commémorations de neuvaines et de bout-de-l'an sont aussi très souvent évoqués. Mais il est certain que les comportements sont différents selon l'origine sociale ou géographique des testateurs, et la date à laquelle ils testent.

L'agonie, la mort, l'annonce du décès.

On saurait peu de choses sur les derniers moments si l'Eglise ne s'efforçait constamment de mieux les encadrer, de leur donner un sens chrétien bien affirmé.

Au XIVe siècle, le prêtre qui prépare à la mort, le confesseur est rarement évoqué[97] de même que la dernière communion ou l'Extrême-Onction[98]. Ces références peu nombreuses ne sont pas une preuve de l'absence du prêtre pendant l'agonie, mais seulement un indice. Il est établi d'autre part que l'Extrême-Onction est apparue tardivement dans le Midi de la France[99] et on peut donc se demander, sans pouvoir apporter de réponse précise, si l'effort de l'Eglise pour promouvoir la confession fréquente[100] et assurer une certaine publicité à la communion des malades et des agonisants (en 1326 par exemple le Concile d'Avignon accorde 20 ou 30 jours d'indulgences à ceux qui accompagnent le *Corpus Christi* jusque chez les malades[101]) a été rapidement couronné de succès.

En réalité, sans doute bien peu de comtadins et d'avignonnais font au XIVe siècle la fin édifiante d'Auzias de Sabran. Dans la *Vita* écrite à la fin du siècle, ses derniers moments se présentent déjà comme une sorte d'*ars*

---

[97] Quelques mentions en Avignon : 1341, H. Dominicains 5; 1348, Aumône de la Fusterie B4; 1367 Avignon-Pons 1245 fo 10-12; 1387, Avignon-Paris 1176 fo 100 etc... Une enquête faite dans les testaments marseillais a révélé que seulement 10% des testateurs faisaient ainsi un legs au confesseur. Cf. J. Chiffoleau, «*Pratiques funéraires et images de la mort*» op. cit., p. 276-277.

[98] *Idem*, cf. aussi 1321, Avignon 8 G 9; 1386, H Cordeliers 14 no 145; 1395, Valréas-Evesque 196 fo 7 etc...

[99] Les clercs ont peut-être craint que les laïcs fassent la confusion entre l'Extrême-Onction et le *consolamentum* cathare. Sur ces problèmes cf. M.-H. Vicaire, *Roland de Crémone*, in *Cahier de Fanjeaux no 5* (*Les Universités du Languedoc au XIIIe siècle*) et la discussion dans le *Cahier de Fanjeaux no 6* (*Le Credo, la morale et l'inquisition*), Privat, Toulouse, 1970, p. 151 et suiv., 1971, p. 391-392.

[100] Par exemple les statuts synodaux de 1341 (Avignon) prévoient que les confesseurs inscriront sur un livre le nom et le prénom de tous ceux qui se confesseront à eux. Martène-Durand, *Thesaurus novus anecdotorum*, tome IV, col. 566.

[101] Mansi, XXV, col. 743-744.

moriendi[102]. Le saint supporte sa maladie avec patience, communie souvent, se confesse et se faire lire la Passion du Christ («*En la enfermetat ac gran paciensa, e soven am gran devocio lo sagramen de la Eucharistia e li autres ecclesiastics sagraments, demostran grans senhals de penedensa e de contricio... e tantost cum la Passio de Jhesu Christ se legia e aytantas vetz cum se legia, e el tenia silenci*»[103]). Il reçoit l'Extrême-Onction (*L'Ordre de mossen Sanh Jacme*)[104], répond à la prière de *commendatio anime*, lutte victorieusement contre les démons qui l'assaillent au dernier moment et s'en remet au Jugement Divin («*tot me cometi al divinal judici*»)[105].

A la fin du XIVe siècle et pendant le XVe siècle, les legs au confesseur se font plus nombreux. A l'Isle-sur-la-Sorgue et à Cavaillon les dons qui lui sont destinés sont intégrés par certains notaires à la liste rituelle des legs pieux[106]. Même dans les petits villages la confession tend à devenir un acte régulier. Ce n'est plus seulement au prêtre qui vient confesser le mourant mais au confesseur habituel que l'on donne de l'argent pour dire des prières ou célébrer des messes[107]. Certains religieux deviennent les directeurs de conscience des élites cultivées[108]. Mieux, l'«*art de bien mourir*» fait des progrès et l'on voit quelques testateurs organiser à l'avance leur agonie sur le modèle de celle de saint Auzias : tel argentier d'Avignon désire, quand il approchera de la mort, qu'on lui lise la Passion et les Psaumes «*jusqu'à ce que son âme sorte de son corps*», la veuve d'un marchand demande «*lorsqu'elle sera en agonie de mort (que) Messires les prêtres qui l'assisteront ne cessent de lire, jusqu'à ce qu'elle n'expire, les Passions de Notre Seigneur Jésus Christ dans les Evangiles, les recommandations de l'âme et autres prières qu'ils ont coutume de lire...*»[109].

---

[102] *Vies occitanes de Saint Auzias et de Sainte Dauphine*, op. cit., p. 120 et suiv.

[103] Idem, p. 120.

[104] Idem, p. 120. C'est un passage d'une épitre de Saint Jacques qui sert en effet de base scripturaire au sacrement d'Extrême-Onction : «*Quelqu'un parmi vous est-il malade? Qu'il appelle les prêtres de l'Eglise et qu'ils prient sur lui après l'avoir oint d'huile au nom du Seigneur*» (Epitre, V, 14).

[105] Idem, p. 122.

[106] Par exemple au Thor (1430, Le Thor-Grangier 3 f° 73, 4 f° 68 v°, 4 f° 86 r° etc.), à l'Isle-sur la-Sorgue (1398, L'Isle-Roussel 48 f° 69 v°, 47 f° 72 v°, f° 75 v°, f° 97 v°, f° 98 v° etc.).

[107] On trouve alors souvent l'expression : «*item, je lègue au prêtre qui sera mon confesseur dans les temps où je mourrai...*» 1368, Apt-Pondicq 4 f° 49 v°; 1458, Avignon-de Beaulieu, 742 f° 336 etc...

[108] Cf. chapitre V p. 364.

[109] Avignon-Martin 242 f° 397; Avignon-Martin 255 f° 61 v°; Avignon-Martin 260 f° 10 v° (1466).

9

Que des notables dévots fassent intervenir ainsi de plus en plus les clercs à l'approche même du «passage» ne fait pas de doute. Mais il semble que pour la majorité des comtadins les derniers moments se déroulent encore essentiellement sous le contrôle de la famille, des voisins et non de l'Eglise. C'est pourquoi les gestes qui s'y rapportent nous sont mal connus, sinon peut-être celui, commun à toute l'Europe chrétienne, de mettre un cierge auprès du mourant: «*E tenien li alucada la candela senhada que tota hora esperavan que l'arma se separes del cors*»[110].

L'annonce publique du décès se fait par l'intermédiaire du glas de l'église paroissiale; un chanoine avignonnais précise par exemple qu'il veut une sonnerie des «*petites cloches de l'église Saint-Pierre, si possible quand son âme partira vers le Seigneur*»[111]. Les desservants de certaines églises refusent parfois de le faire pour des motifs divers et peut-être intéressés[112]. La lutte pour le contrôle des cloches entre les autorités laïques et les clercs est parfois assez vive et il arrive que le conseil communal s'en mêle[113]: le glas annonce en effet la mort du chrétien mais aussi celle du membre de la communauté villageoise ou urbaine.

Dans certaines cités c'est d'ailleurs un crieur communal qui va par les rues annoncer les décès. A Orange par exemple ce crieur des morts est attesté dès le milieu du XIIIe siècle. Une délibération des syndics décide qu'il recevra comme salaire les hauts de chausse et les souliers du défunt[114]. En Avignon ce sont les confréries qui paient un «messagier». Celui de la confrérie du Purgatoire par exemple va par la ville, tenant à la main une clochette qu'il fait sonner et crie à haute voix «*dans tous les quartiers de la Cour de Rome*»: «*Senhors confrayres et confrayressas de la confrayria de purgatori, un nostre confrayre es passatz d'aquest mon e deu esser sebelit en tan glieya; digas per s'arma Pater Noster et Ave Maria per tot que Dieu li*

---

[110] *Vies occitanes de Saint Auzias et de Sainte Dauphine*, op. cit. p. 87 («*on tenait un cierge allumé signe qu'à tout moment on s'attendait à voir l'âme quitter le corps*»).

[111] 1448, Avignon-de Beaulieu 722 fo 73 vo.

[112] Un laboureur d'Avignon par exemple laisse de l'argent pour faire sonner les grandes cloches mais il envisage un refus des chanoines (1468, Avignon-de Beaulieu 756 fo 383).

[113] A. C. Valréas, délibération du 25 juillet 1445, BB4 fo 25: le prieur refuse de sonner les cloches de l'église paroissiale de Valréas à l'annonce de la mort de Giraud Gambis; le conseil dit que c'est contraire aux usages et aux droits des habitants (cité par Charransol, Bibl. du Musée Calvet, ms. 2119 p. 45). A Pernes les syndics défendent de sonner les cloches pour les défunts sans leur autorisation: A. C. Pernes délibérations de 1475, BB 56 fo 6. Sur ces luttes cf. J. Le Goff, *Temps de l'Eglise et temps du marchand*, in *Annales, E.S.C.*, 1960, p. 417-433.

[114] Requête au prince des Baux, A. C. Orange, délibération du 6 août 1258, AAl.

perdon . . .». Les statuts prévoient qu'il recevra pour salaire un ou trois gros d'argent, ou bien encore les chausses, les souliers et la ceinture du défunt[115].

Le mort sous son toit, les veillées

Peu de testaments prévoient de l'argent pour la toilette funèbre et cette préoccupation apparaît assez tard, pas avant le dernier tiers du XIVe siècle. Il arrive qu'on fasse appel à des embaumeurs quand le corps doit être exposé plusieurs jours[116]; des legs sont aussi destinés parfois aux ensevelisseurs, ou plus souvent aux ensevelisseuses, qui lavent le cadavre et le cousent ensuite dans le suaire[117].

Traditionnellement en effet les corps nus sont enfermés dans des *sudaria* de toile. Pour de nombreux testateurs cet ultime vêtement semble avoir une grande importance; des œuvres charitables sont créées pour en distribuer aux pauvres indigents[118] et certaines pratiques montrent qu'on leur accorde une fonction quasi-magique (en Avignon par exemple avant d'utiliser le suaire on le passe devant l'image de Notre Dame de Vie qui se trouve aux Carmes[119]). Le linceul blanc est en effet le vêtement du passage dans l'au-delà, de la Résurrection, mais aussi dans bien des cas la seule enveloppe qui protège le corps du contact avec la terre.

On ignore si la coutume de mettre près du mort des objets familiers ou une pièce de monnaie est répandue à cette époque, comme elle l'est beaucoup plus tard dans bien des campagnes françaises. Les fouilles révèlent toutefois, qu'à partir du XIIe siècle, on pose très fréquemment près de

---

[115] Cf. P. Pansier, *Les confréries d'Avignon au XIVe siècle,* in *AACV* 1934, p. 26 (confrérie Saint-Georges des tailleurs), p. 33 (confrérie des âmes du Purgatoire) et p. 47 (confrérie du Saint Esprit).

[116] Cf. *Procès de canonisation de saint Pierre de Luxembourg,* AA SS, Juillet I, p. 562.

[117] 1373, Avignon, 1 G 706 f⁰ 86-88; 1428, Apt-Pondicq 80 f⁰ 11; 1448, Avignon-de Beaulieu 722 f⁰ 73 v⁰; 1468, Apt-Pondicq 348 f⁰ 100 etc...

[118] A Orange en particulier, cf. BV ANO 134 f⁰ 85 (1324); BV ANO 229 f⁰ 21 v⁰ etc... En Avignon il existe une Aumône des Suaires des drapiers (Cf. P. Pansier, *Les confréries d'Avignon au XIVe siècle, op. cit.*). La coutume d'offrir des suaires aux pauvres est attestée aussi dans la communauté juive d'Avignon, cf. par exemple 1425, Avignon-de Beaulieu 726 f⁰ 581. Il n'y a malheureusement que peu d'indications sur les coutumes juives dans *Cimetières juifs et soins pour les défunts en Avignon et dans le Comtat Venaissin,* par H. de Dianoux, in *Archives Juives,* 7e année, 1970-1971, n⁰ 1.

[119] 1456, Avignon-Martin 243 f⁰ 34.

la tête du mort un récipient en céramique, un «pégau», qui devait contenir de l'eau bénite ou de l'encens[120].

L'usage du cercueil de bois est attesté dès le début du XIVe siècle, mais il faut attendre la seconde moitié du XVe siècle pour voir se multiplier les demandes explicites de *caxia ligni* ou de *capsam fustei* (les termes savants de *capulus* ou de *loculus* sont inconnus)[121]. Le désir de mieux protéger le corps par un cercueil (ou une tombe construite) vient le plus souvent de testateurs aisés et d'avignonnais. Dans les campagnes et les bourgs comtadins il se manifeste et se généralise plus tard, entre le XVIe siècle et le XVIIIe siècle[122].

En même temps que l'on enferme ainsi un peu plus le corps, se développe la coutume d'ensevelir les défunts avec leurs vêtements. C'est déjà une habitude ancienne pour les prêtres que l'on revêt de leurs ornements sacerdotaux[123] et pour les laïcs enterrés chez les Mendiants qui prennent parfois le froc de l'Ordre. Dans ces deux cas le costume ecclésiastique, qu'il s'agisse de celui de l'action liturgique ou celui de la pauvreté évangélique, peut être considéré comme une sorte de viatique pour l'au-delà. Le laïc qui prend l'habit d'un Mendiant opère une véritable substitution puisqu'en général il achète véritablement ce costume à l'un des frères de la communauté qui accueille son corps[124]. Mais il arrive aussi parfois que le testateur ou la testatrice demande à être enterré avec sa chemise, ses robes[125].

[120] A. Van Gennep, *Manuel de Folklore Français, op. cit.*, tome I, vol. II, p. 724-725. Sur les «pégaus» cf. essentiellement S. Gagnière, *Les sépultures à inhumation du IIIe au XIIIe siècle de notre ère dans la basse vallée du Rhône*, in *Cahiers rhodaniens*, XII, 1965, p. 86-110.
[121] Cf. 1426, Avignon-Martin 299 fo 17 vo; 1430, Avignon-Martin 299 fo 171; 1462, Avignon-de Beaulieu 750 fo 478 ro; 1466, Avignon-Martin 260 fo 47; 1467, Avignon-Martin 261 fo 113 etc... Lorsque l'enterrement se fait au cimetière, il se fait en pleine terre, sans la protection d'une tombe en *tegulae* en plaques de calcaire, encore moins d'un sarcophage. Les sépultures étudiées par les archéologues (cf. Gagnière, *Les sépultures à inhumation... op. cit.*) sont le plus souvent situées dans des chapelles; il s'agit donc de personnes appartenant aux couches les plus riches de la population, et par là même, nous semble-t-il, peu représentatives. Sur les problèmes de l'inhumation dans les églises cf. le chapitre suivant p. 165-179.
[122] Vovelle, *Piété Baroque et déchristianisation, op. cit.*, p. 82-83.
[123] 1336, Avignon 8 G 9; 1390, Avignon 8 G 26 fo 60-68; 1429, Cavaillon-Rousset 82 fo 11; 1457, Avignon-de Beaulieu 739 fo 17 etc...
[124] Guimone, veuve d'un poissonnier demande au carme J. Aymeri de lui donner un habit usagé pour 5 florins (1387, Avignon-Pons 1176 fo 101 vo); Raimonde de Sade lègue au Frère Mineur qui *«lui donnera l'habit avec lequel il sera enterré 6 florins»* (1465, Avignon-de Beaulieu 753 fo 263) etc...
[125] 1395, Apt-Pondicq 56 fo 90; 1398, Valréas-Evesque 204 fo 43 ro etc...

Ces quelques remarques montrent que la place du corps dans l'ensemble des dispositions testamentaires a varié. Au début du XIVᵉ siècle, il est
très rare qu'un testateur y fasse allusion, et il en va de même, au moins
jusqu'au début du XVIᵉ siècle, dans l'ensemble du Comtat. En revanche, en
Avignon, à partir des années 1420-1440, les modalités pratiques de l'ensevelissement
sont de plus en plus précisées. La chronologie de cette nouvelle
attention portée au destin du corps mort rejoint celle de l'utilisation du mot
cadaver et, plus largement, celle du développement des thèmes macabres
dans l'art et la littérature (le tombeau du cardinal La Grange date de
l'extrême fin du XIVᵉ siècle[126]).

Le mort reste généralement peu de temps sous son propre toit. Parfois,
quelques heures, très rarement plus d'un jour et d'une nuit. Le fait même
que certains testateurs demandent en insistant qu'on les veille «*pendant une
nuit entière*» «*unam noctem integram*», «*XXIII horas integras*» ou «*pendant la
nuit qui suit le décès*» «*quod nocte illa corpus meum seu cadaver non tradetur
ecclesiastice sepulture*» est significatif : l'habitude générale est de procéder
très vite à l'enterrement. Dans son livre de raison le marchand Jean
Teysseire raconte que son fils Bertranet mort le 18 décembre dans la nuit a
été enterré dès le lendemain[127]. Même les grands personnages sont portés
en terre rapidement : le cardinal Pierre Blau précise que s'il décède la nuit
son corps sera enterré «*deux ou trois heures après*» et sans aucune pompe[128].
La *Petite Chronique du Schisme* rappelle que le maréchal du pape est mort,
le 18 janvier 1416 et qu'il fut «*sebelit lo vespres mesmes aus Predicadours*» et
que ce n'est que cinq jours plus tard qu'on lui fit de magnifiques obsèques
solennelles[129]. Même le corps d'une femme réputée sainte comme Dauphine
de Sabran n'est proposé à la dévotion des fidèles qu'un jour et une nuit.
Malgré le nombre des miracles qui s'accomplissent autour de lui dans
l'église Sainte-Catherine, c'est dès le lendemain que l'évêque et tout le
peuple conduisent la dépouille sainte à sa dernière demeure[130]. On pourrait

---

[126] A. M. Morganstern, *The La Grange tomb and Choir : a monument of the great schism of
the West*, in *Speculum, a journal of medieval studies*, vol. XLVIII, January 1973 nᵒ 1, p. 52-69.
Cf. Chapitre III, p. 173-174.

[127] Cf. J. Girard, *Un marchand avignonnais au XIVᵉ siècle*, in *Mémoire Acad. Vaucluse*, 1920,
p. 25. Livre de raison, Arch. Communales d'Avignon, fᵒ 30 vᵒ.

[128] 1407, *testament du cardinal P. Blau*, édité par M. L.-H. Labande, in *Annales du Midi*,
tome VII, 1895, p. 19.

[129] *Chronicon Parvum Avinionense de Schismate et bello Avinionesi*, publié par Carreri, in
AACV 1916 p. 173.

[130] *Vies occitanes de saint Auzias et sainte Dauphine de Sabran*, op. cit., p. 241 et suiv.

multiplier les exemples. Cette habitude des obsèques rapides est encore attestée dans de nombreux actes du XVIe siècle où le testateur demande que l'on procède «*le plus promptement et honnêtement que faire se pourra*»[131]. Le *dies obitus* est à la fois le jour de la mort, de la comparution devant Dieu, et celui de l'enterrement.

Comment expliquer cette rapidité, voire même cette précipitation? Il est possible que l'Eglise veuille limiter au maximum le temps entre la mort et la mise en terre, et en particulier les veillées, parce qu'elle juge que s'y développent des coutumes incompatibles avec les croyances chrétiennes (festins, danses etc.)[132]. Mais il est possible aussi que la hâte des funérailles vienne des laïcs eux-mêmes. Le corps est enterré au plus vite, pour des raisons sanitaires évidentes, surtout pendant les chaleurs de l'été, mais aussi sans doute à cause d'une conception «contagioniste» de la mort profondément enracinée dans les mentalités. Le défunt est un hôte gênant dont il faut se débarrasser au plus vite[133].

Comment expliquer dans ce cas les demandes particulières de veillées? La tradition des réunions funèbres rassemblant les parents et les voisins autour du mort est ancienne[134]. Il arrive que le testateur prévoie un repas ou une collation de vin, de viande et de pain pour «*ceux qui le veilleront*»[135]. Aucune allusion n'est faite dans ce cas aux clercs, la réunion semble toute profane.

Mais la plupart des demandes de veillées dont nous avons connaissance ne font pas référence à ces traditions qui visent à renouveler «les solidarités consanguines et territoriales». Elles font appel aux clercs et sont tardives[136].

---

[131] 1539, Cucuron-Ricou 129 fo 184 vo.

[132] Comme le remarque J. Toussaert, *Le sentiment religieux en Flandre à la fin du Moyen-Age*, Paris, 1963, p. 212-213.

[133] A. Van Gennep, *Manuel du folklore français, op. cit.*, tome I, vol. II, p. 726 et suiv.

[134] On n'a cependant retrouvé aucune interdiction de ces repas funéraires dans les textes conciliaires ou normatifs régionaux, alors qu'en Flandre par exemple ces interdictions sont fréquentes et attestent a contrario la coutume de ces banquets; cf. J. Toussaert, *Le sentiment religieux en Flandre, op. cit.*, p. 212-213.

[135] 1420, Valréas-Petit 59 fo 42 (legs de deux barralia de vin, de pain et du *companagium*); 1439, Avignon-de Beaulieu 700 fo 246 etc..:

[136] Du XVe siècle essentiellement; mais on trouve quelques mentions à partir de la seconde moitié du XIVe siècle: 1354, H. Augustins, 32 254; 1387, Avignon-Pons 1176 fo 101; 1397, H. Augustins 32 no 819; 1397, H Augustins 32 no 129 etc... Même après 1400 les demandes des veillées sont peu nombreuses: 1435, Avignon-Martin 225 fo 33; 1430, Avignon-Martin 786 fo 43; 1463, Avignon-de Beaulieu 691 fo 254; 1446, Avignon-Martin 234 fo 129; 1463, Avignon-de Beau-

Elles émanent de citadins assez riches, de veuves souvent[137]. Dans quelques cas il peut s'agir d'une substitution, les moines et les prêtres venant remplacer la famille absente, mais en général, comme on l'a déjà noté, la demande de veillée manifeste plutôt la volonté du testateur d'allonger le temps qui sépare la mort de l'enterrement. Non sans doute par crainte d'être enterré vif, comme au Siècle des Lumières[138] mais seulement pour entourer les funérailles d'un apparat liturgique plus développé. C'est donc un acte de piété supplémentaire : une demande de veillée s'accompagne toujours de legs pour faire dire des prières par des prêtres, des Frères Mendiants, voire des béghines ou même des laïcs[139]. On fait des oraisons, lit le psautier en entier et surtout on récite ces sept psaumes de pénitence qui connaissent alors une très grande vogue et se trouvent dans le moindre livre d'heures[140].

Les testateurs qui repoussent ainsi l'heure de l'enterrement au lendemain le font aussi bien souvent parce qu'ils désirent qu'une messe soit célébrée devant leur corps. Or cette célébration est très difficile après midi, canoniquement impossible la nuit[141]. Dans ces conditions, comme l'indique

---

lieu 551 f⁰ 475 v et 751; 1466, Avignon-Martin 242 f⁰ 397; 1466, Avignon-de Beaulieu 754 f⁰ 110; 1476, Avignon-Martin 455 f⁰ 9; etc...

[137] Cf. en particulier les veuves qui ne semblent pas avoir de descendance : 1446, Avignon-de Beaulieu 717 f⁰ 295; 1448, Avignon-de Beaulieu 722 f⁰ 732 etc...

[138] Vovelle, *Piété baroque et déchristianisation, op. cit.* p. 79.

[139] Demandes de prêtres : 1361, Avignon 9 G 35 n⁰ 754; 1443, Avignon-de Beaulieu 710 f⁰ 188. Demandes de Frères Mendiants : 1381, Avignon-Pons, 1176 f⁰ 101; 1387, Avignon-Pons 1175 f⁰ 185; 1397, H. Augustins 32 n⁰ 129; 1436, Avignon-de Beaulieu 691 f⁰ 254. Demande de béghines : 1466, Avignon-Martin 260 f⁰ 135 v⁰. Demandes de laïcs récitant des prières (hommes et femmes) : 1390, E, Not. et Tab. (Courthezon) 97 f⁰ 96.

[140] L'usage de la récitation des sept psaumes de pénitence est ancien : cf. le «*Commentarium in septem psalmos poenitentiales*» d'Innocent III (*P L* CCXVII, col. 967). Il s'agit des psaumes bibliques n⁰ 7 («*Mon Dieu en toi j'ai mon abri*»), n⁰ 32 («*Heureux qui est absous de son péché*»), n⁰ 38 («*Mon dieu ne me châtie pas dans ton courroux*»), n⁰ 51 («*Piété pour moi mon Dieu en ton courroux*» – c'est le *miserere* latin), n⁰ 102 («*Mon Dieu, entends ma prière, et que mon cri parvienne jusqu'à toi*»), n⁰ 130 («*Des profondeurs je crie vers toi, mon Dieu*» – c'est le *De profondis* latin) et n⁰ 143 («*Mon Dieu écoute ma prière, entends mes supplications*») dans la numérotation de la *Bible de Jérusalem*. On récite généralement un psaume à chaque onction pendant l'administration des derniers sacrements. Les testateurs ne les connaissent que par l'*incipit* qui revient le plus souvent («*Ecoute ma prière*») et les nomment *Exaudi* (*Exaudi orationem meam*) sans plus de distinction. Nombreux sont les livres d'heures qui reproduisent ces psaumes; par exemple à la Bibliothèque du Musée Calvet en Avignon ms. 121 f⁰ 66 (fin du XIIIᵉ siècle), ms. 111 f⁰ 104 (fin XIVᵉ siècle), ms. 112 f⁰ 72, ms. 210 f⁰ 72, ms. 225 f⁰ 84 (XVᵉ siècle).

[141] H. Gilles, *L'interdiction canonique des messes nocturnes*, in *Cahier de Fanjeaux n⁰ 11*, Privat, Toulouse, 1976, p. 419-428 et en particulier la note 17 p. 426.

un avignonnais il faut «*s'il meurt après midi, ou bien avant et s'il n'est pas possible alors de célébrer une messe, retarder les obsèques jusqu'au lendemain et là faire l'enterrement avec la messe*»[142].

Il est donc clair que cette pratique de la veillée en attente de la messe de funérailles s'inscrit dans un courant dévotionnel assez fort, où l'Eucharistie tient une place importante. Pour les quelques testateurs qui en manifestent le désir une liturgie chrétienne encadre désormais complètement le temps où le corps reste dans la maison mortuaire, cette étape des funérailles jusque là mal contrôlée par l'Eglise. Les clercs sont présents de l'agonie au départ pour l'église.

La veillée est un temps supplémentaire de prière, mais c'est aussi un moment où est offert à la contemplation inquiète des vivants le corps qui déjà se décompose. Dans les villes les plus importantes et surtout au XVe siècle, ce développement de l'apparat liturgique a lieu dans un contexte particulier, celui de l'extension des pompes funèbres, notamment dans le cortège[143].

Le cortège

C'est dans la procession que se concentre peut-être l'essentiel des changements concernant les pratiques funéraires.

C'est la procession qui constitue la séquence rituelle fondamentale des funérailles : la séparation entre le mort et les vivants. C'est aussi pendant la procession que s'offre le mieux aux vivants l'image la plus inquiétante de la mort : celle du corps défunt montré avec ostentation, ce cadavre sur lequel précisément se cristallisent toutes les angoisses de la fin du Moyen Age.

Au XIIIe siècle aucun testament ne prévoit explicitement l'organisation de la procession; c'est la coutume qui règle entièrement les funérailles. Au début du siècle suivant, les mentions sont encore très rares à Apt, Cavaillon, Valréas et dans l'ensemble du Comtat. On se contente de payer rituellement le chapelain et les clercs. Il faut attendre les années 1350-1380 pour voir apparaître, très ponctuellement, les demandes de pauvres avec tuniques blanches, de torches et de draps funéraires, d'accompagnement par les confréries et les prêtres[144].

[142] 1462, Avignon-de Beaulieu 750 fo 367 vo.
[143] Par exemple 1339, Cavaillon-Rousset 33 fo 52, Orange BV ANNO 133 fo 39 etc...
[144] 1342, Cavaillon-Rousset 31 fo 6 et 7; 1373, Courthezon-Not. et Tab. 83 fo 141; 1377, Courthezon-Not. et Tab. 83 fo 141, 86 fo 23; 1378, Apt-Pondicq 51 fo 11; 1388, Avignon-Martin 269 fo 62 ro (se rapporte à Cavaillon) etc...

Graphique n° VI

LES DEMANDES DE CORTÈGES FUNÉRAIRES EN AVIGNON AU XIVᵉ ET AU XVᵉ SIÈCLE

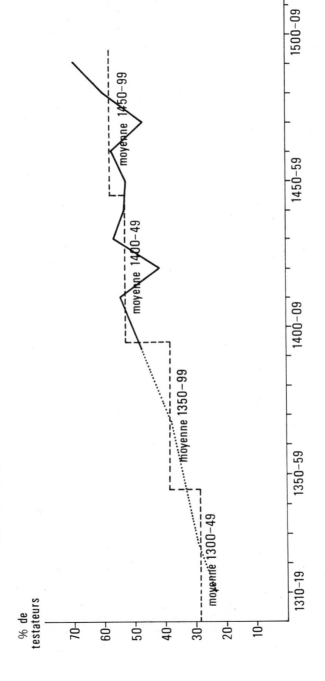

N.B. : Le nombre de testaments n'étant pas assez important pour donner des variations par décennie entre 1300 et 1399, on s'est contenté de la moyenne par demi-siècle.

A Orange et Avignon cependant les pompes funèbres ont connu un essor plus précoce. Dans la première ville, les demandes de brandons, de drap pour orner le lit funèbre, de prêtre, de pauvres, sont attestées dès les années 1310-1330[145]. En Avignon, les fastes de la cour pontificale, la présence d'une société riche et cosmopolite expliquent sans doute les mentions de plus en plus fréquentes de cortèges funéraires dans les actes conservés[146]. Au total, il n'y a cependant que 28% des testateurs entre 1300 et 1350, 38% entre 1350 et 1400 qui interviennent ainsi explicitement dans l'organisation de la procession. Les autres laissent ce soin à la coutume et à leurs exécuteurs testamentaires. Ce pourcentage passe ensuite assez rapidement de 30 à 55% entre 1350-1360 et 1410-1420, puis croît lentement jusqu'à la fin du siècle (où 60% à 70% des testateurs prêtent désormais une attention particulière à leur cortège funéraire (cf. graphique n° VI)). Bien entendu il faut distinguer de part et d'autre de cette moyenne les attitudes des différentes catégories sociales (cf. graphique n° VII); les agriculteurs et les jardiniers n'ont pas les moyens des grands marchands mais comme ces derniers ils accordent une importance de plus en plus grande aux pompes funèbres au cours du XVe siècle. Le modèle défini par les classes les plus aisées s'impose facilement parmi les populations moins riches. Le comportement des artisans par exemple est très proche de celui des marchands. Même s'ils ne peuvent rivaliser avec le faste des notables, de nombreux fustiers, tailleurs, pelletiers, fourniers etc. s'intéressent désormais à la procession qui doit les conduire de la maison mortuaire au cimetière.

Dans le reste du Comtat, cette évolution est beaucoup plus lente. L'habitude de faire appel à un certain nombre de prêtres dans le cortège, ou de faire marcher près du corps les membres des confréries s'installe peu à peu à Apt, à Cavaillon ou à Valréas; en revanche les demandes de torches, de pleurants sont assez rares. On est loin des pompes flamboyantes d'Avignon.

L'évolution générale est donc claire : en ville, à partir des années 1360 le cortège funéraire est de plus en plus l'objet de l'attention des testateurs; à la campagne et dans les gros bourgs ruraux, mis à part quelques exemples

---

[145] Orange, dès 1311 demande d'accompagnement par des brandons (BV ANO 133 fo 10); Demandes de *pannum aureum* et de torches assez fréquentes : 1329, BV ANO 58 fo 67; 1330, BV ANO 136 fo 93 vo; 1348, BV ANNO 229 fo 26 etc...

[146] Le médecin du cardinal Court demande par exemple, dès 1316, 60 torches autour de son corps (1 G 116 fo 14-16). Cf. A.-M. Hayez, *Clauses pieuses de testaments avignonnais au XIVe siècle, op. cit.*, p. 141-143.

Graphique n° VII

LES DEMANDES DE CORTÈGES DANS LES TESTAMENTS AVIGNONNAIS DU XVe SIÈCLE

de
teurs

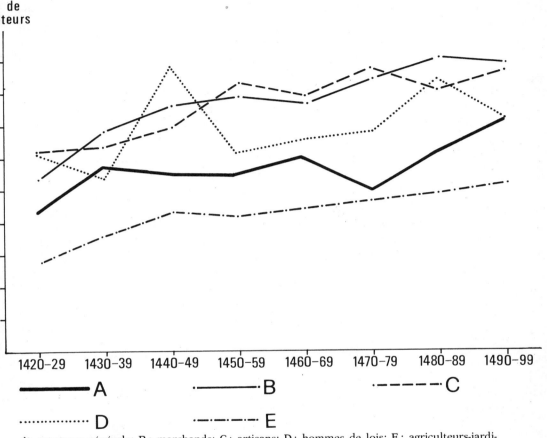

| 1420–29 | 1430–39 | 1440–49 | 1450–59 | 1460–69 | 1470–79 | 1480–89 | 1490–99 |

——————— A   ·——————·B   ·– – – –·C

·················· D   ·–·–·–·· E

A : moyenne générale; B : marchands; C : artisans; D : hommes de lois; E : agriculteurs-jardi-
niers.

ponctuels, il continue d'être soumis aux traditions et à la coutume, peu de
testateurs s'y interessent vraiment.

Un changement des conditions concrètes dans lesquelles se déroulent
les funérailles, des mentalités, de l'image que l'on peut se faire de la mort,
est donc en train de s'esquisser, au moins chez les citadins et dans les
classes sociales les plus riches. Mais on ne peut risquer une interprétation
avant d'avoir analysé l'ensemble des pratiques funéraires, à commencer par
l'itinéraire et la composition de la procession.

On aimerait connaître le trajet du cortège, le «chemin des morts»[147]. Malheureusement les testaments ne nous donnent pratiquement aucune indication sur ce point. Etant donné le caractère groupé de l'habitat et la situation des cimetières *intra muros*, on peut supposer que ces ambulations sont limitées à l'intérieur de la ville ou du *castrum*[148]. Mais il arrive aussi que des processions aillent par les campagnes car les transferts de corps d'un lieu à un autre, avec plus ou moins de pompes, sont fréquents et il n'est pas rare de rencontrer au détour d'une route le convoi funéraire d'un homme ou d'une femme qui rejoint sa dernière demeure[149].

On ignore si le cortège fait une ou plusieurs pauses le long du chemin, comme le rappelle G. Durand dans son *Rational*[150]. Une chose en revanche paraît probable : le passage à l'église, pour une messe devant le corps, est loin d'être général, surtout au début du XIVe siècle. Nombreux sont les cortèges qui se déplacent le soir, ou même la nuit, à une heure où, comme nous l'avons déjà vu, la célébration d'une messe est canoniquement impossible. Seuls les testateurs qui demandent une veillée précisent en même temps qu'ils veulent une messe *corpore presente*[151]. Il est clair que le problème du passage à l'église ne se pose pas dans les mêmes termes quand c'est l'église qui est le but de la procession, le lieu de l'inhumation;

---

[147] A. Van Gennep, *Manuel...*, *op. cit.*, Tome I, vol. 22, p. 733 et 755-756.

[148] On trouve parfois seulement l'indication d'une procession *per villam* : 1458, Avignon-Martin 248 f° 127.

[149] C'est le cas par exemple des convois funéraires des habitants des environs d'Apt ou de Valréas qui choisissent de se faire enterrer chez les Cordeliers de ces deux villes (1448, Valréas-Petit 69 f° 105). Plus souvent encore, il s'agit de femmes qui désirent regagner leurs tombes familiales (cf. Chapitre III) ou de comtadins qui sont morts en voyage; le corps de saint Auzias est ainsi rapatrié de Paris à Apt par petites étapes.

[150] G. Durand, *Rational des Divins offices*, Trad. Ch. Barthélémy, Paris, 1854, Livre VII, Chapitre XXXV, paragr. XXXVI, p. 111 : *«Or, tandis qu'on transporte le corps de la maison à l'église ou au lieu de sépulture, suivant la coutume de quelques pays, on fait trois pauses dans le chemin. Premièrement pour marquer que le défunt, tandis qu'il vivait sur la terre, afin de pouvoir se présenter dignement devant le Seigneur et jouir de l'éternel repos avec les autres saints s'est exercé principalement à trois choses, à savoir à l'amour de Dieu, à la charité pour le prochain et à la garde de soi-même; ou bien qu'il a vécu et a terminé sa vie dans la voie de la Sainte Trinité. Secondement, pour représenter que le Seigneur s'est reposé trois jours dans le sein de la terre. Troisièmement, on fait trois pauses dans le chemin, afin que, par la triple cessation de la psalmodie qui a lieu dans ces trois haltes, il reçoive la triple absolution, alors prononcée, des péchés qu'il a commis de trois manières : par pensées, par paroles et par actions...».* Comme souvent G. Durand «habille» par l'allégorie des rites funéraires folkloriques très éloignés de la symbolique chrétienne savante.

[151] 1462, Avignon-de Beaulieu 750 f° 367 v°.

cependant, même dans ce cas il n'est pas certain qu'une messe ait toujours été célébrée. Dans la plupart des testaments une ou plusieurs *missae de mortuis* sont prévues pour le repos de l'âme du défunt le jour de son enterrement[152] mais le cortège en allant directement de la maison mortuaire au cimetière remplit pleinement sa fonction rituelle. Il n'est donc pas nécessaire de passer par l'église pour théâtraliser cette séparation; il suffit aux vivants d'accompagner le mort de son ancienne à sa nouvelle demeure. Ce n'est que peu à peu que les processions funéraires se détournent de leur itinéraire normal et entrent dans le sanctuaire, sinon pour une messe devant le corps, du moins pour la lecture de l'office des défunts[153].

Un certain nombre de célébrations pour la mort des papes ou de personnalités importantes ont pu, par leur faste, servir de modèle. Mais il s'agit souvent de cérémonies commémoratives et non d'obsèques proprement dites[154]. La messe est certes depuis longtemps le viatique essentiel pour l'au-delà mais elle n'est pas encore totalement intégrée aux rites de funérailles *stricto sensu*, ceux qui concernent essentiellement le corps du défunt. Un seul geste liturgique semble avoir une importance assez grande pour la majorité des testateurs, c'est l'absoute, qui n'est d'ailleurs pas d'origine romaine et dont la généralisation dans le monde chrétien est relativement récente[155]. L'aspersion, avec sa double fonction propitiatoire et purificatrice, est en effet le seul rite chrétien important qui concerne le cadavre. Les dons aux porteurs d'eau bénite sont fréquents et le prêtre qui donne l'absoute fait souvent l'objet d'un legs particulier[156]. Dans certains cas

---

[152] Certains en demandent même des quantités impressionnantes : un trentain «*avant que mon corps soit enterré*» (1438, Avignon-Martin 788 f⁰ 41), «*toute la matinée, de l'aube jusqu'à midi, au nombre de cinquante*» (1433, Avignon-de Beaulieu 684 f⁰ 217).

[153] 1466, Avignon-Martin 795 f⁰ 174.

[154] Cf. par exemple M.-E. Deprés, *Les funérailles de Clément VI et d'Innocent VI, d'après les comptes de la Cour Pontificale*, in *Mélanges d'archéologie et d'histoire de l'Ecole française de Rome,*. XXᵉ année, Avril-Juin 1900, p. 235-250. Cf. aussi *la Chronique avignonnaise de G. de Gout, E. de Govern et B. Navarrin (1392-1519)*, publiée par P. Pansier, in *AACV* 1913 qui rapporte les célébrations pour le repos de l'âme de Louis XI (p. 74), de Sixte IV (p. 77), d'Innocent VIII (p. 84) et du premier consul de la ville (p. 86). A Arles Bertrand Boysset ne manque jamais de raconter les détails des services célébrés à la mémoire des princes d'Anjou : cf. F. Ehrle, *Die Chronik des Garoscus de Ulmoisca veteri und Bertrand Boysset (1365-1415)*, in *Archiv für Literatur und Kirchen-Geschichte des Mittelalters*, tome VII, Freiburg, 1900.

[155] M. Righetti, *Manuale di Storia Liturgica*, op. cit., tome II, p. 382.

[156] 1391, L'Isle-Roussel 49 f⁰ 9; 1395, Valréas-Evesque 201 f⁰ 24 v⁰; 1397, Valréas-Evesque 202 f⁰ 25; 1394, Apt-Pondicq 36 f⁰ 92; 1409, Apt-Pondicq 72 f⁰ 24; 1472, Avignon-de Beaulieu 758 f⁰ 173.

on peut se demander si, pour le testateur, l'essentiel de l'intervention active de l'Eglise et des clercs pendant les funérailles (mise à part leur présence relativement passive dans le cortège funéraire) ne se limite pas à ce geste de l'absoute et à la récitation sur la tombe des *exaudi*[157].

Le corps, autour duquel s'organisent toutes les obsèques, est porté à visage découvert, sur un lit funéraire (*lectum, licheria* etc...). Le mort préside ainsi à ses propres funérailles. Il n'est pas encore entièrement retranché du monde des vivants; il reste pour le temps de la procession au milieu d'eux : le chevalier Giraud Amic, seigneur de Caumont, demande qu'une représentation vivante de lui-même précède sa litière funèbre; son meilleur cheval, tout équipé, sera monté par un homme portant son armure et sa bannière et caracolera devant le cortège[158]. Une redevance est traditionnellement perçue par le clergé pour le lit funéraire. Elle semble même dans certains cas constituer l'essentiel des droits casuels demandés par l'Eglise à l'occasion des funérailles[159]. La nature de cette redevance confirme la place fondamentale de la procession dans l'ensemble des rites (l'argent donné ainsi *pro lecto* peut représenter le prix de la location du lit mais aussi, plus profondément, le substitut en numéraire des ornements funéraires – dont le lit – qui autrefois revenaient à l'Eglise après les obsèques).

Le cadavre est recouvert d'un drap (*pannum*) qui le plus souvent appartient à la paroisse ou aux confréries[160]. Dans certaines villes ou dans les villages il existe un *pannum* des pauvres. Seuls les testateurs les plus aisés peuvent en effet acheter leur propre drap, ou même le faire préparer longtemps avant leur mort[161]. Ils le lèguent ensuite «*ad servicium Dei et ornamentum ecclesie*»[162]. Ce drap funéraire est donc aussi, pour le testateur, le moyen d'étaler ostensiblement sa richesse ou son appartenance à une grande famille. La qualité de l'étoffe importe beaucoup : au bas de l'échelle

---

[157] Sur les *exaudi*, cf. la note n° 140, p. 125.

[158] 1329, E duché de Caderousse 67 (1).

[159] A Valréas on emploie d'ailleurs l'expression caractéristique *pro mortalagio sive lecto*.

[160] Toutes les confréries semblent avoir leur *pannum*; cf. les délibérations communales d'Orange qui attribuent le *pannum* de la confrérie de Dieu aux pauvres de l'hôpital, AC Orange, BB 2 f° 82 (26 mars 1371).

[161] G. Guichard par exemple demande le *pannum aureum quod est jam factum* (1439, Avignon-Martin 218).

[162] 1293, Aumône de l'Epicerie; 1349 BV ANO 34 f° 15; 1448, Avignon-de Beaulieu 722 f° 700 etc...

c'est le simple «béroard», la toile, l'étamine, tandis que le *bocassino*, le brocart de Lucques, le taffetas, le damas et la soie sont réservés aux notables[163]. Quelquefois le drap est uni, le plus souvent on dessine une croix, plus rarement des sujets religieux (les quatre évangélistes, l'Annonciation, le nom de Jésus et de Marie etc...)[164]. Certains testateurs demandent que leurs armes ou leurs marques soient brodées ou peintes mais cette tendance à la personnalisation et à l'ostentation se manifeste surtout au XVe siècle et dans le groupe assez restreint des nobles ou des marchands avignonnais[165].

Enfin, il arrive que l'on pose sur la litière des objets qui sont sensés protéger les morts ou hâter leur passage en Paradis : en 1466 par exemple un avignonnais et sa femme, qui font un testament conjoint, demandent que *«leurs cadavres soient enterrés selon la coutume du dit couvent des Carmes, habillés d'une cape et de souliers blancs, et (que) sur le lit funèbre où reposeront les cadavres on mette et porte les draps funéraires des deux testateurs, à savoir un de soie et un doré, avec six coussins, quatre rouges et deux verts, et que sur ceux-ci on mette les lettres d'indulgences acquises par les époux durant leur vie, et les dits-conjoints lèguent les draps et les coussins au dit couvent des Carmes»* mais se font sans doute enterrer avec leurs précieuses lettres[166]! Les lettres d'indulgence, cet exemple le confirme s'il en est besoin, restent pour la majorité des chrétiens de cette époque des objets magiques, propitiatoires.

Autour du corps il faut supposer la présence des parents, que les testaments ne mentionnent jamais car elle va de soi. Certains membres de la famille proche du mort sont peut-être exclus du cortège mais nous n'en savons rien[167]. F. Benoit signale dans les statuts de Pernes de 1296 l'inter-

---

[163] Simple «béroard», toile et étamine coûtent rarement plus de 2 ou 3 florins (1371, H. Dominicains 5; 1425, Avignon-Martin 99 fo 235); «bocassino», damas, taffetas, soie sont beaucoup plus chers : 4, 5 voire 10 florins (1349, BV ANO 34 fo 15; Avignon-de Beaulieu 733 fo 2 vo; Avignon-Martin 482 fo 3).

[164] Avignon-de Beaulieu 733 fo 2 vo; Avignon-Martin 482 fo 3; Avignon 8 G 9-10 ou H. Sainte Catherine 46 (1).

[165] 1450, Avignon-de Beaulieu 726 fo 58 vo; 1453, Avignon-de Beaulieu 731 fo 449; 1374, 8 G 10; 1380, 9 G 34 no 750.

[166] 1466, Avignon-Martin 742 fo 224.

[167] Ph. Ariès a noté cette absence de la famille dans les clauses religieuses du testament (in *Essais sur l'histoire de la mort en Occident, op. cit.*, p. 134-135); il l'attribue à une méfiance du testateur à l'égard de ses proches, mais on voit mal ce qui suscite ce «manque de confiance»

diction faite aux femmes de participer aux processions funéraires[168] mais on
trouve cependant des demandes d'accompagnement par des «pauvres filles» ou des «pauvres femmes», qui tendraient au contraire à établir la
mixité, au moins dans les villes. Il faudrait distinguer cependant les femmes
de la famille et celles qui n'ont qu'un rôle de «figurante» dans le cortège.
Sur tous ces points, les testaments restent silencieux.

A côté de la famille, les membres du même art, les confrères, les
porteurs du lit funèbre, les porteurs de torches, les prêtres et les religieux
ont un rôle de plus en plus grand dans les testaments qui accordent une
certaine importance au cortège (lesquels émanent surtout, rappelons-le, des
couches urbaines riches ou aisées).

---

du XIIIe au XVIIe siècle et ce «retour de confiance» à l'époque des Lumières. En réalité, ce qui
est en cause, c'est moins l'attitude personnelle du testateur face aux siens que la capacité du
groupe familial à encadrer et «socialiser» la mort de ses membres. Si la famille est en retrait
dans les testaments de la fin du Moyen Age au XVIIIe siècle, c'est qu'elle est alors en pleine
transformation sur le plan démographique, social et surtout idéologique, puisque l'image que
l'on se fait d'elle se modifie lentement (cf. encore Ph. Ariès, *L'enfant et la famille sous l'Ancien
Régime*, Paris, Le Seuil, 1973, p. 408-458). C'est peut-être, comme nous le verrons plus loin, cette
«instabilité» de l'image de la famille qui explique ce que Ph. Ariès nomme la «méfiance» du
testateur à l'égard de ses proches, sa solitude face à la mort.

[168] Il rappelle que cette interdiction est très ancienne et donne la traduction des statuts de
Pernes (nous n'avons malheureusement pas pu consulter l'original) : «*Interdiction de suivre ou
d'accompagner le corps à l'église ou au cimetière à toute femme, mère, épouse, fille ou petite-fille,
nièce ou sœur, sous peine d'amende de 50 sous coronats, à chacune des délinquantes et à chaque
fois*» (Arch. Com. Pernes, délibérations du 25 janvier 1297, FF1); cf. F. Benoit, *La Provence et le
Comtat Venaissin*, réédition 1975, Aubanel, Avignon, 1975, p. 144. Au XVe siècle une semblable
interdiction est stipulée dans les *Statuts de Savoie*, promulgués en 1430 sous Amédée VIII (cf.
L. Bouchage, *Les repas funéraires en Savoie*, in *Mémoires de l'Académie des Sciences, belles-lettres
et arts de Savoie*, IVe série, tome 11, 1909, p. 199).

Les folkloristes et les ethnologues ont insisté très souvent sur ces interdits : cf. Van
Gennep, *Manuel, op. cit.*, tome I, vol. II, p. 742. Pour une aire culturelle bien différente de
l'Occident médiéval (le moyen-Chari au Tchad) mais qui peut présenter quelques analogies
avec lui, R. Jaulin a éclairé les liens entre la mort et les femmes dans une société qui repose
sur l'alliance entre les hommes et la terre; cette dernière «est l'épouse collective des vivants et
des morts du clan» et entretient donc avec les fonctions féminines et maternelles des rapports
étroits : «La terre et les femmes, les morts et les hommes sont liés, celles-là forment le couple
des moyens de communication, ceux-ci le couple des éléments qui réalisent cette communication; autrement dit les termes de référence nécessaires à l'élaboration du système qui unit la
terre aux femmes» (cf. R. Jaulin, *La mort Sara l'ordre de la vie ou la pensée de la mort au Tchad*,
Paris, Plon, 1967, p. 136-210). C'est peut-être, de façon très atténuée dans les sociétés rurales
complexes de l'Occident, cette analogie de fonction entre les femmes et la terre maternelle et
nourricière où l'on porte le cadavre qui pourrait rendre compte des interdictions que l'on vient
d'évoquer. Celles-ci, rappelons-le, ne sont pas générales aux XIVe et XVe siècle.

Les compagnons des artisans sont généralement conviés à participer à la procession. Ils sont parfois réquisitionnés pour porter le corps[169]. De même, les statuts des confréries font obligation aux confrères d'accompagner les membres défunts jusqu'à leur dernière demeure[170]. A Apt, Valréas, Cavaillon et dans les bourgs comtadins il est rare qu'un testateur appartienne à plus de deux groupements de ce type et il est possible que seule une partie des confrères ait été déléguée à cet office. Ce que nous savons des enterrements dans les campagnes françaises au XIXe siècle et au XXe siècle montre cependant que l'on n'hésite pas à arrêter le travail, sauf peut-être pendant les grands travaux, pour participer massivement aux obsèques. On peut imaginer qu'il en va de même en Comtat à la fin du Moyen Age. En Avignon un testateur peut faire partie de quatre, six, voire huit ou douze groupements confraternels[171]. C'est donc de toutes façons un nombre important de confrères qui prennent rang dans le cortège (derrière le corps, semble-t-il). Ainsi est affirmée l'importance des solidarités du travail ou, plus simplement, de dévotions, à côté (ou, on y reviendra, à la place) des solidarités familiales disloquées par les mortalités et les migrations.

Dès le XIVe siècle, les testateurs riches, prélats ou chanoines, nobles, notables ou marchands, hommes de lois ou artisans aisés[172] placent autour de leur lit funèbre des pleurants. Mais ces encapuchonnés porteurs de torches ne sont pas de simples figurants dans le théâtre de la mort. Ce sont des pauvres, mendiants ou «*honteux*», veuves ou filles[173]. A Valréas ou en

---

[169] *Laboureurs* : 1440, Avignon-Martin 789 f 61 v°; 1456, Avignon-Martin 243 f° 90; 1457, Avignon-Martin 247 f° 152.

Fourniers : 1458, Avignon-Martin 248 f° 127; 1466, Avignon-Martin 242 f° 33.

Pelletiers : 1467, Avignon-Martin 262 f° 38; 1467, Avignon-de Beaulieu 755 f° 405; 1482, Avignon-Martin 477 f° 263.

Savetiers : 1456, Avignon-de Beaulieu 788 f° 450; 1482, Avignon-Martin 230 f° 242 etc...

[170] P. Pansier, *Les confréries d'Avignon au XIVe siècle, op. cit.* et *supra* le Chapitre VI.

[171] Un exemple parmi des centaines d'autres : en 1473, en Avignon, un fustier originaire de Besançon demande pour son cortège funéraire non seulement des porteurs de torches, des pauvres habillés de blanc, des représentants des quatre ordres mendiants, mais aussi les confrères de saint Agricol, de saint Antoine, de saint Claude et de sainte Croix (Avignon-Martin 450 f° 85).

[172] En Avignon comme dans le Comtat, seuls les plus riches peuvent se permettre ce «luxe» : chanoines (1409, Cavaillon, Avignon-Martin 271 f° 126); nobles (1388, Cavaillon, Avignon-Martin 269 f° 62 v°; 1423, Apt-Pondicq 134 f° 173 v°; 1461, Avignon-de Beaulieu 749 f° 303 etc.); marchands (1446, Avignon-Martin 795 f° 41; 1467, Avignon-Martin 262 f° 68; 1479, Avignon-Martin 783 f° 154 v° etc.) ou très riches artisans.

[173] Un savetier par exemple demande 13 pauvres honteux (Avignon-de Beaulieu 738 f° 453); les femmes demandent souvent 6, 12 ou 13 pauvres filles (1482, Avignon-Martin 483 f° 129; 1492, Avignon-Martin 487 f° 339) etc...

Avignon on fait aussi appel parfois aux «*enfants innocents*» ou à des
«*filleuls*» choisis par les exécuteurs testamentaires. Dans tous ces cas on
recherche moins l'acte charitable, car ces pauvres sont évidemment rétri-
bués de diverses manières pour leur participation[174], que l'intercession
symbolique du *pauper Christi*, proche Dieu. Ce sont d'ailleurs les normes du
symbolisme évangélique qui servent à fixer leur nombre autour du lit
funèbre : ils sont souvent douze comme les apôtres autour de Jésus (ou
treize, car on n'oublie pas Judas)[175], ou bien quatre comme les Evangiles,
cinq comme les plaies du Christ, sept comme les joies de la Vierge etc.[176]

Mais le désir d'ostentation et de respectabilité, la volonté d'affirmer son
rang dans une société d'ordre nettement hiérarchisée semblent l'emporter
de plus en plus au XVe siècle, surtout parmi les notables avignonnais : un
épicier exige par exemple que ses pleurants soient choisis parmi les *boni
homines pauperes*[177] et les nobles et les prélats n'hésitent pas à demander
25, 50 ou 100 pauvres autour de leur lit funèbre[178].

Il arrive assez souvent que les novices des couvents de Mendiants ou
les clercs sans charge d'âme soient associés aux pauvres pour tenir les
torches et les religieux ont coutume de porter le *lectum* quand le testateur
se fait enterrer dans leur couvent, avec leur habit, *more ordinis*[179]. Mais,
dans le cortège, la fonction essentielle de ces clercs est une fonction
d'accompagnement et de prière, sans autre geste particulier. Devant le

[174] Cf. 1411, Valréas-Petit 54 f° 58; 1442, Avignon-Martin 230 f° 400; 1489, Avignon-Martin 481 f° 810 etc...

[175] Demande de 12 pauvres à Cavaillon (1447, Cavaillon-Rousset 157 f° 77); de 13 pauvres à Orange (1348, BV ANO 229 f° 26), à Courthezon (1376, E. Not, et Tab. 83 f° 141), à Valréas (1497, Valréas-Evesque 283 f° 29) et bien sûr en Avignon (1444, Avignon-de Beaulieu 717 f° 157); 1447, Avignon-de Beaulieu 720 f° 247; 1458, Avignon-de Beaulieu 742 f° 58; 1476, Avignon-Martin 455 f° 9 etc...
Cette coutume est toujours attestée dans la Provence moderne, cf. M. Vovelle, *Piété Baroque et déchristianisation, op. cit.*, p. 89 et suiv.

[176] Demandes de torches en l'honneur des 5 plaies du Christ et des 5 joies de la Vierge : 1427, Avignon-Martin 97 f° 20; demande de 7 enfants innocents habillés de blanc en l'honneur des 7 joies de la Vierge : Valréas-Evesque 274 f° 30 etc...

[177] 1434, Avignon-Martin 87 f° 6.

[178] 1461, Avignon-de Beaulieu 750 f° 171; 1463, Avignon-de Beaulieu 751 f° 445; 1466, Avignon-de Beaulieu 754 f° 110; 1483, Avignon-Martin 473 f° 520; 1489, Avignon-Martin 481 f° 390.
Les nobles et les prélats sont évidemment les plus fastueux : 50 torches (1481, Avignon-Martin 764 f° 324) ou 100 «brandons» (1464, Avignon-de Beaulieu 752 f° 434) ne sont pas rares.

[179] 1374, Avignon, 8 G 10; 1463, Avignon-de Beaulieu 751 f° 445 etc...

corps ils ouvrent la voie, notamment le porteur de la croix processionnelle, à qui un peu partout les testateurs font un legs spécifique[180]. Rassemblés autour du corps ils intercèdent auprès de Dieu pour que le passage dans l'au-delà se fasse sans encombre. Plus tôt semble-t-il que pour les porteurs de torches et les autres solennités (*sollemnitates*), les testateurs font appel aux clercs pour donner à leur cortège une efficacité rituelle accrue. Dès la première moitié du XIVe siècle, les demandes de six, dix ou vingt prêtres ne sont pas rares, même dans les petits villages[181]. Il faut attendre cependant les années 1360-1410 pour les voir se multiplier. L'habitude de faire appel à «*tous les prêtres disponibles le jour de l'enterrement*» ou à des représentants de chaque ordre dans les villes qui possèdent plusieurs établissements religieux, fait des progrès très nets pendant ce demi-siècle. A Valréas par exemple certains testateurs désirent que les trois croix processionnelles, celle de l'Eglise Notre-Dame, des Antonins et des Cordeliers, participent à leur cortège. En Avignon ce sont les Frères des quatre Ordres Mendiants, Dominicains, Franciscains, Carmes et Augustins qui sont de plus en plus sollicités[182]. A Apt, plus de 70% des testateurs demandent ainsi des prêtres pour accompagner le corps jusqu'au lieu de l'inhumation; dans les *castra* environnants malgré un encadrement clérical moins important ce pourcentage est d'environ 50%. Cette pratique paraît déjà bien établie vers 1360 et subit peu de variations jusqu'au début du XVIe siècle (sinon une très légère baisse à partir des années 1430 peut-être imputable à une certaine désaffection vis-à-vis d'un geste déjà sclérosé par l'habitude).

En ville, la moyenne du nombre des prêtres demandés se situe, pendant toute la période étudiée, entre neuf et douze (avec une légère baisse dans la deuxième moitié du XVe siècle et 20% des testateurs environ font appel à tous les prêtres disponibles). Dans les *castra* ces chiffres sont plus bas (la moyenne du nombre des prêtres est d'environ sept ou huit, et seulement 15% des testateurs font appel aux prêtres disponibles). Il en va de même dans la plupart des petits villages comtadins : à Visan ou à Sainte-Cécile par exemple il n'est pas rare de demander quatre, six ou neuf

---

[180] 1394, Apt-Pondicq 19 fo 13 vo; 1409, Apt-Pondicq 72 fo 24; 1455, Apt-Pondicq 225 fo 4 vo; 1466, Avignon-Martin 260 fo 103; 1472, Avignon-de Beaulieu 758 fo 173 etc...

A. Van Gennep souligne de son côté l'importance de la croix processionnelle dans les cortèges funéraires in *Manuel, op. cit.*, tome I, vol. II, p. 743.

[181] 1332, Crestet, E. Not. et Tab. 175 fo 192; 1336, Entrechaux, Vaison-Milon 862 fo 77 etc...

[182] 1464, Valréas-Petit 82 fo 7; 1355, Avignon, 8 G 6 et 8 G 26 fo 160; 1387, Pons 1175 fo 185 etc...

prêtres à la fin du XVᵉ siècle[183]. Partout les clercs sont devenus, à côté de la famille, des voisins et des confrères, les accompagnateurs privilégiés des cortèges funéraires[184]. Leur présence, relativement passive à côté du cadavre, et leur nombre semblent parfois posséder une valeur propitiatoire particulière plutôt qu'assurer une fonction d'intercession proprement dite. La croissance du nombre des prêtres requis aux enterrements va de pair avec celle du nombre des pleurants et avec celle de la quantité de cierges et de torches disposées autour du catafalque, de fonction propitiatoire affirmée. La très grande majorité des testateurs demande rarement plus de douze prêtres, mais ici encore le désir d'ostentation peut se mêler aux élans de piété : certains n'hésitent pas à s'entourer de 30, 40, 50 voire 100 ou 200 chapelains[185].

Les cortèges funéraires, au moins ceux des citadins les plus riches, deviennent donc peu à peu, à partir des dernières décennies du XIVᵉ siècle, de véritables processions. Certes, bien des testateurs s'en remettent encore aux simples obsèques réglées par les coutumes locales, mais on retrouve un écho affaibli des fastes avignonnais jusque dans les bourgs et les campagnes comtadines. Tout un monde de pleurants, de porteurs de torches, de confrères, de novices crucifères, de clercs acolytes, de Frères Mendiants ou de prêtres entourent le corps sur sa litière. Comme si désormais la présence de la famille et des voisins ne suffisait plus pour accomplir le rite de séparation (à moins que les nouveaux «figurants» n'assurent désormais la fonction des parents absents?). L'ambulation de la famille et du mort réunis pour la dernière fois constitue sans doute toujours l'essentiel du rite mais, pour certains testateurs, l'image qu'ils donnent d'eux-mêmes dans le cortège compte désormais autant que cette ultime promenade familiale. Leurs funérailles deviennent de véritables spectacles, qu'ils mettent en scène soigneusement.

Le théâtre de la mort

Un certain nombre d'éléments rendent le cortège plus dramatique encore. Les cloches, de nouveau retentissent; cette fois elles n'annoncent

---

[183] 1474, Visan, Valréas-Evesque 1203 fᵒ 81, 98 vᵒ, 115 etc.; 1414, Sainte Cécile-les-Vignes, Mazan-Bertrand 1366 fᵒ 3, 4, 6 etc.

[184] Une semblable évolution est observée par M.-T. Lorcin, in *Les clauses religieuses dans les testaments du plat-pays lyonnais aux XIVᵉ et XVᵉ siècles, op. cit.*, p. 314 et suiv.

[185] 30, 40 ou 50 prêtres : 1472, Valréas-Evesque 299 fᵒ 49; E, duché de Caderousse 63 (7); 1422, Pernes-Guillaume 294 fᵒ 141. 100 ou 200 prêtres : 1402, E, duché de Caderousse 67 (4); 1497, Valréas-Evesque 283 fᵒ 29.

pas le décès mais ont pour fonction, si l'on en croit les liturgistes, d'écarter les démons pendant la procession[186]. Les plus riches demandent trois, six ou douze volées, les pauvres se contentent d'un menu legs au sonneur.

Dans les villages il est possible que les cris et les lamentations, traditionnelles en pays méditerranéen, aient accompagné la marche vers le cimetière[187]. Les statuts communaux s'efforcent parfois de les réprimer. Dès la fin du XIIIᵉ siècle ceux de Valréas interdisent sous peine d'amende aux personnes «*suivant le corps du mort dans les rues, ou plus encore dans l'église ou le cimetière*» de crier ou de faire des lamentations car elles terrifient le peuple, empêchent l'office divin et «*ne sont utiles en aucune façon*» («*et nulhius sint utilitatis*»)[188]! Les autorités locales manifestent ainsi très tôt leur incapacité à comprendre certaines pratiques folkloriques. Elles répriment les formes rituelles et socialisées d'expression du deuil et, en voulant rendre «décentes» les funérailles, contribuent sans doute à créer un refoulement, une intériorisation de la douleur provoquée par la séparation de l'être cher. En dépit des apparences, l'ostentation et le développement des pompes flamboyantes au XIVᵉ et au XVᵉ siècle dans les classes les plus aisées ne sont pas en contradiction avec cette décision des autorités communales. Elles visent moins en effet à socialiser le deuil dans des formes rituelles qu'à l'offrir en représentation à la société, en l'entourant d'un apparat théâtral; c'est la «mort de soi» qui est exaltée; comme si la douleur de la séparation ne pouvait plus être partagée.

Accompagné par les lamentations des parents et des voisins, par les chants et les prières des clercs, le corps est aussi éclairé par les nombreuses torches que portent les pleurants. Les *faces* ou les *brandoni* de cire qui symbolisent la vie et possèdent un pouvoir propitiatoire très important[189]

[186] Cf. Guillaume Durand, *Rational des divins offices*, trad. Ch. Barthélémy, *op. cit.*, Livre I, Chap. IV, 14.

[187] A. Van Gennep, *Manuel, op. cit.*, tome I, vol. II, p. 679 et 681.

[188] 1298, *Statuts de Valréas*, A. C. Grillon, AA 6 fᵒ 11 (les archives communales de Grillon sont déposées aux Archives départementales de Vaucluse, en Avignon). Cf. aussi les statuts d'Hyères édités par H. Dubled in *Revue hist. de Droit Français et étranger*, avril-juin 1978; statut nᵒ 106 «*que degun non crida après ces mort. item que deguna persona del castel d'Yeras marit vo mohler filha vo nebot non sega cres a la sepultura vo a la gleya plorant ni autre persona que plorant cride sus pena de s. L per cascun e per cascuna persona*».

[189] Rappelons seulement que la cire est utilisée en grande quantité, sous forme de cierges et d'ex-voto pour demander l'intercession des saints; quelques jours après l'enterrement de Saint Pierre de Luxembourg, le correspondant de Datini écrit: «*...On y porte* (à la tombe) *certainement chaque jour un quintal de chandelles et plus, et il y a tant d'images de cire qu'elles sont plus de mille d'une espèce ou d'une autre. C'est le plus grand évènement et la plus grande*

sont demandés dans les testaments d'Orange et d'Avignon dès le début du XIVe siècle[190]. Les notables en exigent 20, 30, 60, mais très vite les confréries prévoient aussi des achats de cires pour les obsèques de leurs membres[191]. Bientôt, en ville comme à la campagne, le moindre cortège comprend quatre ou six porteurs de chandelles, de brandons, et ce nombre croît encore au cours du XVe siècle. En Avignon entre 1420-29 et 1490-99 le pourcentage de testateurs qui demandent des torches dans leurs cortèges passe de 20% à 35% et le nombre moyen de torches utilisées de 6 à 8. Ce geste se généralise dans toutes les classes sociales mais les nobles et les marchands, qui lancent et entretiennent le mouvement, prévoient des luminaires en nombre et en poids beaucoup plus importants que ceux des artisans, des agriculteurs et des jardiniers. La quantité de chandelles et le poids de cire demandés par celui que l'on porte en terre témoignent de sa piété mais aussi de sa condition sociale.

Que l'enterrement se fasse au milieu du jour, le soir ou, le plus souvent la nuit, le cortège est ainsi éclairé par la lueur étrange des torches. Mais la couleur du drap qui recouvre le cadavre, celle des cottes et des capuches des pleurants, celles des vêtements des parents et des serviteurs contribuent aussi au théâtre de la mort, et les testateurs lui accordent une importance de plus en plus grande.

Le blanc et le noir sont les deux couleurs du deuil. Le blanc domine largement dans le cortège, des premières années du XIVe siècle jusqu'au XVIe siècle et sans doute bien après, au moins dans les campagnes. En Avignon comme en Comtat la règle est de donner deux ou trois cannes de *pannum album*, de blanquet aux porteurs du lit funèbre, aux pauvres encapuchonnés, aux femmes et aux filles qui suivent le corps[192]. C'est la couleur traditionnelle du deuil dans de nombreuses sociétés «primitives»[193].

---

dévotion qu'on ait jamais vus depuis cent ans...» in *Annales avignonnaises de 1382 à 1410 extraites des Archives Datini* par R. Brun, in *Mémoires de l'Institut Historique de Provence*, 1935, tome XII, p. 100 (lettre de Juillet 1385).

[190] Cf. A.-M. Hayez, *Clauses pieuses de testaments avignonnais*, op. cit., p. 142. 1311, Orange, BV ANO 133 fo 10; 1329, Orange, BV ANO 58 fo 67; 1330, Orange, BV ANO 136 fo 93 vo etc..

[191] P. Pansier, *Les confréries d'Avignon au XIVe siècle*, op. cit ...

[192] Le blanc est la couleur choisie par plus de 96% des testateurs du début du XIVe siècle (1342, Cavaillon-Rousset 31 fo 6 et 7; 1348, Orange, BV ANO 229 fo 26 etc.) à la fin du XVe siècle (1491, Avignon-Martin 483 fo 399 vo; 1499, Avignon-Martin 496 fo 757 etc.).

[193] L.-V. Thomas, *Anthropologie de la mort*, Payot, 1975, p. 442; R. Jaulin, *La mort Sara*, op. cit., p. 225; A. Van Gennep, *Manuel*, op. cit., tome I, vol. II, p. 687 rapporte qu'au XIXe siècle et au début du XXe siècle les tentures blanches sont encore fréquemment employées, dans l'Ouest de la France en particulier.

Elle évoque à la fois les os, le squelette, l'image du corps définitivement mort (par opposition au cadavre qui «vit» encore en se décomposant) et dans le monde chrétien, la victoire sur la mort, la résurrection.

Le noir est beaucoup plus rare, plus cher aussi. Il semble réservé aux princes, aux rois ou aux papes. Les catafalques de Clément VI et d'Innocent VI sont ornés de «drap nègre»[194], comme ceux des princes d'Anjou dont on célèbre la mémoire en Arles[195]. Pierre de Luxembourg refuse cet honneur comme trop mondain et demande que ses familiers soient vêtus de drap blanc grossier[196]. Quelques testateurs cependant désirent que les capuches et les cottes de leurs porteurs soient noires. Il s'agit par exemple de l'allemand Jean Heimerich, magistrat pontifical en 1375[197], d'un marchand de Bourg en Bresse en 1438[198] ou de Jean Cadard, conseiller du roi de France en 1447[199]. La mode, relativement aristocratique[200], des obsèques en noir vient peut-être du nord de la France et de la région rhénane, où elle s'est plus vite développée dans les cours royales et princières. Cette couleur fait cependant quelques progrès dans le Midi puisqu'on l'emploie de plus en plus sinon pour les vêtements des accompagnateurs, du moins pour les draps funéraires qui recouvrent le cadavre : au XVe siècle, les riches avignonnais demandent parfois un *pannum* doré ou blanc avec une croix noire, mais le plus souvent un drap noir avec une croix blanche[201]. D'autre part, les « vêtements lugubres» que ces mêmes testateurs font distribuer à

[194] M. Deprès, *Les funérailles de Clément VI et d'Innocent VI d'après les comptes de la cour pontificale*, in *Mélanges d'archéologie et d'histoire de l'Ecole française de Rome*, XXe année, Avril-Juin 1900, p. 235-250.

[195] F. Ehrle, *Die Chronik des Garoscus de Ulmoisca veteri und Bertrand Boysset (1365-1415)*, in *Archiv für Literatur und Kirchen-geschichte des Mittelalters*, tome VII, Freiburg, 1900, p. 337 et suiv.

[196] R. Brun, Annales avignonnaises de 1382 à 1410 extraites des archives Datini, *op. cit.*, p. 99 (juillet 1387).

[197] L.-H. Labande, *Liquidation de la succession d'un magistrat pontifical du XIVe siècle; l'allemand Jean Heinrich (1375-1376)* in AACV 1912, p. 188 : «*item, Paulo Ricii, factori draperie Andres de Plana proprecio virginti cannarum et medie panni nigri pro vestibus Amancie, relicte dicti Domini Johannis, et duorum ejusdem quondam domini Johannis famolorum et pro induendo decem pauperes...*».

[198] 1438, Avignon-Martin 788 fo 57.

[199] 1447, E, Duché de Caderousse, liasse 35; cf. aussi P. Pansier, *Les Cadard à Avignon, op. cit.*, p. 5 à 74.

[200] F. Piponnier, *Costume et vie sociale, la cour d'Anjou aux XIVe et XVe siècle*, Mouton, Paris-La Haye, 1970, p. 196-198.

[201] 1444, Avignon-de Beaulieu 714 fo 501, 606; 1446, Avignon-de Beaulieu 717 fo 64, fo 370; 1450, Avignon-de Beaulieu 726 fo 58 v; 1451, Avignon-de Beaulieu 727 fo 243, fo 268 etc...

leurs serviteurs ou à leurs parents sont, eux aussi, de couleur noire[202]. Mais cette dernière coutume reste elle-même très limitée : certains prévoient des *vestes luctus* pour le conjoint et la famille proche; seuls quelques prélats et quelques notables fastueux ordonnent des distributions générales de livrées et de robes noires[203].

«... *E furon bellos obsèquies; èro riche homme*... », «... *ac bel sermon e solemna mesa an bela asoluecion*... », «... *los autres quapelas feron granda e bela et exselent asoluecion davant lo quadafals*... »[204]. Comme la plupart des hommes du XVe siècle, les chroniqueurs sont très sensibles à cette mise en scène des funérailles, que nous révèlent aussi les testaments des citadins les plus riches. Comment ne pas être ému par ces processions interminables, blanches et noires qui, le soir, à la lumière des torches, traversent les villes et les villages?

Certains pourtant, nobles, clercs ou simples bourgeois, refusent ces pompes flamboyantes. Ils demandent à être enterré *simpliciter*, et que leurs obsèques soient *moderate, modicas, mediocres*[205]. Ce refus du faste et de la gloire mondaine reste le fait d'une minorité et n'est pas le signe d'un changement de mentalité. Il n'est pas affecté, se présente comme un geste

---

[202] 1348, Orange, BV ANNO 34 fº 6; 1425, Carpentras, Apt-Pondicq 119 fº 56. (Il s'agit dans ce cas d'une interdiction faite par le testateur aux membres de sa famille de porter des vêtements de deuil noirs, sans doute par humilité) 1429, Avignon-Martin 210 fº 73; 1432, Avignon-de Beaulieu 693 fº 100; 1467, Avignon-Martin 262 fº 90; 1468, Avignon-de Beaulieu 756 fº 250; 1480, Avignon-Martin 466 fº 359 vº.

[203] Cf. par exemple le cardinal P. Blau : «*item, volo et ordino ut meis familiaribus continuis comensalibus, qui mecum erunt tempore obitus, dentur vestes brune sive negre : videlicet capellanis sex canne; scutifferis et cubiculariis cinque canne, precio duorum florinorum de camera pro canna; et nulli alii dentur vestes, nisi essent tunc aliqui absentes pro meis negociis vel pro suis; quibus absentibus pro meis negociis vestes destur et etiam pro suis negociis absentibus, casu quo venirent infra novenam vel post infra quindecim dies. Et si aliqui etiam supervenirent consanguinei proprii infra novenam, quod illis ut scutifferis vestes dentur*».
Cf. L.-H. Labande, *Pierre Blau, cardinal de Saint-Ange, son testament et son inventaire*, op. cit., p. 20.
On aurait pu citer aussi le cas de cet écuyer de la cour d'Anjou qui donne à tous ses serviteurs «*unam vestem de panno nigro*» ou une «*tunicam lugubrem*», 1429, Avignon-Martin 210 fº 54 et 58.

[204] *Chronicon parvum avenionense de schismate et de bello*, op. cit., p. 173; F. Ehrle, *Die Chronik*, op. cit., p. 337, 371, 377.

[205] 1347, Orange BV ANO 65 fº 129 rº; 1415, Apt-Pondicq 76 fº 77 vº; 1435, Avignon-Martin 87 fº 238 vº; 1438, Avignon-Martin 788 fº 70 vº; 1450, Avignon-de Beaulieu 712 fº 638; 1450, Avignon-Martin 798 fº 153 etc...

d'humilité évangélique, mais n'est en réalité que la forme inversée des pompes funèbres à grand spectacle. L'aspiration à la simplicité est seulement un autre mode de l'ostentation (au XVIIIᵉ siècle encore, M. Vovelle remarque que c'est à Nice, où les pompes baroques sont les plus développées, que l'on «découvre avec le plus de zèle les mérites de la simplicité»[206]). Au reste, certains de ces enterrements «modérés» sont loin de bannir tout faste : Pierre de Luxembourg se fait enterrer au cimetière des pauvres, refuse le drap noir mais demande des torches et douze pleurants vêtus d'un drap blanc[207]. Le cardinal Pierre Blau désire, s'il meurt de nuit, qu'on l'enterre *«sans aucune solennité»* mais précise toutefois que douze pauvres porteront son corps et tiendront huit torches[208]. Le marchand Jean «Bellabocha» se fait aussi inhumer sans ostentation dans le cimetière Saint-Michel, mais demande tout de même quatre torches et six pauvres habillés de drap blanc[209].

Alors que dans les bourgs et les campagnes les testateurs laissent volontiers leur famille et les exécuteurs testamentaires organiser leurs funérailles en suivant la coutume du pays, dans les villes au contraire ils interviennent personnellement de plus en plus. Une évolution essentielle se produit donc. Un nombre croissant de citadins, surtout avignonnais, en réclamant des pompes funèbres flamboyantes, créent désormais eux-mêmes, autour de leur propre mort un théâtre pieux et macabre tandis que, pour une majorité de comtadins, ce sont encore les voisins et la famille qui, en jouant rituellement la séparation dans le cortège funèbre, se chargent de socialiser la mort.

Repas funéraires et commémorations

Le passage d'un monde dans l'autre ne se réalise pas seulement grâce au cortège. Après la séparation il faut que les vivants reconstituent la cohésion de la communauté, le plus souvent par un repas, et s'assurent du départ définitif du défunt dans le monde des morts par une série de rites commémoratifs.

Le *prandium* offert aux parents après les obsèques, comme tout ce qui concerne le rôle de la famille pendant le *tempus mortis*, est rarement évoqué dans les testaments. Il va de soi; il permet au groupe de se reformer après

---

[206] M. Vovelle, *Piété baroque et déchristianisation, op. cit.*, p. 99.
[207] R. Brun, *Annales avignonnaises extraites des archives Datini, op. cit.*, p. 99.
[208] L.-H. Labande, *Pierre Blau, cardinal de Saint Ange, op. cit.*, p. 19.
[209] 1430, Avignon-Martin 99 fº 171.

le départ d'un de ses membres pour l'au-delà et plus prosaïquement dédommage ceux qui ont perdu une journée de travail pour venir à l'enterrement. C'est sans doute cette même idée du dédommagement qui pousse quelques testateurs à inviter les prêtres du cortège et les porteurs du lit funèbre[210]. Plus significatifs sont les «pots» (potum) et les collations offerts par des artisans et des agriculteurs à leurs compagnons ou à leurs confrères. On boit un ou deux barrals de vin, «entre soi», «en bonne société». Certains exigent même que ce «vin d'honneur» servi à l'issue de l'enterrement soit jocundus, agréable, et non triste ou morose[211]. Dans certains milieux le pot peut se transformer en un véritable dîner; L. Stouff a publié les comptes des repas funéraires de deux chanoines vivant en Arles au XVe siècle qui attestent de l'importance de ces agapes, même parmi les ecclésiastiques : poissons variés et viandes selon le calendrier liturgique, légumes et fruits en abondance garnissent des menus fort copieux[212]. Ici aussi il s'agit de resserrer les liens communautaires après l'épreuve de la séparation.

Plus la personnalité du défunt est importante, plus le cercle des invités s'élargit. Parfois, c'est tout un village ou toute une ville qui sont conviés à se retrouver ainsi après des funérailles solennelles. A la fin du XIIIe siècle, par exemple, Robert d'Uzès, évêque d'Avignon, ordonne dans son testament de faire une distribution générale (universalis) de blé, de vin et de viande dans tous les villages fortifiés qui sont sous sa domination[213]. A la mort de Dauphine de Sabran les autorités communales d'Apt offrent un banquet à toute la population qui a suivi les obsèques[214] et un siècle plus tard Jean de Brancas prévoit aussi à sa mort un repas présidé par les autorités religieu-

---

[210] Cf. J. Chiffoleau, Charité et assistance en Avignon et dans le Comtat Venaissin, in Cahier de Fanjeaux no 13, Privat, Toulouse, 1978. 1395, Valréas-Evesque 201 fo 35 vo; 1397, Valréas-Evesque 201 fo 35 vo; 1397, Valréas-Evesque 203 fo 20 vo; 1398, Valréas-Evesque 204 fo 22; le repas sera «bene et honorifice, de pane, vino, carnibus et aliis necessariis secundum qualitatem personarum ipsorum»; 1455, Apt-Pondicq 251 fo 82; 1470, Apt-Pondicq 364 fo 172 etc...; 1440, Avignon-Martin 798 fo 61 vo; 1456, Avignon-Martin 243 fo 99; 1456, Avignon-Martin 243 fo 124; 1457, Avignon-Martin 247 fo 152; 1458, Avignon-Martin 248 fo 168 etc...

[211] 1467, Avignon-Martin 262 fo 38.

[212] L. Stouff, Ravitaillement et alimentation en Provence aux XIVe et XVe siècle, Mouton, Paris-La Haye, 1970, p. 264 et p. 428-430.

[213] J.-H. Albanes et U. Chevalier, Gallia christiana novissima, Valence, 1920, tome VII (Avignon), col. 246.

[214] Abbé Rose, Etudes historiques et religieuses sur le XIVe siècle ou tableau de l'Eglise d'Apt sous la cour papale d'Avignon, Avignon, Aubanel, 1842, p. 301 et 639.

ses (chanoines) et politiques (consuls) d'Avignon[215]. Dans ces trois cas le repas est aussi conçu comme le moyen «de rétablir les relations entre les vivants par l'exclusion du mort» (Van Gennep)[216].

Destinés, formellement au moins, à tous les habitants de la communauté villageoise ou urbaine, ces repas se transforment assez souvent en distributions charitables, deviennent, comme nous le verrons, des œuvres parmi d'autres[217]. Ces «données» aux pauvres ont alors davantage pour fonction de racheter les fautes du testateur que de consolider la cohésion de la communauté. Pourtant, et il faut le noter d'ores et déjà, elles conservent surtout à la campagne des caractères rituels très nets. Même si la distribution ne concerne en fait que les *pauperes*, elle s'adresse formellement encore «à *tous ceux qui veulent venir*»[218]. Les villageois sont prévenus par le crieur communal («*donam perclamatam voce preconis*»)[219]. La distribution se fait à la porte de la maison du mort, quand ce n'est pas sur la tombe même, dans le cimetière[220]. Il s'agit le plus souvent de repas maigres, mais la viande (surtout le jambon) est parfois mentionnée[221]. Le pain et le vin sont partout attestés, associés dans la plupart des cas (en particulier autour de Vaison et de Valréas) aux fèves et aux pois-chiches. A l'enterrement de Dauphine de Sabran les pois-chiches se multiplient par miracle[222]!

---

[215] 1455, Avignon-de Beaulieu 735 f° 497.

[216] Van Gennep, *Manuel, op. cit.*, tome I, vol. II, p. 778 et suiv.

[217] Cf. chapitre V, p. 305-314.

[218] Cf. les expressions «*voluit unam donam omnibus et singulis volentibus*» ou «*pauperibus venientibus*» (1455, Avignon-Martin 222 f° 368; 1462, Avignon-Martin 254 f° 8 v° etc.).

[219] 1391, Valréas-Evesque 196 f° 51 v°.

[220] Donnée *ad januam* à Caderousse par exemple (Bibliothèque du Musée Calvet, ms 4041 f° 8 v°) ou à Orange (BV ANO 70, f° 140); donnée au cimetière surtout attestée à Marseille (Arch. Départ. des Bouches-du-Rhône, 381 E 14, f° 46 et 54). La tradition des repas à la maison du mort ou au cimetière se poursuit jusqu'au XIX° siècle: cf. L.-J. Bérenger-Féraud, *Traditions et réminiscences populaires de Provence*, Paris, E. Leroux éditeur, 1885, p. 214.

[221] 1385, Valréas- Evesque 194 f° 121 v°; 1439, Avignon-de Beaulieu 700 f° 246.

[222] Données de fèves attestées en Avignon (1462, Avignon-Martin 254 f° 64 v); à Courthezon (1327, E, Not. et Tab. 81 f° 13-14); Crestet (1332, E, Not. et Tab. 175 f° 13 rv-14); Faucon (1397, Mazan Vaison-Milon 507 f° 78v), Grignan (1398, Valréas-Evesque 204 f° 70), Mazan-Bertrand 1358 f° 47), Puymeras (1397, Vaison-Milon 507 f° 18 r°), Rasteau (1408, Vaison-Milon 873 f° 90 v°), Sablet (1426, E, Not. et Tab. 178 f° 2 r°), Sainte Cécile (1481, Valréas-Evesque 1203 f° 51 v° (5)), Saint Pantaléon (1419, Valréas-Evesque 211 f° 60 r°), Saint Romain de Malegarde (1361, Vaison-Milon 868), Vaison (1349, Vaison-Milon 864 f° 80), Valréas (1380, Valréas-Evesque, 191 f° 55-56).

Le miracle de la multiplication des pois-chiches à l'enterrement de Dauphine de Sabran est rapporté dans le procès de canonisation publié par le P. J. Cambell, *Enquête pour la*

Ces légumineuses, qui jouent alors un grand rôle dans l'alimentation paysanne, surtout au moment de la soudure, semblent avoir été cultivées en
abondance dans les jardins du Comtat et de Provence[223]; mais il faut
rappeler aussi que la *faba* est un légume funéraire dans beaucoup de pays
méditerranéens depuis l'Antiquité. Dans certains contes languedociens liés
au cycle de Carnaval elle est associée très directement au monde souterrain
des morts et jusqu'au milieu du XIXe siècle des repas de fèves sont
préparés à la Toussaint et pendant la Semaine Sainte dans toute la Provence[224]. Enfin, en conviant les pauvres à venir manger une fois l'enterrement
terminé, les comtadins font œuvre d'assistance, recherchent des intercesseurs mais contribuent aussi, non sans ostentation, à renforcer et à pérenni-
ser un certain ordre social. La mort du testateur n'entraîne pas de rupture,
de trouble, bien au contraire, grâce à la donnée, elle manifeste la continuité
et la cohésion de la société, puisque les pauvres eux-mêmes sont associés au
rituel.

Comme dans de nombreuses autres régions, les testateurs demandent
presque systématiquement des messes le lendemain ou, plus souvent encore, neuf jours après les obsèques. Les liturgistes du XIIIe siècle donnent une
interprétation symbolique ou allégorique de cette coutume[225]. Mais il ne
s'agit pas d'une simple célébration pour le repos de l'âme du défunt.
Guillaume Durand le sait bien, lui qui écrit : «*il en est quelques-uns qui
n'approuvent point cela, pour que nous ne paraissions pas imiter les Gentils, de
qui cette coutume paraît être tirée; car ils pleuraient leurs morts pendant neuf
jours et, le neuvième, ils renfermaient leurs cendres dans des pyramides ou des
bustes . . .*»[226]. Sans remonter nécessairement aux cérémonies des Gentils, les

---

canonisation de Dauvshine de Puimichel, comtesse d'Ariano, Torino, Botega d'Erasmo, 1978; cf.
A. Vauchez, *La religion populaire dans la France méridionale au XIVe siècle d'après les procès de
canonisation*, in *Cahier de Fanjeaux* n° 11. Privat, Toulouse, 1976, p. 96 et 107 (note 14).

[223] Cf. L. Stouff, *Ravitaillement et alimentation en Provence, op. cit.*

[224] Sans remonter à Ovide (cf. G. Dumezil, *La religion romaine archaïque*, Payot, Paris, 1974,
p. 372), voir le rappel fait par F. Benoit, *La Provence et le Comtat Venaissin, op. cit.*, p. 153. Cf.
aussi Delatte, *Faba Pythagorae cognata*, in *Serta Leodensia*, Liège-Paris, 1930. Sur les fèves dans
les contes occitans, cf. D. Fabre et J. Lacroix, *La tradition orale du conte occitan*, Paris, P. U. F.,
1975, tome II, p. 25-30 et D. Fabre, *Jean de l'Ours*, Toulouse, 1969.

[225] Cf. par exemple J. Beleth, *Rational*, P. L. 202, col. 160.

[226] G. Durand, *Rational*, Traduction par Ch. Barthélémy, *op. cit.* Livre VII, Chapitre XXXV,
paragr. VII. Cf. aussi F. Cumont, *La triple commémoration des morts*, in *Compte rendus de
l'Académie des Inscriptions et des Belles-Lettres*, Paris, 1918, p. 278-294 (qui insiste sur l'importance du *novemdiale* des Romains). Righetti, *Manuale di Storia liturgica, op. cit.*, tome II, p. 395
reprend les thèses de Cumont, mais montre que l'Eglise romaine a rejeté le *novemdiale* païen

«commémorations», «remembrances», «mémoires»[227] du XIVe siècle et du XVe siècle ont cependant une parenté de fonction avec elles. Il s'agit en effet de répéter les gestes exacts des funérailles à l'issue d'un temps rituel déterminé afin de s'assurer du départ définitif de l'âme qui rôde parfois quelque temps encore parmi les vivants[228]. Le passage dans l'au-delà ne se fait pas brutalement, mais par étapes.

La dernière de ces étapes est la *missa capitis anni*, attestée elle aussi presque partout. Comme les messes de neuvaine et de lendemain, celle de bout-de-l'an fait figure de renouvellement symbolique des funérailles. Tous les parents et amis sont conviés à ces cérémonies[229]. Le glas sonne de nouveau, les torches du jour de l'enterrement sont réutilisées et on ressort le *pannum* qui avait couvert le corps du défunt. Le cortège se reforme, on récite les psaumes, on refait l'absoute; parfois les compagnons sont conviés de nouveau à un *potum*, et les pauvres sont appelés par le crieur public à une donnée générale[230].

S'il ne s'agit pas d'un rite de «secondes funérailles» stricto-sensu, on ne peut interpréter la messe de bout-de-l'an comme un simple anniversaire. Elle termine le *tempus mortis*, fait passer définitivement le mort dans le monde des morts, et clôt le deuil qui dure douze mois[231] (les testaments le disent explicitement : «*fine anni sui luctus*»).

---

pour utiliser le symbolisme biblique (3e jour : celui de la résurrection; 7e jour : celui du repos du Seigneur; 30e jour : le temps du deuil pour la mort de Moïse). Il reste que dans notre Provence latine c'est la neuvaine qui est encore, et de très loin, la commémoration la plus fréquente.

[227] Le terme de *comemoratio* est utilisé à Apt (1383, Apt-Pondicq 13 f° 81) de même que celui de *memoria* (1498, Apt-Geoffroy 119 f° 5 v). Celui de *remembrensa* (ou *remembransa*) dans tout le Comtat, mais spécialement à Apt et à Orange (Apt-Pondicq 195 f° 140 v; Orange, BV ANO 229 f° 17 v°).

[228] A. Van Gennep, *Manuel, op. cit.*, tome I, vol. II, p. 791 et suiv.

[229] 1498, Bibliothèque du Musée Calvet, ms 4052 f° 71.

[230] Répétition des sonneries de cloches :
1459, Avignon-de Beaulieu 744 f° 304; 1484, Avignon-Martin 330 f° 123.
Répétition du cortège avec les torches :
1446, Avignon-Martin 795 f° 41; 1451, Apt-Pondicq 209 f° 72 v; 1494, Avignon-Martin 781 f° 183.
Répétition de l'absoute et des *exaudi* :
1395, Valréas-Evesque 201 f° 24 v; 1439, Apt-Pondicq 86 f° 24.
Répétition des données aux pauvres :
1341, Orange, BV ANO 70 f° 123, f° 128 etc ...

[231] L'expression *fine anni sui luctus* est peu employée (1482, Avignon-Martin 230 f° 241); beaucoup plus fréquente est la mention abrégée *fine anni*. Le temps du deuil ne dépasse jamais

Certaines pratiques nous permettent de mieux saisir la signification profonde de ces cérémonies de clôture de deuil, pas forcément claire pour les hommes de la fin du Moyen Age eux-mêmes. Quelques testateurs, dans le cas où ils meurent loin de chez eux, demandent à être d'abord enterrés sur place mais ils exigent ensuite le transfert de leurs restes dans leur pays d'origine. Ils précisent généralement que ce voyage *post mortem* doit intervenir quand leur *corpus* est devenu *ossa*, quand leur cadavre est *confirmatus*, c'est-à-dire quand la phase de décomposition est achevée[232]. Mais le délai nécessaire au travail de la nature est le plus souvent fixé de façon arbitraire à un an, de sorte que, dans ce cas précis, le *tempus mortis* correspond à la fois à l'année de deuil et au temps, plus ou moins symbolique et rituel, de transformation du cadavre en squelette. Le mort n'est vraiment mort que lorsque cette ultime phase est achevée. Le bout-de-l'an, loin d'être un simple anniversaire de funérailles, est le moment où a lieu la sépulture définitive, où le mort entre définitivement dans le monde de ses ancêtres, dans le cimetière paroissial.

C'est cette idée d'une entrée progressive du disparu dans le monde des morts et d'une réinsertion progressive de la famille endeuillée dans le monde des vivants qui se cache derrière le *tempus mortis* et la *missa capitis anni*. Remarquons cependant qu'elle s'exprime peut-être avec plus de force dans les campagnes et les bourgs, parmi les populations les moins riches, que dans les villes et chez les notables. Pour un pauvre agriculteur ou un artisan modeste les célébrations à la mémoire d'un défunt se limitent

---

un an; exceptionnellement il peut même être réduit à huit ou dix mois (cf. Dauphine de Sabran après la mort de Saint Auzias : «*ell ochen mes après la mort de son marit de la dichas dolors e lagremas la delieurec*» in *Vies Occitanes, op. cit.*, p. 180). La messe de bout-de-l'an est ainsi très nettement une cérémonie de clôture de deuil; cf. Van Gennep, *Manuel*, tome I, vol. II, p. 810 et suiv.

[232] La bulle *De sepulturis...* de Boniface VIII interdit en effet de faire bouillir les corps pour pouvoir les transporter plus facilement : «*statuimus et ordinat ut, cum quis diem de cetero claudet extremum, circa corpora defuntorum nulla tenus observetur abusus ille, quo nonnulli fidelis corpora in remotas terras transferenda aqua ferventissima decoqui, concidi vel exuri consueverunt cum id a pietate christiana abhorreat...*» (Agnani, 27 sept. 1299, renouvelée au Latran le 18 février 1300); cf. *Regesta Pontificum Romanorum*, éd. A. Potthast, vol. II, Berlin, 1875, n° 24 881 et n° 24 914.

Cette disposition ne sera pas toujours appliquée : le corps du cardinal La Grange et celui de Du Guesclin, pour ne citer que les exemples les plus connus, seront ainsi «traités». La majorité des comtadins cependant préfère attendre que la décomposition soit achevée, et en cela ils sont davantage fidèles à la logique rituelle : 1336, Cavaillon-Rousset 26 f° 76; 1383, Apt-Pondicq 13 f° 20; 1423, Apt-Pondicq 134 f° 144 v°; 1458, Avignon-Martin 248 f° 142; 1466, Avignon-de Beaulieu 754 f° 283, f° 417; 1468, Avignon-de Beaulieu 756 f° 250 etc...

souvent à ces rites de l'année de deuil; elles revêtent alors une importance primordiale. Pour un noble ou un marchand, surtout au XVᵉ siècle, la neuvaine ou le bout-de-l'an prennent place dans l'ensemble des très nombreuses messes demandées *pro remedio anime*; leur fonction spécifique se dilue un peu, et même est éclipsée par le rôle grandissant du cortège et des autres suffrages pour les morts[233].

Second bilan

L'image que les Comtadins et les Avignonnais se font de la mort est difficile à saisir à travers les seules pratiques funéraires. Plusieurs points semblent acquis cependant :

1) Pour la majorité des testateurs la mort n'est pas un acte instantané; elle se «fait» lentement, dans un scénario rituel précis, qui se concentre entre l'agonie et le retour du cimetière, mais qui dure en fait le plus souvent douze mois, jusqu'au bout-de-l'an. L'idée que le passage dans l'au-delà, ou que l'au-delà lui-même, comporte plusieurs étapes, est installée solidement dans les consciences.

2) Le scénario rituel subit entre le début du XIVᵉ siècle et la fin du XVᵉ siècle des transformations très importantes qui dénotent une évolution parallèle de l'image de la mort, au moins dans certaines classes sociales. Les clercs interviennent davantage pendant l'agonie, les veillées, l'enterrement. A partir des années 1360-1380 les testateurs accordent de plus en plus d'importance à leur dépouille (toilette funèbre, veillées, cercueils) et surtout au cortège funéraire qui se peuple de confrères, de pleurants, de porteurs de torches, de clercs. Ces figurants ont un fort pouvoir intercesseur, accompagnent le défunt, mais ne forment pas avec lui une véritable communauté, sinon celle, très large, des chrétiens. Aucune solidarité «consanguine ou territoriale» ne les lie vraiment à celui que l'on porte en terre.

3) L'image d'une mort théâtralisée par le testateur lui-même remplace peu à peu celle d'une mort entièrement prise en charge par les parents et les voisins. Au lieu d'être socialisée dans un rite processionnel où la participation de tous est requise, le décès est seulement, et magnifiquement, offert en spectacle au reste de la société. Au milieu des torches et des pleurants, la mort du corps, la décomposition, bien qu'elle soit intégrée minutieusement aux rites de l'année de deuil, est désormais surtout donnée aux vivants comme une leçon macabre : *memento mori*.

[233] Cf. chapitre V, p. 344 et suiv.

Comment ici encore ne pas être frappé par la concordance chronologique entre cette mutation des pratiques funéraires et la crise démographique
catastrophique qui affecte alors tout l'Occident. La mort est là, présente
chaque jour; quand les chaleurs reviennent elle se fait harcelante, l'épidémie reprend et décime les villes et les villages. Nul doute que cette
«flambée du macabre» ne soit liée à ce que P. Chaunu appelle «la fantastique épreuve cumulative des morts collectives»[234]. Mais en quoi cette peur
de la mort, cette «angoisse existentielle» née de la peste, ce «traumatisme»
des masses aboutissent-ils nécessairement, «du même coup»[235], à la hantise
de la décomposition et au déploiement des pompes funèbres «flamboyantes»?

Les liens entre la crise démographique et l'évolution des images de la
mort ne sont pas aussi simples et directs que les manuels le laissent parfois
entendre. Les testaments en administrent d'ailleurs la preuve : la sociologie
et la géographie des pratiques funéraires révèlent en effet une grande
diversité des attitudes mentales. L'égalité devant la mort n'est qu'un thème
de Danse Macabre, mais ce n'est évidemment pas chez les plus vulnérables,
les plus touchés, les pauvres, que prend naissance cet engouement pour les
pompes funèbres. Bien au contraire, ce sont dans les classes sociales les
plus défavorisées que se maintiennent le mieux les anciens usages coutu-
miers. Les nobles, les bourgeois, les clercs qui, passé 1348, parviennent plus
facilement à se protéger des mortalités (ne serait-ce qu'en fuyant) sont les
premiers à demander des pleurants et des porteurs de torches. Mais le
mouvement n'est pas lié strictement et exclusivement à un niveau culturel,
pas plus qu'il n'est le privilège d'une élite : en Avignon, les artisans s'intéressent autant que les marchands et les chanoines à leurs cortèges funéraires,
même s'ils ne peuvent leur donner la même ampleur. En revanche, une
distinction faite assez souvent au cours de l'étude peut se révéler importante : les testaments avignonnais manifestent beaucoup plus vite et beaucoup
plus largement que ceux du Comtat cette volonté d'entourer la mort d'un
cérémonial nouveau, théâtralisé, flamboyant.

Le monde de la grande ville se distingue donc nettement de celui des
gros bourgs et des campagnes qui, en dépit de la peste et des mortalités,
reste attaché aux rites traditionnels. Même les fastes des notables aptésiens
ou cavaillonnais sont rares et étriqués à côté de ceux des bourgeois
d'Avignon. C'est dans la grande ville que les images de la mort se transfor-

---

[234] P. Chaunu, *Le temps des réformes*, Fayard, Paris, 1975, p. 188.
[235] P. Chaunu, *ibidem*, p. 188.

ment le plus vite, que le macabre fait son apparition. Cette distinction ville-campagne repose évidemment sur des oppositions d'ordre économique, social, culturel : depuis le XIIe siècle au moins, la ville est le lieu de la division du travail, de la modernité, de l'ouverture, l'espace où les modèles culturels circulent le plus rapidement. Mais la ville et la campagne ont aussi, et c'est sans doute le plus important ici, des structures et des comportements démographiques forts différents : beaucoup plus nettement que les zones rurales, les agglomérations sont les lieux de la mobilité, de la famille étroite, du déracinement.

*
* *

D'un côté, l'hécatombe terrible décrite par les démographes et les économistes, le choc répété des pestes et des mortalités, l'accumulation des fléaux, la conscience aiguë d'une crise qui touche toute la société.

De l'autre, une mutation très sensible des images de la mort, des pratiques funéraires, repérée depuis longtemps déjà par les historiens.

La région comtadine n'échappe pas à ces bouleversements : la population diminue de la moitié, voire des deux tiers, et l'étude précise des testaments montre comment peu à peu dans les formulaires, avec des mots anciens et des topoï, s'est forgé un discours neuf sur la mort. Les testaments permettent aussi de repérer le développement, à partir de 1360, de ces pompes funèbres flamboyantes, sinon baroques, que M. Vovelle voit se défaire lentement au cours du XVIIIe siècle.

Entre ces deux phénomènes – l'évolution démographique et les mutations des structures mentales – on suppose, plus qu'on établit vraiment, une corrélation étroite : ce serait «la multiplication de la vue de mort» (P. Chaunu) qui expliquerait la «flambée du macabre». Certaines observations cependent jettent le trouble : n'est-ce pas dès le début du XIIIe siècle, et donc bien avant la crise démographique, que commence à se modifier l'attitude des hommes face à leur mort (comme en témoigne le développement de la pratique testamentaire)? Pourquoi les formulaires évoluent-ils si lentement et ne décèlent-ils aucune allusion claire à l'épidémie ou au traumatisme de la «mort à répétition»? Pourquoi les pratiques funéraires sont-elles si différenciées selon les classes sociales, mais surtout selon les lieux où vivent et meurent les testateurs? Comment expliquer à cet égard les différences très importantes qui existent entre les pratiques des avignonnais et celles des Comtadins installés dans les bourgs ou à la campagne?

La thèse qui explique l'obsession macabre par «la rencontre du motif d'une élite (motif que les moyens de la prédication et de la catéchèse diffusent)» et sa «prise en écho, par un milieu remarquablement sensibilisé par la fantastique épreuve cumulative des quatre grandes morts collectives» (P. Chaunu[236]) est insuffisante au moins sur trois plans. Elle ne tient pas compte d'abord de la transformation, à certains égards radicale, des conceptions savantes de la mort qui, si elles empruntent bien au vocabulaire ancien de l'ascèse, donnent du passage dans l'au-delà une image nouvelle, ne disent plus la même chose. Elle néglige ensuite de dégager le processus psychologique qui pourrait expliquer comment cette angoisse se fixe précisément sur l'exacerbation du macabre et la délectation morbide des hommes du XVe siècle pour le cadavre, la putréfaction. Elle ne dit pas enfin pourquoi le deuil prend alors ces formes pathologiques. C'est le caractère catastrophique de la peste, ou au contraire un «amour de la vie» (dont on se demande bien ce qui le justifie dans les années 1400!) qui semblent tout expliquer.

La mort n'est pas une fin, mais un passage. L'origine du bouleversement des consciences et des images mentales n'est donc pas à chercher dans la seule horreur de l'épidémie, mais plutôt dans la façon dont la crise démographique trouble ce passage, perturbe les relations entre ici-bas et au-delà, entre les vivants et les morts.

---

[236] P. Chaunu, *op. cit.*, p. 188.

CHAPITRE III

LA FIN DES ANCÊTRES

La pratique testamentaire, en donnant à l'individu un rôle nouveau dans la vie et l'organisation de la famille, modifie peu à peu les liens qui existent entre les vivants et les morts. Dans la coutume c'était encore un peu la voix des ancêtres qui parlait, réglait un conflit ou un partage. Le testament en revanche permet aux vivants de s'émanciper de la tutelle des *patres*; son utilisation massive est donc révélatrice d'une rupture de l'ordre ancien, quand la part de la famille qui se trouvait déjà «au-delà» surveillait et protégeait celle qui se trouvait encore «ici-bas», garantissant la continuité et la cohésion du lignage.

Si cette rupture intervient sans doute dès le XIIe siècle, au moment où l'essor économique et l'urbanisation bouleversent les équilibres traditionnels, il est clair que la crise du XIVe siècle et du XVe siècle la rend plus manifeste puisque les mortalités et les migrations distendent encore davantage les liens familiaux, d'une part entre les vivants, d'autre part entre les morts et les vivants.

L'approche la plus simple de ce phénomène consiste à explorer les lieux mêmes où reposent les morts. C'est dans le cimetière ou à l'église que s'établit très concrètement le contact entre les deux mondes, que se nouent et se dénouent les liens entre les familles d'ici-bas et les familles de l'au-delà, que se forge l'histoire d'une lignée, sa mémoire généalogique. Ce sont les cimetières ou les églises-nécropoles, non pas comme lieux privilégiés de l'intercession mais, simplement, comme espace réservé aux défunts qui disent le mieux, dans leur matérialité même, ce qu'est le commerce des vivants et des morts.

Pourquoi se faire enterrer ici plus qu'ailleurs? Pourquoi choisir l'église plutôt que le cimetière? Pourquoi préférer la tombe de son père à celle de sa mère ou de son mari? La plupart des historiens, qui se trouvent d'accord en cela avec le droit canon, font du cimetière paroissial le lieu normal de l'inhumation; seule une dévotion particulière envers un saint ou un ordre religieux peut expliquer qu'on déroge à cette coutume. Mais, réduire le choix des testateurs à ces quelques obligations c'est faire sans doute trop grand cas du rôle des clercs et de l'encadrement pastoral. Dans ce domaine précis des pratiques funéraires rien n'est aussi simple et la lecture attentive de la plupart des testaments montre au contraire que ce sont des règles très subtiles qui président le plus souvent au choix du lieu de sépulture. Celui-ci est toujours révélateur, non pas seulement de la piété du testateur, mais encore, beaucoup plus profondément, de l'état de ses relations avec l'autre société : celle des morts.

I – Lieux de sépulture

«*Homo de terra est et in terra reverterit*». Les préambules répètent inlassablement que le corps de l'homme a été pétri par Dieu dans la glèbe et qu'il doit y retourner. Mais c'est peut-être moins ce rappel de l'inanité des origines que la volonté de rejoindre la terre nourricière et maternelle – celle qui a déjà accueilli les ancêtres – qui importe au testateur. L'antique crainte d'être privé de sépulture est toujours vivante dans ce pays où les souvenirs et les ruines des cimetières antiques suscitent légendes et récits merveilleux[1]. Dans les testaments, l'attention portée aux aspects concrets de la sépulture le montre éloquemment.

La terre, c'est essentiellement, pour une majorité de ruraux, le cimetière, ce champ consacré qui appartient encore au domaine de la nature, où poussent les arbres et les herbes folles. Mais, depuis au moins le XIIe siècle, et surtout au XIIIe siècle, avec l'essor des Ordres Mendiants, la coutume de se faire enterrer dans les lieux de culte se développe aussi très vite. Le droit canon, d'abord très réticent devant cette invasion des sanctuaires par les laïcs, finit par s'assouplir[2]. La terre, c'est donc aussi de plus en plus le sous-sol des églises et des chapelles, protégé par la présence toute proche des reliques.

---

[1] Cf. par exemple tous les récits qui concernent le cimetière des Aliscamps à Arles; Gervais de Tilbury, *Otia Imperiala*, 1, III, (CXC). Cf. aussi l'article *Cimetière* dans *le Dictionnaire d'Archéologie chrétienne et de liturgie*.

[2] Sur tous ces problèmes cf. A. Bernard, *La sépulture en droit canonique du Décret de Gratien au concile de Trente*, Paris, Editions Domat-Montchrétien, 1933. Sur les cimetières cf. aussi P. Duparc, *Le cimetière séjour des vivants (XIe-XIIe siècle)*, in *Bull. Phil. et Hist.*, année 1964, Paris, Bibliothèque Nationale, 1967, p. 483-504.

Ce passage du champ des morts, en plein air, à la demeure des morts, dans les églises, ces transformations de l'espace réservé aux défunts sont révélatrices, comme les formulaires ou les pompes funèbres, de la mutation des images mentales qui s'opère à la fin du Moyen-Age.

Le cimetière

Les cimetières médiévaux sont parfaitement intégrés à la vie quotidienne. Trop même parfois au dire de certains clercs qui dénoncent avec véhémence les multiples profanations dont ils sont l'objet.

Cette intégration est d'abord spatiale.

Certaines villes, ou certains villages, possèdent un cimetière hors-les-murs; les morts semblent alors rejetés à la lisière de l'espace habité par les vivants. Il peut s'agir d'une création récente : en 1348 par exemple, parce que les cimetières urbains ne suffisent plus, Clément VI achète dans les faubourgs d'Avignon des terrains au lieu-dit «Champfleury» où l'on enterre à la hâte les pestiférés[3]. A peu près à la même époque la paroisse Saint-Geniès se délimite un nouveau lieu d'inhumation, à l'extérieur de l'ancienne enceinte[4]. Mais le plus souvent, il semble que cette implantation *extra muros* ou *extra locum* est très ancienne. Dans certains cas, il ne fait pas de doute qu'elle remonte, sinon au Bas-Empire, du moins au haut-Moyen Age. A Cavaillon par exemple le cimetière Saint-Michel est situé près de l'église du même nom, construite sur l'emplacement de la cathédrale primitive[5]. La localisation hors-les-murs est donc dans ce cas un souvenir des règles antiques qui rejettent les morts à l'extérieur de l'espace urbain. Cet usage s'est mieux maintenu dans les petits villages (Robion, Oppède, Cabrières, Crillon, Saint-Saturnin, Visan, Rousset, Sainte-Cécile, Montségur, par exemple ont des cimetières hors-les-murs[6]) que dans les grandes villes. A la campagne, l'espace des morts, s'il a une grande importance dans la vie

[3] P. Pansier, *Le cimetière et la chapelle de Champfleury*, in *Annales d'Avignon et du Comtat Venaissin*, 1928, p. 91-101.

[4] A.-M. Hayez, *Clauses pieuses de testaments avignonnais au XIVᵉ siècle*, op. cit., p. 135 (note 35).

[5] P. Dubois, *Les Capucins italiens et l'établissement de leur ordre en Provence 1576-1600*, in *Collectanea Franciscana*, 1974, t. 44, fasc. 1-2.

[6] Cimetière de Robion *extra muros* en 1496 (Cavaillon-Rousset 307 fᵒ 149 v); cimetière d'Oppède en 1389 (Isle-Roussel 19 fᵒ 6 vᵒ), cimetière de Cabrières en 1391 (Isle-Roussel 21 fᵒ 9 vᵒ), cimetière de Grillon en 1467 (Valréas-Evesque 266 fᵒ 335), Saint Saturnin en 1434 (Apt-Pondicq 85 fᵒ 80) – mais il y a aussi un cimetière *infra villam* dans ce dernier village –,

villageoise, reste marginal : il est bon que les âmes des défunts ne viennent pas trop facilement troubler les activités ou le sommeil des vivants.

L'Eglise cependant a cherché très vite à contrôler cet espace inquiétant en le rapprochant au maximum des lieux de culte. C'est pourquoi, dans bien des agglomérations, on trouve deux cimetières : l'un proprement urbain, l'autre dans les faubourgs. Le premier, *ad sanctos*, est en général le plus récent et a été très vite colonisé par les familles des notables, tandis que le second, que l'Eglise a souvent mis sous le patronage de saint Michel, l'archange psychopompe, reste le lieu d'enterrement privilégié des habitants les plus modestes de la cité ou du bourg (on trouve des cimetières Saint-Michel en Avignon, à Céreste, Saignon, Malaucène, Murs, Clansayes, la Garde-Adémar[7] etc...). A Cavaillon, 45% des testateurs (et même un peu plus après 1450) se font enterrer à Saint-Michel. Il s'agit le plus souvent d'artisans ou d'agriculteurs tandis que les familles bourgeoises et les nobles citadins choisissent exclusivement le cimetière de la cathédrale, ou mieux encore, le cloître[8]. Ce dédoublement du lieu de sépulture dans les villages et les gros bourgs contribue donc à instaurer une certaine ségrégation à l'intérieur de la société des morts. Il est révélateur en outre de deux traditions différentes et, plus encore, de la difficulté éprouvée par l'Eglise pour christianiser définitivement ce lieu sur-déterminé.

La plupart des cimetières sont complètement intégrés au tissu urbain. A Apt, à Orange ils entourent ou jouxtent les églises, la cathédrale bien sûr, mais aussi les églises paroissiales, y compris celles qui se trouvent dans les faubourgs[9]. En Avignon, les lieux de sépultures sont multiples et dispersés

---

Visan en 1473 (Valréas-Evesque 248 f⁰ 21), Rousset en 1486 (Valréas-Evesque 274 f⁰ 49), Sainte Cécile en 1481 (Valréas-Evesque 1209 f⁰ 71 (9)), Montségur en 1413 (Valréas-Evesque 209 f⁰ 77) etc...

[7] Avignon (P. Pansier, *Dictionnaire des anciennes rues d'Avignon*, Avignon, J. Roumanille, 1930), Céreste en 1456 (Apt-Pondicq 226 f⁰ 22), Saignon en 1386 (Apt-Pondicq 68 f⁰ 44), Malaucène en 1347 (Bibliothèque Calvet, TS 4076 f⁰ 60 v⁰), Murs en 1386 (Apt-Pondicq 68 f⁰ 43), Clansayes en 1342 (Biblio. Vat. ANO 82 f⁰ 45), La Garde Adhémar en 1450 (Valréas-Petit 60) etc...

[8] Damoiseaux ou chevaliers se faisant enterrer dans le cloître :
1329, Cavaillon-Rousset 20 f⁰ 61-62
1330, Rousset 24 f⁰ 22
1330, Rousset 25 f⁰ 15, 61
1331, Rousset 24 f⁰ 4 etc...

[9] A Orange par exemple on trouve, outre les cimetières des ordres religieux, ceux de Notre-Dame de Nazareth, de Sainte-Eutrope, de Saint-Florent, etc. (Biblio. Vat. ANO 133 f⁰ 6 r⁰, f⁰ 10, f⁰ 39 v⁰; 134 f⁰ 55, f⁰ 129; etc.).

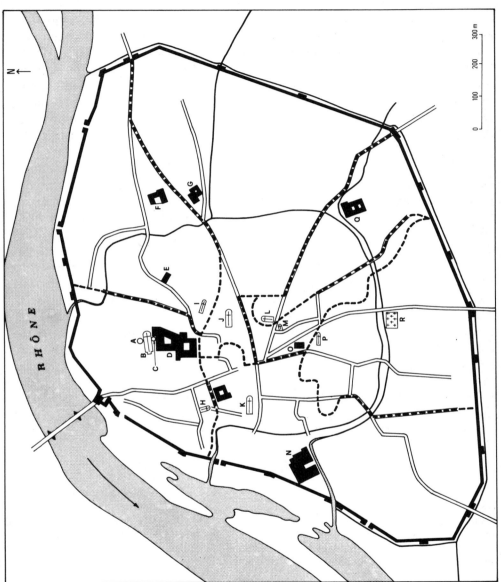

A: Chapelle N.D. du Château; B: N.D. des Doms; C: Baptistère St. Jean; D: Palais Apostolique; E: Ste Catherine; F: Carmes; G: Augustins; H: St Etienne; I: St Symphorien; J: St Pierre; K: St Agricol; L: St Geniès; M: N.D. la Principale; N: Dominicains; O: St Antoine; P: St Didier; Q: Franciscains; R: Cimetière des pauvres (d'après B. Guillemain).

sur l'ensemble du territoire urbain (cf. carte nº II). Chaque église paroissiale (sauf Saint-Etienne au XIVe siècle), chaque couvent, chaque hôpital a le sien[10]. Au total, la ville possède plus de vingt lieux d'inhumation, auxquels il faut ajouter le cimetière de la colonie juive[11]. Ils peuvent faire quelques mètres carrés, mais dépassent souvent plusieurs ares.

Loin d'être séparés ou coupés de l'espace urbain les cimetières sont littéralement enchâssés dans la masse des maisons et des jardins. En Avignon comme dans les petits villages, ils sont souvent donnés comme confronts dans les actes de ventes; les fenêtres ou les portes de nombreuses demeures s'ouvrent directement sur le champ des morts qui fait office de place publique.

Très tôt, et un peu partout, les clercs essayent d'entourer le cimetière d'un mur protecteur. En 1266, l'évêque d'Apt parvient à clore celui de l'évêché. En Avignon, en 1308, l'official tente, non sans mal, de fixer les limites du cimetière Saint-Pierre; quelques corps ont été enterrés un peu à l'écart et l'on ne sait plus très bien où s'arrête l'espace réservé aux défunts[12]. Après quelques délais, une clôture est enfin élevée mais le clergé proteste car elle a laissé à l'extérieur une partie du cimetière ancien[13]! L'espace réservé aux morts, cette anecdote le montre bien, n'est pas un espace tabou, terrifiant, où l'on pénètre avec une crainte révérentielle. A partir du XIVe siècle, et pratiquement jusqu'à la fin du XVIIe siècle, la clôture des cimetières est une préoccupation constante du clergé, en particulier des évêques ou de leurs représentants au moment des visites pastorales. Mais cette séparation du monde profane se fait très lentement et la répétition des prescriptions conciliaires montre que la volonté des clercs rencontre des résistances importantes. Il faut attendre la fin du XVe siècle pour voir les autorités communales de Pernes délibérer sur la nécessité

---

[10] P. Pansier, *Dictionnaire des anciennes rues d'Avignon, op. cit.* p. 59-68 qui cite les cimetières du Bourreau (Rue Figuière), de Champfleury, des Carmes, des Célestins (Saint-Michel), de l'Hôpital de Bernard Rascas, de l'Hôpital Saint-Bénezet, des Juifs, des Frères Mineurs, de la Magdelaine, des Miracles, de Notre-Dame-des-Doms, des Frères Prêcheurs, de Notre-Dame-la-Principale, de Saint-Agricol, de Sainte-Catherine, de Saint-Didier, de Saint-Geniès, de Saint-Jean, de Sainte-Perpétue, de Saint-Pierre, de Saint-Symphorien, du Temple.

[11] Le cimetière des Juifs se trouve dans la paroisse Saint-Pierre. Il a été agrandi au XVe siècle. L'Aumône des Hecdes est l'œuvre qui est chargée de l'entretien de ce cimetière. Cf. P. Pansier, *Dictionnaire, op. cit.*, p. 62.

[12] 9 G 7 nº 10-16, cf. A.-M. Hayez, *Clauses pieuses... op. cit.*, p. 266 et suiv.

[13] *Idem* et 9 G 7 nº 20 et 27.

d'enclôre le cimetière[14] et la question n'est toujours pas reglée à Valréas à la fin du XVIIe siècle[15]!

Traditionnellement les cimetières sont des lieux ouverts, où se déroulent des activités diverses.

Echanges et commerce d'abord : les marchands, les drapiers, les bouchers s'y installent sans complexe. Dès le début du XIIIe siècle, c'est avec l'accord et la protection des consuls et seigneurs de l'Isle-sur-la-Sorgue que le marché y est installé; les clercs indignés excommunient les notables[16]! Au début du XIVe siècle, les éleveurs viennent vendre leurs bestiaux, moutons, porcs et animaux de basse-cour dans le cimetière Saint-Pierre en Avignon[17] etc.

Dans cette atmosphère de foirail les rencontres, on s'en doute, ne sont pas seulement marchandes. Les joueurs sont très nombreux : en 1394, le cimetière du Champfleury en Avignon devenant un lieu de débauche, le lieutenant du camérier de Clément VII interdit à quiconque «... *de danser, lutter, projeter des barres de fer ou de bois, de jouer à la roue, aux boules* (l'ancêtre de la pétanque au cimetière!) *aux dés ou autres jeux malhonnêtes, ni de commettre des actes malhonnêtes, ni d'entrer autrement que par la porte habituelle et normale, de jour comme de nuit... sous peine d'excommunication...*»[18]. Bien entendu les prostituées sont là et les chanoines courroucés

---

[14] Pernes, Archives Communales, BB 65 fo 9 (délibération pour la clôture du cimetière – 10 septembre 1491)-). A Cabrières d'Aigues par exemple, ce n'est qu'en 1541 qu'un contrat est passé pour faire clore le cimetière (Notaires Cucuron, Etude Ricou 131 fo 190).

[15] Valréas, Archives Communales BB 21 et CC 31.

[16] Isle-sur-la-Sorgue, Archives Communales AA1 fo 34. cf. aussi V. Laval et H. Chobaut, *Le consulat seigneurial de l'Isle en Venaissin, XIIe et XIIIe siècle*, in *Mémoire de l'Académie de Vaucluse*, 2e série, tome XIII, année 1913, p. 14.

[17] Cf. le texte cité par J. Girard et P. Pansier, in *La Cour temporelle d'Avignon au XIVe siècle et au XVe siècle*, in *Recherches Historiques et Documents sur Avignon, le Comtat Venaissin et la Principauté d'Orange*, Paris-Avignon, 1909, p. 27 et suiv. «*Mandamentum est episcopi et Karoli regis quod nulla persona sit ausa emere, vel venderer, vel incantare aliquam rem venalem in cimiterio Sancti Petri, nec in quocumque alio cimiterio hujus civitatis sub pena amissionis medietatis raube, mercium seu rerum quas negociandi ad cimiterium portaverit...*».

[18] P. Pansier, *Le cimetière et la chapelle de Champfleury*, in *Annales d'Avignon et du Comtat Venaissin*, 1928, p. 99 : interdiction de «*coreare, luctare, lapides baras fereas vel ligneas projicere, ad barras pasillum rullas, bolas, taillos aut alios ludos inhonestos ludere, nec alia inhonesta ibidem commictere, nec in eo nisi per ipsius portam consuetam et ordinatam de die vel de nocte intrare, aut de fructibus ipsius cimiterii, sine decani et capituli ecclesie Beate Marie de Miraculis Avinionis sub pena excommunicationis...*».

dénoncent les fornications, le stupre, les adultères et parfois les homicides dont les cimetières sont le théâtre[19]. Quand le sang est répandu, et cela arrive parfois, le comble est atteint : le cimetière est interdit, une cérémonie pénitentielle de réconciliation est nécessaire pour que les inhumations puissent de nouveau avoir lieu[20].

On aurait tort cependant de croire que les cimetières se transforment peu à peu en cour des miracles. Ce lieu haut en couleurs voit aussi les réunions des très officiels conseils communaux. De Ribbe signale le fait pour Marseille et toute la Provence[21]. C'est dans le cimetière, à la fin du XIIIe siècle, que les habitants de Valréas, appelés au son de la trompette, viennent confirmer en assemblée générale les statuts de la ville[22]. C'est aussi dans le cimetière que sont élus les syndics de Mazan et que se réunissent les maîtres des rues d'Avignon[23]. Ils délibèrent mais rendent aussi parfois la justice; à l'Isle ou à Valréas, le pilori est installé tout près[24].

Il arrive qu'on dresse des tréteaux pour jouer une sotie ou un mystère. En 1470, on donne ainsi dans le cimetière Saint-Symphorien en Avignon le Jeu de sainte Barbe devant un public que l'on peut imaginer turbulent et chahuteur[25]. Les activités liturgiques, ou para-liturgiques sont évidemment très nombreuses : absoute, «*missa in cimiteriis*», distributions de pains aux

---

[19] En 1359 un texte émanant du chapitre de Saint-Pierre (9 G 34) évoque les «*fornicaciones, stupra, adulteria, homicidia et alia nephanda*» qui sont perpétrés dans le cimetière «*die noctuque*». Ailleurs, on décrit le cimetière Saint-Michel comme s'il s'agissait d'un lupanar (1347, H Célestins 5 pièce 11).

[20] En 1397 un habitant de Saint-Pantaléon désire se faire enterrer dans le cimetière de Valréas si celui de sa paroisse d'origine n'est pas «réconcilié» (Valréas-Evesque 202 fo 1).

[21] Ch. De Ribbe, *La société provençale à la fin du Moyen Age d'après des documents inédits*, Paris, 1898, p. 465-466.

[22] A. C. de Grillon, Statuts de Valréas, AA6, Fo 6 (1298).

[23] A. C. Mazan, BB 22 (1492). J. Girard, in *Les maîtres des rues d'Avignon au XVe siècle*, *Annales d'Avignon et du Comtat Venaissin*, 1917, p. 49, note que les maîtres des rues se réunissent parfois en tribunal en plein air, dans la boutique d'un notaire ou dans le cimetière Saint-Pierre.

[24] Dès le début du XIIIe siècle une boucherie, un marché et un pilori sont établis dans le cimetière de l'Isle-sur-la-Sorgue. Cf. V. Laval et H. Chobaut, *Le consulat seigneurial de l'Isle...*, *op. cit.*, p. 14. A Valréas le pilori jouxte le cimetière (Valréas-Evesque 228 fo 79). Charranson dans l'une de ses recherches restées manuscrites (Biblio. Calvet ms 2120 fo 31 vo) évoque l'exposition publique d'un prêtre voleur pendant deux jours dans le cimetière (3 nov. 1452).

[25] P. Pansier, *Les débuts du théâtre à Avignon à la fin du XVe siècle* in *Annales d'Avignon et du Comtat Venaissin*, 1919, p. 13.

pauvres, sermons, processions se succèdent sans relâche[26]. Le cimetière est un lieu de catéchèse par l'image : ici un calvaire, là une fresque représentant saint Christophe, ailleurs une statue de la Vierge, ou même, comme dans le cloître des Frères Prêcheurs d'Avignon une Danse Macabre s'offre à la méditation[27]. Mais c'est aussi un lieu de prière personnelle : tous les prédicateurs, après Etienne de Bourbon, le Frère Sachet anonyme de Marseille et Jean Gobi, racontent l'histoire du chevalier qui a coutume de s'arrêter prier dans un cimetière, et à qui, un jour qu'il est poursuivi par ses ennemis, les morts reconnaissants prêtent secours! Les notaires, à la demande de leurs clients, viennent établir dans les cimetières les actes importants et les chanoines y grossoyer les lettres d'indulgences pour le pélerinage qui s'annonce[28] tandis que la recluse interpelle les passants pour qu'ils lui laissent une offrande[29].

Une vie extraordinaire agite donc le cimetière. On s'imagine difficilement la cohue qui parfois y règne, quand le convoi funéraire d'un riche marchand, avec ses porteurs de torches et ses pleurants, croise les joueurs des dés, la pensionnaire du *prostibulum* voisin, le voleur que l'on mène au pilori, au milieu des cris des enfants et des merciers. La nuit les coupe-jarrets y préparent leurs mauvais coups, les amoureux s'y donnent rendez-vous tandis qu'encore et toujours les morts arrivent, dans un flamboiement de cierges, entourés des chants et des lamentations des vivants.

[26] Sur les «messes dans les cimetières» cf. par exemple le Missel collectaire de Caromb, (Bibliothèque Calvet ms 143 f° 164 v) : *Missa in cimiteriis* (fin du XIIIe siècle).

[27] Un calvaire à Apt dans le cimetière Saint-Castor (1347, Apt-Pondicq 2 f° 39). Au XVe siècle un calvaire, avec les «*figures de la Passion*» est érigé dans le cimetière des Célestins (1450, Avignon-Martin 798 f° 279 v°). En 1487 il a été peint par Jean Gras (pour la somme, très importante, de 250 florins), cf. Avignon-Martin 1049 f° 12-13. On trouve aussi une image de saint Christophe (qui protège de la mort) dans le cimetière Saint-Symphorien (1449, Avignon-Martin 237 f° 118), une image de la Vierge chez les Célestins (1441, Avignon-Martin 791 f° 206), une danse macabre dans le cloître du couvent des Dominicains (J. Girard et H. Requin, *Le couvent des Dominicains d'Avignon*, in *Annales d'Avignon et du Comtat Venaissin*, 1912, p. 82) etc...

[28] Cf. *Scala Cœli*, art. *mors*, B. N. ms. lat. 3506 f° 70. Le 3 septembre 1431, Louis de Frassenge, doyen de Saint Pierre, dresse dans le cimetière de cette église le vidimus des bulles d'indulgences accordées au Pont Saint-Bénezet, in F. de Rippert-Monclar, *Bullaire des indulgences concédées avant 1431 à l'œuvre du Pont d'Avignon par les souverains pontifes*, in *Collection de textes pour servir à l'histoire de Provence*, Monacco-Paris, 1912.

[29] Recluse attestée à Apt en 1378 (Apt-Pondicq 9 f° 30) et en Avignon au XIVe siècle (A.-M. Hayez, *Clauses pieuses de testaments avignonnais, op. cit.*, p. 158).

Ce que les clercs, et parfois les historiens, prennent pour un fabuleux irrespect des morts, n'est que le signe d'une familiarité séculaire. La crainte – réelle – des défunts n'exclut pas qu'on puisse les fouler aux pieds. Nous n'avons aucune indication sur d'éventuelles danses dans les cimetières comtadins (sinon celle donnée par l'interdiction déjà citée du lieutenant du camérier), mais nous savons bien qu'elles sont pratiquées alors un peu partout en Europe et qu'elles n'ont, en aucun cas, un caractère profanatoire. Au contraire, elles interviennent souvent dans le cadre de rites d'initiation, quand la caution des morts est une nécessité[30]. Les prédicateurs, à coup d'*exempla* édifiants ou terrifiants, essaient de récupérer les récits et les gestes de la culture populaire, mais les habitudes ancestrales ne se défont que très lentement[31]. Que les cimetières soient aussi les lieux où l'on élit les chefs des villes et des villages, où l'on juge et où l'on punit, ne doit pas non plus nous surprendre. Les morts sont les garants de la cohésion de la communauté, il est normal que ce soit sous leur regard, dans leur territoire, que se prennent les décisions graves, que s'exécutent les actes importants de la vie sociale, (à certains égards, même les transactions commerciales peuvent avoir besoin de leur garantie). Dans ces conditions, il est normal aussi que se manifestent le jeu, la palabre, et bien sûr la délinquance.

Pour les testateurs, l'espace du cimetière s'organise en général autour de plusieurs points fondamentaux.

En premier lieu, la croix, qui se trouve au milieu des tombes. Au XVe siècle, chaque cimetière possède la sienne[32] et les autorités communales ou religieuses prennent soin d'en faire ériger une quand il n'en n'existe pas encore[33]. Attirées par une sorte de magnétisme, les sépultures se rassem-

---

[30] Sur les danses dans les cimetières cf. par exemple, pour une autre aire culturelle, J. Toussaert, *Le sentiment religieux en Flandre à la fin du Moyen Age*, Paris, 1963, p. 212-213. Cf. aussi L. Gougaud, *La danse dans les églises*, in *Revue d'histoire ecclésiastique*, XV (1914), p. 5-22 et 229-243.

[31] Cf. l'article de J.-Cl. Schmitt, «*Jeunes*» *et danse des chevaux de bois, le folklore méridional dans la littérature des «exempla» (XIIIe-XIVe siècle)* in *Cahier de Fanjeaux* n° 11 (*La religion populaire en Languedoc*), Privat, Toulouse, 1976, p. 127-158. A travers un *exemplum* utilisé par divers prédicateurs apparaissent les rapports complexes entre la culture populaire et la culture cléricale qui tente d'utiliser un certain nombre de récits folkloriques pour imposer une nouvelle *moralitas*.

[32] Cimetière de Notre-Dame-la-Principale (1448, Avignon-de Beaulieu 722 f° 654), cimetière Saint Pierre de Luxembourg (1445, Martin 794 f°, 124), Valréas (1428, Valréas-Evesque 213 f° 25), L'Isle-sur-la-Sorgue (Isle-Roussel 430 f° 28 v°) etc...

[33] Cf. par exemple les délibérations communales de Pernes (A. C. BB 55 f° 5) le 5 mai 1474 où l'érection d'une croix dans le cimetière est décidée.

blent, se serrent au pied des calvaires. La «*crux nova*» de Saint-Didier par exemple, installée grâce aux legs des paroissiens, devient, dans les années 1450-1460, le point central du «grand cimetière» de cette paroisse[34]. Chaque testateur s'efforce de rapprocher sa sépulture «*ante*» ou «*prope crucem novam*», comme s'il croyait être ainsi mieux protégé ou bénéficier plus complètement du sacrifice rédempteur. Au moment où la Passion tient une place de plus en plus grande dans la spiritualité, le cimetière est transformé en une vaste Fontaine de Vie[35]; les meilleures places sont sous les bras de la croix.

Plus traditionnellement ce sont les abords de l'église qui attirent les tombes. Nombreux sont les testateurs aptésiens par exemple qui désirent se faire enterrer derrière («*retro*») l'abside ou les absidioles de Saint-Castor[36]. Ce qu'ils recherchent alors, bien qu'ils restent à l'extérieur du bâtiment, c'est une sépulture *ad sanctos* : ils précisent toujours le nom du saint auquel est dédiée la chapelle près de laquelle ils reposeront. La médiation des reliques des saints est toujours très recherchée. Le succès du cimetière Saint-Michel, où est enterré saint Pierre de Luxembourg, ne s'explique pas autrement :

« . . . *à peine mis en terre, le menu peuple a commencé à y mettre des chandelles, et certains manchots, estropiés, boiteux, ainsi que divers autres malades, se sont portés auprès de ce cardinal, qui a nom Pierre, et se sont rendus sur sa sépulture. Représentez-vous que depuis le jour même où il fut enterré jusqu'aujourd'hui, il y a tant de gens qu'on dirait le sacre. On y porte certainement chaque jour un quintal de chandelles et plus, et il y a déjà tant d'images de cire qu'elles sont plus de mille, d'une espèce ou d'une autre. C'est le plus grand évènement et la plus grande dévotion qu'on ait jamais vu depuis cent ans. Le savant comme l'ignorant, l'idiot, le pauvre y vont comme ils iraient à un grand pardon, et cela le matin, à midi et le soir. Songez que chaque nuit*

---

[34] 1449 (Avignon-Martin 797 f⁰ 66 et f⁰ 61 v⁰); 1450 (Avignon-Martin 798 f⁰ 104, 142, 184 etc...); 1453 (Avignon-Martin 805 f⁰ 9 v⁰); 1456 (Avignon-Martin 238 f⁰ 143 r⁰); 1466 (Avignon-Martin 260 f⁰ 135); 1467 (Avignon-Martin 261 f⁰ 25 v⁰) etc...

[35] Sur l'iconographie de la Fontaine de Vie, cf. E. Mâle, *L'art religieux de la fin du Moyen Age en France*, Paris, A. Colin, réédition 1969, p. 108-122. Une représentation de la Fontaine de Vie se trouve au Musée du Petit Palais en Avignon.

[36] La tombe peut être par exemple «*derrière la chapelle Saint Auspice*» (1413 : Apt-Pondicq 112 f⁰ 21 v⁰; 1439, Apt-Pondicq 86 f⁰ 12), «*derrière la chapelle Sainte-Catherine*» (1426, Apt-Pondicq 120 f⁰ 52), «*derrière le grand autel*» (1478, Apt-Pondicq 284 f⁰ 4 v⁰). Ce type de localisation de la tombe se trouve aussi à Valréas où un habitant de la ville par exemple se fait enterrer «*derrière la chapelle dédiée à Saint Etienne*» (1420, Valréas-Petit 59 f⁰ 21 v⁰).

200 personnes dorment et veillent par dévotion en cet endroit. Beaucoup de malades y sont allés et, la neuvaine faite, ont été complètement guéris. Du dehors, des villages fortifiés des environs sont venus boiteux, estropiés, manchots et paralytiques, qui sont guéris par la vertu de Dieu et de ce saint cardinal. Il fait chaque jour de très grands miracles et c'est une grande curiosité de voir les images de cire qui y sont portées journellement»[37].

Au milieu du XVe siècle encore les testateurs demandent explicitement à être enterrés *«là où fut inhumé le corps de Monseigneur Pierre de Luxembourg, cardinal-diacre de la Sainte Eglise Romaine, au titre de Saint-Georges-du-Vélabre, d'heureuse mémoire ... »*[38].

Ce sont aussi parfois des lieux plus neutres – la porte du cimetière, le grand arbre planté au milieu etc. – qui servent de points de repère. Dans tous les cas cependant la localisation reste relativement approximative. Certes, les familles connaissent les emplacements où sont inhumés leurs ascendants mais le champ sacré garde ses morts dans certain anonymat. Peu ou pas de tombeaux. Le *monumentum*, la tombe surmontée d'une croix ou la simple dalle funéraire n'apparaissent que très rarement et il semble aussi que, dans la majorité des cas, les corps ne soient pas protégés du contact avec la terre par des *tegulae* ou des plaques de calcaire[39]. Le cimetière reste un pré (*pratum*), couvert d'herbe, planté d'ormes ou même d'arbres fruitiers[40]. Rien de commun toutefois avec les «cimetières-jardins»

---

[37] R. Brun, *Annales Avignonnaises de 1382 à 1410, extraites des Archives Datini, Mémoires de l'Institut Historique de Provence*, 1935, tome XII, p. 100.

[38] 1432, 16 Juillet, Avignon-Martin 52.

[39] Un habitant de Valréas en 1394 se fait enterrer dans le cimetière de Notre Dame dans la *tomba cruciata* de ses prédécesseurs (Valréas-Evesque 199 fo 11 vo). Il existe parfois cependant dans les cimetières des tombes monumentales : Pierre de Brieude, prêtre de Cavaillon, se fait enterrer par exemple *ante monumentum* d'un autre cavaillonnais (Cavaillon-Rousset 33 fo 11 et suiv.).

L'inhumation directe en pleine terre rend l'archéologie des cimetières très difficile. Comme nous l'avons déjà remarqué, la plupart des tombes fouillées (cf. S. Gagnière, *Les sépulture à inhumation... op. cit.*) sont situées dans des églises ou des chapelles (Notre-Dame des Doms en Avignon, Notre-Dame des Angles aux Angles, chapelle Saint-Laurent à Courthezon, Notre Dame de Nazareth à Vaison etc.); on peut donc supposer qu'il s'agit de tombes de clercs ou de notables puisqu'avant le milieu du XIVe siècle il est bien attesté que seules les élites peuvent prétendre à l'enterrement *infra ecclesiam*.

[40] Le terme même de *pratum* sert parfois à désigner le cimetière (1456, Avignon-Martin 243 fo 100 vo). Celui-ci est généralement planté d'arbres (1394, Valréas-Evesque 199 fo 11; 1386, Valréas-Evesque 204 fo 44 vo; 1390, Isle-Roussel 48 fo 85 etc). L'herbe du cimetière et les fruits des arbres suscitent parfois les convoitises (P. Pansier, *Le cimetière et la chapelle de Champfleury, op. cit.*, p. 93-94).

d'aujourd'hui; la terre est bouleversée, retournée, ouverte en multiples endroits, car chaque nouvel enterrement contraint les fossoyeurs à «relever» les morts dont le *cadaver* est devenu *ossa*. Il faut procéder à un extraordinaire rangement souterrain pour faire une place aux défunts récents. On ne laisse le cadavre en paix que le temps de sa transformation en squelette : le cimetière est d'abord le lieu où le corps meurt définitivement. Après seulement, les cendres des nouvelles générations se mêlent à celles des ancêtres. Car ce sont bien les *patres*, relativement anonymes, que l'on rejoint. La mémoire du cimetière est à la fois courte et immense : sur le plan strictement généalogique elle se confond avec la mémoire des plus vieux vivants (puisque très peu d'inscriptions pérénisent les souvenirs des anciens) mais, au-delà de la généalogie, le cimetière conserve aussi le souvenir anonyme des multiples générations qui ont précédé celles que l'on sait encore nommer.

Les racines de chaque famille ou de la communauté, d'abord bien différenciées, finissent par s'y mêler inextricablement[41].

L'église

En 1371, le marchand avignonnais Raymond Chaput fait transporter la dalle funéraire de ses prédécesseurs du cimetière à l'église Saint-Pierre où il désire être enterré[42]. Des milliers de chrétiens ont opéré ce transfert entre la fin du XIIIᵉ siècle et le début du XIVᵉ siècle. Même les rétables portent

[41] Sur le cimetière-charnier, cf. E. Mâle, *L'art religieux de la fin du Moyen-Age, op. cit.*, p. 360, et sur le cimetière des Innocents à Paris l'article de M. Foisil dans la *Revue Historique*, 1975. Pour la période contemporaine, cf. F. Zonabend, *Les morts et les vivants, le cimetière de Minòt en Châtillonnais*, in *Etudes rurales* nᵒ 52, oct.-déc. 1973, p. 7-23. Dans le cimetière du village d'aujourd'hui, les tombes sont nombreuses mais l'attitude des vivants à l'égard des morts ne semble pas avoir changé depuis la fin du Moyen Age : «Les vieilles familles du village, dont les descendants habitent toujours à Minòt, ne possèdent donc pas au cimetière leur histoire généalogique inscrite dans toute sa profondeur sur les pierres tombales : celles-ci sont au fur et à mesure détruites. Tout comme dans les généalogies on coupe la parenté à un certain niveau pour permettre le jeu des nouvelles alliances, on ne garde pas au cimetière les preuves des filiations que l'on souhaite oublier» (F. Zonabend, *op. cit.*, p. 14-15).

S. Gagnière (in *Les sépultures à inhumation du IIIᵉ au XIIIᵉ siècle de notre ère dans la basse vallée du Rhône* in *Cahiers rhodaniens*, XII, 1965, p. 52) signale la présence de tombes ou de caissons de réduction aux Angles, à Gadagne à Saint Jaumes près de Sault; y sont mêlés les ossements de deux à dix personnes appartenant probablement à la même lignée. Mais ce «rangement» des morts ne concernent, au mieux, que une ou deux générations; très vite les restes de chaque individu perdent en quelque sorte, leur individualité.

[42] 16 avril 1371, 9 G 35 nᵒ 778, cité par A.-M. Hayez, *Clauses pieuses de testaments avignonnais, op. cit.*, p. 135.

témoignage de cette mutation : dans les représentations hollandaises ou flamandes de la résurrection de Lazare, P. Chaunu remarque qu'à l'enterrement dans le cimetière, majoritaire à la fin du XIVe siècle, succède l'enterrement dans l'église, majoritaire à la fin du XVe siècle[43].

En Comtat et en Avignon l'évolution est très sensible. Dès le XIVe siècle 50% des avignonnais au moins se font enterrer dans les églises. Ils sont plus de 80% au siècle suivant. A Orange, à Apt, à Valréas, 15 à 25% des testateurs choisissent cette solution vers 1360-70; ils sont 35 à 45% vers 1400, 60% à 70% vers 1480! En revanche les cavaillonnais, dans leur très grande majorité, continuent d'élire sépulture dans les cimetières.

Pendant très longtemps, seuls les clercs ont eu le droit de se faire enterrer *infra ecclesiam*[44] et, dans les campagnes, cette règle est encore respectée au XIVe siècle et au XVe siècle; seul le vicaire ou le curé se font inhumer dans l'église[45].

A Cavaillon, cité épiscopale qui tient du gros bourg rural, les évêques et les chanoines se réservent jalousement cet honneur; ils se font enterrer dans les chapelles Saint-Véran, Sainte-Croix, Saint-Sauveur, Saint-Paul dans l'église-cathédrale[46]. Seules quelques familles nobles ou bourgeoises parviennent peu à peu à glisser du cimetière vers le cloître et du cloître vers l'intérieur de la cathédrale. Cette migration des tombes de certains notables n'est acceptée par le chapitre que moyennant la fondation des chapellenies importantes[47].

Très tôt cependant, dans les grands monastères et les paroisses urbaines, les laïcs fondateurs et bienfaiteurs ont été accueillis à l'intérieur des lieux de culte. Au XIIIe siècle, les Ordres Mendiants, sans être les initiateurs du mouvement, contribuent très fortement à faire entrer en masse les laïcs défunts dans les églises. Leur pastorale, qui essaie d'associer au maximum la population urbaine à la spiritualité nouvelle, les conduit à démocratiser la notion de fondateurs ou de bienfaiteurs, jusque là réservée à une mince élite. Dans la région comtadine, ce sont précisément les villes où les

[43] P. Chaunu, *Le temps des Réformes, op. cit.*, p. 273 et 290.
[44] A. Bernard, *La sépulture en droit canonique, op. cit.*, p. 13 et suiv.
[45] 1348, Les Taillades (Cavaillon-Rousset 45 fo 15); 1450, Montségur (Valréas-Petit 94 fo 113); 1452, Robion (Cavaillon-Rousset 164 fo 9-10) etc...
[46] 1342 (Cavaillon-Liffran 11 fo 28-29); 1409 (Avignon-Martin 271 fo 42); 1420 (Cavaillon-Rousset 75 fo 6 vo); 1437 (Cavaillon-Rousset 120 fo 15); 1466 (Cavaillon-Rousset 178 fo 59 r); 1483 (Cavaillon-Rousset 231 fo 101 v) etc...
[47] G. Guiraud de Cavaillon par exemple obtient de passer du cloître où sont enterrés ses parents à l'intérieur de l'église moyennant la donation d'une terre de 20 éminées (29 juin 1407, Cavaillon-Rousset 65 fo 55).

Graphique n° VIII

LE CHOIX DE L'ÉGLISE COMME LIEU DE SÉPULTURE

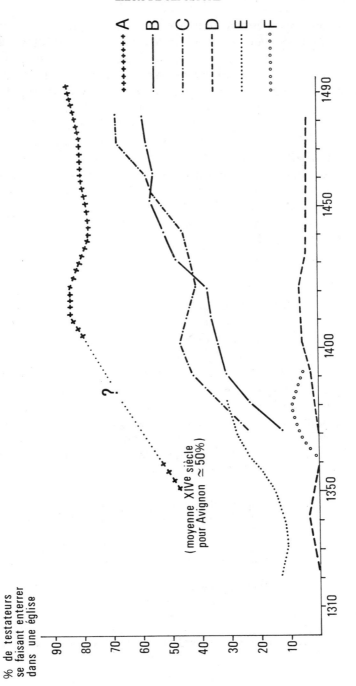

A : Avignon; B : Apt; C : Valréas; D : Cavaillon; E : Orange; F : Courthezon.

Mendiants sont installés (Orange, Apt, Valréas, Avignon) qui connaissent le plus rapidement cette évolution du choix du lieu de sépulture. Toutefois ce ne sont pas seulement les églises des couvents qui se remplissent de nouvelles tombes; en Avignon par exemple, si la cathédrale Notre-Dame des Doms n'accueille que des familles très riches[48], Saint-Pierre, Saint-Agricol, Saint-Geniès, Saint-Symphorien, Notre-Dame la Principale, Saint-Didier, Saint-Etienne deviennent au cours du XIVᵉ siècle des lieux de sépulture de plus en plus encombrés. Les testateurs recherchent aussi les monastères de femmes (Sainte-Claire, Sainte-Catherine), l'église des Célestins, celle de l'orphelinat de Jujon[49]. La moindre chapelle (Notre-Dame des Miracles par exemple, ou Saint-Eustache dans le cimetière neuf de Saint-Geniès) est utilisée par une ou plusieurs familles[50].

Il est clair cependant que si une très forte majorité de testateurs choisissent les églises, les plus pauvres doivent se contenter des cimetières. En Avignon au XVᵉ siècle, 95% des marchands et 80% des artisans se font enterrer à l'église; ce n'est le cas que pour 35% des agriculteurs (cf. graphique nº IX). En général les *laboratores*, les *ortholani*, les pauvres artisans ou les mendiants se font inhumer dans le cimetière Saint-Michel qui, au temps de la présence pontificale, servait déjà aux courtisans démunis[51]. Le départ d'une partie des morts pour l'église accentue donc encore la ségrégation qui commençait à régner dans certains cimetières où l'espace réservé aux pauvres avait été très tôt délimité. On constate toutefois chez les agriculteurs d'Avignon par exemple que le choix de l'église est de plus en plus fréquent au XVᵉ siècle.

A l'intérieur même de l'église cette ségrégation sociale se maintient : les plus riches colonisent et envahissent les chapelles latérales, les autres se contentent de la nef, loin des reliques. Car ce sont encore les reliques qui

---

[48] Par exemple les Spifami se font enterrer dans la chapelle Saint-Jean (1493, Avignon-de Beaulieu 684 fº 22), la femme de Pierre Cadard dans la chapelle Saint-Sébastien (1454, Avignon-de Beaulieu 733 fº 487) etc...

[49] 1429 (Avignon-Martin 210 fº 28 vº).

[50] 1445 (Avignon-de Beaulieu 716 fº 653 vº).

[51] A.-M. Hayez, *Clauses pieuses, op. cit.*, p. 137. Il arrive qu'un marchand ou un riche bourgeois se fasse enterrer dans le cimetière des pauvres par humilité (Albert de Würzbourg, médecin, en 1348 – testament édité par H. Pogatscher, *Deutsche in Avignon in XIV Jahrhunderte*, in *Römische Quartalschrift für christliche Alterthumskunde und für Kirchengeschichte*, 13 (1899), p. 58-63 – cf. aussi 1429, Avignon-Martin 210 fº 86; 1445, Avignon-de Beaulieu 717 fº 277 etc.). Le plus souvent toutefois il s'agit de pauvres artisans ou laboureurs (1434, Avignon-de Beaulieu 686 fº 336; 1439, Avignon-Martin 788 fº 168 rº 172, 173 rº; 1446, Avignon-Martin 234 fº 129; 1447, Avignon-Martin 796 fº 139) etc.

Graphique n° IX

L'ENTERREMENT DANS LES ÉGLISES CHEZ LES TESTATEURS AVIGNONNAIS
AU XVᵉ SIÈCLE

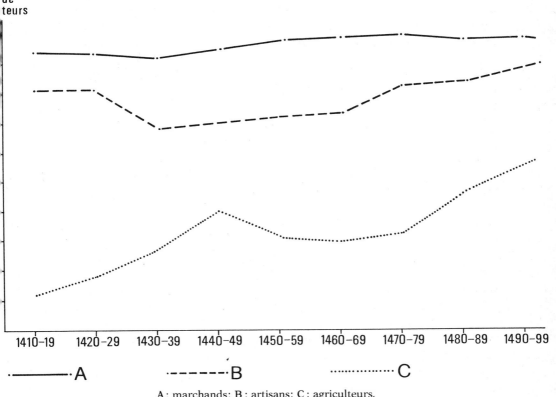

A : marchands; B : artisans; C : agriculteurs.

attirent les testateurs. Tel avignonnais se fait enterrer chez les Augustins dans la chapelle Sainte-Barbe «*où sur l'autel se trouvent une image et plusieurs reliques de la dite sainte*»[52]; tel autre, agriculteur, est inhumé devant la châsse de la confrérie Saint-Etienne[53]. Un habitant d'Apt est plus explicite encore : il demande que sa tombe soit creusée dans la sacristie du couvent des Frères Mineurs d'Apt «*sous l'armoire où on a coutume de mettre*

[52] 1459, Avignon-de Beaulieu 744 fᵒ 135.
[53] 1454, Avignon-Martin 246 fᵒ 31.

le chef de saint Auzias»[54]. On pourrait multiplier les exemples. Parfois c'est seulement une dévolution particulière à sainte Catherine, sainte Marguerite, saint Grégoire, Notre Dame de Pitié, Notre Dame de Consolation etc., qui explique une localisation. Plusieurs exemples montrent notamment l'importance du culte de la Croix, ou de l'Hostie parmi les testateurs : on demande à être enterré «*devant l'image du Glorieux Crucifix de Saint Symphorien*»[55], devant le *Corpus Christi*[56], «*devant le lieu où l'on expose le Corps du Christ*»[57]. Un habitant de Valréas choisit sa sépulture dans la chapelle Saint-Georges qu'il a fait construire chez les Franciscains «*devant l'autel de ladite chapelle, où messire le prêtre met les pieds quand il célèbre l'office et élève Notre Seigneur Jésus Christ*»[58]. Par le prêtre, au moment de l'élévation – qui a parfois pour les fidèles de la fin du Moyen Age une plus grande importance que la consécration elle-même – s'établit une communication directe entre Dieu et le mort.

Parfois enfin, la localisation de la tombe obéit davantage au désir d'humilité qu'à la volonté de se trouver près des saints ou de leurs images. Nombreux sont les testateurs qui désirent être enterrés «*propre januam*» ou «*propre aquam benedictam*» ou «*juxta fontem*» à l'entrée de l'église[59]. Depuis le haut-Moyen Age la porte est chargée d'un symbolisme très fort : l'entrée dans la maison de Dieu est une préfigure de l'entrée dans le Royaume, c'est le lieu même du Passage et du Jugement comme le rappellent les tympans romans et gothiques. Mais dans le cas des testateurs du XIVe siècle et du XVe siècle, c'est davantage la position du pêcheur, du publicain n'osant monter jusqu'au Saint des Saints, qui est recherchée. De même, c'est la volonté de signifier une certaine continuité et le désir de transformer sa mort en une leçon morale qui pousse un chanoine à se faire enterrer dans le chœur, sous la chaise de son successeur, de façon à ce que celui-ci, en s'asseyant, pose ses pieds sur sa tête («*ponat pedem supra capud meum*»)[60]! Le corps sera foulé aux pieds, méprisé; la tombe sera pour le successeur un *memento mori*.

---

[54] 1433, Apt-Pondicq 102 f⁰ 33 r⁰ «*subtus armarium ubi fiat seu stare consuevit caput Beati Elziarii*».

[55] 1472, Avignon-Martin 264 f⁰ 202

[56] 1475, Avignon-Martin 454 f⁰ 312

[57] 1446, Avignon-Martin 795 f⁰ 174.

[58] 1383, Valréas-Evesque 194 f⁰ 30.

[59] 1430, Avignon-Martin 99 f⁰ 30 v⁰

   1441, Avignon-Martin 791 f⁰ 83 v⁰

   1447, Avignon-Martin 201 f⁰ 335 etc...

[60] 1366 (9 G 35), cité par A.-M. Hayez, *Clauses pieuses, op. cit.* p. 135.

Engagée dès le XIIIe siècle, la mutation des choix des lieux de sépulture s'accélère donc, semble-t-il, entre les années 1340 et les années 1410. Les morts quittent la terre, le cimetière, pour l'espace protégé, abrité, construit de l'église. Ils s'entassent désormais sous les pavements des cathédrales et des chapelles. Alors que dans les cimetières les défunts retournaient en quelques générations à l'anonymat des *patres*, dans les églises ils gardent, grâce aux tombeaux, leur individualité et celle du groupe familial auquel ils appartiennent.

Tombes et tombeaux

Les cimetières sont pratiquement sans tombe, sans «monument», les églises au contraire en regorgent.

Les testateurs les plus riches demandent désormais explicitement à être enterré «*in tumulo suo*», «*in monumento suo*», «*in sepultura sua*», «*in tumulo quo habet*» etc...[61]. L'instinct de propriété se développe. Chacun tente d'obtenir à l'avance une concession et le plus souvent passe comman-de aux maçons et aux sculpteurs bien avant que la mort ne s'annonce. Dans cette préparation du tombeau, une certaine délectation morbide se mêle souvent à la piété du chrétien qui doit penser à l'au-delà. Le destin du corps mort fascine de plus en plus le testateur et mobilise toute son attention.

«*In tumulo per eum constructo*», «*in tumulo per eum ibidem constructo et aedificato*». La tombe désormais est un *édifice*, une construction; le corps n'est plus livré à la terre pour qu'elle le transforme en squelette puis en cendres, il est confié au sous-sol d'une église dont les dalles le protègent, sinon de la décomposition du moins des outrages des hommes. La terre du cimetière, au rythme immuable des saisons, finissait par engloutir tous les morts dans l'anonymat et dans un temps sans limite, la pierre dure de l'église conserve au contraire, soigneusement gravés, le nom et la qualité de celui qui est enterré. La date exacte de sa mort aussi, «*en mémoire de moi, perpétuellement*», comme le dit un marchand avignonnais[62], qui montre bien par là qu'il veut se dégager de l'anonymat où ses ancêtres trouvaient le

---

[61] 1420, Avignon-Martin 293 fo 102; 1427, Avignon-Martin 97 fo 20; 1431, Avignon-Martin 216 fo 79 vo; 1445, Cavaillon-Rousset 117 fo 34; 1451, Valréas-Evesque 235 fo 311; 1473, Avignon-Martin 267 fo 41; 1486, Avignon-Martin 772 fo 171; 1489, Avignon-Martin 777 fo 189 etc... Rappelons une fois encore que la très grande majorité des tombes en dalles ou moellons de calcaire du XIIe et du XIIIe siècle mises à jour par les archéologues se trouvent dans des églises et des chapelles et non dans des cimetières. cf. Gagnière, *Les sépultures à inhumation...* *op. cit.*

[62] 1450, Avignon-de Beaulieu 726 fo 570 «*pro perpetua memoria mea*».

repos. A cet égard, l'attitude de ce chanoine de Saint-Didier, qui refuse d'être enterré dans la tombe commune du chapitre mais se fait faire un tombeau à l'entrée de la chapelle de Tous-les-Saints, là même où il avait fait peindre une image de saint André, est exemplaire. Il n'est plus question d'être un chanoine parmi d'autres, qui rejoint ses prédécesseurs pour former le corps anonyme de tous les clercs qui ont tenu le même bénéfice, il s'agit au contraire d'affirmer radicalement son originalité, son individualité[63].

Les historiens de l'art ont montré que le développement des tombeaux au Moyen Age allait de pair avec la naissance d'un relatif individualisme (que nous avons aussi repéré dans l'histoire de la pratique testamentaire)[64]. L'exemple comtadin confirme cette analyse, même si, comme l'écrit E. Mâle, «en descendant vers le Midi, on s'étonne de la rareté des pierres tombales et, quand par hasard on en rencontre, on s'étonne davantage encore de leur médiocrité, (et si) l'art de graver les dalles funèbres ne fut pas familier aux provinces méridionales»[65].

En général les tombes conservées sont très simples. Il s'agit de dalles funéraires posées sur le sol, d'assez grandes dimensions, en pierre blanche de Pernes[66]. Qu'il s'agisse de la tombe d'un marchand florentin (Barthélémy Cardini enterré en 1412 à Saint Didier[67]), de celle d'un chanoine de Béziers (Olivier Darian, 1426[68]), de celle d'un très noble personnage (Raymond de Beaufort, 1420[69]), ou encore d'un chevalier suédois réfugié en Avignon (Pierre de Cohorn, 1479, enterré dans l'église de Montfavet[70]), la technique

---

[63] 1442, Avignon-de Beaulieu 708 fo 296 ro.

[64] Cf. chapitre Ier p. 87-88. Sur les tombes et les tombeaux cf. en particulier E. Panofsky, *Tomb sculpture*, New York, 1964.

[65] E. Mâle, *L'art religieux de la fin du Moyen Age, op. cit.* p. 426.

[66] Un maçon précise que sa tombe sera en pierre de Pernes (1481, Avignon-Martin 764 fo 284 v).

Cf. J. de Font-Réaulx et S. Gagnière, *La chapelle des frères florentins Cardini et l'Eglise St.-Didier d'Avignon*, in *Mémoires de l'Académie de Vaucluse*, 1956-1962, tome 8, p. 22-35. La pierre tombale de Barthélémy Cardini est en pierre de Pernes, comme l'était aussi le tombeau de Jean XXII à Notre Dame des Doms (cf. L. Duhamel, *Le tombeau de Jean XXII à Avignon*, in *Mémoires de l'Académie de Vaucluse*, 1887, p. 24-46).

[67] J. de Font-Réaulx et S. Gagnière, La Chapelle des frères florentins, *op cit.*, p. 22-35.

[68] *Idem*, p. 30.

[69] L. Duhamel, *Le tombeau de Raymond de Beaufort à Saint-Martial d'Avignon*, Paris, Champion, 1883; il s'agit de la tombe de Raymond Roger de Beaufort, fils de Roger de Beaufort et de Catherine d'Adhémar.

[70] P. Pansier, *Histoire du monastère ou prieuré de Montfavet, Annales d'Avignon et du Comtat Venaissin*, 1927, p. 261 et suiv. Il s'agit d'un gentilhomme suédois réfugié en Avignon. Il teste le

reste la même. Peu ou pas de décor gothique, les personnages sont gravés dans le costume de leur *status* – robe de marchand ou de chanoine, armure de guerrier –. Rien n'indique que ces pierres sont faites en séries, comme dans le Nord de la France[71], mais le sculpteur ne cherche pas à représenter le mort de façon réaliste (la technique même de la gravure par traits simples ne le permet pas). L'inscription gravée tout autour de la pierre, et surtout les armes du testateur, personnalisent et individualisent cependant la dalle funéraire; l'écu de Raymond de Beaufort (d'or à la bande d'azur, à six roses de gueules, trois au dessus, trois au-dessous) est représenté deux fois près du corps et sur les divers éléments de l'armure; l'épitaphe proclame : «*Hic jacet magnificus ac potens vir illustris, Dominus Raymundus de Belloforti, quondam comes Bellofortis et vice comes Valernae, qui anno Domini MCCCCXX diem suum clausit extremum scilicet XII die mensis Maii cujus anima requiescat in pace; Amen.*»[72]

Seuls les papes et les cardinaux se font construire des tombeaux importants, en forme de coffre (comme ceux de Faydit d'Aigrefeuille à Notre-Dame des Doms, de Clément VII aux Célestins, de Martin de Salva à la Chartreuse de Bompas), ou surmontés d'un baldaquin sculpté (Jean XXII, Benoit XII à Notre-Dame des Doms, Philippe Cabassole à la Chartreuse de Bompas, Innocent VI à Villeneuve), ou encore placés dans un enfeu (Jean de Cros à Notre-Dame des Doms, Bertrand de Déaux à Saint-Didier)[73]. Le tombeau du cardinal La Grange, par son ampleur – il occupe toute une partie du chœur de Saint-Martial – appartient à ce dernier genre. Quelques fragments conservés au Musée du Petit-Palais et un dessin de la Bibliothèque Vaticane permettent aujourd'hui de le reconstituer[74]. Sous une arcature gothique cinq registres développent de bas en haut le

---

30 mars 1479. Il est enterré précipitamment à Montfavet et son monument n'est élevé qu'en 1486.

[71] E. Mâle, *L'art religieux à la fin du Moyen Age, op. cit.*, p. 426-427.

[72] L. Duhamel, *Le tombeau de Raymond de Beaufort, op. cit.* Cette très belle pierre tombale est actuellement conservée, comme celles de B. Cardini et C. Darian, au Musée d'Avignon (cf. photographies en fin de volume).

[73] Cf. le catalogue de l'exposition *Sculpture funéraire à Avignon au temps des papes*, par E. Mognetti et collab., Petit-Palais, Avignon, 1979.

[74] Le tombeau du cardinal La Grange a été étudié en détail par A. Mc Gee Morganstern dans deux articles : *Quelques observations à propos de l'architecture du tombeau du cardinal La Grange*, in *Bulletin Monumental*, publié par la Société Française d'Archéologie, tome 128-III, Paris, 1970, p. 208 et suiv. et *The La Grange tomb and choir: a monument of the great schism of the West*, in *Speculum, a journal of Medieval Studies*, vol. XLVIII, January 1973, p. 52-69. L'essentiel des remarques présentées ici est tiré de la lecture de ces deux études.

thème des fêtes de la Vierge (Naissance de la Vierge, Annonciation, Nativité,
Purification, Couronnement); un grand personnage que le cardinal a connu
(Clément VII, Charles V, le futur Charles VI et Louis d'Orléans) est à
chaque fois associé à l'une de ces représentations. Aux pendants de voûtes
des écus représentent les armes des protecteurs du prélat. Cette partie du
programme iconographique n'est au fond qu'une œuvre de circonstance : la
tombe aurait été construite du vivant du cardinal, vers 1389-1397, alors que
le Schisme divise l'Eglise. Artisan du rapprochement entre le pape et le roi,
La Grange exalte cette alliance et donne à Clément VII la légitimité qu'une
partie de la Chrétienté lui refuse. Deux registres sont plus nettement
centrés sur le thème de la mort. Une statue de «Monseigneur d'Amiens», en
habit de cardinal évoque la pérennité de la dignité qu'on lui conféré, tandis
que le fameux «transi», au pied du monument, s'offre au contraire comme
le rappel de la fragilité humaine : «*Spectaculum facti sumus mundo, ut
maiores et minores, in nobis clare peruidant, ad quem statum regidentur,
neminem excipiendo, cuiusque status, sexus, vel etatis. Ergo miser cur superbis
nam cinis es, et in cadaver fetidum, cibum et escam vermium, ac cinerem sic et
nos, reverteris*»[75]. Le cadavre qui offre sur un long parchemin cette macabre
leçon était à l'origine surmonté d'une série de médaillons représentant des
têtes humaines en état de putréfaction, où l'on peut reconnaître des cardinaux, un roi, un pape et un évêque; deux visages plus difficiles à identifier
sont peut-être ceux d'un jeune prince et d'un bourgeois[76]. Cette iconographie évoque le thème de la rencontre des trois morts et des trois vifs, mais
elle annonce aussi la Danse Macabre. Bien qu'elle soit exceptionnelle en
Comtat Venaissin, il faut remarquer qu'elle est très exactement contemporaine des mutations que nous avons déjà observées dans les formulaires et
les pratiques funéraires et donc à ce titre parfaitement significative.

    Le patient travail de Mlle F. Baron a permis ces dernières années de
reconstituer d'autres monuments[77]. Il a été alors possible de repérer deux
thèmes iconographiques dominants dans la sculpture funéraire avignonnaise : le collège des douze apôtres et le couronnement de la Vierge. Le
premier de ces thèmes s'explique facilement par la personnalité et les
fonctions des principaux commanditaires : il s'agit de rappeler, surtout en

---

[75] Nous reprenons la transcription de A. Morganstern.

[76] *The La Grange tomb, op. cit.*, p. 61.

[77] F. Baron, *Fragments de gisants avignonnais* in *Revue du Louvre et des Musées de France*,
1978, 2, p. 73-83 et, de la même, *Collèges apostoliques et Couronnement de la Vierge dans la
sculpture avignonnaise des XIVe et XVe siècle* in *Revue du Louvre et des Musées de France*, 1979,
n° 3 p. 169-186.

plein Schisme, le rôle essentiel du collège des cardinaux, représentés par les apôtres, autour du Pape, évidemment assimilé au Christ. Le couronnement de la Vierge est un thème d'origine française qui veut évoquer à la fois l'Eglise triomphante et la félicité du Paradis : il connaitra une vogue considerable tout au long du XVe siècle[78].

Il faut bien avouer cependant que cet art funéraire n'a qu'une diffusion très restreinte. Les tombeaux des papes et des cardinaux se ressemblent, mais ils restent des monuments exceptionnels, ne servent pas de modèles. La formule du gisant par exemple semble avoir été peu employée. Dans les testaments étudiés, seul celui de Jean de Brancas en 1455 fait explicitements référence «*à une tombe avec une statue de pierre le représentant avec une tunique et ses armes sur le modèle de la sépulture du cardinal Anglic (Grimoard) qui se trouve dans la Chartreuse de Bompas*»[79]. A la fin du siècle la ville d'Avignon élève un somptueux tombeau à Antoine de Combs (c'est la moindre des choses, cet ancien consul a nommé Avignon comme héritière universelle!). Le chevalier est représenté armé, un curieux dais surmonté de son casque protège son visage. Un peintre piémontais, Giovanni Grassi, est chargé de la décoration, car le tombeau est polychrome[80] : sept pleurants noirs sont peints sur la base du tombeau, la pierre sur laquelle repose le gisant est peinte en trompe l'œil, comme s'il s'agissait de marbre noir, le coussin sur lequel repose la tête de la statue est de couleur dorée, l'armure «*a la couleur d'une vraie armure*»; le visage du gisant est «*de chair*», le chien qui est à ses pieds «*blanc et roux*», l'épitaphe est dorée sur fond de marbre noir etc.[81]. Ici, c'est le réalisme qui est avant tout recherché, le tombeau n'est pas terne mais au contraire éclatant de couleurs.

A côté des tombes anonymes des cimetières, les tombeaux, qu'ils soient somptueux ou modestes, restent pourtant les monuments de l'individualisme. Même les dalles funéraires faites en série rappellent la singularité et

---

[78] Cf. chapitre VI, p. 372-373.

[79] 1455, Avignon-de Beaulieu 735 fo 496-497.

[80] Ce tombeau se trouve actuellement au Musée d'Avignon. Le prix-fait de la peinture du tombeau a été édité par P. Pansier, *Les peintres d'Avignon au XIVe et au XVe siècle*, Avignon, Roumanille, 1934, p. 150 et suiv.

[81] Idem, «*septem ymagines lugentium in fondamentis ipsius monumenti de colore migro; et lapidem magum, super quem jacet yamago defuncti de colore marmoris nigri; et auricularium quod est sub caput defuncti, vel ejus ymaginem, ad modum panni aurei figurati; promisit pingere videlicet loricam de colore vere lorice; et vestem suorum armorum, secundum quod arma ipsius condam defuncti exigunt; angelos et cassidem armorum ipsius defuncti secundum quod arma et amictus eorum requirent; et canem existentem subtus pedes yamginis de albo etruffo; lapidem epitaphii, de colore marmoris nigri; et litteras ejusdem, de auro . . .*» etc.

aussi d'une certaine façon la solitude, dans la vie comme dans la mort, de celui qu'elle est sensée représenter : le nom et la date du décès gravé sur la pierre de Pernes suffisent pour distinguer le mort de ceux qui l'entourent. Mais l'exaltation de l'individu n'implique pas le rejet de la famille. Au contraire, au moins chez les plus riches, chaque groupe familial trouve désormais dans l'église un espace bien à lui; ce ne sont plus les *patres* anonymes que l'on rejoint dans la terre bouleversée du cimetière mais les membres d'une lignée, sagement rangés dans les caveaux et les chapelles latérales des églises qui deviennent comme les annexes sacrées des grandes maisons nobles et bourgeoises. Les inscriptions permettent désormais de reconstituer les généalogies, la richesse des tombeaux exalte la puissance des familles.

Les constructeurs de chapelles funéraires ne manquent pas en Comtat[82]; c'est en Avignon cependant que l'on observe le mieux le phénomène. Au début du XIVe siècle, ce sont surtout les personnages de l'entourage des papes qui sont les principaux donateurs : Guillaume de Font, médecin et camérier du cardinal Pierre Court, fait construire une chapelle de la Vierge à Saint-Agricol, le sergent d'armes Pierre Gautier fait ériger celle de Saint-Sébastien dans la même église, Philippe de Chamberliac, archevêque de Bordeaux, fonde chez les Prêcheurs la chapelle Notre-Dame des Anges etc.[83]. Très vite cependant, les notables s'en mêlent : le chevalier Pierre Martin fait construire Notre-Dame de Bonval chez les Augustins[84], Jean Teysseire enrichit la chapelle Saint-Vincent à Saint-Pierre[85], Pons Raynaud, professeur en lois, fonde celle de Saint-Marc aux Prêcheurs[86] etc. Au XVe siècle le mouvement s'amplifie. Des chanoines, des prêtres font encore quelques fondations, mais ce sont les marchands, ou parfois même les artisans qui prennent le relais. Les grandes familles italiennes essaient de retrouver les fastes de Florence : les Pazzi, les Peruzzi, les Gardini, les Ricci

---

[82] Cf. par exemple les chapelles Saint Pierre (fondée par Pons Astier), Saint Jean (fondée par un des coseigneurs de la ville), de Saint Etienne (fondée par un *jurisperitus*) à Notre Dame de Valréas (1391, Valréas-Evesque 196 f° 45 v°; 1392, Valréas-Evesque 196 f° 57; 1394, Valréas-Evesque 199 fo 13) etc... On pourrait multiplier les exemples pour la plupart des petites villes et des gros bourgs comtadins.

[83] 1316 (G 116 fo 14-16); 1355 (8 G 6 et 8 G 26 f° 160-161); pour la chapelle fondée par l'archevêque de Bordeaux, cf. J. Girard et H. Requin, *Le couvent des Dominicains d'Avignon, op. cit.*, p. 85.

[84] 1332, H Sainte Praxède 49 n° 45 et 1348, H Augustins 32 n° 187.

[85] 1357, A. C. Avignon, boite 96 n° 3226 et 1384, A. C. Avignon boite 96 n° 3125.

[86] Cf. A.-M. Hayez, *Clauses pieuses de testaments avignonnais, op. cit.*, p. 135-138.

sont installés chez les Frères Mineurs[87]. Les Bardi sont aux Carmes[88], les Spifami de Lucques à Notre-Dame des Doms[89] tandis que les Damiani d'Asti ont fondé à Saint-Didier une chapelle en l'honneur de Saint-Second, martyr astésan[90]. Dans la même église les deux frères Cardini de Florence ont fondé une chapelle en l'honneur de Saint-Grégoire[91]. Les notables d'origine locale participent aussi à ce grand mouvement de construction : les Sade ont une chapelle chez les Franciscains, de même que le juriste Pons Trenquier[92], certains membres de la famille Cabassole se font inhumer chez les Prêcheurs. Bientôt, les marchands plus modestes, les changeurs, les merciers, les bouchers font aussi construire des chapelles qui se greffent de plus en plus nombreuses sur les églises avignonnaises, multipliant et fractionnant aussi les oratoires, les lieux de prières et de dévotions[93]. Chaque chapelle s'orne d'une fresque, d'un retable où apparaissent non plus seulement les seuls donateurs mais tous les membres de leur famille. Charles Spifami se fait représenter avec ses enfants sur les murs de Notre-Dame des Doms[94] et dans le retable conservé au Métropolitan Museum de New York, les Peruzzi sont au pied de la croix présentés par saint François et saint Jean-Baptiste[95]. En Comtat aussi les bourgeois n'hésitent plus à se faire représenter avec leur progéniture : à Carpentras, en 1435, Henri du Bourg demande à être peint en compagnie de son père et de son fils et désire en outre que se joignent à eux les membres d'une famille alliée (le père, le fils,

[87] 1424, Avignon-Martin 223 f⁰ 381; 1436, Avignon-Martin 87 f⁰ 6; 1449, Avignon-de Beaulieu 723 f⁰ 650; 1468, Avignon-de Beaulieu 756 f⁰ 250; 1483, Avignon-Martin 473 f⁰ 234; 1490, Avignon-Martin 482 f⁰ 162.

[88] 1451, Avignon-de Beaulieu 727 f⁰ 132 v⁰.

[89] 1433, Avignon-de Beaulieu, 684 f⁰ 72.

[90] 1441, Avignon-Martin 102 f⁰ 11 v⁰; 1457, Avignon-Martin 250 f⁰ 497; 1482, Avignon-Martin 750 f⁰ 57 etc...

[91] 1412, Avignon-Martin 46 f⁰ 3 v⁰ et J. de Font-Réaulx et S. Gagnière, *La chapelle des frères florentins Cardini et l'Eglise Saint Didier d'Avignon*, op. cit., p. 22-35.

[92] 1462, Avignon de Beaulieu 750 f⁰ 517 (chapelle Ste Croix); 1444, Avignon-de Beaulieu 714 f⁰ 130.

[93] 1483, Avignon-Martin 330 f⁰ 58 v⁰. La chapelle des Brancas se trouve chez les Prêcheurs (Avignon-de Beaulieu 735 f⁰ 497, Avignon-Martin 763 f⁰ 148 etc.) de même que celle de la famille d'Uzès (1448, Avignon 722 f⁰ 700). Nombreuses chapelles fondées par des changeurs (1426, Avignon-Martin 299 f⁰ 41 v⁰), des marchands (1450, Avignon-de Beaulieu 712 f⁰ 638 – chez les Augustins –), des bouchers (1431, Martin 266 f⁰ 400), des riches artisans etc...

[94] La fresque représentant Charles Spifami et ses enfants, bien qu'elle soit très abîmée est encore visible à l'entrée gauche de Notre-Dame des Doms.

[95] Cf. L.-H. Labande, *Les primitifs français, peintres et verriers de Provence Occidentale*, Marseille, Taoussel, 1932, p. 153-154.

la petite fille et les arrière-petits-enfants!)[96]. Même les chanoines se font désormais représenter avec leurs parents[97]!

L'entrée massive des corps des chrétiens dans les églises a donc été sélective : les pauvres, les ruraux, qui représentent une très large majorité de la population, sont restés dans les cimetières. Toutefois, ce mouvement des cimetières vers les églises n'est pas à proprement parler l'apanage d'une classe sociale. Même si ce sont surtout les nobles, le haut-clergé et les grands marchands qui se signalent par la construction de somptueuses chapelles funéraires, on ne peut oublier que, au total, plus de 80% des avignonnais, riches ou moins riches, trouvent désormais le repos éternel dans les églises. Le départ des cimetières est essentiellement le fait des citadins et cette migration massive est révélatrice, au même titre que les formulaires et la pompe funèbre, d'une évolution des pratiques et des images mentales. Grâce en partie aux Ordres Mendiants, une fraction de plus en plus importante de fidèles est associée étroitement au culte et aux nouvelles dévotions. Mais beaucoup plus qu'un meilleur encadrement par les clercs, c'est une rupture fondamentale avec un ordre ancien que révèlent ces pratiques.

Le cimetière est encore le domaine de la nature; c'est la terre qui achève, en un long travail, la transformation du cadavre en squelette. Sa mémoire généalogique est courte. La famille est bien là, mais très vite le mort rejoint dans une indétermination spatiale et temporelle les multiples *patres* anonymes de la communauté.

Au contraire la tombe, dans l'église, est construite, édifiée, protectrice; chaque mort a sa place et l'épitaphe permet de reconstruire son histoire. La famille est toujours là mais la tombe, la chapelle funéraire, individualise, singularise désormais le mort et sa lignée pour les générations à venir.

La «famille imaginaire» que garde le cimetière est encore, dans une large mesure, mythique; en revanche, celle qui s'abrite dans les églises et les chapelles possède déjà une histoire, courte et sans gloire quand il s'agit de pauvre immigrés récents, longue et fastueuse pour les dynasties nobles et marchandes.

---

[96] Prix-fait du retable demandé par H. du Bourg, bourgeois de Carpentras édité par P. Pansier, *Les peintres d'Avignon au XIVe siècle et au XVe siècle, op. cit.*, p. 69 : «...*ymagines Petri de Burgo, Henrici ejus filii et etiam filii dicti Henrici; et etiam ibidem depingit arma et marcam dicti Petri. Et ex alia parte, subtus instoriam (sic) beati Jacobi minoris depinget ut supra, dictis coloribus finis ymaginem Syffredi Ysonis; Rostagni ejus filii et Johanete dicti Rostagni filie et trium filiorum ejusdem; nec non arma et marcham ejusdem Syffredi...*».

[97] 1449, 2 fév. E. Duché de Caderousse 267.

L'étude des lieux de sépulture confirme donc que dans les années 1340-1410, dans certaines classes sociales, et surtout en ville, non seulement les images de la mort mais aussi les relations entre les vivants et les morts évoluent considérablement. Ce sont ces relations qu'il faut essayer de saisir précisément.

II – LA FAMILLE DES MORTS

« Et j'élis ma sépulture dans le cimetière de Sainte-Cécile où mon père et nos ancêtres (predecessores) ont été enterrés... Item je lègue pour mon âme un trentain... Item je lègue pour l'âme de mon père vingt messes. Item je lègue pour l'âme de ma mère vingt messes. Item je lègue pour l'âme d'Alasacie ma sœur dix messes. Item je lègue pour l'âme de Mone ma sœur dix messes. Item je lègue pour l'âme de Bertrand Auriol mon oncle paternel dix messes. Item je lègue pour l'âme de Jean Auriol mon frère dix messes. Item pour l'âme de Raymond Bonafos vingt messes. Item je lègue pour les âmes de mes enfants cinq messes.. Item je lègue pour l'âme de Raynaude ma femme quinze messes. Item je lègue pour les âmes du Purgatoire deux éminées de blé... » (Testament de Monet Auriol, Mazan, 30 septembre 1415)[98].

Les testaments sont les meilleurs témoignages que les hommes du Moyen Age nous ont laissé sur la double réalité, matérielle et imaginaire, de la famille. Les legs profanes, la nomination de l'héritier, les clauses de substitution concernent la part de la famille qui vit encore ici-bas. Mais le testateur n'oublie jamais d'associer ses parents morts aux bénéfices des legs pieux. La part imaginaire de la famille, celle qui se trouve au-delà, est présente dans tous les actes.

Le retour auprès des ancêtres

Au moment du choix de sépulture ou dans une demande de messes il arrive que les parents proches, les contemporains de celui qui teste, soient évoqués avec précision : père, mère, fils ou fille, époux ou épouse, parfois oncles et grands-parents, cousins très rarement. L'image de la famille que

---

[98] 1415, 30 Sept. Mazan, Etude Bertrand, 1366.

nous renvoient alors les actes est très simple, voire sommaire : peu de
«profondeur» généalogique, les collatéraux sont ignorés le plus souvent. En
somme, c'est la famille conjugale qui apparaît, conforme aux modèles des
démographes (puisque nous savons bien que la «famille-souche» ou la
«famille-large» ne semble pas avoir eu de réalité matérielle importante dans
l'Occident chrétien[99]).

Toutefois, dans la plupart des cas, les testateurs associent aux membres
connus et nommés de la famille leurs ancêtres anonymes : les legs sont faits
«pro remedio anime sue, parentium et predecessorum», la tombe est choisie
«cum genitoribus et predecessoribus», *«cum patribus»* etc. L'emploi de tous
ces termes n'obéissant pas à des règles très strictes, on ne peut en tirer
d'arguments précis. Il est clair cependant que c'est moins la collatéralité
que la filiation directe et la descendance qui sont mises en relief. La
demande de messes *«pro salute anime sue, patris, matris, aliorumque parentium, consanguineorum, amicorum, benefactorumque et alliorum collateralio-
rum»* est très rare. En revanche les *patres*, les *genitores*, les *predecessores*, les
antecessores reviennent constamment. Dans les actes, la famille étroite et
conjugale, qui est, semble-t-il, le cadre de vie de la majorité des contadins,
se trouve donc «emboîtée» dans une famille large imaginaire où les ancêtres ont une place prépondérante.

Beaucoup plus que l'intercession de certains religieux, ou même la
proximité des reliques, c'est la présence d'une part des restes des parents
nommés et connus et d'autre part des ancêtres anonymes qui est détermi-
nante dans les choix du lieu de sépulture. Pour la plupart des historiens, la
paroisse est le lieu normal, naturel de l'inhumation. Mais dans ce domaine
précis de l'élection de sépulture le rôle de l'encadrement paroissial est
souvent surestimé. Le cimetière, on l'a vu, résiste bien aux influences
cléricales et c'est avec beaucoup de difficultés que les prêtres parviennent
peu à peu à l'arrimer solidement à l'église, à l'entourer de murs, à le
moraliser.

Certes, à la campagne, il y a toutes les chances pour que les sépultures
se fassent effectivement dans le cimetière de la paroisse; mais c'est en tant
que nécropole des ancêtres de la communauté plus qu'en tant qu'espace
paroissial contrôlé par les clercs qu'il est alors utilisé. Pour les habitants,

---

[99] Cf. P. Laslett et collab. *Household and Family in Past time*, Cambridge, 1972, le numéro
spécial *Famille et société* des *Annales E.S.C*, Juillet-Octobre 1972, et tous les travaux récents de
démographie historique.

dans la vie quotidienne, communauté et paroisse sont synonymes mais, en réalité, ces deux structures d'encadrement ne coïncident jamais totalement et il existe entre elles, de façon souterraine le plus souvent, des tensions, des oppositions, parfois des conflits. Les cimetières, les morts, sont l'enjeu de ces oppositions entre les structures communautaire et ecclésiale. Reprenons l'exemple de Cavaillon : plus de la moitié des testateurs choisissent un très vieux cimetière, non paroissial, hors-les-murs; le souvenir de l'antiquité de l'église qui le jouxte n'est peut-être pas perdu et explique en partie cette affluence, mais la tradition historique n'a survécu que grâce à la présence ininterrompue dans le cimetière de nombreuses lignées de cavaillonnais. C'est l'accumulation pluriséculaire des morts qui sacralise le cimetière. La proximité de l'église et des reliques ne fait que le sanctifier.

Dans une ville qui compte plusieurs paroisses il est très fréquent de voir les habitants d'un quartier se faire enterrer à l'autre bout de la cité, dans une tombe familiale : en Avignon par exemple il n'est pas rare de voir un notaire paroissien de Saint-Geniès se faire enterrer à Saint-Pierre[100], un laboureur habitant près de Saint-Agricol être inhumé à Saint-Didier[101]. C'est aussi dans cette même église, avec père, frères et sœurs qu'une femme vivant sur le territoire de Saint-Geniès se fait enterrer[102], tandis qu'un artisan de Saint-Symphorien choisit l'église Saint-Pierre[103]. Les exemples se comptent par dizaines.

C'est aussi parce que le retour auprès des ancêtres s'impose avec force à tous que les transferts de corps sont aussi nombreux. Déjà évoqués dans l'étude des pratiques funéraires[104] ils s'expliquent essentiellement par cette attirance qu'exerce la terre des *patres*. Quand les testateurs meurent loin de chez eux, ils prévoient très souvent le rapatriement dans la tombe familiale, à la fin de l'année de deuil[105]. Le corps est déposé temporairement dans la ville ou le village où le décès a eu lieu en attendant que les «secondes funérailles» placent définitivement le nouveau mort auprès de ces ancêtres. Et ce dernier voyage peut-être très long : le corps d'Auzias de Sabran est

---

[100] 1435, Avignon-de Beaulieu 689 f° 110. Cf. aussi 1435, Avignon-de Beaulieu, 689 f° 214.
[101] 1443, Avignon-Martin 792 f° 82 r°.
[102] 1447, Avignon-de Beaulieu 720 f° 108.
[103] 1450, Avignon-de Beaulieu 712 f° 635.
[104] Cf. chapitre II, p. 130.
[105] Par exemple : 1336, Cavaillon-Rousset 26 f° 76; 1383, Apt-Pondicq 13 f° 20. Il faut la permission expresse des prêtres de la paroisse où meurt le testateur étranger pour cette «*depositio corporis*» temporaire.

rapporté de Paris, à petites étapes[106], tandis qu'au XVe siècle certains membres de la famille Peruzzi n'hésitent pas à demander leur sépulture définitive à Santa Croce de Florence[107]!

Il arrive aussi que certains testateurs cherchent à reconstituer leur famille *post mortem*, à rassembler les éléments du groupe qui avaient été enterrés dans diverses églises de la région. Tel noble de Cavaillon demande que l'on transfère dans sa tombe le corps de ses deux enfants enterrés à Robion[108]. Un habitant de Valréas fait transporter dans sa sépulture les «*os de son père*»[109]. Parfois c'est toute une tradition familiale qui est ainsi reconstituée de façon factice : en 1377 par exemple le sire de Viens fait transporter son corps, mais aussi ceux de sa mère, de sa femme et de ses sœurs de l'église Saint-Hilaire de Viens, où ils reposaient jusque là, dans celle des Franciscains d'Apt. Il choisit alors de rejoindre dans la tombe son ancêtre Mabille de Simiane, dame de Castillon et de Viens, pieuse veuve dont la réputation de sainteté avait été grande et qui avait connu Auzias de Sabran[110].

Tous ces exemples ponctuels montrent que le retour auprès des ancêtres est fondamental. Mais il ne se fait pas anarchiquement, il obéit à certaines régles et se réalise plus ou moins facilement selon la situation géographique et sociale de chaque groupe familial.

La règle

49% des testaments étudiés donnent une indication précise sur cette part de la famille qui se trouve déjà dans l'au-delà et qu'on espère rejoindre à l'article de la mort. L'historien a la chance assez rare de disposer des mêmes éléments que l'ethnologue pour comprendre certaines habitudes funéraires. Les testaments répondent en effet à la question fondamentale que poserait tout enquêteur «sur le terrain» : «avec qui voulez-vous ou serez-vous enterrés»? Nombres de réponses restent floues du fait même de l'imprécision des termes de parenté utilisés, mais dans l'ensemble, les renseignements collectés éclairent bien les liens qui unissent les vivants aux morts, et les morts aux vivants.

---

[106] Chapitre II, p. 130.
[107] 1468, Avignon-de Beaulieu 756 f⁰ 250.
[108] 1423, Avignon-Martin 296 f⁰ 98.
[109] 1398, Valréas-Evesque 205 f⁰ 30.
[110] Bibliothèque de Carpentras, ms. 1655 f⁰ 90.

Parmi les testateurs qui donnent des indications sur les membres de leur famille qu'ils veulent rejoindre *post-mortem*, environ 50% demandent à être enterrés avec leurs ascendants (père, grand-père, ou simplement *patres*). Un peu plus du quart seulement rejoignent leur conjoint, un peu moins du quart retrouvent des enfants morts en bas-âge, des cousins éloignés, des amis. Cette statistique grossière permet d'établir une première règle, déjà entrevue dans l'analyse qualitative : ce sont les ancêtres, plus que les collatéraux et parents contemporains, qui sont recherchés par les testateurs.

L'attitude des hommes et celle des femmes est toutefois fort différente :

% de testateurs retrouvant	Hommes		Femmes	
Des parents	25%		20%	
Un conjoint	7%	44%	24%	57%
Divers	12%		13%	
% de testateurs ne donnant aucune indication	56%		43%	
Total	100%		100%	

La lecture de ce tableau, établi sur une base statistique de plus de 3500 actes (de Cavaillon, Apt, Valréas, Avignon), fait apparaître plusieurs points remarquables :

1) les femmes donnent plus souvent que les hommes des indications sur les morts qu'elles veulent retrouver dans la tombe (57% contre 44%).

2) S'il n'y a guère de différence concernant l'enterrement avec les enfants et parents éloignés ou amis (catégorie des «divers» : 12% et 13%) . . .

3) . . . en revanche, les femmes retrouvent moins souvent que les hommes leurs parents (20% contre 25%) mais beaucoup plus souvent leur conjoint (24% contre 7%).

Comment expliquer ces différences?

Le nombre important de testateurs qui ne donnent aucune indication peut s'expliquer de deux façons : premièrement (c'est le cas le plus fréquent), le lieu précis d'enterrement va de soi parce que le testateur appartient à une vieille famille de la région, dont la sépulture est bien connue. Deuxièmement, le lieu d'enterrement est indifférent car le testateur est un nouvel arrivant dans la ville ou le village et n'a aucun parent dans le cimetière.

Parmi les hommes qui donnent une indication, la règle la mieux établie semble être de se faire enterrer *cum patribus* (dans un peu moins de 60% des cas). L'inhumation avec les cousins ou amis est relativement fréquente (un peu moins de 30% des cas) tandis que l'enterrement avec le conjoint est rare. Le petit nombre d'hommes qui choisissent de rejoindre dans la tombe leur épouse s'explique en premier lieu par une particularité bien connue de la structure démographique médiévale : les femmes se marient tôt, les hommes tard, le veuvage touche donc beaucoup plus celles-ci que ceux-là. Mais, fondamentalement, c'est encore la règle qui veut que les hommes préfèrent toujours l'inhumation avec leur lignée à l'inhumation avec une lignée alliée qui rend compte de cette attitude.

Si les femmes donnent davantage de précisions que les hommes sur le lieu de leur enterrement c'est que pour elles il ne va jamais de soi. Théoriquement les époux se séparent dans la mort et les femmes, elles aussi, retrouvent leurs parents. Il n'est pas rare de voir un couple tester au même moment ou à quelques jours d'intervalle et choisir des lieux de sépulture différents : Doucette, la femme d'un épicier avignonnais, élit sépulture chez les Franciscains où sont ses parents plutôt qu'à l'église Saint-Pierre avec son mari[111]; un mercier se fait enterrer devant l'autel de Sainte-Catherine à Notre-Dame la Principale tandis que sa femme choisit l'autel Saint-Antoine de la même église[112], un fournier d'Apt est inhumé dans le cimetière de Notre-Dame Episcopale avec son père et ses enfants tandis que sa femme retrouve chez les Cordeliers sa propre famille[113] etc.

Il reste que, du fait de leur plus grande exogamie (c'est la résidence patri- ou viri-locale qui domine très largement), les femmes ont beaucoup plus de difficultés que les hommes à rejoindre leur lignée. Les cavaillonaises par exemple, qui sont souvent originaires des *castra* et des bourgs voisins y parviennent parfois : Hugalène, femme de R. Gautier du Clos se fait enterrer à Saint-André de Velleron où elle a ses parents; Sibiende de Fos retrouve ses ancêtres chez les Franciscains de Salon; Douce, la femme

---

[111] 1450, Avignon-de Beaulieu 720 f⁰ 490.
[112] 1468, Avignon-Martin 263 f⁰ 90 v⁰ et f⁰ 93.
[113] 1440, Apt-Pondicq 86 f⁰ 5 et f⁰ 7.

d'un notable, s'en retourne au Thor d'où est issue toute sa famille; une habitante de Bonnieux rejoint père et mère au monastère Saint-Laurent d'Avignon[114]. Il en va de même dans bien d'autres régions : les épouses des hommes de Courthezon qui sont originaires d'Orange retournent à Orange tandis que, dans le sens inverse, les habitantes d'Orange originaires de Courthezon retournent à Courthezon[115].

Cependant, en général, les épouses parviennent plus difficilement que leurs maris à rejoindre leurs parents, les statistiques le montrent clairement (20% des femmes contre 25% des hommes retrouvent les *patres*); leur pays d'origine est trop loin et le transfert impossible. Il ne leur reste plus alors qu'à solliciter explicitement l'accueil, en tant qu'alliée et non en tant que parente, dans les tombes des lignées maritales. Il n'est pas rare de voir, en Avignon comme dans le Comtat, des veuves demander d'abord l'enterre-ment *cum patribus* puis, au cas où cela serait impossible, suggérer un deuxième lieu d'inhumation, avec leur époux[116].

· Les règles que l'on vient d'établir à l'aide des statistiques ne s'imposent évidemment pas de façon absolue. Mille contraintes particulières ou situa-tions individuelles permettent aux testateurs d'agir à leur guise, et parfois même à leur fantaisie (ne voit-on pas en 1369 une avignonnaise demander un enterrement dans le cimetière Saint-Michel s'il fait beau, et dans le cimetière Saint-Agricol s'il pleut le jour de ses obsèques[117]!). Mais, il faut le souligner, globalement, majoritairement, la règle est respectée.

A condition toutefois que la situation démographique et sociale s'y prête. Affinons l'analyse et tentons de repérer les conduites différentes selon les lieux et les époques.

Dans les quatre centres d'expérimentation privilégiés (Avignon, Apt, Valréas et Cavaillon), apparaissent très vite des contrastes et des anomalies par rapport à la statistique générale étudiée plus haut. Certes, les règles sont respectées (dans tous les cas les femmes retrouvent moins souvent que

[114] 1339, Cavaillon-Rousset 33 f° 52; 1342, Cavaillon-Liffran 11 f° 37; 1342, Cavaillon-Liffran 11 f° 37.

[115] 1383, E, Not. et Tab. 98 f° 9 r°; 1385, Not. et Tab. 230 f° 37.

[116] Une femme d'Avignon par exemple hésite entre l'enterrement à Saint-Didier dans la chapelle Saint-Jacques où sont inhumés ses parents et l'enterrement chez les Franciscains avec son mari (1449, Avignon-de Beaulieu 723 f° 87); une veuve de Valréas choisit le cimetière de Notre Dame avec son père et sa mère si les séculiers sont d'accord, sinon chez les Franciscains avec son mari (Valréas-Evesque 196 f° 60 v°).

[117] 8 G 26 f° 101 et Aumône de la Fusterie B1.

les hommes leurs *patres*; elles demandent plus fréquemment l'enterrement avec le conjoint etc...) mais dans des proportions fort différentes d'une ville à l'autre :

% de testateurs retrouvant	AVIGNON		APT		VALRÉAS		CAVAILLON	
	H	F	H	F	H	F	H	F
Des parents . . .	14%	13%	26%	22%	32%	25%	39%	29%
Des conjoints . .	9%	30%	6%	18%	5%	16%	7%	27%
Divers	15%	12%	11%	14%	9%	8%	9%	17%
% de testateurs ne donnant aucune indication . .	62%	45%	57%	46%	54%	51%	45%	29%
TOTAL . . .	100%	100%	100%	100%	100%	100%	100%	100%

Un phénomène essentiel apparaît : plus le caractère urbain s'accentue, moins les testateurs donnent de précision sur leurs lieux d'inhumation, et moins aussi ils retrouvent leurs ancêtres dans la tombe. Plus du tiers des cavaillonais demandent à être enterrés *cum patribus* : ils habitent une cité qui, par ses activités et ses structures sociales, est encore très proche du gros bourg rural. A l'opposé, moins d'un septième des avignonnais retrouvent leurs *patres* : ils vivent dans l'une des plus grandes villes des pays de langue d'oc.

La corrélation qui avait été établie entre le développement des pompes funèbres, du macabre et le monde de la grande ville trouve donc ici une autre expression : la ville est le lieu où l'on retrouve le moins ses ancêtres.

Pour faciliter l'étude de ce phénomène essentiel, on distinguera Avignon et les autres villes de la région comtadine.

La famille des morts dans la région comtadine.

L'évolution des demandes des comtadins n'est pas facile à suivre, surtout au début du XIVe siècle; il faut donc se contenter de moyennes, établies par demi-siècle et traduisant grosso modo le mouvement général (qu'il serait vain de toutes façons de chercher à saisir dans le temps court).

Prenons l'exemple de Cavaillon où les testaments sont nombreux dès le début du XIVe siècle. Jusqu'en 1350, 53% des hommes et 51% des femmes demandent à réintégrer la tombe des *patres*. Dans la seconde moitié du siècle ces chiffres tombent rapidement à 26% et 28%, les femmes devançant les hommes, contrairement à la règle générale établie précédement. A partir de 1400 les pourcentages remontent légèrement, au moins chez les hommes (1400-1450 : 42%) puis semblent stationnaires (1450-1500 : 37%). Chez les femmes, qui demandent de nouveau moins souvent que les hommes le rapatriement dans la tombe des ancêtres, ils baissent légèrement (20% et 26%).

Avec des nuances, cette évolution se retrouve à Valréas et à Apt (cf. le graphique n° X). Dans ces villes aussi le demi-siècle 1350-1400 est celui où, exceptionnellement, les femmes sont plus précises et plus exigeantes que les hommes (il en va de même à Orange où un sondage révèle que 19% des hommes et 14% des femmes demandent l'enterrement *cum patribus* en 1300-1350, mais où ces pourcentages tombent à 7% et 17% en 1350-1400).

La crise démographique, qui frappe de plein fouet le Comtat entre 1340 et 1390, est responsable de cette évolution. La peste en effet touche les jeunes comme les vieux et les fils meurent avant les pères. Toute la continuité de la vie familiale est rompue. En temps d'épidémie l'accumulation des morts contraint parfois aux enterrements collectifs, à la fosse commune, et il n'est plus question alors de rejoindre les ancêtres. Entre deux épidémies le groupe familial qui a été décimé ne parvient pas à se réorganiser, sa structure reste bouleversée. Cette rupture de l'ordre de la vie provoquée par le retour incessant des mortalités explique sans doute la baisse du nombre des testateurs qui demandent l'inhumation dans la tombe de leurs aïeux. Pendant les années 1350-1400, au milieu de ce bouleversement permanent, les hommes s'abandonnent à la coutume, aux décisions de leurs exécuteurs testamentaires ou bien, au cœur de l'épidémie, à la volonté des fossoyeurs! L'attitude des femmes qui, à l'inverse de ce qu'elles ont l'habitude de faire, exigent le rapatriement dans une tombe familiale plus souvent que leurs maris, est peut-être en revanche une sorte de réaction devant ce désordre général : pour elle, rappelons-le, le lieu d'inhumation n'est jamais évident; en ces temps où les liens de parenté se distendent, se rompent, se dissolvent, il devient donc nécessaire de préciser davantage leur choix et il est normal de chercher refuge auprès des siens beaucoup plus souvent que de coutume. Au XVe siècle, malgré la poursuite de la crise démographique, le nombre de ceux qui retrouvent leurs *patres* dans la tombe s'accroît légèrement et se stabilise, sans toutefois, on le voit bien

Graphique n° X

L'ENTERREMENT *CUM PATRIBUS* À CAVAILLON, APT ET VALRÉAS

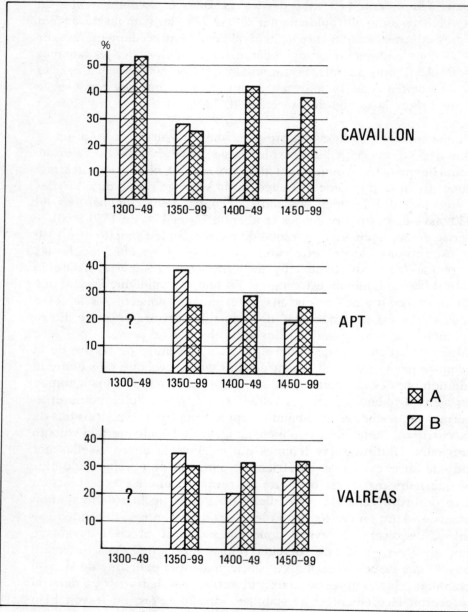

A : % d'hommes ; B : % de femmes.

dans le cas de Cavaillon, revenir aux pourcentages du début du XIVe siècle.

Mais un autre élément explicatif intervient pour rendre compte de ces variations : l'accélération des mouvements migratoires, des campagnes vers les villes, inter-régionaux, internationaux etc.[118]. Les cités et les bourgs se remplissent de déracinés qui ont abandonné leurs villages et leurs ancêtres en fuyant la peste, la guerre et les malheurs des temps et qui ne rejoignent que très rarement une personne connue dans le cimetière qui les accueille. Ils n'ont pas eu le temps de contracter des alliances avec d'autres lignées, de faire souche, d'élargir leur parenté. Ils sont seuls dans la vie comme dans la mort.

Certes, les familles élargies, sinon larges, sont encore nombreuses. Même à Carpentras plus de 21% des individus vivent dans des foyers de 10 à 25 personnes[119]! La structure démographique de bien des villages comtadins ressemble sans doute d'assez près aux bourgs ruraux toscans étudiés par Ch. Klapisch «où se manifeste encore l'importance de la grande famille agnatique, indivise, patrilinéaire et patriarcale» (même si celle-ci ne caractérise qu'une part minoritaire des ménages)[120]. Et l'on pourrait presque reprendre mot à mot pour le Comtat ce qu'elle dit de la région d'Arezzo par exemple : «Alors qu'en ville à peine un ménage sur dix est un «ménage multiple» où se côtoient plusieurs générations ou plusieurs couples, à la campagne un sur cinq forme une «grande famille» où coexistent plusieurs familles conjugales sur un patrimoine commun. La balance entre les foyers

---

[118] Sur les mouvements de population à la fin du Moyen Age cf. en particulier R. Boutruche, *Les courants de peuplement dans L'Entre-Deux-Mers, étude sur le brassage de la population rurale*, in *Annales d'Histoire Economique et Sociale*, t. VII, 1935, p. 13-37. E. Le Roy Ladurie dans ses *Paysans de Languedoc*, Paris, S.E.V.P.E.N. Paris, 1966 tome I, p. 93 et suivantes, évoque aussi cette effervescence migratoire, ce perpétuel déracinement démographique, caractéristique du quart Sud-Est de la France et notamment du Languedoc rural – vrai trait de structure géographique –. Les études ponctuelles renforcent encore cette impression : cf. G. Prat, *Albi et la Peste Noire*, in *Annales du Midi*, janvier 1952, p. 15-25 où les compoix révèlent un très fort taux de déracinement. Cf. aussi L. Stouff, *Trois dénombrements de la population arlésienne aux XIIIe XIVe et XVe siècles*, in *Bulletin philologique et historique du Comité des travaux historiques*, Paris, 1962, p. 275, et N. Coulet qui analyse la situation démographique d'Aix dans *l'Histoire d'Aix en Provence*, Edisud, Aix-en-Provence, 1977, p. 86-90.

[119] R.-H. Bautier, *Feux, population et structure sociale au milieu du XVe siècle, l'exemple de Carpentras*, in *Annales E.S.C.*, 1959, p. 255-260. Il existe en 1473, sur 520 feux chrétiens, 44 feux qui rassemblent plus de 10 personnes (dont 11 qui ont entre 15 et 25 personnes).

[120] Ch. Klapisch et M. Demonet, *A uno pane e uno vino, la famille rurale toscane au début du XVe siècle*, in *Annales E.S.C.*, 1972, p. 890.

ou les différentes générations du même âge (familles verticales et horizontales) varie également en ville et dans le monde rural : ici elle penche du côté des frères et des cousins, là du côté des pères et des aïeuls ... L'autorité du *pater familias* et la cohésion où elle maintient le groupe familial sont plus fragiles, après sa mort, en ville qu'à la campagne, où les fils et les cousins se résolvent plus lentement à diviser la terre héritée[121]».

Il reste que la peste et les migrations contribuent à accroître la part des isolés ou des couples sans descendant ni ascendant. Surtout dans les gros bourgs et les petites villes. Cavaillon à cet égard affirme une fois de plus son caractère nettement rural puisque, en plein XVe siècle, encore 37% de ses habitants retrouvent leurs parents dans les cimetières. Ce n'est le cas que pour 33% des hommes de Valréas et 24% des aptésiens. Plus la vie de relation est importante, plus les déracinés semblent nombreux et sans doute aussi plus la taille moyenne des familles se réduit, une seule génération étant alors généralement représentée. Si les pestes et les mortalités accentuent cette évolution, il est clair cependant qu'il s'agit d'un phénomène engagé depuis plusieurs siècles puisqu'il est lié de façon structurelle au développement urbain. Au début du XIVe siècle déjà, avant même que la peste n'arrive, quelle différence entre deux villes comme Orange (où seulement 19% des habitants demandent à être enterrés cum *patribus*) et Cavaillon (où ils sont plus de 50%!) La première est une cité ouverte sur la grande voie rhodanienne où les marchands et les lombards prospèrent, l'autre n'est qu'un gros village rustique.

Mais c'est évidemment en Avignon que le phénomène prend toute son ampleur.

Les orphelins d'Avignon.

Seulement 13% ou 14% des Avignonnais retrouvent des parents dans la tombe au XVe siècle. La ville des légats se distingue ainsi très nettement du reste de la région; c'est le lieu même du déracinement, des «sans-ancêtres».

On note cependant une évolution au cours du siècle : le nombre des testateurs qui demandent à être enterrés avec leurs parents reste pratiquement stable (16% entre 1410-19 et 15% vers 1490); ceux qui ne donnent aucune indication sont de moins en moins nombreux (60-70% vers 1410,

---

[121] Ch. Klapisch, *Fiscalité et démographie en Toscane (1427-1430)* in *Annales E.S.C.*, 1969, p. 1336-1337.

Graphique n° XI
LA FAMILLE DES MORTS EN AVIGNON

1) % de testateurs vivants en Avignon et retrouvant leurs *patres* dans la tombe

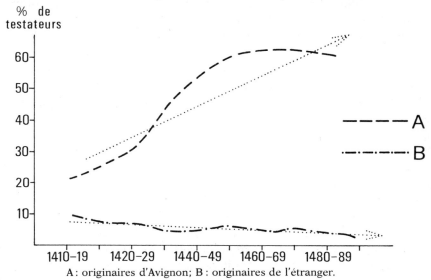

A : originaires d'Avignon ; B : originaires de l'étranger.

2) évolution du choix des testateurs.

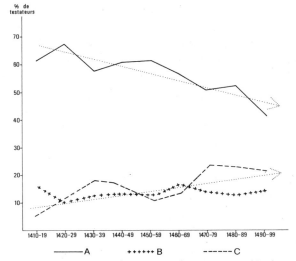

A : % de testateurs ne donnant aucune indication sur les parents qu'ils désirent retrouver dans la tombe ; B : % de testateurs désirant être enterrés *cum patribus* ; C : % de testateurs désirant être enterrés avec un conjoint.

40-50% vers 1490) tandis que ceux qui choisissent la tombe de leur conjoint
augmente (10 à 22%). Ce fait révèle un enracinement très relatif des
migrants arrivés au début du siècle et peut-être aussi une mutation des
coutumes funéraires : on accepte plus volontiers de se faire enterrer avec
un allié plutôt qu'avec un parent. Il y a moins d'isolés mais leur installation
est encore récente et pour la plupart ils n'ont pas fait souche.

Distinguons l'attitude des avignonnais établis depuis au moins une ou
deux générations, et celle des immigrants récents.

Sur l'ensemble des actes étudiés, environ 14% des testateurs ne donnent aucune précision sur l'ancienneté et l'implantation de leur famille,
mais plus de 24% déclarent être originaires d'Avignon. La grande masse
(62%) vient de l'extérieur. L'écart entre les deux derniers groupes dont il
vient d'être question se creuse légèrement au cours du XVe siècle. Les
avignonnais de souche s'enracinent de plus en plus : ils sont environ 25% à
demander le rapatriement dans la tombe d'un parent vers 1420, près de
60% en 1490. Mais ils ne représentent que le quart de la population
citadine! En revanche il est évidemment rarissime que les étrangers retrouvent leurs *patres*. D'où viennent donc ces «sans-ancêtres»? Le phénomène
du déracinement, essentiel pour nous, ne peut se comprendre sans le
détour d'une analyse rapide de l'immigration.

Il est difficile d'étudier l'arrivée des immigrants selon un rythme
décennal. On a choisi de faire trois coupes chronologiques (1400-1449,
1450-1469 et 1470-1499) et de classer les immigrants selon leurs diocèses ou
leur province ecclésiastique d'origine. Ce classement permet des comparaisons avec la situation du XIVe siècle analysée par B. Guillemain à partir du
Liber divisionis[122]. Plusieurs remarques s'imposent :

1) Les habitants originaires des villes et des villages voisins d'Avignon sont peu nombreux. Certes, 35% à 45% des testateurs viennent de la
province d'Arles, mais les avignonnais de souche sont inclus dans ces
chiffres, si bien que seulement 5% à 10% des immigrants viennent vraiment
de la région d'Arles, d'Orange, du Comtat ou de Marseille, et 2% à 4% d'Aix,
Apt, Fréjus, etc... L'immigration avignonnaise est une immigration à très
long rayon d'action, différente à cet égard de celle d'Aix où, entre 1400 et

---

[122] B. Guillemain, *La Cour pontificale, op. cit.*, p. 627-695. Il est clair que les sources utilisées
par B. Guillemain sont très différentes des nôtres. On remarquera cependant des convergen-
ces importantes.

PROVINCES	1400 - 1449		1450 - 1469		1470 - 1499	
Arles (avec les habitants originaires d'Avignon)	176	36,4%	151	33,4%	130	38,5%
(sans les habitants originaires d'Avignon)	45	9,3%	23	4,8%	21	6,2%
Aix	19	4 %	6	1,2%	4	1,2%
Embrun	11	2,3%	14	2,9%	2	0,6%
Tarentaise	1	0,2%	–	–	3	0,9%
Vienne	32	6,6%	56	11,6%	52	15,4%
Lyon	19	4 %	27	5,6%	17	5 %
Besançon	13	2,7%	26	5,4%	30	8,9%
Sens	33	6,8%	25	5,2%	9	2,7%
Reims	19	4 %	20	4,1%	8	2,6%
Tours	8	1,6%	9	1,9%	5	1,5%
Rouen	8	1,6%	4	0,8%	–	–
Bourges	37	7,7%	44	9,1%	22	6,50%
Narbonne	8	1,6%	8	1,6%	7	2,0%
Toulouse	1	0,2%	1	0,2%	1	0,3%
Auch	3	0,4%	3	0,6%	–	–
Bordeaux	1	0,2%	2	0,4%	3	0,9%
Allemagne et Pays-Bas	13	2,7%	20	4,1%	7	2 %
Italie	33	6,8%	31	6,4%	17	5 %
Espagne	3	0,4%	2	0,4%	–	–
TOTAL . . .	483		482		338	

1450, les nouveaux arrivants semblent venir majoritairement des campagnes provençales[123].

2) Comme au XIVe siècle, c'est le grand axe nord-sud, Flandre-Méditerranée, qui a canalisé l'essentiel des immigrants. Ceux-ci descendent presque tous des régions septentrionales du royaume de France, de Lorraine, de la Rhénanie ou des Pays-Bas vers le Midi. Les provinces d'Auch, Narbonne, Toulouse sont peu représentées; en revanche celles de Vienne, Lyon, Besançon fournissent les plus gros contingents et leur part s'accroît au cours du siècle (environ 14% vers 1410-19; environ 31% vers 1480-99).

[123] N. Coulet, *Histoire d'Aix-en-Provence, op. cit.*, p. 86-90.

Carte III

ORIGINES DES TESTATEURS AVIGNONNAIS ENTRE 1400 ET 1449

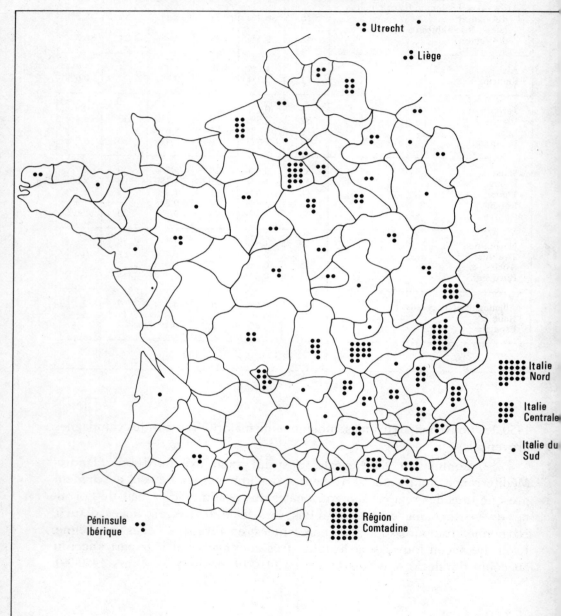

Carte IV

ORIGINES DES TESTATEURS AVIGNONNAIS ENTRE 1450 ET 1469

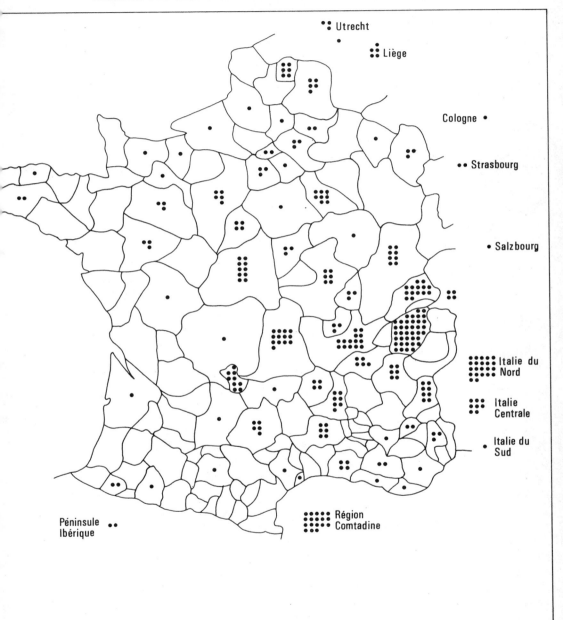

Carte V

ORIGINES DES TESTATEURS AVIGNONNAIS ENTRE 1470 ET 1499

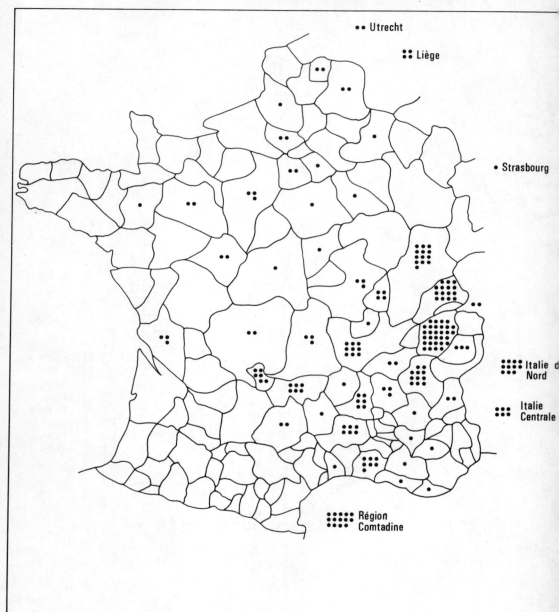

Carte VI
ORIGINES DES MARCHANDS (ET DE LEURS FEMMES) AU XVe SIÈCLE

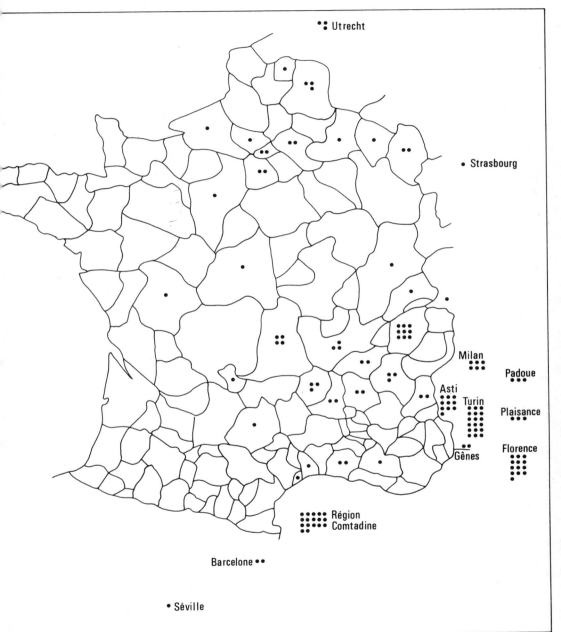

Carte VII

ORIGINES DES ARTISANS (ET DE LEURS FEMMES) AU XVᵉ SIÈCLE

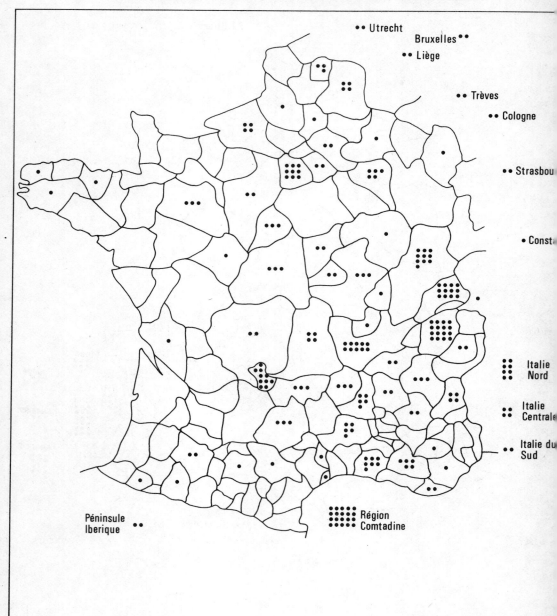

Carte VIII
ORIGINES DES AGRICULTEURS (ET DE LEURS FEMMES) AU XVe SIÈCLE

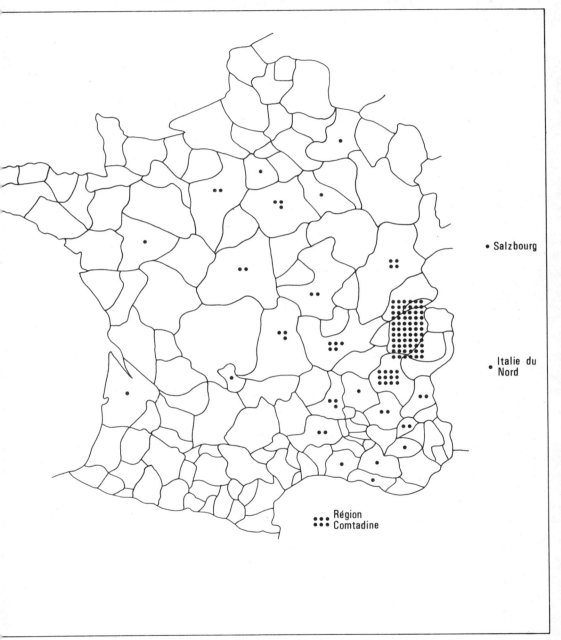

• Salzbourg

• Italie du
  Nord

••• Région
••• Comtadine

Les testateurs originaires du Bassin Parisien (provinces de Sens et de Reims), assez nombreux encore pendant les dernières années du Schisme (11,8% en 1400-10) sont quantité négligeable vers la fin du siècle (5,3%). De même, l'Ouest et le Sud-Ouest sont très peu représentés : il y a longtemps que l'on a oublié les papes gascons ou cahorsin! Les espagnols sont en nombre infime; en revanche, on note la présence de quelques marchands ou artisans de Cambrai, Tournai, Utrecht, Liège, Bruxelles, Trêves et des villes de la vallée du Rhin. Les Italiens représentaient plus de 40% des immigrés vers 1350, 20% en 1370 et leur nombre diminue encore au XVe siècle (ils forment 7% des testateurs en 1400-1449, mais seulement 5,4% en 1470-99)! Désormais, ils viennent moins de l'Italie centrale et de Toscane que du Milanais ou du Turinois.

3) Cet extraordinaire brassage de population affecte l'ensemble des catégories sociales; tous les métiers et tous les états sont représentés; les marchands bien entendu font preuve d'une grande mobilité mais les artisans, les laboureurs et les brassiers viennent aussi de diocèses fort lointains (très souvent de Lyon, Genève, Belley dans le cas des agriculteurs par exemple – cf. carte n° VIII). Ils ne semblent pas que certaines professions soient l'apanage de groupes nationaux particuliers.

Les migrants arrivent parfois par deux ou trois, appelés puis accueillis par des compatriotes ou des parents mais le plus souvent ils semblent avoir quitté seuls leur patrie (les mariages entre avignonnais originaires de provinces ou de pays différents sont fréquents).

Sous les papes, les immigrés représentaient plus des trois quarts de la population avignonnaise; au XVe siècle ils forment encore les deux tiers des citadins. Leur obstination à faire suivre leur nom, dans tous les actes de la pratique, de la mention de leur diocèse d'origine montre à quel point «les attachements ancestraux»[124] conservent pour eux une valeur fondamentale. Mais en même temps apparaît l'impossibilité où ils se trouvent de rejoindre leurs ancêtres dans la tombe.

Indépendamment de l'ampleur toute particulière de l'immigration en Avignon, la structure démographique de la population citadine n'est guère propice à l'enracinement, au développement de véritables souches. L'étude, même sommaire du choix de l'héritier, nous a déjà appris qu'en Avignon les testateurs choisissent plus volontiers leur conjoint que leurs enfants comme héritier universel[125]. Nous en déduisons que, dans les grandes villes, beau-

---

[124] B. Guillemain, *La Cour pontificale, op. cit.*, 673-674.
[125] Cf. chapitre Ier, p. 70-71.

coup plus que dans les gros bourgs ruraux et les *castra* du Comtat, la vie du groupe familial s'inscrit dans un temps court, n'a guère de profondeur généalogique. Ces remarques rejoignent les études des démographes. Ici encore, le modèle proposé par Ch. Klapisch pour la Toscane pourrait s'appliquer parfaitement au Comtat : «Tout se passe comme si les boutiquiers et les artisans cassaient à chaque génération la solidarité élargie chère aux paysans, incapables qu'ils sont d'élargir leurs moyens de production. Leurs cycles familiaux, beaucoup plus courts et "individuels" que ceux des paysans, ne bénéficient pas des conditions qui aident ses derniers à reconstituer leurs familles...», «Le cycle selon lequel se développe la famille citadine serait donc relativement court, bouclé quand meurt son chef, alors que la mort de ce dernier n'interromperait pas un mouvement de plus longue amplitude dans la famille rurale»[126].

Beaucoup plus que les habitants de Cavaillon ou d'Apt et de Valréas, ceux d'Avignon sont donc coupés de leurs racines ancestrales. Pour eux l'image d'une famille large, accueillante au-delà même de la mort, s'estompe, disparaît.

Résumons-nous : dans le choix de sépulture c'est la possibilité ou non du retour auprès des ancêtres qui est fondamentale. Ce dernier voyage se fait selon les règles précises : chacun, homme ou femme, doit rejoindre ses propres parents, sa lignée. Mais l'urbanisation, les migrations, les épidémies, en cassant les solidarités lignagères, en coupant les citadins de leurs racines, rendent ce retour de plus en plus problématique. En ville, la double réalité de la famille, matérielle et imaginaire, se transforme : la cellule conjugale étroite ne parvient plus à s'insérer, à se blottir dans le groupe large et imaginaire des *patres* anonymes. La vie de la famille s'inscrit dans le temps court, sa reproduction ne se fait plus désormais sous le regard des ancêtres.

III – LE DEUIL IMPOSSIBLE

On peut donc entrevoir certaines des causes profondes qui rendent compte de l'évolution des images de la mort pendant l'Automne du Moyen-Age. La corrélation qui existe entre le développement des pompes funèbres flamboyantes, l'apparition des thèmes macabres et l'impossibilité où se

---

[126] Ch. Klapisch et M. Demonet, *A uno pane e uno vino...*, in *Annales E.S.C., op. cit.*, p. 890 et suiv.

trouve la majorité des citadins de retrouver leurs ancêtres dans la tombe, ne peut être fortuite. En quoi cette absence, ou même cette perte des ancêtres est-elle responsable de l'angoisse traumatique qui se manifeste aussi bien dans l'art et la littérature que dans le développement d'un véritable théâtre de la mort au moment des funérailles? Qu'est-ce donc qui fait peur dans la mort du XIVe siècle et du XVe siècle?

La peste et les ancêtres

Revenons à la peste. Tous les chroniqueurs, à Orvieto ou à Cambrai comme en Avignon, insistent sur la terreur qu'elle provoque :

> «*tempore epidemiali plurimi inferuntur homines et moriuntur ex continuis terroribus, emotionibus et imaginationibus inductis; ex pulsatione nimia campanarum, et ex cantu mortuorum par carrieras, et audiendo Corpus Christi portari ad communicandum infirmos, et audiendo etiam continue quod nunc Petrus moritur, nunc Paulus, nunc Johannes...*[127].

Ce qui fait peur dans la peste c'est moins sans doute l'horreur de la mort qu'elle provoque (encore que tous les témoins parlent avec insistance des bubons et des crachements de sang) que son universalité et le bouleversement radical qu'elle introduit dans la société (cherté, brigandage, pogroms) et surtout dans les familles.

> «*Pater enim filium et filius enim patrem in grabato relinquebat*»[128]. L'innommable arrive : les parents abandonnent leurs enfants malades et les enfants font de même avec leurs parents. Quand ils ne fuient pas, les survivants ne sont même pas assez nombreux pour organiser des funérailles décentes :

> «*Voyez quel espoir nous pouvons mettre dans ce monde! Dans une des meilleures familles d'Avignon et des plus riches, il est mort six personnes en huit jours. Voyez la sentence divine : trois cadavres la même matinée! D'abord, il est mort une fille mariée, puis la femme et puis, dans la même nuit, un frère et deux filles du mari*» (lettre du correspondant de Datini, 1404[129]).

---

[127] R. Chalmel, Traité de la peste (1382); transcription de P. Pansier (Biblio. Calvet ms 5675 (2) fo 51) du ms 403 de la Bibliothèque de Chartres (fo 80 à 128). Les scènes d'horreur et d'épouvantes sont aussi évoquées par E. Carpentier, *Une ville et la peste, op. cit.*, p. 120, qui cite un chroniqueur : «*e era si grande la mortalità e lo sbigottimento dilligenti, che morivano di subito*».

[128] *Vita* de Clément VI, in Baluze, *Vitae paparum avenionensium*, éd. G. Mollat, *op. cit.*, p. 251.

[129] R. Brun, *Annales avignonnaises*, tome XV, 1938, *op. cit.*, p. 50.

Ce que la peste rend sensible, c'est non seulement cette grande «usure des lignages» que les historiens savent désormais mesurer[130] mais encore une véritable destruction de l'ordre de la vie et de la mort : «*On ne peut évaluer le nombre de beaux jeunes hommes qui sont morts en quelques jours de suite de cette épidémie*» (correspondant de Datini, 1402)[131]. Et, alors que l'*Elucidarius* d'Honorius classait sans commentaire les trois morts possibles – celle des enfants, celle des jeunes, celle des vieillards – les Lucidaires occitans du XVe siècle insistent sur l'horreur de la mort des «jovencels» :

«*Tres mors son en naturah; la una es dels enfans petis; l'autre es dels homes jovencels e vigorozes e aquella s'y apella plus aspre; l'autra es natural, aquella dels homes vielhs que leur diffalch natura. E aquesta non es tan aspera ny tan salvaja con aquella del jovencels*»[132].

Bien plus, la peste, l'épidémie ne permet pas d'accomplir les rites qui font le «bon passage» dans l'au-delà.

Tous les récits de peste reprennent les versets du Livre de la Sagesse à propos de l'Egypte : «*Et les forces des vivants ne suffisaient plus à enterrer les morts*»[133]. Il ne s'agit pas seulement d'un topos littéraire. Les vivants sont accablés; ils ne sont plus assez nombreux pour procéder avec toute la décence voulue aux inhumations. Les cimetières sont pleins, on creuse des «*fosses très longues et très profondes*» où l'on enterre les défunts «*comme s'il s'agissait de bétail!*»[134] Il arrive même, O horreur, que, dans leur précipitation certains enterrent des hommes ou des femmes vivants, Louis Sanctus de Beeringen raconte comment peu à peu en 1348 les rites funéraires ne sont plus respectés. Le vide se fait autour des malades; ce sont des paysans de Haute-Provence, les gavots, qui descendent de la montagne pour servir de croque-morts; puis les gavots eux-mêmes disparaissent :

«*On ne soigne pas les siens autrement que des chiens; on leur jette le boire et le manger auprès du lit; puis l'on s'enfuit de la maison. Ensuite, quand*

---

[130] E. Le Roy Ladurie, *Les Paysans de Languedoc, op. cit.*, p. 35. M.-Th. Lorcin, *Les campagnes de la région lyonnaise au XIVe et au XVe siècle*, Lyon, Imprimerie Bosc, 1974, p. 220 et suiv.

[131] R. Brun, *Annales avignonnaises, op. cit.*, p. 48.

[132] Honorius Augustodunensis, *Elucidarium*, P. L. 172, Col. 1155. C. F. le Lucidaire en provençal de la Bibliothèque Ingimbertine de Carpentras (ms 162) édité par G. Reynaud, in *Revue des langues romanes*, 4e série, tome III, 1889, p. 331 (f° 79 et 80 du ms). Sur les Lucidaires en général cf. Y. Lefèvre, *L'Elucidarium et les Lucidaires, contribution par l'histoire d'un texte à l'histoire des croyances religieuses en France au Moyen Age*, in *B E F A R*, Paris, de Boccard, 1954.

[133] *Vita* de Clément VI, *op. cit.*, p. 268.

[134] *Idem.*

ils sont morts, viennent de solides campagnards des montagnes de Provence, pauvres et misérables, de fort tempérament, que l'on appelle gavots; ceux-ci, du moins, moyennant une grosse rémunération, portent les morts en terre. Pas de parents, pas d'amis qui s'occupent d'eux en quoi que ce soit; pas de prêtre qui entende la confession des mourants, qui leur donne les sacrements; mais chacun ne s'occupe que de sa propre santé et de celle des siens. Il arrive même chaque jour qu'un riche défunt n'est porté au tombeau qu'avec un peu de luminaire et par ces ribauds; personne qui ne suive son corps excepté ceux-là. Quelqu'un vient à mourir, tous s'enfuient par la ville et rentrent chez eux. Il n'est pas jusqu'à ces misérables gavots qui ne meurent aussi au bout de peu de temps, atteints autant par la contagion qu'écrasés par la misère; presque tous les pauvres qui ont coutume d'assurer aux riches de telles obsèques sont morts»[135].

Guy de Chauliac renchérit :

«Les gens mouroient sans serviteurs et estoyent ensevelis sans prestres. Le père ne visitoit pas son fils, ni le fils son père; la charité estoit morte et l'espérance abbatüe»[136].

Devant l'accumulation des morts, ceux qui n'ont pas encore été touchés par l'épidémie se révèlent incapables d'organiser rituellement le passage dans l'au-delà. Or, rappelons-le, la fonction fondamentale des rites funéraires est précisément de donner aux morts une place, «leur» place, aussi bien dans l'espace qui leur est réservé (le cimetière, l'église) que dans la mémoire collective et individuelle des vivants. Les funérailles font du défunt, de l'homme que l'on vient de perdre, un être imaginaire, un ancêtre. Le travail du deuil consiste à réaliser rituellement cette séparation douloureuse en donnant au mort ce nouveau statut qu'il ne peut acquérir pleinement qu'en rejoignant ces prédécesseurs dans le cimetière.

Avec la peste, cela n'est plus possible. L'épidémie, comme les migrations et le déracinement géographique, mais sur un mode plus nettement apocalyptique, empêche les rites de fonctionner, transforme donc les habitants des villes en orphelins, inconsolables de la perte de leurs *patres*. C'est cette impossibilité de conduire le deuil selon les règles anciennes qui est profondément traumatisante pour les hommes de la fin du Moyen Age.

---

[135] L. Sanctus de Beeringen, *Lettre* éditée par de Smet in *Recueil des Chroniques de Flandre*, Bruxelles, 1956, tome III, p. 17. Citée par B. Guillemain, *La Cour Pontificale*, op. cit. p. 556 et suiv., traduit par M. Mollat, *Genèse médiévale de la France moderne*, Paris, Arthaud, 1977, p. 40-41.

[136] G. de Chauliac, *La Grande Chirurgie*, éd. Nicaise, Paris, 1890, p. 167 et suiv.

Mélancolie

Le deuil des Avignonnais et des citadins du XVᵉ siècle est en effet d'ordre pathologique. La mise en scène pieuse et macabre que les testateurs créent de plus en plus autour de leur propre mort vise davantage, nous l'avons montré, à affirmer l'individualité de celui que l'on porte en terre, à protester contre la «mort de soi», qu'à organiser rituellement la séparation entre le défunt et les vivants.

Les pompes funèbres flamboyantes sont profondément narcissiques. La place que prend le corps dans l'ensemble des pratiques funéraires, l'usage du cercueil, l'attention portée au destin du cadavre, les tombeaux, le transi du cardinal La Grange, le montrent abondamment. L'exaltation du corps mort, de la décomposition, du macabre est profondément dénigrante, contemptrice. Elle ne l'est plus au sens où l'entendait Innocent III; il ne s'agit pas de provoquer une ascèse, un oubli de soi; mais au contraire, par ce théâtre morbide, d'élever une protestation solennelle contre la fragilité humaine.

En dernière analyse, cette protestation, où l'on peut voir avec Ph. Ariès, «le sentiment aigu de l'échec individuel»[137] ne s'explique pas par «un amour passionné de la vie» dont elle n'est, en quelque sorte, que la contre-partie obligée, pas davantage par la «multiplication de la vue de la mort»[138]. La plainte qui s'exprime dans les pompes funèbres du XVᵉ siècle doit moins à l'expérience immédiate des épidémies et de la crise démographique qu'à la découverte, rendue certes plus facile par la conjoncture, d'une solitude nouvelle : déracinés, sans-ancêtres, les citadins gagnent désormais seuls le Royaume des Ténèbres. Ils sont contraints d'abandonner les vieilles solidarités, et les rites traditionnels; leur attirance pour le macabre, leur goût pour les cortèges de pleurants et de porteurs de torches, leur désir de se faire construire des tombes somptueuses sont les manifestations les plus évidentes du trouble et du déchirement qu'ils sont en train de vivre. Les vieilles règles qui socialisaient de deuil ne peuvent plus jouer; ils protestent donc mélancoliquement (et, bien sûr, de façon inconsciente) contre la perte de leurs pères, contre l'impossibilité où ils se trouvent de rejoindre les ancêtres, de leur ressembler, de s'identifier à eux[139].

---

[137] Ph. Ariès, *Essais sur l'histoire de la mort en Occident, du Moyen Age à nos jours*, Paris, Ed. du Seuil, 1975, p. 83 et 109.

[138] P. Chaunu, *Le temps des réformes, op. cit.*, p. 188.

[139] Il n'est pas question ici d'utiliser trop vite la grille de lecture psychanalytique pour expliquer la crise de la fin du Moyen Age. On ne peut proposer à bon compte une «psychologie

Mais, dans le même temps, comme s'ils étaient soudain devenus majeurs, ils affirment leur autonomie, leur individualité, leur personne. La fascination morbide et la terreur devant la décomposition manifestent à la fois leurs regrets de l'ordre ancien et leur entrée dans le monde moderne.

* * *

L'étude des lieux de sépulture et des règles qui président aux choix des testateurs révèle donc un phénomène essentiel pour comprendre l'évolution des images de la mort. Entre le début du XIVe siècle et la fin du XVe siècle, les rapports entre les morts et les vivants se transforment, au moins dans les grandes villes et les classes sociales les plus riches.

Le passage du cimetière à l'église est le signe le plus clair de cette transformation. Les morts quittent la terre, où ils se seraient vite mêlés à la famille large et imaginaire des *patres* anonymes, pour le tombeau, où leur individualité est mieux respectée, où leur corps est mieux protégé des outrages du temps, séparé des autres défunts de la communauté mais entourés des membres connus de leur lignée.

Les historiens de la philosophie, de l'art, du droit ont souligné à maintes reprises cette promotion de l'individu qui s'opère à partir du XIIe siècle, s'accélère pendant les dernières décennies du Moyen Age, s'épanouit avec la Renaissance. A travers l'exemple de la pratique testamentaire et de l'organisation des funérailles, il apparaît très clairement que cette libération de l'individu ne se fait pas sans perte ni abandon des anciennes valeurs et des anciennes images mentales.

Pour les citadins, qui sont très souvent des migrants et des déracinés, il n'est guère possible de rejoindre *post mortem* le monde accueillant et mythique des ancêtres. La vie de la famille s'inscrit dans le temps court, dans ce temps historique que les horloges commencent alors à mieux

---

de masse» en projetant sur le corps social les analyses de mécanismes concernant l'individu. Il est certain toutefois que formes pathologiques du deuil au XIVe et au XVe siècle se rapprochent de celles décrites par S. Freud dans *Deuil et Mélancolie*, in *Métapsychologie*, traduction Laplanche-Pontalis, Paris, Gallimard, 1968. L'évolution de l'image de famille que nous avons repérée s'accompagne sans aucun doute d'une transformation des conditions de refoulement du complexe d'Oedipe, et par conséquent du rapport au(x) père(s). Il serait possible d'appliquer *avec précautions* les découvertes de Freud aux XIVe et XVe siècle (d'autres l'ont fait avec succès pour des aires culturelles fort différentes de celle où Freud a élaborée sa méthode – cf. M.-C. et Ed. Ortigues, *Oedipe africain*, Payot, 1973 et Ed. Ortigues, *Famille et psychanalyse* in *Annales E.S.C.*, 1972, p. 1091-1104). Mais c'est le sujet d'un autre livre.

mesurer[140]. Le déploiement des pompes funèbres flamboyantes ou l'exacerbation des thèmes macabres sont des protestations mélancoliques – au sens, technique, de la psychanalyse – contre cette solitude que l'urbanisation, les migrations, la crise démographique imposent aux habitants des villes.

Si c'est seulement la «vue» de la peste, la mort à répétition, qui provoque la grande angoisse de la fin du Moyen Age, on voit mal pourquoi les pompes funèbres flamboyantes et les thèmes macabres ne se répandent pas, ou du moins se répandent plus lentement, dans les bourgs et les campagnes, même chez les notables. Beaucoup plus que l'expérience immédiate de l'épidémie, c'est la relative cohésion de la famille rurale, malgré les mortalités et les désertions, qui explique cette résistance et le maintien de formes traditionnelles du deuil à la campagne.

Dans les *castra* et la plaine irriguée les solidarités entre la «famille des morts» et la «famille des vivants» n'ont pas été rompues avec autant de violence qu'en ville. Malgré la crise, les travaux et les jours reprennent, les rites se refont et il faut attendre la Révolution industrielle et l'exode rural du XIXe siècle et du début du XXe siècle pour voir la grande masse des paysans se couper définitivement de leurs racines ancestrales.

La Grande Mélancolie du XIVe et du XVe siècle concerne donc surtout les citadins. Si elle se manifeste avec le plus d'éclat dans les productions de la culture savante et parmi les classes dominantes, elle est partagée, semble-t-il, par une large fraction de la population urbaine. Elle n'est pas née d'une simple angoisse existentielle devant la peste et les malheurs des temps. Elle vient d'un trouble plus profond : la conscience d'avoir perdu ses racines et ses ancêtres. Conscience née de l'impossibilité grandissante de faire certains gestes consolants, de pratiquer les rites anciens, mais qui sans aucun doute, pousse les hommes du XIVe siècle et du XVe siècle à renaître, à découvrir, à inventer un Nouveau Monde.

---

[140] Cf. J. Le Goff, *Temps de l'Eglise, temps du marchand.* in *Annales, E.S.C.*, 1960, p. 417-433 et chapitre VI.

SECONDE PARTIE

LA MATHÉMATIQUE DU SALUT

Dès lors que les rapports entre ici-bas et au-delà se transforment, certains moyens d'intercession se révèlent moins utiles, d'autres sont mieux adaptés, des pratiques et des croyances nouvelles surgissent, que l'Eglise s'efforce de contrôler ou de promouvoir. L'ensemble du champ religieux connaît une mutation profonde. Dans cette seconde partie, on voudrait non pas dresser un inventaire de la piété liée à la mort, mais plutôt suivre les efforts des clercs pour mieux encadrer ce moment essentiel, repérer les formes les plus courantes des gestes d'intercession, saisir l'évolution des rapports entre Dieu et les hommes, bref, de cet observatoire privilégié que sont les testaments, contribuer à éclairer la place de la religion dans la société du XIVe siècle et du XVe siècle.

Le thème des «dévotions aberrantes» domine encore l'historiographie : messes par milliers, folie des indulgences, délire quantitatif du culte des saints protecteurs ou thaumaturges. Ce ne sont plus les abus scandaleux dénoncés par Nicolas de Clamanges[1] – puis par les anticléricaux du XIXe siècle – qui tiennent la vedette. Mais l'Eglise, au milieu de la crise économique et sociale, déchirée par le Schisme, paraît faible, incapable d'endiguer la laïcisation de la culture, d'empêcher ces déformations inquiétantes que le zèle des fidèles ou d'un clergé grossier font subir à la «belle religion» de saint Bernard et de saint Thomas. Ce ne sont que «faiblesses», «défaillances», «égarements» ou même «perversions» du sentiment religieux[2]. Le symbolisme décline[3], la comptabilité des cierges, des prêtres, des célébrations eucharistiques, des indulgences et des années de Purgatoire envahit tout.

[1] Nicolas de Clamanges, *Traité de la ruine de l'Eglise*, éd. Coville, Paris, 1936.
[2] F. Rapp, *L'Eglise et la vie religieuse à la fin du Moyen Age*, Paris, P. U. F., 1971, p. 155-162 et 321-326.
[3] J. Huizinga, *L'Automne du Moyen Age*, Paris, Payot, 1967, p. 211-223.

Mais classer, sans autre forme de procès, cette mathématique du salut parmi les aberrations issues des consciences troublées du XVᵉ siècle, c'est ignorer les progrès de l'encadrement clérical qui l'ont rendu possible. C'est oublier l'effort indiscutable de l'Eglise pour rapprocher, non sans contradictions, la Tradition et un monde où l'on commence à tout mesurer : l'argent, l'espace, le temps. C'est aussi ne pas reconnaître derrière ces «extravagances» les tensions très fortes que subissent, plus ou moins consciemment, une partie des hommes de la fin du Moyen Age. Attachés encore aux gestes rituels de leurs pères, au «temps de l'Eglise», ils vivent désormais tous les jours «le temps du marchand»[4], même si, fondamentalement, les structures économiques n'ont guère changé et si le marchand n'occupe pas encore une position dominante. C'est enfin ne pas voir que la piété flamboyante annonce et prépare la piété baroque et que se mettent alors en place, bien avant les Réformes et le Concile de Trente, les cadres et les thèmes de la religion moderne.

---

[4] J. Le Goff, *Temps de l'Eglise, temps du marchand, op. cit.*

CHAPITRE IV

LES STRUCTURES D'ENCADREMENT

Pour rendre compte des images de la mort, on a surtout privilégié jusqu'ici les relations entre le testateur et sa famille. Progressivement au cours de l'enquête, il est apparu en effet que ces liens jouaient un rôle déterminant dans l'évolution des images mentales. Mais la famille n'est évidemment pas la seule structure sociale concernée et les funérailles ne peuvent être interprétées comme les rites d'une religion purement domestique.

Toutes les pensées, tous les gestes de la mort, imprégnés de christianisme, disent au contraire que cet évènement s'insère dans une histoire générale, celle du Salut. C'est donc la société chrétienne toute entière qui prend en charge le passage dans l'autre monde, et les institutions ecclésiastiques jouent, ou essaient de jouer, un rôle primordial dans cette socialisation de la mort. Depuis le haut-Moyen Age les clercs ont réussi peu à peu à s'imposer comme intermédiaires indispensables entre ici-bas et au-delà. L'auteur de *la Passion de Semur*, obsédé par l'image du testament, le rappelle avec force :

«*Du testament Jhesus qu'il sont exécuteurs?*
Certes ce sont les prestres, de paradix tuteurs
Ils sont les chérubins à la flambante espée
Leurs langues sont les clefs pour paradix ovrir
Vous estes la clarté en la maison Dieu mise
Vous estes la bannière de toute saincte Eglise[1].

Dans le Comtat des papes et des légats, ce sont encore surtout les clercs qui bénéficient des dons rituels que laissent les testateurs pour payer leur passage dans l'au-delà. Les réseaux des évêchés, des paroisses, des monastères réguliers, des couvents mendiants sont très denses, quadrillent entière-

---

[1] E. Roy, *Le mystère de la passion en France du XIVᵉ au XVᵉ siècle*, in *Revue Bourguignonne*, Université de Dijon, XIV, 1904, p. 412.

ment l'espace. La capacité d'adaptation de l'Eglise aux transformations économiques et sociales, à la montée des marchands et à l'évolution du monde rural, à l'espace urbain et à la crise démographique semble ne faire aucun doute. Le caractère polymorphe de l'institution ecclésiastique lui permet d'être présente dans tous les foyers, les quartiers, les villages, et même auprès des errants, des migrants et des «sans-ancêtres».

Toutefois, l'intercession recherchée est-elle de même nature quand on fait appel à un Cordelier pour se confesser, et aux séculiers pour accompagner le corps à sa dernière demeure? Quand on se fait enterrer chez les Carmes plutôt que dans le cimetière paroissial où pourtant se trouvent les ancêtres? Quand on demande des messes aux Dominicains au lieu de donner la traditionnelle «pitance» aux moines noirs ou blancs? Et que signifie la multiplication des groupes confraternels à partir du milieu du XIVe siècle? Etroitement surveillées par les autorités ecclésiastiques et participant au développement du culte des saints, les confréries par la place privilégiée qu'elles donnent aux laïcs, ne témoignent-elles pas d'une évolution des rapports entre les fidèles et les clercs?

Les choix multiples des testateurs en faveur de tel ou tel intermédiaire nous permettent non seulement de mesurer l'impact réel de l'encadrement ecclésiastique sur les pratiques rituelles, mais aussi de repérer les transformations profondes qui affectent l'ensemble du champ religieux.

I – LE PRIX DU PASSAGE

Malgré le lien étroit qui unit toutes les mesures – même les plus profanes – prises par le testateur à l'article de la mort[2], certaines d'entre elles concernent plus particulièrement l'au-delà, constituent vraiment le «prix du passage». Toute une économie du salut (entendue au sens commun et non au sens théologique du terme) se cache derrière l'organisation des legs pieux; mettre en évidence le rôle des structures d'encadrement c'est d'abord étudier le transfert de richesse organisé par les testateurs.

Plusieurs faits sont remarquables : le caractère très codifié, normalisé, ritualisé de cet ensemble de legs, le poids encore considérable du prélèvement pour les morts sur les fortunes et les héritages, la faible part des dons charitables dans les différentes rubriques du «budget de l'au-delà» et, en revanche, l'appel constant et massif aux clercs comme intercesseurs privilégiés.

[2] Cf. chapitre Ier, p. 73-74.

Un prix rituel

La multiplication et la parcellisation extrême des legs pieux frappe d'abord. Il n'est pas rare de voir un testateur énumérer quinze ou vingt bénéficiaires, prêtres, confrères, pauvres et œuvres diverses. Chaque don est minutieusement décrit, et accompagné parfois de clauses de substitution ou de garantie très complexes[3].

Cette dispersion des suffrages n'est pas récente : au début du XIIIe siècle par exemple le chevalier Giraud Amic fait des legs au Temple, à Citeaux, à Cluny, à toutes les paroisses où il possède des terres ou des droits (Chateauneuf, Caumont, Le Thor, Touzon, Bompas, Vedène, Pont-de-Sorgue, Jonquière, Les Vignères etc. . . .)[4]. Elle n'est pas non plus particulière au Comtat ou à la Provence : les testaments de Franche-Comté, du Lyonnais ou du Toulousain sont construits sur le même modèle[5]. Mais il ne fait aucun doute qu'elle s'accentue au XIVe et au XVe siècle. Fractionné en nombreuses petites sommes de quelques deniers ou, au mieux, de quelques florins, le «prix du passage» n'est plus qu'une accumulation de legs assurant chacun l'intervention d'un intercesseur.

Pourtant, l'idée du prix global à payer pour le voyage vers l'au-delà n'a pas encore complètement disparu. Elle apparaît par exemple au début de nombreux testaments, dans la formule qui annonce les donations pieuses : «*item, accipio de bonis meis n florenos distribuendos per modum infrascriptum . . .*». Ainsi se retrouve la conception, sans doute très ancienne[6], de la «part de Dieu» que l'on doit distraire de l'héritage si l'on veut gagner rapidement le repos éternel. Sans la désignation de ce chiffre total destiné par le testateur au rachat de ses fautes, il nous serait d'ailleurs impossible le

---

[3] Cf. par exemple cette avignonnaise qui lègue un cens à son fils dominicain, mais les droits de mutation à sa sœur, et après la mort de ladite sœur à l'abbesse de St. Véran; après la mort du fils et de la sœur le cens devait revenir aux Dominicaines, à St. Véran, à charge à l'abbesse d'entretenir une lampe se trouvant dans une chapelle chez les Prêcheurs etc. Exemple cité par A.-M. Hayez, *Clauses pieuses de testaments avignonnais, op. cit.*, note 30, p. 133.

[4] E. Duprat, *Le testament de G. Amic, op. cit.*, in *A.A.C.V.* 1912, p. 151-167.

[5] Cf. en particulier M. Bastard-Fournié, *Mentalité religieuse aux confins du Toulousain de l'Albigeois à la fin du Moyen Age*, in *Annales du Midi*, juillet-septembre 1973, p. 267-287, qui remarque que le foisonnement des legs s'accentue entre 1450 et 1500 (p. 282).

[6] M. Falco, *Le disposizioni pro anima, fondamenti dottrinale e forme juridiche*, Torino, 1902, en particulier p. 203 et ss. Cf. R. Aubenas, *Cours d'histoire du droit privé*, tome III, *op. cit.*, p. 17 et suiv. Sur la part du mort, cf. aussi E. Caillemer, *Origine et développement de l'exécution testamentaire, op. cit.*, p. 410, 504, 506, 512.

plus souvent d'évaluer le montant exact des legs (les notaires, malgré leur précision, négligent parfois d'indiquer certains paramètres importants: nombre de luminaires, de confréries, de pauvres à qui l'on doit donner de l'huile, des chandelles, des aumônes).

L'énumération des legs pieux se fait souvent aussi sous une forme qui les constitue en ensemble. Par exemple à Orange: «*item lego omnibus luminariis, reclusis, operibus pontis, confratriis, hospitalibus, cuilibet n denarios...*». Aucun de ces dons, malgré leur diversité, n'a d'existence autonome. Ils font partie d'un groupe de legs rituels dont la composition, fixée par la coutume, est reprise de façon immuable par les notaires dans chaque testament[7].

La perte de consistance symbolique que manifeste l'émiettement des dons se retrouve dans l'utilisation de la clause du gage spirituel. Au XIe siècle et au XIIe siècle il arrive que *gadium* (ou *vadium*) désigne un acte pour cause de mort. Une donation *pro remedio anime* fait donc office de «gage spirituel» offert à Dieu en échange de la participation à la gloire des Elus. Derrière ces mots, qui viennent du droit germanique et feodal[8], se profile l'idée très forte d'une sorte d'hypothèque sur l'au-delà. Au XIVe et au XVe siècle, quelques notaires emploient encore, très rarement il est vrai, l'expression de *gadium spiritualis* pour désigner une donation *mortis causa*[9]. D'autres nomment ainsi les legs qui constituent la «part de Dieu» ou, plus précisément, les *funeralia*, c'est-à-dire l'ensemble des dépenses effectuées à l'occasion des obsèques et pendant l'année de deuil (y compris les messes et les autres suffrages)[10]. Les *gadiatores*, les exécuteurs testamentaires, continuent d'être surtout considérés comme des *eleemosynarii*, des aumôniers, chargés de distribuer les legs pieux du testateur, de veiller au parfait respect de ses dernières volontés, d'être les garants de son bon passage dans l'au-delà[11]. Mais, dans la plupart des actes, le gage spirituel n'est plus qu'un legs symbolique de quelques sous[12], une clause parmi d'autres,

[7] Cf. chapitre premier, p. 85-86.

[8] Sur l'utilisation du mot *gadium* cf. par exemple L. de Charrin, *Les testaments de la région de Montpellier, op. cit.*, p. 27 et suiv. Cf. aussi le vieux livre de R. Auffroy, *Evolution du testament en France, op. cit.*, p. 170 et suiv. et 313 et suiv.

[9] 1428, Apt-Pondicq 80 f⁰ 11, le notaire intitule *Gadium spiritualis* une *donation mortis causa*.

[10] 1336, Cavaillon-Rousset 26 et Liffran 1 f⁰ 55; 1460, Apt-Pondicq 266 f⁰ 25 v⁰.

[11] E. Caillemer, *Origine et développement de l'exécution testamentaire, op. cit.*

[12] A Cavaillon par exemple le gage spirituel est toujours de 7 sous et 1 denier. Preuve de l'enracinement de cette coutume: quand un avignonnais originaire de Cavaillon teste chez

peut-être le «vestige affaibli d'une aumône expiatoire» (selon R. Aubenas), peut-être aussi une sorte d'équivalent de cette obole que l'on met dans la bouche du mort avant de le porter en terre pour qu'il paie son passage dans l'autre monde ou, plus vraisemblablement, pour qu'il n'ose plus rien demander aux vivants[13]. Malgré cette restriction considérable de la notion même de gage spirituel et l'affaiblissement évident de sa portée symbolique, l'habitude de donner ainsi quelques sous et le soin que l'on met à choisir les *gadiatores* montrent que la codification et la ritualisation du prix du passage sont encore importantes.

Souvent liée à la clause du gage spirituel, celle des forfaits achève de donner un aspect rituel à l'ensemble des legs pieux[14]. Il s'agit en général d'une modeste somme d'argent destinée à réparer les torts commis plus ou moins volontairement («*forefactis certis et incertis*»). Dans le cas où les personnes lésées ne se font pas connaître, le montant du legs est versé pour faire dire des messes en faveur du testateur et de ceux à qui il a nui, pour enrichir le bassin des âmes du Purgatoire, pour acheter des ornements ou soulager les pauvres[15].

Cette coutume prend racine sans aucun doute dans les pratiques de restitution de biens mal acquis (les biens d'Eglise en particulier), si fréquentes un ou deux siècles plus tôt. Mais la mention des «*forfaits incertains*», des erreurs que l'on a commis sans s'en rendre compte, renvoie aussi à l'idée très ancienne de la faute objective, éloignée de la notion de péché et de la

---

Jean de Brieude, il ne manque pas de donner pour son gage spirituel 7 sous 1 denier, alors que cette habitude est inconnue en Avignon (1426, Avignon-Martin 204 f° 326). Dans la région du Lubéron la clause du gage spirituel semble survivre au moins jusqu'au milieu du XVIᵉ siècle (cf. les testaments de Cucuron, étude Ricou).

[13] R. Aubenas, *Le testament en Provence dans l'ancien droit*, Aix, 1927, p. 187. Il semble que la coutume de mettre une pièce de monnaie dans la bouche du mort soit attestée en Flandre (cf. Toussaert, *Le sentiment religieux en Flandre...*, *op. cit.*, p. 212). A. Van Gennep, (*Manuel de Folklore français*, *op. cit.*, tome IV, p. 100) n'est guère favorable à la thèse de l'obole comme prix du passage à Charon. Il paraît en effet plus vraisemblable qu'il s'agisse d'un don destiné à éloigner le mort des vivants, à l'empêcher de venir réclamer, à le désintéresser de l'héritage.

[14] On trouve souvent l'expression «*pro gadio meo spirituali et pro forefactis meis...*» (1435, Avignon-Martin 100 f° 24 v°) qui lie nettement les deux legs rituels.

[15] On laisse en général un délai d'un an pour que les personnes lésées viennent réclamer l'argent qui leur est dû. Une fois cette date passée, ce qui reste est transformé en messes ou en prières (Cavaillon-Rousset 24 f° 4 etc.). L'argent des forfaits peut aussi aller aux âmes du Purgatoire (1429, Apt-Pondicq 81 f° 6 r°), aux pauvres filles à marier (1476, Apt-Pondicq 326 f° 16 v°), aux prêtres pour acheter des vêtements sacerdotaux (1379, Apt-Pondicq 10 f° 102) etc...

morale de l'intention que les écrits des théologiens et les manuels de confesseurs s'efforcent de promouvoir depuis le XIIᵉ siècle. Pour les testateurs de la fin du Moyen Age, la clause des forfaits n'est qu'une précaution supplémentaire et finalement accessoire. Elle témoigne pourtant, elle aussi, de la persistance d'une conception ancienne du «prix du passage» entendu comme un véritable gage remis à Dieu avant de passer de vie à trépas.

L'émiettement des legs, la minute avec laquelle ils sont décrits, la multiplication des intercesseurs et des intermédiaires ne parviennent donc pas à briser l'unité rituelle de la «part-Dieu».

L'évolution des dons

Il est très difficile, voire impossible, de reconstruire et d'analyser les fluctuations du «prix du passage» comme on le fait pour le prix des céréales, les salaires ou le produit de la dîme. L'imprécision des notaires, le nombre important de legs en nature dont l'estimation est malaisée empêchent très souvent la constitution de séries homogènes ou l'établissement de courbes caractéristiques.

Cependant, deux problèmes méritent au moins d'être soulevés. Dans quelle mesure d'abord la générosité des testateurs est-elle liée à la conjoncture économique générale? La crise réduit-elle les dons des fidèles, ou bien au contraire provoque-t-elle une augmentation sensible des offrandes, signe d'un appel pressant et angoissé aux puissances célestes? Ensuite, est-il possible d'estimer globalement ce prélèvement pour les morts et son impact sur l'économie avignonnaise et comtadine? Ignorant le plus souvent l'étendue de la fortune de chaque testateur, on ne peut déterminer ce que représentent ces legs par rapport au budget ou à l'héritage familial, mais il est certain qu'à chaque décès des biens et des sommes d'argent considérables quittent ainsi les patrimoines. Il n'est pas question ici d'étudier en détail ces transferts mais seulement d'en rappeler brièvement l'importance[16].

---

[16] Si G. Duby dans *Adolescence de la Chrétienté Occidentale*, Paris, Skira, 1967, et dans *Guerrier et Paysans*, Paris, Gallimard, 1973, démonte le rôle à la fois économique et spirituel du monastère aux XIᵉ et XIIᵉ siècle, on est surpris, en lisant les travaux récents d'histoire économique sur le XIVᵉ et le XVᵉ siècle de ne rien trouver sur la fonction économique spécifique de l'Eglise. Il n'est évidemment pas question de faire de l'Eglise une puissance seigneuriale originale. La gestion des clercs, en tant que seigneurs fonciers, se rapproche tout à fait de celle des laïcs. Mais, est-il possible par exemple d'analyser la dîme, ou dans une moindre mesure les droits casuels, uniquement comme révélateur des fluctuations économiques, sans tenir compte de leur nature et de leur fonction idéologique particulière?

Graphique n° XII
ÉVOLUTION DES LEGS PIEUX EN AVIGNON ET À CAVAILLON

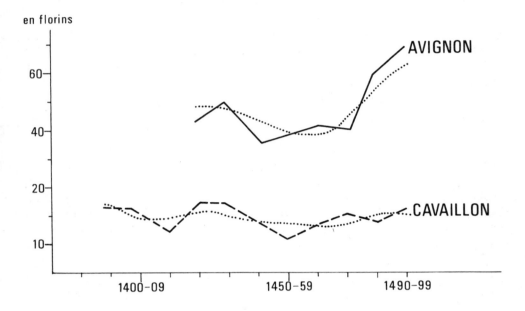

Graphique n° XIII
LES LEGS PIEUX DES HOMMES ET DES FEMMES À CAVAILLON

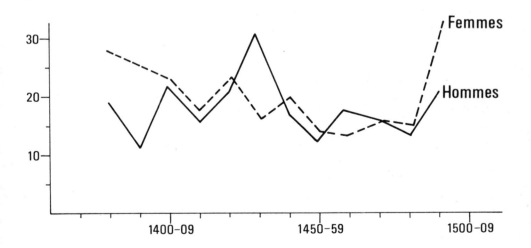

Une remarque préliminaire s'impose : les femmes consacrent à Dieu autant d'argent que leurs pères, leurs maris ou leurs frères (et même parfois davantage, cf. graphique nº XIII). C'est le signe d'une égalité des sexes devant la mort et dans l'au-delà, alors que l'inégalité des processus de transmission des patrimoines écarte en général les testatrices. Celles-ci donnent pour prix de leur passage la majeure partie de leurs biens-propres. Elles n'hésitent pas à mettre en vente leurs vêtements et leurs bijoux pour payer les *funeralia*, créer des anniversaires, subventionner des hôpitaux, tandis que les hommes au contraire doivent veiller à ne point trop grever la part d'héritage qu'ils laissent à chacun de leurs enfants. Cette attitude des femmes est révélatrice, sans aucun doute, d'une piété très forte, plus forte peut-être que celle des hommes. Elle montre en tous cas que désormais, à l'heure de la mort, Eve est l'égale d'Adam.

Le «prix du passage», pour les hommes comme pour les femmes, varie avec les années mais, dans la longue durée, il est difficile à suivre. Au XIVᵉ siècle, les renseignements sont rares. On ne peut donner une image de l'évolution générale des legs. Au siècle suivant, en revanche, à Cavaillon et en Avignon, les testateurs indiquent presque systématiquement la somme totale qu'ils destinent à leur rachat. Malgré des situations économiques fort différentes (qui se marquent notamment par la faiblesse des legs-moyens à Cavaillon – entre 10 et 25 florins – et au contraire leur ampleur en Avignon – entre 50 et 70 florins –) les habitants de l'une et l'autre ville ont à peu près la même attitude; les courbes de leurs dons suivent le même mouvement (cf. graphique nº XII).

Encore substantiel vers 1420-1430, le montant des legs baisse sensiblement vers 1430-1460, puis remonte plus ou moins vite ensuite. A Cavaillon, les fluctuations, qui portent sur des sommes modestes, sont de peu d'ampleur. Tout au plus peut-on distinguer une tendance assez nette à la baisse au milieu du siècle. En Avignon, le problème est compliqué par la clientèle très différenciée des notaires : Jacques Girard voit augmenter le nombre des marchands, des riches changeurs et des nobles qui viennent à lui, mais Jean de Brieude semble au contraire perdre une partie de ses anciens clients tandis que ceux qui lui restent fidèles s'appauvrissent (globalement cependant les deux mouvements se compensent). D'autre part, il est difficile de comparer terme à terme le début et la fin du siècle, car vers 1420-1440 les clients de Jean de Brieude, Jacques Girard et Jean Morelli sont en moyenne plus riches et situés plus haut dans la hiérarchie sociale que ceux de Guillaume Morelli et Jean de Gareto (vers 1470-1490). Toutefois, le mouvement entrevenu pour Cavaillon se confirme : la courbe de la moyenne de legs pour chaque notaire (graphique nº XIV) reste stationnaire ou

Graphique n° XIV

L'ÉVOLUTION DE LA PART RÉSERVÉE AUX LEGS PIEUX AU XVe SIÈCLE EN AVIGNON

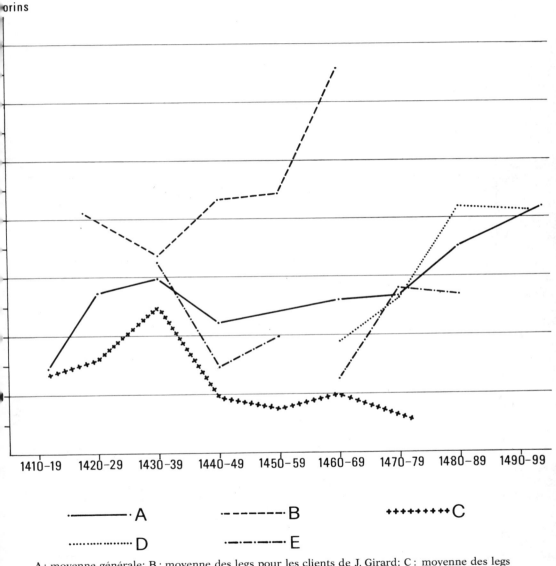

A : moyenne générale; B : moyenne des legs pour les clients de J. Girard; C : moyenne des legs pour les clients de J. de Brieude; D : moyenne des legs pour les clients de J. de Gareto; E : moyenne des legs pour les clients de J. et G. Morelli.

Graphique n° XV

ÉVOLUTION DES LEGS PIEUX CHEZ LES MARCHANDS (I) ET LES AGRICULTEURS (II)

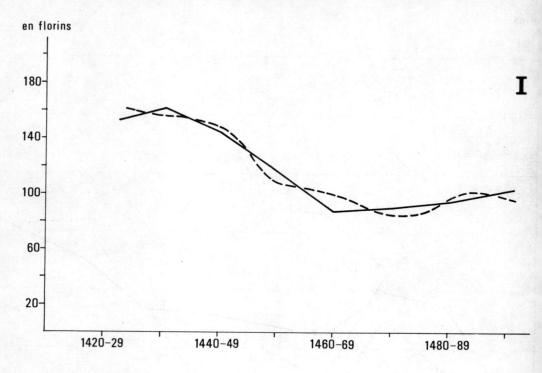

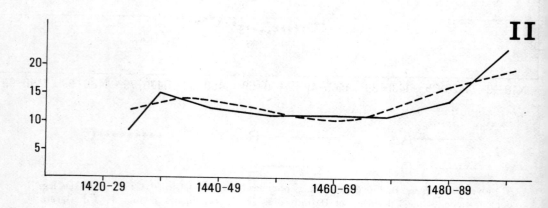

descend nettement au milieu du siècle. Les dons des testateurs les plus pauvres (les laboureurs, par exemple) connaissent peu de variations; en revanche, ceux des marchands diminuent de moitié (cf. graphique n° XV), tout en restant fort importants. Ce serait donc surtout l'affaiblissement de la générosité des classes moyennes et supérieures qui rendrait compte de la baisse générale du milieu du XVe siècle.

Comment interpréter ces maigres indices?

Notre méconnaissance totale du niveau moyen des legs vers 1300-1330 nous interdit de mesurer l'impact des débuts de la crise sur les habitudes des fidèles. Tout au plus peut-on noter qu'entre 1350 et 1430 ce niveau est encore assez élevé : un grand nombre de testateurs donnent 100, 500, voire 1000 florins[17].

Il est possible qu'en temps d'épidémie les legs soient plus importants. Mme A.-M. Hayez a montré notamment qu'en 1348 et 1361 les avignonnais n'hésitent pas à laisser des sommes considérables (13 legs égaux ou supérieurs à 100 florins sur 17 en 1347, 13 sur 15 en 1361)[18]. L'origine des actes qu'elle a étudiés – ils sont tirés des archives hospitalières et conventuelles qui ne gardent que les testaments de donateurs riches – ne permet pas de se prononcer avec certitude. Toutefois, il est probable que les grands chocs épidémiques du XIVe siècle ont provoqué une demande accrue de suffrages pour les morts et la prolifération des donations (pour Marseille, au XVIIIe siècle, M. Vovelle ne signale-t-il pas un très net «retour de ferveur» pendant la peste[19]?). La désorganisation de la vie, le trouble profond des esprits, mais aussi, plus prosaïquement, la disparition rapide de nombreux héritiers potentiels, favorisent ce mouvement de générosité. A partir de 1410, l'habitude aidant, les mois ou les années de mortalité ne se signalent plus par un accroissement net des dons. Au contraire : le notaire J. Morelli enregistre par exemple 105 testaments entre 1450 et 1459, dont 48 la première année; la moyenne des legs pour la décennie est d'environ 43 florins, mais seulement de 28 florins pendant la peste[20]!

---

[17] Cf. par exemple les exemples donnés par A.-M. Hayez, in *Clauses pieuses, op. cit.*, p. 139-140. Au début du XVe siècle les legs de plus de 100 florins ne sont pas rares : ils représentent par exemple environ 30% de la clientèle de J. Girard.

[18] A.-M. Hayez, *Clauses pieuses, op. cit.*, p. 140.

[19] M. Vovelle, *Piété baroque et déchristianisation, op. cit.* p. 363 et suiv.

[20] Il faut remarquer aussi que l'année de peste, pour ce notaire, se caractérise par une clientèle plus «démocratique». Pour la décennie 1450-59, les laboureurs et les artisans représentent 57% du total des testateurs, mais pour la seule année 1450 ils ont 70%! Il est difficile d'interpréter ces chiffres. Peut-être le notaire, en raison des risques de contagion, est-il resté

Il faut admettre qu'il n'y a pas de corrélation étroite entre la crise et l'attitude des donateurs. Mais l'exemple des années d'épidémie et les dons importants de certains testateurs suggèrent que le volume des legs, sans être inversement proportionnel aux grands indices de l'activité économique, est d'autant plus important que la situation des testateurs est précaire. A condition toutefois que la baisse de leurs revenus n'atteigne pas ce seuil au-delà duquel il est impossible de distraire la moindre parcelle d'héritage sans que la vie future de l'héritier ne soit définitivement compromise. C'est peut-être ce qui arrive pendant les années 1430-1450, quand le pays touche vraiment le fond de la crise. Ce serait alors l'épuisement général qui ne permettrait plus de soutenir le rythme ancien des donations et des fondations. Après 1460-1470 la reprise est sensible, surtout en Avignon, mais elle se fait très lentement. Surtout si l'on songe à la phase de hausse des prix qui affecte alors une bonne partie de l'Europe Occidentale[21]. Tandis que, en effet, les prix agricoles montent lentement, les tarifs des messes chantées, des anniversaires et des chapellenies restent stables : à Cavaillon par exemple – il en va de même à Apt, Valréas, et dans tous les villages du Comtat – le prix normal réclamé par les clercs pour être inscrit sur l'*anniversarium* de la cathédrale reste de 10 florins entre 1380 et 1500; quelques testateurs ne donnent que 5 florins, d'autres, qui exigent sans doute quelques solennités particulières, en laissent parfois 15, 20 ou 25, mais la très grande majorité reste fidèle, c'est son intérêt, au tarif ancien. Tout se passe désormais comme si, profitant de la croissance et rassurés par le ralentissement des vagues d'épidémies et des guerres, les testateurs ressentaient moins nettement le besoin de rechercher la protection divine.

On ne peut dissimuler le caractère très lacunaire, rapide, des quelques observations qui viennent d'être présentées. Mais dans l'optique qui est ici la nôtre, elles ont au moins le mérite de nous rappeler à quel point la rationalité économique des hommes du Moyen Age (si l'on peut ici

---

dans le même quartier, au lieu de se promener dans toute la ville? Peut-être aussi la peste qui détruit toutes les solidarités familiales et de voisinage incite-t-elle les plus pauvres à tester, alors qu'ils ne l'auraient pas fait en temps ordinaire?

[21] Sur ce point cf. en particulier les études de W. Abel (*Crises agraires en Europe, XIIIe – XXe siècle* Paris, 1973), et de Postan (avec Titow, *Heriots and prices in Winchester manors*, in *Economic Historical Review*, 1959, p. 392-411). Critique et apport très neuf de G. Bois in *Crise du Féodalisme, op. cit.*, p. 73-90. On manque de travaux sur les prix provençaux; cf. cependant M. Lacave, *Les entreprises industrielles comtadines*, Thèse de doctorat en droit, Université de Montpellier, 2 tomes, dactylographiée, 1971, qui propose quelques courbes de prix (notamment de la saumée-annone et de la canne de bure). Elles correspondent aux fluctuations représentées dans le reste de l'Europe.

employer ce terme) est éloignée de la nôtre. Au cœur même de la crise, Dieu, les saints et les morts, dont l'action sur le monde est constante, continuent d'être les principaux bénéficiaires des libéralités des testateurs; ils ont de ce fait un rôle économique considérable qui, en tant que tel, n'a peut-être pas assez retenu jusqu'ici l'attention des spécialistes de l'économie.

Certes, on est très loin de l'énorme transfert de terres et de biens provoqué par les donations *pro remedio anime*, des XIe et XIIe siècle, au temps où précisément l'Eglise, et en particulier Cluny, tentait, surtout parmi les chevaliers, de contrôler davantage les images de la mort et les pratiques funéraires[22]. Autant qu'on puisse en juger, les dons des marchands avignonnais, même s'ils sont considérables, ne représentent jamais qu'une petite partie de leur fortune[23]. Mais la démocratisation du testament a considérablement vulgarisé les gestes de donations, de demandes de messes, qui autrefois restaient plus ou moins l'apanage des *potentes*. Les testaments drainent donc un nombre très important de legs, souvent infimes, mais qui, au total, forment une masse considérable.

Une pesée globale est impossible. On peut esquisser cependant, avec beaucoup de prudence, quelques comparaisons. Avignon compte environ 30.000 habitants vers 1370 mais ce chiffre descend sans doute, malgré l'afflux constant des immigrés, à 15.000 personnes au milieu du XVe siècle[24]. Si la mortalité est de 40 ‰, on peut estimer que, dans une année, 150 à 300 personnes, au moins – peut-être 200 à 400 – font leur testament (car il faut tenir compte des enfants, des *alieni juris* et des indigents qui ne testent pas). Sachant que la moyenne séculaire des legs est d'environ 50 florins, on voit que ce sont tous les ans 8.000 à 20.000 florins qui sont ainsi consacrés au *funeralia*. En Comtat, à partir de l'exemple de Cavaillon où les dons sont en

[22] G. Duby, *Adolescence de la Chrétienté Occidentale*, op. cit. et *Guerriers et Paysans*, op. cit.

[23] A.-M. Hayez, in *Clauses pieuses*, op. cit., p. 139, cite par exemple le cas du marchand et changeur François Barral qui donne 1500 florins, mais qui possède «une demi-douzaine d'hotels en ville avec des boutiques et des tables aux Changes, des bourgs, des terres et des vignes dans les environ ainsi que d'importants revenus en cens»; il lègue d'autre part «1000 florins à chacune de ses nièces (elles étaient au moins trois) mais n'autorisait son héritier usufruitaire, son fils unique Guillaume qui était prévôt de Notre-Dame des Doms, à disposer librement que de 1000 florins, l'héritage devant être ensuite partagé à parts égales entre deux neveux de François et les pauvres».

[24] B. Guillemain, *La cour pontificale*, op. cit., p. 722. Au XVIe siècle, la population avignonnaise oscille entre 15.000 et 20.000 habitants (Arch. Vat. leg. Av. 10 fo 529, cité par M. Vénard dans sa thèse inédite sur l'Eglise et la vie religieuse dans la province ecclésiastique d'Avignon).

moyenne de 20 florins, on peut supposer par une approximation plus large encore, que les testateurs réservent 20.000 à 30.000 florins pour prix de de leur passage dans l'au-delà.

Le prélèvement pour les morts, reconstitué de façon hypothétique il est vrai, dépasse donc largement les ponctions faites par la fiscalité pontificale sur les revenus des avignonnais et des comtadins. Chacun s'accorde pourtant à trouver ces dernières fort importantes. Cl. Faure écrit par exemple : «C'est sous le pontificat de Clément VII que les impositions extraordinaires deviennent très fréquentes et très lourdes. En dix ans, elles atteignirent la somme énorme de 34.000 florins. Parfois, le total des impositions extraordinaires est supérieur à celui des impositions ordinaires : ainsi en 1382 on paye une taille de 12.000 florins et les recettes ordinaires sont seulement de 8549 livres, 17 sous, 20 deniers»[25].

Certes, de très nombreux legs restent impayés[26] et les testateurs ont souvent des ambitions sans commune mesure avec leurs moyens réels. Les clercs font la chasse aux héritiers qui négligent d'honorer les promesses de

---

[25] Cl. Faure, *Etude sur l'administration et l'histoire du Comtat Venaissin, 1229-1417*, in *Recherches Historiques sur Avignon, le Comtat Venaissin et la Principauté d'Orange*, Paris-Avignon, 1909, p. 141 et suiv.

[26] Cf. par exemple la *Vie* de saint Auzias, «*il trouva l'héritage paternel grevé de legs nombreux tant de son père que de son aïeul et de ceux qui l'avait jadis détenu... il fit aussitôt grande diligence pour soulager les âmes de ces predecesseurs...*» in *Vies occitanes de Saint Auzias et de Sainte Dauphine*, op. cit., p. 90-91. Il arrive fréquemment qu'un testateur ordonne de payer des legs restés non exécutés de leurs parents : (1387, Apt-Pondicq 14 f⁰ 4; 1476, Apt-Pondicq 327 f⁰ 42). Les règlements de legs pieux sont parfois fort longs (de nombreux legs des membres de la famille de Simiane sont encore impayés en 1385, alors qu'ils ont été ordonnés en 1348 par exemple – Biblio. Carpentras, ms. 1655 f⁰ 90-91 –; de même que le règlement de la succession de Galbruge d'Agout femme d'Ermengaud de Sabran, met plus de 50 ans à se réaliser – Apt-Geoffroy 1 f⁰ 37 v⁰–; en 1384 on voit le frère Laurent Ricard procureur de l'œuvre du Pont St. Benezet réclamer à Raymond de Baux, prince d'Orange, un legs de 250 florins fait par Bertrand de Baux et jamais payés malgré les réclamations des ayant-droit; cf. P. Pansier, *Histoire de l'ordre des frères du Pont*, op. cit. pièce justificative n⁰ 39). Un certain nombre de testateurs prennent la précaution d'étaler le paiement de leurs legs pieux sur une ou plusieurs années (un an : 1414, Apt-Pondicq 123 f⁰ 38; deux ans : 1391, Valréas-Evesque 195 f⁰ 26; huit ans : 1451, Apt-Pondicq 309 f⁰ 80 v⁰; dix ans : 1394, Valréas-Evesque 199 f⁰ 3 etc...). Certains testateurs se méfient des clercs et font des legs conditionnels : en 1439, par exemple, un testateur avignonnais fait un don à l'œuvre du clocher (de N.-D. des Doms probablement) «*quand on réparera le dit clocher et pas avant*»; la crainte en effet est de voir l'argent versé servir à d'autres fins que celles voulues par le donateur. Des bulles de Martin V et de Nicolas V (de 1418 et de 1448) prévoient d'ailleurs que les legs pieux seront définitivement attribués aux héritiers si les clercs ne les ont pas exécutés douze ans après la mort du testateur (A. C. Avignon, boite 21, n⁰ 2 à 5, B à E et *Bullarium*, p. 47).

leurs parents et les conciles menacent les mauvais payeurs[27]. Mais, il faut rappeler que les dons en nature, parfois très importants, ne sont pas pris en compte dans les calculs et les extrapolations précédentes. Les legs de maisons, de champs, de jardins, de bijoux, de vêtements grossissent considérablement, peut-être doublent dans certains cas, les donations en numéraire; sans parler des testateurs qui transforment les couvents, les confréries ou les hôpitaux en héritiers universels!

Au total, le «prix du passage», malgré la crise, pèse encore d'un grand poids sur les fortunes et les héritages, et révèle par là-même le rôle fondamental d'un certain nombre de médiateurs religieux dans la reproduction et le fonctionnement de la société.

Le «budget de l'au-delà»

Dans le détail, comment chaque testateur fait-il la répartition de dons qui lui assureront l'entrée rapide en Paradis? Il faut distinguer en général trois rubriques fondamentales: les obsèques et tout ce qui concerne l'année de deuil, les suffrages pour le mort et ses parents sous forme de messes et de prières, enfin les legs charitables.

Les comptes des exécuteurs testamentaires du juge Jean Heinrich, mort à Carpentras en 1375, fournissent un exemple significatif, bien que ce magistrat soit riche et appartienne aux élites cultivées du Comtat[28].

Une centaine de florins sont consacrés aux frais de funérailles proprement dits. Le charriot (qui sert à rapatrier le corps), le suaire, le cercueil, le drap funéraire ne coûtent pas cher (environ 10 florins). De même, le prix réclamé par les clercs pour suivre la procession en récitant les sept psaumes de pénitence, celui du «pot» offert aux porteurs du lit funèbre, n'ont rien d'exagéré (environ 2 fl.). En revanche, les chandelles, les sonneries de cloches, les frais de neuvaine sont plus élevés (un peu moins de 15 fl). Mais sans aucun doute ce sont les vêtements de deuil (voiles pour la veuve, drap noir pour les parents et les familiers) qui grèvent le plus cette partie du budget (plus de 63 fl.!).

Environ 370 florins sont distribués pour faire dire des messes ou des prières. Les Carmes d'Avignon, où Jean Heinrich se fait enterrer, sont les

---

[27] Mansi, XXIV, col. 931 et col. 435; XXV, col. 743-744. Statuts d'Avignon, Martène, *Thesaurus, op. cit*, tome IV, col. 562-563, etc...

[28] Texte publié par L.-H. Labande, in *Liquidation de la succession d'un magistrat pontifical du XIVe siècle, l'allemand Jean Heinrich*, in *Annales d'Avignon et du Comtat Venaissin* 1912, p. 177-199.

mieux pourvus puisqu'une chapellenie est instituée chez eux, et qu'ils reçoivent en outre une croix d'argent contenant un morceau de la Vraie Croix. Un anniversaire est créé à Saint-Syffrein de Carpentras, des legs sont faits aux Dominicains et aux Cisterciennes de cette même ville, aux Franciscains de Valréas, aux moniales d'Apt, de Cavaillon, d'Aleyrac (Valréas), de St. André de Ramière etc... Enfin, certains prêtres ou religieux reçoivent un don individuel, moyennant leurs prières pour l'âme du défunt.

Si l'on exclue le legs (par substitution) à l'hcpital Saint Antoine de Valréas de la moitié des biens sis dans cette ville, les dons charitables sont proportionnellement moins importants que ceux qui concernent les obsèques et les commémorations : 250 fl. seulement leur sont consacrés. Il s'agit d'habiller quelques orphelins et surtout de donner entre 10 et 1 fl. à certaines pauvres filles *in adjutorium maritagii*.

Certes, notre magistrat, qui lègue ses biens comtadins à sa femme et ceux qu'il possède encore en Allemagne à sa sœur, déclare faire de Dieu et de son âme ses héritiers universels. Il précise que le reste de sa fortune sera distribué «*in missis celebrandis, pauperibus puellis maritandis, elemosinis pauperibus Pinhote domini nostri pape faciendis et erogandis et aliis locis, operibus et causis piis, voluntate, arbitrio et ordinatione suorum executorum predictorum*[29] ».

Mais au total, les instructions qu'il a laissées à ses exécuteurs testamentaires montrent clairement qu'il accorde une importance beaucoup plus grande à l'organisation des funérailles et aux cérémonies commémoratives (470 fl. au moins leur sont consacrés) qu'à la charité proprement dite (250 fl.).

L'attitude de Jean Heinrich, malgré sa position sociale, est loin d'être exceptionnelle. La plupart des testaments, ceux des pauvres comme ceux des riches, révèlent un choix équivalent en faveur des obsèques et des messes, laissant à la charité une portion congrue. Mais, contrairement à la région lyonnaise, il ne semble pas que cette attitude s'accentue au XVe siècle : les testaments marseillais des années 1280-90 ne sont pas plus généreux que ceux du Comtat deux siècles plus tard. Avant même que la fonction d'intercession des «œuvres» et des pauvres soit étudiée en détail[30], il apparaît donc qu'elle est loin d'occuper une place primordiale dans les préoccupations des testateurs.

---

[29] L.-H. Labande, *Liquidation...*, *op. cit.*, p. 187.
[30] Cf. chapitre cinquième, p. 290-323.

Finalement, la plus grande partie du «prix du passage» (60% à 80%) va aux clercs et aux religieux en échange de leur présence lors des cérémonies de funérailles ou sous forme de demandes de messes. Alors que c'est très souvent la coutume qui impose et règle les dons charitables, ce sont beaucoup plus les désirs personnels de chaque testateur qui déterminent l'importance et les modalités, parfois très complexes, des interventions cléricales. Certes, quelques legs aux desservants de la paroisse sont encore de type coutumier; de même l'organisation de la neuvaine et du bout-de-l'an obéit à certaines habitudes très anciennes. Mais, en général, c'est le testateur lui-même qui désigne ses intermédiaires privilégiés, qui prévoit minutieusement le nombre et la répartition des messes de *mortuis*, qui répartit, selon des critères qui lui sont propres les dons entre les églises, les monastères et les couvents de la région.

L'organisation du «budget de l'au-delà» montre donc très clairement le rôle essentiel du clergé dans le déroulement des rites de passage et, peut-être plus encore, dans l'encadrement des relations qui unissent, après le *tempus mortis*, les morts aux vivants.

Résumons-nous : au XIVe siècle et au XVe siècle, malgré un certain affaiblissement symbolique et l'émiettement des dons, le «prix du passage» reste un gage spirituel, une hypothèque sur l'au-delà. La comptabilité des intercessions ne parvient pas à lui enlever tout caractère rituel. Les sommes qui lui sont consacrées, en pleine crise, sont encore relativement importantes. Le temps des grandes donations *pro remedio anime* est bien passé, mais le développement de la pratique testamentaire a répandu dans toutes les classes sociales, et codifié de façon assez stricte les demandes de suffrages pour les morts. Le poids économique de ce prélèvement est difficile à mesurer, mais il est sans doute loin d'être négligeable. Les clercs en sont les principaux bénéficiaires, beaucoup plus que les pauvres. C'est ce rôle sur-éminent des prêtres, des moines et des religieux dans l'encadrement de la mort qu'il faut tenter d'analyser.

II – LES INTERMÉDIAIRES

Les clercs et les religieux sont les principaux destinataires des libéralités testamentaires, mais ils sont loin de tous en profiter également. Les actes notariés révèlent en effet des préférences très marquées pour certains ordres religieux ou pour certains membres du clergé, tandis que d'autres connaissent au contraire une complète désaffection.

Plus que la proximité d'une église, d'un monastère, ou l'ancienneté d'une implantation, ce sont les «services», les types d'intercessions, proposés par les moines, les moniales, les prêtres séculiers et les Frères Mendiants qui expliquent le choix des testateurs. Les legs aux intermédiaires entre ici-bas et au-delà permettent donc de tester la valeur des différents réseaux d'encadrement pastoral et de suivre l'évolution de la fonction des *oratores*. A la fin du Moyen-Age, dans le partage des tâches qui s'esquisse entre les différents membres du clergé, plusieurs traits sont remarquables : le déclin presque irrémédiable des réguliers anciens (Bénédictins, Cisterciens, Ordres Militaires etc.), le rôle fondamental des séculiers dans l'encadrement des gestes de la mort, la place grandissante des Ordres Mendiants qui participent à la célébration des messes pour les défunts, savent accueillir dans leurs chapelles les confrères, et dans leurs cimetières les «sans-ancêtres», les déracinés de la grande crise.

Le déclin des réguliers.

Après avoir joué un rôle fondamental dans la christianisation de la mort au XIe et au XIIe siècle et attiré une multitude d'offrandes en terres ou en argent, les Bénédictins, les Cisterciens et les Ordres Militaires sont négligés par les testateurs du XIVe siècle et du XVe siècle. Encore fréquents vers 1320, les legs qui leur sont destinés s'espacent puis finissent par disparaître entre 1380 et 1480. Ce repli n'a évidemment rien d'original ; on l'observe d'un bout à l'autre de l'Europe[31]. Il tient sans doute à la situation matérielle très difficile de nombre de ces établissements, mais aussi à l'inadéquation du réseau des monastères aux nouveaux cadres et aux nouveaux lieux de l'activité économique (le monde urbain essentiellement). Il est possible aussi que les réguliers aient été incapables de proposer une nouvelle pastorale de la mort à l'ensemble très large des couches sociales qui utilisent désormais le testament pour organiser leur passage dans l'au-delà.

Un certain nombre de grandes abbayes ont pourtant marqué la vie religieuse d'Avignon et du Comtat. Les Bénédictins de Saint-André-de-Villeneuve par exemple possèdent des prieurés à l'ouest et à l'est du Rhône : Jonquerette, Morières, Le Thor, Blauvac, Méthamis, Murs, Monteux[32], etc. De même, les Victorins sont installés au Groseau, à Vaucluse,

---

[31] F. Rapp, *L'Église et la vie religieuse, op. cit.*, p. 216-218.
[32] Cf. les cartes de *l'Atlas Historique de Provence*, publié sous la direction de E. Baratier, G. Duby et E. Hildesheimer, Paris, 1969.

Goult, Bonnieux, Cadenet, Céreste etc.[33] Saint-Pierre-de-Montmajour ou Saint-Eusèbe d'Apt ont encore sous leur dépendance quelques églises rurales, tandis que les abbayes de l'Isle-Barbe ou de Cluny contrôlent directement ou indirectement (par la maison de Saint-Saturnin-du-Port pour Cluny) quelques prieurés «à charge d'âme» du nord du Comtat (Puyméras, Lafare, Beaumes etc.). Dès la fin du XIIe siècle les Cisterciens sont installés à Sénanque, à Valsaintes et à Aiguebelle dans le diocèse de Saint-Paul-Trois-Châteaux. Les Templiers possèdent des commanderies importantes à Roaix, Orange, Richerenches, Avignon, Cavaillon[34]. Après la disparition de l'Ordre, ces maisons sont le plus souvent récupérées par les Hospitaliers qui ont en outre un établissement important à Joucas près de Roussillon[35]. Au XIVe siècle, les Chartreux sont regroupés dans deux beaux monastères, à Bompas et à Villeneuve[36]. Les monastères de femmes sont aussi très nombreux : Bénédictines de Sainte-Croix d'Apt, de Saint-Jean de Cavaillon, de Notre-Dame d'Aleyrac à Valréas, de Saint-Véran et de Saint-Laurent en Avignon, Cisterciennes du Bouchet, de Notre-Dame du Plan puis de Saint-Pierre du Puy à Orange, de Sainte-Catherine en Avignon, etc.. Cependant, les établissements les plus importants (les abbayes bénédictines surtout) se trouvent sur les marges du pays. Ils n'ont jamais joué dans la vie économique, politique, sociale, et bien entendu religieuse, du Comtat et d'Avignon, le rôle fondamental qu'ils avaient ailleurs, en Normandie ou en Bourgogne par exemple. Dans le Midi latin très anciennement urbanisé le monastère rural est moins bien adapté à l'encadrement pastoral que le chapitre-cathédral, installé au cœur de la cité, ouvert aux enfants des chevaliers urbains. L'exemple de Saint-Victor de Marseille ne trouve pas d'équivalent en Comtat; certes, comme partout, à la fin du XIe et au début du XIIe siècle, les «grégoriens» sont d'abord des moines, mais c'est la fondation d'un chapitre réformé, celui de Saint-Ruf, qui est peut-être le meilleur témoigna-

---

[33] *Idem*, carte n° 73. Cf. sur ce point l'article de E. Baratier, *La fondation et l'étendue du temporel de Saint Victor*, in *Provence Historique*, 65, 1966.

[34] Cf. l'*Atlas Historique, op. cit.* et les cartulaires généraux du Temple (éd. Marquis d'Albon, Paris, 1913 et Paris-Valence 1922) et de Saint Jean de Jérusalem (éd. Delaville-Le Roulx, Paris, 1894-1906). *Le cartulaire de Richerenches* a été publié par F. de Ripert de Montclar, Avignon-Paris, 1907.

[35] Sur cette maison cf. l'enquête de 1338 étudiée par G. Duby, *La Seigneurie et l'Economie paysanne. Alpes du Sud, 1338*, in *Etudes rurales*, juillet-sept. 1961, p. 5-36, repris dans *Hommes et structures du Moyen Age*, Paris, Mouton, 1973, p. 161-201.

[36] Cf. les descriptions de ces monuments dans les *Actes du Congrès Archéologique de France*, n° LXXVI, Paris, 1909.

Carte IX
PRINCIPAUX ÉTABLISSEMENTS RÉGULIERS ÉVOQUES PAR LES TESTATEURS

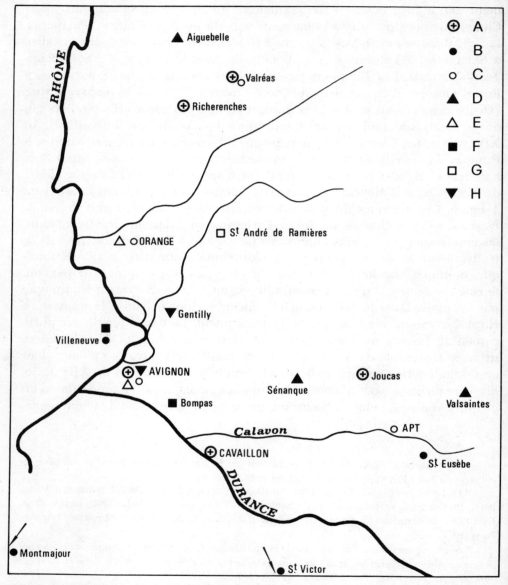

A : Ordres Militaires; B : Bénédictins; C : Bénédictines; D : Cisterciens; E : Cisterciennes; F : Chartreux; G. : Chartreuses; H : Célestins.

ge de leur activité réformatrice[37]. Au milieu du XIIIᵉ siècle, les monastères semblent déjà un peu à l'écart de la vie du pays.

Ils le sont d'autant plus qu'ils restent les lieux d'intercession privilégiés de la noblesse, et que la noblesse en Comtat, ou a fortiori en Avignon, est loin d'avoir la position très forte et dominante qu'elle a par exemple dans le nord de la France. Par tradition cependant les chevaliers comtadins réservent une partie du «prix du passage» aux réguliers. Ainsi, au début du XIIIᵉ siècle, Giraud Amic fait des dons à Cîteaux, à Cluny. Il lègue son cheval et des armes au Temple[38]. En 1263, la femme d'un seigneur d'Ancezune n'oublie pas de mentionner le monastère d'Aiguebelle, celui de Saint-Pierre d'Orange et de Saint-André de Ramières[39]. Vingt ans plus tard, comme il est de coutume dans sa famille, Raymond de Baux, prince d'Orange, donne de fortes sommes aux Templiers et aux Hospitaliers, à Notre-Dame du Puy, à Saint-André de Ramières, aux moniales du Bouchet, aux Cisterciens d'Aiguebelle[40]. Ces maisons ont été le plus souvent fondées par des familles aristocratiques (de Forcalquier pour Saint-Véran d'Avignon, de Baux pour le monastère du Bouchet[41] etc.). Elles sont peuplées par les représentants des lignages les plus importants de la région et il arrive encore qu'un chevalier ou un damoiseau prévoit dans son testament l'oblation d'un enfant né ou à naître. Giraud Amic désire ainsi faire entrer une de ses filles au monastère de Saint-André de Ramières et lui fait une dot de trois mille sous; au cas où il aurait d'autres enfants, s'il s'agit d'un fils il ira chez les bénédictins de Saint-André de Villeneuve, si c'est une fille elle sera moniale à Saint-Pons[42]. Au début du XIVᵉ siècle les petits nobles cavaillonnais n'hésitent pas à prévoir le sort de leur progéniture au moment de la rédaction de leurs dernières volontés[43], mais on ne trouve plus d'exemple

[37] J.-P. Poly, *La Provence et la Société féodale, op. cit.*,IIᵉ partie, *Chapitre deux : La réforme et la libération de l'Eglise*, p. 250-287.

[38] E. Duprat, *Le testament de G. Amic, Mémoires de l'Académie de Vaucluse*, 1912, p. 163-164.

[39] E. Fond du Duché de Caderousse 67 (3).

[40] A. C. Orange, AA nº 5 (1281).

[41] Cf. Cottineau, *Répertoire topo-bibliographique des abbayes et prieurés*, Mâcon, 1937 et *Gallia Christiana*, Tome I, col. 739 et 869.

[42] E. Duprat, *Le Testament de G. Amic, op. cit.*, p. 165. Sur Saint Pons, cf. A. Fighiera, *L'abbaye bénédictine de Saint Pons*, Aix, 1948 (Thèse de Lettres).

[43] Cf. par exemple le chevalier G. Raysosi qui veut faire rentrer une de ses filles à St. Jean de Cavaillon et qui prévoit que les fils qu'il pourrait encore avoir entreront eux aussi en religion; 1336, Cavaillon-Rousset 26 fº 70 et ss.

de ces oblations après 1350. Au XIVe et au XVe siècle, les monastères restent cependant plus que jamais des «hôpitaux de la noblesse», selon l'expression imagée de F. Rapp, des lieux où viennent s'entasser les cadets et les filles trop nombreuses des grandes familles. Le nom des abbesses, et plus encore les listes de moniales, le montrent éloquemment[44]. Les abbesses de Sainte-Catherine d'Apt par exemple sont prises alternativement parmi les Bot, les Agout, les Sabran, les Beaumettes[45] et il n'est pas rare d'y trouver deux ou trois sœurs ou cousines du même lignage. Ce qui confère à la prière des moniales une qualité exceptionnelle c'est non seulement qu'elle émane de personnes consacrées mais aussi qu'elle est récitée par les membres des familles inscrites sur les nécrologes. Dans les années 1320-1480, la majorité des legs faits aux moniales vient encore des nobles qui désignent explicitement une sœur, une fille, une parente pour recevoir leur don et prier pour leur âme. A Cavaillon par exemple sur la quarantaine de testaments qui prévoient un don de quelques sous aux Bénédictines de Saint-Jean pour une récitation des sept psaumes de pénitence, plus de la moitié émanent de nobles, de femmes surtout, mais aussi de damoiseaux et des chevaliers importants (les Cabassole, les Agarin, les Carbonel etc.) qui ont des parents dans ce monastère[46]. De même, à Apt, les Simiane, les Agout, les Bot peuvent compter sur l'intercession de leurs filles ou de leurs sœurs placées à Saint-Catherine ou à Sainte-Croix[47].

Cependant, depuis au moins le milieu du XIIIe siècle même dans les testaments nobles, les réguliers anciens n'ont plus la part belle qu'ils avaient auparavant. Alasacie d'Ancezune, en 1268, se fait enterrer chez les Franciscains d'Orange, de même que Raymond de Baux[48]. L'un comme l'autre donnent davantage aux Ordres Mendiants qu'aux Bénédictins, aux

---

[44] Cf. la liste des moniales à Ste Catherine d'Apt, Biblio. Carpentras, ms. 1655 fo 73-74.

[45] *Gallia Christiana*, tome I, col. 378. Parmi les abbesses on trouve Aycarde Bot (1299-1302), Mathilde Férenque, fille de Imbert de Céreste (1328-1350), Tiburge de Sabran (1370-1380), Eleonore d'Agout (1413-1414) et les filles des sires des Baumettes Grosse Autrica, II (fille d'Auzias), III (fille de Raymond), IV (fille de Sébastien) qui gardent le monastère de 1430 à 1504!

[46] Cf. par exemple 1342, Cavaillon-Liffran 11 fo 40, 49 et 89 1347, Cavaillon-Rousset 35 fo 115 (femme d'Elias Cabassole); 1368, Cavaillon-Rousset 43 fo 14; 1400, Cavaillon-Rousset 60 fo 47 vo; 1401, Cavaillon-Rousset 61 fo 42 (G. Agarin); 1407, Cavaillon-Rousset 66 fo 22; 1410, Cavaillon-Rousset 71 fo 71 (R. Agarin); 1417, Cavaillon-Rousset 72 fo 37 etc...

[47] 1395, Apt-Pondicq 26 fo 2; 1397, Apt-Geoffroy 1 fo 67; 1398, Apt-Pondicq 66 fo 50 vo; 1433, Apt-Pondicq 102 fo 29; 1451, Apt-Pondicq 209 fo 94 ro; 1468, Apt-Pondicq 348 fo 23 vo etc...

[48] E. Fond du Duché de Caderousse 67 (3) et A. C. Orange AA, (5).

Cisterciens ou aux Ordres Militaires[49]. Quelle différence, à un siècle de distance, entre le testament de Giraud Amic et celui de son descendant et homonyme en 1329 : le premier se fait enterrer à Chateauneuf et, on le sait, donne une obole à chaque grand ordre régulier; le second choisit comme lieu de sépulture les Dominicains d'Arles, ne fait aucun legs aux monastères, mais en revanche répand une foule de dons sur les couvents mendiants d'Avignon, d'Arles, de Tarascon, de Ménerbe et de l'Ile-sur-la-Sorgue[50]. Certes, tout engouement pour les Bénédictins n'est pas mort : en 1354 un damoiseau d'Avignon, Jean Blanc, aurait laissé toute sa fortune pour fonder un monastère de moniales à Carpentras[51]! Mais vers 1380, il est certain que ces religieux ne jouent plus le rôle d'intermédiaires privilégiés de la noblesse entre ici-bas et au-delà qui avait été le leur jusque là.

Parmi les non-nobles, le déclin est plus net encore. Les enterrements chez les réguliers sont rarissimes (moins de 5% des testateurs en Avignon au XIVe siècle par exemple[52]). Les Ordres Militaires n'attirent plus aucun don, et si vers 1320-1350 la coutume de donner systématiquement quelques sous aux moniales est encore bien attestée – en 1317, en Avignon, Barthélémie Tortose fait une vingtaine de legs à des religieuses amies ou parentes[53] –, elle disparaît très vite dans les décennies qui suivent.

50% des avignonnais et 38% des habitants d'Orange font un legs aux moniales entre 1300 et 1349, ils ne sont plus que 23% et 21% entre 1350 et 1399, et seulement 10% vers 1400 dans la capitale de la Chrétienté. Au XVe siècle, l'effondrement est complet : en 1490-1499, à Apt, à Cavaillon, à Valréas comme en Avignon, seulement 2% à 4% des testateurs songent encore aux moniales (cf. graphique n° XVI).

---

[49] *Idem*, Les legs d'Alsacie d'Ancezune aux moniales sont de 30 ou 50 sous, alors que les dons aux mendiants atteignent 10 livres. Même chose pour R. de Baux.

[50] 1329, E, Fond du Duché de Caderousse 67 (1) : Giraud Amic, seigneur Caumont lègue 20 sous aux Carmes de Ménerbes, aux Carmes, Augustins, Franciscains, et Dominicains d'Avignon, aux Dominicains et aux Franciscains de Tarascon, aux Franciscains de l'Isle-sur-la-Sorgue; aux Dominicains, Franciscains, Carmes et Augustins d'Arles. Même chose pour le chevalier Guillaume d'Aucezune (1314, E, Duché de Caderousse 67 [2]) qui lègue quelques centaines de tournois aux monastères réguliers anciens mais plusieurs milliers de tournois aux Ordres Mendiants du Comtat et de la principauté d'Orange.

[51] *Gallia christiana*, tome I, col. 917 (la création serait de 1354 et l'approbation de 1359).

[52] A.-M. Hayez, *Clauses pieuses, op. cit.*, p. 134 : 10 testateurs sur 208 se font enterrer dans les monastères de St. Laurent, St. Véran et Ste Catherine.

[53] A.-M. Hayez, *Clauses pieuses, op. cit.*, p. 153; le testament de B. Tortose se trouve en H, Ste Praxède 52 n° 39.

Graphique nº XVI

LEGS AUX MONIALES BÉNÉDICTINES ET CISTERCIENNES

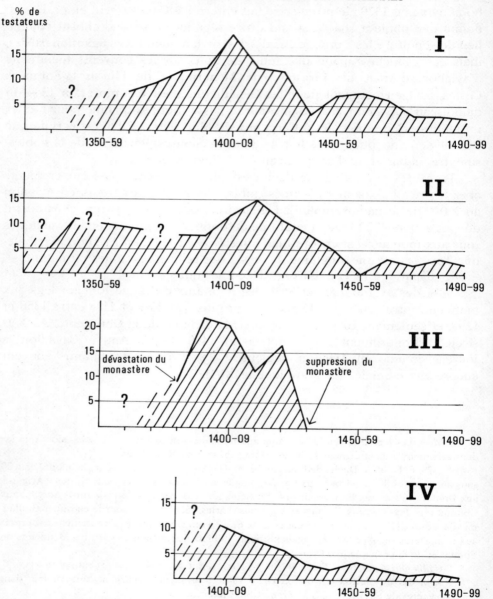

I. Apt (Sainte-Catherine, Sainte-Croix); II. Cavaillon (Saint-Jean); III. Valréas (Notre-Dame d'Aleyrac); IV. Avignon (Saint-Véran, Saint-Laurent, Sainte-Catherine).

Toutefois, ce déclin n'est pas régulier : après un fléchissement très net dans la seconde partie du XIVᵉ siècle, on observe vers 1380-1420 une reprise sensible de la générosité des fidèles. Les 10% ou 15% de testateurs supplémentaires qui font alors des legs cherchent peut-être, au milieu de la tourmente générale, en plein Schisme, à se concilier le maximum d'intermédiaires et d'intercesseurs. La situation très difficile de nombreux monastères a sans doute aussi excité le zèle des fidèles. Les suppliques éditées par le P. Denifle sont éloquentes. Elles montrent l'état de délabrement de tous les établissements situés hors des villes. Le monastère Saint-Eusèbe d'Apt, qui n'a jamais attiré, semble-t-il, de nombreux legs[54], a ses dépendances ruinées et dépeuplées[55], les Cisterciens de Valsaintes demandent à être unis à l'abbaye de Silvacane[56], les Bénédictins de Saint-André de Villeneuve expliquent que les guerres, les «stérilités», les mortalités, les pestes et les inondations ont ruiné l'abbaye qui doit désormais acheter du grain à l'extérieur[57]. Les Cisterciennes de Sainte-Catherine d'Avignon ont souffert des sièges du Palais et demandent des indulgences tandis que les deux ou trois sœurs qui vivent encore dans le monastère de Saint-Véran rappellent que leur monastère est hors-les-murs, qu'il a été investi par les routiers et demandent à être réunies à Notre-Dame du Four[58]. Quant aux moniales de Saint-Jean de Cavaillon, elles supplient d'être relevées d'une dette qu'elles ont envers la Chambre Apostolique car Raymond de Turenne et les troubles du Schisme les ont littéralement ruinées[59]. C'est la grande époque des réunions de bénéfices, de la disparition de certains établissements, de la migration des autres, du plat-pays vers les villes, à l'abri des remparts.

La remontée relative des legs entre 1380 et 1420 s'explique donc sans doute par le désir des testateurs (suscité le plus souvent par les autorités ecclésiastiques) de contribuer à la reconstruction. Pendant toute cette période, les habitants de Gordes ou de Murs par exemple font souvent des legs aux Cisterciens de Sénanque[60] et les Aptésiens réussissent à commen-

[54] Dans toute la série des testaments aptésiens je n'ai trouvé que deux legs à St. Eusèbe (1382, Apt-Pondicq 34 fᵒ 68 et 1384, Apt-Pondicq 24 fᵒ 43).

[55] H. Denifle, *La désolation des églises, monastères et hôpitaux en France pendant la Guerre de Cent Ans*, Tome I, Paris, Picard, 1897, supplique nᵒ 865, p. 410.

[56] H. Denifle, *La désolation, op. cit.*, supplique nᵒ 867, p. 410.

[57] H. Denifle, *La désolation...*, *op. cit.*, supplique nᵒ 896, p. 425.

[58] H. Denifle, *La désolation...*, *op. cit.*, suppliques nᵒ 897, 898, 899, 900; p. 426-428.

[59] H. Denifle, *La désolation...*, *op. cit.*, supplique nᵒ 906, p. 434.

[60] 1382, Apt-Pondicq 53 fᵒ 26; 1384, Apt-Pondicq 65 fᵒ 7 vᵒ; 1384, Apt-Pondicq 65 fᵒ 21 v; 1386, Apt Pondicq 68 fᵒ 43; 1388, Apt-Pondicq 55 fᵒ 154; 1398, Apt- Pondicq 68 fᵒ 59 etc...

cer la restauration de Sainte-Croix seulement quelques années après sa ruine (1361-1372)[61]. En revanche Saint-Pierre du Puy à Orange, dévasté et miné par les querelles des moniales, finit par être réuni au chapitre[62] et Notre-Dame d'Aleyrac ruiné en 1385, ne parvient pas à survivre. Malgré l'effort des testateurs de Valréas (cf. graphique n° XVI), le monastère est supprimé en 1440[63].

Seuls deux ou trois établissements prestigieux résistent à ce déclin général. Ce ne sont pas les legs de très nombreux testateurs, mais le soutien actif de quelques riches donateurs qui explique leur relative prospérité et leur rayonnement sur toute la région.

Les Chartreux de Bompas attirent parfois les dons des cavaillonnais, chevaliers et membres du chapitre, mais la noblesse comtadine ancienne (Bérenger de Simiane, sire de Chateauneuf de Gadagne) ou toute nouvelle (Baltazar Spifami, sire de Caumont) ne les oublie jamais, surtout quand elle est fieffée dans la région[64]. De même, les marchands italiens installés en Avignon, les chanoines – dont Jean de Montagnac, le commanditaire d'Enguerrand Quarton pour le Couronnement de la Vierge[65] –, les prêtres font souvent des legs aux Chartreux de Villeneuve (ou du Val de Bénédiction). Au XIVe siècle et au XVe siècle ces religieux, s'ils n'attirent pas les dévotions des foules, voient dans certains milieux privilégiés leur fonction funéraire s'affirmer. A Dijon bien sûr, chez les ducs de Bourgogne, mais aussi, plus modestement, à Bompas et à Villeneuve. Philippe Cabassole, recteur du Comtat – et enfant du pays puisque sa famille est d'origine cavaillonnaise[66] – est enterré sur les bords de la Durance, de même que le cardinal Anglic Grimoard[67]. Quant au Val de Bénédiction, il a été fondé par Innocent VI,

[61] *Gallia christiana*, tome I, col. 230.

[62] H. Denifle, *La désolation. . .*, op. cit., supplique n° 893, p. 424 (1438).

[63] Cf. L.-H. Labande, *Liquidation de la succession d'un magistrat pontifical*, op. cit., note 4, p. 185; ce monastère dépendait de l'abbaye de l'Isle-Barbe près de Lyon.

[64] 1397, Cavaillon-Rousset 57 f° 9; 1399, Cavaillon-Rousset 90 f° 13; 1407, Cavaillon-Rousset 65 f° 55; 1429, Cavaillon-Rousset 82 f° 41; 1448, Cavaillon-Rousset 124 f° 61; 1395 (Beranger de Simiane), Apt-Pondicq 26 f° 2; 1482, (Balthazar Spifami), Avignon-Martin 765 f° 98 etc...

[65] 1449, Avignon-de Beaulieu 723 f° 156; Les marchands sont relativement nombreux à faire des legs aux Chartreux; cf. par exemple 1420, Avignon-Martin 293 f° 107; 1441, Avignon-Martin 202 f° 111 (Guillaume de Damianis); 1483, Avignon-Martin 473 f° 439 etc...

[66] Cf. M. Hayez, *Cabassole, Philippe et Jean*, dans le *Dizionario biografico degli italiani*, vol. XV, déc. 72.

[67] Cf. par exemple le testament de Jean de Brancas qui fait allusion au tombeau du cardinal Anglic, et le prend pour modèle, 1455, Avignon-de Beaulieu 735 f° 496-497. Autre

qui y est enseveli, et souvent doté par les membres de la famille du pape ou par les cardinaux[68].

Il en va de même pour les Célestins. Fondés à Gentilly, près de Sorgues, en 1356, par le cardinal François d'Atti, neveu du cardinal Annibal de Ceccano, ils sont ensuite appelés en Avignon par le pape et le roi de France pour créer un nouvel établissement près du lieu où est inhumé Pierre de Luxembourg. Très vite quelques grands bourgeois ou aristocrates avignonnais se font enterrer dans la nouvelle église, demandent des messes; les legs affluent[69]. Mais la proximité des reliques du nouveau saint attire aussi dans le cimetière des testateurs peu fortunés et permet aux Célestins de s'ouvrir – fait assez exceptionnel chez les réguliers – à une clientèle beaucoup plus démocratique. Les pauvres laboureurs ou les artisans qui choisissent le «*cimiterium pauperum beati Petri Luxemburgi*» font en effet tout naturellement des moines noirs leurs intermédiaires privilégiés entre ici-bas et au-delà[70].

Enfin, le monastère-collège clunisien de Saint-Martial attire quelques grands donateurs qui s'y font somptueusement enterrer : Jacques de Caussans, le fondateur du collège, les cardinaux Androin de la Roche et Pierre de Cros, et bien sûr le cardinal La Grange qui par la construction de son énorme tombeau transforme l'église en une magnifique chapelle funéraire destinée à exalter la gloire du diplomate pontifical, ami des rois de France[71]. Faut-il souligner que cet établissement, malgré la célébration très fréquente des messes des morts, dans la grande tradition clunysienne, n'a guère de rayonnement pastoral. Les avignonnais le connaissent, mais ne songent

---

exemple : l'évêque d'Apt, Jean Fillet, lègue ses biens aux Chartreux de Villeneuve et aux Célestins de Gentilly, *Gallia Christiana novissima*, Aix, col. 262.

[68] E. Bonnel, *Le tombeau du Pape Innocent VI au XIXᵉ siècle* in *Les monuments historiques de la France*, 1960, p. 210-222 et J. Sonnier, *Retour à la Chartreuse de Villeneuve-lès-Avignon du tombeau du Pape Innocent VI*, in *Les monuments historiques de la France*, 1960, p. 203-209.

[69] 1429, Avignon-de Beaulieu 677 f⁰ 132; 1438, Avignon-de Beaulieu 697 f⁰ 298; 1439, Avignon-de Beaulieu 700 f⁰ 253; 1447, Avignon-de Beaulieu 720 f⁰ 190; 1459, Avignon-de Beaulieu 744 f⁰ 304 etc...

On remarquera que la très grande majorité des testateurs qui font un legs aux Célestins sont des clients fortunés de Jacques Girard, le notaire des notables!

[70] 1450, Avignon-Martin 798 f⁰ 279 (maçon); 1466, Avignon-Martin 242 f⁰ 333; 1469, Avignon-Martin 264 f⁰ 196 (laboureur) etc...

Il semble même que le notaire G. Morelli ait été le notaire attitré des Célestins : il reçoit souvent les testaments dans le cloître même des Célestins, (par exemple 1466, Avignon-Martin 742 f⁰ 276).

[71] Cf. chapitre III, p. 173-174.

jamais à lui quand il faut organiser le passage d'un monde dans l'autre : le monastère reste une fondation privée, très peu ouverte sur l'extérieur[72].

La prospérité relative des trois ou quatre monastères que l'on vient d'évoquer ne doit pas cacher l'essentiel : dès la fin du XIIIe siècle les établissements réguliers anciens ne jouent plus qu'un rôle réduit dans l'encadrement de la mort, et ce rôle diminue encore entre 1320 et 1480. Plusieurs faits, on l'a vu, expliquent la désaffection des testateurs. Très tôt, le réseau des monastères semble mal adapté à l'espace comtadin : les grandes abbayes sont périphériques. Dans les années 1350-1450 la crise économique ruine de nombreux établissements, même si pendant quelques temps elle provoque un afflux exceptionnel de legs. Mais surtout la pastorale de la mort des bénédictins et des cisterciens est une pastorale de la prière réservée à une mince élite : celle qui envoie ses enfants, en délégation, peupler les monastères et qui se fait inscrire sur les nécrologes ou les obituaires. Pastorale inadaptée au monde des villes et à l'immense masse des testateurs qui ont besoin d'intermédiaires beaucoup plus proches d'eux, capables non seulement de prier pour les morts mais aussi de faire, au moment des funérailles, les gestes propitiatoires. Les liens familiaux, économiques et religieux qui unissaient au XIIe siècle, très sélectivement, les monastères aux grandes familles ne peuvent s'établir sur le même modèle au XIVe siècle : les progrès de l'encadrement de la mort dans le *populus christianus*, la démocratisation des dons et des demandes de suffrages pour les morts (à laquelle contribue le développement de la pratique testamentaire), disqualifient les réguliers anciens, rendent nécessaire l'appel aux séculiers et aux Mendiants.

Les spécialistes du geste propitiatoire

Partout, dans les campagnes et surtout dans les villes, les séculiers sont là, nombreux, innombrables même.

Les archives ne permettent pas d'établir une statistique générale mais il faut rappeler que les clercs représentent 5% à 10% des testateurs que nous avons rencontrés[73]; ceux-ci à leur tour formant peut-être (compte-tenu des enfants et des *alieni juris*) le tiers ou le quart de la population. Il faut donc estimer très grossièrement la proportion clercs/laïcs à environ 2%. Ce qui est considérable si l'on songe aux chiffres actuels, mais n'a rien d'original

---

[72] 1391, Valréas-Evesque 196 f° 57.
[73] Cf. chapitre I, p. 51-53 et 57-58.

dans l'Europe chrétienne de la fin du Moyen-Age. L'ensemble des actes notariés, et pas seulement les testaments, témoigne de cette présence constante des séculiers, à tous les moments et dans tous les lieux importants de la vie sociale.

En Comtat comme en Avignon, quelques circonstances particulières peuvent néanmoins expliquer ces très fortes densités.

D'abord, la trame très serrée des évêchés et des paroisses. Jusqu'en 1475, date à laquelle le siège épiscopal d'Avignon est érigé en archevêché, les diocèses qui couvrent la région font partie soit de la province d'Aix (Apt), soit de celle d'Arles (Avignon, Cavaillon, Carpentras, Vaison, Orange, Saint-Paul-Trois-Châteaux). Ils sont petits (entre 1.000 km² et 400 km²); les revenus des évêques sont donc nécessairement moins importants qu'en France du Nord par exemple, mais l'administration du temporel et la *cura animarum* y sont en revanche plus faciles. Le prélat, à moins qu'il ne réside pas – ce qui est souvent le cas au XVe siècle – connaît les curés, reste proche du *populus*.

Comme partout, ces évêchés ont subi au Xe et au XIe siècle une phase d'intense «féodalisation» (pour ne pas dire, avec l'historiographie traditionnelle, qu'ils sont «tombés» aux mains des laïcs). Cependant, à partir de 1050 les réformateurs ont peu à peu remplacé les membres des grandes familles et reconstitué les patrimoines. Un phénomène, fondamental pour expliquer l'emprise des séculiers sur la vie publique, s'est alors produit : l'instauration des seigneuries d'Eglise sur les cités. Les évêques sont devenus les maîtres d'une partie ou de la totalité de leur ville (celui de Cavaillon par exemple contrôle la moitié de la cité, celui de Vaison est le seul *dominus*, etc.). Partout, ils ont tenté de justifier leur position en rappelant de très anciennes coutumes (et en produisant des faux!). En réalité, ils venaient seulement de se glisser à la place des seigneurs banaux laïcs évincés quelques décennies ou quelques années plus tôt[74].

Au XIVe et au XVe siècle c'est encore autour du palais épiscopal et de la cathédrale que s'organise le plus souvent l'espace urbain. Ainsi à Cavaillon, les actes de la pratique montrent que la plupart des activités, non seulement religieuses mais aussi politiques, sociales et même économiques, dépendent directement ou indirectement du seigneur-évêque, des chanoines, des nombreux bénéficiers et administrateurs qui peuplent le quartier des clercs, autour de Notre-Dame, au cœur de la cité[75]. La multiplication des

---

[74] J.-P. Poly, *La Provence et la société féodale, op. cit.*, IIe Partie, chapitre II, p. 250-285.
[75] J. Chiffoleau, *L'espace urbain et l'espace régional de Cavaillon, op. cit.*, p. 294-300.

sièges épiscopaux entraîne la multiplication des canonicats, des bénéfices, des dignités que convoitent et se disputent les fils de famille. Les chapitres qui, jusqu'au milieu du XVe siècle encore, tentent d'élire leurs évêques[76], jouent un rôle fondamental dans la vie sociale et religieuse; ils possèdent des biens très importants, contrôlent entièrement certains prieurés, sont les curés primitifs de multiples villages[77].

Si les cadres épiscopaux et canoniaux sont relativement bien connus, il est difficile de saisir la vie des clercs chargés du soin des âmes dans les paroisses. Leur statut canonique est très varié : les uns sont prieurs, les autres vicaires, la plupart portent le titre de simples desservants. En Comtat, aucune visite pastorale ne permet de mesurer la qualité de l'encadrement avant la fin du XVe siècle ou le début du XVe siècle[78]. Cependant, quelques paroisses du versant sud du Lubéron (elles appartiennent par conséquent à l'évêché d'Aix), ont été visitées en 1340-1345. Leur état ne doit guère différer de celui des paroisses comtadines et semble relativement satisfaisant si l'on songe à la désolation que décrivent un siècle plus tard les visites étudiées par N. Coulet[79].

Dès le début du XIVe siècle, les clercs sans charge d'âme sont très nombreux et déjà les statuts synodaux (en particulier ceux de J. de Cojordan pour l'évêché d'Avignon[80]) rappellent sans cesse qu'un chapelain ne doit pas cumuler plusieurs bénéfices.

---

[76] Etant donnée la proximité d'Avignon les droits de réserve ont joué le plus souvent. Néanmoins en 1447 les chanoines de Cavaillon essaient d'élire l'un d'entre eux (B. Romei) sans succès (cf. A. D. V. IV G 14 p. 131); en 1483 le chapitre de Carpentras fait de même (cf. Fornery, *Histoire du Comté Venaissin, op. cit.*, III, p. 220).

[77] Dans le cadre, relativement restreint, de cette étude, il n'était pas possible d'étudier de près les possessions des chapitres avignonnais et comtadins; les sources pourtant ne manquent pas (cf. Bautier-Sornay, *Les Sources de l'histoire économique et sociale du Moyen-Age, op. cit.*, II, p. 739-742, 747, 749, etc...) et nous comptons les exploiter pour une recherche sur les rapports entre l'Eglise et la société comtadine entre le début du XIIIe siècle et le début du XVIe siècle.

[78] Cf. la visite du diocèse de Carpentras en 1496-97 à la Biblio. Ingimbertine, ms. 1327 fo 1-40. Je n'ai malheureusement pas pu consulter les procès verbaux de la visite de 1447-1448 (A.D.V. notaire Béraud Carpentras 323). Il existe aussi pour Cavaillon un certain nombre de procès verbaux de visite pour le XVe siècle (IV G 25).

[79] N. Coulet, *La désolation des églises de Provence* in *Provence Historique VI* (1956), p. 34-52. Grâce à l'obligeance de Mme E. Sauze j'ai pu avoir connaissance de quelques éléments de la visite aixoise de 1340-1345 (coll. privée).

[80] Martène, *Thesaurus novus anecdotorum, op. cit.*, IV, col. 559 «*Contra capellanos tenentes duas aut plures capellanias*» (statuts de 1332). Repris par exemple par les statuts (sans date) promulgués au XVe siècle par A. de Coëtivy, Martène, *op. cit.*, IV, col. 577, etc...

L'arrivée de la cour pontificale, le Schisme et la crise économique modifient évidemment la situation des clercs. Moins peut-être qu'on pourrait le penser car ils font preuve d'une remarquable faculté d'adaptation.

L'installation des papes renforce sans aucun doute l'encadrement séculier bien que la politique bénéficiale en changeant souvent les titulaires de poste leur enlève une certaine efficacité pastorale; mais les nombreux curialistes qui peuplent la Maison du pape, la Chancellerie, la Chambre Apostolique, la Pénitencerie, la Rote, ne prennent pas part directement à la *cura animarum*. De même que les clercs qui affluent des quatre coins de l'Europe à l'Université[81]. Ce sont des juristes, des administrateurs. Toutefois souverain pontife leur octroie parfois un bénéfice dans la région, et quand ils sont prêtres ils restent soumis à certaines obligations cultuelles, ils doivent participer à la vie liturgique locale. La multiplication des chapellenies et surtout la création des collégiales témoignent aussi du renforcement des structures ecclésiales : les papes fondent les chapitres de Saint-Agricol et de Roquemaure, les cardinaux ceux de Saint-Pierre, de Saint-Didier et de Villeneuve-lès-Avignon. Enfin, la présence des pontifes attire une masse considérable de pauvres clercs en quête de bénéfices et de grâces expectatives in *forma pauperum*[82]. Formant un prolétariat ecclésiastique impossible à chiffrer (certains témoins parlent de centaines, voire de milliers de demandes!), ils font partie de cette population flottante qui encombre la capitale de la Chrétienté. Pendant leur séjour, qui peut être plus ou moins long, la participation aux cortèges funéraires, la récitation des psaumes, la célébration des messes sont leurs seuls moyens de subsistance.

Curieusement le Schisme puis le départ des papes ne changent guère la situation de ces pauvres clercs. Ils sont toujours aussi nombreux, viennent parfois de fort loin, désormais s'installent. Et au XVIᵉ siècle encore, les innombrables prêtres qui peuplent la province ecclésiastique d'Avignon arrivent de tous les diocèses du Midi et parfois de France du Nord[83]. Ils vivent souvent en petites communautés, dans une maison louée, proche

---

[81] Cf. B. Guillemain, *La cour pontificale, op. cit.*, p. 277-356 et 481-496. Sur l'origine des clercs universitaires cf. l'étude de J. Verger, *Le recrutement géographique des universités françaises au début du XVᵉ siècle d'après les suppliques de 1403*, in *Mélanges d'archéologie et d'histoire*, publiés par l'Ecole française de Rome, tome 82, 1970, p. 855-902.

[82] G. Tihon, *Les expectatives in forma pauperum, particulièrement au XIVᵉ siècle*, in *Bulletin de l'Institut historique belge, de Rome*, 1925, p. 51-118, et B. Guillemain, *La cour pontificale, op. cit.*, p. 524-527.

[83] M. Venard, *Pour une sociologie du clergé au XVIᵉ siècle*, in *Annales E.S.C.*, 1968.

d'une église, et s'efforcent de saisir les messes que commandent les testateurs[84]. Cependant, l'offre dépasse souvent la demande, si importante soit elle, et les bourgeois apitoyés font quelques legs aux «*pauvres prêtres*», aux «*pauvres chapelains*», aux «*pauvres novices*», qui hantent les villes et les bourgs à la recherche d'anniversaires[85].

On attribue en général cette multiplication des altaristes faméliques à la croissance des demandes de messes pour les défunts. Mais, inversement, on peut se demander si la présence de ce prolétariat ecclésiastique n'a pas, sinon suscité dès l'origine, du moins très fortement encouragé l'afflux des demandes de messes; car, en dernière analyse, ce sont davantage les contradictions économiques et sociales de la fin du Moyen-Age que la seule piété des testateurs qui expliquent cette pléthore de clercs.

L'église séculière comtadine subit évidemment les malheurs de la peste, de la guerre, du Schisme. Il manque pour notre région une étude comparable à celle que N. Coulet a consacrée au diocèse d'Aix[86], mais on peut imaginer facilement les destructions, la baisse des revenus, l'appauvrissement parfois dramatique de certains chapitres ou de certaines cures[87]. Point de synodes ou de conciles, les pasteur ne songent guère en temps d'épidémie qu'à exhorter leurs fidèles à la confession[88]. Toutefois, certains indices permettent de penser que la reconstruction se fait assez vite, dès les années 1440, preuve de la vitalité de l'église comtadine, au moins sur le plan purement religieux. Ne voit-on pas en effet dès cette époque les légats

---

[84] Cf. A.-M. Hayez, *Clauses pieuses, op. cit.*, p. 148 (note 166) Sur ces communautés de prêtres cf. l'article classique de L. Welter, *Les communautés de prêtres dans le diocèse de Clermont du XIIIᵉ au XVIIIᵉ siècle*, in *Revue d'Histoire de l'Eglise de France*, tome XXXV (1949), p. 5-35.

[85] Apt-Pondicq 119 fᵒ 87 vᵒ; 1429, Avignon-Martin 98 fᵒ 93; 1463, Avignon-Martin 255 fᵒ 52 vᵒ (legs «aux pauvres chapelains de St. Pierre»); 1468, Avignon-de Beaulieu 756 fᵒ 105; 1457, Avignon-Martin 247 fᵒ 152; 1494, Avignon-Martin 781 fᵒ 183 etc...

[86] N. Coulet, *La désolation des églises de Provence, op. cit.*.

[87] La réforme des statuts du chapitre d'Apt en 1372 donne lieu à une description très noire de la situation des chanoines par le «*commissaire et réformateur des églises et monastères de la ville et du diocèse d'Apt*» : «*Voyant par les anciens statuts de cette église que toutes les dépenses qui regardent le corps doivent se faire des revenus des anniversaires et comme on ne distribue presque plus rien, ou bien peu de choses des dits-anniversaires de quoi la plupart des chapelains, bénéficiers et chanoines se sont plaints, ayant égard à leur plainte, nous avons recherché en quoi consistait les cens du chapitre et ce qui pourrait rendre les anniversaires et nous avons trouvé qu'ils rendaient très peu de choses...*» (traduction moderne des statuts – seule trace, semble-t-il, de cette réforme – coll. privée, aimablement communiquée par M. l'abbé Seigle).

[88] *Gallia Christiana novissima, op. cit.*, Avignon, col. 510.

(Pierre de Foix) et les évêques (Alain de Coëtivy par exemple) tenter de réformer, *tam in capite quam in membris*, convoquer des conciles régionaux, publier chaque année des statuts[89]. Cette remise en ordre générale, qui concerne surtout la discipline ecclésiastique, prend en charge un certain nombre de thèmes conciliaires du début du siècle, mais se fait sous l'autorité du pape. Elle explique dans une large mesure le redressement constaté par M. Vénard à l'orée du XVIᵉ siècle et la vigueur de la réponse contre-réformée des décennies suivantes.

Les séculiers révèlent fort bien dans l'encadrement de la mort l'étendue de leur pouvoir et la force de leur pastorale. Pour la majorité des testateurs, ils sont avant tout les hommes du geste liturgique. Gestes de la préparation à la mort, de l'accompagnement au cimetière ou à l'église, de la messe surtout.

La pratique des derniers sacrements, nous l'avons vu[90], se répand lentement à partir du XIVᵉ siècle. Dans certains villages le legs au confesseur séculier s'intègre peu à peu à l'ensemble des legs rituels, tandis que les statuts prescrivent aux directeurs de conscience d'être dignes, de n'avoir ni geste, ni vêtement déplacé. Les conciles accordent des jours d'indulgence à ceux qui suivent dévotement le *Corpus Christi* jusque chez les malades[91]. Dans certains cas la présence d'un prêtre pendant la rédaction du testament sacralise ce moment essentiel et les évêques rappellent souvent que chaque curé doit tenir un registre avec les noms des morts et des notaires qui ont reçu leurs dernières volontés[92]. Les prêtres sont aussi, nous l'avons souligné en étudiant les principales séquences des rites funéraires, les spécialistes de l'absolute, de l'aspersion du corps mort; grâce à l'eau bénite, ils éloignent définitivement les démons.

Mais l'absoute, comme l'onction et la communion, est évoquée seulement par quelques uns. La plupart des testateurs en revanche, dans le moindre village comme dans les plus grandes villes, réclament quatre, six, vingt, cent prêtres autour de leur cadavre pendant la procession qui mène de la maison mortuaire au cimetière, comme une escorte, une milice chargée de défendre leur âme contre les dernières agressions des esprits

---

[89] Cf. les grands conciles d'Arles et d'Avignon en 1453 et 1457 (Biblio. Ingimbertine ms. 1307 et Mansi, *Sacrorum conciliorum op. cit.*, XXXII, col. 183-192). Une partie des statuts synodaux d'Alain de Coëtivy a été publiée dans Martène, *Thesaurus, op. cit.*, IV, col. 577 et ss.

[90] Cf. chapitre II, p. 118-120.

[91] Mansi, *Sacrorum conciliorum, op. cit.* XXV col. 743-744.

[92] Martène, *Thesaurus, op. cit.*, IV, col. 566.

malins[93]. C'est le nombre et l'ambulation près du cadavre qui comptent, beaucoup plus semble-t-il que la récitation des prières et des litanies. Il règne donc parfois dans ces processions un joyeux désordre, si l'on en croit l'évêque d'Avignon qui, en 1340, stigmatise l'attitude des clercs :

> « ... Comme il nous a été rapporté, de plusieurs côtés, que les prêtres, curés, clercs et autres ecclésiastiques de notre cité et de notre diocèse d'Avignon, quand ils vont de l'église chercher le corps des morts, puis le ramène à l'église, en passant par les rues publiques, se bouscu- lent, rient aux éclats, se racontent des histoires sans intérêt et donnent ainsi le mauvais exemple aux laïcs ... nous statuons et ordonnons que désormais les prêtres, clercs et autres ecclésiastiques qui nous sont soumis disent les sept psaumes ou l'office des défunts en allant chercher le corps des morts ... et qu'ils fassent ceci avec humilité et dévotion de sorte que les laïcs, par le bon exemple de leurs prêtres, se mettent à demander des suffrages pour les défunts[94] ».

Ces prescriptions, de même que celles qui obligent les clercs à porter les vêtements liturgiques[95], sont souvent reprises au XVe siècle (notamment par A. de Coëtivy). Mais le manque de tenue des clercs ne fait pas baisser les demandes de cortège; celles-ci augmentent au contraire tout au long du XVe siècle! Preuve que c'est davantage la présence propitiatoire d'une personne consacrée que la valeur spirituelle de ses prières, de son action d'intercession, qui est recherchée.

Si les diacres, les sous-diacres et les clercs qui ont reçu les ordres mineurs participent aux processions funéraires, ils ne bénéficient pas des mêmes avantages que les prêtres qui, eux, ont le pouvoir de dire la messe, ce viatique essentiel pour l'au-delà. La totalité des suffrages demandés dans les campagnes, la moitié ou les deux tiers de ceux réclamés par les citadins vont ainsi aux séculiers, dont la fonction essentielle est moins de prier que de célébrer. Les statuts des chapitres et des synodes, les canons des conciles consacrent d'ailleurs de longs développements à cette fonction de célébra- tion. On pourchasse ceux qui cumulent les chapellenies, ou qui les servent mal[96], on règlemente la multiplication des messes privées aux mêmes

---

[93] Cf. chapitre II, p. 136-138.

[94] Martène, *Thesaurus, op. cit.*, IV, col. 564-565 (statuts de 1340).

[95] Martène, *Thesaurus, op. cit.*, IV, col. 571 (statuts de 1365) et col. 578-579 (statuts sans date du XVe siècle).

[96] Martène, *Thesaurus, op. cit.*, IV, col. 559 (1332), col. 577 (XVe siècle) etc...

heures dans les églises et les chapelles[97], on surveille les présents pendant les cantars et les anniversaires en prenant soin de ne pas dédommager ceux qui partent avant l'absoute[98] etc.. Dans chaque chapitre, dans chaque église, les messes pour les défunts prennent une grande importance[99].

Toutefois, sans vouloir minimiser l'image que les fidèles se font de l'Eucharistie, il faut reconnaître que le sacrement se réduit le plus souvent pour eux à une série de gestes magiques. L'exemple déjà cité de cet habitant de Valréas qui désire se faire inhumer là même où le prêtre pose ses pieds quand il élève le corps du Christ est tout à fait révélateur[100]: c'est moins la consécration que l'élévation de l'hostie qui symbolise la messe. Si certains testateurs, quelque peu scandalisés par la vitesse à laquelle les prêtres débitent leurs prières ou bâclent l'office, demandent explicitement que leur anniversaire soit dit à «*pleine, haute et intelligible voix*»[101], la plupart en restent à une conception très objectiviste du sacrement. Ce qui importe, ce sont les gestes, la liturgie, servie, dans les paroisses les plus riches, par un clergé abondant, quelquefois inculte, souvent dissipé, mais vêtu de magnifiques ornements sacerdotaux (on est surpris par exemple de la richesse de la sacristie de Notre-Dame-la Principale à la fin du XVe siècle, où s'accumulent les chasubles, les aubes, les calices, les reliquaires, les nappes et les parements d'autels[102]).

Les séculiers ont réussi peu à peu à intégrer les gestes liturgiques chrétiens au système plus complexe des rites de funérailles. Mais ils n'ont pu réaliser cette intégration qu'en étant spatialement très proches des laïcs. C'est évidemment l'enracinement paroissial qui leur permet de s'imposer, qui explique leur succès. Les liens familiaux poussent parfois encore tel ou tel testateur à demander l'intercession d'un prêtre : les fils, les frères, les neveux, les cousins entrés dans les ordres sont appelés à la rescousse et il est fréquent qu'une chapellenie soit desservie par un membre de la famille

---

[97] Martène, *Thesaurus, op. cit.*, IV, col. 591 (1449).

[98] Statuts d'Apt de 1372 (statuts XXXV), traduction moderne, collection privée, communiquée par M. l'abbé Seigle).

[99] P. Terris, *Recherches historiques et littéraires sur l'ancienne liturgie de l'église d'Apt*, in *Mémoires de la Société littéraire, scientifique et artistique d'Apt*, nouvelle série n° 3, Apt. 1874. On disait au XIVe siècle au moins cinq messes dans la cathédrale : à l'aurore, à St. Auspice, à St. Pierre, à la Vierge, et «*pour les morts suivie d'une procession et de l'absoute*».

[100] 1383, Valréas-Evesque 194 f° 30.

[101] 1450, Avignon-de Beaulieu 726 f° 490.

[102] Inventaire de 1499 (Avignon-Martin 496 f° 264 et suiv.). On trouve 13 draps funéraires, plus de 20 chasubles, une demi-douzaine de calices, etc...

pour laquelle elle a été instituée[103]. Il arrive aussi qu'un prêtre jouisse apparemment d'une meilleure réputation que les autres et attire particuliè-rement les demandes de messes[104]. La rigueur de sa vie, voire même une réputation de sainteté, peuvent expliquer cet engouement (mais peut-être n'est-il que le procureur d'un groupe d'altaristes, les documents ne nous donnent sur ce point aucune indication précise). L'appel aux prêtres nom-mément désignés reste pourtant exceptionnel.

En général, ce sont plutôt les clercs ordinaires du lieu qui, rituellement, sont les premiers bénéficiaires des legs. On leur donne une somme globale *pro lecto* ou *pro gadio*[105] mais la hiérarchie du curé et des bénéficiers est aussi respectée. En Avignon par exemple au début du XIVᵉ siècle le testateur donne presque toujours 5 ou 6 sous au prieur, 2 sous au curé, 10 ou 12 deniers au diacre, 2 ou 3 deniers au simple clerc[106]. Il en va de même à Valréas, où l'on n'oublie jamais le secondaire, à Apt, à Cavaillon, où le prêtre de l'église Saint-Michel reçoit toujours un menu don, et dans tous les villages comtadins. Le legs au clergé paroissial semble automatique et, vers 1350, aucun testateur ne songe à s'y soustraire. De même, on fait appel en priorité aux séculiers qui ont la *cura animarum* et aux chapelains qui vivent dans la paroisse pour célébrer les messes *de mortuis*.

Cependant, après 1360-1380, cette distribution rituelle de quelques sous ou de quelques deniers disparaît des actes presque complètement. Elle a peut-être toujours lieu en réalité, mais les testateurs n'éprouvent plus le besoin de l'indiquer explicitement[107]. Une autre raison explique cette désaf-fection : l'appel fréquent aux Ordres Mendiants, pour l'enterrement comme pour les cantars et les anniversaires. Dans les cités, en particulier en Avignon, le cadre paroissial ne résiste guère à l'attraction des couvents de

---

[103] 1336, Cavaillon-Rousset 26 fᵒ 121; 1347, Cavaillon-Rousset 35 fᵒ 99; 1400, Cavaillon-Rousset 60 fᵒ 47; 1420, Cavaillon-Rousset 75 fᵒ 92; 1465, Cavaillon-Rousset 177 fᵒ 62 etc...

Pour Avignon cf. A.-M. Hayez, *Clauses pieuses, op. cit.*, p. 150. N'oublions pas d'autre part que nombre de grandes familles avignonnaises ont donné des évêques à la région (par exemple Jean d'Ortigue et Agricol de Panisse ont été évêques d'Apt, respectivement en 1467-1482 et en 1482-1484, *Gallia Christiana novissima*, Aix, col. 269-270).

[104] C'est le cas par exemple d'Etienne Pellegrin à Cavaillon : 1404, Avignon-Martin 276 fᵒ 100; 1404, Avignon-Martin 276 fᵒ 116; 1410, Cavaillon-Liffran 14 fᵒ 56 etc...

[105] Cf. chapitre II, p. 132.

[106] 1316, Aumône de la Fusterie B 9; 1317, G 701 fᵒ 43; 1324, Epicerie B 12 et B 18 fᵒ 15 etc...

[107] C'est le cas du moins dans les plus grandes villes (Avignon, et même Apt ou Valréas), tandis que la coutume se conserve par exemple à Cavaillon et dans certains petits villages.

Dominicains, de Franciscains, de Carmes et d'Augustins; il éclate aussi sous la pression des migrants qui ne reconnaissent pas les particularismes de quartier. Enfin, certains citadins pour retrouver leurs parents dans la tombe, n'hésitent pas, on l'a vu, à abandonner leur église et leur cimetière, à se faire enterrer à l'autre bout de la ville. La paroisse, structure de stabilité, s'accomode mal des bouleversements qu'entraînent les migrations, les guerres, la baisse de la production agricole. Même dans les gros bourgs (sans parler des villages désertés!), la crise économique contribue à rendre le cadre paroissial plus fragile, moins attractif.

Certes, la paroisse n'est jamais complètement délaissée. La constitution *Super Cathedram* (*Extravagantes com.*, lib. III, tit. XIV, cap. I) qui accorde aux séculiers le quart des offrandes faites aux Ordres Mendiants suscite, au sein même du clergé, de très nombreux conflits[108], mais en général, les testateurs qui choisissent de se faire inhumer dans un couvent, laissent d'eux-mêmes à leur paroisse un don important[109].

Ils s'efforcent aussi de partager leurs messes entre séculiers et réguliers. A Valréas, par exemple, il n'est pas rare que la neuvaine soit célébrée à Notre-Dame, le bout-de-l'an chez les Cordeliers, la messe de fin de deuxième année à Notre-Dame de nouveau, celle de fin de troisième année chez les Cordeliers, et ainsi de suite[110]. Au total, une forte majorité de testateurs (environ 60%) demandent des suffrages à la fois aux séculiers et aux Mendiants tandis qu'une toute petite minorité (environ 4%) ne fait appel qu'aux Franciscains. La concurrence a contraint le clergé paroissial et les Mendiants à s'entendre, à partager. En Avignon, la lutte est plus serrée, les positions sont plus tranchées, les choix en faveur de la paroisse ou des couvents plus exclusifs : 51% des demandes de messes vont aux séculiers, 24% aux Mendiants, 25% aux Mendiants et aux séculiers.

A Valréas comme en Avignon cependant, l'évolution des demandes au cours du XVe siècle (cf. graphique no XVII) montre que la situation des séculiers, loin de se dégrader, s'améliore : le nombre de ceux qui choissis-

---

[108] Cf. P. Adam, *La vie paroissiale en France au XIVe siècle*, Paris, Sirey, 1964, p. 220 et suiv.

[109] 1423, Avignon-Martin 295 fo 24; 1452, Avignon-de Beaulieu 730 fo 324; 1466, Avignon-de Beaulieu fo 300 etc.

Le don destiné à la paroisse d'origine varie en général entre 2 et 5 florins.

[110] 1394, Valréas-Evesque 139 fo 3 ro. Il ne s'agit ici que d'un exemple, en réalité presque toutes les demandes de messes à Valréas sont construites sur ce modèle. Cf. aussi le détail des frais de funérailles d'un évêque de Cavaillon en 1447 (Cavaillon-Liffran 16 fo 11 et suiv.) qui partage les messes de neuvaine entre les séculiers de la ville et des paroisses voisines d'une part et les Franciscains de l'Isle-sur-la-Sorgue d'autre part.

Graphique n° XVII

LA PART DES SÉCULIERS ET DES ORDRES MENDIANTS DANS LES DEMANDES DE CANTARS À VALRÉAS ET EN AVIGNON

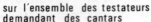

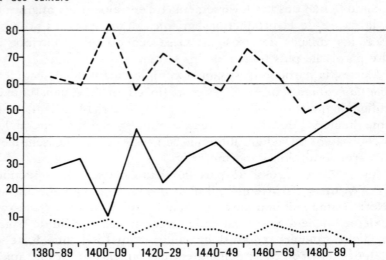

I _ VALREAS

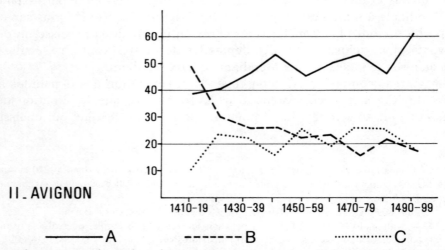

II _ AVIGNON

A: % de testateurs demandant des messes uniquement aux séculiers; B: % de testateurs demandant des messes aux séculiers et aux Mendiants; C: % de testateurs demandant des messes uniquement aux Mendiants.

sent uniquement les couvents de Mendiants stagne (Avignon) ou diminue légèrement (Valréas), tandis que baissent nettement aussi les pourcentages de ceux qui partagent leurs demandes de messes entre les deux types d'institutions; en revanche, dans la petite cité épiscopale comme dans la grande ville cosmopòlite, les legs en faveur des séculiers connaissent une hausse régulière après 1420-30. Cette reprise de l'intérêt des testateurs pour la célébration des messes chez les séculiers coïncide à peu près avec l'apaisement des conflits nés du Schisme, puis avec cet élan réformateur que les légats et les évêques essaient de donner au clergé séculier comtadin. Les Mendiants, au plus fort de la crise sociale et religieuse (1370-1430), ont compris et accueilli les fidèles. Ceux-ci étaient alors en plein désarroi, troublés par la division de l'Eglise et incapables de faire confiance aux structures traditionnelles. Mais passé 1430-1440, peut-être sous l'impulsion des évêques, les pasteurs reprennent en charge leurs ouailles, qui elles-mêmes, dans un climat économique et politique moins défavorable, plus stable, retrouvent les attachements et les gestes anciens.

Les Mendiants restent cependant une menace très vive et l'on comprend dans ces conditions que les séculiers soient sur la défensive. Dès le début du XIVe siècle, les conciles se battent contre les confesseurs réguliers qui n'ont pas d'autorisation pontificale ou épiscopale[111]. Les menaces contre les quêteurs errants qui troublent les fidèles et détournent les offrandes[112], les interdictions contre les religieux qui persuadent les mourants de se faire enterrer dans un autre lieu que le lieu paroissial[113] se multiplient. On exige que soit faite la preuve que le testateur a choisi librement l'enterrement dans un couvent; on demande même parfois au cortège funéraire de passer par l'église séculière avant la mise en terre chez les Franciscains ou les Dominicains[114]. Ces mesures, pour l'essentiel, sont reprises par les conciles réformateurs de la seconde moitié du XVe siècle. On imagine facilement

[111] C'est le but, non avoué explicitement, de toutes les mesures qui visent à obliger les prêtres séculiers à assister eux-mêmes aux derniers moments et à tenir très soigneusement la liste des morts et des notaires à qui ceux-ci ont dicté leurs dernières volontés.

[112] Concile d'Apt 1365, Mansi, *Sacrorum conciliorum*, XXV, col. 452 (les quêteurs, qui semblent proliférer en Comtat et en Provence, devront présenter leurs lettres d'autorisation à l'évêque et aux curés).

[113] Statuts d'Apt, 1372, *op. cit.*, statut n° 73 : «*Voulons et ordonnons qu'aucun religieux ou autre ne persuade dans la confession ou par d'autres moyens les paroissiens à élire leur sépulture dans leur église, d'autant que cela est contre les canons et le droit des églises paroissiales...*».

[114] Mansi, *Sacrorum conciliorum*, *op. cit.*, XXV (1326 et 1337) col. 1085, can. XXXII : *De modo probandi electionem sepulturae illorum, qui apud religiosos eligisse dicuntur.*

tous les conflits, parfois sordides, qui naissent autour des mourants et des morts! Ils font dès cette époque le bonheur de la satire anti-cléricale. Toutefois, si l'on met à part les inévitables petites guerres procédurières ou protocolaires qui agitent souvent les cloîtres et les chapitres, il faut reconnaître que nous conservons peu de témoignages de cette lutte entre séculiers et Mendiants (une bulle d'Urbain V nous apprend par exemple que deux Frères Mineurs de Beaucaire assaillirent un chanoine d'Apt à propos d'une question de cierges aux funérailles d'un citoyen de Beaucaire!). Au-delà des antagonismes superficiels les pastorales des uns et des autres fonctionnent cependant en étroite complémentarité (les évêques eux-mêmes ne viennent-ils pas souvent des ordres réguliers?)[115].

Les Mendiants et le monde des villes.

Dans la région comtadine, le réseau des couvents Mendiants est à la fois ancien et très dense.

Les Cordeliers et les Prêcheurs s'installent à Apt et en Avignon dès les années 1220-1230. Une deuxième vague de fondations, pendant la seconde moitié du siècle, dote Orange (1258-1269), l'Isle-sur-la-Sorgue (avant 1269), Monteux (avant 1287), Valréas (avant 1269) de nouveaux établissements franciscains et dominicains, tandis que les Carmes (Apt, Ménerbe, Avignon) et les Augustins (Avignon) font aussi leur apparition[116]. Le réseau se complète au XIVe siècle (Carmes à Orange en 1307, Dominicains à Carpentras en 1317, Augustins à Pernes en 1342); enfin, en 1469, les Observantins fondent un couvent réformé en Avignon qui semble jouir aussitôt d'un grand prestige auprès de la population[117]. Au total, 16 couvents (sans compter les Frères du Sac – dissous en 1323 – les Mercédaires et les Trinitaires) sur un territoire assez étriqué.

[115] Sur la querelle entre les Mineurs et le chanoine d'Apt cf. H. Denifle, *Désolation, op. cit.* tome I, p. 685. Les évêques mendiants sont nombreux à Apt par exemple : Guillaume Astre (O. M.) en 1332-1336; Auzias de Ponteves (O. M.) en 1358-1368); Pierre Perricaud (O. P.) en 1411-1412; Etienne d'Epernay (O. P.) en 1430-1437; ceux-ci, il est vrai, ne résident pas toujours dans leur diocèse. Cf. *Gallia Christiana novissima*, Aix, coll. 246-265.

[116] R. W. Emery, *The Friars in Medieval France. A catalogue of French Mendicant Convents, 1200-1550*, New-York-Londres, 1962, p. 118-119.

[117] 1482, Avignon-Martin 330 fo 306; 1485, Avignon-Martin 770 fo 223; 1491, Avignon-Martin 490 fo 66; 1497, Avignon-Martin 493 fo 138; 1498, Avignon-Martin 494 fo 448 vo etc...

Une corrélation étroite existe entre le mouvement mendiant et le phénomène urbain : l'hypothèse lancée par Jacques Le Goff est ici pleinement vérifiée puisque le nombre de couvents dans une cité reflète à peu près la place de celle-ci dans la hiérarchie urbaine régionale[118]. Avignon en possède quatre, Orange trois, Apt deux, l'Isle-sur-la-Sorgue et Valréas un seul, mais Cavaillon, la cité épiscopale la plus rurale, la plus «crottée» du Comtat, n'en n'a aucun. Carpentras, où les Dominicains se sont installés tardivement, n'est un cas particulier qu'en apparence : les Franciscains de Monteux et les Augustins de Pernes sont tenus à l'écart par les séculiers, mais ils restent très proches et savent attirer les dons des habitants de la capitale comtadine. Seuls les Carmes de Ménerbes (fondés d'abord à l'Isle-sur-la-Sorgue)[119] font exception à la règle qui veut que les Mendiants, pour des raisons à la fois économiques et d'apostolat, soient installés près des villes, ou même *intra muros*.

Les Franciscains, qui s'accomodent assez facilement de petits établissements, sont présents dans six agglomérations tandis que les Dominicains se concentrent dans les trois plus grandes villes. Les premiers ont d'ailleurs, nous le verrons, une clientèle plus large, plus ouverte que les seconds et ils proposent des pratiques dévotionnelles différentes. La Provence franciscaine a été en effet profondément marquée par le mouvement spirituel[120]. A Apt, par exemple, le petit cercle de dévots qui entourent Dauphine et Auzias de Sabran, la vie même de ces deux saints (comme celles de Douceline et de ses béguines à Roubaud[121]) témoignent de la persistance des tendances joachimites et de l'idéal de pauvreté en plein XIVe siècle. En 1354 encore, si l'on en croit l'auteur de la première *Vie* d'Innocent VI, deux Frères Mineurs sont brûlés en Avignon propter *heresim de paupertate*[122]! Les Prêcheurs en revanche, regroupés en gros couvents, se consacrent beaucoup plus aux

[118] J. Le Goff, *Apostolat mendiant et fait urbain dans la France médiévale, in Annales, E.S.C.* 1968, p. 335-352.

[119] Emery, *The Friars. . ., op. cit.,* p. 119.

[120] Cf. l'ensemble du 10e *Cahier de Fanjeaux, Franciscains d'Oc, les Spirituels,* Toulouse, Privat, 1975.

[121] Sur saint Auzias et sainte Dauphine, cf. les deux *Vies occitanes* publiées par le P. Cambell, *op. cit...* Dans une recherche ultérieure nous projetons d'étudier en détail l'environnement spirituel et social de ces deux saints. Sur Douceline, cf. les travaux de Cl. Carozzi, et en particulier *Douceline et les autres in Cahier de Fanjeaux,* no 11, Toulouse, Privat, 1976, p. 251-267.

[122] Baluze, *Vitae paparum avenionensium, op. cit.,* I, Ière *Vita* d'Innocent VI, p. 311.

Carte X

L'IMPLANTATION DES ORDRES MENDIANTS EN COMTAT

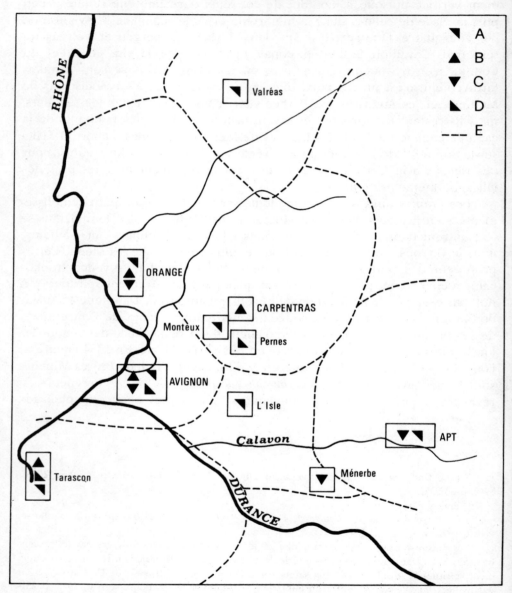

A : Franciscains ; B : Dominicains ; C : Carmes ; D : Augustins ; E : limites approximatives des zones d'influences.

études universitaires, aux controverses théologiques et à la défense de l'orthodoxie (cf. la comparution de Maitre Eckart). Leur influence pastorale semble plus limitée, surtout en direction des classes populaires, même si l'arrivée des papes leur donne une importance nouvelle (c'est au couvent d'Avignon que réside Clément V et que sont couronnés Benoit XII et Clément VI)[123]. Les Carmes et les Augustins, d'implantation récente, jouent apparemment un rôle beaucoup moins important dans la vie religieuse locale.

L'influence des Ordres Mendiants ne se limite pas aux villes et à leurs faubourgs. Au contraire, l'examen des testaments ruraux montre que chaque couvent possède dans le plat-pays une aire d'influence où les religieux assurent prédications et quêtes[124]. Les habitants de Taulignan, Grignan, Saint-Pantaléon, Colonzelles, Visan, Grillon autour de Valréas, ceux de Gordes, Caseneuve, Castillon, Gargas, Roussillon autour d'Apt, n'hésitent pas à demander l'enterrement chez les Franciscains de ces deux localités[125]. Souvent, les testateurs, en souhaitant que les représentants des quatre ordres accompagnent leur dépouille mortelle, donnent la liste des couvents dont leur village dépend (mais cette «dépendance» n'est pas fixe, institutionnelle). Quand on vit à Velleron, non loin de L'Isle-sur-la-Sorgue, on fait appel systématiquement aux Frères Mineurs de cette ville, aux Carmes de Ménerbes, aux Augustins de Pernes et aux Prêcheurs de Carpentras. A Cavaillon, ce sont les Mineurs de l'Isle (ou d'Avignon), les Prêcheurs de Tarascon (ou d'Avignon), les Carmes de Ménerbes ou les Augustins d'Avignon qui sont sollicités tandis qu'à Orgon, de l'autre côté de la Durance, on demande la participation des Cordeliers de Salon[126] etc.. L'absence ou la rareté des couvents au nord et à l'est d'Orange explique l'influence assez large des trois couvents de cette ville; en revanche, ceux d'Avignon, malgré leur nombre et l'importance de chaque communauté, se contentent d'une

[123] A.-M. Hayez, *Clauses pieuses, op. cit.,* p. 137 et 152.

[124] H. Martin, dans *Les Ordres Mendiants en Bretagne,* Université de Haute Bretagne, Institut armoricain de recherches historiques de Rennes, Paris, Librairie Klincksieck, 1975, a bien étudié le phénomène de la quête et de la *predicatio.* En Comtat, le problème ne se pose pas exactement de la même manière étant donnée la densité très élevée de couvents.

[125] Taulignan 1397 (Valréas-Evesque 203 f° 32); Grignan 1398 (Valréas-Evesque 204 f° 45); Saint-Pantaléon 1420 (Valréas-Petit 59 f° 21); Colonzelle 1411 (Valréas-Petit 54 f° 50 v°), etc... Gordes 1382 (Apt-Pondicq 53 f° 13); Caseneuve 1398 (Apt-Pondicq 66 f° 32); Gargas 1429 (Apt-Pondicq 81 f° 66) etc...

[126] 1368, L'Isle-Roussel 2 f° 8; 1390, Avignon-Martin 270 f° 30; 1330, Cavaillon-Rousset 24 f° 22; 1437, Cavaillon-Rousset 35 f° 115; 1389, Avignon-Martin 308 f° 33 etc...

pastorale strictement urbaine. Au total, l'ensemble du territoire comtadin est marqué par le phénomène Mendiant, même si les villes sont évidemment les centres privilégiés de l'activité de ces religieux.

L'étude précise des fondations reste à faire. L'initiative des Frères semble avoir été fondamentale[127] mais, très vite, les notables, chevaliers ou marchands, ont fait d'importantes donations et ont transféré dans ces nouvelles églises les sépultures de leurs parents. A Orange, par exemple, les princes de la famille de Baux, ou les d'Ancezune, ont beaucoup contribué au développement des Cordeliers[128]; dans cette même ville, au début du XIVe siècle, la plupart des nobles de la région qui se font enterrer chez les Frères Mendiants, y retrouvent déjà leurs *patres*[129]. Il en va de même à Apt où les maisons de Forcalquier, de Céreste, de Venterole, de Sault, de Viens, de Simiane, ont des chapelles funéraires chez les Cordeliers qui accueillent en outre les corps saints d'Auzias et de Dauphine de Sabran, dignes représentants de la noblesse provençale[130]. Ce ralliement d'une grande partie des notables n'empêche pas cependant les religieux de développer leur apostolat en direction d'autres classes sociales. A partir de 1360, nous le savons, un bon tiers des testateurs, d'origine souvent modeste, demandent des messes aux Mendiants[131]. A la même époque, la majorité des citadins indiquent dans leurs dernières volontés qu'ils souhaitent être accompagnés à leur dernière demeure par un ou deux représentants de chacun des quatre ordres, même quand l'enterrement a lieu dans une église séculière[132]. Ce qui

[127] Comme le pense le P. M.-H. Vicaire dans son article sur *Le développement de la province dominicaine de Provence*, paru d'abord dans le 8e *Cahier de Fanjeaux* (1973) puis dans les *Annales E.S.C.* (1973) et repris dans *Dominique et ses Prêcheurs*, Ed. Universitaires, Fribourg, 1977.

[128] Cf. le testament de R. de Baux, A. C. Orange, AA5 et les testaments d'un certain nombre de membres de la famille d'Ancezune (1263, E, fond du Duché de Caderousse 67 (3); 1286, mêmes références, 1314, E, fond du Duché de Caderousse, 67 (2).

[129] J. Chiffoleau, *Pratiques funéraires et images de la mort... op. cit.*, p. 281 et note 39 p. 300.

[130] Cf. le manuscrit n° 1655 de la Biblio. Ingimbertine de Carpentras qui donne la copie (moderne) du nécrologe des Frères Mineurs d'Apt. fo 5 et suiv.

[131] Cf. Les spécialistes du geste propitiatoire, p. 249.

[132] Il arrive même que certains séculiers se fassent enterrer chez les Mendiants (1446, Avignon-Martin 795, fo 11). Inversement, certains testateurs demandent à être accompagnés par les séculiers de leur paroisse quand ils se font enterrer chez les Frères. On imagine facilement la mortification des prêtres du village du Rousset qui doivent accompagner le corps d'un des co-seigneurs jusque chez les Mineurs de Valréas! (1465, Valréas-Petit, 88 fo 194 vo).

est alors recherché, à travers la présence symbolique d'un Cordelier et d'un Prêcheur, d'un Carme et d'un Augustin, c'est le pouvoir d'intercession, la prière salvatrice de l'ensemble des ordres qu'ils représentent. Qu'il s'agisse de la messe ou de la procession funéraire, le rôle des Mendiants ne diffère guère cependant de celui des séculiers.

Beaucoup plus spécifique est leur action dans le domaine de la prédication et de la confession. Les quelques recueils de sermons conservés à la Bibliothèque du Musée Calvet, et provenant du couvent des Dominicains d'Avignon, ne permettent pas de dégager les traits particuliers de la prédication en ce qui concerne la mort et le salut[133]. L'utilisation de recueils très classiques d'*exempla* (Etienne de Bourbon, Jean Gobi[134]) montre seulement que le ministère de la Parole n'a, en Comtat, aucune originalité (ce qui ne lui enlève évidemment rien de sa force ni de son pouvoir de persuasion). Seule l'action très temporaire d'un Vincent Ferrier a pu bouleverser quelque peu les habitudes, mais aucune source précise ne permet de mesurer l'impact de son séjour[135].

Les testaments en revanche nous donnent un certain nombre d'indications sur le ministère de la confession[136]. A Apt, à l'Isle-sur-la-Sorgue, les legs au confesseur franciscain sont fréquents[137]. Mais c'est en Avignon que le phénomène est le plus net. Sur 75 testaments qui prévoient un don de ce type, 53 citent un confesseur mendiant. Les Cordeliers sont les plus fréquemment cités (30 fois) suivis par les Dominicains (11 fois cités); les Augustins et les Carmes interviennent beaucoup moins (6 fois). Ces religieux sont souvent gradués de l'Université, licenciés, maîtres ou même docteurs en théologie[138]. Certains semblent jouir d'une très grande réputation et sont sans cesse sollicités : entre 1437 et 1462 par exemple, 17 testateurs font appel au Franciscain Jean «*de Fontanellis*». Il s'agit de

---

[133] Cf. par exemple les manuscrits nº 38 et 601 de la Bibliothèque du musée Calvet en Avignon.

[134] Sur l'influence de ces recueils d'*exempla* cf. chap. VI, *Le Purgatoire en Venaissin*, p. 396-397.

[135] Cf. Gorce, *Saint Vincent Ferrier*, Paris, 1934.

[136] Cf. Cl. Carozzi, *Le ministère de la confession chez les prêcheurs de la province de Provence*, in *Cahier de Fanjeaux*, nº 88, p. 321 et suiv.

[137] Cf. chapitre II, p. 119.

[138] Docteurs en décret (Avignon-de Beaulieu 733 fº 140) mais surtout licenciés (1439, Avignon-de Beaulieu 700 fº 161), maîtres ou docteurs en théologie (1459, Avignon-de Beaulieu 744 fº 379) etc...

notables, de femmes très souvent. Nobles (Catherine de Sade), juristes (femme de notaire, licencié en loi), marchands de Turin, de Florence ou de Langres, épicier ou fournier ressentent désormais le besoin d'avoir un confesseur attitré, un directeur de conscience dont l'autorité et la science sont incontestées[139]. Les Mendiants touchent les foules par la prédication, mais leur influence dans le domaine de la pénitence, contrecarrée par les séculiers, semble se limiter aux couches sociales les plus aisées.

Le meilleur test de la popularité des Mendiants et de leur rôle dans l'encadrement de la mort reste évidemment l'élection de sépulture. En favorisant l'enterrement «*cum habitu et juxta modum religionis*», les Frères n'ont fait que démocratiser un geste très ancien, pratiqué déjà par les chevaliers du XIe et du XIIe siècle, quand ils se «donnaient» à l'abbaye qui voulait bien recevoir leur corps. L'inhumation «dans l'habit du Mendiant» possède pour les testateurs une valeur très forte. Mais il est difficile de dire si, pour la majorité d'entre eux, c'est l'entrée symbolique dans l'ordre, la participation *in extremis* à l'idéal de pauvreté et de pureté qui est essentiel, ou bien si le froc n'est seulement qu'un suaire au pouvoir propitiatoire supérieur. De même, il est difficile de faire le partage entre les motivations religieuses (attrait exercé par la pastorale et la spiritualité des Mendiants) et les habitudes familiales ou sociales (tombes lignagères etc.) pour expliquer le choix des testateurs qui délaissent leur paroisse.

Dès le XIIIe siècle, les Mendiants ont su attirer nombre de testateurs. Il semble même dans certaines villes qu'ils aient atteint un optimum dès les années 1320-1360 et qu'ensuite leur influence ne fasse guère de progrès jusqu'au début du XVIe siècle. A Apt, le nombre des testateurs qui choisissent l'enterrement chez les Franciscains et les Carmes croît encore lentement, il est vrai, entre 1370 (environ 25%) et 1490 (environ 45%), mais à Valréas et en Avignon il reste stable pendant toute cette période, dépassant rarement 30% (cf. graphique n° XVIII). On est très loin de la situation d'Aix-en-Provence analysée par N. Coulet où les Mendiants font au contraire des progrès constants (36% en 1400-1430, 48% en 1441-1450, 57% en 1480-1490)[140]. En Comtat, c'est peut-être l'importance, déjà soulignée, de l'encadrement séculier, le dynamisme particulier des évêques, des chapitres

---

[139] Avignon-de Beaulieu 708 f° 319, 710 f° 43, 720 f° 108, 726 f° 312 et 490, 727 f° 132 et 209, 733 f° 140, 738 f° 405 et 448, 742 f° 161, 162 et 197, 750 f° 517 etc...
[140] N. Coulet, *Jalons pour une histoire religieuse d'Aix au Moyen Age*, in *Provence Historique*, t. XXII (1972), p. 253 et suiv.

Graphique n° XVIII

L'ENTERREMENT CHEZ LES MENDIANTS EN AVIGNON, À VALRÉAS ET À APT

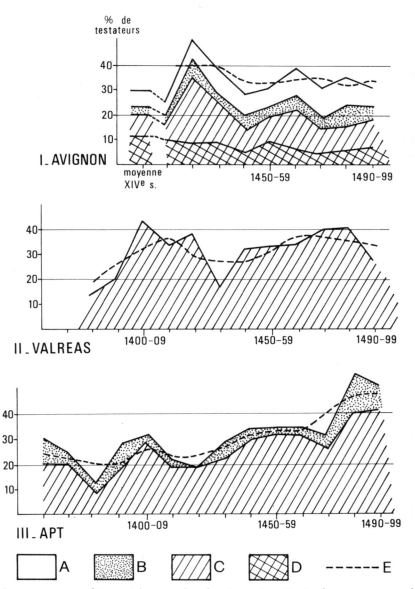

A : % de testateurs se faisant inhumer chez les Augustins; B : % de testateurs se faisant inhumer chez les Carmes; C : % de testateurs se faisant inhumer chez les Franciscains; D : % de testateurs se faisant inhumer chez les Dominicains.

et des desservants qui empêchent les nouveaux ordres d'attirer plus du tiers des testateurs (et ce n'est peut-être pas un hasard si les aptésiens, provençaux, se comportent plutôt comme des aixois que comme des avignonnais!). Certaines fluctuations décennales s'expliquent aussi par la capacité plus ou moins grande des séculiers à prendre en charge l'ensemble de la vie religieuse : en Avignon par exemple le nombre important de demandes d'inhumation dans les couvents pendant les années 1390-1430 est peut-être la conséquence indirecte des troubles du Schisme et de l'état de délabrement où se trouve l'église séculière pendant cette période agitée. Sitôt la paix revenue et l'administration des légats restaurée, les testateurs retrouvent les paroisses et les pourcentages d'enterrement chez les Mendiants baissent nettement (bien entendu, d'autres facteurs peuvent expliquer ces fluctuations : destruction des bâtiments *extra-muros*, reconstruction ou installation à l'abri des remparts,[141] etc.).

Les Franciscains, installés dans toutes les grosses agglomérations, ont plus de succès que les autres ordres. Situation normale quand ils ont une sorte de monopole comme à Valréas, mais qui est vérifiée aussi à Apt, où les Carmes n'attirent que 5% ou 6% des testateurs et surtout en Avignon où la concurrence entre les quatre ordres est pourtant beaucoup plus grande. C'est, semble-t-il, la plus grande ouverture des Cordeliers aux classes moyennes et même aux couches sociales les plus défavorisées qui explique cette prédominance. A Apt, à Valréas, les nobles, les juristes, les bourgeois sont certes nombreux à demander l'enterrement au couvent, mais il n'est pas rare qu'un fustier, un pauvre artisan, un tisserand ou même un laboureur exprime dans son testament un désir analogue. Dans les églises franciscaines de ces deux cités les tombes des manants côtoient celles des notables et même les chapelles funéraires des vieilles lignées seigneuriales[142].

En Avignon les marchands, les artisans et les agriculteurs qui désirent se faire inhumer chez les Mendiants font leur choix de la façon suivante :

---

[141] Par exemple les cordeliers de Valréas se réfugient à l'intérieur de la ville, en 1391, leur couvent *extra-muros* ayant été détruit par les routiers (cf. M. Chocquet, *Histoire de Valréas*, Valréas, 1951, tome I, p. 47 et suiv.).

[142] A Apt par exemple, à côté de Mabille de Simiane ou de Marguerite de Ponteves (1451, Apt-Pondicq 209 f° 94), on trouve enterrés des aubergistes (1430, Apt-Pondicq 124 f° 13) ou des laboureurs (1437, Apt-Pondicq 196). Même chose à Valréas où les cardeurs, les tisserands et les tailleurs se font assez souvent inhumer chez les Franciscains (Valréas-Petit 86 f° 12; Valréas-Evesque 264 f° 210; Valréas-Evesque 253 f° 11 etc...).

CHOISISSANT	Marchands	Artisans	Agriculteurs
Les Dominicains	13,5%	6,4 %	0%
Les Franciscains	44,5%	26,6 %	60%
Les Carmes	16 %	23,4 %	15%
Les Augustins	26 %	43,66%	25%
TOTAL . . .	100 %	100 %	100%

Les Franciscains, qui accueillent à la fois de très nombreux et très riches marchands (Les Peruzzi, les Pazzi, les Ricci,[143] etc.) et la grande majorité des agriculteurs, font preuve, ici encore, d'une large ouverture sociale qui explique leur succès.

En revanche les Dominicains voient leur influence diminuer légèrement au long du XVe siècle et sont beaucoup plus aristocratiques. Ils n'accueillent aucun agriculteur, fort peu d'artisans et seulement les plus riches des marchands. L'essentiel de leur clientèle est composée de juristes (bacheliers, licenciés, docteurs en lois[144] etc.) et surtout de la noblesse comtadine et avignonnaise : on y retrouve certains membres de la famille Cabassole, de la famille de Sade, les Panisse, les Brancas, de nombreux chevaliers et damoiseaux[145]. La pastorale des Prêcheurs, intellectuelle, destinée à une certaine élite, est en partie responsable de ce recrutement très limité, mais la situation du couvent dans la ville, à l'ouest, au cœur d'un quartier relativement résidentiel, n'y est pas non plus étrangère.

La localisation des Carmes et des Augustins, à l'est cette fois, au milieu des bourgs où prolifèrent les boutiques et les ateliers, explique aussi en grande partie leur succès auprès des artisans. Toutefois, il ne faut pas surestimer le rôle de la situation du couvent dans l'attachement que lui manifestent certaines catégories sociales et transformer l'église conventuel-

---

[143] Avignon-Martin 473 fo 234; Avignon-de Beaulieu 723 fo 650; Avignon-Martin 223 fo 107 etc...

[144] Avignon-Martin 469 fo 244; Avignon-Martin 777 fo 121; Avignon-Martin 755 fo 84 vo; Avignon-Martin 754 fo 229 etc...

[145] Cabassole (1483, Avignon-Martin 330 fo 58 vo); Sade (Avignon-de Beaulieu 750 fo 519); Panisse (Avignon-Martin 496 fo 757) etc...

le en une nouvelle paroisse. En réalité, les artisans qui se font enterrer aux Carmes et aux Augustins viennent de tous les quartiers de la ville, comme en témoignent les dons qu'ils font à leur paroisse d'origine, peut-être à titre de quarte funéraire. C'est sans doute (mais il faudrait une étude beaucoup plus précise pour pouvoir l'affirmer avec certitude) la pastorale de ces religieux qui est particulièrement adaptée au monde de l'artisanat; ils ont su notamment accueillir les nombreuses confréries de métiers qui prolifèrent dans la ville (couvreurs-plâtriers, tailleurs, pelletiers, chirurgiens, aubergistes-bourreliers, boulangers chez les Augustins, tailleurs, orfèvres, peintres, scieurs chez les Carmes[146] etc...).

Au total, en Avignon, l'enterrement chez les Mendiants reste cependant le privilège des riches : 50% des marchands choisissent les couvents, mais ce n'est le cas en moyenne que pour 35% des artisans et seulement 12% des agriculteurs. L'aspect relativement sélectif de l'action des Franciscains, des Dominicains, des Carmes et des Augustins dans le domaine de l'encadrement de la mort ne fait aucun doute : les pauvres doivent se contenter des cimetières paroissiaux, de l'intercession des séculiers, au mieux, de la participation des Mendiants à leur cortège funéraire. En revanche, dans le reste du Comtat, l'accueil des Cordeliers semble plus démocratique.

Pour comprendre les motivations profondes qui poussent plus de 30% des citadins à demander l'inhumation chez les Mendiants, il ne suffit pas de savoir que ces testateurs appartiennent à la fraction la plus riche de chaque couche sociale. D'autres caractéristiques doivent être prises en considération.

Les testatrices sont légèrement plus nombreuses que les testateurs à demander l'enterrement chez les Franciscains ou les Dominicains (à titre de comparaison nous donnons aussi les chiffres établis à partir d'un sondage portant sur 250 testaments marseillais des années 1280-1340) :

---

[146] P. Pansier, *Les confréries d'Avignon au XIVe siècle*, in *Annales d'Avignon et du Comtat Venaissin*, Avignon, 1934, p. 6-11.

	% de testateurs et de testatrices se faisant enterrer chez les mendiants	
	XIVᵉ siècle	XVᵉ siècle
AVIGNON		Hommes : 30% Femmes : 35%
VALREAS	Hommes : 18% Femmes : 18%	Hommes : 32,16% Femmes : 33,5%
APT	Hommes : 17% Femmes : 25%	Hommes : 28,5% Femmes : 32,6%
ORANGE	Hommes : 26,8% Femmes : 39,8%	
MARSEILLE (1280-1340)	Hommes : 22% Femmes : 35%	

Dans une étude parue il y a quelques années et portant sur la première moitié du XIVᵉ siècle, nous avions suggéré que cette plus grande attraction exercée par les Ordres Mendiants sur les femmes pouvait s'expliquer en partie par leur exogamie. En effet, comme nous l'avons déjà souligné, il est souvent difficile pour une épouse qui habite la ville de son mari de rejoindre *post mortem* sa lignée, dans son village ou sa ville d'origine[147]. Or les Mendiants, s'ils accueillent volontiers dans leurs églises les dynasties féodales et marchandes qui les ont soutenus dès leur arrivée, acceptent volontiers aussi de recevoir les sépultures des gens de passage, des étrangers, de ceux qui meurent loin de chez eux et qui se sont coupés de leurs racines ancestrales en venant en ville (pourvu qu'ils lèguent quelques biens au couvent). Dans ces conditions, il est normal que les femmes, écartées du tombeau du lignage marital, fassent élection de sépulture dans les cimetières mendiants, qui sont relativement neufs, non encore encombrés de sépultures familiales, ouverts aux «sans-ancêtres». A Orange, par exemple, dans la première moitié du XIVᵉ siècle, les femmes demandent en général plus souvent que leurs maris ou leurs pères le rapatriement dans la tombe familiale (15,6% contre 13% pour les hommes); mais ces données s'inversent

---

[147] Cf. J. Chiffoleau, *Pratiques funéraires et images de la mort, op. cit.*, p. 281-284 et chapitre III.

dès qu'il s'agit de cimetières des Mendiants (15,15% des hommes y retrouvent des *patres*, alors que ce n'est le cas que de 12% des femmes)[148].

Cette explication toutefois n'est plus valable pour la période suivante. Entre 1380 et 1480 en effet, l'attitude des femmes ne diffère guère de celle des hommes, que l'enterrement se fasse chez les séculiers ou chez les Mendiants (étant entendu qu'elles ne retrouvent jamais leurs *patres* aussi souvent que leurs maris) :

	% des testateurs retrouvant leurs *patres* dans la tombe	
	1 sur l'ensemble des testateurs	2 sur l'ensemble des testateurs qui choisissent les cimetières mendiants
à Apt	hommes : 26% femmes : 22%	hommes : 18% femmes : 17%
à Valréas	hommes : 32% femmes : 25%	hommes : 21,2% femmes : 15,06%

Les testatrices continuent pourtant d'être plus nombreuses que les testateurs à demander l'enterrement chez les Mendiants. Il faut donc admettre, sans pouvoir très bien l'expliquer, que la pastorale de ces ordres rencontre un écho plus fort chez les femmes.

Les pourcentages qui viennent d'être cités, s'ils infirment une partie de l'analyse faite pour le début du XIVe siècle, mettent en évidence malgré tout le moindre enracinement des testateurs et des testatrices qui choisissent les cimetières mendiants. Les chiffres sont d'ailleurs corroborés par les nombreux exemples d'étrangers qui, installés depuis peu en ville, décident de se faire enterrer chez les Cordeliers, et par la coutume souvent attestée parmi les voyageurs, de faire déposer leur corps chez les Mendiants les plus proches du lieu où ils meurent en attendant de pouvoir le faire rapatrier dans la tombe familiale[149].

---

[148] Dans l'article précité (*Pratiques funéraires...*), nous avions comptabilisé l'ensemble des parents proches ou éloignés que retrouvaient les testateurs dans la tombe. Les chiffres donnés ici concernent seulement les parents ou grands-parents, à l'exclusion des conjoints, enfants, cousins.

[149] Cf. chapitre II, p. 148. A Apt ou à Valréas on constate que ce sont très souvent des habitants originaires d'un autre village ou d'un autre diocèse qui se font enterrer chez les Cordeliers (1426, Valréas-Evesque 267 fo 405; 1467, Valréas-Petit 97 fo 3; 1481, Valréas-Evesque 264 fo 210; Valréas-Evesque 235 fo 315 vo; Valréas-Petit 86 fo 148 etc...).

L'accueil des déracinés, des «sans-ancêtres», de tous ceux qui se sont coupés de leur «famille des morts» en migrant, en venant en ville, fait donc partie, semble-t-il, de la pastorale de ces religieux. Bien que leur hospitalité exclue en fait les plus démunis, elle témoigne de leur extraordinaire adaptation au milieu urbain (qui implique de façon structurelle le déracinement) et à la crise (qui contribue à accentuer le déracinement).

L'exemple d'Avignon cependant pose un problème et semble contredire les propositions précédentes. Cette cité est par excellence le lieu des déracinés et c'est pourtant chez les Mendiants que les testateurs retrouvent le plus souvent leurs *patres* (à l'inverse de ce qui se passe à Apt et à Valréas) :

% de testateurs avignonnais retrouvant leurs *patres* dans la tombe	
Sur l'ensemble des testateurs	Sur l'ensemble des testateurs qui choisissent les cimetières mendiants
Hommes : 14% Femmes : 13%	Hommes : 22% Femmes : 19%

Par un curieux paradoxe ce sont donc surtout les cimetières paroissiaux, d'ordinaire dédiés à la stabilité et à l'enracinement, qui accueillent les innombrables migrants installés en ville. Au contraire, les églises et les cimetières mendiants sont colonisés, et quelque peu monopolisés, par les notables et la fraction la plus riche de la population. En acceptant les tombes et les chapelles funéraires dans leurs couvents, les Franciscains et les Dominicains offrent aux nouvelles classes dirigeantes urbaines un lieu où affirmer leur pouvoir et la continuité de leur histoire (ce que leur avait refusé un siècle et demi plus tôt les évêques et les séculiers, au temps de la croisade et du consulat). Au moment où la crise économique, politique et religieuse déstabilise l'ensemble de la société, ils contribuent à assurer la perennité d'un certain ordre social et se montrent, ici encore, parfaitement adaptés au monde de la ville. La contradiction entre l'accueil des déracinés et la préférence donnée aux dynasties de notables n'est qu'apparente. Il s'agit en a fait de deux modalités d'une même pastorale, parfaitement adaptées l'une et l'autre au milieu urbain. A Apt et à Valréas, les Cordeliers s'ouvrent peut-être davantage aux «sans-ancêtres», aux nouvelles couches de la population citadine qu'aux vieilles lignées seigneuriales. En Avignon, c'est le contraire. Mais si, dans cette dernière ville, les couvents sont encombrés par les tombes des marchands et des nobles, les Frères n'oublient pas pour autant les déracinés de la grande crise : ils attirent dans leurs églises la majorité des confréries qui, précisément, font office de structure d'accueil pour les innombrables migrants qui peuplent la cité[150].

Les séculiers, grâce à leur implantation très dense, limitent sans doute l'action des Mendiants parmi les laïcs, notamment parmi les plus pauvres, mais ils ne savent pas accepter et justifier aussi bien les classes dirigeantes (peut-être y a-t-il quelque vieux ressentiment entre les notables et le séculiers depuis les troubles du XIIIᵉ siècle?) et proposer une pastorale adaptée aux nouvelles couches sociales urbaines.

L'extraordinaire faculté d'adaptation des Mendiants à la ville et à la crise leur donne donc un poids considérable dans l'encadrement de la vie religieuse, dans la diffusion de nouvelles pratiques et de nouvelles dévotions, même s'ils ne touchent directement et régulièrement qu'une fraction des populations citadines.

Ainsi, les différents réseaux d'encadrement clérical se chevauchent, se complètent, enserrent la société toute entière. Mais le signe le plus évident de la force de l'appareil ecclésial est sans doute la multiplication des confréries, bannies par les autorités un siècle plus tôt, désormais contrôlées par les clercs, transformées en relais de leur influence. Les laïcs eux-mêmes deviennent les agents actifs de la «christianisation» de la mort.

III – LA FAMILLE CONFRATERNELLE[151]

Les confréries comtadines et provençales sont des institutions multiséculaires. Mais une continuité formelle pendant près de six siècles (de la fin du XIIᵉ siècle à la fin du XVIIIᵉ siècle) ne doit pas dissimuler les mutations importantes du rôle social, religieux, politique, économique de ces associa-

---

[150] Cf. p. 278.

[151] Je reprends ici très largement mon article *Les confréries, la mort et la religion en Comtat Venaissin à la fin du Moyen Age* paru dans les *Mélanges de l'Ecole française de Rome* (*Moyen Age/Temps Modernes*) 1979/2 p. 785-825. L'article fondamental de G. Le Bras, *Les confréries chrétiennes, problèmes et propositions*, in *Revue Historique de droit français et étranger*, 1940-1941, et le chapitre consacré aux confréries par E. Delaruelle dans *l'Histoire de l'Eglise* (coll. Fliche et Martin), tome XIV, Paris, Bloud et Gay, 1964, p. 666-693, ont bien entendu servi de point de départ à nos recherches. Un certain nombre d'autres études ont été utilisées : J.-P. Poly, *La Provence et la Société féodale, op. cit.* p. 314-315; P. Amargier, *Mouvements populai-*

tions. Or, au XIVe et au XVe siècle, la fonction essentielle des confréries est sans doute d'ordre funéraire; les aspects proprement dévotionnels et charitables sont présents, mais n'apparaissent qu'au second plan. Les confrères visitent les mourants, veillent les morts et les conduisent au cimetière dans un flamboiement de torches et de cierges. L'évolution rapide des images mentales de la mort n'est certainement pas étrangère à la multiplication de ces associations à partir des années 1340-1360. A la faveur du grand bouleversement des consciences, les laïcs prennent le relais des clercs dans l'encadrement de la mort, favorisent la mise en place de nouvelles dévotions et de nouvelles pratiques, contribuent à imposer dans des franges de plus importantes du *populus christianus* une piété «moderne».

Le développement de la forme confraternelle.

Jusqu'au milieu du XIVe siècle, les sources sont peu nombreuses; le risque est donc grand de prendre cette rareté pour le signe du manque de rayonnement de l'institution confraternelle. Toutefois certains indices montrent que ce ne sont pas seulement les «hasards de la conservation» qui expliquent cette évolution de la masse des documents disponibles mais bien une croissance étonnante du nombre des confréries.

Faut-il rappeler d'abord que, jusqu'au début du XIVe siècle, le mot de *confratria* n'a pas bonne presse. Il est associé, dans les textes officiels, aux *colligationes, societates, conjurationes* qui menacent les autorités politiques et religieuses et qu'il faut interdire[152]. C'est sans aucun doute le souvenir des fièvres communales et hérétiques du XIIe et du XIIIe siècle – au temps des confréries du Saint-Esprit de Marseille et de Saint-Symphorien d'Avi-

---

res et confrérie du Saint Esprit à Marseille au seuil du XIIIe siècle, in *Cahier de Fanjeaux* n° 11, Toulouse, Privat, 1976, p. 305-319. Cf. aussi N. Coulet, *Jalons pour une histoire religieuse d'Aix au bas - Moyen Age. 1350-1450.* in *Provence historique,* tome XXII, fasc. 89, juillet-septembre 1972, p. 203-260; L. Stouff, *Une confrérie arlésienne dans la première moitié du XVe siècle : la confrérie de St. Pierre de Luxembourg,* in *Provence Historique,* tome XXIII, fasc. 93-94, juillet-décembre 1973; et pour une comparaison avec l'Italie, Ch.-M. de la Roncière, *La place des confréries dans l'encadrement religieux du contado florentin au XIVe siècle,* in *Mélanges de l'Ecole française de Rome, Moyen Age/Temps Modernes,* tome 85, 1973, 1 et 2 . Et pour la période moderne M. Venard, *Les confréries de pénitents au XVIe siècle dans la Province ecclésiastique d'Avignon,* in *Mémoires de l'Académie de Vaucluse,* 1967, p. 55-79, et du même *Les Confréries de métiers dans le Comtat Venaissin au XVIe siècle,* in *Provence Historique,* tome XXVI, fasc. 103, janvier-mars 1976, p. 65-82. Cf. aussi M. Agulhon, *Pénitents et francs-maçons de l'ancienne Provence, essai sur la sociabilité méridionale,* Paris, Fayard, 1968; sur le rôle des confréries dans l'encadrement de la mort, cf. M. Vovelle, *Piété baroque, op. cit.,* p. 202-213 et 345-356.

[152] Mansi, *Sacrorum conciliorum, op. cit.,* XXIV, col. 443, can. VIII.

Graphique n° XIX

NOMBRE DE CONFRÉRIES MENTIONNÉES POUR LA PREMIÈRE FOIS

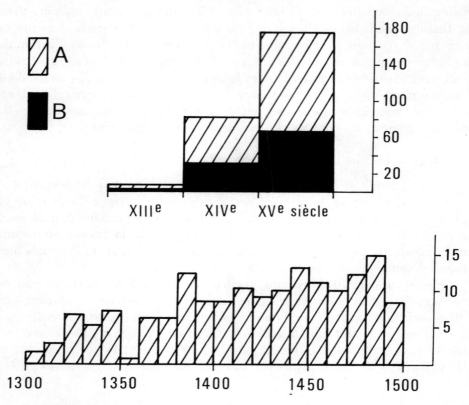

A : en Comtat d'après les testaments; B : en Avignon d'après P. Pansier, op. cit.

gnon[153] – qui explique l'absence de ces institutions. Tout rassemblement de bourgeois ou de *popolo minuto* apparait comme un défi à l'autorité de l'évêque. L'échec des consulats, la reprise en mains d'Avignon par Zoen, les interdiction des conciles semblent avoir porté un coup fatal aux associations politico-religieuses[154].

[153] Cf. J.-P. Poly, *La Provence et la société féodale, op. cit.*, p. 314-315 et au P. Amargier, *Mouvements populaires, op. cit.*, p. 305-319.

[154] L.-H. Labande, *Avignon au XIIIe siècle, l'évêque Zœn Tencarari et les Avignonnais*, Paris, 1908.

Après un silence presque séculaire, les confréries du XIVᵉ et du XVᵉ siècle se développent sur d'autres bases. Il faut distinguer nettement deux périodes : de 1280 à 1370 environ, le nombre des confréries parait encore peu important (moins d'une cinquantaine en tout). En revanche pendant les trois dernières décennies du XIVᵉ et l'ensemble du XVᵉ siècle, le réseau des institutions villageoises ou urbaines devient de plus en plus dense (plus de deux cent dix nouvelles confréries font alors leur apparition).

Avignon mise à part, 21 confréries seulement sont attestées entre 1280 et 1350 dans les cités épiscopales, que nous connaissons bien grâce à leur notariat important, et dans quelques petits bourgs. Dès le début du XIVᵉ siècle la croissance du nombre des confréries rurales s'effectue au même rythme que celle des confréries urbaines, même si elle ne connait jamais la même ampleur. Le cas d'Orange est original puisqu'on y trouve de nombreuses associations de quartiers et de métiers (des bouchers, des savetiers, des drapiers[155]. Ailleurs c'est autour de la dévotion aux saints patrons (Saint-Castor à Apt, Saint-Véran à Cavaillon)[156], à Notre-Dame (Carpentras, Orange)[157], et peut-être surtout au *Corpus Christi* (Cavaillon, Entrechaux, Malaucène)[158] que semble s'organiser les premiers groupements. Or ces trois types de dévotions, les testaments l'attestent, se retrouvent sous la forme de luminaires ou d'autels dans presque toutes les églises comtadines, qu'elles soient urbaines ou rurales. Dans la capitale provisoire de la Chrétienté, il existe aussi au début du XIVᵉ siècle une vingtaine de confréries. Quelques unes sont liées à un groupe socio-économique (confréries de Saint Georges de tailleurs, de Notre-Dame de la Major – des italiens – etc.), d'autres sont plus nettement dévotionnelles (Sainte Anne-sur-le-Rocher,

---

[155] Confrérie des bouchers, (1347) Biblio. Vat. A. N. O. 62 f° 115; confrérie des savetiers (1311), Biblio. Vat. A.N.O. 133 f° 33v confrérie des drapiers (1329) Biblio. Vat. 134 f° 87 etc...

[156] St. Castor attesté dès le XIIIᵉ siècle dans *l'obituaire de la Cathédrale d'Apt*, éd F. Sauve, Paris-Monaco, 1926, p. 4. Confrérie dédiée à St. Véran à Cavaillon (Cavaillon-Liffran 10 f° 2 v°) en 1324.

[157] Confrérie de Notre-Dame à Carpentras en 1300 (Cavaillon-Rousset 12 f° 4-6) et à Orange en 134 (Biblio. Vat. A. N. O. 134 f° 85).

[158] Confréries du *Corpus Christi* à Cavaillon en 1330 (Cavaillon-Rousset 24 f° 22), Entrechaux en 1327 (Vaison-Milon 862 f° 56), Malaucène en 1349 (Biblio. Musée Calvet ms 4076 f° 125). La Fête-Dieu a été instituée par Urbain IV en 1264. A partir de cette date le culte de l'Eucharistie s'est régulièrement développé. Nous rejoignons parfaitement les remarques de Y. Dossat, dans son article sur *Les confréries du Corpus Christi dans le monde rural pendant la 1ᵉʳᵉ moitié du XIVᵉ siècle*, in *Cahiers de Fanjeaux*, n° 11, Toulouse, Privat, 1976.

Notre-Dame des Doms, des âmes du Purgatoire etc.)[159]. Le redémarrage de l'institution confraternelle se fait donc assez lentement et dans un cadre très officiel. Il s'agit de promouvoir une dévotion, non seulement en installant une nouvelle lampe dans le sanctuaire mais, plus directement, en associant un groupe de laïcs à la gestion et à l'organisation du culte. La rédaction de statuts vient parfois transformer cette «œuvre» paroissiale en une véritable confrérie mais l'évolution du simple luminaire à la *confraternitas* proprement dite ne s'est réalisée que dans un nombre limité de cas; il arrive aussi que l'on établisse une équivalence parfaite entre luminaires et confréries et à Apt par exemple les premiers resteront toujours beaucoup plus nombreux que les secondes[160].

En Comtat, 34 nouvelles associations apparaissent entre 1360 et 1400, 53 entre 1400 et 1450, 55 entre 1450 et 1500! Comme en Normandie, ou dans le Contado florentin par exemple[161], la croissance est forte et continue pendant près d'un siècle et demi. Il est probable que certaines confréries ont eu une histoire éphèmère; le caractère ponctuel de la documentation ne permet pas de toutes les suivre avec précision. Lorsque c'est possible, il semble pourtant que nombre d'entre elles aient eu une existence séculaire[162]. S'il arrive que l'on «ressuscite» un groupe ancien, abandonné depuis

---

[159] P. Pansier, *Les confréries d'Avignon au XIVe siècle, Annales d'Avignon et du Comtat Venaissin*, Avignon 1934, p. 19 et suiv.

[160] Carpentras, 1476 (Mazan-Bertrand 19 fo 25) : «*Item legavit luminario sancti Michaelis, sive confratrie*».

[161] Cf. Abbé Martin, *Répertoire des anciennes confréries et charités du diocèse de Rouen approuvées de 1434 à 1610*, Fécamp, 1936 : en 2 siècles, 1220 groupements sont approuvés par l'autorité ecclésiastique dans 760 paroisses. cf. aussi les travaux de M. Bée, annoncés par P. Chaunu (*Le temps des Réformes, op. cit.*, p. 213). Sur le contado florentin, cf. Ch.-M. de la Roncière, *La place des confréries, op. cit.*

[162] La confrérie du *Corpus Christi* à Cavaillon en 1330 (Cavaillon-Rousset 24 fo 22) existe toujours en 1423 (Avignon-Martin 296 fo 98); celle de Malaucène est attestée en 1349 (Biblio. Calvet ms 4076 fo 125) et existe toujours en 1483 (Malaucène-Antès 109 fo 137); celle de Caderousse est attestée en 1375 (Biblio. Calvet ms 4045 fo 20) et existe toujours en 1493 (Biblio. Calvet ms 4053 fo 103 vo); celle de l'Isle-sur-la-Sorgue est repérable entre 1388 (Isle-Roussel 46 fo 26 ro) et 1485 (Isle-Roussel 617 fo 31 vo). La confrérie du St. Esprit de Pertuis est attestée entre 1376 (Pertuis-Enjoubert 304 fo 61 vo) et 1527 (Arch. Depart. des Bouches-du-Rhône, 2H 480 – série de reconnaissance –). La confrérie du Saint Esprit du Thor est repérable entre 1388 (Avignon-Martin 269 fo 522 et suiv.) et 1489 (Le Thor-Grangier 68 fo 56 vo). La confrérie de Notre Dame à Carpentras est attestée de 1300 (Cavaillon-Rousset 12 fo 4) à 1488 (Mazan-Bertrand 20 fo 156 ro), dans la même ville la confrérie St. Jean est attestée de 1376 (E. Not. et Tab. 83 fo 141) à 1479 (Carpentras-Bertrand 20 fo 226 vo). On pourrait multiplier les exemples.

Carte XI

LES CONFRÉRIES DANS LA RÉGION COMTADINE
AU XIVᵉ ET AU XVᵉ SIÉCLE

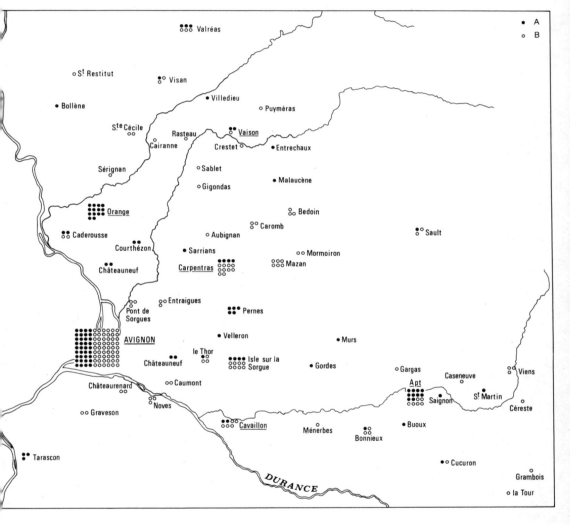

A : confréries attestées à partir du XIVᵉ siècle; B : confréries attestées à partir du XVᵉ siècle.

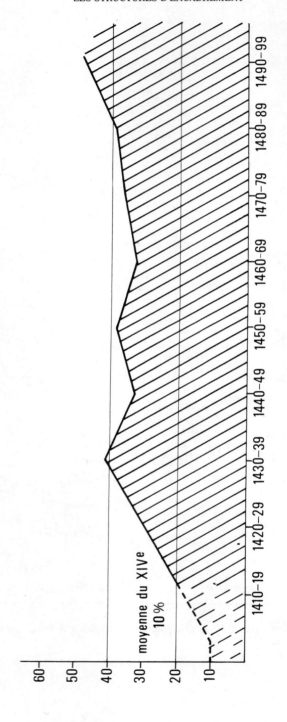

Graphique n° XX

% DE TESTATEURS AVIGNONNAIS FAISANT UN LEGS AUX CONFRÉRIES (SONDAGE SUR 1737 TESTAMENTS)

quelques années[163], il semble que dans une majorité des cas les nouvelles créations ne viennent pas se substituer, mais au contraire s'ajouter aux anciennes, rendant ainsi plus dense le réseau des institutions villageoises ou urbaines.

Ce n'est d'ailleurs pas seulement le nombre croissant des confréries qui révèle leur place fondamentale dans l'encadrement religieux de la société, c'est aussi la multiplication des dons qui leur sont destinés. Prenons l'exemple d'Avignon où seulement 10% des testateurs font allusion aux confréries au XIVe siècle; pour la période comprise entre 1420 et 1500, un sondage sur 1737 testaments indique que 648 avignonnais et avignonnaises (soit plus de 37% du total) donnent de l'agent, ou parfois des biens immobiliers, à une ou plusieurs de ces associations (cf. graphique no XX)[164].

Entre 1350 et 1420 les confréries font donc véritablement irruption dans la vie religieuse. Y a-t-il, comme le suggèrent E. Carpentier et Ch.-M. de la Roncière pour l'Italie, une corrélation entre le mouvement démographique, en premier lieu la peste de 1348, et la multiplication des associations[165]?. Est-ce, encore une fois, la «choc émotif» crée par la Grande Mortalité qui aurait haté le développement de ces groupements? Curieusement aucune nouvelle confrérie n'apparait entre 1349 et 1361; il est possible que cela tienne uniquement au caractère lacunaire de la documentation, le notariat provençal, comme l'ensemble de la population, ayant été profondément touché par la mortalité. On constate aussi que ce mouvement de création se poursuit après 1440-1450, alors que la crise démographique se résorbe, même si les épidémies sont encore fréquentes. Il faut donc être prudent dans l'établissement de relations directes entre l'impact psychologique de la crise démographique et la multiplication des petits groupes de dévotions et d'entraide.

En résumé, le mouvement confraternel est très ancien mais il existe une solution de continuité entre les confréries politiques du XIIIe siècle et les multiples associations dévotionnelles et charitables qui apparaissent

[163] Cf. l'expression par exemple de «confrérie *neuve* de saint-Sauveur à Bonnieux» (Apt-Geoffroy 990 fo 13) qui laisse entendre qu'il a existé une confrérie «*ancienne*».

[164] Notons que la situation est assez différente à Aix (cf. N. Coulet, *Jalons pour une histoire religieuse... op. cit.* p. 227 et suiv.) et à Arles (cf. L. Stouff, *Une confrérie arlésienne... op. cit.* p. 340 et suiv.).

[165] Ch.-M. de la Roncière, *La place des confréries, op. cit.*, et E. Carpentier, *Une ville devant la peste, op. cit.*, p. 220-221.

partout à partir du siècle suivant. La *confratria* est une affaire de laïcs mais la seconde vague de créations semble assez étroitement controlée par l'Eglise[166]. Enfin, la multiplication de ces associations après 1360-1380 est contemporaine du développement des pompes funèbres flamboyantes et de la mutation des images mentales concernant la mort, sans que l'on puisse établir, pour l'instant, de lien étroit avec la crise démographique, économique, et sociale

Une structure accueillante.

Une sociologie fine des confrères et des confrèresses est pratiquement impossible. Les statuts, les livres de comptes et l'image que les confrères donnent d'eux-mêmes dans leurs testaments nous permettent cependant d'entrevoir quelques traits de la micro-société confraternelle.

A la campagne, la *confratria* rassemble en général une grande partie de la population, même si c'est évidemment la *sanior pars* qui se réserve les rôles dirigeants. L'association est unique; elle fait pratiquement office de fabrique[167]. Son activité vient souvent aussi recouvrir des pratiques communautaires très anciennes[168]. Elle a pour fonction par exemple d'organiser soit des repas cérémoniels pour toute la communauté, soit des distributions de nourriture aux plus démunis, à l'occasion des fêtes cycliques ou périodiques et des rites de passage. C'est le cas des confréries de Pentecôte qui sont plus d'une vingtaine en Comtat (cf. carte). Ces institutions ont un rôle économique évident puisqu'à l'occasion de ce repas annuel (qui se place d'ailleurs au moment de la soudure), une petite partie du stock de nourriture possédé par chaque famille est remis en circulation. Mais la fonction sociale et spirituelle du «souper de Pentecôte» n'est pas moins importante que sa fonction économique. Dans le calendrier populaire la Pentecôte est le temps de l'initiation des jeunes (adoubement, bravades) et corrélative-

---

[166] C'est le cas par exemple de la confrérie des âmes du Purgatoire fondée par le recteur de l'hôpital du Pont (cf. Pansier, *Confréries, op. cit.*, p. 26) et de la confrérie de St. Cosme et St. Damien à Apt (1456, Apt-Pondicq, 161 f° 142).

[167] Cf. les comptes de la confrérie Saint Sauveur de Bonnieux, 21 G1 (1385-1389) et les comptes de N. D. de Bonnieux, 21 G2 (1495-1510) indiquent que ces deux associations regroupaient environ une centaine de membres; on peut donc supposer à bon droit que la très grande majorité des famille du village étaient représentées.

[168] Cf. J. Chiffoleau, *Charité et assistance en Avignon et dans le Comtat Venaissin*, in *13e Cahier de Fanjeaux*, Toulouse, Privat, 1978.

Carte XII

LES CONFRÉRIES DU SAINT ESPRIT EN COMTAT

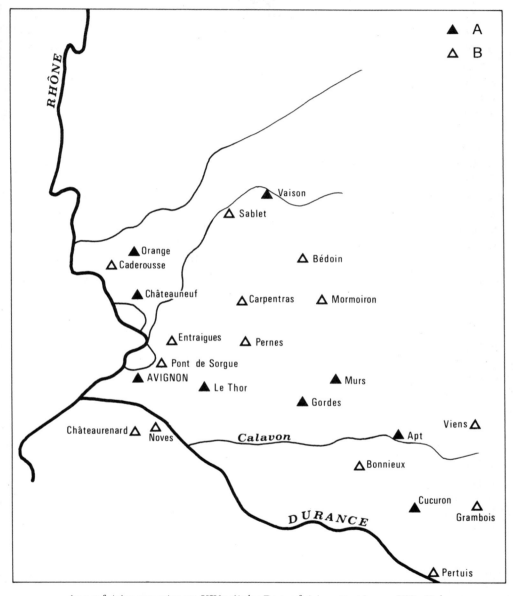

A : confréries attestées au XIVᵉ siècle ; B : confréries attestées au XVᵉ siècle,

ment celui des morts[169]. Dans ce contexte rituel, le repas cérémoniel s'explique mieux. Ses rapports avec la troisième personne de la Trinité restent cependant difficiles à élucider. Mises à part les confréries, la dévotion au Saint Esprit n'est pas très forte en effet dans le Comtat du XIVe siècle. Il est possible toutefois, comme l'a souligné E. Delaruelle, que la théologie de l'Esprit, «sous la forme populaire ou sous la forme savante», se soit lentement répandue dans le Midi de la France, dès la fin du XIe siècle[170]. Très tôt, des œuvres d'assistance ont été mises sous ce patronage. L'Esprit Saint d'autre part inspire le retour des clercs à la *vita communis*, à la *vita apostolica*. Il est donc possible qu'une théologie spirituelle encore très fruste, insistant sur le partage et l'idée communautaire se soit diffusée dans les campagnes comtadines. Le repas de Pentecôte est placé sous le regard des morts, qu'il apaise ou qu'il éloigne, il célèbre peut-être l'entrée des jeunes dans le monde des adultes; mais il rappelle aussi à chacun ses devoirs envers le prochain, amorce l'assistance mutuelle et préfigure de manière éphémère le temps où règnera l'Esprit, où «tous ne feront qu'un». C'est une utopie d'un jour, plus proche sans doute des rêveries du Pays de Cocagne que des prédictions joachimites[171].

La confrérie rurale, qu'elle soit dévotionnelle ou charitable, rassemble donc la majorité des habitants de chaque village parce que, le plus souvent, elle n'est que la forme institutionnalisée et christianisée de la communauté traditionnelle.

La situation est fort différente dans les gros bourgs et dans les cités importantes où les confréries sont multiples et où il est plus difficile d'évaluer le nombre des confrères. Les comptes sont rares, et concernent des institutions peu représentatives. La confrérie Notre-Dame de la Major,

---

[169] *Idem*; les soupers de Pentecôte sont encore attestés à la fin du XIXe siècle dans les Alpes Provençales (A. Van Gennep, *Manuel de Folklore français contemporain*, Paris, Picard, 1946, I, pl. 722 et Cl. Seignolle, *Le folklore de la Provence* Paris, p. 382-383). A Tarascon, la sortie de la Tarasque le jour de Pentecôte s'accompagne encore à la fin du XIXe siècle et du XXe siècle de distributions de nourriture (L. Dumont, *La Tarasque, essai de description d'un fait local d'un point de vue ethnographique*, Paris, 1951). Sur la Pentecôte comme fête de l'initiation des jeunes, cf. par exemple J.-Cl. Schmitt, *Jeunes et danses des chevaux de bois, le folklore méridional dans la littérature des exemples*, in *Cahier de Fanjeaux n° 11*, p. 127-158. Sur la Pentecôte comme fête des morts, cf. D. Fabre et J. Lacroix, *La vie quotidienne des paysans du Languedoc au XIXe siècle*, Paris, Hachette, 1973, p. 326.

[170] E. Delaruelle, *La piété populaire au Moyen Age*, Turin, 1975, p. 93-95.

[171] Le Pays de Cocagne est d'ailleurs un thème folklorique assez récent puisqu'on en trouve une première trace au XIIIe siècle seulement.

par exemple, fondée avant 1330, par des marchands italiens, compte vers 1360-1370 de 1200 à 1500 membres[172]! Presque tous les transalpins d'Avignon, qu'ils soient curialistes ou taverniers, marchands ou artisans, adhèrent à cette association qui décline au XVe siècle en même temps que diminue le nombre des italiens[173]. La fréquence des dons dans les testaments, l'exemple des autres villes du Midi (cf. celui de la confrérie de Saint Pierre de Luxembourg à Arles étudié par L. Stouff[174]), suggère plutôt que chaque groupement rassemble quelques dizaines, ou au maximum, deux ou trois centaines de membres. Une très large fraction de la population citadine participe cependant à la vie confraternelle puisque les associations sont très nombreuses et que les parents de chaque confrère profitent en général des services et des avantages offerts à celui qui paie régulièrement sa cotisation.

Comment et pourquoi entre-t-on dans une confrérie urbaine? Sur quelle base sociale s'effectue le recrutement?

Pour un certain nombre de confrères, c'est l'appartenance à un corps de métier qui est fondamentale[175]. Mais aucune de ces associations n'est vraiment corporatiste[176]. Toutefois, ce sont les confréries de dévotion, regroupant des citadins, hommes ou femmes, d'origines géographiques et

[172] B. Guillemain, *La cour pontificale, op. cit.*, p. 596-605.

[173] Les legs sont de moins en moins fréquents et de moins en moins importants après 1400. Sur l'immigration italienne au XVe siècle, cf. p. 193-200.

[174] L. Stouff, *Une confrérie arlésienne..., op. cit.*

[175] Confréries des drapiers à Grange (B V ANO 136 fo 67 ro); des savetiers (B V ANO 133 fo 33 ro), des bouchers (B V ANO 65 fo 115 vo) à Orange dans la 1ere moitié du XIVe siècle. Pour Avignon cf. Pansier, *Les confréries..., op. cit.*, p. 7-8 et B. Guillemain, *La cour pontificale, op. cit.*, p. 638 (en 1374-75, les corps de métiers organisés sont essentiellement les drapiers, les fustiers, les peaussiers, les épiciers, les corroyeurs, les merciers, les tanneurs et les poissonniers). Pour le reste du Comtat, on peut notes une confrérie des charretiers à Cavaillon (dédiée à St. Eloi) mentionnée par Pansier, *Les confréries...op. cit.*, p. 12, mais elle n'apparaît jamais dans les testaments. Une confrérie des laboureurs à Carpentras (1420, Biblio. Inguimbertine ms 1536 fo 103), des notaires (1447, Avignon-de Beaulieu 720 fo 409), des tailleurs (Ste Luce) (1487, Biblio. Calvet ms 2812 fo 152), des tisserands de laine et de lin (St. Michel) (M. Venard, *Les confréries de métiers en Comtat Venaissin, op. cit.*, p. 68); à Apt une confrérie des tisserands (1457, Apt-Pondicq, 169, 8e cahier fo 3). Des confréries des brassiers à Valréas (Pansier, *Histoire de la langue provençale*, Aubanel, Avignon, 1932, tome V, p. 43-45) et des fustiers dans la même ville (1399, Valréas-Evesque 205 fo 35).

[176] Les statuts de la confrérie St. Georges des tailleurs précisent par exemple que l'institution a été établie *«par les preudomes juponiers et d'autres mestiers qui ont dévotion en monseigneur Sainct Georges»* cf. P. Pansier, *Les confréries. op. cit.*, p. 19.

sociales très différentes, qui sont les plus fréquentes. Certaines sont fort riches, d'autres végètent, mais toutes sont ouvertes à l'ensemble de la population. Par là, elles contribuent sans aucun doute à désamorcer les tensions éventuelles entre les différentes catégories sociales. Leur prodigieux développement à partir du milieu du XIVe siècle s'explique essentiellement par cette très large capacité d'ouverture. Le recrutement de chaque confrérie ne se fait que très rarement sur une base géographique. Certes, les italiens et, au début du XIVe siècle, les allemands, savent, en arrivant en Avignon, qu'ils y trouveront une association de compatriotes.[177]. Mais le plus souvent, les innombrables migrants qui viennent du nord de la France, de Franche-Comté, de Rhénanie, de Flandre, se retrouvent côte à côte, sans distinction d'origine. Pour eux, la confrérie, qu'elle soit dédiée à saint Bernardin ou à saint Claude, à sainte Catherine ou à saint Vincent, est la première structure d'accueil, le premier lieu de sociabilité qu'ils rencontrent depuis leur déguerpissement (cf. carte no XIII). A l'intérieur de la ville, le recrutement ne se fait pas non plus en fonction de l'espace; la confrérie ne rassemble jamais systématiquement les voisins, les habitants d'un même quartier, les membres d'une même paroisse[178]. Au contraire, elle mêle les hommes et les femmes, les riches et les pauvres, les avignonnais de souche et les immigrants récents, les paroissiens de Saint-Agricol et ceux de Notre-Dame la Principale. Et si la majorité des chapelles confraternelles se trouvent dans des couvents de Mendiants (54 sur 95 en Avignon) c'est que les Mendiants, comme nous l'avons déjà souligné, sont particulièrement ouverts, accueillants aux immigrés qui peuplent la ville.

55% des testateurs qui font des legs aux confréries sont affiliés à deux, trois ou plusieurs groupements (et au cours du XVe siècle leur nombre augmente sensiblement – cf. graphique no XXI). Les affiliations à 6, 8 ou 10 confréries, sans être fréquentes, ne sont pas rares[179]. Il y a là sans doute un phénomène d'amplification mathématique des moyens d'intercession, com-

---

[177] Sur Notre-Dame de la Major, cf. note no 172. A.-M. Hayez cite une confrérie des allemands que l'on voit effectivement apparaître de façon très ponctuelle (in *Clauses pieuses...* *op. cit.*, p. 154).

[178] On rejoint ici encore L. Stouff, (*Une confrérie arlésienne, op. cit.*, p. 347) qui observe que les confrères de Saint-Pierre de Luxembourg viennent indistinctement des onze paroisses de la ville d'Arles.

[179] Une veuve fait partie des confréries dédiées à Saint-Antoine, Marie-Magdeleine, Notre-Dame des Doms, Sainte-Anne, Saint-Blaise, Saint-Michel, Saint-Agricol, Notre-Dame d'Humilité, Notre-Dame de Vie l'Annonciation, et au Saint-Sépulchre tel pelletier est inscrit à Notre-Dame (à Saint Agricol), Saint-Michel, Saint-Barthélémy, Sainte-Croix, Sainte-Barbe, Saint-Marc, Saint-

Carte XIII

ORIGINES DE QUELQUES CONFRÈRES DE NOTRE-DAME
DE L'ANNONCIATION CHEZ LES MINEURS D'AVIGNON, DE SAINTE ANNE-SUR-LE-ROCHER,
ET DE SAINT CRISPIN (SAVETIERS) EN AVIGNON AU XVe SIÈCLE

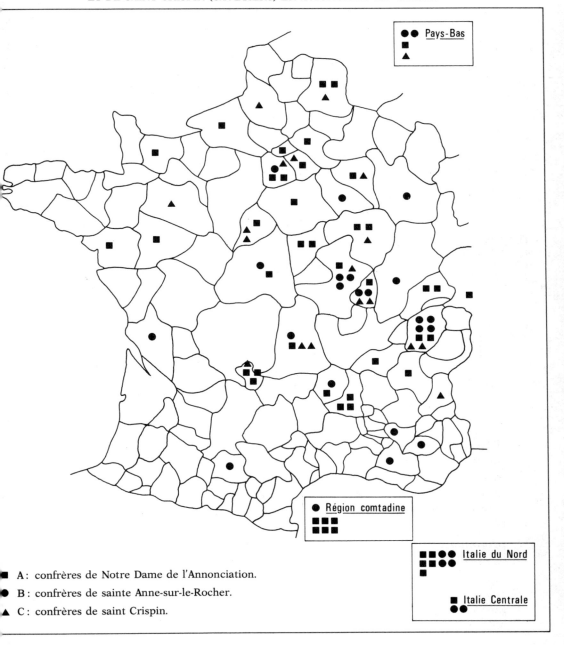

●● Pays-Bas
■
▲

● Région comtadine
■■■
■■■

■■■●● Italie du Nord
■■●●
■

■ Italie Centrale
●●

■ A : confrères de Notre Dame de l'Annonciation.
● B : confrères de sainte Anne-sur-le-Rocher.
▲ C : confrères de saint Crispin.

Graphique n° XXI
ADHÉSION DES TESTATEURS A UNE OU PLUSIEURS CONFRÉRIES

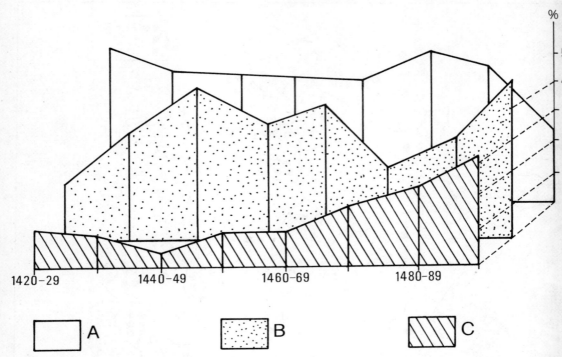

A : % de testateurs n'appartenant qu'à une confrérie; B : % de testateurs appartenant à 2 ou 3 confréries; C : % de testateurs appartenant à plus de 3 confréries.

parable à celui que l'on a déjà repéré en étudiant le cortège funéraire (multiplication des porteurs de torches). Mais un autre élément peut toutefois expliquer cet appel de plus en plus fréquent aux confréries : tout se passe comme si les affiliations multiples permettaient au testateur de reconstituer ce tissu de liens sociaux, de solidarités familiales ou territoriales que l'urbanisation et surtout la crise démographique et économique ont profondément déchiré. Si les confréries sont aussi nombreuses, à la campa-

Cosme et Damien, Saint-Sébastien, Saint-Vincent 1453, Avignon-Martin 731 f° 2-5; 1489, Avignon-Martin 481 f° 38 r°; cf. aussi 1433, Avignon-de Beaulieu 684 f° 217; 1457, Avignon-Martin 250 f° 497; 1456, Avignon-Martin 243 f° 99 etc...

gne mais surtout dans les villes, à partir de la seconde moitié du XIVᵉ siècle, c'est essentiellement parce qu'elles instituent entre les hommes et les femmes des liens et des solidarités artificielles, au moment même où les liens et les solidarités anciennes sont remis en cause par les mortalités et les malheurs des temps. Ici encore, ce n'est pas la peur de la peste, de la mort épidémique qui rend compte du développement de la forme confraternelle mais le bouleversement que la crise démographique entraîne dans les structures familiales et communautaires.

Les statuts montrent que la confrérie fonctionne comme une famille. Et c'est parce qu'elle est une famille de substitution qu'elle joue un rôle très important dans la préparation à la mort, les funérailles, les suffrages pour les défunts.

La famille confraternelle et la mort.

Le 16 juillet 1466 un pauvre compagnon pelletier fait son testament. Il lègue ses maigres hardes aux quatre compagnons qui porteront son corps, fait un don à son *magister* qu'il nomme aussi exécuteur testamentaire et désigne sa mère, restée sans doute dans son village d'origine, comme héritière universelle. Car il est étranger et n'a pas eu le temps de fonder un foyer ni de s'installer en ville. Il est malade et c'est la confrérie des pelletiers (dédiée à saint Barthélémy) qui l'a accueilli dans sa *domus*. C'est là qu'il teste, entouré par les membres de l'association à qui il lègue 6 florins. Les pelletiers, comme des pères ou des frères, assistent aux derniers moments, la *domus confraternitatis* devient un *hospicium*, un foyer[180].

Toutes les confréries n'offrent pas ainsi un asile aux mourants, mais toutes consacrent la plus grande partie de leur activité à l'encadrement de la mort.

Pourtant, dans les statuts, ce qui importe avant tout c'est moins l'activité funéraire des membres que la vie «politique» de l'association : élections des maîtres, bayles, officiers, mesures concernant la réddition des comptes, nomination du notaire et du messager. A travers ces prescriptions administratives la confrérie apparait moins comme un groupe à vocation spirituelle que comme le lieu d'un relatif ordre moral. L'unité du groupe confraternel repose avant tout sur la bonne gestion des maîtres et sur la moralité de chaque membre : les blasphémateurs, les hommes de mauvaise vie, les concubinaires, les criminels sont immanquablement exclus. Tous les confrè-

---

[180] 1466, Avignon-Martin 260 fᵒ 98.

res doivent être de *bona fama*[181]. Les conflits, les disputes doivent être évités à tous prix; l'association est aussi une institution de paix, les bayles doivent «*metre pas entre los confraires*»[182].

Tout un système d'amendes, qui alimentent la caisse des luminaires et des chandelles, vise à assurer cet ordre moral, si présent dans la plupart des articles. Refuser une charge parmi les dignitaires, oublier de payer ses dettes, ne pas faire la paix avec un confrère, ne pas assister aux offices des défunts, ne pas accompagner le *Corpus Christi*, etc.; c'est s'exposer à payer comme amende deux, trois, dix ou douze livres de cire.

Les statuts interdisent, répriment, bien plus qu'ils ne proposent une activité dévotionnelle précise, hormis peut-être cette liturgie de la lumière qui marque toutes les cérémonies : les achats de cire, les torches, les brandons, les chandelles accaparent l'attention des bayles et des conseillers.

L'étymologie le dit explicitement : la *con-fratria* fonctionne comme une communauté morale de type familial. L'apaisement systématique des conflits, l'obéissance aux maîtres, la prise en charge des confrères pauvres ou absents, l'appui donné aux confrères prisonniers ou en procès, l'aide apportée à ceux qui veulent «*partir de la Cour de Rome pour povreté*»[183] le montrent aussi très bien. Mais plus encore, ce sont les rites d'entrée dans la communauté et la place que tiennent les funérailles dans l'activité de l'association qui révèlent la nature profonde de la fonction confraternelle.

Les membres sont en général élus, après que leur bonne renommée a été vérifiée. Le serment et le baiser de paix font entrer le nouveau confrère dans la communauté[184]. C'est donc à la fois un lien juridique, religieux et

[181] P. Pansier, Les confréries..., *op. cit.*, p. 30 (*de non recebre en confraire cels que son de mala vida*).

[182] «*Item an ordenat que si alcun dels confrayres... avian entr'els alcuna dissesion per fach o per paraula, que los maistres de la dicha almorna deian bonament e metre pas segon que trobaran del fach, sal lo drech de la cort si li avia*». Pansier, Les confréries... *op. cit.*, p. 31: «*Item an ordenat que nengun confrayre deia diffamar l'autre en nenguna maniera, ni metre sobr'el neguna mavestat...*» *idem*.

[183] P. Pansier, Les confréries..., *op. cit.*, p. 23.

[184] P. Pansier, Les confréries..., *op. cit.*, p. 19 : «*... doit jurer sur sains evangiles en la main du notaire par devant les maistres et par devant les conseilliers tenir et maintenir les status et les ordenances qui sont faiz et ordennez par les preudomes et confrères de la confrairie Saint Georges et qu'il obeira a tous les commandements licites et honestes que li maistres ferunt a profit et a la honeur de la confrarie et de tous les confrères. Et quand il aura juré, si doit baisier en signe de pais les maistres et les contous qui présents seront...*».

charnel qui unit tous les membres. On ne possède aucun renseignement sur les rites d'exclusion, mais l'expression qui est employée dans les statuts : «*être geté de la confrérie*», «*ser gitat de la confrayria*», «*expulsere de confraternitate*», indique que le départ se fait sur le mode de la malédiction : le mauvais fils (ou frère) est rejeté dans les ténèbres extérieures.

Ce rejet pour non observance des statuts est la seule forme d'exclusion, car la mort elle-même ne peut rompre les liens qui unissent les confrères. Et c'est sans doute surtout en cela que la confrérie est une famille de substitution : comme la famille «imaginaire» rassemble les vivants et les morts de la même lignée, la confrérie non seulement n'abandonne pas les membres défunts, mais au contraire considère qu'ils font toujours partie de l'association.

Certains statuts précisent que les bayles doivent faire faire un livre en parchemin «*in quo scripta omnia nomina confratrum vivorum et mortuorum*»[185] et quelques testateurs demandent explicitement que leur nom soit marqué sur le *matricule* du groupe auquel ils appartiennent (ce terme de *matricula* fait évidemment penser aux rouleaux des morts du haut-Moyen Age, quand les *familiae* monastiques se rendaient le service de prier pour les défunts de chaque monastère). Certains confrères tiennent à payer leur cotisation après leur décès, comme s'ils étaient toujours vivants : «*Item, de la même façon que je donnais un denier chaque année à la confrérie de Saint-Antoine, je veux et ordonne que mes héritiers donnent chaque année et perpétuellement un denier*»[186]. Comme les familles donc, les confréries englobent les vivants et les morts, se prolongent littéralement dans l'au-delà[187].

A l'égard des mourants ou des morts elles ont d'ailleurs les mêmes attentions que n'importe quel parent «par le sang». Bayles et confrères doivent visiter les malades, les exhorter à la confession, les préparer à la mort, assister peut-être à la rédaction du testament[188].

---

[185] P. Pansier, *Les confréries...*, *op. cit.*, p. 38.

[186] Apt-Geoffroy, 989 fo 18 vo.

[187] 1382, Apt-Pondicq 12 fo 49 ro (toutefois ce type de legs n'est pas aussi fréquent qu'en Forez, par exemple, cf. M. Gonon, *Testaments Foréziens*, Mâcon, 1951).

[188] P. Pansier, *Les confréries...*, *op. cit.*, p. 40 : «*Statum est quod cum aliquis confrater infirmatur, debeat reducere statum ad noticias magistrorum : qui magistri teneantur illum visitare, ac confortare, et admonere ipsum quod confiteatur recipiat ecclesiastica sacramenta, sicut debet facere quilibet bonus et fidelis christianus, et inducant eum ad omnia facienda qui viderint cedere ad salutem anime et corporis ipsius, recommendando sibi confraternitatem, quod ei relinquat de donis suis pro anima sua*»

Ils sont tenus aussi d'accompagner en procession le *Corpus Christi* que l'on porte au mourant[189]. Sitôt la mort arrivée, le messager va par les rues prévenir les membres de l'association afin qu'ils viennent à la veillée et à l'enterrement.

Mais, on l'a vu, c'est dans le cortège que s'exprime le mieux la solidarités confraternelle. Celle-ci s'ajoute parfois aux solidarités consanguines et territoriales autour desquelles s'organise normalement l'ambulation funèbre, mais souvent aussi les remplace purement et simplement. C'est dans la procession qui mène de la maison mortuaire au cimetière que la confrérie, groupée autour du disparu, affirme le plus clairement sa fonction de substitut de la famille[190]. Moyennant une rétribution supplémentaire les parents du confrère peuvent en général profiter du drap funéraire et des torches de l'association[191].

Il arrive que certains groupements ont leur propre tombe, réservée aux seuls confrères. La confrérie St. Jacques d'Apt par exemple possède un *tumulus* à Notre-Dame épiscopale que choisissent un nombre assez important de testateurs, venant d'horizons sociaux très différents[192]. Cet usage de la tombe confraternelle, s'il n'est pas très répandu (on le trouve attesté cependant en Languedoc[193]), montre à quel point, dans certains cas, l'assimilation de la confrérie à la famille est complète.

La confrérie se charge aussi de tous les suffrages pour les défunts : les distributions de fèves, les prières et les messes. La récitation de dix *Pater* et de dix *Ave Maria* pour l'âme des disparus est souvent inscrite dans les statuts[194] et, tout au long du XIVe et du XVe siècle les testateurs choisissent de plus en plus les confréries, et non les clercs, pour gérer leurs messes-anniversaires[195]. En cette époque où les réductions d'anniversaires, les transformations de chapellenies interviennent souvent, tout se passe com-

---

[189] P. Pansier, *Les confréries...*, op. cit., p. 32 : «*Item an ordenat que si negun dels confrayres era malaute de son cors e el valria cumergar, los maistres los conselhiers e los confrayres que o saubrian son tengutz de venir e d'acompannar nostre senhor de la glieya entro l'ostal on lo malaute sera, et al retornar, si lo capelan ne tornava nostre senhor*».

[190] Cf. chapitre II, Le temps de la mort, p. 143 et 149.

[191] P. Pansier, *Les confréries...*, op. cit., p. 33.

[192] 1371, Apt-Pondicq 22 fo 15; 1372, Apt-Pondicq 27 fo 62 vo etc...

[193] Cf. A. Ramière de Fortanier, *La confrérie Notre Dame de Fanjeaux, son développement au Moyen Age*, Cahiers de Fanjeaux no 11, p. 330.

[194] P. Pansier, *Les confréries*, op. cit., p. 26, 33, etc...

[195] 1463, Avignon-Martin 739 fo 67; 1469, Avignon-Martin 443 fo 266 vo; 1489, Avignon-Martin 481 fo 337; 1490, Avignon-Martin 482 fo 250 vo etc...

me si les laïcs préféraient confier le sort de leur âme, au moins sur le plan de l'organisation matérielle des suffrages, à des laïcs comme eux, plutôt qu'à l'Eglise.

Enfin, ce rôle funéraire prépondérant ne se limite pas à la gestion des anniversaires de tel ou tel membre, ou même à la participation, pourtant essentielle, au cortège de funérailles. Mise à part la fête patronale, la seule liturgie importante à laquelle participent normalement tous les confrères est précisément une liturgie des trépassés, parfois hebdomadaire, souvent mensuelle ou annuelle. Les tailleurs d'Avignon assistent ainsi à la messe du quatrième dimanche du mois et le lundi, jour des morts, à un cantar pour le repos de l'âme des confrères défunts[196]. Quant aux italiens de la Major, ils sont beaucoup plus riches et font dire chaque jour deux messes[197].

Les statuts et les testaments ne donnent qu'une image floue et incomplète de la vie des confrères, mais la mort y tient sans aucun doute une place essentielle. Le passage dans l'au-delà est au cœur de la liturgie confraternelle. Liturgie de la lumière et des processions qui s'intègre aux pompes flamboyantes voulues par chaque testateur à l'article de la mort. Liturgie aussi des suffrages pour les défunts que l'Eglise, en général, et les familles en particulier, organisaient autrefois, mais que les confrères désormais prennent en charge eux-mêmes de plus en plus souvent.

La sociologie des confréries et l'étude rapide de leurs activités permettent donc d'entrevoir pourquoi elles se développent si rapidement entre 1360 et 1450. Les mortalités et les migrations, la désagrégation des familles poussent les hommes et les femmes à se grouper en solidarités artificielles, et rendent nécessaire la constitution de ces petits groupes accueillants où se reconstituent des liens presque familiaux. N'est-ce pas aussi la grande époque des frérèches[198]? La multiplication des confréries répond à un besoin presque existentiel dans le monde déstabilisé du XIVe siècle et du XVe siècle. Rien d'étonnant à ce qu'elles fonctionnent alors comme des familles, comme des structures d'ordre qui éliminent ou atténuent les conflits entre les personnes et les groupes sociaux, qui mettent la morale au

---

[196] P. Pansier, *Les confréries... op. cit.*, p. 20.

[197] P. Pansier, *Les confréries... op. cit.*, p. 40.

[198] R. Aubenas, *Le contrat d'affrairement dans le droit provençal au Moyen Age* in *Revue Hist. du droit*, 1933, p. 478 et suiv. et *Réflexions sur les fraternités artificielles au Moyen Age*, in *Etudes d'Histoire du droit à la mémoire de N. Didier*, 1960, Cf. aussi E. Le Roy Ladurie, *Les Paysans de Languedoc, op. cit.*

centre de leurs pratiques, qui fassent de l'encadrement de la mort leur activité essentielle, puisque c'est en particulier au moment de la mort que l'absence de la famille, des solidarités consanguines, se fait le plus cruellement sentir.

La promotion d'une spiritualité plus riche ou le développement d'une pédagogie de la prière sont apparemment très loin des préoccupations essentielles des groupes que nous avons rencontrés. Beaucoup plus loin en tous cas que pour certaines confréries italiennes du XIIIᵉ et du XIVᵉ siècle, ou, a fortiori, pour les pénitents de l'époque tridentine [199]. Tout au plus peut-on noter la pratique de la messe hebdomadaire ou mensuelle, à laquelle il faut entièrement assister – les statuts le précisent sans cesse –, et la récitation parfois journalière des *Pater* et des *Ave*[200].

Toutefois, l'Eglise, qui a encore tant de mal à imposer les pratiques obligatoires les plus simples, trouve dans ces associations des auxiliaires précieux. Grâce à elles, l'encadrement des rites funéraires, que les clercs n'ont jamais complètement réalisé, progresse de façon décisive. La visite au malade, l'exhortation à la confession ou à la réception des derniers sacrements «*sicut debet facere quilibet bonus et fidelis christianus*[201]», la présence aux veillées et pendant les obsèques contribuent sans aucun doute à unifier les pratiques et les croyances.

Pour limitée qu'elle soit, l'activité des confréries du XIVᵉ et du XVᵉ siècle tend donc à favoriser la participation d'un nombre de plus en plus important de chrétiens à des exercices de piété qui dépassent le cadre habituel des obligations (assistance à la messe dominicale, réception des sacrements etc.). Elle prépare ainsi, sans qu'il y ait d'ailleurs de solution de continuité, le développement des activités spirituelles de petit groupe à l'époque tridentine et baroque.

---

[199] M. Venard, *Les confréries de pénitents... op. cit.* La tradition rapporte qu'en 1226 fut fondée en Avignon une compagnie de Pénitents Gris. Rien n'indique qu'il s'agit d'une confrérie de *battuti* ou de *disciplinati* comme on en rencontre en Italie au XIIIᵉ siècle. En réalité, il semble bien qu'il y ait une solution de continuité entre cette association et celle qu'on rencontre au XVIᵉ siècle (peut-être la seconde a-t-elle cherché à se donner aussi une histoire prestigieuse, reprise ensuite sans précaution par les historiens modernes et contemporains: cf. Fornery, *Histoire du Comté Venaissin, op. cit.*, tome I, p. 136-137; Darmangeat, *Histoire de la royale et devote compagnie des Pénitents Gris*, Avignon, Roumanille, 1903, etc...). En revanche il est bien assuré qu'une compagnie des Pénitents Noirs fut fondée en 1488 par des Florentins, émigrés après l'échec de la conjuration des Pazzi. Mais cette compagnie s'est développée seulement au cours du XVIᵉ siècle. (cf. M. Vénard, *op. cit.*).

[200] Statuts de N.-D. de la Major, P. Pansier, *Les confréries... op. cit.*, p. 40.

[201] *Idem*, p. 40.

Il reste que, si la force contestataire des confréries du XIIIᵉ siècle semble bien oubliée et si l'Eglise paraît contrôler assez étroitement le développement des nouvelles associations, le fait que ce soit désormais les laïcs qui prennent en charge eux-mêmes l'encadrement du passage dans l'au-delà marque une rupture fondamentale par rapport au temps où les clercs prétendaient s'imposer comme les seuls intermédiaires entre les hommes et Dieu. Rupture génératrice à moyen ou à long terme de remises en question importantes.

*
*   *

Les différents réseaux d'encadrement que nous venons d'observer n'ont ni la même histoire (crise et disparition des réguliers anciens, importance numérique et réforme des séculiers, dynamisme des Mendiants, essor extraordinaire des confréries), ni les mêmes appuis (noblesse, ensemble du *populus*, nouvelles classes urbaines), ni vraiment les mêmes fonctions (prières, gestes intercesseurs, messes, confession, accueil des «sans-ancêtres»).

Leur superposition enserre cependant la région comtadine dans un ensemble très dense d'institutions, de couvents, de monastères, de confraternités. Cette accumulation, de même que l'importance numérique du clergé, la présence des papes puis des légats, expliquent les progrès constants de l'encadrement des gestes de la mort, tel qu'au moins ils apparaissent à travers l'étude de l'«art de mourir», de la veillée, du cortège funéraire, des commémorations, des demandes de messes.

Au total, à travers les testaments (et il n'y a aucune raison de récuser leur témoignage), l'Eglise comtadine semble extraordinairement présente, active, malgré la crise économique, le Schisme, la politique bénéficiale, les «abus» et tous les maux que dénonce l'historiographie traditionnelle. Au milieu de cette société déstabilisée, les Ordres Mendiants parviennent à justifier et à accueillir les bourgeoisies marchandes et les déracinés; dans les cortèges, les prêtres, les religieux et les confrères se coulent à la place des parents et des voisins décimés par les mortalités ou les migrations; en grand nombre ils entourent désormais le corps défunt et assurent définitivement la christianisation des rites funéraires.

En réalité, c'est moins dans l'encadrement proprement dit que dans les formes dévotionnelles proposées aux fidèles que l'Eglise du XIVᵉ et du XVᵉ siècle révèle une certaine fragilité, voire une incapacité à répondre pleinement aux besoins spirituels nouveaux qui se manifestent alors.

CHAPITRE V

LE VIATIQUE

Les multiples gestes d'intercession qu'accumulent fébrilement les testateurs pour faciliter leur passage dans l'Autre Monde ont des origines très anciennes. Dès le haut-Moyen Age les œuvres de miséricorde, les pélerinages, les célébrations eucharistiques contribuent au salut des défunts. A partir du XIIe siècle cependant, les progrès de l'encadrement de la mort et la démocratisation du testament encouragent le développement de ces pratiques dans toutes les classes sociales. Désormais le modeste laboureur, à l'instar du chevalier, peut sans présomption se faire inscrire sur un livre d'anniversaires. En même temps qu'elles se répandent dans les villes et les campagnes certaines œuvres prennent une importance qu'elles n'avaient pas jusque là; d'autres au contraire déclinent irrémédiablement.

Le pélerinage, la croisade disparaissent peu à peu de l'horizon mental des avignonnais et des comtadins, les pauvres ne touchent plus que la portion congrue mais les demandes de messes remplissent des pages entières de testament, accaparent parfois 70 à 80% du «prix du passage». Plus encore que la place respective de chaque œuvre dans l'ensemble des legs pieux ce sont les modalités d'application, l'organisation particulière de ces demandes de suffrages qui connaissent alors un profond bouleversement.

Le viatique pour l'au-delà conserve toujours son unité, les legs ritualisés, codifiés, sont encore nombreux mais déjà ce n'est plus la coutume qui dicte au testateur le choix et le nombre des messes qui épargneront quelques années de Purgatoire. Chacun désormais, seul, en fonction de ses fautes passées, de sa foi et de ses moyens, établit la liste des suffrages qui, au bout du compte, lui assurent la vie éternelle.

Une autre logique est à l'œuvre, qui multiplie, accumule, mesure, comptabilise.

I - OEUVRES ANCIENNES

Du XIe siècle au XIIIe siècle, la construction et l'embellissement des églises, le pélerinage et la croisade ont eu une fonction salvatrice fondamentale (encore que le «Passage Outre-Mer» n'ait pas eu dans nos régions le même retentissement ni la même importance qu'en France du Nord, par exemple). Mais vers 1320-1340, les temps ont changé : à peine 2% à 3% des testateurs évoquent ces œuvres anciennes. En détruisant les lieux de culte, la guerre donne encore aux fidèles l'occasion d'être généreux, la possibilité de participer à la reconstruction, mais Saint-Jean-d'Acre est bien perdue et il est possible désormais de faire pénitence chez soi!

Cependant, ces formes d'intercession n'ont pas disparu sans laisser des traces profondes. La croisade n'est plus qu'un rêve, mais ce rêve agite encore un grand nombre de chrétiens, et pas seulement Philippe de Mézières ou quelques princes imaginatifs. Des remplaçants stipendiés font sans doute les pélerinages à la place des pécheurs, mais il arrive aussi qu'une série de miracles, une émotion, un prodige, remuent les foules et les conduisent sur les tombes des saints. Malgré la place réduite qu'ils occupent dans les testaments, les vieux gestes de la marche pénitentielle et de la guerre sainte font toujours partie des œuvres de miséricorde.

Croisades

A la fin du XIVe siècle et au XVe siècle, les papes (Grégoire XI, Eugène IV) et les princes (Louis II de Bourbon, Philippe le Bon, Alphonse d'Aragon), parfois sollicités par l'empereur byzantin (l'Union avec les Grecs est à l'ordre du jour de tous les conciles!) pensent encore à la croisade. Ils la détournent souvent de son sens primitif pour des raisons politiques ou économiques, mais espèrent sans doute sincèrement reconquérir la Terre Sainte[1].

Au cœur de la Chrétienté, les comtadins et les avignonnais sont les mieux placés pour connaître ces projets ambitieux. Les pontifes puis les légats prêchent le départ, récupèrent des subsides, tentent d'exciter le zèle

---

[1] E. Delaruelle, P. Ourliac, E.-R. Labande, *Le Grand Schisme d'Occident et la crise conciliaire, op. cit.*, p. 567, 577 etc...

Cf. aussi le livre de P. Alphandery et A. Dupront, *La chrétienté et l'idée de croisade*, Paris, Albin Michel, (tome II), 1959.

des fidèles. Mais ils rencontrent peu d'écho si l'on s'en tient au seul témoignage des testaments.

Quelques dons destinés aux *«pauvres croisés»* sont mentionnés dans le registre de Giraud Amalric, à Marseille, au milieu du XIIIe siècle[2]. En Comtat, il faut attendre deux cents ans pour voir ces legs réapparaître, encore sont-ils très peu nombreux. Au XIVe siècle, en effet, les actes ne révèlent aucune allusion à un éventuel départ pour la Terre Sainte, on note tout au plus quelques dons aux mercenaires *«pour le rachat des pauvres captifs»* (l'Ordre de la Merci ne s'installe officiellement en Avignon qu'en 1434)[3].

L'expédition de 1395-1396, qui se termine par un désastre à Nicopolis, provoque peut-être une prise de conscience, fait resurgir les idées de guerre sainte enfouies dans la mémoire collective. Le correspondant de Datini se fait l'écho, non sans exagération épique, de la défaite des occidentaux et de l'émotion qu'elle soulève sur les bords du Rhône :

> *«... Nous apprenons de Venise et de Gênes que le roi de Hongrie ainsi que les chrétiens qu'il avait avec lui ont été déconfits par le Turc et que la bataille a duré six jours, ce qui est un grand événement. On dit que 90.000 chrétiens et 300.000 turcs ont été tués... Si c'est vrai, voilà une grande nouvelle, à moins que les rois chrétiens, les grands princes et la foi chrétienne n'y apportent remède...»[4].*

Entre 1390 et 1420, les legs aux *«pauvres captifs Outre-Mer»* restent exceptionnels, mais se font un peu plus fréquents[5].

La prise de Constantinople explique les ultimes efforts des années 1450-1460. Alain de Coëtivy, évêque d'Avignon, mais résidant le plus souvent à Rome, est chargé, comme légat *a latere*, de prêcher la guerre contre le Turc, en Provence, en France, à Lyon. Quelques avignonnais, souvent des

---

[2] Cf. Blancard, *Documents inédits sur le commerce de Marseille*, tome II, p. 321.

[3] R.-W. Emery, *The friars in Medieval France, op. cit.*, p. 118. Quelques legs en Avignon au XIVe siècle «à l'aumône de Sainte Eulalie» (patrone de Barcelone, berceau de l'ordre des mercédaires); *idem* à Caderousse (ms. Biblio. Musée Calvet 4041 fo 54 vo).

[4] R. Brun, *Annales Avignonnaises tirées des Archives Datini, op. cit.*, tome XIII, 1936, p. 35 et p. 38.

[5] Biblio. Musée Calvet ms. 4047 fo 5; 1419, Pernes-Guillaume 637 fo 42 vo; 1435, Avignon-Martin 230 fo 394; un habitant de Mormoiron fait même don un Frère de l'Ordre de la Merci d'un terre et d'un verger qu'il possède sur le territoire de Mormoiron : Mazan-Bertrand 1291 fo 43 vo. On trouve aussi quelques dons aux captifs à Valréas vers 1390 (Evesque 204 fo 22 etc...).

modestes artisans, émus par la prédication du prélat, font alors un legs au
«*Trésor de la Sainte Croisade*»[6]. Ce sont les derniers témoignages de la
grande aventure spirituelle et militaire commencée quatre siècles plus tôt.

Malgré les concessions d'indulgences plénières, attachées à des aumônes de plus en plus faibles, l'Ordre de la Merci ne reçoit plus de don après
1460[7]. L'enthousiasme et la foi ont disparu : la veuve d'un marchand donne
un écu à la Sainte Croisade, mais fait ajouter par prudence «*au cas où la
croisade n'aurait pas lieu,* (qu') *elle désire que le dit écu serve à célébrer des
messes pour le salut des âmes de ses parents, au choix de ses héritiers et
exécuteurs ci-dessous désignés...*»[8].

Pélerinages.

La croisade procédait dans une large mesure du pélerinage. Si elle
disparaît de l'horizon mental des hommes du XVe siècle, le voyage pénitentiel en fait toujours partie; les testaments rédigés à la veille d'un départ
pour Rome ou Saint-Jacques en sont la meilleure preuve[9].

A dire vrai, il s'agit moins désormais de pénitence que d'acquisition
d'indulgences et de recherche d'intercession auprès d'un saint thaumaturge
et guérisseur. L'idéal de «marcheur de Dieu» disparaît derrière la quête,
parfois frénétique, des *virtutes*. Ce sont les pélerinages proches, mais riches
en reliques, qui ont le plus de succès.

De son vivant (vers 1340-1360), Dauphine de Sabran voit affluer des
pèlerins paralytiques, aveugles, épileptiques; ils sont originaires des diocèses d'Uzès, de Maguelonne, d'Avignon et veulent «*voir la sainte comtesse,*

[6] L.-H. Labande, *Avignon au XVe siècle, op. cit.*, p. 72; 1456, Avignon-Martin 243 fo 117, 118;
Avignon-Martin 238 fo 1, fo 4; Avignon-Martin 204 fo 15; 1456, Avignon-Martin 243 fo 11, 71-72, 83
vo, 90 vo, etc; 1457, Avignon-Martin 204 fo 128; Avignon-Martin 247 fo 3; 1458, Avignon-Martin 255
fo 61 etc...

[7] P. Pansier, *Histoire des Religieux de la Trinité à Avignon*, in *Annales d'Avignon et du
Comtat Venaissin*, tome VIII, p. 29 qui cite des bulles de Nicolas III et Sixte IV se rapportant à
l'ordre de la Merci et donnant indulgence plénière à tous ceux qui feraient un don à cet
ordre.

[8] 1464, Avignon-Martin 258 fo 23.

[9] Sur les pélerinages au Moyen-Age cf. le livre pratique de P.-A. Sigal, *Les Marcheurs de
Dieu*, Paris, A. Colin, 1974. Une avignonnaise aurait fait en 1350 (l'année du Jubilé) un
testament *affectans ire apud Romam romipeta* (A.-M. Hayez, *Clauses pieuses, op. cit.*, p. 133);
testaments avant de partir à Saint Jacques : 1426, Cavaillon-Rousset 92 fo 14; 1446, Avignon-
Martin 7795 fo 126; testaments avant de partir à Notre Dame du Puy : 1466, Avignon-Martin 260
fo 160.

dans l'espoir d'obtenir la santé par sa sainteté et des mérites»[10]. Dès 1387, le corps de Pierre de Luxembourg attire une foule de pélerins en Avignon, qui disposent sur le tombeau des milliers d'ex-votos en cire. Ils viennent d'abord des régions voisines, bientôt de toute la France[11]. A Arles, un demi-siècle plus tard, la dépouille de Louis Aléman suscite une dévotion comparable. Les comtadins se rendent parfois individuellement sur le tombeau du bienheureux, mais souvent aussi en groupe. Le 3 mars 1451, 730 personnes viennent ainsi de Salon, puis c'est le tour des habitants d'Orgon, de Saint-Rémy, de Noves, de Chateaurenard et même de Sault et de Puyméras (dans le diocèse de Vaison). Ils avancent en procession, pieds nus, portant des torches et des chandelles, peut-être conduit par leur curé[12]. Le pélerinage ressemble alors à un pardon, comme celui qui se fait à Montmajour, où l'on vénère les reliques de la Croix :

> «... *item l'an MIIIIᶜIX, lo jorn III de may fon lo perdon general de Sant Perre de Monmaior, en laqual perdon foron romieus et vengion de tot lo mont plus de CL milia crestians et cristianas...*»[13].

Le voyage est préparé, encadré par les clercs, assorti d'indulgences exceptionnelles, souvent honoré par la présence de prélats ou de princes[14].

Mais les grandes exaltations eschatologiques et les départs spontanés pour les centres de pélerinage lointains n'ont pas entièrement disparu. En 1393 le correspondant de Datini parle d'une étrange épidémie qui atteint Avignon : les jeunes, les adolescents, se rassemblent en bande et partent pour le Mont-Saint-Michel :

> «... *à Avignon, entre avant hier, hier et aujourd'hui, on dit que deux cents enfants, petits et grands, sont partis pour aller là-bas avec les bannières... Si vous voyiez courir ces enfants! Heureux qui peut s'enfuir et suivre le voyage! Je vous dis que c'est bien une chose*

---

[10] A. Vauchez, *La religion populaire dans le Sud de la France d'après les procès de canonisation*, in *Cahier de Fanjeaux* nº 11, Toulouse, Privat, 1976, p. 102.

[11] Cf. le procès de canonisation publié dans les AA SS Juillet, et les cartes de *l'Atlas historique de Provence, op. cit.*

[12] Sur les miracles de L. Aleman cf. La *Gallia Christiana Novissima*, Province d'Arles, col. 1350 et suiv. et 2ᵉ supplément col. 1357 et suiv.

[13] Cf. pour le pardon de 1353 Baluze, *Vitae, op. cit.*, p. 310 et pour celui de 1409, Ehrle, *Die Chronik, op. cit.*, p. 385 (il s'agit bien entendu de la chronique de R. Boysset, qui indique qu'il a participé lui-même au pardon : «*vos dic per veritat, non tant solamens per auzir, mas per vezer*»!).

[14] Du même «*i venc lo rey lois an mot noble companhia a quaval per la viscleda*», Erhle, *Die Chronik, op. cit.*, p. 385.

incroyable pour celui qui ne l'a pas vue. Ils disent que de grands miracles se sont produits, que les pères et les mères qui n'ont pas voulu laisser aller leurs enfants les ont vu mourir... ».

Dans une autre lettre :

« *...On dit que de cette ville, plus de 1.000 personnes y sont allés, petits et grands, des femmes aussi, et ainsi à l'avenant dans tout le pays. Je crois vraiment que cela a été la volonté de Dieu.*

Celui qui n'a pas vu la soudaineté de ce mouvement ne pourrait le croire; et ces petits enfants de 8 à 15 ans qui s'échappaient du père et de la mère pour aller à ce pélerinage! Cela s'est passé vraiment ainsi; on dit que sur le chemin se trouve une telle multitude de gens qui vont à ce pélerinage que c'est une chose impossible...»[15].

Le pèlerinage fait donc toujours partie des gestes qui assurent le salut, mais sa place est réduite et les conditions dans lesquelles il se déroule dénotent un affaiblissement considérable de sa fonction et de sa valeur.

Il est bien tard, *in articulo mortis*, pour accomplir un voeu ancien ou, à fortiori, pour songer au départ. A défaut, il est toujours possible cependant de payer un remplaçant qui ira porter après la mort du testateur une livre de chandelles sur la tombe du saint! Le «marcheur de Dieu» n'est plus qu'un salarié en service commandé. Certes, la substitution est parfois moins triviale : un laboureur de Pernes demande à son fils de partir à sa place, un savetier d'Avignon charge son frère, qui est aussi franciscain, de faire pour lui le voyage de Saint-Jacques[16]. Mais le plus souvent, ce sont les exécuteurs testamentaires qui choisissent un mercenaire.

Dans certains cas, on se contente de donner l'argent aux quêteurs du centre de pélerinage (ceux de Notre-Dame du Puy par exemple) qui viennent épargner aux fidèles les tracas de la route[17]. A la fin du XIVe siècle, des testateurs donnent même *in extremis* le prix d'un pélerinage au clergé local, à charge pour lui de remplacer le voeu inaccompli par des célébrations de messes. Preuve qu'à cette date le vieux geste pénitentiel n'a plus qu'un rôle très réduit et que la messe est le viatique essentiel (c'était déjà en messes

---

[15] R. Brun, *Annales Avignonnaises, op. cit.*, tome XIII (1936), p. 78-79. Cf. aussi J. Delalande, *Les extraordinaires croisades d'enfants et de pastoureaux au Moyen-Age*, Paris, 1962, et surtout P. Toubert, *Croisades d'enfants et mouvements de pauvreté au XIIIe siècle*, in *Recherches sur les pauvres et la pauvreté*, (4e Cahier), sous la direction de M. Mollat, ronéoté, Sorbonne.

[16] 1475, Avignon-Martin 454 fo 122.

[17] Nombreux exemples : Valréas-Evesque 199 fo 11 (1394), Valréas-Evesque 205 fo 30 etc...

que devait se transformer le legs destiné à la Terre Sainte, «*au cas où la croisade n'aurait pas lieu*»[18]!).

Au total, les demandes de pélerinages-vicaires ou posthumes sont moins fréquentes que dans le diocèse voisin d'Aix[19]. Les lieux de dévotions comtadins sont très nombreux et les sujets du pape ont peut-être davantage l'occasion d'accomplir leurs vœux que les provençaux (qui pourtant ne manquent pas non plus de centres célèbres : Saint Gilles, Saint Victor, Arles, Saint Maximin etc.); N. Coulet remarque d'ailleurs que ce sont les pélerinages comtadins et avignonnais qui attirent le plus les testateurs aixois[20].

Quelques rares mentions datent du début du XIVe siècle ou de la fin du XVe siècle[21], mais la majorité des témoignages dont nous disposons se situent pendant les années 1380-1400, en pleine guerre, en plein Schisme. Comme si l'éclatement de la Chrétienté et le trouble spirituel qui en résulte poussaient les testateurs à rechercher les formes d'intercession les plus anciennes, à utiliser tout l'arsenal des gestes propitiatoires[22].

Rome n'est pratiquement pas citée, sauf pour le Jubilé de 1350. Pendant le Schisme, le pape d'Avignon interdit à ses sujets le pélerinage sur les tombes des Apôtres[23]. Saint-Jacques jouit en revanche d'une belle popularité tout au long de notre période; un cavaillonnais, un clerc originaire de Cambrai mais habitant Avignon, testent avant de partir pour la Galice[24]. Il s'agit de pauvres pélerins, bien éloignés de ces «touristes» princiers qui parfois passent les Pyrénées (comme le maréchal de Boucicaut qui en 1415 part avec une escorte de plus de 100 personnes[25])!

Notre-Dame du Puy et Saint-Antoine-Viennois emportent sans conteste tous les suffrages, surtout en Avignon et dans le nord du Comtat. L'essor de la dévotion mariale, la protection des rois de France jouent sans doute un rôle fondamental dans l'engouement qui se manifeste alors pour le sanctuaire du Velay. Il semble aussi que les chanoines du Puy aient su remar-

---

[18] Valréas-Evesque 205 fo 30.

[19] N. Coulet, *Jalons pour une histoire religieuse d'Aix au Bas-Moyen Age 1350-1450*, in *Provence Historique*, tome XXII, fasc. 89, Juil-sept. 1972, p. 250 et suiv.

[20] *Idem*, p. 251.

[21] 1332, H. Sainte Paxède 49 no 44; 1352, Orange, BV ANO 138 fo 18.

[22] Cf. chapitre II la note no 64 p. 110.

[23] E. Delaruelle, P. Ourliac, E.-R. Labande, *op. cit.*, p. 68 et 1148.

[24] 1426, Cavaillon-Rousset 92 fo 14-15; 1446, Avignon-Martin 795 fo 126 etc...

[25] J. Veillard, *Pélerin d'Espagne à la fin du Moyen-Age, ce que nous apprennent les sauf-conduits délivrés aux pélerins par la chancellerie d'Aragon*, in *Homenatge a A. Rubio i Lluch*, Barcelone, 1936, p. 291 (1415).

quablement organiser la publicité de leur pélerinage par la prédication
itinérante et les quêtes[26]. Il en va de même pour l'ordre de Saint-Antoine
qui dispose, grâce à son réseau d'hôpitaux, des centres de dévotion et de
propagande[27]. Sans demander un pélerinage, nombreux sont les testateurs
de Valréas, Vaison, Sainte Cécile, Bédoin, Tulette, etc., qui font un legs aux
quatre «hôpitaux généraux» de Saint-Antoine, de Notre-Dame du Puy, de
Roncevaux et de Pont-Saint-Esprit[28]. Il ne s'agit pas vraiment de soulager les
pauvres, mais bien de contribuer par un menu don à l'accueil des pélerins
dans les hospices les plus célèbres d'Europe.

Saint-Claude dans le Jura, Saint-Léonard de Noblat en Limousin,
Notre-Dame de Murat dans le Quercy sont aussi l'objet de demandes, de
même évidemment que Saint Victor de Marseille et les Célestins d'Avignon
(où est enterré Pierre de Luxembourg)[29]. Enfin, quelques petits sanctuaires
au rayonnement très localisé, comme Notre-Dame du Revest sur le Plateau
d'Albion, attirent parfois la générosité des testateurs[30].

Signe des temps : non seulement le pélerinage par procuration connaît
une belle vogue, mais l'accumulation et la comptabilité des voyages deviennent courantes. On demande un pélerinage au Puy et à Saint-Antoine, à
Saint-Antoine et à Saint-Claude, à Saint-Claude, à Notre-Dame de Murat et
en Avignon[31] etc.. A l'époque où Guillaume de Digulleville écrit *le Pélerinage
de la vie humaine* et *le Pélerinage du corps et de l'âme*[32], certains testateurs

[26] Cf. A. Chanal, *Le Puy, ville sainte et ville d'art*, Paris-Le Puy, 1949; les pélerinages au Puy
sont de loin les plus nombreux parmi ceux demandés par les testateurs : 1392, Apt-Pondicq 39
f° 47 v°; 1432, Apt-Pondicq 84 f° 35 v°; 1442, Avignon-de Beaulieu 708 f° 445; 1466, Avignon-de
Beaulieu 754 f° 110 etc...

[27] Ils possèdent par exemple un hôpital à Valréas et peut-être à Avignon (on ne sait
toujours pas en effet si l'hôpital St. Antoine qui est parfois cité dans les testaments appartient
à l'Ordre ou bien ne fait qu'un avec l'hôpital St. Antoine des Courtisans).

[28] La zone où les legs «aux quatre hôpitaux généraux» sont les plus nombreux est assez
bien délimitée; elle comprend toute la partie Nord du Comtat et la région «dauphinoise» de
Valréas (cf. BV ANO 32 f° 67, Valréas-Petit 63 f° 113, Bédoin-Reynard 238 f° 64 etc...).

[29] 1379, Isle-Roussel, 6 f° 60 (St. Léonard); 1398, Valréas-Evesque 205 f° 30 (N. D. de Murat
St. Pierre de Luxembourg, St. Claude); 1478, Cavaillon-Rousset 203 f° 1 (St. Claude); 1389,
Avignon-Martin 308 f° 51 (St. Victor de Marseille); 1432, Apt-Pondicq 84 f° 350 (Le Revest).

[30] 1432, Apt-Pondicq 84 f° 350 etc...

[31] 1348, BV ANO 34 f° 1 (St. Jacques, Le Puy, St. Antoine); 1382, Apt-Pondicq 53 f° 26 r°
(Le Puy, St. Antoine); 1391, Apt-Pondicq 38 f° 81 (St. Antoine, St. Claude); 1398, Valréas-
Evesque 205 f° 30 (St. Claude, N.-D. de Murat St. Pierre de Luxembourg) etc...

[32] Un manuscrit de ces deux œuvres fondamentales se trouve à la Bibliothèque Inguimbertine de Carpentras (ms. 725).

n'hésitent pas à demander trois, quatre ou cinq pélerins stipendiés pour aller porter en leur nom un ex-voto en cire sur la tombe des saints[33]. Ce n'est pas l'image, la métaphore du pélerinage spirituel qu'ils retiennent, mais la force et le pouvoir des reliques, force et pouvoir que l'on peut capitaliser et multiplier à volonté.

Reconstruction et embellissement de la Maison de Dieu

Un petit nombre de riches bienfaiteurs laïques dotent les églises de vêtements liturgiques et de calices, de retables et de chapelles. Ils agissent individuellement ou au nom de leur famille, comme protecteur officieux ou patron officiel de la paroisse ou du couvent.

Nous ne reviendrons pas sur la construction des chapelles funéraires[34]. Leur prix – plusieurs centaines de florins – les réservent aux notables; elles servent leur prestige et permettent d'inscrire l'histoire de leur lignée dans la pierre. Les demandes de fresques sont rares mais les testateurs font parfois peindre une Vierge sur un mur ou un pilier au-dessus de leur tombe et installer une lampe près de ce nouvel oratoire[35].

Presque toutes les chapelles s'ornent d'un retable. Celui-ci est très souvent réalisé du vivant même du donateur; une trentaine de testaments prévoient cependant l'exécution d'un dyptique ou d'un tryptique en laissant une somme assez variable, de 10 à 100 florins[36]. Ces dons émanent parfois de nobles (un écuyer du comte de Provence, l'épouse du sire de Cabrière, un membre de la famille Cabassole[37] etc.) ou d'ecclésiastiques (un doyen de

[33] Un testateur de Valréas demande par exemple cinq pélerinages au Puy, à St.-Antoine Viennois, à St.-Claude, St.-Pierre de Luxembourg et à N.-D. de «Pratis»: Valréas-Evesque 204 f° 51 v°.

[34] Cf. chapitre III, p. 176-177.

[35] Baudet de St. Mitre, bourgeois d'Apt, ordonne par exemple de peindre sur le pilier de l'eau bénite une image de la Vierge et d'y mettre une lampe 1383, Apt-Pondicq 13 f° 20 (cité aussi par L.-H. Labande, *Les primitifs français, peintres et verriers de la Provence Occidentale*, Marseille, Librairie Tacussel, 1932, p. 232).

[36] Léonard de Monjoie laisse par exemple 100 florins (1461, Beaulieu-742 f° 303), le marchand Michel de Molesme 50 florins (1466, Martin 742 f° 284 v°), un autre marchand 70 florins pour un retable avec «la passion du seigneur» (cf. Labande, *Les primitifs...*, *op. cit.*, p. 237), etc...

[37] Pierre de la Denière (Avignon-Vincenti 500 f° 60; cf. aussi P. Pansier, *Les peintres avignonnais aux XIVᵉ et XVᵉ siècle*, Avignon-Roumanille, 1934); Léonarde de Monjoie, cf. note 36; cf. aussi Raymonde Porcelet (Labande *Les primitifs, op. cit.*, p. 254); testament de Guillerme Cabassole, 1462 Avignon-de Beaulieu 750 f° 478 etc...).

Saint-Agricol, un chanoine[38] etc...), le plus souvent de juristes, de marchands et d'artisans aisés[39]. Il n'est pas question d'étudier ici dans le détail la production des artistes comtadins[40]. Tout au plus peut-on noter que la majorité de ces tableaux sont commandés pendant les années 1450-1470, au moment où la reprise économique commence à se faire sentir et où précisément s'épanouit l'«école avignonnaise»[41].

Les legs pour des sculptures ou des vitraux sont beaucoup plus rares. Quelques testateurs demandent des «Croix avec la Vierge» (des calvaires) polychromes[42], tandis que d'autres offrent des verrières où ils prennent soin de faire figurer leurs armes[43].

La tradition du legs de vêtement sacerdotal ou de nappes pour les autels est aussi ancienne que celle qui consiste à laisser aux prêtres le drap funéraire des obsèques «ad ornamentum ecclesie»[44]. En Avignon les artisans, les marchands font fréquemment le don d'un indumentum sacerdotale complet (chasuble, amicte, étole, manipule etc...)[45]. Il est fréquent aussi d'offrir 10 ou 15 florins, ou quelques pièces d'argenterie, pour l'achat d'«un bon calice», d'une «custode pour porter le Corps du Christ en ville», d'un «tabernacle en argent protégé par un drap doré doublé de toile»[46]. Un testateur fait une offrande pour qu'on élève une chaire dans l'église paroissiale de Caderousse[47], tandis que d'autres lèguent des hosties, ou même un four «ad coquen-

---

[38] 1449, testament de Bernard de Lavigne (E. Duché de Caderousse n° 267, P. Pansier, Les peintres d'Avignon aux XIVe et XVe siècle, Avignon, Roumanille, 1934, p. 19).

[39] 1466, Avignon-Martin 742 f° 284 v°; L.-H. Labande, Les primitifs, op. cit., p. 235, 236, 249 etc...

[40] Des études, d'ordre surtout stylistique, sont en cours actuellement sur des peintres comme J. Yverny ou N. Froment. Nous voudrions, quant à nous, dans une étude prochaine tenter de mieux dégager les conditions de production et de consommation de ces œuvres, analyser leur fonction sociale, sans négliger pour autant l'évolution de leur forme.

[41] Cf. L. H. Labande, Les Primitifs français op. cit.

[42] P. Pansier, Peintres, op. cit., p. 224. En 1479, la femme d'un marchand demande par testament l'édification d'une croix (avec le Christ, N.-D. et St. Jean) sur le pont du Rhône, Avignon-Martin 783 f° 154 v°).

[43] 1472, Avignon-Martin 264 f° 22 et Pansier, Peintres..., op. cit., p. 136-140.

[44] Cf. chapitre II, p. 132-133.

[45] Cf. par exemple le poissonnier Rostain Ricau en 1311 (ms Musée Calvet 2095 n° 17); cf. aussi P. Guillaume, 1325, H. Augustins 26, n° 156.

[46] Legs de calices : 1369, Apt-Pondicq 5 f° 99; 1415, Valréas-Evesque 211 f° 30 v°; 1427, Apt-Pondicq 134 f° 173; 1434, Apt-Pondicq 85 f° 70; 1442, Apt-Pondicq 129 f° 32; 1450, Valréas-Evesque 225 f° 57; 1462, Apt-Pondicq 230 f° 34; 1493, Apt-Pondicq 58 f° 102; 1466, Avignon-de Beaulieu 754 f° 110; 1468, Apt-Pondicq 278 f° 32.

[47] 1462, Avignon-Martin 254 f° 44.

dum hostias»[48]! Ces dons émanent souvent souvent des classes moyennes : artisans, riches laboureurs, etc.[49]. Très souvent aussi, les offrandes destinées au service liturgique viennent des prêtres qui donnent à un parent clerc ou à leur successeur leurs propres vêtements, les vases sacrés et les livres dont ils se servaient quotidiennement[50].

Si l'on regarde l'ensemble des actes, ces legs ne sont le fait cependant que de 2% ou 3% des testateurs qui appartiennent aux couches les plus favorisées de la population (celles par exemple qui demandent le plus volontiers l'enterrement chez les Ordres Mendiants ou qui spécifient les modalités de leur cortège funéraire). Il s'agit de dons individuels, relativement originaux, qui témoignent sans aucun doute d'une piété personnelle, d'un intérêt particulier pour tout ce qui a trait à la vie liturgique.

Les legs destinés à l'agrandissement ou à la reconstruction d'une église, à la restauration d'un reliquaire, à la fonte de nouvelles cloches n'ont pas la même portée ni la même fonction que les dons qui viennent d'être évoqués. Ils sont nombreux, émanent de testateurs appartenant à toutes les classes sociales et semblent suscités le plus souvent par les clercs. C'est en effet le clergé paroissial qui, dans ses sermons comme dans ses contacts individuels avec la population, suggère une réparation ou un embellissement, exhorte le zèle des fidèles, organise et contrôle l'*opus* chargé de centraliser les dons et de réaliser matériellement le projet.

Nombreuses sont les églises qui ont souffert du passage des routiers ou même de la désaffection des fidèles. Dès les années 1380 apparaissent quelques legs *pro reparationibus*. Mais c'est après 1410 surtout que se manifeste un véritable élan de reconstruction, suscité ou au moins encouragé par le clergé local. Dans le pays d'Apt par exemple chaque paroisse, chaque village possède au XVe siècle son «*opus sive fabrica*» qui reçoit les dons des fidèles. Dans la cité épiscopale, la cathédrale et la chapelle Saint-Pierre font souvent l'objet de legs[51]. Il en va de même à Ménerbe (vers

---

[48] Petite Fusterie B 7 (1313); 1440, Avignon-Martin 789 fᵒ 60.

[49] Les notables préfèrent demander un retable, une chapelle (20 à 200 florins), tandis que les plus pauvres n'ont pas les moyens de faire un legs d'une dizaine de florins en dehors des demandes de messes. Le don de 5 à 15 florins est donc particulièrement typique des artisans et des riches agriculteurs.

[50] 1390, Apt-Pondicq 17 fᵒ 44; 1409, Avignon-Martin 271 fᵒ 44; 1452, Cavaillon-Rousset 164 fᵒ 9; 1462, Cavaillon-Rousset 174 fᵒ 92.

[51] 1415, Apt-Pondicq 76 fᵒ 79; 1429, Apt-Pondicq 81 fᵒ 68 vᵒ; 1420, Apt-Pondicq 78 fᵒ 31; 1433, Apt-Pondicq 102 fᵒ 27 vᵒ; 1484, Apt-Pondicq 221 fᵒ 51; 1492, Apt-Pondicq 333 fᵒ 98; Apt-Pondicq 425 fᵒ 1 etc...

1390-1410), Maubec (vers 1390), Bonnieux (vers 1400-1410), Gargas (vers 1420), Saignon (1410-1430), Caseneuve (1430), Gordes (1460), Sault (1460-1470), Monnieux et Simiane[52]. Un mouvement comparable s'observe dans la région de Cavaillon et celle de Valréas[53].

Ailleurs, c'est plus particulièrement l'œuvre du clocher ou des cloches qui attire les donations. Dès les années 1330-1430, il existe à Orange et à Buisson un «*opus symbalarum*[54]»; en Avignon, vers 1360, les testateurs donnent parfois quelques florins pour la réfection ou l'amélioration des sonneries à Saint-Agricol ou à Saint-Didier[55]. Mais, ici encore, c'est après 1400 que les legs sont les plus nombreux. Notre-Dame épiscopale d'Apt, Saint-Michel de Caderousse, Notre-Dame de Valréas sont dotées de nouveau clocher ou de nouvelles cloches, de même que Saint-Geniès en Avignon[56]. Dans cette dernière ville, les guerres du Schisme ont particulièrement endommagé Notre-Dame des Doms. En 1405 les catalans ont fait tomber le clocher pour mieux procéder aux travaux de fortifications du palais apostolique[57]. L'église n'est rendue au culte que le 12 février 1412; en 1417 la ville achète une grosse cloche tandis que les notables, comme Ch. Spifami, s'installent dans les chapelles latérales[58]. Le clocher est reconstruit beaucoup plus tard, dans les années 1430-1450, grâce aux dons très nombreux des avignonnais. Les travaux se font par intervalles, selon les

---

[52] 1409, Apt-Pondicq 104 f° 27 (Bonnieux); 1416, Isle-Roussel 37 f° 17 (Ménerbe); 1420, Apt-Pondicq 78 f° (Gargas); 1411, Apt-Pondicq 73 f° 78 (Saignon); 1433, Apt-Pondicq 133 f° 52 (Caseneuve); 1433, Apt-Pondicq 102 f° 33 (Castillon); 1462, Apt-Pondicq 187 f° 24 (Gordes); 1463, Apt-Pondicq 26 f° 138 (Sault); 1466, Apt-Pondicq 217 f° 64 v° (St. Martin de Castillon); 1467, Apt-Pondicq 434 f° 11 etc...

[53] Par exemple 1397, Valréas-Evesque 2202 f° 4 v; 1481, Valréas-Evesque 1203 f° 18 (5) et f° 22 (5) (réparations à Visan et à Cairanne). Autour de Cavaillon on trouve aussi mentionnées des réparations à Ménerbe (Isle-Roussel 20 f° 30 r, 1390), à Maubec (1390, Isle-Roussel 20 f° 30 r°; 1396, Isle-Roussel 24 f° 53), à Oppède (Isle-Roussel 22 f° 51) etc...

[54] Buisson : 1341, BV ANO 70 f° 129 v° Orange, 1338, BV ANO 61 f° 63 et BV ANO 62 f° 81 Effectivement un acte de 1338 (BV ANO 61 f° 27) indique que deux maçons de Montpellier sont contactés pour élever un clocher.

[55] A.-M. Hayez, *Clauses pieuses, op. cit.*, p. 147.

[56] Legs pour l'*opus* des cloches à Apt (N.-D. épiscopale en 1397, Apt-Geoffroy 1 f° 67; à Saint Michel de Caderousse (vers 1404), ms. Musée Calvet n° 4047 f° 10 verso (même année, même manuscrit f° 32 v° : emprunt de 25 florins pour achever la construction du clocher); 1395, Valréas-Evesque 201 f° 43; 1400 Valréas-Evesque 206 f° 8 v°; 1413, Valréas-Petit 55 f° 15; 1428, Valréas-Evesque 213 f° 25 (legs à l'œuvre du clocher) etc... Oeuvre du clocher de St. Geniès, 1434, Martin 87 f° 6 etc...

[57] P. Pansier, *Les sièges du Palais sous le pontificat de Benoit XIII*, in *Annales d'Avignon et du Comtat Venaissin 1923*, p. 109-110.

[58] *Ibidem.*

possibilités de financement, mais des dizaines de testaments manifestent alors l'intérêt des citadins pour leur antique église épiscopale (puis métro-politaine)[59].

D'autres œuvres sont ainsi «lancées» par les clercs et connaissent un large succès.

Dans la ville des légats toujours, les chanoines de Saint-Pierre installent, vers 1360, une «*fabrique nouvelle*» pour l'érection d'un retable sur le maître-autel. A Saint-Saturnin, à partir de 1435, les testateurs donnent systématiquement de l'argent pour «*la réparation de la croix argentée*»[60]. Les legs sont modestes et il faut une bonne trentaine d'années pour mener à bien le projet. La fabrication de nouveaux reliquaires (les anciens ont été parfois détruits ou fondus pendant les troubles) est aussi l'occasion de faire appel à la générosité des fidèles. A Apt, l'«*œuvre de sainte Anne*», dont le culte prend une importance considérable au XVe siècle, attire les dons de nombreux testateurs, même très modestes, tandis que les Cordeliers sollici-tent les dévôts d'Auzias et de Dauphine de Sabran dont il faut construire les châsses[61]. Les dons pour le «*chef de saint Syffrein*» à Carpentras, pour celui de saint Laurent à l'Isle-sur-la-Sorgue, ou de sainte Marthe à Tarascon, pour le «*bras de saint Martin*» à Saint-Saturnin, pour les reliques de saint Georges à Courthezon, pour la «*Vraie Croix*» de Saignon (dont le culte est favorisé dès les années 1360 par la concession d'importantes indulgences[62]), sans être très nombreux, témoignent aussi du retour de certaines formes dévo-tionnelles que la crise sociale et le Schisme avaient quelque peu écartées.

Tous ces legs sont sans aucun doute le signe de la vitalité du clergé comtadin. Celui-ci ne parvient pas à restaurer l'idée de croisade, il n'essaie

[59] 1420 Avignon-Martin 293 f° 144; 1428, Avignon- Martin 301 f° 97, f° 99; 1429, Avignon-de Beaulieu 677 f° 205; 1433, Avignon-de Beaulieu 684 f° 149; 1433, Avignon-de Beaulieu 684 f° 208; 1435, Avignon-de Beaulieu, 689 f° 52; 1436, Avignon-de Beaulieu 691 f° 133; 1437, Avignon-de Beaulieu 695 f° 47; 1445, Avignon-de Beaulieu 710 f° 653 etc...

[60] Nombreux legs de 1433 (Apt-Pondicq 84 f° 58) à 1483 (Apt-Pondicq 330 f° 56).

[61] Oeuvre du chef de sainte Anne : 1408, Apt-Pondicq 62 f° 26 v°; 1451, Apt-Pondicq 209 f° 52 etc... Legs pour la chasse de St. Auzias : 1397, Apt-Geoffroy 1 f° 67 v° (on trouve dans les brèves de Rostang Bonet de nombreux actes passés entre les syndics d'Apt et le gardien des Frères Mineurs et un argentier (Jean de Piemont) pour la chasse de saint Auzias. Legs pour la «*fabrica capitis Beate Dalphine*» Apt-Pondicq 209 f° 72 v°).

[62] L.-H. Labande, *Liquidation de la succession d'un magistrat pontifical, op. cit.*; L'Isle-sur-la-Sorgue - Roussel 46 f° 225 (1389) et Roussel 123 (1425); Tarascon, 1436, de Beaulieu 691 f° 347; Courthezon 1393 (E, Not. et Tab. 89 f° 56, 87 f° 33 et 69 etc... Saignon, 1421, Apt-Pondicq 138 f° 17.

pas non plus de donner au pélerinage sa valeur surtout pénitentielle, mais il
réussit à lier les tâches matérielles de reconstruction aux soucis pastoraux,
à la pédagogie de la prière et de l'offrande, à la promotion de nouveaux
intercesseurs. Au total, les dons aux captifs et à la croisade, les demandes de
pélerinages posthumes, et même les legs aux fabriques des églises et des
reliquaires sont loin cependant de constituer la part fondamentale du
«viatique pour l'au-delà». Répétons-le, seuls deux ou trois testateurs sur
cent songent à ces œuvres anciennes, et, même pour eux, c'est la charité et
surtout la célébration des messes qui jouent le rôle essentiel.

II – CHARITÉ

Les legs aux pauvres n'occupent qu'une faible part du «prix du passage», mais ils reviennent très régulièrement dans un grand nombre d'actes
(et certains testateurs, laissant à leurs exécuteurs le choix des destinataires
de leurs libéralités, on peut supposer que la pratique des dons charitables
est encore plus répandue que ne le suggèrent les chiffres).

Selon les lieux, 20% à 60% des avignonnais ou des comtadins pensent
aux pauvres quand ils dictent leurs dernières volontés. On manque de
statistiques précises pour le début du XIVe siècle, mais quelques indices
permettent de penser que la moyenne des legs est alors assez importante[63].
Elle baisse nettement entre 1360 et 1430, au plus fort de la crise économique et sociale, au moment précis où les plus démunis ont besoin de secours
(cf. graphique no XXII, I et II). Après 1420-1430, l'attitude des testateurs à
l'égard de la charité varie beaucoup d'une ville à l'autre. A Apt et à
Cavaillon, la reprise des dons est très lente, voire nulle, tandis que les
habitants de Valréas et ceux d'Avignon au contraire recommencent beaucoup plus souvent à penser aux pauvres.

Il est difficile d'expliquer de façon univoque ces différences de comportement. La nature et l'importance de l'encadrement hospitalier sont sans
doute fondamentales : les Antonins à Valréas, les multiples établissements

[63] Sur la charité et les pauvres cf. les travaux de M. Mollat et de son équipe, en particulier,
Recherches sur les pauvres et la pauvreté dans l'Occident Médiéval, 2 vol. Paris, Publications de la
Sorbonne, 1974. Sur les institutions charitables en Comtat cf. J. Chiffoleau, *Charité et assistance
en Avignon et dans le Comtat Venaissin*, in *Cahier de Fanjeaux* no 13, Toulouse, Privat, 1978.
    Il semble par exemple que les legs sont relativement nombreux dans les testaments
avignonnais de la première moitié du XIVe siècle (cf. A.-M. Hayez, *Clauses pieuses, op. cit.*
p. 154-158).

Graphique n° XXII
LES LEGS CHARITABLES

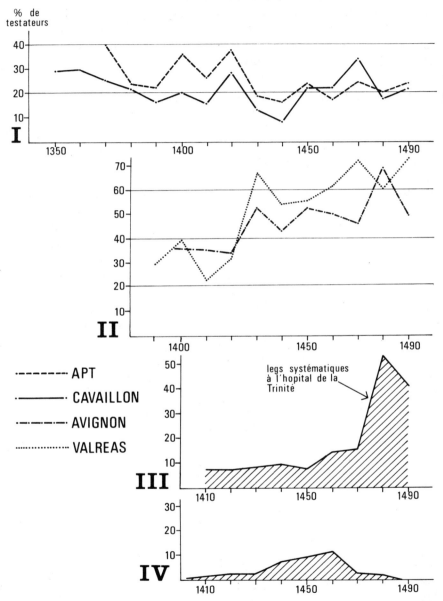

Legs charitables dans les testaments d'Apt et de Cavaillon (I), de Valréas et Avignon (II); legs aux hôpitaux d'Avignon (III) et à l'orphelinat de Jujon (IV).

avignonnais suscitent les legs tandis que les hôpitaux de Cavaillon et d'Apt végètent et que dans ces villes l'assistance est prise en charge de plus en plus par les autorités communales.

La notion chrétienne de charité, qui s'est imposée peu à peu depuis le Bas-Empire, donne à l'ensemble des œuvres médiévales une incontestable unité[64] mais, concrètement, le don au pauvre revêt des aspects fort différents et qui évoluent pendant les deux siècles que nous étudions. Dans l'«économie du salut», la place des Aumônes, des hôpitaux, des ponts, des léposeries, des orphelins et des pauvres filles à marier varie parfois considérablement.

Le legs charitable est rarement personnel, individuel, original. Certes, quelques testateurs font des pauvres leurs héritiers universels. D'autres créent un hôpital, une Aumône et lèguent de l'argent, une maison, une terre[65]. Mais ces fondateurs sont très peu nombreux (moins de 1% du total!) et appartiennent aux classes les plus favorisées. La très grande majorité des testateurs donnent seulement quelques sous, voire quelques deniers. Or, entre un legs de 5 deniers et un legs de 50 florins, il n'y a pas seulement une différence quantitative, liée à la fortune respective des testateurs, mais aussi une différence qualitative : le premier fait encore partie intégrante de l'ensemble des legs rituels, le second y échappe quelque peu, gagne une certaine individualité au sein des pratiques testamentaires puisqu'il sert de base en général à une fondation, se présente formellement comme une œuvre d'assistance et non comme la participation, parfois presque symbolique à un ensemble de legs fixés par la coutume.

Cette charité ritualisée survit jusque dans les testaments de l'époque moderne, mais elle est surtout importante à la fin du XIIIᵉ siècle et au début du XIVᵉ siècle. A Orange, où l'on donne toujours aux pauvres filles à marier et aux hôpitaux, à Valréas, à Vaison, à Cavaillon où l'on oublie

[64] L'idée de la diffusion du septennaire des œuvres de miséricorde a certainement contribué à cette unité; cf. l'article du P. M.-H. Vicaire sur ce sujet dans le *13ᵉ Cahier de Fanjeaux, op. cit.*.

[65] Le type même du généreux donateur est Bernard Rascas, chevalier, docteur ès-lois qui en 1354 fonde l'hôpital dè La Trinité et fait un don de 10.000 Florins (cf. J. de Font-Reaulx, *L'hôpital Sainte-Marthe; à propos du sixième centenaire de sa fondation 1354-1954;* Avignon-Imprimerie Ruillère, 1957). Au XVᵉ siècle les testateurs font du généreux fondateur un véritable saint et donnent de l'argent à l'hôpital de *saint Bernard Rascas* (Avignon-de Beaulieu 689 fᵒ 285 vᵒ, etc...)! Des créations d'hôpitaux ont lieu encore un peu partout au XIVᵉ et XVᵉ siècle (cf. par exemple Apt-Pondicq 13 fᵒ 56) mais les legs d'une modeste maison et de quelques terres sont souvent insuffisants pour assurer l'avenir d'une institution. Aussi ces biens sont-ils le plus souvent réunis aux hôpitaux les plus importants.

jamais l'Aumône, les legs sont, à cette époque, systématiques. Après 1360-1380, seuls une partie des testateurs continuent d'obéir aux règles coutumières anciennes; la majorité fait davantage un choix personnel dans l'ensemble des institutions charitables, en privilégie certaines, en délaisse d'autres.

Mais le rite demeure. Et le pauvre, avant d'être l'occasion de «bonnes œuvres» reste avant tout un intercesseur symbolique.

Le pauvre comme intercesseur symbolique

C'est dans le cortège funéraire que se révèle le mieux cette fonction d'intercession, quand, en échange de la robe et du capuchon de blanquet, les indigents ou les «pauvres filles à marier» viennent figurer. Pour leur peine, un déjeuner leur est parfois offert dans la maison du défunt, le jour de l'enterrement ou pendant toute la neuvaine[66].

Si, au cours du XVe siècle, le souci de distinguer les «bons pauvres», les «pauvres honteux» de la masse des indigents est clairement exprimé par quelques testateurs[67], les accompagnateurs de cortèges funéraires continuent d'être pris indistinctement parmi les «pauvres en liberté», les errants, les sans-logis, les sans-travail, que n'encadrent pas encore les structures hospitalières et qui ne cachent pas leur pauvreté sous l'apparence d'une vie «normale». Cette pauvreté manifeste, utilisée d'ailleurs de façon ostentatoire par le testateur, est à la fois la garantie du bon passage dans l'au-delà et l'illustration de la puissance et de la compassion de celui que l'on porte en terre.

Jusqu'à l'époque moderne les legs aux «pauvres en liberté» continuent de remplir les testaments : distribution de nourriture, d'argent[68], de chemises et de tuniques[69], de dons de suaires[70], création de «pauvres filleuls», et peut-être surtout donations «aux pauvres filles à marier».

[66] Cf. chapitre II, p. 136-137.

[67] Cf. la demande d'un testateur avignonnais qui précise que les pauvres du cortège seront des boni homines pauperes (1434, Avignon-Martin 87 fo 7).

[68] Par exemple 1330, Aumône Fusterie B 13, 1332, H. Ste Praxède 49, no 4 etc...

[69] Les legs de vêtements aux pauvres sont fréquents : Sibiende de Fos par exemple fait distribuer après sa mort des chemises et des tuniques aux pauvres du castrum de Fos (1342, Cavaillon-Liffran 11 fo 49); cf. aussi 1362 (Caderousse), Biblio. Musée Calvet 4041 fo 55; 1391, Valréas-Evesque 196 fo 47 vo; 1436, Avignon-de Beaulieu 691 fo 420; 1447, Avignon-Martin 235 fo 48 etc...

[70] 1348, Orange BV ANO 229 fo 14 recto; 1360, Caderousse, Biblio. Musée Calvet, 4041 fo 14 vo etc. Les distributions d'argent, de vivre et de vêtements sont attestées en Provence jusqu'au

Chaque enterrement important attire les pauvres car il doit être le moment d'une largesse exceptionnelle. Ce n'est pas un hasard si ce sont les nobles qui montrent la voie : la largesse est une vertu proprement féodale. A Orange, par exemple, à la fin du XIIIᵉ siècle et au début du XIVᵉ siècle, le Prince n'hésite pas à donner 10 livres à 50 filles nobles désargentées vivant sur ses domaines; il fait acheter des vêtements pour deux cents pauvres, tandis que les chevaliers de la principauté, bientôt suivis par les plus riches des bourgeois, organisent des données d'argent ou de nourriture dans tous les villages qui sont sous leur domination[71]. Et, dans les années 1490 encore, les petits damoiseaux de la région de Valréas font «*helemosinam generalem*» de pain, de vin, de fèves et de jambons, dans l'église le plus souvent, par décence[72].

Si l'on donne parfois à 20, 30, 100, 200, 1000 pauvres le but est moins, semble-t-il, d'accumuler, de façon proportionnelle, des bénéfices spirituels que de faire preuve, à la manière féodale, sans compter, de générosité. Dans les cortèges, le nombre des pauvres est presque toujours symbolique (7, 12, 13), le testateur cherche moins à accumuler des «objets de charité» qu'à obtenir l'intercession, symbolique elle aussi, du *pauper Christi*.

La mathématique du salut qu'on voit se développer à propos du nombre des prêtres à l'enterrement, du nombre possible des pèlerinages posthumes, et évidemment du nombre des messes *de mortuis*, épargne le pauvre auquel s'adresse les données alimentaires et les distributions de vêtements.

Mais celui-ci est de moins en moins nommé dans les testaments après 1360. Certes, les données funéraires ont toujours lieu, surtout dans les petits villages, mais les dons de chemises se font plus rares. Quant aux «*pauvres filles à marier*», leur situation, très difficile dans le «monde plein» de la fin du XIIIᵉ siècle et du début du XIVᵉ siècle, s'est relativement améliorée avec

---

XIXᵉ siècle, cf. L.-J.-B., Bérenger-Féraud, *Traditions et réminiscence populaires de Provence*, Paris, E. Leroux, 1885.

[71] Testament du prince d'Orange, A. C. Orange AA5 (legs de 50 livres pour l'achat de vêtements à 200 pauvres); 1327, (femme noble) BV ANO 135 fᵒ 123 vᵒ; 1329 (prêtre) BV ANO 136 fᵒ 73; 1341 (Louis de Verdelles) BV ANO 70 fᵒ 141 vᵒ; 1342, (Bertrande de Mornas) BV ANO 82 fᵒ 46 vᵒ; 1348 (évêque d'Orange), BV ANO 34 fᵒ 6; 1351 (Raymond de Mornas), BV ANO 32 fᵒ 34 verso etc...

[72] 1472, Valréas-Evesque 299 fᵒ 49; 1480, Valréas-Evesque 291 fᵒ 158; 1490, Valréas-Evesque 294 fᵒ 161 etc...

l'évolution démographique[73]. Au XVe siècle seulement 2% des testateurs aptésiens ou cavaillonnais pensent encore à elles!

Si les legs aux «*pauvres en liberté*» se font plus rares, la générosité des testateurs à l'égard des institutions qui nourrissent l'affamé, accueillent l'errant, soignent le malade, ne se tarit pas, au contraire. C'est la preuve, peut-être, d'une lente mutation des pratiques et des images mentales concernant la pauvreté, annonciatrice du «grand renfermement» de l'époque moderne.

Charités

Dès le début du XIIIe siècle se développent en Avignon un certain nombre d'*helemosine* qui regroupent les habitants d'un même quartier ou les membres d'un même métier[74]. Les fondations sont le fait de groupes le plus souvent, mais il arrive qu'un legs individuel soit à l'origine d'une création[75]. Si elles traduisent nettement la participation des laïcs aux œuvres d'assistance, toutes ces institutions ont sans doute été souvent inspirées et surveillées par des clercs[76].

Toutefois aucune abbaye, aucun établissement religieux important ne semblent jouer en Comtat le même rôle que Cluny en Maconnais par exemple. Les distributions de pain et de jambon aux indigents sont donc surtout le fait des charités de métier et de quartier. Celles-ci se donnent pour des œuvres de secours mutuel mais leur type d'intervention emprunte

---

[73] Les legs aux pauvres filles à marier sont nombreux et systématiques dans la 1e moitié du XIVe siècle; ils peuvent être très importants : 500 Livres pour 50 pauvres filles nobles par le prince d'Orange (A. C. Communales Orange AA 5), 200 livres pour 400 pauvres filles à marier (1324, BV ANO 134 fo 129 vo) etc. Au XVe siècle, les legs ne sont plus faits que par 2% ou 3% des testateurs (cf. par exemple 1429, Avignon-Martin 98 fo 137 vo). Ces legs sont faits essentiellement pour éviter à ces «pauvres filles» la prostitution (cf. la *Vita* de Saint Nicolas dans la *Légende Dorée* de J. de Voragine, trad. de M. Roze, Garnier-Flammarion, I, p. 48). Sur l'œuvre des repenties d'Avignon (très peu citée dans les testaments), cf. P. Pansier, *L'œuvre des repenties à Avignon du XIIIe au XVIIIe siècle*, in *Recherches Historiques et documents sur Avignon, Le Comtat Venaissin et la Principauté d'Orange*, Paris, Avignon, Champion-Roumanille, 1910.

[74] Cf. J. Chiffoleau, *Les confréries, la mort et la religion*, in *MEFRM* 1979/2.

[75] P. Pansier, *Confréries, op. cit.* L'Aumône de la Fusterie par exemple a été fondée en 1258 par Bertrand de Saint-Laurent grâce à un don de 100 livres-tournois (Aumône de la Fusterie A 1).

[76] P. Pansier, *Confréries, op. cit.*, p. 6-8.

beaucoup, de toute évidence, au modèle monastique. D'autre part, l'œuvre des évêques, au temps de Zoen et de Robert d'Uzès, puis celle des papes, a sans doute servi d'exemple[77].

Mais il est possible aussi que ces distributions de nourriture ne soient que la reprise christianisée de vieilles traditions d'entr'aide purement laïques. Ce sont d'ailleurs les laïcs qui gèrent la plupart de ces institutions. Toute une bureaucratie de bayles, de caritadiers, de recteurs, de trésoriers préside aux destinées des Aumônes d'Avignon. En Comtat, les administrateurs sont élus ou désignés selon des modalités diverses : nommés par les autorités communales Cavaillon, choisis alternativement parmi les représentants des métiers à Apt, élus le lundi de Pâques à Carpentras[78] etc. Les clercs ont un droit de regard sur l'administration, mais le caractère laïque de ces institutions ne fait pas de doute et s'affirme encore au cours du XVe siècle.

Dans la plupart des villages la fonction essentielle de la Charité ou de l'Aumône est d'organiser à date fixe une distribution de nourriture. Ce repas cérémoniel, attaché aux fêtes du calendrier, entretient avec la charité des rapports qui ressemblent à ceux que l'on a évoqués à propos des données funéraires ou des soupers de Pentecôte organisés par les confréries du Saint Esprit[79]. Il s'agit de distributions où l'on peut reconnaître l'ambivalence : repas rituels (appartenant au folklore)/repas charitables (appartenant à la tradition chrétienne d'assistance). Souvent, en effet, il est difficile de dire si ce repas est destiné à toute la communauté (dont il servirait à recréer rituellement la cohésion) ou seulement aux plus pauvres.

On ignore parfois la date à laquelle est faite la distribution. Certaines indications permettent cependant de connaître les fêtes choisies de préférence. Quelques données sont organisées à Noël à Apt et en Avignon, à l'Epiphanie à l'Isle-sur-la-Sorgue. Vers 1360, aux Rogations, l'évêque d'Avignon a coutume d'offrir un gros repas de harengs, de poissons frais, d'épinards et de pommes aux portefaix et bateliers du Rhône qui ont

---

[77] L.-H. Labande, *Avignon au XIIIe siècle*, Paris, 1908 et B. Guillemain, *La cour pontificale, op. cit.*, p. 527-529.

[78] Carpentras, notaire-Béraud (déposé au Palais de Justice de Carpentras) 32, 55, 71 : les quatre recteurs laïcs sont élus le lundi de Pâques; à Apt, à la fin du XIVe siècle, on voit successivement les notaires, les tisserands, les fustiers, les merciers, les tanneurs, les bouchers etc., désigner des représentants pour gérer la charité. A. C. Apt BB4 fo 4, BB11 fo 10, BB 13 fo 43, BB 13 fo 133 vo, BB 15 fo 248 etc...

[79] Cf. chapitre II, p. 143-144.

Carte XIV
CHARITÉS DANS LA RÉGION COMTADINE À LA FIN DU MOYEN AGE

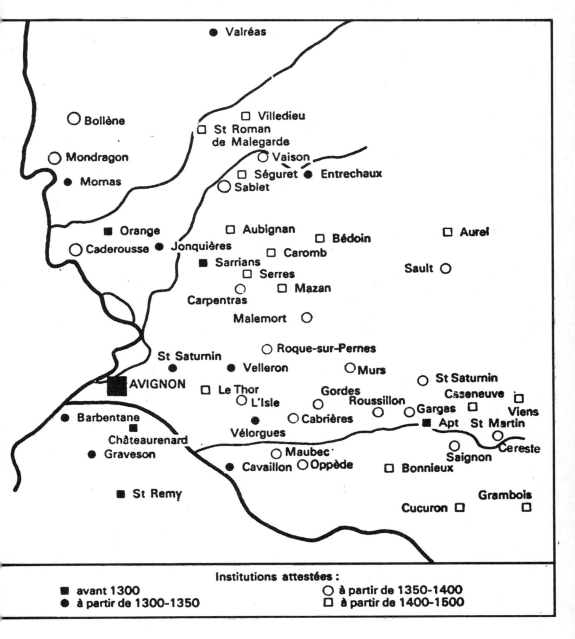

Institutions attestées :

■ avant 1300   ○ à partir de 1350-1400
● à partir de 1300-1350   □ à partir de 1400-1500

accompagné et porté les reliques pendant la procession[80]. Les fêtes liées à la mort (du Christ – Semaine Sainte, Pâques – ou à celles des membres de la famille – Toussaint –) sont très souvent choisies. Certains habitants du petit village de Visan par exemple prévoient des données de pain, de vin et de fèves pendant la Semaine Sainte. A L'Isle-sur-la-Sorgue, Orange, Carpentras, Avignon, Saint-Rémy, le Thor etc., des données similaires ont lieu le jour, le lundi ou le mardi de Pâques. A Gordes, c'est le repas de Toussaint qui est attesté, comme il l'est en Languedoc ou par exemple à Antibes au Moyen Age, dans certains villages comtadins à l'époque moderne[81]. Ces traditions se sont d'ailleurs maintenues très longtemps : des distributions ont encore lieu à Marseille le jour des Rameaux pendant une bonne partie du XIXe siècle.

Au total, c'est sans doute la rencontre de la tradition cléricale d'assistance et des formes populaires d'entr'aide qui explique le développement de ces institutions, pas seulement en Avignon mais dans l'ensemble de la région comtadine. Dès le XIIIe siècle des Aumônes sont attestées à Orange, Châteaurenard ou même dans le petit village de Sarrians par exemple[82]. Quelques unes apparaissent au début du XIVe siècle, mais c'est surtout après 1350 que les mentions se font plus fréquentes. Peut-être les sources tardives faussent-elles la chronologie ? Il est tentant toutefois de mettre cet essor en relation avec le début de la crise économique. L'*helemosina* ou la *caritas* pourrait donc être alors un moyen, certes encore imparfait et épisodique, de lutte contre la faim.

---

[80] Apt-Pondicq 36 f⁰ 76; Avignon, P. Pansier, *L'œuvre des repenties, op. cit.*, p. 6; L'Isle, P. Pansier, *Histoire de la langue provençale*, Avignon, 1924-1932, p. 90; sur le repas des Rogations cf. J.-F. Cerquand, *La procession des rogations sur le Rhône à Avignon*, in *Mémoires de l'Académie de Vaucluse*, 1887, p. 70-84.

[81] Semaine Sainte : L'Isle-Roussel 49 f⁰ 81; Orange BV ANO 113 f⁰ 25; Carpentras-Béraud 32 et P. Pansier, *Confréries*, op. cit., p. 6; Avignon, P. Pansier, *La charité de Saint Symphorien*, in *Annales d'Avignon et du Comtat Venaissin*, 1921, p. 81-88. Repas de Toussaint : Visan, Valréas-Evesque 202 f⁰ 4; Gordes, Apt-Pondicq 53 f⁰ 6 etc...

On trouve des exemples équivalents dans P.-L. Malaussena, *Antibes au XVe siècle*, in *Provence Historique*, XXIV, fasc. 97 p. 300 et dans J. Bordenave et M. Vialelle, *La mentalité religieuse des paysans de l'Albigeois Médiéval*, Toulouse 1973, p. 231. Repas de Toussaint attestés à Chateauneuf de Gadagne et à Pernes à l'époque moderne : cf. Gimet et Brémond, *Histoire de Chateauneuf de Gadagne*, Paris, 1935 et Giberti, *Histoire de la ville de Pernes*, éd. Girard, Flammarion, Marseille, 1923, p. 263-266.

[82] Chateaurenard, 1252, cf. *Enquêtes sur les droits et les revenus de Charles Ier d'Anjou*, publiées par E. Baratier, in *Coll. de documents inédits sur l'histoire de France*, Paris, 1969, p. 378; Orange 1281, testament du Prince de Baux, A. C. Orange, AA 5; 1298, Sarrians, Biblio. Musée Calvet 2095, pièce 15 etc.

La géographie des charités est aussi très intéressante. On trouve bien sûr des Aumônes dans les villes et les gros bourgs de la vallée du Rhône, mais plus encore semble-t-il, les petits *castra* qui bordent le Lubéron, le Plateau de Vaucluse, les derniers contreforts du Ventoux (cf. carte nᵒ XIV). Là, ce sont moins les coutumes monastiques et l'exemple pontifical que les vieilles traditions de repas communautaires qui ont servi de modèle.

La distinction entre charités urbaines et charités campagnardes se retrouve aussi dans les inventaires des revenus de chacune de ces institutions.

En ville, ils proviennent surtout de la location de maisons et de jardins et des legs en argent des testateurs. L'Aumône de la Fusterie par exemple est instituée héritière universelle, directe ou substituée, de plus d'une dizaine d'avignonnais aisés entre 1300 et 1370; elle possède et achète de nombreux cens sur les maisons de la cité, son budget est relativement important[83]. Il en va de même pour les autres institutions avignonnaises, en particulier l'Aumône de l'Epicerie.

A la campagne et dans les gros bourgs, ce sont les legs en nature, en blé, seigle, méteil, jambon et vin, et les revenus des champs et des vignes qui dominent très largement. L'exemple de Vélorgue est caractéristique : en 1306 la charité de ce tout petit village situé non loin de l'Isle-sur-la-Sorgue possède des vignes et des terres (on a conservé une série de reconnaissances concernant 22 pièces de terres et 3 vignes) et dispose de revenus substantiels puisqu'elle reçoit théoriquement plus de huit saumées de grains[84]. Le comptes malheureusement tardifs de la charité de Pentecôte de Pertuis révèlent aussi des possessions et des revenus importants.

Les legs en nature de plusieurs éminées reviennent avec une relative fréquence. Si nous prenons pour base le calcul fait par M. B. Guillemain pour l'Aumône de la Pignotte en Avignon, il est facile de montrer l'importance économique de ces distributions charitables[85]. La charité de Vélorgue, en admettant qu'elle perçoive bien tous ses revenus, peut offrir, au tout début du XIVᵉ siècle, des rations pour environ 600 personnes, soit beaucoup plus que en compte le village à la même époque. Il faut imaginer que la distribution de Pâques attire chaque année dans ce petit bourg une foule d'indigents et d'errants. Néanmoins, même si l'on imagine que les biens de

[83] Arch. Hospitalières Avignon, Fusterie B3, B4, B5, B8 etc et les comptes, *idem*, E8, qui montrent qu'au début du XIVᵉ siècle il y avait presque toujours 100 florins en caisse.
[84] H, maisons de Charité, Velorgue, nᵒ 16. Pour Pertuis cf. aussi E 120, fᵒ 7 et suiv.
[85] B. Guillemain, *La cour pontificale, op. cit.*, p. 413.

Graphique n° XXIII
RÉPARTITION DE QUELQUES LEGS CHARITABLES
DANS LES TESTAMENTS AVIGNONNAIS OU COMTADINS

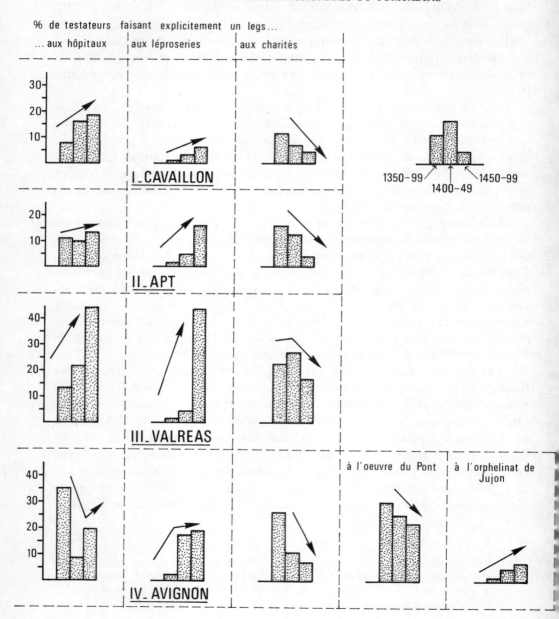

% de testateurs faisant explicitement un legs...
... aux hôpitaux   aux léproseries   aux charités

1350-99   1400-49   1450-99

I_CAVAILLON

II_APT

III_VALREAS

IV_AVIGNON

à l'oeuvre du Pont   à l'orphelinat de Jujon

la charité peuvent servir en cas de disette en dehors des dates prescrites par les statuts, on voit à quel point ce type d'assistance est inadapté aux aléas de la conjoncture.

Mais la fonction spirituelle de ces distributions n'est pas moins importante que leur fonction économique.

La transformation (ou le dédoublement) des repas cérémoniels, qui traditionnellement concernent l'ensemble de la communauté villageoise ou confraternelle, en gestes charitables, témoigne des progrès de la christianisation. L'intervention discrète des clercs (par le contrôle des institutions villageoises, la maîtrise du calendrier etc.) change en effet peu à peu le sens de la fête annuelle : de rite servant à renforcer la cohésion de la communauté, le repas devient une *imitatio Christi*, un partage chrétien en faveur des plus démunis. Dans les villes importantes, cette évolution se fait très tôt, au début du XIIIe siècle au moins. Dans les campagnes en revanche, il faut attendre, semble-t-il, le XIVe siècle pour que l'Eglise, par le biais des Aumônes et des confréries de Pentecôte encadre mieux les repas calendaires (qu'ils soient villageois ou confraternels), les transforme définitivement en repas et données charitables (c'est ce que l'on peut déduire de la chronologie; la plupart de ces institutions, rappelons-le, apparaissent assez tard). Mais, il faut aussi le souligner, ce n'est pas parce qu'ils sont devenus charitables que ces repas ont perdu tous leurs caractères rituels anciens. Bien au contraire, comme le suggèrent les travaux des folkloristes, c'est souvent une charité associée étroitement au folklore qui survit dans la Provence pré-industrielle.

Christianisées, les distributions calendaires sont donc devenues des «œuvres» comme les autres, susceptibles de favoriser le passage dans l'autre monde (leur apparition, en tant qu'œuvres, dans les testaments marque bien d'ailleurs leur intégration définitive à l'ensemble chrétien des gestes charitables). 10% à 20% des testateurs font un legs aux Aumônes ou aux Charités. Ce don est rituel le plus souvent, donc assez faible; mais il arrive qu'un riche bourgeois fasse de l'Aumône de la Fusterie ou de l'Epicerie son héritière universelle[86] et, dans bien des villages, la règle est de donner au moins une émine de grains[87]. Toutefois, l'engouement des

---

[86] Cf. note 83.

[87] Cf. tous les actes de la première moitié du XIVe siècle à Vaison, Valréas ou Cavaillon. Les legs de 5 saumées ne sont pas rares. Selon les calculs de B. Guillemain (cf. note 85) 5 saumées permettent de faire 2500 à 3500 petits pains de 60 gr. environ et de nourrir pendant une journée 350 à 400 pauvres.

comtadins et des Avignonnais à l'égard de ces institutions décline nettement entre le milieu du XIVe siècle et le début du XVIe siècle (cf. graphique no XXIII). Si dans les campagnes les legs se maintiennent encore vers 1450-1490, ils diminuent de moitié ou des deux tiers en ville. A la fin du XVe siècle, seulement 15% des testateurs à Valréas, 7% des testateurs en Avignon, 5% des testateurs à Cavaillon et Apt songent encore à la *caritas* ou à l'*helemosina*. Plusieurs explications peuvent rendre compte de cette désaffection. En premier lieu peut-être, la prise en charge de plus en plus fréquente des problèmes de ravitaillement et de secours aux indigents par les autorités communales[88]. Il est admis désormais que c'est la tâche des consuls et des chefs de communautés que de pourvoir à l'entretien, voire à la survie, des pauvres. La politique prend le relais de la charité privée. En second lieu, les testateurs sont sans doute sensibles au peu d'efficacité d'une distribution annuelle, au caractère très ponctuel et très limité de l'aide apportée. Ils préfèrent donner à des institutions plus stables, mieux reconnues; aux hôpitaux en particulier qui, bien qu'ils soient souvent en voie de sécularisation à la fin du XVe siècle, continuent d'être les lieux privilégiés de la charité.

Hôpitaux

Comme dans tout le Sud-Est, les œuvres des ponts et les hôpitaux sont les premières institutions charitables qui apparaissent de façon régulière dans les textes. Pas avant la fin du XIIe siècle cependant. En Avignon le pont est construit dans les années 1180; les hôpitaux de N. D. des Doms, du Pont-Fract, de Durand Hugue apparaissent vers 1190-1205. Au début du XIIIe siècle, des legs sont faits au pont et à l'hôpital de Tarascon, à l'hôpital de Caumont (près d'un pont aussi, celui de Bompas sur la Durance construit vers 1170), de Chateauneuf de Gadagne, du Thor[89]. Vers 1214, l'Isle-sur-la-Sorgue possède un ensemble complet d'institutions charitables tandis que les hospitaliers sont installés près de Roussillon[90].

---

[88] Cf. les fréquentes délibérations du Conseil d'Avignon pour aller acheter du grain pour les indigents : AC Avignon CC97 et 69 et Labande, *Avignon au XVe siècle, op. cit*, p. 125; idem à Carpentras, A. C. Carpentras BB 90 fo 69 et à Pernes CC 20 etc...

[89] P. Pansier, *Les anciens hôpitaux d'Avignon*, in *Annales d'Avignon et du Comtat Venaissin*, 1929, p. 47-56; P. Pansier, *Histoire de l'Ordre des Frères du Pont d'Avignon (1181-1410)*, in *Annales d'Avignon et du Comtat Venaissin*, 1920-21; p. 5-74. Sur l'hôpital et le pont de Tarascon cf. *Cartulaire de Trinquetaille*, éd. Amargier, Gap, 1973, p. 76. Sur Caumont et Le Thor cf. *le Testament de G. Amic*, éd. Duprat, in *Annales d'Avignon et du Comtat Venaissin*, 1912, p. 163.

[90] *Cartulaire de St. Victor de Marseille*, éd. Guérard, tome II, p. 962.

Il est possible que les suites de la Croisade des Albigeois, puis les démêlés des Avignonnais avec leur évêque aient ralenti pendant quelques décennies le rythme des fondations[91]. A la fin du XIIIe siècle, cependant, Avignon compte une dizaine d'institutions de ce type; Orange, Carpentras, Apt en sont aussi pourvues, de même que certaines petites bourgades rurales (comme Pernes, près de Carpentras par exemple)[92]. Mais il faut attendre l'arrivée des papes, et peut-être aussi les difficultés économiques et sociales qui s'accumulent à partir des années 1340 pour que se développe une vague de créations nouvelles. En Avignon, la présence de la cour pontificale, l'augmentation considérable de la population citadine vont accroître les besoins en lieux d'accueil pour les plus démunis[93]. Au cours du XIVe siècle, le nombre des hôpitaux varie entre quinze et vingt-cinq. Certains sont fondés ou dotés par de puissants cardinaux[94], d'autres par les familles importantes de la région[95]. Les Italiens ont leur propre établissement et les particuliers participent volontiers à ce mouvement de création[96]. Les papes, par leurs dons ou par les concessions d'indulgences, procurent de nouvelles ressources à la plupart de ces établissements dont ils surveillent dès lors attentivement la gestion[97]. En Comtat, les villes épiscopales (Cavaillon, Vaison), mais aussi des bourgades relativement importantes (Noves, Barbentane, Courthezon) et même des *castra* de quelques dizaines de feux (Aubignan, Entrechaux, Robion etc.) s'enrichissent de nouveaux lieux d'accueil[98]. Vers 1350-1360 l'essentiel du réseau des hôpitaux est en place.

[91] Cf. L.-H. Labande, *Avignon au XIIIe siècle, op. cit.*

[92] Plusieurs hôpitaux sont attestés à Orange dès le XIIIe siècle, cf. E, Duché de Caderousse 63 (III) no 3; un hôpital serait attesté à Pernes en 1283, cf. J.-J. Constantin, *Histoire de la ville de Pernes*, 1896, p. 183.

[93] B. Guillemain, *La cour pontificale, op. cit.*, p. 558 et suiv.

[94] Hôpital des clercs de la cour romaine fondé par le cardinal Gaucelme Jean, hôpital d'Espagne, hôpital d'Audoin Aubert, etc. P. Pansier, *Hôpitaux, op. cit.*, p. 69-70, 82, 89, 90.

[95] Hôpital des de Saze, hôpital de Bernard Rascas, etc... Pansier, *Hôpitaux, op. cit.*, p. 79.

[96] Hôpital de la Major, ou des Florentins, ou des Lombards, fondé antérieurement à 1298, selon J. Deloye, *Recherches sur les institutions charitables d'Avignon, Position des thèses de l'Ecole des Chartes*, Paris, 1892, p. 43-63; cf. aussi les hôpitaux de G. Fabri, de R. Chaix, etc., Pansier, *Hôpitaux, op. cit.*.

[97] Par exemple en 1343 Clément VI accorde une indulgence de 100 jours aux visiteurs et aux bienfaiteurs de l'hôpital du Pont-Fract, Archives départementales des Bouches-du-Rhône, 2 H 254 no 33.

[98] 1321, Valréas-Petit 48 fo 105; 1326 (Entrechaux), Vaison-Milon 862 fo 60; 1348 (Saumane), Cavaillon-Rousset 45 fo 15-16; 1326 (Vaison), Vaison-Milon 863 fo 7 etc... Cf. la liste complète des hôpitaux dans l'annexe no IV en fin de volume.

La carte des implantations montre que c'est d'abord le Comtat des villes, des fleuves et de la plaine irriguée qui est pourvue. Le monde hospitalier qui se développe entre 1180 et 1350 est donc lié très étroitement, et ce n'est pas original, à celui de la route, des échanges, du pèlerinage. L'hôpital est un lieu d'accueil avant d'être un centre de soins. Ce sont les établissements liés aux ponts qui apparaissent les premiers et il est significatif de voir encore en 1316 Rostang Bot, d'une illustre famille aptésienne, fonder aux Beaumettes à la fois un pont sur le Calavon et un hôpital dédié à St. Jacques[99]. Les liens avec le monde du commerce et des échanges apparaissent aussi dans la forme que prennent les revenus de ces institutions. Il s'agit parfois de rentes foncières, de loyers urbains ou de legs de paillasses, de draps, de couvertures[100]. Mais le plus souvent ces revenus sont constitués d'une multitude de petites aumônes en espèces récoltées par les quêteurs ou, surtout, léguées par les testateurs[101]. Les hôpitaux sont donc largement tributaires de ces dons qui varient d'une année à l'autre et peuvent mettre en péril leur activité.

Les sources ne nous donnent guère de précision sur le personnel d'encadrement avant le XVe siècle. Comme partout, il semble que les hôpitaux aient été sous le contrôle étroit de l'Eglise, généralement l'ordinaire du lieu. Dans un acte de 1278 l'évêque de Cavaillon répartit entre ses chanoines un certain nombre d'églises rurales où ils sont tenus de «*hospitalem decenter tenere et helemosynam facere*[102]». L'évêque de Cavaillon contrôle aussi l'hôpital-vieux de l'Isle et c'est lui qui intervient à la fin du XIVe siècle pour faire cesser un scandale : l'établissement est devenu un lupanar[103]! Les rectories se transforment souvent en bénéfices et la présence des papes accélère encore le processus : les hôpitaux du Pont-Fract, de N. D. de Salvation, de Rencurel etc., sont ainsi transformés, avec tous les inconvénients qui en résultent.

---

[99] Biblio. Ingimbertine, Carpentras, ms. 1651 fo 34, cité par R. Bailly, *Répertoire des prieurés, chapelles et abbayes du département de Vaucluse*, in *Mémoire de l'Académie de Vaucluse*, 1965-66, p. 84.

[100] Le don de drap est très fréquent dans les testaments du XIIIe et du XIVe siècle; cf. *le Testament de G. Amic* publié par Duprat, *op. cit.*, p. 163.

[101] Les legs sont le plus souvent de quelques deniers, dépassent rarement 5 sous; pour Avignon cf. A.-M. Hayez, *Clauses pieuses de testaments avignonnais au XIVe siècle, op. cit.*, p. 155-157.

[102] Cartulaire de Cavaillon, 4 G 1, acte de 1278, cité par V. Laval, *Vélorgues au Comté Venaissin*, Avignon, 1919, p. 114.

[103] Isle-Roussel 68 (1er octobre 1398); «*in eodem hospitali fecit lupanar*»!

Carte XV

HÔPITAUX ET ŒUVRES DES PONTS DANS LA RÉGION COMTADINE À LA FIN DU MOYEN AGE

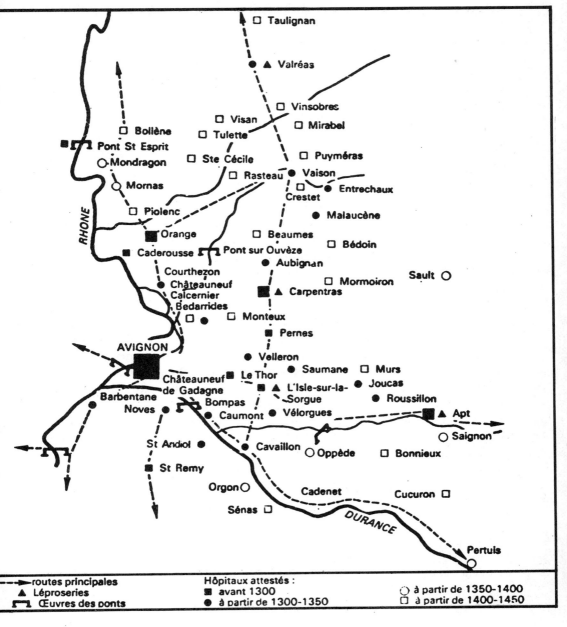

Taulignan

Valréas

Vinsobres

Visan   Mirabel
Tulette

Bollène
Pont St Esprit
Mondragon   Ste Cécile   Puyméras

Mornas   Rasteau   Vaison
Crestet   Entrechaux

RHONE
Piolenc   Malaucène

Orange   Beaumes   Bédoin
Caderousse   Pont sur Ouvèze

Courthezon   Aubignan
Châteauneuf   Mormoiron   Sault
Calcernier   Carpentras
Bedarrides
Monteux

Pernes

AVIGNON   Velleron
Châteauneuf   Le Thor   Saumane   Murs
de Gadagne   L'Isle-sur-la-   Joucas
Barbentane   Bompas   Sorgue   Roussillon
Noves   Caumont   Vélorgues   Apt

St Andiol   Cavaillon   Saignon
St Remy   Oppède   Bonnieux

Orgon   Cadenet   Cucuron
Sénas   DURANCE

Pertuis

---

routes principales
▲ **Léproseries**
Œuvres des ponts

Hôpitaux attestés :
■ avant 1300
● à partir de 1300-1350

○ à partir de 1350-1400
□ à partir de 1400-1450

Au XIVe siècle, l'idée et les moyens matériels d'un encadrement systématique de la maladie sont encore absents. Le nombre de lits disponibles dans chaque établissement le montre bien. Vers 1390, en plein crise économique, il est vrai, six hôpitaux seulement peuvent en Avignon accueillir plus de dix malades. Au total, les dix-sept établissements qui sont alors en activité en accueillent seulement cent soixante environ[104]. En 1331 l'hôpital de Valréas n'a que quatorze lits, au milieu du siècle celui de Caderousse n'en possède que huit ou dix. Vers 1380, le vieil-hôpital de Cavaillon ne peut accueillir que douze pauvres etc.[105]. On pourrait multiplier les exemples. L'assistance hospitalière est encore ponctuelle, même si, peu à peu, tous les villages comtadins se sont dotés d'un établissement de ce type. Il faut attendre le milieu du XVe siècle pour voir les autorités religieuses et surtout laïques rechercher fébrilement sages-femmes et médecins, faire acheter médicaments et onguents, s'intéresser à la prophylaxie, bref, mettre en place très lentement une véritable politique sanitaire. Jusqu'à cette date, il semble bien que c'est moins l'efficacité curative de l'établissement que la présence exemplaire et perpétuelle de quelques pauvres intercesseurs, comme une oblation à Dieu, qui soit fondamentale.

A partir de 1350 les statistiques permettent de mesurer l'attachement des testateurs aux hôpitaux comme moyen de salut. Il faut cependant distinguer nettement, les œuvres des ponts et les hôpitaux proprement dits, l'attitude des avignonnais et celle des comtadins.

A la fin du XIIIe siècle et au début du XIVe siècle les legs aux ponts sont fréquents, souvent systématiques, parfois très importants (ainsi, en 1281, Raymond de Baux donne 500 livres au pont Saint-Esprit, 25 livres au pont Saint-Benezet, et 25 livres au pont sur l'Ouvèze[106]; dans d'autres testaments ce sont les ponts de Tarascon et de Bompas qui sont cités). Apparemment, le don à l'œuvre des ponts est une coutume solidement installée dans l'ensemble des villes et des villages de la vallée du Rhône. Mais à partir des années 1360-1380 les legs se font pourtant beaucoup plus rares et, dans certaines localités finissent même par disparaître totalement. C'est que ce type d'institution, plus orienté vers l'accueil des pélerins et des voyageurs que vers les soins aux malades, appartient à une conception

---

[104] P. Pansier, Hôpitaux, op. cit., p. 14-16.

[105] 1331 Valréas-Petit 48 fo 105-106 : un inventaire donne 32 draps et 14 lits; 1359, Caderousse, Biblio. Musée Calvet, ms. 4041 fo 8 et 4044 fo 54; Cavaillon-Rousset 52 fo 56-57 etc...

[106] A. C. Orange, AA 5 (1282).

ancienne de la charité, déjà anachronique pour la plupart des testateurs du
XIVe siècle. Seules les œuvres du Pont-Saint-Esprit et du pont Saint Benezet
se maintiennent. Cette dernière surtout, moins parce qu'elle est charitable
que parce que le pont est l'emblème de la ville. C'est, essentiellement, le
patriotisme communal qui pousse 20% des avignonnais à faire un don à
cette œuvre (encore ce pourcentage diminue-t-il nettement à la fin du XVe
siècle (cf. graphique no XXIII, p. 312). Les legs sont d'ailleurs le plus
souvent infimes et représentent peu de chose dans l'ensemble des revenus
(les cens sur les maisons et les jardins, le produit des quêtes – jusqu'en
Savoie, en Dauphiné et en Italie – les offrandes faites à l'occasion du pardon
annuel de la Fête-Dieu doivent rapporter bien davantage[107]).

En revanche, les dons aux hôpitaux augmentent constamment entre
1350 et 1500 (cf. graphique no XXIII). Au moins en Comtat Venaissin, où le
réseau de ces établissements est de plus en plus dense. Vers 1480 le
moindre petit village possède son hôpital (cf. l'annexe no IV). En Avignon il
semble au contraire que les legs soient moins nombreux après 1400. Les
testaments du XIVe siècle, qui émanent de riches citadins, sont peu repré-
sentatifs et faussent sans doute les statistiques mais il est clair aussi que ce
relatif affaiblissement de la générosité des testateurs correspond à une
phase très difficile de la vie des institutions hospitalières de la ville. Les
désordres du Schisme et la crise économique ont ruiné des œuvres autrefois prospères. En 1449 il n'y a plus que neuf hôpitaux ouverts et dix ans
plus tard le cardinal de Foix réduit encore le nombre des établissements à
cinq[108]. Certaines institutions attirent encore cependant les testateurs. En
premier lieu, la léproserie en faveur de laquelle les legs se multiplient; ce
phénomène n'est pas strictement avignonnais : à Apt, à Cavaillon, à Valréas
aussi, les dons pour «les pauvres de Saint Lazare» se font nombreux, alors
qu'ils étaient pratiquement inexistants au début du XIVe siècle (cf. graphique no XXIII). Peut-être y a-t-il alors une recrudescence de cette maladie?
La présence d'un nombre relativement important de testaments de lépreux
pendant cette période peut le laisser croire[109]. Mais on sait aussi qu'entre
1450 et 1500 la léproserie d'Avignon par exemple n'a jamais renfermé plus
de 14 malades (ce maximum est atteint en 1467, vingt ans plus tard il n'y en

[107] P. Pansier, *Histoire de l'Ordre des Frères du Pont d'Avignon, op. cit.,* p. 15 et suiv.
[108] P. Pansier, *Hôpitaux, op. cit.,* p. 28 et suiv. (bulle du 10 septembre 1459).
[109] Les testaments de lépreux sont relativement nombreux à Apt à la fin du XVe siècle; en
revanche ils sont peu fréquents en Avignon à la même époque.

a plus que sept)[110]. C'est donc plutôt un intérêt nouveau, et difficile à expliquer, pour cette maladie incurable et terrifiante qui rend compte du regain de faveur dont bénéficient les maisons de saint Lazare.

En Avignon deux autres institutions suscitent aussi au XVe siècle la générosité des testateurs : l'orphelinat de Jujon et l'hôpital de la Trinité. L'orphelinat a été fondé en 1366 par Jean de Fulhos, un clerc natif d'Aurillac[111]. Bien qu'il connaisse au XVe siècle une très honnête prospérité (les papes Grégoire XI et Clément VII lui accordent de nombreux privilèges), il n'apparaît pratiquement pas dans les testaments de cette période. En revanche les legs se multiplient entre 1420 et 1470, mais il s'agit peut-être davantage de participer à la reconstruction de la chapelle de l'orphelinat (où l'on englobe l'oratoire miraculeux de N.-D. de Confort), que d'aider à l'éducation des jeunes pensionnaires.

L'hôpital de la Trinité (ou Sainte-Marthe) a été fondé en 1354 par le chevalier Bernard Rascas. Bien doté dès l'origine, il résiste à la crise et en 1459 est encore le mieux pourvu des établissements avignonnais avec 61 florins de revenus annuels[112]. Mais curieusement, il faut attendre que l'hôpital soit sécularisé par une bulle du cardinal-légat Julien della Rovere en 1481 pour voir les legs se faire de plus en plus nombreux; vers 1490, 50% des avignonnais font un don à cet hôpital (qui devient dès lors la grande institution de la cité), alors qu'ils n'étaient que 15% trente ans plus tôt. Les testateurs ont désormais confiance dans la nouvelle administration et n'hésitent pas à donner massivement à une œuvre saine, stable et efficace.

Il ne fait donc pas de doute que les testateurs privilégient de plus en plus les œuvres charitables bien institutionalisées, celles qui prennent en charge complètement et continuellement les pauvres. Il est significatif de voir les legs aux hôpitaux augmenter alors que diminuent au contraire ceux qui sont destinés aux Aumônes. On est encore loin cependant du «Grand Renfermement». La multiplicité des établissements hospitaliers, alimentés par les innombrables petits dons des villageois et des citadins, empêche la concentration des indigents. Ceux-ci d'ailleurs, même quand ils sont recueillis à l'hôpital, continuent d'être considérés comme des intercesseurs symbo-

---

[110] P. Pansier, *Hôpitaux, op. cit.*, p. 40 qui donne les chiffres suivants : 1458 : 11 lépreux; 1465 : 12 lépreux; 1467 : 14 lépreux; 1476 : 6 lépreux; 1484 : 7 lépreux; 1489 : 4 lépreux; 1489 : 4 lépreux; 1500 : 5 lépreux.

[111] P. Pansier, *Hôpitaux, op. cit.*, p. 91-96.

[112] Sur l'hôpital de Bernard Rascas, cf. J. de Font-Reaulx, l'*Hôpital Sainte Marthe, op. cit.*, et Pansier, *Hôpitaux op. cit.*, p. 28 et suiv.

liques privilégiés. Nombreux sont les testateurs qui recommandent de remettre l'argent qu'ils laissent directement aux pauvres, en main propre. Les exécuteurs testamentaires sont alors contraints d'aller donner quelques piécettes de menue monnaie à chaque pensionnaire des établissements de la ville ou du village, comme s'il s'agissait d'une donnée traditionnelle.

Sécularisation et détournements

Si la charité, sous toutes ses formes, occupe cependant si peu de place dans la majorité des testaments, c'est que de plus en plus on considère que l'assistance est du domaine de la politique, et revient aux autorités princières ou communales.

Très tôt, les institutions charitables ont été l'enjeu d'une lutte active entre les pouvoirs ecclésiastiques et les pouvoirs communaux. En 1247, la Commune s'empare de de l'hôpital de Durand Hugue et chasse les recteurs nommés par l'évêque. Celui-ci prend sa revanche un peu plus tard et cherche constamment à transformer tous les hôpitaux en bénéfices[113].

En 1304, le prieur de l'Opus sancti Benedicti s'en plaint amèrement car il constate que cette évolution conduit à la non-résidence des recteurs et à la ruine. Bien entendu, il est ardemment soutenu par les autorités de la ville[114]! Au XIVe siècle, les tensions ne se font pas sentir, mais dès le départ des papes on assiste à une sécularisation rapide des œuvres d'assistance. Sans heurt, le plus souvent à l'initiative des légats qui s'efforcent ainsi d'assainir une situation parfois difficile[115]. Peut-être aussi sous la pression des pestes et des disettes.

Le dépouillement des délibérations communales d'Avignon et de plus d'une dizaine de villes et de villages comtadins pourrait fournir des éléments importants pour comprendre cette municipalisation de la charité. Elle était préparée de longue date, il est vrai, par les vieilles traditions d'entr'aide laïque dans les villages et parmi les membres d'un même métier. A défaut de cette étude, qui reste à faire, rappelons toutefois le rôle fondamental des autorités communales au moment des disettes, qui font acheter, parfois fort loin, du grain, réservent une part importante de leur

---

[113] L.-H. Labande, Avignon au XIIIe siècle op. cit., Pansier, Hôpitaux, op. cit., p. 58 et du même, Histoire de l'Ordre des Frères du Pont d'Avignon, op. cit., p. 19-20.

[114] Idem, p. 19 et 20.

[115] P. Pansier, Hôpitaux, op. cit., p. 22-32.

budget à ces problèmes de ravitaillement, se mettent en quête de médecins, de sages-femmes et d'apothicaires[116].

Les clercs eux-mêmes ne font plus confiance à l'Eglise pour gérer les institutions charitables : en 1365, le cardinal Audoin Aubert fonde un hôpital par testament, mais il précise qu'il sera géré par ses exécuteurs testamentaires, puis par le conseil de la ville, à l'exclusion totale du clergé[117]. Il est clair que le prélat cherche ici à éviter la transformation de son œuvre en bénéfice, ce qui la conduirait immanquablement, sinon à la ruine, du moins à son détournement par rapport au but primitif. Dès lors que l'Eglise est écartée, ou se détache elle-même, de la gestion d'un certain nombre d'établissements charitables, il est facile de comprendre que les testateurs à leur tour délaissent quelque peu ces anciens moyens d'intercession.

De curieux glissements s'opèrent même, significatifs des choix nouveaux des testateurs. Dès le début du XIVe siècle le rôle spécifiquement religieux des grandes aumônes avignonnaises (Fusterie, Epicerie surtout) diminue considérablement; les testateurs en effet les transforment souvent en gestionnaires de messes anniversaires[118]. Les fondations elles-mêmes se transforment; le cardinal Aubert avait tort de faire confiance à ses exécuteurs testamentaires : il est à peine enterré quand ceux-ci, dans un bel élan de foi, décident d'amputer du quart les deux-cents florins légués à l'hôpital pour fonder dans le dit-hôpital deux chapellenies pour l'âme du fondateur et des malades. Deux prêtres pour le service d'un établissement qui n'a jamais du renfermer plus de trente malades[119]! On pourrait multiplier les cas semblables; ce sont les prêtres et les prélats qui le plus souvent montrent l'exemple (ainsi le cardinal La Grange laisse 5 florins à l'hôpital de la Trinité, mais il demande que les religieux qui servent dans cet établissement disent cinq messes à son attention[120]!).

Pour tous, en effet, cardinal ou pauvre lépreux, banquier florentin ou petit artisan arrivé du nord de la France, chevalier de vieille famille ou

---

[116] Cf. chapitre II, p. 100-101 et aussi les très riches archives communales de Pernes, Valréas et Carpentras.

[117] P. Pansier, *Hôpitaux, op. cit.*, p. 90.

[118] Cf. par exemple, et entre mille, le testament de Syffrede Trelhone en 1387 qui demande à l'aumône de la Fusterie d'entretenir une chapellenie (Aumône Fusterie B 31 et H. Dominicains 7, p. 52-54).

[119] P. Pansier, *Histoire de l'ordre des Frères du Pont, op. cit.*, p. 22-23.

[120] P. Pansier, *Histoire des religieux de la Trinité*, in *Annales d'Avignon et du Comtat Venaissin*, 1922, p. 9-10.

laboureur déraciné, il ne fait aucun doute que ce sont les cantars et les trentains grégoriens qui sont les meilleurs viatiques pour l'au-delà.

III – LA MESSE : LE VIATIQUE ESSENTIEL

Pour Jacques de Voragine, dans la *Légende dorée*, il y a «*quatre espèces de suffrages qui sont très avantageux aux morts : la prière des fidèles et celle des amis des défunts, l'aumône, l'immolation de l'hostie et le jeûne*»[121]. Au début du XIVe siècle, le jeûne n'est jamais évoqué, l'aumône, on vient de la voir, n'occupe plus qu'une place réduite dans les testaments, tandis que la célébration eucharistique accapare au contraire l'attention de tous les fidèles.

On assiste à la fois à un développement du geste des demandes de messes et à une croissance du nombre même des messes demandées par chaque testateur. A Marseille, en 1248, dans les actes enregistrés par G. Amalric, les demandes de suffrages étaient encore rares; on léguait sans précision à l'œuvre de la paroisse, à celles de Saint-Victor ou des Mendiants. Dès la fin du siècle, cependant, le nombre des cantars se précise et s'amplifie et dans les années 1340, les demandes de messes par dizaines, par centaines ou par milliers se multiplient.

Pourtant, la messe «devant le corps» n'a été, rappelons-le, que très progressivement intégrée à l'ensemble des gestes de funérailles[122]. La céré-monie de séparation, qui est au cœur des obsèques, consiste surtout en une procession de la maison des vivants à la maison des morts, de sorte que, pendant très longtemps, le passage à l'église n'est pas apparu comme une nécessité rituelle (il est possible aussi que l'entrée du cadavre impur dans l'espace sacré ait été l'objet d'un interdit).

Toutefois, si les clercs ne parviennent que progressivement à encadrer les rites funéraires proprement dits, ils réussissent en revanche très tôt à contrôler les relations qui, après le *tempus mortis*, unissent les vivants aux morts. A travers l'organisation des messes pour les défunts ils proposent en effet une image de l'au-delà qui reprend et intègre une partie des croyances populaires.

---

[121] Jacques de Voragine, *Légende dorée*, art. *Commémoration des âmes*, trad. J.-B. M. Roze, Paris, Garnier-Flammarion, 1967, tome II, p. 327.
[122] Cf. chapitre II, p. 130-131.

Dès le Bas-Empire, les *refrigeria*, puis, au fur et à mesure que l'*ordo missae* se met en place, la célébration eucharistique elle-même, sont censés aider les âmes des morts; à l'époque de saint Grégoire, il ne fait plus aucun doute que la messe est le viatique essentiel : dans ses *Dialogues* (en particulier au IVe Livre), le pape insiste sans cesse sur la vertu rédemptrice du Sacrifice[123].

Variété des messes

A la fin du Moyen Age, la masse énorme des demandes de messes est révélatrice du rôle essentiel de la piété eucharistique, mais la variété des célébrations, que les testateurs choisissent et dosent avec soin, fait un peu perdre de vue leur signification sacrificielle fondamentale.

Il faut en effet distinguer des types de messes forts différents, et cette diversité semble encore s'accentuer au cours du XVe siècle.

La plus commune est la messe basse *de mortuis* qui ne requiert qu'un seul prêtre, se célèbre sans aucune solennité et, par son prix modique (rarement plus de un ou deux sous), est accessible à la très grande majorité des testateurs. La messe chantée, ou *cantar*, que l'on dit parfois *de requiem*, est aussi très fréquente, bien que son prix (un ou deux florins) soit en général dix fois plus élevé que celui de la messe basse.

Quelques testateurs, dès le début du XIVe siècle, demandent des célébrations «*in memoriam Passionis Domini Jesu Christi*» ou «*ad honorem Sancte Passionis*»[124] et témoignent ainsi d'une des orientations majeures de la piété de l'époque, tout en insistant sur le renouvellement du Sacrifice salvateur.

Cependant, la plupart des demandes visent surtout à se concilier un intercesseur privilégié en faisant chanter l'office d'un saint. On exprime alors le désir de faire dire une «*messe de saint Bernard*», «*de saint Laurent*», «*de sainte Catherine*» ou «*de sainte Lucie*», «*du saint Esprit*» ou «*de la*

---

[123] Grégoire le Grand, *Dialogues*, IV, *PL. LXXVII*, c. XXXVI et CLV. La messe pour les défunts aurait déjà été recommandée au Concile de Vaison de 442 (cf. Hefélé-Leclerc, *Histoire des Conciles*, tome II, p. 455 et 1114). Sur le rôle et l'histoire de la messe, cf. l'ouvrage classique de Jungmann (J. H.) *Missarum sollemnia*, trad. française, Paris, 1951-58.

[124] 1334, Cavaillon-Rousset 26; 1426, Apt-Pondicq 98; 1449, Avignon-de Beaulieu 723 fo 506 etc...

Trinité »[125]. Un avignonnais demande, avant que son corps ne soit porté en terre, que l'on chante une messe *«du Saint Esprit»*, *«de Notre Dame»*, *«des morts»* et une *«grand messe»*[126] ; une veuve de tailleur est encore plus exigeante : elle veut que l'on dise l'office des saints Apôtres, des saints Anges, de la Conception, de la Purification et du Couronnement de la Vierge, du Saint Esprit, des morts, et même de saint Amadour[127].

Chaque jour de la semaine a son type de messe particulier : ainsi, un chanoine de Saint-Agricol demande le lundi une messe des morts, le mardi une messe des Anges, les mercredi une messe de Tous les Saints, le Jeudi une messe du Saint Esprit, le vendredi à nouveau une messe des morts, le samedi une messe de Notre-Dame avec une commémoration de la Sainte Croix, le dimanche une messe de la Trinité[128]! Les exigences des testateurs ne coïncident d'ailleurs pas toujours avec les *ordines* des missels et des livres liturgiques locaux[129].

Dès les années 1350 aussi se répandent les «trentains grégoriens», ensembles de trente messes basses dont l'«inventeur» aurait été saint Grégoire à la suite d'une vision. Ces suffrages connaissent à partir de la seconde moitié du XIVe siècle une vogue considérable[130]. Les testateurs multiplient les demandes, parlent même, par contamination, de trentains *«de Requiem»*, *«de saint Bernard»* ou *«de Saint Jérôme»*[131], tandis que les peintres représentent un peu partout la vision du pape (Enguerrand Quarton par exemple, dans *le Couronnement de la Vierge*, doit peindre Rome et *«en ladicte cité a beaucoup d'églises, entre lesquelles est l'église de Sainte-Croix de Jérusalem, où sainct Gregoire célébra et lui apparut Nostre Seigneur en forme de pitié»*[132]). Des indulgences extraordinaires sont en général promises

---

[125] 1409, Valréas-Petit 53 fo 41; 1462, Avignon-de Beaulieu 750 fo 517 ro; 1485, Apt-Geoffroy 1074; 1449, Avignon-de Beaulieu 723 fo 156; 1344, Orange-BV ANO 82 fo 98 vo etc...

[126] 1469, Avignon-Martin 62 fo 6 (4).

[127] 1487, Avignon-Martin 472 fo 532.

[128] 1435, Avignon-Martin 100 fo 34 vo.

[129] Cf. par exemple le ms. 225 de la Bibliothèque du Musée Calvet en Avignon (recueil d'offices du XVe siècle) qui donne pour le lundi la messe des morts, pour le mardi la messe des saints, pour le mercredi la messe du Saint Esprit, pour le jeudi la messe de l'Eucharistie, pour le vendredi la messe de la Croix, pour le samedi la messe de la Vierge, etc...

[130] Cf. par exemple E. Mâle, *L'art religieux, op. cit.,* p. 99. Sur les trentains cf. l'article de R. J. Hesbert, *Les trentains grégorien sous forme de cycles liturgiques,* in *Revue Bénédictine,* tome LXXXI, 1971, p. 108-122. En Comtat les demandes de trentains sont surtout nombreuses à Apt et à Cavaillon.

[131] 1472, Avignon-Martin 264 fo 205; 1488, Avignon-Martin 760 etc...

[132] H. Chobaut, *Prix-fait du Couronnement de la Vierge* (Avignon-Martin 805 fo 48), *op. cit.*

à ceux qui prient devant ces images[133], et l'on comprend dans ces conditions qu'à l'article de la mort les testateurs choisissent de préférence les «*messes grégoriennes*».

Mais avec les trentains apparaît le problème fondamental de l'utilisation des messes par les testateurs. Ce qui est en effet essentiel pour comprendre l'image que les hommes de la fin du Moyen-Age se font de l'au-delà et des Puissances Divines, c'est moins de connaître la valeur exacte que revêt pour eux le sacrifice eucharistique (le pourra-t-on jamais?), que de suivre avec précision la façon dont ils organisent méthodiquement leurs demandes de suffrages.

Quoi qu'en aient dit les historiens, nulle aberration, nulle folie dans leurs exigences (même quand ils demandent des centaines ou des milliers de messes) mais une ou plusieurs logiques, un ou plusieurs systèmes, qu'il faut essayer de reconstituer.

Le nombre de célébrations importe évidemment beaucoup. En Comtat comme ailleurs, il augmente constamment pendant les deux siècles étudiés et l'on assiste à une prodigieuse démocratisation de la messe *de mortuis*, qui contribue sans doute à christianiser définitivement les usages de la mort.

Mais, plus que le nombre des suffrages, c'est leur répartition dans le temps qui est importante. La messe sera-t-elle perpétuelle? Ou bien la célébrera-t-on seulement pendant un temps déterminé? Deux logiques semblent à l'œuvre : une logique de la répétition, une logique de l'accumulation. Elles peuvent coexister dans le même testament, se mêler, se contaminer mais restent cependant dans leurs principes bien distinctes l'une de l'autre.

Tout se passe comme si les conflits et les mutations du temps d'ici-bas, du «temps de l'Eglise» et du «temps du marchand», se projetaient plus ou moins nettement sur un temps de l'au-delà qui n'est plus seulement l'éternité de l'Enfer ou du Paradis.

La logique de la répétition

Le système de la neuvaine et du bout-de-l'an est sans conteste fondé sur la répétition. Mais une répétition qui n'est pas perpétuelle, qui fonctionne dans un temps donné.

En étudiant les différentes séquences des rites funéraires, on a déjà montré que ces commémorations, ou «remembranses» ont pour fonction principale d'assurer le départ définitif de l'âme. La répétition très exacte

---

[133] E. Mâle, *L'art religieux en France...*, *op. cit*, p. 99 et suiv.

des gestes des funérailles (glas, procession, absoute, etc.)[134] et le dédoublement des obsèques visent essentiellement à réunir toutes les conditions
d'un «bon passage» dans l'au-dela.

A l'origine les trentains grégoriens peuvent être aussi interprétés comme un renouvellement magique des funérailles, à partir du 30ème jour après
le décès (comme dans l'*exemplum* du IVe Livre des *Dialogues* de saint
Grégoire) ou bien pendant les 30 jours qui suivent immédiatement la
mort.

Ce qui est sous-jacent à ces pratiques, c'est la croyance, sans doute très
ancienne, en un temps d'épreuve qui doit subir l'âme avant de se séparer
définitivement du corps. C'est donc par cette liturgie de la neuvaine et du
bout-de-l'an, que l'Eglise a très tôt contrôlé le temps de la mort qui reste,
dans les croyances populaires, un entre-deux, un temps intermédiaire,
presque bâtard, entre le temps terrestre et l'éternité du Paradis ou de
l'Enfer.

On le voit, l'idée relativement nouvelle que la mort est un événement
brutal, séparateur et qu'un jugement personnel intervient dès que le dernier
souffle est rendu ne peut guère s'accomoder de cette pratique qui repose au
contraire sur la conception d'un passage progressif dans l'au-delà, possèdant sa durée propre. Pour cette raison les mentions de neuvaines et de
bout-de-l'an sont moins nombreuses au XVe siècle dans les villes alors que
leur usage est encore universel à la campagne. (A Visan, par exemple dans
les années 1470-1480, les messes «*fine novene*» et «*fine anni*» sont mentionnées avec exactitude dans chaque testament).

Toutefois, les croyances sous-tendues par ces demandes de messes
traditionnelles ont au moins ceci en commun avec les idées nouvelles
répandues par les prédicateurs et les *artes moriendi*, qu'elles excluent
pratiquement, ou plutôt ignorent, la possibilité d'un Jugement Dernier, à la
fin du Monde. Dans les deux cas, c'est le «passage» (qu'il se déroule par
étapes ou qu'il se fasse très rapidement) et le sort individuel du mort qui
sont au centre des pratiques et des représentations mentales.

Au contraire, la messe perpétuelle repose de toute évidence sur des
croyances d'ordre eschatologique : l'heure du Jugement ne peut être que

---

[134] Cf. chapitre II, p. 143-149. Le caractère répétitif apparaît clairement dans nombre de
testaments, par ex. «*item dictus testator dedit et legavit dicto conventui carmelitorum pannum auri
longitudinis demidie canne antique quem ispius testator voluit et ordinavit poni super forma sua
cum uno intorticio accenso quolibet anno in festo omnium sanctorum ad vesperas mortuorum et in
crastinum in missa...*» 1476, Avignon-Martin 268 fo 95.

celle de la Résurrection Générale, quand les Temps seront accomplis et dans cette attente, il importe d'organiser une prière perpétuelle qui intercède auprès de Dieu et le fasse fléchir au Dernier Jour. Cette prière, à l'inverse de celle de la neuvaine et de bout-de-l'an, reste relativement détachée des rites de passage proprement dits, même si on l'emploie aussi sur le mode répétitif.

La logique de la messe perpétuelle est au cœur de l'obituaire, grâce auquel les défunts des grandes familles protectrices et bienfaitrices des monastères ou des églises bénéficient de la prière ininterrompue des moines et des clercs. Il va sans dire qu'au XIe et XIIe siècle cette faveur est réservée à une élite. En revanche, à partir du XIIIe siècle, avec les progrès de l'urbanisation, la promotion relative du monde du négoce et de l'artisanat, l'essor des Ordres Mendiants, les obituaires s'ouvrent à une clientèle de plus en plus large. Les «livres des morts» se multiplient[135] et se transforment : les nécrologues n'étaient au départ que de simples listes sur lesquelles on inscrivait les noms des défunts associés aux prières des communautés monastiques ou canoniales (au moment du *memento* des défunts en particulier), deviennent peu à peu des «livres d'anniversaires» où l'on consigne les demandes toujours plus nombreuses de messes privées et les revenus qui y sont attachés.

L'obituaire d'Apt

Bien que le Midi ne soit guère riche en documents de ce genre, on a la chance de posséder pour la région d'Apt, l'obituaire de l'église-cathédrale, édité au début de ce siècle par F. Sauve[136].

Ce livre nous apporte un témoignage précieux; il date de l'extrême-fin du XIIIe siècle ou du tout début du XIVe siècle, et se situe précisément au moment où les anciens obituaires disparaissent, peu à peu remplacés par des livres d'anniversaires.

L'examen paléographique et l'alternance de mentions très simples du type : «*obiit Guillemus*», ou au contraire de longues phrases donnant le détail des cens et revenus «*in anniversario*» permet de déceler plusieurs étapes dans la formation du recueil. Il reprend sans doute, en éliminant certains noms, un nécrologe plus ancien; les écritures montrent d'autre part que des ajouts ont été faits au XIVe et au XVe siècle. Toutefois, la grande

---

[135] A. Molinier, *Les obituaires français au Moyen-Age*, Paris, 1890.
[136] F. Sauve, *Obituaire de l'église-cathédrale d'Apt, op. cit.*

majorité des personnes citées semblent avoir vécu dans la seconde moitié du XIIIᵉ siècle et l'essentiel de la rédaction a été mené à bien entre 1299 et 1303.

La mémoire de cet «obituaire-livre d'anniversaires» est relativement ancienne mais très sélective. Il ne faut pas perdre de vue qu'il s'agit d'un instrument liturgique destiné à l'église-cathédrale et composé dans l'entourage de l'évêque au moment précis où celui-ci essaie de redonner un certain lustre à sa fonction. Raymond Bot, en effet, qui appartient à l'une des familles les plus importantes du pays et qui occupe le siège épiscopal de 1275 à 1303, semble avoir été un administrateur et un pasteur particulièrement vigilant : en 1277, par exemple, il fait renouveler les anciens statuts capitulaires, un peu plus tard il obtient la restitution des droits qu'il avait sur Saignon; en 1299, il fonde l'abbaye Sainte-Catherine dont l'une de ses parentes devient aussitôt l'abbesse. Mais il porte surtout une grande attention à la vie liturgique de son diocèse; il rédige lui-même une *Vie de Saint Castor*, l'un des fondateurs de l'église d'Apt[137].

La composition du nouvel obituaire s'inscrit donc parfaitement dans ce, mouvement, qui est à la fois réorganisation administrative, recherche des origines, volonté de créer une mémoire de la vie religieuse du diocèse, désir d'écrire une histoire épiscopale.

On ne doit pas s'étonner que la hiérarchie des évêques ou des chanoines soit sur-représentée: c'est l'obit d'un chanoine (Bermund, sacriste vers 1110) qui remonte le plus haut dans le temps[138], et les noms anciens sont dans leur très grande majorité des noms de chanoines (G. Pagani, R. Audibert, B. Bot[139] etc.) ou d'évêques (G. de Viens, G. d'Apt, G. Centullion, G. Dalmas, P. Baile, R. de Viens, R. Centullion[140] etc...). Sur près de 580 obits ou anniversaires (qui se répartissent sur 250 jours), 120 concernent les clercs (les simples prêtres, les chapelains, les prieurs des environs sont représentés, mais les chanoines forment plus du tiers de l'effectif).

L'obituaire, et donc la prière ou la messe perpétuelle, est d'abord à usage interne. Il concerne essentiellement la communauté cléricale qui par ce biais affirme une histoire, une légitimité au moment où, par le jeu des réserves, les papes cherchent de plus en plus à contrôler les nominations aux bénéfices majeurs ou mineurs.

---

[137] *Gallia christiana novissima*, tome I (Aix), Instrumenta, col. 239 et suiv.
[138] Obit le 7 mars, *Obituaire, op. cit.*, p. 15.
[139] *Obituaire, op. cit.*, p. XII à XLII.
[140] *Obituaire, op. cit.*, p. XII à XLII.

Mais un certain ordre social et politique est affirmé aussi avec force. Très tôt, l'obituaire s'est ouvert à l'aristocratie aptésienne, pour la seule raison que la majeure partie des dignitaires au chapitre et l'ensemble des évêques sont issus, au moins jusqu'au début du XIVe siècle, de ce petit groupe fermé et turbulent.

Une des mentions les plus anciennes concerne une femme, Isoarde de Caseneuve, qui vivait dans la première moitié du XIIe siècle et appartenait à la famille seigneuriale d'Apt, les Simiane[141]. Cette lignée est cependant peu citée car pendant tout le XIIIe siècle elle est en conflit, parfois très violent, avec l'évêque. Il faut l'intervention du comte de Provence et du légat pontifical pour apaiser les querelles, et si l'absolution est finalement donnée il est bien clair que les Simiane ne peuvent passer dans les années 1300 pour des bienfaiteurs de l'église-cathédrale, du moins aux yeux de l'évêque et des chanoines.

En revanche l'alliance, parfois la collusion (puisqu'ils appartiennent aux mêmes lignées), entre les évêques, les seigneurs castraux et surtout les chevaliers urbains apparaît nettement. L'évêque Guiran de Viens par exemple, qui a fait inscrire ses parents et un neveu sur le nécrologe primitif : au total, à la fin du XIIIe siècle, sa famille est citée sept fois dans le nouvel obituaire[142]. La sœur de Guillaume Centullion est associée à l'obit de cet évêque, tandis que la famille d'Apt, qui donne aussi un prélat au diocèse, apparaît sept fois au cours de l'année liturgique[143].

Mais c'est évidemment la famille Bot, qui monopolise le plus d'obits (quatorze en tout!). Pendant soixante ans, entre 1270 et 1330, la vie religieuse de la ville d'Apt semble littéralement contrôlée par cette lignée qui donne à l'Eglise trois évêques (dont le redacteur de l'obituaire), au moins un moine, une dizaine de chanoines[144] et une multitude de moniales peuplant le monastère Sainte-Catherine[145]. On comprend dans ces conditions que la famille soit très présente dans l'obituaire et que sa force et sa perennité y soient particulièrement exaltées : «*in anniversario domini R(ay-*

---

[141] Obit le 1er janvier, *Obituaire, op. cit.*, p. XXXIX et 2.

[142] *Obituaire, op. cit.*, p. XIII-XV.

[143] *Obituaire, op. cit.*, p. XXIII-XXIV.

[144] *Obituaire, op. cit.*, p. XXV-XXXII. En 1303, sept membres de la famille Bot faisaient partie du chapitre et élurent l'un d'eux, Hugues, comme évêque : *Gallia Christiana novissima*, tome I (Aix), col. 138 et instrumentà no XVI.

[145] Ms. 1655 de la Bibliothèque de Carpentras (listes des moniales de Sainte-Catherine en 1326 et 1346) fo 73 vo et 74 vo.

mondi) Boti, de Rocha Saleria, et domini Aycardi Boti, militis, filii sui, et Hugonis Boti, filii domini Aycardi Boti predicti de Rocha Saleria...»[146].

Si environ 80 obits ou anniversaires concernent une dizaine de familles importantes, il est clair cependant que le *mortologium*, le livre des morts, s'est ouvert peu à peu au cours du XIIIᵉ siècle à une fraction non-négligeable de la bourgeoisie aptésienne. La version définitive de l'obituaire enregistre d'ailleurs cette ouverture.

On trouve bien entendu des petits chevaliers vivants dans l'entourage des grandes familles ou des représentants du consulat[147], mais plus encore des bourgeois possesseurs de biens fonciers et immobiliers qui n'hésitent pas à lèguer un cens important (de 10 deniers à 5 sous annuels) sur une maison, un jardin, un champ pour avoir la chance d'être inscrit à côté des Bot ou des Centullion.

Comme pour les lignées les plus nobles c'est parfois un chanoine ou un simple prêtre qui fait entrer les siens parmi les privilégiés bénéficiant des messes et des prières perpétuelles. Tel clerc est associé à sa sœur, tel autre à son frère, à sa belle-sœur et à ses trois neveux[148]. Tous les ans à la Saint Michel on célèbre un anniversaire *«pro patre et matre et pro fratribus et sororibus R(aymondi) de Ubaga, archidyaconi Aptensis ecclesie»*[149] etc.; les exemples pourraient être multipliés.

Cette entrée des marchands, des gros artisans, ou des riches laboureurs parmi le «happy few», s'est faite tardivement : dans la plupart des cas ces bourgeois sont en effet associés à leurs collatéraux ou à leur conjoint, et non à leurs parents ou «*prédecesseurs*». La conquête de l'obituaire par les classes urbaines les plus riches est encore une conquête récente au début du XIVᵉ siècle.

Toutefois, l'apparition d'un jardinier, d'un fabricant de cire, d'un artisan, d'un cordonnier ou d'un parcheminier montre qu'à cetre époque la démocratisation de la messe perpétuelle est en bonne voie[150].

Deux ou trois décennies après la rédaction de l'obituaire, les aptésiens qui ne possèdent pas assez d'argent pour fonder une véritable messe perpétuelle gardent au moins la possibilité de se faire inscrire sur le *liber mortuorum*, le *Mortologium*, moyennant un legs modeste de quelques sous

---

[146] Obit au 2 octobre, *Obituaire, op. cit.*, p. 57.
[147] *Obituaire, op. cit.*, p. XXXII-XXXIX etc.
[148] *Obituaire, op. cit.*, p. 60 (obit du 22 décembre).
[149] *Obituaire, op. cit.*, obit du 30 septembre, p. 50.
[150] *Obituaire, op. cit.*, p. 48, 51, 52, 59.

ou de quelques florins. Ils sont ainsi associés aux grandes familles bienfaitrices de l'église-cathédrale, et défaut de la messe privée ils bénéficient
désormais dans leur très grande majorité de la prière perpétuelle des
clercs, au moment du *Memento*.

Ceux-ci acceptent de baisser les tarifs au-dessous desquels il était
autrefois impossible d'exiger d'eux un service aussi exceptionnel; ils
ouvrent le «Livre des morts» aux artisans modestes et même aux pauvres
agriculteurs, et par là contribuent puisamment à vulgariser certains types
de suffrages pour les défunts, contrôlent de mieux en mieux les échanges
qui s'opèrent entre les vivants et les morts.

Chapellenies et anniversaires au XIVᵉ et au XVᵉ siècle

Certains testateurs se contentent, souvent pour des raisons matérielles,
d'une inscription rapide sur un nécrologe, mais d'autres, de plus en plus
nombreux, demandent la création de messes perpétuelles, preuve que la
logique ancienne de l'obituaire et avec elle l'idée d'une attente de la fin des
Temps, loin d'être morte avec la vieille société féodale et monastique, a
toujours sa place dans la société troublée, et nouvelle, du XIVᵉ et du XVᵉ
siècle.

Il faut distinguer assez nettement chapellenies et anniversaires. Les
premières consistent à assurer la subsistance d'un prêtre qui doit dire
quotidiennement la messe pour l'âme du donateur. Cette célébration a lieu
parfois dans la chapelle funéraire construite pour la famille du testateur,
mais le nombre des chapellenies dépassant très largement celui des chapelles latérales, il faut imaginer que, dans bien des cas, plusieurs chapelains se
succèdent chaque matin au même autel.

Au début du XIVᵉ siècle certains testateurs prévoient encore minutieusement la composition des revenus qui sont alloués tous les ans au clerc
bénéficier[151]. Mais le plus souvent, ils font un legs de 100, 300, voire 400
florins[152], à charge pour leurs exécuteurs d'acheter les cens nécessaires. A
cette dotation globale s'ajoutent parfois des vêtements ou des objets liturgiques[153]. Dans ces conditions, on comprend que les chapellenies ne représen-

---

[151] Pour quelques exemples avignonnais du XIVᵉ siècle, cf. A.-M. Hayez, *Clauses pieuses de
testaments avignonnais, op. cit.* p. 150.

[152] Les exemples sont multiples : en général les prix vont de 100 ou 200 florins (Cavaillon-
Liffran 11 fᵒ 28; Apt-Pondicq 2 fᵒ 42) à 1000 florins (1453, Avignon-Martin 805 fᵒ 23).

[153] 1348, Arch. Hosp. Avignon, Fusterie B 28; 1348, 9 G 14 bᵒ 164 et H. Augustins 32 nᵒ 248
etc... Cf. A.-M. Hayez, *Clauses pieuses, op. cit.*, p. 151.

tent que 4% à 8% du total des demandes de messes perpétuelles; elles restent un luxe réservé aux plus riches. Ce sont encore surtout les anciens utilisateurs des obituaires, les clercs et les nobles, que l'on retrouve parmi les fondateurs.

Les papes montrent l'exemple (Jean XXII installe plusieurs chapellenies à Notre-Dame des Doms), de même que les cardinaux[154]. Les scribes de la Chancellerie ou les officiers de la Chambre Apostolique fondent aussi très souvent des messes perpétuelles[155]. Au début du XVe siècle, plus de la moitié des chapellenies de l'église-cathédrale d'Avignon ont été crées ainsi par des clercs (R. de Mésoargue, prévôt du chapitre puis évêque d'Orange, Faydit et Pierre d'Aigrefeuille, évêques d'Avignon, le cardinal Saint-Ange, le cardinal de Rodez[156] etc.) et, au cours du siècle, de nombreux testaments de chanoines avignonnais prévoient encore ce type de messe[157]; à Cavaillon, à Apt, à Vaison ou à Valréas, ce sont les dignitaires des chapitres ou même les simples clercs qui sont aussi les fondateurs les plus fréquents[158].

Parmi les laïcs, dans les bourgs et les villages, les familles de chevaliers et de damoiseaux demeurent pratiquement les seules à pouvoir demander des messes perpétuelles, de même qu'elles possèdent en fait le monopole des chapelles funéraires[159]. A Mormoiron par exemple, en 1380, sur les treize chapellenies dont on connaît le patron primitif, une seule a été fondée par un clerc, huit par des chevaliers ou des damoiseaux (familles de Vacqueras, de Sault etc...)[160]. Dans les villes importantes très tôt quelques bourgeois essaient d'égaler les nobles et les clercs. Et en Avignon, dès la première moitié du XIVe siècle, à côté des chanoines et des chevaliers, on voit les marchands ou les juristes demander des messes perpétuelles journalières[161].

Le nombre des chapellenies devient donc considérable. Un recueil du début du XVe siècle révèle qu'il en existe à cette époque une trentaine à

---

[154] Cf. E. Clouzot, *Pouillé des provinces d'Aix, Arles et Embrun*, Paris, Imprimerie Nationale, 1923, p. 168-176.

[155] B. Guillemain, *La cour pontificale*, op. cit., p. 637-638.

[156] E. Clouzot, *Pouillés...*, op. cit., p. 168-176.

[157] 1448, Avignon-Martin 236 fo 23; 1459, Avignon-de Beaulieu 744 fo 48 etc...

[158] Cavaillon-Liffran 11 fo 28 etc...

[159] 1340, Apt-Pondicq 2 fo 42; 1370, Apt-Pondicq 51 fo 11; 1378, Apt-Pondicq 9 fo 30; 1472, Apt-Geoffroy 19 fo 8 etc...

[160] E. Clouzot, *Pouillés*, op. cit., p. 195-198, chapellenies dans le diocèse de Carpentras en 1380.

[161] A.-M. Hayez, *Clauses pieuses*, op. cit., p. 148-149.

Notre-Dame des Doms en Avignon; en 1433, dans la même église, il y en aurait eu quarante-neuf, mais vingt ans plus tard un nouvel inventaire ne fait état que de vingt-quatre fondations[162]. Certaines, insuffisamment dotées, ont dû disparaître ou être réunies, tandis qu'avaient lieu de nouvelles créations. En 1455 toujours, il existe treize chapellenies à Saint-Agricol, huit à Saint-Pierre, deux ou trois dans les autres paroisses d'Avignon (au total une soixantaine, sans compter les fondations des couvents de Mendiants)[163]. On connaît aussi une quarantaine de chapellenies à Tarascon, une dizaine à Barbentane et à Graveson, huit à Saint-Remy, sept à Chateaurenard[164] etc... Au milieu du XVe siècle, un maximum semble être atteint, qui ne sera jamais plus dépassé: l'inventaire de 1586 indique environ 170 fondations pour le diocèse d'Avignon, 150 pour celui de Carpentras[165], chiffres sans doute équivalents, ou peut-être même inférieurs aux estimations concernant la fin du XVe siècle.

Certes, ces chapellenies ne permettent pas toutes d'entretenir vraiment un pauvre prêtre: à Barbentane leurs revenus sont évalués entre 10 et 2 florins annuels; à Tarascon entre 50 et 6 florins annuels; à Tarascon entre 50 et 6 florins annuels (au total les chapelles du diocèse d'Avignon rapportent peut-être entre 1500 et 2500 florins). Il arrive souvent qu'un chanoine déjà pourvu d'une grasse prébende soit chapelain. Toutefois, ces fondations à elles seules permettent sans doute de faire vivre une centaine de prêtres comtadins ou sont pour eux un appoint indispensable. Mais les chapellenies, comme les anciens obits, par la mise de fond importante qu'elles supposent, sont peu adaptées à la croissance de la demande de messes perpétuelles qui se manifeste alors.

La création et le développement des anniversaires permet, en revanche, de faire face à cette «demande», et même d'élargir ce «marché» à une large fraction de la population (ce vocabulaire, en apparence anachronique, est moins déplacé qu'il n'y paraît au premier abord, puisque les testateurs

[162] Clouzot, *Pouillés, op. cit.*, p. 168-176 et 178-180. P. Pansier indique qu'il y a au moins 49 chapellenies en 1433 (in *Les œuvres charitables d'Avignon en 1433*, in *Annales d'Avignon et du Comtat Venaissin*, p. 219-242).

[163] E. Clouzot, *Pouillés, op. cit.*, p. 179-180.

[164] E. Clouzot, *Pouillés, op. cit.*, p. 181-189.

[165] Cf. le *Dénombrement particulier de toutes les rentes, fruits et revenus de Mons Seigneur le Rv. Archevêque, chapitres, bénéfices et chapellenies d'Avignon et de son diocèse*, (1586) I G 125 f° 349-356, et ms. 1787 de la Bibliothèque du Musée Calvet.

Gaphique n° XXIV

LES DEMANDES DE MESSES-ANNIVERSAIRES À VALRÉAS ET CAVAILLON AU XVᵉ SIÈCLE

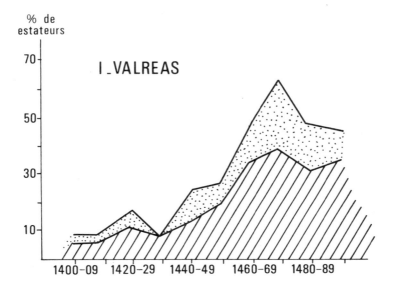

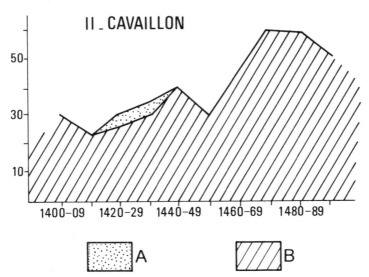

A : part des messes-anniversaires demandées chez les Mendiants; B : part des messes-anniver-saires demandées chez les séculiers.

disent eux-mêmes qu'ils «achètent» (*emere*) des messes et que tout ceci prend place dans une savante comptabilité[166]).

L'anniversaire est une messe chantée à date fixe (celle de la mort du testateur, ou celle de la fête d'un saint protecteur). Il n'offre pas l'avantage de l'intercession quotidienne de la chapellenie mais fonctionne toujours sur le principe de la répétition perpétuelle.

Le prix de chaque anniversaire varie en fonction de la solennité du service, mais plus encore, semble-t-il, en fonction de la politique du clergé local. Celui-ci en effet, en abaissant ou relevant les tarifs, choisit d'offrir à un nombre plus ou moins grand de fidèles la possibilité de la messe perpétuelle. Finalement, c'est peut-être en grande partie le jeu de l'offre et de la demande qui détermine, sinon les prix des messes, du moins l'attitude des clercs face aux besoins et aux exigences des fidèles.

Ainsi, à Cavaillon et à Valréas, les anniversaires ne sont pas très chers, entre cinq et quinze florins (le plus souvent dix florins suffisent). La croissance des demandes d'anniversaire est donc très forte dans ces deux villes tout au long du XVe siècle. Seulement 10% des testateurs à Valréas et 25% des testateurs à Cavaillon prévoient la fondation d'une messe perpétuelle dans les années 1400-1410. Ils sont environ 30% et 35% au milieu du siècle, 50% et 55% vers 1490-1500 (cf. graphique no XXIV)! A Cavaillon, les séculiers ont évidemment le monopole de ces célébrations, mais à Valréas, où la concurrence des Franciscains est vive[167], le clergé paroissial réussit pourtant à contrôler la plus grande partie de ces messes. Les séculiers, les hommes de la liturgie, s'affirment donc comme les spécialistes du «répétitif perpétuel», comme les continuateurs des moines du XIe et XIIe siècle.

Dans les deux villes dont il vient d'être question, c'est peut-être le petit nombre des notables, fondateurs traditionnels des messes perpétuelles, qui a poussé le clergé à proposer des anniversaires pour un prix modique. Le groupe des demandeurs éventuels s'est ainsi élargi peu à peu; la faiblesse des dons importants est compensée par l'abondance des legs moyens ou faibles.

Dans les grandes villes, en revanche, où les couches aisées forment une clientèle relativement nombreuse, il n'est pas nécessaire d'abaisser les prix jusqu'à 8, 10 ou 15 florins. L'appel des marchands et des riches artisans est assuré. La demande est telle que les clercs peuvent exiger 25, 50, voire 100

---

[166] L'expression «*pro emendo quodam anniversario*» est fréquente. Cf. BV ANO 62 fo 84.
[167] Cf. chapitre IV, p. 220-222.

florins[168]. C'est le cas en Avignon où, à l'inverse de ce qui se passe à Cavaillon et à Valréas, le nombre des testateurs qui demandent ce type de messe reste stable pendant tout le siècle, et même fléchit légèrement après 1470 (cf. graphique nᵒ XXV). Dès les années 1320-1360, les bourgeois avignonnais ont pris l'habitude de demander des anniversaires. Vers 1400, tous ceux qui peuvent acheter une messe à 50 florins le font; au cours du XVe siècle leur nombre par rapport à l'ensemble de la population ne varie guère et comme les prix restent prohibitifs pour les plus pauvres la situation n'évolue guère.

Curieusement, dans les petites villes du Comtat, la conjoncture socio-économique favorise donc la diffusion dans presque toutes les classes sociales de certaines pratiques autrefois réservées à une élite. En Avignon, au contraire, la hiérarchie des fortunes, en maintenant des prix élevés, écarte les plus démunis de la messe perpétuelle.

Mais ces considérations économiques, si elles sont plus importantes qu'on ne le prétend généralement, ne rendent pas compte entièrement de la progression ou au contraire de la stagnation de certains choix.

Si la courbe des demandes de messes perpétuelles reste stable et même diminue en Avignon, c'est peut-être aussi que de nouveaux types d'intercession remplacent peu à peu la messe perpétuelle.

Inversement, certaines habitudes anciennes peuvent freiner l'essor des anniversaires. A Apt, par exemple, entre 1380 et 1490, le pourcentage de testateurs qui demandent des messes perpétuelles ne croît que de 8% ou 10% (il passe de 10% à 20% environ). Les prix des services sont assez élevés (15-20 florins) et peuvent expliquer en partie les réticences des couches modestes. Mais un autre phénomène explique cette situation: depuis le début du XIVe siècle, il est possible, nous l'avons déjà remarqué, de se faire inscrire sur le livre des anniversaires moyennant un legs de quelques sous ou, au maximum, de quelques florins[169]. Bénéficiant de la prière des prêtres pendant le *Memento* des défunts (comme les morts autrefois inscrits sur l'obituaire), les testateurs aptésiens ressentent moins que les cavaillonnais ou les habitants de Valréas la nécessité de la messe commémorative proprement dite. Par cette inscription bon marché, ils participent en effet à

---

[168] 12 anniversaires pour 300 florins (Avignon-Martin 293 fᵒ 107), 7 anniversaires pour 100 florins (Avignon-Martin 788 fᵒ 25), 9 anniversaires pour 225 florins (Avignon-de Beaulieu 722 fᵒ 663) etc...

[169] Cf. l'obituaire d'Apt, p. 328 et suivantes.

Graphique nº XXV

LES DEMANDES DE MESSES-ANNIVERSAIRES EN AVIGNON ET À APT AU XVᵉ SIÈCLE

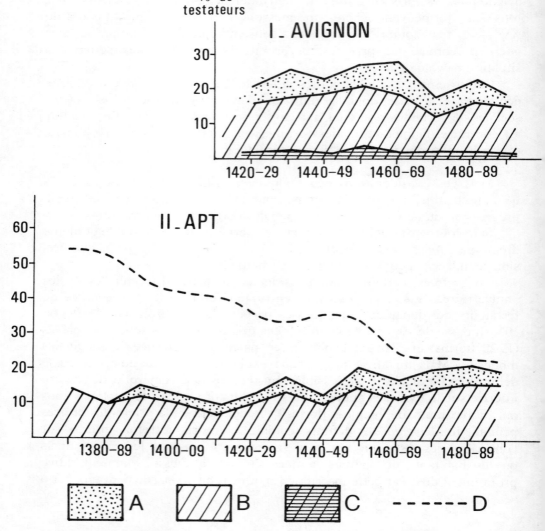

A : % de testateurs demandant des messes aux Mendiants; B : % de testateurs demandant des messes aux séculiers; C : % de testateurs demandant des messes aux réguliers anciens; D : % de testateurs faisant un menu legs (entre 10 sous et 3 florins) pour être inscrit sur le livre d'anniversaire (moyenne mobile sur trois décennies).

la prière répétitive perpétuelle. Mais, à son tour, l'habitude commode et bon marché de se faire inscrire sur le livre d'anniversaire, se perd peu à peu (55% des testateurs y font allusion vers 1380; ils ne sont plus que 25% vers 1490). Signe peut-être que d'autres formes d'intercessions remplacent progressivement, ici aussi, la messe perpétuelle.

En résumé, il faut insister cependant sur la vitalité de ces célébrations fondées sur la logique très ancienne de la répétition. Grâce à la démocratisation des chapellenies mais surtout des anniversaires, ces messes se diffusent désormais dans une fraction importante du «peuple chrétien», en particulier parmi les classes moyennes urbaines, chez les marchands et les artisans aisés.

Le temps de l'au-delà, sous-jacent à ces pratiques, est plein de contradictions. Tandis en effet que la messe de neuvaine et de bout-de-l'an cherche à encadrer le temps annuel et rituel, encore à moitié terrestre, du passage dans l'autre monde, les messes perpétuelles reposent (que cela soit clair ou non dans l'esprit des chrétiens de cette époque) sur des conceptions eschatologiques : il s'agit d'attendre la Fin des Temps. Les unes se focalisent sur le «passage» ou le jugement individuel, les autres sur le Jugement Dernier (au reste, dans la Bible comme chez les Pères, le choix n'est jamais fait clairement entre une conception qui place le jugement dès la mort et celle qui insiste sur le Jugement Universel de l'Apocalypse). Ces contradictions ne sont pas vraiment perçues par les testateurs qui, en faisant appel aux deux systèmes, essaient à la fois de se ménager un bon «passage» et la clémence de Dieu au Dernier Jour.

C'est un nouveau mode d'organisation des messes, plus en accord avec l'outillage mental et conceptuel du XIVe et du XVe siècle, fondé non plus sur la répétition mais sur l'accumulation, qui va tenter de résoudre ces contradictions (sans éliminer pour autant le répétitif perpétuel, et même souvent en se combinant avec lui).

Largesse et accumulation

Dès le XIIIe siècle, on trouve, principalement dans les testaments nobles, des donations pour des quantités importantes de messes qui ne sont ni répétitives ni perpétuelles.

Ces legs sont le plus souvent dispersés géographiquement dans les diverses églises dont dépendent les possessions des plus riches testateurs. Pour ne prendre que deux exemples, rappelons que Giraud Amic, en 1216, lègue 100 sous aux églises du Thor, de Caumont, de Thouzon, de Bompas, et 50 sous à celles de Vedènes, de Pont-de-Sorgue, de Jonquières, des Vignè-res[170] où il possède des droits et des terres. Raymond de Baux, en 1281, laisse de l'argent aux Hospitaliers et aux Templiers mais donne de plus 50 livres à Notre-Dame d'Orange, 100 livres aux monastères d'Aiguebelle et du Bouchet, 200 livres à celui de Saint-André de Ramières en échange d'une quantité impressionnante de célébrations eucharistiques (plus d'un millier déjà)[171].

Des pratiques similaires ont lieu au XIVe siècle: Guillaume Raisosi, chevalier de Cavaillon, ou Giraud Amic, seigneur de Caumont, demandent des services aux Mendiants de Tarascon, d'Avignon, de Salon, d'Arles, d'Isle, de Ménerbe[172] etc.. De même, Raymond de Mornas répartit les cantars qu'il fait dire pour son âme et celles de ses parents entre l'église de Mornas et celles des Carmes, des Prêcheurs et des Mineurs d'Orange[173]. On pourrait multiplier les exemples. Ces gestes procèdent davantage de l'esprit, propre-ment féodal, de largesse, que d'une volonté d'accumulation.

Ils sont même totalement dépourvus d'esprit comptable puisqu'il s'agit de signifier que l'on ne compte pas, que l'on répand avec prodigalité des bienfaits sur les églises et les monastères protégés par la famille depuis des générations; ces demandes de messes sont d'ailleurs à rapprocher des données funéraires, de l'*helemosina universalis*, dont les nobles ne man-quent jamais de gratifier leurs villages[174].

L'esprit de largesse survit donc au XIVe et au XVe siècle, et pas seulement chez les nobles : tel bourgeois distribue des cantars dans toutes les églises de la cité où il vit, tel drapier fait appel aux Ordres Mendiants d'Avignon, mais aussi à ceux de Carpentras et de Monteux, tel marchand demande mille messes, mais une multitude de paroisses de monastères et de couvents profitent de ses libéralités (il donne par exemple 25 messes aux Chartreux de Bompas, 50 messes à Saint-Pierre, aux Franciscains, aux Carmes et aux Augustins d'Avignon, 75 messes à Notre-Dame des Doms, 100 messes aux Chartreux de Villeneuve, 150 messes aux Célestins, 400 messes aux Dominicains d'Avignon!)[175].

---

[170] A. Duprat, *Testament de Giraud Amic, op. cit.*
[171] A. C. Orange, AA 5.
[172] 1329, E. fond du Duché de Caderousse, 67 (1). Cavaillon-Rousset 26 f° 70 etc...
[173] 1351, BV ANO 32 f° 34 v°.
[174] Cf. chapitre II p. 144.
[175] 1456, Avignon-de Beaulieu 738 f° 216.

Sans cesser de recourir aux messes répétitives perpétuelles (au moins pour les plus riches) les testateurs manifestent ainsi de plus en plus le désir d'organiser dans un temps limité la célébration d'un nombre important de suffrages. Indice d'un changement très profond des structures mentales et des systèmes de représentation.

Il est très difficile de suivre statistiquement la progression de ce type de messes parmi les testateurs: de nombreux fidèles, tout en indiquant qu'ils désirent des cantars, laissent toute latitude à leurs exécuteurs testamentaires; de plus la diversité des demandes explicites est telle que la constitution de séries s'avère impossible. Quelques signes peuvent être pourtant interprétés et nous donnent une chronologie sommaire.

Au XIIIe siècle, malgré quelques exceptions notables, ce type de demande est inexistant. Il est encore très rare dans les testaments avignonnais ou cavaillonnais de la première moitié du XIVe siècle mais il devient très fréquent en revanche vers 1340-1360. A partir de la seconde moitié du XIVe siècle jusqu'au début du XVIe siècle au moins, le nombre des habitants de Cavaillon qui demandent des messes cumulées oscille constamment entre 65% et 70% (sans que l'on note d'évolution précise pendant ce siècle et demi). A Valréas, les mentions sont plus fréquentes encore (entre 80% et 95%). Il ne fait donc aucun doute que les messes cumulatives se répandent au moment précis où se développent les pompes funèbres flamboyantes et où se transforment les images de la mort.

Les demandes de mille messes, sans plus de précision, sont nombreuses dans les années 1320-1360[176], elle ne doivent donc pas être toujours interprétées comme les premières manifestations d'une piété mathématique; le chiffre «mille» signifie surtout dans ce cas la multitude, la profusion, et n'a pas à proprement parler une valeur arithmétique. Mais ces pratiques, au départ très éloignées des comptabilités marchandes, et d'origine surtout nobiliaire, ont pu contribuer néanmoins en se diffusant dans d'autres classes sociales, à répandre l'usage de ces messes que l'on appellera désormais «cumulatives». Pour qu'il y ait véritablement accumulation, comptabilité, il faut en effet que les testateurs, non seulement insistent sur la quantité des suffrages qu'ils désirent mais aussi que ces messes fassent l'objet d'un calcul, soient organisées minutieusement et s'intègrent dans un

---

[176] BV ANO 134 fo 72; 1348, Avignon A. C. boîte 83 no 2717; 1350, H. Sainte Praxède 52 fo 41; 1374, Avignon, Arch. Hosp. Fusterie, B 29. Même phénomène à Marseille : cf. J. Chiffoleau, *Pratiques funéraires, op. cit.*, p. 293.

système complexe qui tend à concentrer le maximum de célébrations dans les années qui suivent le décès.

L'esprit de largesse est très éloigné de certaines pratiques qui se manifestent à partir de la seconde moitié du XIVe siècle: une avignonnaise demande par exemple 300 messes à Notre-Dame des Doms et chez les Prêcheurs, 100 messes à Saint-Agricol, chez les Mineurs, les Carmes et les Augustins, et elle souligne avec force que ces messes sont «*à célébrer dans les quatre ans, à compter du jour de sa mort*»[177]; telle autre exige 500 messes mais elle précise que les cent premières seront dites dans l'année qui suivra son décès chez les Dominicains, les cent suivantes la deuxième année chez les Franciscains, les cent suivantes la troisième année chez les Dominicains à nouveau, etc...[178]. Il faudra bien entendu revenir sur cette corrélation chronologique, mais une explication d'ordre économique peut rendre compte sinon du démarrage de cette pratique dans les années 1320-1370, du moins de son développement dans toutes les classes sociales.

L'offre importante que provoque la multiplication des pauvres prêtres et des altaristes explique en grande partie le prix bon marché des messes cumulées. En 1347, on peut faire dire 200 messes à Apt pour 60 sous, en 1400, 60 messes à Cavaillon pour 5 florins, en 1459, 1000 messes en Avignon pour 1000 gros[179] etc. Au cours du XIVe et du XVe siècle le prix des messes basses double (passe en moyenne de 1 à 2 sous) mais reste malgré tout accessible. Il en va de même pour les trentains (entre 2 et 3 florins, soit 16 ou 24 deniers par célébration) et les messes chantées (dont les prix sont en réalité très variables en fonction de la solennité du service et du nombre de prêtres qui y assistent).

Dans ces conditions, l'usage des messes cumulées se répand facilement. Même les agriculteurs et les artisans les moins riches trouvent toujours quelques sous, *in extremis*, pour ordonner trois, quatre ou dix célébrations. Alors que le prix des messes répétitives perpétuelles exclue pratiquement une part importante du *populus christianus*, celui des messes fonctionnant sur la logique cumulative permet, au contraire à chacun de commander des suffrages selon ses moyens. Certes, les plus riches peuvent répartir sur quinze ou vingt ans des milliers de messes tandis que les pauvres doivent se contenter souvent de moins de dix célébrations sur deux ou trois ans. Mais fondamentalement le geste reste le même et grâce aux messes cumulées,

---

[177] 1374, Avignon, Arch. Hosp. Fusterie B 29.
[178] 1434, Avignon-de Beaulieu 686 fo 326 vo.
[179] Apt-Pondicq 2 fo 39; Cavaillon-Rousset 60 fo 21; Avignon-de Beaulieu 744 fo 304 etc...

presque tous les chrétiens sont désormais assurés d'avoir le meilleur viatique pour l'au-delà.

A défaut de suivre statistiquement les progrès de cette pratique, il est possible d'esquisser une analyse qualitative. Or, une caractéristique essentielle de ces célébrations apparaît très vite : l'extraordinaire diversité des usages d'un lieu à l'autre, d'un individu à l'autre.

En Avignon, l'habitude de demander des suffrages par dizaines, cinquantaines ou centaines apparaît assez tôt, mais les testateurs marquent cependant une préférence très nette pour les cantars. A Cavaillon, en revanche, ce sont les trentains qui, dès le milieu du XIVe siècle, sont les plus employés tandis qu'à Apt il faut attendre pratiquement les années 1420 pour les voir apparaître et se multiplier. A Valréas, à Vaison ou à Orange, les messes chantées l'emportent aussi très nettement.

D'autre part, à fortune et à position sociale égales, les choix des testateurs, tout en suivant d'assez loin la coutume de la ville ou du village, sont très divers, font preuve assez souvent d'originalité.

Cette diversité des choix est révélatrice d'une mutation des fonctions respectives des clercs et des laïcs. Les messes répétitives imposent aux testateurs leurs usages, leurs rythmes, se présentent comme des institutions immuables, contrôlées étroitement par les clercs car c'est le caractère immuable et l'éternité supposée de l'institution ecclésiastique qui garantissent leur perpétuité.

Au contraire, les messes cumulées sont organisées selon le libre arbitre, parfois la fantaisie, de celui qui les ordonne. Les prêtres ne sont plus les garants et les ordonnateurs de célébrations perpétuelles. Ils sont seulement au service des fidèles à qui ils laissent finalement une part d'invention assez grande.

Le succès de ce nouveau type de messes pour les morts s'explique donc non seulement par leur prix, qui les rend accessibles à une très large majorité, mais encore par leur nature qui permet aux testateurs de les organiser librement et le plus souvent selon un schéma personnel. A partir du milieu du XIVe siècle, l'organisation des messes cumulées est donc comme investie par les laïcs; signe sans doute des progrès de la «christianisation», mais aussi d'une transformation du rôle de l'Eglise. Pour la première fois, le choix et les modalités de la célébration des messes appartiennent aux fidèles. Certes les clercs, pour des raisons à la fois pastorales et économiques, favorisent leur multiplication, mais ils n'ont plus totalement l'initiative. Tout se passe comme si les théologiens et les liturgistes contrôlaient désormais moins étroitement la piété eucharistique. Dans ses manifestations les plus concrètes, cette piété leur échappe un peu tandis qu'au contraire les nobles, les bourgeois et les artisans s'en emparent, se l'annexent, lui donnent certaines orientations inconnues jusque là. Cette intervention massive des laïcs explique peut-être les «aberrations» de la piété flamboyante, la comptabilité des indulgences, des reliques et des messes; elle contribue en tous cas à transformer radicalement le temps de l'au-delà puisqu'elle projette sur celui-ci une conception laïcisée de la durée et de l'histoire.

Comptabilités

Tentons de décrire avec précision la démarche comptable des testateurs. Malgré leur diversité, ces demandes de messes visent presque toujours à accumuler des suffrages dans les jours, les mois ou les années qui suivent le décès. Cette accumulation se fait selon des modalités particulières, utilise des moyens variés.

Dès le haut-Moyen Age le symbolisme des nombres a joué un rôle important dans les pratiques liturgiques. A la fin du XIIIᵉ siècle, Guillaume Durand donne une série d'explications symboliques, qui sont encore parfois reprises au XIVᵉ et au XVᵉ siècle :

> «D'autres célèbrent un office de trente jours... premièrement par ce que les enfants d'Israël pleurèrent Moïse et Aaron autant de jours... secondement parce que trois fois dix font trente: par le nombre trois nous entendons la Trinité, et par le nombre dix, les dix préceptes du Décalogue... Il y en a encore qui font durer l'office des morts quatre fois dix jours, ou quarante jours, afin que les péchés qu'ils ont commis contre la doctrine des quatre évangélistes et contre les dix préceptes de la Loi leur soient pardonnés... D'autres le célèbrent pendant cinquante jours, parce que... le nombre cinquante est le nombre parfait et désigne l'année jubilaire, c'est-à-dire le huitième âge où se trouveront la rémission des péchés... D'autres font un office de soixante jours, parce que la sexagésime désigne la douleur de l'Eglise à cause de l'absence de l'Epoux... Quelques uns encore célèbrent le centième jour, afin que les morts passent de la gauche à la droite, du combat au triomphe, de la terre au ciel, de la misère à la gloire, de la mort à la vie; car ils souhaitent l'éternelle béatitude, désignée par le nombre cent, au-delà duquel il n'y a plus de nombre...»[180].

---

[180] Guillaume Durand, *Rational des divins offices*, trad. Ch. Barthélémy, *op. cit.*, Livre VII, Chapitre XXXV, 8-13.

Mais les explications symboliques qui servent à justifier un certain nombre de demandes font aussi référence à des éléments beaucoup plus concrets. On exige par exemple cinq et sept messes en l'honneur des cinq plaies du Christ, et des sept joies de la Vierge[181]. Ou bien, comme cet habitant de Saint-Martin-de-Castillon, douze, sept, dix, onze et quarante messes en l'honneur successivement des douze apôtres, des sept ordres des anges, des dix-mille martyrs, des onze mille vierges, des quarante mille saints Innocents[182]! On est encore loin cependant des 5475 coups de verges reçues par le Christ au moment de la flagellation (d'après Olivier Maillard) ou des 231 plaies provoquées par les 77 triples épines de la couronne (selon le *Speculum Passionis*)[183]. Dans tous les cas, il s'agit d'obtenir, par le nombre symbolique, les mérites du Christ ou de la Vierge, l'intervention d'un ou de plusieurs intercesseurs.

Malgré cet usage proliférant du symbole, le testateur moyen paraît s'intéresser davantage à la quantité qu'au nombre. L'extrême précision des legs, l'utilisation de chiffres qui n'ont pas ou peu de signification symbolique (25, 75, 250, 375 etc.) montrent que les fidèles organisent le plus souvent leurs demandes de suffrages sur le modèle des comptabilités marchandes.

De façon très significative, ce sont les rites de l'année de deuil qui servent de point de départ à l'accumulation. Comme les messes de neuvaine et de bout-de-l'an, les messes cumulées ont pour fonction, non d'attendre le Jugement Dernier, mais de faciliter, le plus tôt et le plus vite possible, le « passage » individuel de celui qui les a ordonnées.

On cherche d'abord à multiplier les messes du jour des obsèques, de lendemain et de neuvaine. Il ne s'agit encore que d'une amplification des rites anciens. Dans une sorte de frénésie, le docteur en lois Pons Trenquier désire par exemple que l'on dise cinquante messes le jour de sa sépulture, depuis l'aube jusqu'à midi. Un marchand avignonnais exige 13 messes le jour de sa sépulture et de nouveau 13 messes le jour de la neuvaine[184]. La femme d'un fustier en demande 100 le jour de l'enterrement, et 100 le lendemain[185]; un paroissien de Saint-Agricol souhaite aussi en avoir 100 au moment des obsèques, et 100 le jour de la neuvaine[186] etc. D'autres testa-

---

[181] 1459, Apt-Pondicq 163 f⁰ 27 v⁰.

[182] 1488, Apt-Pondicq 231 f⁰ 10 v⁰.

[183] Exemples cités par E. Mâle, *L'art religieux en France, op. cit.*, p. 89.

[184] Testament de Pons Trenquier, 1439, Avignon-de Beaulieu 700 f⁰ 137; 1496, Avignon-Martin 492 f⁰ 356.

[185] 1429, Avignon-de Beaulieu 677 f⁰ 106.

[186] 1483, Avignon-Martin, 473 f⁰ 520.

teurs vont plus loin et cherchent à remplir au maximum le temps de neuvaine. En 1447 par exemple, l'évêque de Cavaillon demande que l'on célèbre 50 messes dans les neuf jours qui suivent son enterrement. Ses exécuteurs testamentaires respectent ses dernières volontés et répartissent les célébrations sur plus d'une semaine, non sans privilégier toutefois les jours d'enterrement et de neuvaine proprement dits[187]. Des laïcs n'hésitent pas à demander des suffrages en bien plus grand nombre que ce prélat : une femme originaire de Courthezon demande 100 messes «*dans les neuf jours qui suivent ses funérailles*»[188], un bourgeois d'Avignon en exige un millier (50 à Saint-Pierre, 150 aux Mineurs, aux Carmes et aux Augustins, 500 aux Prêcheurs)[189] etc.... L'accumulation ne se fait pas toujours selon un système décimal : une veuve désire quatre trentains (un «*de Notre Dame*», un de «*saint Grégoire*», un de «*sainte Catherine*», un de «*saint Claude*»)[190], tandis qu'un marchand de Béziers va jusqu'à en prévoir trente (10 trentains le jour de la sépulture, 10 trentains dans les deux jours qui suivent, 10 trentains le jour de la neuvaine)[191].

Des impossibilités matérielles (manque de prêtres, manque de temps etc.) contraignent parfois à dépasser le temps rituel traditionnel : un chanoine exige par exemple 200 messes à célébrer dans la «*neuvaine si c'est possible, sinon dans les quinze jours qui suivent*[192]»; Ainsi, peu à peu, les testateurs s'affranchissent des rythmes et des habitudes anciennes; à la fin du XVe siècle il n'est pas inconcevable de demander des messes pendant 15 jours, trois semaines, un ou plusieurs mois.

Comme la neuvaine, le bout-de-l'an est l'objet d'une amplification mathématique (on avait demandé 13, 100 ou 200 messes le jour de la neuvaine, on demande de la même façon 13, 100 ou 200 messes «*in fine anni*»[193]). Progressivement les testateurs cherchent à remplir l'année de deuil. Un prêtre par exemple souhaite que l'on célèbre 12 messes le

[187] 1447, Cavaillon-Liffran 16 fo 11 et suiv.

[188] 1351, BV ANO 32 fo 67.

[189] 1456, Avignon-de Beaulieu 738 fo 216.

[190] 1488, Avignon-Martin 470 fo 190 vo.

[191] 1441, Avignon-de Beaulieu 705 fo 316.

[192] 1448, Avignon-Martin 784 fo 11 vo. Le dépassement du temps de neuvaine est relativement fréquent : 100 messes en un moins en 1480, Avignon-Martin 46 fo 359; 300 messes dans les quarante jours in 1438, Avignon-Martin 788 fo 27 etc...

[193] 1476, Avignon-Martin 455 fo 9; 1483, Avignon-Martin 473 fo 520; 1496, Avignon-Martin 492 fo 356 etc...

lendemain de ses obsèques, et 12 messes aux octaves de Toussaint, de Pâques et de l'Assomption dans l'année qui suit[194]. La plupart des testateurs sont moins précis : ils demandent 100 à 2000 messes «*infra primum annum*», sans décrire dans le détail la répartition mensuelle ou journalière[195]. Certains choisissent cependant de faire dire un «*annuel*», c'est-à-dire une célébration journalière jusqu'au «*caput anni*»[196]. Cette pratique, attestée surtout au XVe siècle, peut elle-même subir une amplification mathématique : Giorgio Sareti, le drapier d'Asti, laisse par exemple plus de 200 florins pour faire dire dix annuels chez les Dominicains, les Franciscains, les Carmes, les Augustins et les Célestins d'Avignon, les Chartreux de Villeneuve et les quatre Ordres Mendiants de sa ville natale; ce riche bourgeois, qui manie lettre de change et comptabilité à partie double, ordonne aussi la création de 12 anniversaires chez les Frères Mineurs, mais il est significatif de le voir accorder finalement presque autant d'argent aux 3650 messes de la première année qu'aux douze anniversaires perpétuels[197].

Comme on l'a observé avec la neuvaine, certaines contraintes matérielles, l'habitude de la comptabilité poussent souvent les fidèles à dépasser le temps rituel qu'il soit de neuf jours ou d'un an. A partir des années 1380-1400, dans une majorité de testaments, les messes se répartissent sur deux, trois, quatre, parfois dix ou vingt années. Les choix les plus fréquents concernent des durées qui varient entre quatre et six ans[198], mais on trouve aussi deux groupes moins nombreux de testateurs qui étalent la célébration de leurs cantars ou de leurs trantains sur dix à quinze ans[199] ou sur vingt à trente ans[200]. Toutefois, aucune demande n'excède la trentaine d'années, comme si les testateurs pensaient que l'accumulation ne pouvait durer plus d'une génération.

La multiplication de ces pratiques révèle une transformation très sensible des images du «passage». Celui-ci désormais ne se réalise plus rituelle-

---

[194] 1 G 702 f⁰ 17.

[195] 1456, Avignon-Martin 238 f⁰ 329; 1494, Avignon-Martin 489 f⁰ 261 v⁰ etc...

[196] 1460, Avignon-de Beaulieu 746 f⁰ 244; 1461, Avignon-de Beaulieu 750 f⁰ 255 etc...

[197] 1420, Avignon-Martin 293 f⁰ 107 etc...

[198] 1398, E, Not. et Tab. 204 f⁰ 22 v⁰; 1403, Cavaillon-Rousset 63 f⁰ 107; 1405, Valréas-Evesque 201 f⁰ 14; 1409, Valréas-Petit 53 f⁰ 28 v⁰; 1419, Malaucène-Anrès 1052 f⁰ 18. Cf. aussi A.-M. Hayez, *Clauses pieuses, op. cit.*, p. 148.

[199] 1434, Apt-Pondicq 96; 1420, Apt-Pondicq 134 f⁰ 31; 1420, Malaucène-Anrès, 1052 f⁰ 23 v⁰; 1419, Valréas-Petit 56 f⁰ 6 etc...

[200] 1385, Valréas-Evesque 198 f⁰ 120; 1421, Apt-Pondicq 78 f⁰ 76; 1429, Avignon-Martin 210 f⁰ 68.

EXEMPLES D'ACCUMULATION DE MESSES À VALRÉAS (FIN XIVᵉ-DÉBUT XVᵉ SIÈCLE)

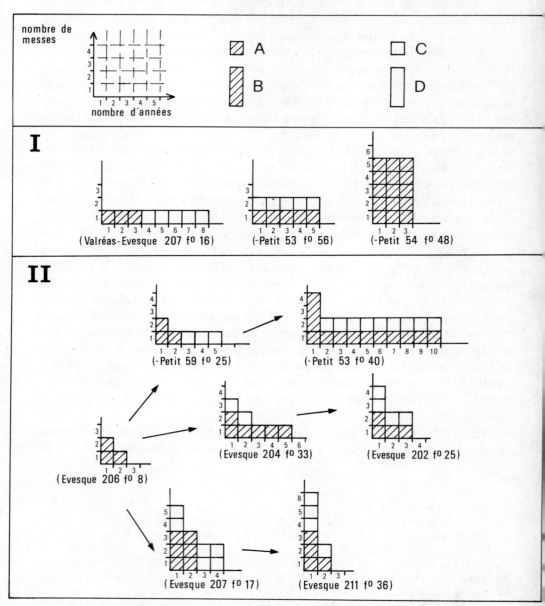

I. Types simples; II. Accroissement du nombre des messes pendant les premières années.

A : 1 messe chantée chez les séculiers; B : 1 trentain chez les séculiers; C : 1 messe chantée chez les Mendiants; D : 1 trentain chez les Mendiants.

ment en un an, mais possède une durée variable, que chaque testateur évalue, mesure, en organisant avec minutie la célébration des messes *pro mortuis*.

Bien mieux, les fidèles semblent penser désormais qu'ils ont les moyens de réduire ce temps de latence, d'attente ou de purgation, en accumulant le plus possible de suffrages dans les heures, les jours ou les mois qui suivent immédiatement le décès. Bon nombre de testateurs précisent qu'ils veulent des messes «*incontinente*», «*immediate post novenam*», «*continuellement pendant X mois*» ou «*le plus rapidement que l'on pourra*»[201].

A Valréas, si quelques fidèles demandent, sans plus de précision, des messes pendant trois, cinq ou huit ans, nombreux sont ceux qui concentrent leurs suffrages le premier mois ou la première année (cf. graphique nᵒ XXVI). Ce sont les plus riches qui ont, bien entendu, les moyens d'ordonner les plus savantes dispositions : G. Adhémar, sire de Grignan, désire par exemple, outre les cantars de neuvaine et de bout-de-l'an, un annuel de 365 messes basses et 1200 messes pendant les six années qui suivent l'année de deuil (cf. graphique nᵒ XXVII)[202]; avec moins de faste, mais en suivant la même logique, la très grande majorité des habitants de Valréas concentre ainsi, au plus près de la mort, les célébrations eucharistiques.

Le testament du sire de Grignan est du milieu du XVᵉ siècle, mais dès la fin du XIVᵉ une riche veuve nous donne l'exemple d'une extrême minutie mathématique : elle demande en effet 1485 messes qu'elle répartit entre les couvents et les églises de Valréas, de Bédoin et de Buis. Elle prend soin chaque fois de préciser le nombre des messes, leur prix, mais aussi le temps pendant lequel elles seront célébrées (quatre ans, huit ans, douze ans etc. à compter de sa mort). L'amoncellement de suffrages dans les années qui suivent le décès est organisé de façon très savante. Leur nombre va décroissant, presque de manière asymptotique, pendant les dix-huit ans prévus par la testatrice (cf. graphique nᵒ XXVIII). Il faut hâter le passage dans l'au-delà; au fur et à mesure que s'allège le poids des péchés, les suffrages se font moins nécessaires[203].

Ce témoignage reste cependant exceptionnel; la plupart des testateurs sont beaucoup moins précis. Il faut noter que ce ne sont pas obligatoire-

[201] 1423, Avignon-Martin 52 fᵒ 3; 1466, Avignon de Beaulieu 754 fᵒ 330 etc... R. Folz in *L'esprit religieux du testament bourguignon, op. cit.*, p. 19 indique que cette pratique est fréquente en Bourgogne et Franche-Comté.
[202] 1462, Pernes-Guillaume 294 fᵒ 141.
[203] 1391, Valréas-Evesque 196 fᵒ 108 vᵒ.

Graphique nº XXVII
LES MESSES CUMULÉES DANS LE TESTAMENT DE G. ADHÉMAR, SIRE DE GRIGNAN ET APS
(20 NOVEMBRE 1462; PERNES-GUILLAUME 294 Fº 141-169)

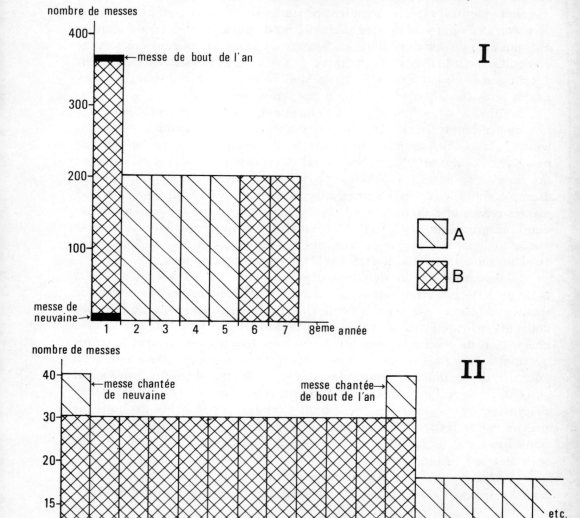

I. répartition globale par année; II. répartition mensuelle pour les deux premières années (une messe chantée = 10 messes basses).

A: messes chez les Mendiants; B: messes chez les séculiers.

Graphique n° XXVIII

LES MESSES CUMULÉES DANS LE TESTAMENT D'UNE RICHE VEUVE DE VALRÉAS
(1391, VALRÉAS-EVESQUE 196 F° 108 ET SUIV.)

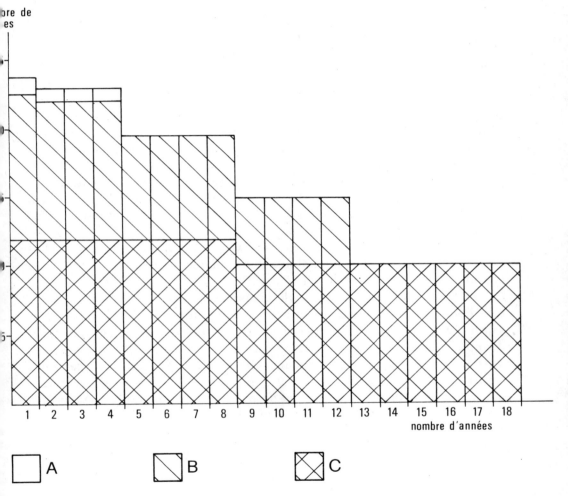

A : messes chez les réguliers anciens (O.S.B., Cist. etc.); B : messes demandées chez les séculiers; C : messes demandées chez les Mendiants.

ment les milieux les plus marqués par les notions de comptabilité et
d'accumulation (surtout les grands marchands avignonnais) qui pratiquent
le plus volontiers ces savants calculs, mais au contraire les classes moyennes (petits commerçants, artisans) des villes et des bourgs comtadins. Les
grands notables de la cité rhodanienne ont la possibilité de demander des
milliers de messes, mais ils s'en remettent souvent à leurs exécuteurs
testamentaires pour organiser le détail des célébrations, tandis que c'est à
Valréas que l'on trouve les exemples les plus précis et les plus significatifs
d'accumulation. Preuve sans doute que l'esprit comptable imprègne désormais toute la société.

Les progrès des messes cumulées n'entraînent pas, on l'a vu, une
disparition des messes répétitives, bien au contraire. On ne peut donc
prétendre qu'un système se substitue à l'autre. De très nombreux testaments, y compris ceux que l'on a déjà cités comme des exemples caractéristiques de la piété mathématique, prévoient les deux types de messes[204]. Les
fidèles tentent ainsi de concilier des images parfois contradictoires de
l'au-delà, du Jugement, du temps intermédiaire de purgation. Il est certain
cependant que la logique cumulative prend une importance de plus en plus
grande, devient le système dominant, conquérant.

A partir de 1360, mais surtout au XVe siècle, les messes perpétuelles
elles-mêmes se laissent comptabiliser, accumuler, mettre en équation : le
cumulatif parvient à contaminer le répétitif.

Plutôt que de fonder une seule chapellenie, bien des testateurs préfèrent donner une somme d'argent équivalente pour créer plusieurs anniversaires. Le cardinal de Foix par exemple fonde quatorze chapellenies et
dix-huit anniversaires[205]. Mais les membres de la famille Ortigues battent
sans doute les records en fondant 1000 messes annuelles perpétuelles
(contre 72 florins et 8 gros de cens)[206]. A Valréas, le nombre des testateurs
qui demandent une à trois messes perpétuelles diminue au cours du XVe
siècle, en revanche les fidèles qui créent plus de 4 anniversaires (parfois dix,
vingt ou même trente) sont de plus en plus nombreux.

---

[204] La riche veuve de Valréas demande par exemple deux anniversaires (cf. la note 203).
[205] 1464, Avignon-de Beaulieu 752 f° 434.
[206] 1403, 1 G 459 pièce 13.

L'AUGMENTATION DU NOMBRE DES ANNIVERSAIRES
À VALRÉAS AU XVe SIÈCLE

	1400-1450	1451-1499
Demandes de 1 à 3 messes perpétuelles (chantées généralement)	84%	52,8%
Demandes de 4 à 10 messes perpétuelles (chantées mais aussi, de plus en plus souvent, basses)	9%	29,8%
Demandes de 1o à 20 messes perpétuelles (basses le plus souvent)	3%	10,5%
Plus de 20 messes ou chapellenies	3%	7,9%
TOTAL . . .	100%	100%

Ainsi l'habitude de compter s'est étendue à l'obit, qui, s'il instaurait bien une certaine transaction entre Dieu et les hommes, était au départ tout à fait étranger à ce marchandage.

L'entrée du cumulatif et de la comptabilité dans les pratiques religieuses se fait donc lentement à partir de la fin du XIIIe siècle, au moment où, partout, on commence à mesurer plus exactement l'espace et le temps[207]. En Comtat, les communautés font délimiter avec précision leurs territoires entre 1250 et 1350[208]. Un traité d'arpentage, conservé à la Bibliothèque de Carpentras et datant de la seconde moitié du XIVe siècle, témoigne aussi des progrès considérables accomplis par les techniques de la mesure pendant ces quelques décennies jusque dans les bourgs et les campagnes[209]. Les horloges publiques apparaissent dans la seconde moitié du XIVe siècle et vers 1500 presque toutes les petites villes de la région en possèdent une[210]. L'appropriation par les hommes de l'espace et du temps, phénomène

[207] Cf. les deux articles de J. Le Goff, *Au Moyen Age : Temps de l'Eglise et temps du marchand*, in *Annales E. S. C.* 1960, p. 417-433, et *Le temps du travail dans la crise du XIVe siècle : du temps médiéval au temps moderne*, in *Le Moyen Age*, 1963, p. 597-613.

[208] Cf. par exemple les A. C. Cavaillon DD1 ou les A. C. du Thor, DD1 etc...

[209] P. Pansier, *Le traité d'arpentage de Bertrand Boysset*, in *Annales d'Avignon et du Comtat Venaissin*, 1926, p. 1-36.

[210] P. Achard, *Horloges publiques et les horlogers à Avignon et dans le département de Vaucluse*, sd. et R. Bailly, *Horloges et Beffrois vauclusiens* in *Mémoires de l'Académie de Vaucluse*,

culturel majeur de cette époque, explique assez l'introduction du chiffre, de la comptabilité dans des pratiques dévotionnelles où la part d'initiative laissée aux laïcs est de plus en plus importante.

Faut-il souligner que cette appropriation est aussi une désacralisation? Autrefois le temps n'appartenait qu'à Dieu! La comptabilité de l'au-delà contient donc à terme sa propre condamnation (Luther, et plus radicalement, les Lumières sauront bien le montrer). Au XIVᵉ et au XVᵉ siècle, elle n'est encore qu'un moyen pour apprivoiser et humaniser l'au-delà. Mais pourquoi cet apprivoisement, cette humanisation, se fait-elle d'abord sur le mode excessif de la répétition perpétuelle, de l'accumulation frénétique, des «aberrations» symboliques et quantitatives dénoncées par les Réformateurs et les historiens traditionnels?

Une fois encore, la chronologie fournit peut-être quelques éléments de réponse.

En Avignon comme dans le Comtat, on l'a vu, c'est très précisémment vers 1340-1380 que la logique de l'accumulation prend l'avantage; chez les riches, les gestes de largesse cèdent la place au désir de mesurer, d'organiser mathématiquement les suffrages pour les morts tandis que dans presque toutes les classes sociales se multiplient de façon extraordinaire les demandes de messes, de toutes les sortes de messes (répétitives, cumulées etc.).

Cette croissance est sans doute en partie le résultat d'une pastorale active et efficace : les clercs, en ouvrant les obituaires et les livres d'anniversaires aux marchands, aux artisans et aux riches laboureurs, en mettant à la portée de presque toutes les bourses la célébration des messes basses réussissent à démocratiser les suffrages pour les morts et par là même à mieux contrôler toutes les relations entre les vivants et les défunts, à imposer une nouvelle image de l'au-delà.

Mais cette explication, on le sent bien, ne suffit pas. La peste? Une fois encore ne lui imputons pas toutes les nouveautés et toutes les ruptures. Si la demande est aussi forte à partir de 1340-1380, c'est aussi parce qu'elle répond à un immense besoin : celui de créer des liens forts et efficaces entre ici-bas et au-delà au moment précis où, nous avons essayé de le montrer précédemment, les relations traditionnelles qui unissent les vivants aux morts sont remises en cause par les mortalités et les migrations. La

---

tome VIII, année 61-62, p. 65. Les deux premières horloges attestées en Avignon sont de 1336 et 1353, à la fin du siècle à Carpentras et à Apt, en 1405 à Pertuis, 1419 au Thor, 1441 à Orange, 1461 à Valréas, 1480 à l'Isle-sur-la-Sorgue etc...

situation d'orphelins où se trouve les hommes du XIVe et du XVe siècle peut expliquer, à elle seule, le caractère plus ou moins obsessionnel des demandes de suffrages[211]. Grâce aux messes, en effet la communication entre la part de la famille qui se trouve ici-bas et celle qui est déjà au-delà se poursuit. Pour le testateur à l'article de la mort, la messe devient pratiquement le seul support des échanges nécessaires entre les deux mondes. Le rite eucharistique, à l'occasion du trouble extraordinaire provoqué par les épidémies, les mutations démographiques et sociales, s'impose aux chrétiens du XVe siècle non plus seulement comme le «viatique» par excellence, mais aussi comme le dernier moyen de communication avec les *patres*.

*
* *

Une mutation profonde de la hiérarchie des œuvres s'opère donc lentement à partir du XIVe siècle.

Les gestes anciens de la croisade ou du pélerinage ne sont plus guère évoqués, la charité, peut-être parce qu'elle se sécularise, ne bénéficie plus que de dons modestes. En revanche, les demandes de messes se multiplient, accaparent la plus grosse partie du «prix du passage». Gardons nous d'interpréter cette évolution en terme de «décadence» ou de «déclin» de la piété. Si les legs modestes sont de plus nombreux, ce n'est pas parce que la foi des chrétiens faiblit, mais parce que le nombre de ceux qui peuvent donner augmente, s'élargit considérablement. La démocratisation de la préparation à la mort, qui est sans doute un des phénomènes majeurs de cette époque, explique la parcellisation et l'affaiblissement qualitatif et quantitatif des dons. (Les gestes charitables retrouvent d'ailleurs toute leur importance après le Concile de Trente, quand il faut réaffirmer, face à la doctrine de la justification par la foi, que les œuvres contribuent au salut). Pour l'heure, ce qui est essentiel, c'est moins d'exalter l'*opus misericordiae* que de multiplier les suffrages qui favorisent directement le passage des défunts dans l'autre monde.

Entre 1360 et le début du XVIe siècle, la messe devient donc le viatique essentiel. Au moment où les relations entre les morts et les vivants sont

---

[211] Cf. J. Chiffoleau, *Sur l'usage obsessionnel de la messe pour les morts à la fin du Moyen-Age* in *Faire croire; modalités de la diffusion et de la réception des messages religieux. XIIe-XVe siècles*, Actes du Colloque de Rome (juin 1979) à paraître dans la *Collection* de l'École française de Rome.

particulièrement troublées, ou même interrompues, elle institue rituellement des liens puissants entre les deux mondes. Grace à la messe l'Eglise
parvient à contrôler presque complètement les pratiques funéraires. La
célébration eucharistique se substitue aux liens et aux rites traditionnels,
bien plus qu'elle ne les «christianise» vraiment. Et si les clercs profitent de
cette situation, ils ne la maîtrisent pas entièrement. La pénétration des
logiques cumulatives, calquées sur les comptabilités marchandes, dans
l'organisation des cantars et des trentains le montre bien.

La mutation des œuvres et des rites, leur inscription nouvelle dans le
temps et l'espace, révèlent une mutation parallèle des croyances, de l'image
de la Puissance Divine, de l'au-delà.

CHAPITRE VI

LES TRANSFORMATIONS DE L'AU-DELÀ

Les rites funéraires évoluent, les relations traditionnelles entre les vivants et les morts se troublent ou même, dans certains cas, s'interrompent, le Salut ne passe plus par les mêmes œuvres qu'autrefois. Comment imaginer alors que Dieu et ses saints aient pour les chrétiens de la fin du Moyen Age exactement les mêmes attributs, les mêmes pouvoirs que pour les hommes du XIe ou du XIIe siècle? Comment croire que l'au-delà soit encore configuré comme au temps d'*Honorius Augustodunensis*? Tandis que se modifient peu à peu les gestes d'intercession, s'esquisse lentement une nouvelle définition du sacré.

L'Eglise, en offrant aux fidèles de nouvelles dévotions, en assurant la promotion de certains cultes, en favorisant des intercesseurs privilégiés, contrôle de façon très étroite ce réaménagement des rapports entre les hommes et l'autre-monde. Au cœur de la crise, elle fait preuve d'une extraordinaire capacité d'adaptation, sait proposer et imposer aux hommes fragiles du XIVe siècle et du XVe siècle des solutions nouvelles, originales, sans qu'il y ait pour autant de rupture avec la tradition.

On se contentera d'examiner ici deux de ces solutions : la première concerne les intercesseurs, la seconde l'au-delà. Depuis l'époque mérovingienne le culte des saints occupe une place essentielle dans les pratiques et les croyances religieuses, mais à la fin du Moyen Age la Cour céleste qui intercède pour les hommes auprès de la Divinité, change d'aspect. De même, la géographie et le temps de l'au-delà se précisent, se fixent, alors qu'ils étaient restés dans le flou jusque-là.

Or, le développement de nouvelles dévotions ne se fait jamais de manière parfaitement autonome. Dans une large mesure, il dépend des mutations qui affectent l'ensemble des structures mentales. Ici encore, le témoignage des testaments est précieux pour déterminer dans quelle mesure les transformations du culte des saints, de l'au-delà, et plus largement les progrès de la «christianisation» au XIVe et au XVe siècle, sont liés à l'angoisse, à la grande mélancolie de la fin du Moyen Age.

I – LA COUR CÉLESTE

«*Premièrement y doit estre la forme de paradiz, et en ce paradiz doit estre la sainte Trinité, et du père au filz ne doit avoir nulle différence, et le saint Esperit en forme d'une colombe, et Nostre Dame devant, selon qu'il semblera mieux au-dit maistre Enguerrand...*

Item du cousté de Notre Dame doit être l'ange Gabriel avec certaine quantité d'anges et de l'autre cousté, saint Michel, aussi avec aucune quantité d'anges, selon qu'il semblera mieulx audit maistre Enguerrand.

Item, de l'autre part, saint Jehan Baptiste avec autres patriarches et prophètes, selon l'adviz dudit maistre Enguerrand...

Item, du cousté droit doivent estre saint Pierre et saint Pol avec certaines quantités d'autres apostres;

Item, cousté, saint Pierre doit être ung pape martyr auquel l'ange tiendra la tierre sur la teste, ensemble saint Estienne et saint Laurens en habit de Dyacres cardinaux, avec aussi d'autres martirs à l'ordonnance dudit maistre;

Item du cousté saint Jehan Baptiste seront les confesseurs, c'est assavoir saint Grégoire en la forme d'un pape comme dessus, et deux sains cardinaulx, ung viel et un jeune, et saint Agricol et saint Hugue evesque...

Item du cousté saint Pierre doit estre sainte Catherine avec certaines autres vierges selon l'advis dudit maitre Enguerrand;

Item, la part saint Jehan Baptiste, la Magdelene et les deux Maries Jacoli (sic) et Salome...

Item, doit avoir en Paradiz dessudit de tous estas du monde à l'ordonnance dudit maistre Enguerrand...»[1].

Le prix-fait du *Couronnement de la Vierge* de Villeneuve-lès-Avignon a été établi devant notaire le 24 avril 1453. C'est un témoignage exemplaire sur l'image qu'un chanoine d'Avignon peut se faire de l'au-delà et des Puissances qui l'habitent.

Le Paradis de Jean de Montagnac est très peuplé : non seulement Dieu, la Vierge et les principaux saints sont présents, mais aussi une multitude d'anges et de bienheureux («*chérubins et séraphins*», «*certaine quantité*

---

[1] *Prix-fait du Couronnement de la Vierge, op. cit.,* p. VIII-IX-X. Sur ce tableau cf. J. Chiffoleau, *La croyance et l'image; notes sur le Couronnement de la Vierge de Villeneuve-les-Avignon,* in *Études Vauclusienne,* 1980.

d'anges», «autres patriarches et prophètes», «autres apôtres», «autres saints martirs», «autres vierges» etc.). Et le peintre, Enguerrand Quarton, a merveilleusement su remplir l'espace réservé au ciel : bleues et rouges, les hiérarchies angéliques entourent la Vierge, puis les apôtres, les disciples, les martyrs, les fondateurs et la multitude des saints se pressent pour accueillir les élus. Grâce au réalisme de la représentation, les intercesseurs sont des êtres proches, familiers, bien différents de ceux que l'on voit aux tympans des églises romanes.

Les testaments des comtadins confirment cette image nouvelle. Les invocations, les recommandations, le succès de certaines dévotions confraternelles ou personnelles, les retables ou les objets liturgiques offerts par les plus riches témoignent à la fois des rapports intimes que les fidèles entretiennent avec leurs intercesseurs et de la multiplication de ces derniers. De véritables légions de saints viennent désormais au secours des chrétiens toujours menacés par les entreprises des démons.

Il n'est pas question ici de faire une étude exhaustive du culte des saints, mais seulement d'esquisser quelques traits de cette «Cour céleste» ou cette «Cour supérieure» qu'évoquent si souvent les préambules des actes avignonnais ou comtadins.

Dieu

Dieu apparaît très peu dans les testaments; il reste lointain, presque inaccessible. C'est peut-être que ces «passeports pour l'au-delà» visent moins à implorer directement la clémence divine qu'à établir, grâce aux saints, une série de médiations assurant un bon passage dans l'autre monde.

Le Père est seulement évoqué dans la *commendatio anime*. Il apparaît en *Creator*, en *Judex*, mais surtout peut-être en *Dominus*. Les qualificatifs sont traditionnels : on évoque le *«très haut créateur»* ou le *«Dieu tout-puissant»*. Quelques formulaires font encore allusion au Dieu-Juge de l'Apocalypse et à sa *«fureur terrible»*[2] mais ces références ne sont que les vestiges affaiblis du temps, déjà ancien, où l'eschatologie jouait un rôle fondamental dans la piété des fidèles.

La remise de l'âme à Dieu est loin cependant d'être une clause de style. Elle se fait selon des modalités qui évoluent entre le XIIIᵉ siècle et le XIVᵉ siècle et qui révèlent peut-être une mutation très lente de l'image du Père dans l'esprit des chrétiens.

---

[2] Cf. chapitre II, p. 109-110.

Au XIIe et au XIIIe siècle la *commendatio* est vécue comme un geste féodal : on «*se donne*», corps et âme, à Dieu et au monastère où l'on sera enterré, on «*rend*» son âme à Dieu, comme s'il s'agissait d'un fief[3]. Dieu est le Suzerain, le *Dominus* par excellence.

A partir de la fin du XIIIe siècle cet aspect, sans disparaître complètement, passe au second plan. On se «*recommande*» davantage semble-t-il parce que l'on espère en la bonté de Dieu que parce que l'on est son vassal. Le Dieu féodal est toujours présent mais l'importance de plus en plus grande accordée par l'Eglise et les fidèles au Fils finit sans doute par tirer davantage la première personne de la Trinité vers ses attributs «paternels» que vers ses fonctions de suzeraineté. Le Juge terrible fait place peu à peu au Juge compatissant.

Les dévotions christologiques sont très importantes dans la piété des testateurs. L'Eucharistie surtout est l'objet de prières et de dons presque systématiques. Après l'institution de la Fête-Dieu en 1264[4], le culte du *Corpus Domini* connaît un succès grandissant. En Comtat Venaissin, les papes favorisent sa diffusion : Jean XXII par exemple dote la Fête-Dieu d'une octave, compose et indulgencie des prières au Saint Sacrement[5]. A la fin du XIVe siècle, la *Festo de Diou* est célébrée dans presque toutes les villes de la région. Elle se mêle parfois d'éléments folkloriques : en 1373, à Apt, les comptes du trésorier signalent la présence de «*cavals frust*», c'est-à-dire de danseurs déguisés en cavaliers et montant des chevaux de bois[6]. De leur côté, les conciles encouragent la communion des malades et des agonisants, promettent des indulgences à ceux qui accompagnent le Saint Sacrement[7] etc...

Plus significatif encore est le développement des confréries dédiées au *Corpus Christi*. Comme dans le Languedoc rural, les premiers groupements confraternels qui apparaissent en Comtat se mettent souvent sous ce patronage. On trouve une confrérie du Corps du Christ à Orange en 1324, à

---

[3] *Cartulaire de Trinquetaille, op. cit.*, cart. n° 130 et 1226, E, Duché de Caderousse n° 63 (1), pièce n° 3.

[4] A. Lazzarini, *Il miracolo di Bolsena, Testimonianze e Documenti dei secoli XIII e XIV*, Roma, 1952. Sur le culte eucharistique cf. E. Dumoutet, *Corpus Domini*, Paris, 1952.

[5] B. Guillemain, *La cour pontificale, op. cit.*, p. 99-133.

[6] Cité par Rose, *Etudes historiques et religieuses sur le XIVe siècle, ou tableau de l'Eglise d'Apt sous la cour papale d'Avignon*, Avignon, Aubanel, 1842, p. 638-639 (mentions de fêtes-Dieu en 1367, 1370 et 1373 dans les comptes du trésorier de la communauté; N. Coulet me signale toutefois que des recherches récentes dans les archives d'Apt ne lui ont pas permis de retrouver ces mentions).

[7] Cf. chapitre II, p. 118.

Carte XVI

CONFRÉRIES DU CORPS DU CHRIST

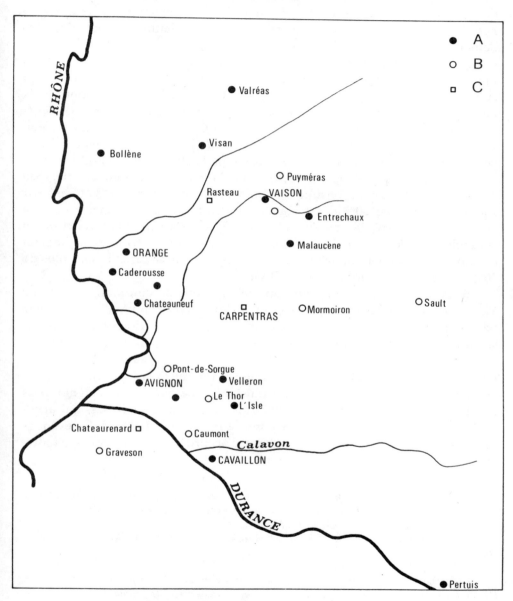

A : attestées au XIVᵉ siècle ; B : attestées après 1400 ; C : attestées après 1450.

Entrechaux en 1327, à Cavaillon en 1330, à Malaucène en 1348, à Velleron et Caderousse en 1368, à Pertuis, Valréas et Vaison en 1376, 1378, 1380[8] etc.. Au total les testaments à eux seuls permettent de retrouver la trace de plus de vingt-cinq associations qui non seulement se chargent d'organiser la Fête-Dieu, mais aussi doivent accompagner les défunts à leur dernière demeure.

A défaut d'une confrérie, presque toutes les paroisses possèdent un luminaire. A Caderousse ou aux Taillades, à Bollène ou à Malaucène le don au «*cierge du Corps du Christ*» est rituel. Bien d'autres signes montrent la piété des testateurs : certains, on l'a vu, désirent se faire enterrer «*là où le prêtre met les pieds quand il élève le Corps du Christ*»[9], d'autres font un don spécial «*au brandon qui accompagne le Corps du Christ quand il processionne dans la ville*»[10], quelques-uns prévoient même l'achat d'une custode[11].

Cette dévotion se répand surtout pendant les deux premiers tiers du XIVe siècle. Elle peut ensuite décliner très nettement : à Valréas, par exemple, alors que 60% des testateurs font un legs au luminaire ou à la confrérie vers 1380, ils ne sont plus que 5% à 8% vers 1430. Ailleurs, en revanche, les dons font des progrès constants : vers 1380, 20% seulement des aptésiens donnent de la cire ou de l'argent au luminaire, ils sont plus de 70% vers 1480 (cf. graphique n° XXIX)!

Sans négliger un certain nombre de solutions de continuité (le cas de Valréas est à cet effet significatif), et même en tenant compte des conditions particulières au XVIe siècle (contestation réformée du dogme de la trans-substantiation), il est clair que la dévotion au Saint Sacrement de l'époque post-tridentine prend racine dès la fin du XIIIe siècle, quand se développent les confréries du Corps du Christ et que se généralise la Fête-Dieu.

La dévotion à la Vraie Croix est plus ancienne encore[12]. A Saignon près d'Apt, il existe une relique, peut-être rapportée par des croisés, qui attire toujours à la fin du Moyen Age, de nombreux pélerins. En 1365, les évêques de la région réunis en concile décident d'accorder quarante jours d'indul-

---

[8] Cf. J. Chiffoleau *Les confréries, la mort et la religion en Comtat Venaissin* in *Mélanges de l'Ecole française de Rome* (Moyen Age/Temps Modernes, 1979/2), cf. annexe n° III.

[9] 1383, Valréas-Evesque 194 f° 30. Cf. L'annexe.

[10] 1361, Apt-Pondicq 2 bis fo 23; 1387, Isle-Roussel 15 f° 37 v°v°; 1311, Avignon, ms Calvet, 2095 pièce 17 etc...

[11] 1468, Apt-Pondicq 278 f° 32.

[12] E. Delaruelle, *Le crucifix dans la piété populaire et dans l'art, du VIe au XIe siècle* in *Etudes Ligériennes d'histoire et d'archéologie*, et repris dans *La piété populaire au Moyen Age*, Torino, Bottega d'Erasmo, 1975, p. 27-39.

Graphique n° XXIX

ÉVOLUTION CONTRADICTOIRE DES LEGS EN FAVEUR DU
CORPUS CHRISTI À VALRÉAS ET À APT

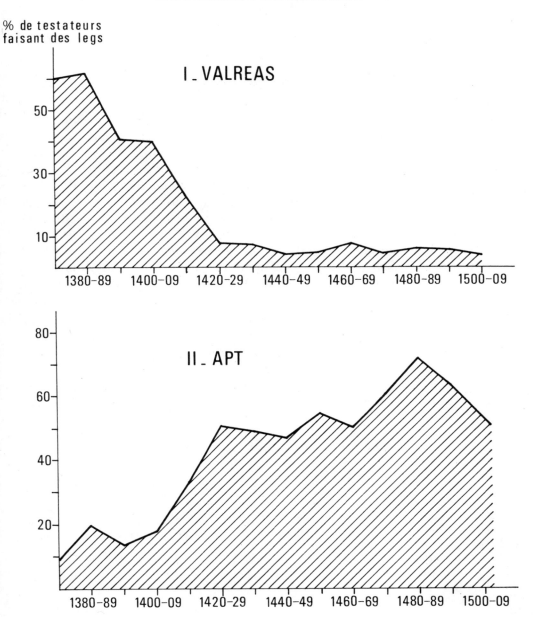

gence à ceux qui visiteront le sanctuaire aux fêtes de l'Invention et de l'Exaltation de la Croix[13]. Tout au long du XVe siècle, les testateurs d'Apt et des villages voisins font de nombreux legs pour restaurer ou reconstruire le reliquaire[14]. A défaut d'une relique la plupart des églises comtadines possèdent au moins une chapelle, un autel ou une confrérie dédiée à la Croix[15]. En Avignon les testateurs qui font des legs aux différentes confréries placées sous ce vocable sont de plus en plus nombreux (cf. le graphique n° XXX).

Mais plus encore que la croix c'est le crucifix qui est évoqué, signe de l'intérêt grandissant porté aux derniers moments du Christ. On a déjà rencontré des indices de cette nouvelle dévotion : quelques testateurs se font lire les évangiles de la Passion quand ils entrent en agonie, d'autres, à l'heure de rendre des comptes, invoquent «*la Très Sainte Passion*», certains enfin demandent des messes «*in honorem Passionis Jhesus Christi*»[16]. Beaucoup plus rarement un testateur évoque les «*cinq plaies du Christ*»[17], ou un autre le «*Précieux Sang*» (ce dernier testateur, il est vrai, est originaire de Cambrai et peut avoir une dévotion particulière pour la relique de Bruges). Au total ces témoignages restent peu nombreux.

Certes, on sait que les papes et le clergé en général favorisent ce culte[18] et le correspondant de Datini nous apprend que l'on donne parfois sur les places publiques des représentations de la mort et de la résurrection du Christ :

> «*Le 7 de ce mois, de nombreux artisans d'Avignon qui avaient de l'argent de reste ont représenté un jeu, c'est-à-dire la Passion de Notre Seigneur mis en croix, et cela pendant les trois jours de la Pentecôte... Je vous raconterai brièvement les trois choses les plus importantes : d'abord, deux cents hommes pour faire ce jeu, avec tant d'hommes costumés et tant d'hommes armés que personne ne pourrait le dire;*

---

[13] Mansi, *Sacrorum conciliorum, op. cit.,* XXVI, col. 446-447.

[14] Cf. p. 416.

[15] Chapelles dédiés à la Croix à Cavaillon (1462, Cavaillon-Rousset 174 f° 92), à Valréas (1398, Valréas-Evesque 259 f° 198), à Apt (chez les Frères Mineurs, 1465, Apt-Pondicq 29 f° 104 v°), en Avignon (à St. Pierre, 1380, 9G 34 n° 750; à St. Geniès, 1479, Avignon-Martin f° 227 v°; à N.-D.-la-Principale, 1432, Avignon-de Beaulieu 683 f° 33; chez les Prêcheurs, 1426, Avignon-Martin 299 f° 41 v°; chez les Mineurs, 1429, Avignon-de Beaulieu 677 f° 211; à Saint-Symphorien, 1491, Avignon-Martin 778 f° 118 v°).

[16] 1449, Avignon-de Beaulieu 727 f° 505 et 1439, Avignon-de Beaulieu 700 f° 137.

[17] 1427, Avignon-Martin 97 f° 20 20; la recommandation au Précieux Sang se trouve en 1435, Avignon-Martin 87 f° 580.

[18] B. Guillemain, *La Cour pontificale, op. cit.,* p. 133.

Graphique n° XXX

ÉVOLUTION DES LEGS AUX CONFRÉRIES DE LA CROIX ET DU
SAINT ESPRIT DANS LES DIFFÉRENTES ÉGLISES D'AVIGNON

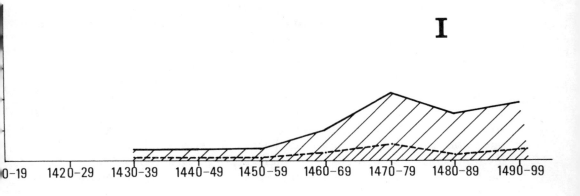

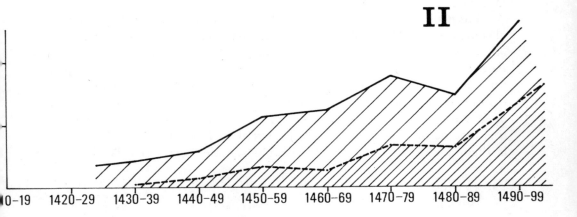

I. Confréries du Saint Esprit chez les Mineurs, les Carmes et à Notre-Dame la Principale;
II. Confréries de Sainte Croix chez les Mineurs, et à Notre-Dame la Principale.

A : % de testateurs faisant des legs par rapport à l'ensemble des testateurs; B : % de testateurs
faisant des legs par rapport à l'ensemble des testateurs qui font un legs aux confréries.

deuxièmement, aux Prêcheurs, sur la place tant d'estrades, pour contenir les hommes et les femmes qui pendant deux jours y assistèrent sans désemparer, avec tant de bannières, de tapis, de toiles peintes, que le roi de France ne pourrait pas donner un plus beau spectacle. Jamais on ne fit une fête aussi royale; c'était une chose magnifique que de la voir! Il y avait dix mille à douze mille personnes pour voir cela... Et on mit un homme en croix comme Notre Seigneur. Il en coûta plus de mille écus, à ce qu'on dit. Il y avait dix ans que ce jeu n'avait pas été donné»... (Juin 1400)[19].

De grands notables, Pierre Cadard, Thomas de Faret, Dominique Panisse, les Peruzzi, des chanoines, demandent des tableaux représentant la Crucifixion[20]. Sur le retable de Boulbon, actuellement au Louvre, le Christ sort de son tombeau entouré des attributs de la Passion. Mais le «pathétique» dont parlent les historiens de l'art et de la spiritualité[21], s'il imprègne les représentations figurées et la littérature religieuse (encore faudrait-il le vérifier statistiquement), semble moins marquer les pratiques quotidiennes, au moins celles dont témoignent les testaments. C'est le Corps du Christ triomphant plus que le Dieu sanglant de la Passion qui est au centre des images mentales et des pratiques.

La troisième personne de la Trinité, et la Trinité elle-même, sont absentes des actes notariés. Certes, des chapelles ou des autels sont dédiés au Saint Esprit et il arrive qu'un testateur fasse une invocation au Saint Paraclet[22]. Les clercs encouragent aussi cette dévotion en célébrant chaque semaine des messes «*in honorem Sancti Spiritus*», en commandant une fresque, un retable (Jean de Montagnac, dans le prix-fait du *Couronnement de la Vierge* insiste sur «*le saint esprit en forme de columbe*»)[23]. Mais il est très rare qu'un testateur implore directement l'Esprit Saint. La subtilité de la théologie du Dieu en trois personnes semble échapper à la plupart des

---

[19] R. Brun, *Annales Avignonnaises, tirées des Archives Datini, op. cit.,* t. XV, p. 35-36.

[20] Cf. P. Pansier, *Les peintres avignonnais, op. cit.,* p. 231, 233, 144-147, 115 etc... cf. aussi Labande, *Les Primitifs français, op. cit.*

[21] Cf. E. Mâle, *L'art religieux, op. cit.,* p. 85-144 et E. Delaruelle, *La Spiritualité aux XIVe et XVe siècle,* in *Cahiers d'Histoire Mondiale,* Neuchâtel 1959, p. 59-70, repris dans *La Piété populaire au Moyen Age, op. cit.,* p. 402-404.

[22] Autels ou chapelles du Saint Esprit, attestés à Valréas (1385, Valréas- Evesque 194 f⁰ 120), à Apt (1404, Apt-Pondicq 60 f⁰ 12 v⁰), aux Carmes d'Avignon (1443, Avignon-de Beaulieu 710 f⁰ 122). Une fresque représentant le Saint Esprit se trouve aux Carmes d'Avignon (1466, Avignon-Martin 260 f⁰ 124 v⁰) etc...

[23] *Prix-fait du Couronnement de la Vierge, op. cit.,* p. VIII.

comtadins; le Père et le Fils accaparent l'attention des fidèles. Toutefois, on a déjà noté que ,de nombreuses œuvres charitables et certaines confréries avaient été mises, dès le XIIᵉ siècle, sous le patronage de l'Esprit[24]. On ne peut oublier non plus que la Provence a été travaillée par les idées spirituelles et joachimites[25].

Si la troisième personne de la Trinité inspire et protège de préférence les œuvres collectives, parfois marquées du sceau de l'eschatologie, il est normal qu'on ne la rencontre guère dans les testaments où s'affirme au contraire l'individualité de ceux qui les dictent.

La Vierge

Si Dieu reste lointain, malgré sa Passion parmi les hommes, la Vierge, elle, demeure la Grande Consolatrice, celle dont l'intercession est la plus recherchée.

Dans la *commendatio anime* elle suit toujours immédiatement le Père (sous la forme : «*je recommande mon âme à Dieu tout puissant et à la Bienheureuse Marie toujours Vierge...*») et il n'est pas un testament où elle ne soit évoquée plusieurs fois.

Chaque église la révère par une chapelle où les fidèles demandent parfois à se faire enterrer et vers laquelle affluent les offrandes. Au début du XIVᵉ siècle, le don à la «*chandelle de Notre Dame*» qui brûle perpétuellement sur l'autel fait toujours partie des legs rituels auxquels les testateurs ne peuvent se soustraire. Dans les petits villages de la région d'Apt par exemple (Saint-Martin, Viens, Céreste, Monnieux, Caseneuve, Roussillon, Lagnes, Cabrières, etc.) le luminaire de la Vierge est constamment cité, en même temps que celui du Corps du Christ et que le cierge pascal[26].

D'autres indices montrent l'attachement des fidèles à la Mère de Dieu. Plus de trente confréries (dont dix-huit dans la seule ville d'Avignon) sont consacrées à Notre Dame. Certaines sont anciennes (à Carpentras par exemple, ou en Avignon, la confrérie de Notre-Dame du Portail-Peint), d'autres beaucoup plus récentes. Il est impossible de déceler, au cours des deux siècles étudiés, un affaiblissement ou un essor du culte. Un exemple :

[24] Cf. chapitre V, p. 274-276.
[25] Cf. R. Manselli, *Spirituali e beghini in Provenza*, in *Studi Storici*, 31-34, Roma, 1959.
[26] Luminaires dédiés à Notre-Dame à Saint-Martin (1374, Apt-Pondicq 8 fᵒ 23 vᵒ), Viens (1455; Apt-Pondicq 225 fᵒ 4 vᵒ), Céreste (1432, Apt-Pondicq 139), Caseneuve (1369, Apt-Pondicq 5 fᵒ 82), Roussillon (1397, Apt-Pondicq 68 fᵒ 51) etc...

Carte XVII

CONFRÉRIES DE NOTRE DAME

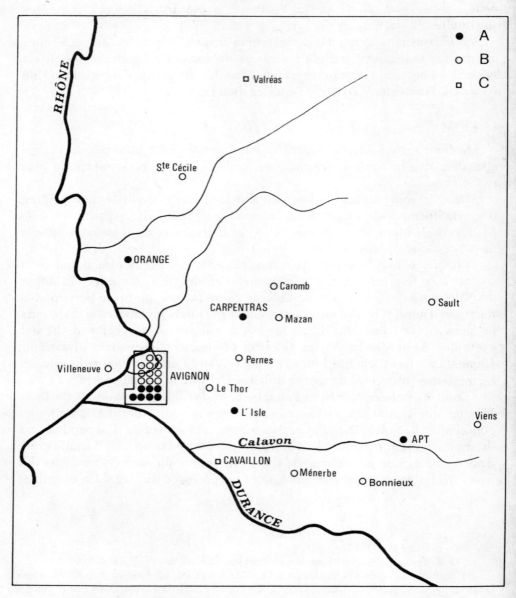

A : attestées au XIVe siècle ; B : attestées après 1400 ; C : attestées après 1450.

Graphique n° **XXXI**
ÉVOLUTION DES LEGS À LA CONFRÉRIE DE L'ANNONCIATION
CHEZ LES MINEURS D'AVIGNON

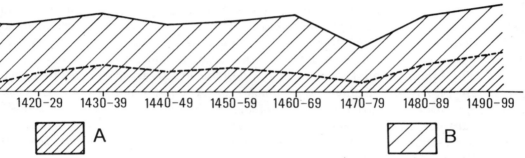

A : % de testateurs faisant un legs par rapport à l'ensemble des testateurs; B : % de testateurs faisant un legs par rapport à l'ensemble des testateurs qui font un legs aux confréries.

pendant tout le XVᵉ siècle le nombre des testateurs qui font un legs à la confrérie de l'Annonciation chez les Frères Mineurs d'Avignon (et qui font sans doute partie de ce groupement) reste stable (cf. graphique n° **XXXI**).

C'est aussi la Vierge qui est le sujet principal de la plupart des images, fresques ou retables, demandées par les testateurs. Même quand elle est représentée au pied de la Croix où meurt son fils, c'est elle qui, pour le donateur, est au centre de la composition picturale (de façon significative le commanditaire demande en général «*une image de la Vierge avec le Crucifix*» ou bien «*une image de Notre Dame avec son fils sur la croix*»[27]).

Les testaments révèlent bien d'autres aspects de la piété mariale, des legs de patenôtres aux demandes de «*Salve Regina*»[28]. Mais la Vierge elle-même offre des visages différents à la dévotion des fidèles.

Les *Pietà* de Tarascon et de Villeneuve témoignent de la diffusion du culte de la Vierge Douloureuse en Basse Provence et en Comtat. Ces deux

[27] Cf. par exemple le prix-fait pour Catherine Moine (1377 Avignon-Vincenti 244 fᵒ 39) cité par P. Pansier, *Peintres avignonnais, op. cit.*, p. 32-33.
[28] Legs de patenôtres très nombreux, cf. par exemple 1385, Valréas-Evesque 192 fᵒ 169; 1411, Valréas-Petit 54 fᵒ 29. Demande de *Salve Regina* in 1458, Avignon-Martin 248 fᵒ 157.

retables représentent sans doute deux traditions différentes (la Vierge de Villeneuve est calme, presque résignée, celle de Tarascon est au contraire en proie à une sorte de déploration agitée[29]), mais ils cherchent l'un et l'autre à faire participer les fidèles au deuil tragique de la mère du Christ : «*O, vous tous qui passez sur cette terre, arrêtez-vous et voyez s'il est une douleur plus grande que la mienne!*»[30].

C'est peut-être la difficulté qu'éprouvent les hommes du XVe siècle à organiser et à vivre le deuil de leurs propres parents qui explique l'écho rencontré par des représentations pathétiques, images par excellence du deuil maternel. Toutefois, dans les testaments et les prix-faits, la Vierge de Pitié apparaît tardivement : sous forme d'une fresque à Valréas vers 1411[31], d'un luminaire au Thor vers 1430[32], de tableaux à Tarascon et à Villeneuve en 1457-1460[33], d'autels ou d'images en Avignon (chez les Augustins, à Saint-Didier, Notre-Dame-la-Principale et Saint-Geniès[34]), et à Sorgues[35] dans les années 1480-90. Au total on a retrouvé plus d'une dizaine de représentations de ce type, datant presque toutes des deux derniers tiers du XVe siècle.

Les dévotions mariales sont loin cependant de se limiter à ces aspects douloureux. A regarder de près les différents noms des chapelles, images, confréries dédiées à la Vierge, on constate vite que les historiens de l'art et de la spiritualité, frappés par quelques grandes œuvres, ont peut-être exagéré les aspects pathétiques du culte :

[29] Sur ces deux tableaux conservés au Louvre et au Musée de Cluny cf. l'article de Ch. Sterling, *La piéta de Tarascon*, in *La Revue des Arts*, 1955, p. 25-46.

[30] Il s'agit de l'inscription se trouvant sur la retable de Villeneuve, cf. L.-H. Labande, *Les Primitifs français, op. cit.* p. 194-195.

[31] 1411, Valréas-Petit 54 f⁰ 30.

[32] Le Thor-Grangier 2 f⁰ 93 v⁰.

[33] Cf. l'article de Ch. Sterling, cité à la note 29.

[34] 1469, Avignon-Martin 264 f⁰ 64 v; 1474, Avignon-Martin 72 f⁰ 28 r⁰; 1494, cité par L.-H. Labande, *Les primitifs français, op. cit.*, p. 235; 1498, cité par Labande, *Les primitifs français, op. cit.*, p. 236.

[35] 1482, cité par P. Pansier, *Peintres avignonnais, op. cit.*, p. 217-218.

	Nombre de chapelles dédiées à	Nombre de confréries dédiées à	Nombre d'images dédiées à	Nombre de retables dédiés à	Nombre total dédié à
N.D. de Pitié	2	2	2	5	11
N.D. de Miséricorde	–	–	1	1	2
N.D. de Consolation	3	1	3	1	8
N.D. d'Humilité . . .	1	1	1	1	4	16
N.D. d'Espérance . .	1	1	–	–	2
N.D. d'Annonciation .	5	2	1	7	15
Vierge à l'Enfant . .	–	–	–	5	5
N.D. de l'Assomption	3	2	–	1	1	33
Couronnement de la Vierge	–	–	–	4	4
N.D. des Anges . . .	1	1	1	–	3
Divers	5	11	3	2	21
TOTAL . . .	21	21 (10 confréries sont dédiées à N.-D. sans précision)	12	27	81

Les Mystères joyeux sont souvent représentés. Dans le cycle de la vie de la Vierge, conçue comme un modèle d'humilité et de perfection, ce sont les scènes de l'enfance et surtout l'Annonciation que les testateurs mentionnent le plus fréquemment : il n'est pas une église paroissiale ou conventuelle qui n'ait sa chapelle, ou au moins son retable, représentant la visite de saint Gabriel. A Valréas c'est une fresque qui se trouve dans la chapelle saint-Nicolas[36], à l'Isle-sur-la-Sorgue un retable installé sur le grand autel[37], chez les Mineurs de Tarascon un triptyque commandé par les religieux eux-mêmes[38]. A Carpentras, dans les années 1442-43, les membres de la confré-rie des notaires ne manquent pas de mentionner dans leur testament un menu legs à l'œuvre du «*retabulum Nunciationis noviter construendo in*

[36] 1369, Valréas-Petit 50 (11 août).
[37] 1437, Isle-Roussel 304 f° 69, cité par P. Pansier, *Peintres avignonnais, op. cit.*, p. 172-173.
[38] 1429, cité par L.-H. Labande, *Les Primitifs français, op. cit.*, p. 254.

presenti civitate in ecclesie sancti Syffredi»[39]. En Avignon les Augustins, les Franciscains, les Dominicains, la paroisse Notre-Dame la-Principale possèdent aussi une chapelle dédiée à l'Annonciation[40]. En 1429, Pierre de la Denière, écuyer du comte de Provence, fait faire une fresque représentant le même sujet au-dessus de son tombeau, dans le couvent des Prêcheurs. En 1482, c'est le tour de Jean Boucicaut, chez les Célestins[41], etc..

Bref, sans que soient demêlés ici les problèmes de circulation des modèles iconographiques, il apparaît bien que le thème de *«l'annonce faite à Marie»* est encore beaucoup plus répandu que celui de la Vierge de pitié. C'est la maternité joyeuse plus que la maternité douloureuse qui est offerte à la méditation des fidèles et qui semble le plus susciter leurs dévotions. D'autres épisodes de la vie de la Vierge sont parfois évoqués (Nativité, Adoration des Mages, Mort, Assomption). Le tombeau du cardinal La Grange par exemple développe sur cinq registres les principales fêtes de la Vierge (Naissance, Annonciation, Nativité, Purification, Couronnement)[42].

A partir du milieu du XVe siècle, le thème de la Vierge en majesté, couronnée par l'Esprit Saint, attire particulièrement les commanditaires et les peintres. Le chanoine Jean de Montagnac (en 1453) mais aussi l'abbesse du monastère Sainte-Claire (1461), et même un marchand avignonnais (1473) veulent ainsi exalter la puissance de la Reine du Ciel[43]. Toutefois, dans le cas du *Couronnement* de Villeneuve-les-Avignon il existe un décalage assez net entre les intentions du commanditaire et la réalisation du peintre. Le premier, versé en théologie, insiste sur le Paradis, sur Dieu en trois personnes, et subordonne en quelque sorte la Vierge à cette présence divine :

> *«Premièrement y doit estre la forme de Paradiz, et en ce paradiz doit estre la sainte Trinité, et du père au filz ne doit avoir nulle diffrence, et le saint Esperit en forme de colombe, et Notre Dame devant, selon qu'il semblera mieulx au-dit maistre Enguerrand; à laquelle Notre-Dame la Sainte Trinité mettra la couronne sur la teste»*[44].

---

[39] 1442, Carpentras-Bérard 202 f⁰ 187, cité par P. Pansier, *Peintres avignonnais, op. cit.,* p. 154.

[40] 1455, Avignon-Martin 238 f⁰ 205; 1490, Avignon-Martin 482 f⁰ 308; 1447, Avignon-Martin 720 f⁰ 485; 1482, Avignon-Martin 472 f⁰ 241.

[41] 1429, Avignon-Vincenti 500 f⁰ 60 et P. Pansier, *Peintres avignonnais, op. cit.,* p. 22.

[42] Cf. chapitre III, p. 174 et suiv.

[43] Cf. P. Pansier, *Peintres avignonnais,* p. 80-87 et L.-H. Labande, *Les Primitifs, op. cit.,* p. 244. Labande cite aussi un couronnement de la Vierge d'un artiste inconnu dans la cathédrale de Carpentras (*idem,* p. 173-174).

[44] *Prix-fait du Couronnement de la Vierge, op. cit.,* p. VIII.

Le second, en revanche, fait de la Vierge le personnage principal du tableau, le centre autour duquel s'organise toute la Cour Céleste. Le peintre traduit sans doute mieux que le savant chanoine la place prépondérante, essentielle que la Vierge occupe désormais dans les croyances et les pratiques dévotionnelles (ne va-t-on pas, dans d'autres régions, jusqu'à représenter le Couronnement de Marie sans l'Esprit Saint, ou même l'Epi-phanie sans Jésus![45]).

Que la Vierge douloureuse soit invoquée quand la mort et le deuil frappent toute une société à coups redoublés n'est pas pour nous surprendre. Mais sans doute faut-il encore moins s'étonner de voir la Vierge souveraine et maternelle attirer les dévotions les plus nombreuses en un temps où les liens familiaux sont détruits ou remis en cause. Il n'est pas question de rechercher ici les racines psychologiques profondes du culte marial, mais il est au moins probable que la situation de déracinés et d'orphelins où se trouvent alors la majorité des fidèles favorise cet élan vers la Mère protectrice[46].

Notre Dame de Miséricorde (ou de Consolation) ouvre donc largement son manteau et accueille les orphelins de la Grande Crise. Si le thème de la «Vierge au manteau» semble avoir été lancé dès le début du XIIIe siècle – peut-être par le cistercien Césaire de Heisterbach[47] – sa diffusion et sa transformation à la fin du Moyen Age ne peuvent s'expliquer que par le traumatisme profond issu des pestes, des migrations, du déracinement, de la «perte des ancêtres». Chez Césaire, la Vierge ne protégeait que les Cisterciens, désormais elle accueille l'humanité toute entière.

Dans la région comtadine, l'une des premières mentions de la Vierge de Consolation se trouve dans la *Vie* de sainte Dauphine, dans le dernier tiers du XIVe siècle:

> *«E aparec lhi la vergis Maria presencialmen aqui mezeys, lhieys confortan; la part de son mantel lhi estendia, dizen: «no vuelhas temer, filha mia, vergis Dalphina, que hieu e mon Filh, que t'a per espoza elegida, dels quals demandas ajutori, am tu serem, per so que ta*

[45] E. Delaruelle, *La vie religieuse dans les pays de langue française à la fin du XVe siècle*, in *Actes du colloque d'histoire religieuse de Lyon*, Lyon, 1963, repris dans *La piété populaire au Moyen Age, op. cit.*, p. 451.

[46] Sur la Vierge de Miséricorde cf. L. Silvy, *L'origine de la Vierge de Miséricorde* in *Gazette des Beaux Arts*, 1905 et P. Perdrizet, *La Vierge de Miséricorde*, Paris, 1908.

[47] *Idem*, qui cite Césaire de Heisterbach, *Dialogus Miraculorum*, VII, 58.

virginitat ces tota taca gardem. De la qual cauza fo mot consolada e confortada, e d'aquel loc se levesc»[48].

Dauphine refuse les liens de la chair ici-bas, mais la Mère de Dieu vient lui dire qu'elle fait partie désormais de la famille divine («*Mon Filh t'a per espoza elegida*»).

Bien peu de comtadins ont sans doute les craintes de Dauphine mais le message que délivrent les retables du XVᵉ siècle ressemble à celui de la *Vie* occitane. Dans le moindre petit village de campagne (Grillon, Pernes), comme dans presque chaque paroisse urbaine (N.-D. la Principale, St. -Agricol en Avignon)[49] la Vierge de Consolation protège et rassemble la multitude des abandonnés, annonce qu'elle peut les conduire en Paradis, là où vit la grande famille des saints. Et sous le manteau se pressent tous les états du monde, pape et marchands, seigneurs et laboureurs. Le retable célèbre peint à la demande de Jean Cadard en 1452 par Enguerrand Quarton et Pierre Villate (pour les Célestins d'Avignon mais actuellement au Musée Condé à Chantilly) est peut-être le témoignage le plus éclatant à la fois du trouble des consciences et de la puissance protectrice et consolatrice de la religion en cette fin du Moyen Age[50].

Hiérarchies célestes, apôtres et disciples

Au début du XIVᵉ siècle, les invocations des formulaires ne s'adressent guère qu'à «*Dieu, à Notre Dame et à toute la Cour Céleste*», sans plus de précision.

Peu à peu, les «*anges, archanges, apôtres, évangélistes, martyrs et confesseurs*»[51] sont appelés au secours des pécheurs et vers 1460-1480 les testateurs dictent aux notaires des listes d'intercesseurs souvent fort longues (un chanoine d'Avignon réclame par exemple l'aide de «*sainte Catherine, sainte Marguerite, sainte Marie-Magdeleine, sainte Marie mère de Jacques, sainte Marie Salomé, saint Michel, saint Gabriel, saint Raphaël, Saint Pierre, saint Paul, saint Thomas, saint André, saint Jacques, saint Mathieu, saint Marc, saint Luc*»[52]).

---

[48] *Vies occitanes de saint Auzias et de sainte Dauphine, op. cit.*, p. 140.
[49] Pernes, 1474, Pernes-Guillaume 622 fᵒ 7 vᵒ; Grillon, 1411, Valréas-Petit 54 fᵒ 2; N.-D.-la-Principale, 1483, Avignon-Martin 473 fᵒ 456; Saint-Agricol, 1456, Avignon-Martin 243 fᵒ 87.
[50] Cf. L.-H. Labande, *Les Primitifs français, op. cit.*, p. 176-177.
[51] Cf. par exemple en 1465, Avignon-Martin 257 fᵒ 1 (2ᵉ cahier).
[52] 1471, Avignon-Martin 244 fᵒ 91 vᵒ.

Construites comme des litanies, ces listes restent relativement stéréotypées. Anges ou apôtres, les intercesseurs qui apparaissent dans le formulaire ne semblent pas être vraiment l'objet de dévotions particulières; ils sont
seulement cités au début de l'acte parce qu'ils occupent une place éminente
dans la Cour céleste.

Saint Michel est évoqué presque systématiquement. Cette dévotion
connaît partout un regain de faveur dans la deuxième moitié du XIVe
siècle[53]. On a vu, dans un chapitre précédent, les adolescents d'Avignon et
du Comtat partir brusquement en pélerinage au Mont Saint-Michel «au
péril de la mer»[54], et il n'est pas une église de la région qui ne possède son
autel, son luminaire, ou son cimetière dédié à l'archange psychopompe,
guide des âmes vers le Paradis[55].

Raphael et Gabriel sont mentionnés moins souvent, de même que les
autres ordres angéliques. Nulle trace d'ange-gardien. Malgré l'expression
d'«*exercitu angelorum*» qui apparaît parfois, les archanges, les chérubins, les
séraphins, les trônes, les dominations ressemblent moins désormais à une
milice de messagers et de guerriers célestes qu'à une cour pacifique, régie
par une étiquette précise et organisée davantage autour de la Vierge
qu'autour de Dieu lui-même (voyez toujours le retable d'Enguerrand Quarton). Le caractère terrible et quelque peu angoissant des hiérarchies célestes placées par Denis l'Aréopagite au-dessus des hiérarchies terrestres
semble ainsi s'atténuer peu à peu.

Les apôtres, les disciples, les évangélistes font aussi partie de ces
intercesseurs cités dans l'invocation initiale en raison de leur place près de
la Divinité.

Pierre et Paul sont mentionnés comme premiers constructeurs de
l'Eglise universelle, Luc et Marc, Mathieu et Jean comme messagers de la
Bonne nouvelle etc.. Mais ici encore, si l'on se réfère au seul témoignage des
testaments, on ne voit pas que ces saints aient fait l'objet de dévotions
personnelles, originales.

A défaut de mentions de prières ou d'invocations, le choix des prénoms
pourrait fournir un indice. Dans quelle mesure les apôtres sont-ils choisis
comme saints patrons et protecteurs? Au XIVe siècle, à Cavaillon et à Apt

---

[53] E. Delaruelle *L'archange Saint Michel dans la spiritualité de Jeanne d'Arc*, in *Millénaire
monastique du Mont Saint-Michel*, vol. II, Paris, 1967, repris dans *La piété populaire au Moyen
Age, op. cit.*, p. 389-400.

[54] Cf. chapitre V p. 293-294.

[55] Cf. chapitre III, p. 156.

par exemple, seuls Pierre, Jean et Jacques apparaissent parmi les dix prénoms masculins les plus usités :

APT (sur 130 testateurs des années 1340-1400)	CAVAILLON (sur 694 noms de la liste de 1322 [56])
1. Guillaume (15) 2. *Pierre* (14) 3. *Jacques* (12) 4. Raymond (11) 5. Bertrand (10) 6. *Jean* (10) 7. Rostang (6) 8. Hugues (6) 9. Pons (4) 10. Antoine (4)	1. Guillaume (110) 2. Raymond (101) 3. Bertrand (92) 4. *Pierre* (86) 5. Pons (51) 6. *Jean* (41) 7. *Jacques* (37) 8. Rostang (28) 9. Hugues (24) 10. Alfant (20)

Ce sont aussi ces trois apôtres (surtout Jean et Jacques) qui sont honorés le plus souvent par des chapelles ou des autels [57] et qui donnent leur nom à un certain nombre de confréries (cf. carte n° XVIII).

Ces saints occupent une place fondamentale dans le panthéon chrétien, les fidèles ne peuvent les négliger, mais il est clair que dans les testaments ils attirent moins les dévotions particulières que certains thaumaturges et fondateurs locaux ou que les nouveaux protecteurs découverts à l'occasion d'une peste, d'un miracle, d'un voeu exaucé.

Saints du terroir et saints patrons

Les testaments révèlent parfois l'attachement des fidèles à des saints qui ont joué un rôle important dans la christianisation de la région.

Ainsi par exemple saint Véran, dont les reliques sont transférées en grande pompe de Vaucluse à Cavaillon en 1311 est-il l'objet de prières et de

---

[56] A. C. Cavaillon, DD2, 6.

[57] En Avignon, on trouve par exemple des chapelles ou des autels dédiés à saint Jacques chez les Mineurs (1431, Avignon-Martin 216 f° 100), les Prêcheurs (1436, Avignon-Martin de Beaulieu 691 f° 114), chez les Augustins (1469, Avignon-Martin 264 f° 77), à saint-Pierre (1420, Avignon-Martin 293 f° 98) à Saint-Didier (1449, Avignon-de Beaulieu 723 f° 87), à Saint Agricol (1361 9 G 26 f° 95), à Notre-Dame-la-Principale (1472, Avignon-Martin 264 f° 203).

Carte XVIII

CONFRÉRIES DE SAINT JEAN ET DE SAINT JACQUES ATTESTÉES AU XVe SIÈCLE

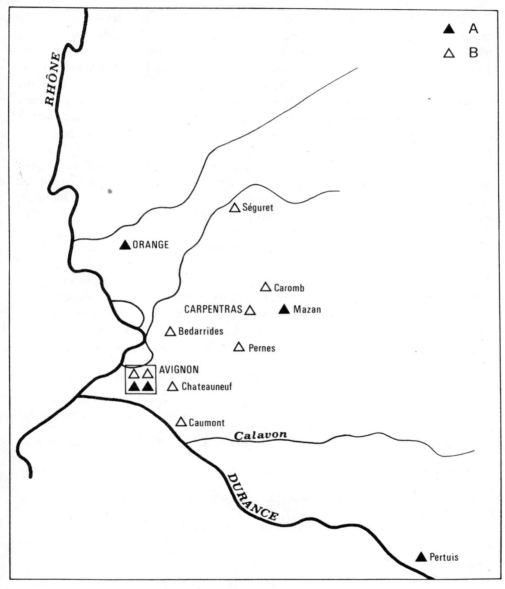

A : confréries dédiées à saint Jacques; B : confréries dédiées à saint Jean.

dons. Des chapelles et une confrérie lui sont dédiées[58]. Il en va de même pour saint Agricol, saint Castor, saint Syffrein qui sont souvent cités parmi les intercesseurs de l'invocation, au début des testaments avignonnais, carpentrassiens et aptésiens.

Sainte Marthe possède évidemment des autels et des chapelles dans de nombreuses églises comtadines[59]. Les saintes Maries de la Mer sont honorées dès la fin du XIVe siècle, donc bien avant que le roi René n'ait procédé à l'élévation solennelle de leurs corps[60]. Dans un codicille du 2 février 1384, le marchand avignonnais Jean Teysseire promet trois manteaux aux trois saintes («*cuilibet earum, unum mantellum de cirico folratum sive duplicatum de taffatano semel tantum*»)[61]. Parfois certains testateurs étrangers apportent avec eux un saint de leur pays d'origine (ainsi les Damiani font construire une chapelle saint Second, en l'honneur du martyr d'Asti[62]).

Parfois, ce sont des saints contemporains des testateurs qui sont invoqués. Les fidèles ont d'ailleurs vite fait d'établir, avant même les autorités ecclésiastiques, la sainteté d'un homme ou d'une femme de bien. Bernard Rascas, par exemple, le fondateur de l'hôpital Sainte-Marthe, est considéré dans de nombreux actes de la pratique comme *beatus*[63].

Quant à Pierre de Luxembourg, son intercession est sollicitée avant même qu'il soit canonisé.

Mais le cas le plus clair est sans doute, au début du XIVe siècle, celui d'Auzias et de Dauphine de Sabran. Ces deux nobles de la région aptésienne décidèrent, quoique mariés, de vivre dans la plus parfaite chasteté. Des guérisons, des miracles divers et une vie ascétique établissent leur réputation de sainteté dès leur vivant[64]. Les procès de canonisation ont lieu en

---

[58] Cf. la chapelle et la confrérie Saint Véran à Cavaillon même existent depuis le début du XIVe siècle (cf. annexe III). Une église Saint Véran est mentionnée à Lagnes (Isle-Roussel 152 fo 70).

[59] Par exemple à l'Isle-sur-la-Sorgue (1390, Avignon-Martin 488 fo 209) ou à Saint-Didier en Avignon (1371, H. Sainte-Praxède 47 no 47).

[60] Cf. V. Saxer, *Le culte de Marie-Madeleine en Occident des origines à la fin du Moyen Age*, Paris-Auxerre, 1959, p. 238-239.

[61] Cité par J. Girard, *Un marchand avignonnais au XIVe siècle*, in *Mémoires de l'Académie de Vaucluse*, 1910, p. 26.

[62] 1441, Avignon-Martin 102 fo 11; 1457, Avignon-Martin 250 fo 497, etc...

[63] 1466, Avignon-Martin 260 fo 99, signalé aussi par J. de Font-Reaulx, in *L'hôpital Sainte-Marthe, à propos du 6e centenaire de sa fondation (1354-1954)*, Avignon, Imprimerie Ruillière, 1957.

[64] A. Vauchez, *La religion populaire dans la France méridionale d'après les procès de canonisation* in *Cahier de Fanjeaux* no 11, Toulouse, Privat, 1976, p. 91-107.

1351-52 et 1363, l'élévation solennelle des reliques en 1373 et 1382[65]. Très vite, grâce à la propagande des Frères Mineurs chez qui sont enterrés les deux saints (et peut-être aussi grâce à la diffusion de *vitae* latines et occitanes), le culte se répand dans la région, sans jamais cependant parvenir à sortir de ce cadre régional. Les testaments nous apprennent que des luminaires dédiés à saint Auzias et sainte Dauphine existent à Apt, Gordes, Saignon[66]. Les Franciscains de Valréas, l'Isle-sur-la-Sorgue, Avignon contribuent aussi à populariser le nouveau culte[67]. Des confréries à Apt et à l'Isle se mettent sous la protection de saint Auzias[68] et les testateurs lèguent de l'argent pour construire le reliquaire[69]. Tout en restant limités à une mince fraction de la population aptésienne, les dons aux luminaires des deux saints se font de plus en plus nombreux au cours du XVe siècle (cf. graphique n° XXXIII p. 388) tandis que les prénoms d'Auzias et de Dauphine deviennent courants (en 1340-1400, le prénom d'Auzias arrive en 18e position dans la liste des prénoms masculins, mais en 1400-1450 il passe au 9e rang, et en 1450-1500, il est au 6e rang).

Les testateurs font rarement allusion à leur saint patron (sauf quand ils demandent un retable où ils sont justement présentés par leur saint favori[70]). Dans bien des cas, le saint protecteur n'est pas celui dont on porte le prénom[71]. Il faut donc rester très prudent dans l'analyse statistique des prénoms (dont le choix est de plus très largement déterminé par des traditions familiales). Il reste que la vogue de certains intercesseurs, on l'a vu avec le cas d'Auzias, ou le déclin de certains autres, ne fait pas de doute si l'on regarde par exemple la situation à Apt en 1348-1400, 1400-1450, 1450-1500 :

---

[65] Rose, *Etudes historiques et religieuses, op. cit.*, p. 446 et 519.

[66] 1382, Apt-Pondicq 53 f° 13; 1466, Apt-Pondicq 201 f° 151.

[67] 1462, Valréas-Evesque 240 f° 86 v°; 1454, Avignon-de Beaulieu 753 f° 605.

[68] 1371, Apt-Pondicq 22 f° 20; 1391, Isle-Roussel 49 f° 81 v°.

[69] Cf. chapitre V p. 301.

[70] Cf. par exemple le retable commandé par P. Cadard où sa femme est représentée par sainte Catherine et lui-même par saint Sébastien (L.-H. Labande, *Les primitifs français, op. cit.* p. 235).

[71] 1417, Cavaillon-Rousset 100 f° 38 v° où Monet Beroard parle de saint Véran «*patrono suo*». Dans les statistiques qui suivent on a distingué Monet de Raymond dans la mesure où il nous a semblé que l'usage des deux prénoms était bien distinct aussi.

Liste des 15 prénoms masculins les plus employés à Apt		
1348 – 1400 sur 130 prénoms	1400 – 1450 sur 260 prénoms	1450 – 1500 sur 274 prénoms
1. Guillaume (15)	1. Antoine (40)	1. Jean (42)
2. Pierre (14)	2. Pierre (28)	2. Antoine (30)
3. Jacques (12)	3. Jean (26)	3. Pierre (30)
4. Raymond (11)	4. Guillaume (21)	4. Guillaume (20)
5. Bertrand (10)	5. Jacques (18)	5. Jacques (17)
6. Jean (10)	6. Monet (17)	6. Auzias (14)
7. Rostang (6)	7. Bertrand (16)	7. Bertrand (8)
8. Hugues (6)	8. Rostang (8)	8. Monet (8)
9. Pons (4)	9. Auzias (8)	9. Isnard (8)
10. Antoine (4)	10. Hugues (8)	10. Barthélémy (7)
11. Barthélémy (3)	11. Pons (5)	11. Rostang (5)
12. Monet (3)	12. François (4)	12. Mathieu (5)
13. Mathieu (3)	13. Louis (4)	13. Claude (5)
14. Bernard (2)	14. Olivier (4)	14. Pons (5)
15. Isnard (2)	15. Isnard (3)	15. Honoré (4)

Liste des 10 prénoms féminins les plus employés à Apt		
1348 – 1400 sur 63 prénoms	1400 – 1450 sur 169 prénoms	1450 – 1500 sur 113 prénoms
1. Alasacie (6)	1. Alasacie (25)	1. Jeanne, Jeannette (15)
2. Sancie (6)	2. Catherine (23)	2. Catherine (12)
3. Catherine (5)	3. Mone, Monette (10)	3. Antonia (8)
4. Béatrice (4)	4. Marguerite (10)	4. Béatrice (8)
5. Douce (4)	5. Béatrice (8)	5. Alasacie (5)
6. Jacoba (3)	6. Sancie (7)	6. Marguerite (5)
7. Huga, Huguette (3)	7. Rixende (6)	7. Huga, Huguette (5)
8. Mone, Monette (3)	8. Jeanne, Jeannette (6)	8. Aleyrette (4)
9. Rixende (2)	9. Dauphine (5)	9. Dauphine (4)
10. Rostagne, Raymonde Girarde (2)	10. Agnés, Antonia, Huga, Huguette (4)	10. Jacoba, Rixende, Marie, Mone (3)

Pendant près d'un siècle et demi, quelques prénoms connaissent un succès constant (Pierre, Jacques, Catherine, Béatrice), certains voient leur influence diminuer un peu (Guillaume, Alasacie) ou beaucoup (Raymond, Rostang, Pons, Sancie, Douce); d'autres enfin font une percée remarquable (Jean, Jeanne, Jeannette, Antoine, Antonia, Antoinette, Auzias).

Il faut noter que les prénoms qui disparaissent peu à peu n'évoquent pas des saints très importants; il s'agit le plus souvent de prénoms «féodaux», très employés au XIIᵉ et XIIIᵉ siècle et qui se transmettaient dans la même famille de génération en génération. En revanche les prénoms qui conservent leur avantage ou connaissent un succès important font référence aux apôtres (Pierre, Jean, Jacques) mais surtout à des saints dont on connaît par ailleurs la popularité au XIVᵉ siècle et au XVᵉ siècle (Catherine, Antoine).

Ce fait, dont on ne peut tirer des conclusions trop importantes, révèle peut-être une mutation, ou plutôt des ruptures dans les habitudes familiales : on ne donne plus forcément aux enfants les prénoms de leurs parents, grands-parents, oncles et tantes (indice, peut-être d'une mutation des structures familiales elles-mêmes?). Mais c'est aussi un témoignage d'attachement nouveau aux saints patrons, qui sont alors choisis parmi les intercesseurs les plus connus et les plus sollicités (signe cette fois de la plus grande «christianisation» de la société à la fin du Moyen Age?) A l'exception notable de saint Sébastien, ce sont donc les «nouveaux intercesseurs» qui obtiennent le plus de succès.

Les «nouveaux intercesseurs»

Une dizaine d'intercesseurs, certains connus depuis fort longtemps, attirent brusquement les dévotions de nombreux fidèles au XIVᵉ siècle et au XVᵉ siècle. C'est en cela seulement qu'on les dit ici «nouveaux». Ils forment deux groupes, dont les fonctions répondent très étroitement aux préoccupations de l'époque : d'un côté les intercesseurs masculins (saint Christophe, saint Antoine, saint Sébastien), protègent les populations de la mort subite, de la peste, des épidémies; de l'autre les vierges (sainte Catherine, sainte Lucie, sainte Cécile, sainte Agnès, sainte Dauphine) offrent leur vertu et leur virginité en exemple au moment même où, semble-t-il, le nombre des femmes célibataires s'accroît et où le retard de l'âge au mariage implique une plus forte ascèse sexuelle[72].

En Avignon, comme en Comtat, les images de saint Christophe, dont la seule vue protège de la mort subite, se multiplient au cours du XIVᵉ et du XVᵉ siècle. On trouve déjà cet étonnant protecteur sur les fresques de Pernes à l'extrême fin du XIIIᵉ siècle, puis dans la Salle de l'Audience au Palais Apostolique et dans la demeure de l'évêque à Boulbon[73]. Bientôt les

---

[72] J. Hajnal, *European Marriage patterns in perspective* in *Population in History, Essays in Historical Demography*, Londres, Arnold, 1965, p. 101-143, repris par P. Chaunu, *Le temps des réformes, op. cit.*, p. 47-93.

[73] Cf. L.-H. Labande, *Les primitifs français, op. cit.*, p. 169 et 198-199 et, du même, *Avignon au XVᵉ siècle, op. cit.*, p. 8.

Carte XIX
LES CONFRÉRIES DÉDIÉES À SAINT SÉBASTIEN

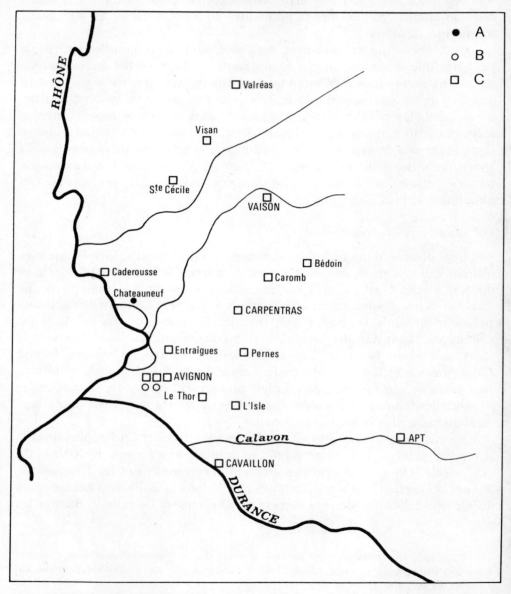

A : confréries attestées avant 1400; B : confréries attestées entre 1400 et 1450; C : confréries attestées après 1450.

rues, voire les tavernes portent son nom[74]. Il est représenté sur le pignon d'une maison, à l'intérieur de l'église Saint-Didier, dans le cimetière de Saint-Symphorien, au-dessus de la porte de l'hôpital de Notre-Dame de Nazareth[75]. Les donateurs demandent que des retables et des vitraux lui soient consacrés[76]. Une riche famille de marchands fonde une chapelle en son honneur chez les Augustins[77] etc.. Mais, curieusement, son culte reste purement «visuel»; point de confrérie ni de mention dans les invocations rituelles. Tout se passe comme si l'église hiérarchique ne soutenait que du bout des lèvres cette dévotion qui, selon certains, passait déjà pour superstitieuse.

Malgré la présence toute proche de Saint-Antoine-en-Viennois, le culte de l'ermite guérisseur a laissé peu de trace dans les testaments. Une dizaine de confréries cependant sont placées sous sa protection, aussi bien dans les villes (Avignon, Apt, Orange, Cavaillon, L'Isle-sur-la-Sorgue etc...) que dans les petits villages (Bédoin, Entraigues, Mazan, etc., cf. l'annexe n° III). L'extraordinaire vogue du prénom à Apt montre bien aussi la place éminente occupée par ce saint dans les pratiques quotidiennes et les croyances.

Mais le grand protecteur, c'est saint Sébastien dont le culte se développe lentement à partir du milieu du XIVe siècle, en même temps que s'installe la peste dans les villes et les campagnes[78]. Deux chapelles dédiées à saint Sébastien sont attestées en Avignon (à Saint-Agricol et à Saint-Pierre) dès 1355 et 1361[79]. En 1382 et 1391 apparaissent deux nouvelles mentions pour Apt (Saint-Pierre) et l'Isle-sur-la-Sorgue (Franciscains)[80], ainsi qu'une première confrérie à Chateauneuf-du-Pape[81] et un premier retable à Saint-Saturnin-d'Apt[82]. Au XVe siècle le luminaire, l'autel ou la chapelle à Saint-

---

[74] P. Pansier, *Dictionnaire des anciennes rues d'Avignon*, Avignon, Roumanille, 1930, p. 223-224.

[75] P. Pansier, *Dictionnaire...*, *op. cit.*, p. 192; Saint-Didier : 1452, Avignon-de Beaulieu 730 f° 34; Saint-Symphorien : 1449, Avignon-Martin 237 f° 118; Hôpital : 1461, Avignon-Pons 1394 f° 114 v° etc...

[76] P. Pansier, *Peintres avignonnais*, *op. cit.*, p. 20 et 22.

[77] 1450, Avignon-de Beaulieu 712 f° 638 et f° 510.

[78] Le culte de saint Sébastien est ancien, mais ce n'est vraiment qu'à partir de la seconde moitié du XIVe siècle qu'il se répand dans toute la Chrétienté, cf. E. Mâle, *L'art religieux*, *op. cit.*, p. 188-189.

[79] 1355, 8 G 6 ou 8 G 26 f° 160-161; 1361, 9 G 35 n° 754.

[80] 1382, Apt-Pondicq 12 f° 4; 1391, Isle-Roussel, 49 f° 9 v°.

[81] Cf. les annexes n° III et VII.

[82] Cf. l'annexe n° VII.

Graphique n° XXXII
ÉVOLUTION DES LEGS AUX CONFRÉRIES DE SAINT SÉBASTIEN
DANS LES ÉGLISES D'AVIGNON

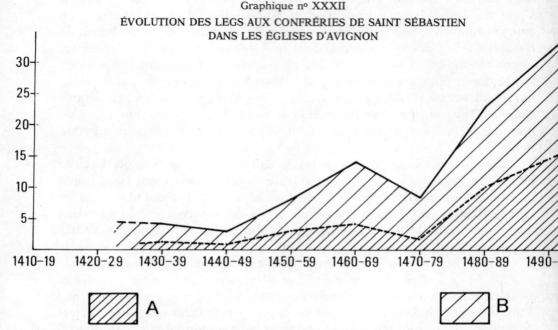

A : % de testateurs faisant un legs par rapport à l'ensemble des testateurs; B : % de testateurs faisant un legs par rapport à l'ensemble des testateurs qui font un legs aux confréries.

Sébastien semblent être la règle dans la plupart des églises paroissiales ou conventuelles. Au hasard des testaments on relève la présence de luminaires à Malaucène, Courthezon, Crestet, Ansouis, Goult, Caseneuve, Gordes, Bonnieux, Sault, Saint-Saturnin, de chapelles ou d'autels en Avignon (à N.-D. des Doms, Saint-Agricol, Saint-Pierre, chez les Franciscains, les Dominicains, les Augustins etc.) mais dans aussi dans les villages (à Visan, Cairanne, Caumont etc., cf. l'annexe n° VII). Dix-neuf confréries, dont seize attestées seulement après 1450, une dizaine de retables, le plus souvent exécutés à la demande des confrères, montrent le succès considérable de ce culte dans les dernières décennies du XVe siècle[83]. En Avignon, les dons aux confréries

---

[83] Il faut citer en particulier les retables pour les confréries d'Avignon, Valréas, Visan, Vaison (cf. annexe VII). Saint Sébastien est parfois associé à saint Roch (retable de Valréas, Pansier, *Peintres avignonnais, op. cit.*, p. 217) mais le culte de ce dernier ne semble se répandre qu'au XVIe siècle.

ne font d'ailleurs que croître après 1440 (cf. graphique n° XXXII). Partout saint Sébastien devient le recours providentiel contre la peste et les clercs comme les laïcs se gardent bien de le négliger : à l'Isle-sur-la-Sorgue ce sont les syndics, en pleine assemblée communale, qui rappellent à leurs concitoyens qu'ils ont voué au saint, au cours d'une épidémie, un culte spécial (associé d'ailleurs à celui de sainte Anne), et qu'il ne faudrait pas oublier ces pratiques de crainte de voir le fléau revenir[84].

Associées très souvent aux saints protecteurs, les vierges jouent aussi un rôle important et neuf dans les dévotions des testateurs, et plus encore des testatrices.

Sainte Catherine est la plus populaire. Comme les grands saints intercesseurs, elle est citée dans les invocations des testaments et elle a droit à une chapelle ou un autel dans la plupart des églises[85]. Si elle n'occupe jamais la place la plus importante dans les retables, elle figure désormais presque toujours parmi les saints auxiliaires qui présentent ou protègent le donateur[86]. Le succès constant du prénom pendant plus d'un siècle et demi atteste aussi la popularité de cette sainte.

Marguerite, Lucie, Agnès apparaissent beaucoup moins[87]. Comme sainte Catherine, elles font surtout l'objet de dévotions féminines.

A partir du témoignage ténu des actes notariés il est difficile d'interpréter l'essor considérable du culte des saintes vierges à la fin du Moyen Age. Certes, depuis très longtemps, la virginité est valorisée par l'Eglise : la vie de sainte Cécile pour les femmes, celle de saint Alexis pour les hommes sont des modèles d'ascétisme bien connus depuis plusieurs siècles. Mais comment comprendre l'explosion dévotionnelle du XIV° et du XV° siècle?

A défaut d'une explication globale, qui réclamerait des recherches approfondies, on ne peut que signaler une troublante corrélation : c'est précisément au moment où commence à se mettre en place ce «nouveau

[84] A. C. de l'Isle-sur-la-Sorgue, BB 2.

[85] On trouve par exemple des autels ou des chapelles dédiés à sainte Catherine à Orange (1344, BV ANO 82 f° 110 v°), Apt (1371, Apt-Pondicq 7 f° 77 v°), L'Isle – (Isle-Roussel 48 f° 109), Gordes (1395, Apt-Pondicq 65 f° 27), Courthezon (1420, E, Not. et Tab. 100 f° 97-98) etc...

Des chapellenies consacrées à sainte Catherine sont attestées à Barbentane, Saint-Remy, Mormoiron, Venasque, Mazan (cf. E. Clouzot, *Pouillés des Provinces d'Aix, Arles et Embrun*, op. cit., p. 181, 188, 202, 203, 205).

[86] Cf. l'ensemble des retables cités par L.-H. Labande, in *Les Primitifs français*, op. cit. Elle apparaît au moins deux fois sur quatre dans les prix-faits.

[87] Un autel de sainte Marguerite à Valréas (1419, Valréas-Petit 56 f° 11), une chapelle sainte Agnès à Apt (Apt-Pondicq 276 f° 57). Cf. l'annexe VI.

modèle européen de mariage» reconstitué par les historiens démographes, que le culte prend toute son extension[88]. Or, ce «new pattern» implique, rappelons-le, un important célibat définitif et le recul de l'âge auquel on convole en justes noces.

Tout se passe donc comme si les fidèles cherchaient des exemples moraux correspondant à leur *nouveau* comportement démographique, et comme si l'Eglise, abandonnant ses positions hyper-natalistes, acceptait et contrôlait cette mutation en offrant comme modèle aux fidèles le culte de Catherine, Marguerite et des autres saintes vierges. Mais seule une analyse précise des racines spirituelles, sociales et psychologiques du culte pourrait établir des relations de cause à effet pertinentes.

Les saints multipliés

On a laissé de côté de nombreux saints (en particulier ceux qui sont liés à une profession et ceux dont les Ordres Mendiants se sont fait les propagateurs – saint Antoine de Padoue, saint Bernardin, saint Vincent, saint Yves etc... –) afin de privilégier quelques grands intercesseurs. Toutefois, il ne faudrait pas que le rappel des pouvoirs et des vertus de saint Pierre, de saint Auzias ou de sainte Marguerite nous fasse perdre de vue un phénomène essentiel : c'est la Cour céleste toute entière qui se transforme peu à peu au cours du XIVe et du XVe siècle.

Le monde des saints devient une société de personnages connus qui englobe aussi bien les apôtres que les fondateurs ou les thaumaturges locaux; on peut presque en faire un recensement. Malgré les particularismes régionaux l'unification de la Cour céleste se réalise lentement grâce à la diffusion de la *Légende dorée*, à la généralisation de certains cultes, voire même grâce aux pratiques stéréotypées des testaments.

La foule des intercesseurs n'est pas une foule anonyme car les testateurs éprouvent de plus en plus le besoin de nommer les saints et les bienheureux. Le Paradis réaliste de Jean de Montagnac nous fait presque l'effet d'être surpeuplé, et les églises, désormais fractionnées en de multiples lieux de dévotion, semblent, elles aussi, envahies par les *beati* et les *sancti*.

Bien des indices ont déjà attiré notre attention sur cette prodigieuse croissance du nombre des intercesseurs. Rarement évoqués dans les préambules au début du XIVe siècle, ils arrivent par escouades de dix ou vingt vers 1490. Les legs aux luminaires, aux autels, aux chapelles concernent

---

[88] Cf. l'article de J. Hajnal *European Marriage patterns in perspective* cité à la note 72.

d'abord seulement la Vierge, le Corps du Christ, le Cierge pascal, mais ils s'étendent bientôt à saint Pierre et à saint Paul, à saint Véran et à sainte Dauphine, à saint Antoine et à sainte Lucie. Le nombre des confréries contribue à multiplier les cérémonies en l'honneur des saints patrons, tandis que se presse sur les panneaux des triptyques la foule des saints protecteurs. Non contents d'invoquer la Vierge, les anges, les apôtres, les disciples, les docteurs etc., certains testateurs, pris sans doute par ce vertige quantitatif dont on a vu quelques exemples en étudiant les messes pour les défunts, n'hésitent pas à faire appel aux légions des Dix-mille martyrs (à Apt essentiellement)[89], ou au chœur immaculé des Onze mille vierges (on trouve des chapelles dédiées aux Onze mille vierges à Orange, Gordes, l'Isle-sur-la-Sorgue, Avignon – chez les Carmes, les Prêcheurs, à Saint-Didier et à Saint-Agricol –)[90].

L'état actuel des recherches ne permet pas vraiment d'expliquer cette habitude nouvelle qu'ont les testateurs de convoquer auprès d'eux un nombre toujours plus grand de protecteurs, de nommer avec précision une multitude d'intercesseurs. A la lumière des chapitres précédents, peut-on suggérer cependant que ces hommes cherchent alors dans l'au-delà, auprès de la grande famille des saints, la paix et la sécurité que la crise et les malheurs des temps leur ont enlevées? Ils peuplent le Paradis de milliers d'intercesseurs, au moment précis où le monde d'ici-bas se dépeuple et où se rompent les liens entre les vivants et leurs ancêtres. Orphelins, ils sont ainsi certains de retrouver des centaines d'être familiers, dans une société qui pour être de l'au-delà n'en est pas moins vivante. Ils oublient dans la communion des saints l'impossibilité où ils se trouvent de rejoindre leurs ancêtres.

Le Grand Absent

Un seul absent à la Cour Céleste : le Félon, l'Ange déchu, le Diable.

Il n'apparaît pratiquement jamais dans les testaments. Sauf dans quelques formulaires où il est question de l'«*Antique Ennemi*» et des «*Peines infernales*»[91].

---

[89] En ce qui concerne Apt, il s'agit peut-être d'une dévotion assez ancienne (legs à l'*opus* en 1454, Apt-Pondicq 160 f° 82 v°, en 1457, Apt-Pondicq 175 f° 36 v°, en 1475, Apt-Pondicq 219 f° 7 etc...).

[90] 1394, E, Not. et Tab. 239 f° 37; 1467, Isle-Roussel 430 f° 17 v°; 1465, Apt-Pondicq 189 f° 101 v°; 1462, Avignon-de Beaulieu 750 f° 403 v°; 1497, Avignon-Martin 493 f° 999; 1386, 10 g 14 n° 36; 1394, Arch. Hospitalières, Fusterie B 18.

[91] Cf. chapitre II, p. 109.

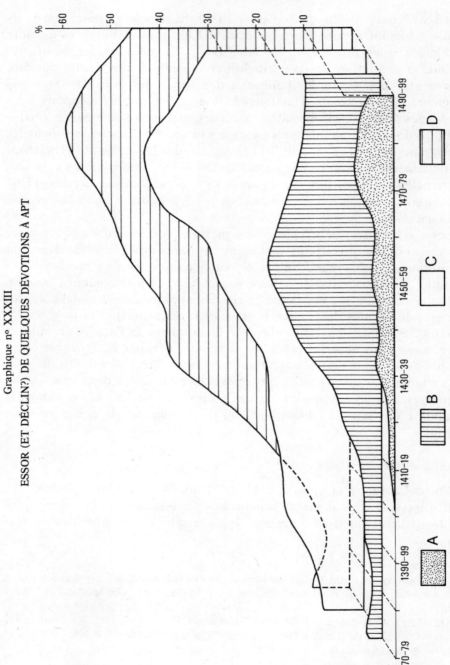

Graphique n° XXXIII

ESSOR (ET DÉCLIN?) DE QUELQUES DÉVOTIONS A APT

A : legs au luminaire de sainte Dauphine; B : legs au luminaire de saint Auzias; C : legs au luminaire de sainte Anne; D : legs au luminaire du Corps du Christ.

Pourtant, il ne fait aucun doute.qu'il est là et guette dans l'ombre. Les plus petits gestes de la vie quotidienne révèlent la crainte qu'il inspire (ainsi en 1470, un acteur qui, dans le *jeu de Sainte Barbe*, doit invoquer les démons, passe un acte devant notaire dans lequel il déclare que les anathèmes et invocations qu'il fera, il les «*fera de bouche et non de cœur*», et que par conséquent le Diable n'aura pas à s'en prévaloir[92]!).

Le Diable est par excellence le Grand Clandestin, celui qui se cache («*sub specie...*»). On ne l'évoque pas dans le testament sans doute pour conjurer le mauvais sort, pour ne pas attirer ce Loup rusé dans la bergerie du Seigneur. Toutefois, il faut bien remarquer que le Diable est aussi absent de nombreuses représentations iconographiques, où pourtant il jouait, un ou deux siècles plus tôt, un rôle fondamental.

On est donc en droit de se demander si les fidèles, tout en restant très sensibles au danger que représente le Démon, (il suffit d'évoquer les nombreux procés à propos d'envoûtements au début du XIVe siècle, et la place de plus en plus·large faite à la chasse aux sorcières dans l'activité des inquisiteurs) voient les peines infernales avec les mêmes yeux qu'au XIIe siècle. Et l'on est bien forcé de répondre par la négative. C'est peut-être que, lentement à partir du début du XIIIe siècle, s'ouvre entre Enfer et Paradis un espace intermédiaire, qui est aussi un espoir nouveau pour la très grande majorité des fidèles : le Purgatoire.

II – LE PURGATOIRE EN VENAISSIN

Il est sans doute prématuré de proposer une histoire pluriséculaire du Purgatoire.

Si l'on peut suivre la tradition scripturaire qui évoque le *purgatorius ignis*, si l'on peut dater, très grossièrement, l'apparition du Purgatoire comme lieu spécifique de l'au-delà dans l'Occident Médiéval, il est beaucoup plus difficile de déterminer avec précision comment il s'est imposé

---

[92] «*In mei notarius etc... constitutus personaliter dictus de Castro fuit protestatus quod per invocaciones et anathemaciones demonorum quas faciet in ludo Sancte Barbe luso in presenti civitate Avenio et in cimetrio Sancti Symphoriani, prepositus, ipse non intendit dicere ex corde sed dumtaxat propter modum ludi, et quod propterea inimicus humane nature dyabolus non habeat aliquod jus in ejus animam etc...*» cité par P. Pansier, *Les débuts du théâtre à Avignon à la fin du XVe siècle*, in *Annales d'Avignon et du Comtat Venaissin*, 1919, p. 5-52.

peu à peu dans le *populus christianus*, et surtout quelle a été sa fonction au sein des représentations mentales et des pratiques religieuses[93].

Même limitée, la tentative pour suivre concrètement le cheminement de cette nouvelle notion, la diffusion de ce nouveau culte se heurte fatalement au problème des sources. Les séries documentaires qui pourraient donner quelques indices sont pauvres ou hétérogènes. En Comtat Venaissin comme ailleurs ce sont les textes d'origine cléricale qui nous offrent les premières mentions du Purgatoire. Mais il est à peu près impossible de mesurer l'impact réel d'un recueil de sermons, même quand on sait qu'il est utilisé dans la région par le clergé local. Inversement, les premiers témoignages directs émanant de laïcs se trouvent dans les testaments, mais ceux-ci, on le sait, ne deviennent abondants qu'à partir du début du XIVe siècle Dans ces conditions, plutôt que de construire rapidement, en masquant les solutions de continuité, une histoire trop cohérente, on ne proposera que des relevés provisoires.

Cette restriction nécessaire de l'enquête ne doit pas cependant en dissimuler l'enjeu. Ce n'est pas seulement un problème de topographie de l'au-delà qui est en cause dans l'histoire du Purgatoire, c'est aussi, plus nettement encore que pour le culte des saints et des reliques, la fonction même de l'Eglise dans ses rapports avec la culture folklorique.

Le Purgatoire chrétien tient une place éminente dans la pastorale de l'Eglise qui vise à toujours mieux encadrer les morts et la mort. Il se constitue, dans une certaine mesure, à partir de traditions folkloriques anciennes mais se présente aussi de façon résolument moderne, proche des classes urbaines montantes, justifiant et encourageant la mathématique du salut qui s'intègre dans un nouveau «folklore de la mort».

Cette ambivalence fructueuse explique sans doute le succès de ce temps et de ce lieu particulier de l'au-delà chrétien. Mais ce succès est tardif puisque le culte pour les âmes du Purgatoire ne se répand vraiment qu'aux XIVe et XVe siècle, à ce moment précis où les images anciennes de la mort, au moins dans certaines couches sociales, se transforment nettement. «Né» à la fin du XIIe et au XIIIe siècle, le Purgatoire a peut-être dû attendre

---

[93] G. et M. Vovelle ; *Visions de la mort et de l'au-delà en Provence d'après les autels des âmes du Purgatoire*, Cahier des Annales n° 29, A. Colin, Paris, 1970. Jacques Le Goff et les membres de son séminaire reconnaîtront facilement tout ce que cette petite enquête leur doit. Les recherches entreprises depuis quelques années à l'Ecole des Hautes Etudes en Sciences Sociales sur le Purgatoire, les *exempla*, la culture populaire m'ont fourni l'essentiel du cadre et des hypothèses de ce travail.

cette mutation fondamentale des images de la mort à la fin du Moyen Age pour s'imposer vraiment.

L'arrivée du Purgatoire

Comme le lieu des morts, le cimetière, que l'on a essayé très tôt d'arrimer solidement à l'Eglise, le temps des morts a été l'objet, dès le haut-Moyen Age, d'un encadrement liturgique.

A la fin du XIIIe et au début du XIVe siècle, on l'a vu, l'essentiel des pratiques funéraires repose encore, non sur les prières perpétuelles des obituaires clunisiens, réservés à une mince élite, mais sur le vieux rite du *tempus mortis*. Ce temps de la mort n'est au fond que le temps du deuil pendant lequel le défunt rôde encore parmi les vivants avant de rejoindre définitivement le monde des morts. Ce sont les messes de neuvaine et de bout-de-l'an qui ont pour fonction d'accélérer et de clore ce temps d'errance[94].

L'idée de Purgatoire est absente de ces pratiques. Le *tempus* qui sépare les funérailles du bout-de-l'an est très ritualisé, déterminé par la coutume, fixe : c'est le temps du deuil. Le temps du Purgatoire au contraire sera un temps extensible, adapté à chaque défunt, proportionnel à ses fautes. Une similitude existe cependant : dans un cas comme dans l'autre il s'agit du temps du provisoire, du transitoire. D'un côté, c'est le mort qui rejoint progressivement, au cours de l'année de deuil, le monde des morts; de l'autre c'est le pécheur qui pendant le temps du Purgatoire s'allège progressivement du poids de ses fautes pour s'élever vers Dieu et rejoindre les élus. Il semble toutefois que pour une majorité de comtadins si le passage dans l'au-delà s'effectue lentement, par étapes, il ne peut être encore que bon, vers le Paradis, ou mauvais, vers l'Enfer.

Dans la culture folklorique, avant la diffusion du Purgatoire, les temps et les lieux où transitent les défunts sont à mi-chemin entre le matériel et l'immatériel, le visible et l'invisible, ici-bas et au-delà. Les morts ne sont définitivement morts qu'après la décomposition de leurs corps, leur réduction à l'état de squelette, et les revenants errent dans les espaces marginaux que sont les cimetières des faubourgs des villes, les grottes et les bouches d'Enfer. A partir de la fin du XIIe siècle, avec la prédication, l'action

---

[94] Cf. ch. II et V; et A. Van Gennep, *Manuel de folklore français contemporain*, Tome I, p. 791-814. R. Hertz, *Mélanges de Sociologie religieuse et folklore*, Paris, 1928, p. 34.

pastorale du clergé séculier puis des Ordres Mendiants, l'organisation d'un culte et finalement l'élaboration doctrinale, ce «purgatoire» de la tradition «populaire» remonte au ciel, devient «le» Purgatoire. Il n'est plus cet espace et ce temps intermédiaires; il bascule tout entier vers l'au-delà.

L'idée d'abréger les souffrances des âmes après la mort est très ancienne[95]; elle s'appuie sur la tradition scripturaire bien établie et des autorités solides. *La Passion de Perpétue et de Félicité* au IIIe siècle offre déjà l'image d'un lieu de purgation. Au XIe siècle Pierre Damiens, dans sa *Disputatio de variis apparitionibus*, évoque par exemple le cas d'une romaine arrachée *de locis poenalibus*, sans que l'on sache bien s'il s'agit de l'Enfer ou d'un éventuel purgatoire. Ce n'est vraiment qu'après le succès du *Purgatorium Sancti Patricii* du moins anglais H. de Saltrey[96] (vers 1170-1180) que le Purgatoire devient un lieu spécifique de l'au-delà. S'il débouche encore matériellement sur terre (dans l'Etna pour Gervais de Tilbury, en Irlande pour H. de Saltrey) et garde pendant longtemps ses racines folkloriques ici-bas, cet étrange pays aux limites et aux paysages incertains se situe bien désormais «au-delà», entre l'Enfer et le Paradis. Ce que ce Purgatoire des prédicateurs conserve de plus folklorique, c'est peut-être d'ailleurs moins sa localisation dans tel ou tel pays imaginaire ou réel que sa dimension temporelle. A l'inverse du Paradis et de l'Enfer il n'est pas éternel mais limité; on peut facilement l'assimiler au vieux *tempus mortis*; plus tard on pourra tout aussi facilement le mesurer, le toiser, le comptabiliser.

A partir de la fin du XIIe siècle il est facile de suivre dans la littérature religieuse la diffusion de la croyance. Mais, si l'on cherche un écho concret dans la vie du «peuple chrétien», on est d'abord très surpris par l'absence du nom même de Purgatoire dans les actes de la pratique jusqu'en 1330-1340. C'est le cas au moins dans la région comtadine : aucune mention de chapelle ou d'autel dédié aux âmes du Purgatoire, aucune invocation, aucun legs dans les testaments du XIIIe siècle et du début du XIVe siècle. Des sondages rapides en Languedoc et en Provence restent aussi négatifs. Rien

---

[95] Cf. L'article *Purgatoire* de A. Michel dans le Dictionnaire de Théologie Catholique qui cite la Bible (2 Mach. 12, 41-16, et dans le Nouveau Testament Math. 12, 31-32, et Saint Paul, 1 Cor. 3, 11-15) et les Pères (St- Augustin, *De cura animarum*; St. Grégoire, *Dialogues* IV, 57). Pour Pierre Damiens cf. P. L. tome CXLV. Les principales étapes de l'histoire du Purgatoire ont fait l'objet de recherches au Séminaire de J. Le Goff à l'E.H.E.S.S.

[96] Ed. E. Mall, *Zur Geschichte der Legende vom Purgatorium des heil. Patricius*, in *Romanische Forschungen*, tome VI, Erlanden, 1891. Philippe de Felice, *L'Autre Monde, mythe et légendes, le Purgatoire de Saint Patrice*, Paris, H. Champion, 1906. P. Meyer, *Notice sur le manuscrit 307 de la bibliothèque d'Arras*, in *Romania*, XVII, 1888, p. 382.

non plus dans les livres liturgiques locaux[97], même si, à peu près à la même époque, Guillaume Durand évoque plusieurs fois (*Rational*, lib. VII, cap. XXXV) les «*prières qui soulagent les peines que les défunts souffrent dans le Purgatoire*»[98].

En revanche, des récits de voyage au Purgatoire de saint Patrice, inspirés de H. de Saltrey, de très nombreux recueils de sermons et d'*exempla* diffusés, semble-t-il, dans tout le Midi de la France témoignent nettement du développement de la croyance au XIIIe siècle.

Il existe à la Bibliothèque Inguimbertine de Carpentras un manuscrit en langue d'oïl, datant de la fin du XIIIe siècle, qui rapporte le voyage du chevalier Oains (Owen) au Purgatoire de saint Patrice[99]. Il provient de l'abbaye de Saint-Remi de Reims mais il a sans doute été utilisé par les clercs comtadins. C'est une des innombrables versions qui reprennent presque textuellement le récit de H. de Saltrey[100] et racontent les tribulations souterraines d'un chevalier pénitent à qui il est donné de voir les supplices du Purgatoire, et même d'arriver devant «*li porte de paradys*» grâce à une bouche d'Enfer située sur une île d'un lac irlandais. Ce récit, on le sait, a connu une très grande vogue à la fin du XIIe siècle (Marie de France, entre autres, l'a immédiatement traduit du latin en langue d'oïl[101]) et est repris par presque tous les compilateurs d'*exempla* du XIIIe siècle[102]. Il a certainement contribué à «lancer» non seulement la croyance au Purgatoire mais aussi la tradition littéraire du voyage dans ce nouveau lieu de l'au-delà.

---

[97] Cf. en particulier les manuscrits d'Apt: J. Sautel, *Catalogue descriptif des manuscrits liturgiques d'Apt*, in *Annales d'Avignon et du Comtat Venaissin*, 1916, p. 53-11 et P. Labarre, *Notes sur un sacramentaire de l'Eglise d'Apt de la fin du XIIe siècle*, in *Provincia*, tome IV, 1924, p. 3-39. Cf. aussi tous les manuscrits liturgiques de la Bibliothèque du Musée Calvet en Avignon, notamment ms. 25 f° 1 *Ordo ad visitandum infirmum*. Ms. 121 f° 73 à 91, *Livre d'Heures*, fin du XIIIe siècle, ms 203 *Ordo Romanus* etc...

[98] Guillaume Durand, *op. cit.*

[99] Bibl. Inguimbertine de Carpentras, ms 106 f° 1 à 24 verso.

[100] Sur la diffusion cf. P. Meyer, *Notice sur les quelques manuscrits de la Bibliothèque Philipps à Chaltenham*, in *Notices et extraits des manuscrits de la B. N. et autres bibliothèques*, tome XXXIV, p. 239 (1891), qui signale de très nombreux manuscrits dans les bibliothèques françaises et européennes.

[101] Thomas Atkinson Jenkins, *L'espurgatoire de Seint Patrice of Marie de France*, Philadelphia Press of A.-J., Ferris, 1894.

[102] En particulier Etienne de Bourbon, B. N. ms. lat. 15970 f° 158 verso, en voie d'édition par G. Lagarde, J. Berlioz, D. Ogilvie et une équipe italienne sous la direction de M. Manselli.

Un manuscrit de la Bibliothèque de Tours (ms. 948), qui semble avoir été écrit vers le milieu du XIVe siècle dans le Sud-Est de la France[103], et surtout le manuscrit 894 de la Bibliothèque de Toulouse, en langue d'oc et qui date, lui, du milieu du XVe siècle, attestent la permanence dans le Midi de la France de cette tradition du voyage au Purgatoire de saint Patrice. Tradition entretenue, d'autre part, nous venons de le voir, par les *exempla* dans la prédication.

Le manuscrit de Toulouse, bien étudié et publié par A. Jeanroy et A. Vigneaux[104], est particulièrement intéressant, malgré sa date tardive, puisqu'il rapporte, à la première personne, mais en s'inspirant parfois étroitement de H. de Saltrey, l'expédition au Purgatoire de saint Patrice d'un noble catalan, familier de Benoît XIII et vivant en Avignon :

> «*En l'an de la nativitat de nostre Senhor mi al CCCXCIII, la vespra de Santa Maria de Septembru, obtenguda benedictio de papa Benezet XIII, partigui de la ciutat d'Avinho, ieu Ramon, par la gracia de la baronia de Serret, par anar al purgatori de sanct Patrici. . .*»[105].

C'est donc apparemment un voyage véritable, sinon en Irlande du moins en Angleterre, dont on a d'ailleurs conservé quelques traces[106], qui fournit le point de départ et qui donne au récit l'authenticité et l'actualité nécessaires. Ces déambulations dans le Purgatoire n'ont rien de très original sinon que, dans la tradition inaugurée par Dante quatre-vingt ou quatre-vingt-dix ans plus tôt, Ramon de Perelhos y rencontre quelques uns de ces contemporains : le roi Jean d'Aragon, un frère Mineur de Gérone, etc.. Les morts de la famille sont aussi présents :

> «*. . . d'autres plus acostats homes et femnas del linatge don soy yssit hy vigui, desquals non curi parlar, sino regracie a Dieu car siey que son en via de salvatio*»

C'est qu'en effet, très loin, on s'en doute, d'avoir la portée de la Divine Comédie, le récit de voyage du familier du pape laisse place assez souvent à l'exaltation de l'efficacité des prières pour les défunts, en particulier pour les morts de la famille ou du lignage auquel on appartient :

---

[103] Cf. P. Meyer, *op. cit.*, note 12, p. 240.

[104] *Voyage au Purgatoire de Saint Patrice, Vision de Tindal et de Saint Paul, textes languedociens du XVe siècle* ,publiés par A. Jeanroy et A. Vignaux, *Bibl. Méridionale*, Toulouse, Privat-Picard, 1903.

[105] *Voyage au Purgatoire de St. Patrice, op. cit.*, p. 3.

[106] *Idem*, p. 31; on a retrouvé des lettres de recommandations demandées par Ramon de Perelhos aux souverains français et anglais.

«... *E preguem per nostres payres e per nostras mayres e per totz nostres bos amix que so passatz d'aquest setgle en l'autre, e son en aquestz turmens, que Jhesu Christ, per sa gracia, los ne vulha gitar. E totz aquelz que preguarias per aquestz faran o diran, e totz que almoynas ni bes faran sian benesitz davant la facia de Dieu, car aysso es la plus gran besong que els ajo que nostre Senhor ne aja pietat, d'aquels que lay son, e caritat. E aysso es una causa per laqual aquels que son turmentats en purgatori son aleujatz e delieurats dels turmens, non pas en aquels que son en yffern»*[107].

Il ne fait ici que suivre mot à mot H. de Saltrey. De la fin du XIIe siècle à la fin du XIVe siècle l'intention pédagogique est restée la même : il faut convaincre de la nécessité des suffrages pour les âmes du Purgatoire. Mais le plus surprenant est de constater qu'à l'époque du Grand Schisme rien n'est encore bien fixé dans la géographie de l'au-delà : le rappel final, *«non pas en aquels que son en yffern»*, montre à l'évidence que la distinction, maintenant très claire au niveau théologique, entre Enfer et Purgatoire, ne l'est peut-être pas encore complètement pour le provençal moyen. A la fin du récit, la description de l'approche du Paradis elle-même n'est pas totalement en accord avec le dogme, du reste encore mal fixé[108], puisqu'un temps de latence, de *«repos et de joie»* sépare en effet le temps de la purgation proprement dit et l'éternité du Paradis :

«... *e pausan que nos siam de deliures del fuos de purgatori non em pas encara dignes de intrar en paradis, mas nos em ayssi en gran gaug e gran repos, ayssi coma tu vezes, et quant et plaira Dieu, nos anarem en paradis»*[109].

Revenons aux années 1280-1320. En Comtat Venaissin, comme dans l'ensemble de la France semble-t-il, ce sont certainement les prédicateurs qui, dans les sermons, ont les premiers imposé le Purgatoire. Ce qu'ils appellent «Purgatoire», nous pourrions dire ce qu'ils baptisent «Purgatoire», n'est au fond que cette part de l'au-delà folklorique qu'ils peuvent, plus ou moins bien, intégrer au dogme et à la théologie de l'au-delà chrétien, encore très flous à cette époque. Mais c'est une part essentielle, car elle leur

---

[107] *Idem*, p. 42.

[108] C'est seulement le Concile de Florence (1439) qui fixe de façon plus étroite le dogme avant les grandes définitions de Trente. Sur la Querelle de la Vision Béatifique, cf. p. 406-407.

[109] *Voyage au Purgatoire de St. Patrice*, op. cit., p. 48.

permet de mieux contrôler l'ensemble des traditions populaires relatives à la mort, restées jusque-là presque insaisissables pour l'Eglise.

Quelques recueils de sermons de la fin du XIIIᵉ siècle et du début du XIVᵉ siècle, passés de la bibliothèque des Prêcheurs d'Avignon à celle du Musée Calvet, et par conséquent utilisés localement, font explicitement référence au Purgatoire. Ils sont parfois inspirés de prédicateurs célèbres, comme Jacques de Lausanne[110], mais le plus souvent sont anonymes (cf. par exemple le ms 38 fᵒ 41 : *sermo de mortuis*, qui n'évoque d'ailleurs que le «*feu purgatoire*»).

C'est dans la littérature des *exempla*, dont les prédicateurs farcissent leurs sermons, que les références sont les plus nombreuses. Des recueils d'*exempla* sont utilisés aussi bien par les représentants des Ordres Mendiants que par les séculiers : tel Prêcheur d'Avignon possède une compilation de ceux de Jacques de Vitry[111], tandis que les chanoines de Carpentras ont installé un exemplaire du *De Dono Timoris* extrait des *Sept dons du Saint Esprit* d'Etienne de Bourbon, dans la bibliothèque de leur sacristie[112]. Une *Tabula exemplorum* de la première moitié du XIVᵉ siècle, provenant aussi de la bibliothèque des Dominicains d'Avignon, évoque, mais seulement à l'article *Damnati* et très brièvement, les peines purgatoires[113]. Cette *Table* s'inspire beaucoup de J. de Vitry et d'E. de Bourbon, comme la *Scala Coeli* que le Dominicain d'Alès Jean Gobi compila vers 1320-1330 et qui connut une très grande vogue[114]. Le recueil anonyme d'un Frère Sachet provençal, datant de la fin du XIIIᵉ siècle et que Welter édita il y a une cinquantaine d'années[115], montre aussi à quel point toute la littérature exemplaire du Midi de la France au XIIIᵉ siècle et au XIVᵉ siècle est tributaire d'une

---

[110] Bibl. du Musée Calvet en Avignon, ms. 601 fᵒ 282 et suiv.

[111] *Id.*, ms. 35 fᵒ 1 et suiv. (le nom du propriétaire du recueil est indiqué).

[112] Cf. L.-H. Labande, *Inventaire du trésor de la cathédrale de Carpentras au XIVᵉ siècle*, in *Bulletin Archéologique et historique du Comité des travaux historiques et scientifiques*, 1895, p. 27 et suiv.

[113] J. Th. Welter, *La Tabula exemplorum secundum ordinem alphabeti, recueil d'exempla compilés vers la fin du XIIIᵉ siècle*, Paris-Toulouse, 1926.

[114] Bibl. Nationale, ms. Lat. 3506 et abrégé ms. lat. 16517. Nombreux manuscrits dans les bibliothèques françaises (Lons-le-Saulnier nᵒ 2, Marseille nᵒ 98, Metz nᵒ 238, Strasbourg nᵒ 32, Troyes nᵒ 1345) et européens (Bruges nᵒ 494, Vienne supplément nᵒ 2636, Munich, lat. nᵒ 8975). Des éditions incunables ont paru à Lubeck en 1476; à Ulm en 1480; à Strasbourg en 1483; à Louvain en 1485. Cf. au sujet de Jean Gobi, l'article qui lui est consacré dans l'*Histoire Littéraire de la France*, tome XXXC, p. 532-536.

[115] J. Th. Welter, *Un recueil d'exempla au XIIIᵉ siècle*, in *Etudes Franciscaines*. Décembre 1913 (p. 646-665), février 1914 (p. 194-213), mars 1914 (p. 312-320).

dizaine, tout au plus, de grandes compilations. Sur les 252 *exempla* du Frère Sachet, 117 sont tirés de Jacques de Vitry, 73 d'Etienne de Bourbon, 34 de diverses vies de saints et des miracles de Notre Dame, 22 des *Vitae Patrum*, 16 d'Eudes de Sherton, 8 de Césaire de Heisterbach. Les emprunts sont donc multiples : 87 *exempla* se retrouvent à la fois dans les *Sept dons du Saint Esprit* (vers 1260) et la compilation du Sachet provençal (fin du XIIIᵉ siècle), 37 seulement dans cette même compilation et la *Scala Coeli* de Jean Gobi (1320-1330), 27 enfin sont communs aux trois recueils.

Pourtant, un certain nombre de ces *exempla* sont originaux et s'inspirent parfois du folklore provençal. Ils sont actualisés, adaptés au public du Midi. D'abord bien entendu par l'utilisation de la langue d'oc[116], mais aussi par des références aux traditions ou à la géographie locales : le Frère Sachet parle d'une multiplication des pains à Marseille, de l'aventure de deux lombards chez le comte de Forcalquier, d'une épidémie et de pratiques magiques à Draguignan, du châtiment d'une jeune fille trop coquette à Tarascon[117]. Chez Jean Gobi, un comte de Campanie devient facilement, pour les besoins de la cause, un comte de Toulouse[118], et certaines pratiques folkloriques sont utilisées pour faire passer les *moralitates*, comme l'a montré ailleurs J. C. Schmitt à propos de la danse des «chevaux-jupons»[119].

Mais curieusement, cette utilisation des traditions locales ne s'applique presque jamais aux *exempla* concernant le Purgatoire proprement dit. L'histoire de Maître Serlon, dans le recueil du Frère Sachet, qui rencontre dans le pré Saint Gervais (donc à Paris) un de ses amis mort depuis quelques temps et souffrant les peines purgatoires, n'a évidemment rien de provençal; on la retrouve, avec quelques variantes, chez Jacques de Vitry, Etienne de Bourbon, Jean d'Aunay et bien d'autres[120]. Comme on retrouve chez

---

[116] Dans le *Scala Cœli* de Jean Gobi la danse des «cheveux-jupons» est accompagnée d'une chanson en occitan (B. N. ms. lat. 3506 fᵒ 37v) et dans le recueil du Frère Sachet des invocations magiques sont reproduites en provençal (J. Th. Welter, *Un recueil d'exempla au XIIIᵉ siècle*, op. cit., février 1914, p. 195, *exemplum* nᵒ 88).

[117] J. Th. Welter, *Un recueil d'exempla au XIIIᵉ siècle* op. cit., décembre 1913, p. 658; février 1914, p. 212; février 1914 p. 195; février 1914, p. 211.

[118] Jean Gobi, *Scala Cœli*, op. cit., B. N. ms. lat. 3506 au mot *consiliarius*.

[119] J. C. Schmitt, *Jeunes et Danses des chevaux de bois, le folklore méridional dans la littérature des exempla (XIIIᵉ-XIVᵉ siècle*, in *Cahier de Fanjeaux* nᵒ 11, Privat, Toulouse, 1976, p. 127 et suiv.

[120] J. Th. Welter, *Un recueil d'exempla au XIIIᵉ siècle*, op. cit., décembre 1913, p. 662. Cf. aussi B. Haureau, *Mémoire sur les récits d'apparition dans les sermons du Moyen-Age*, in *Mémoire de l'Institut National de France, Académie des Inscriptions et Belles Lettres*, tome XXVIII, Paris, Imprimerie Nationale, 1874, p. 242 et suiv.. L'histoire du Maître Serlon est racontée par

Césaire de Heisterbach l'exemple du religieux qui est au Purgatoire parce qu'il n'a pas éprouvé de véritable contrition après la confession[121]. Jean Gobi, lui, reprend, après tous les traducteurs et les compilateurs du siècle précédent, l'histoire du Purgatoire de saint Patrice, celle de ces religieux dont la peine consiste à traîner un énorme sac rempli des syllabes et des phrases qu'ils avaient négligé de chanter pendant les offices, ou encore celle de cet homme qui priait souvent dans un cimetière, qui s'y réfugie un jour qu'il était poursuivi par ses ennemis et à qui les morts portèrent secours[122].

Les traditions et les croyances concernant la mort ne manquent pourtant pas, nous le verrons, dans les pays d'oc. Elles auraient pu être utilisées directement pour diffuser l'idée du Purgatoire. Mais la littérature exemplaire, qui se constitue dans une certaine mesure à partir des traditions folkloriques et qui a pour fonction de les encadrer, voire de les «récupérer», semble non seulement plus récente mais aussi moins abondante dans le Midi que dans le Nord. Si de plus on rappelle que le premier manuscrit du voyage au Purgatoire de saint Patrice que nous ayons trouvé en Comtat est en langue d'oïl et provient sans doute de l'abbaye Saint-Remi de Reims, on peut se demander si le Midi n'a pas été, pour la diffusion de la notion même de Purgatoire comme pour le développement de la littérature exemplaire (les deux sont en partie liés) tributaire du Nord. Aucun élément concret ne permet de répondre pour l'instant à cette question mais les remarques précédentes et le caractère tardif des premières mentions du Purgatoire dans la littérature cléricale comme dans les actes de la pratique méridionale pourraient le suggérer.

Un fait cependant paraît bien établi : c'est par la parole, la prédication, essentiellement sans doute la prédication des Mendiants, relayés ici ou là par des séculiers attentifs, que le Purgatoire arrive en Comtat Venaissin et

---

E. de Sherton (B. N. ms. lat. 2593 f⁰ 109, J. de Vitry B. N. ms. lat. 17509 f⁰ 32), E. de Bourbon (B. N. ms. lat. 15970 f⁰ 140), J. d'Aunay (B. N. ms. lat. 14961 f⁰ 173) etc...

[121] Césaire de Heisterbach, *Dialogus Miraculorum*, éd. Strange, Cologne 1851, tome II, c. 15, et J.-Th. Welter, *Un recueil d'exempla, op. cit.*, février 1914, p. 195.

[122] L'histoire des religieux condamnés à porter le sac contenant les syllabes et les phrases non chantées se trouve dans Jacques de Vitry, Etienne de Bourbon, Césaire de Heisterbach, avant de se trouver au mot *clericus* dans la *Scala Cœli* de Jean Gobi, cf. Hauréau, *Mémoire sur les récits d'apparition...*, *op. cit.*, p. 248 et Welter, *Un recueil d'exempla...*, *op. cit.*, décembre 1913, p. 660. Celle des morts qui se lèvent dans le cimetière pour porter secours au chevalier est utilisée dans Etienne de Bourbon, le *Speculum Laicorum*, avant de l'être dans l'article *Mors* de la *Scala Cœli*. Cf. J.-Th. Welter, *op. cit.*, déc. 1913, p. 665.

dans le Midi de la France au cours du XIIIe siècle et au début du XIVe siècle. Mais il n'est pas certain que l'efficacité du sermon, même bourré d'*exempla*, ait été assez grande pour que s'impose vraiment, en profondeur, la nouvelle croyance et qu'elles viennent recouvrir et intégrer parfaitement les images anciennes et folkloriques de l'au-delà (elle n'y parviendra d'ailleurs jamais totalement).

Dans le Midi, au cours de la première moitié du XIVe siècle, la pastorale des séculiers comme des Mendiants va tendre à essayer de promouvoir concrètement le Purgatoire, et pas seulement, nous allons le voir, par la prédication.

L'encadrement des revenants

Les apparitions des revenants sont très fréquentes au Moyen Age. Elles provoquent la crainte mais n'en font pas moins partie de la vie quotidienne : les esprits rôdeurs et agiles de Montaillou, les visites innombrables que les morts font aux vivants dans les *exempla* ou les vies de saints en sont la meilleure preuve[123]. Nous reviendrons ailleurs sur cette présence constante des revenants. Elle est un des phénomènes essentiels de l'histoire de la mort au Moyen Age. Notons seulement pour l'instant que l'attitude de l'Eglise à l'égard des apparitions a varié[124]. Elle les a d'abord tolérées (comment aurait-elle pu faire autrement?) : la croyance aux revenants n'est pas hérésie (Décret. II, Canon XIII, Questio II, Cap. XXIX). Mais elle a cherché assez vite à distinguer les *vrais* revenants, entendez ceux qui viennent de l'au-delà chrétien et qui peuvent être les messagers des puissances célestes, et les faux, qui sont des *illusiones daemoni*, entendez cette fois les esprits malins qui errent autour des villes et des villages et persécutent les vivants. Dès la fin du XIIIe siècle Guillaume Durand, qui réduit cependant le problème à l'apparition de revenants en songe, est très critique :

> «... *Comme le dit saint Augustin*... *quoique les morts paraissent dire et demander*... *il ne faut pas penser, à cause de cela, que ces choses soient la réalité : car les vivants aussi, pour la plupart du temps, apparaissent en songe à ceux qui sont plongés dans le sommeil, tandis*

---

[123] E. Le Roy Ladurie, *Montaillou, village occitan*, Paris, Gallimard, 1975, p. 576 et suiv. Cf. les recueils d'*exempla* précédemment cités et, par exemple, pour se rapprocher du Comtat, les apparitions dans *Les vies occitanes de saint Auzias et de sainte Dauphine*, publiées par Jacques Cambell, O. F. M., Bibl. Pontificii Athenai Antoniani no 12, Rome 1963.

[124] Cf. l'article *Apparitions* dans le *Dictionnaire de Théologie Catholique*.

qu'eux-mêmes ignorent qu'ils apparaissent... D'où vient, comme il le dit, qu'il faut croire que ce sont des opérations des anges qui, par une disposition de la Providence Divine, servent à apporter quelques consolations aux vivants; car le Concile d'Ancyre dit que la plupart sont souvent trompés par les illusions et les fantômes produits par les démons...»[125].

Plus tard, pour Jacques de Paradis, dans son traité *De Apparitionibus*[126], seuls les chrétiens voient les âmes des morts qui viennent demander des suffrages pour l'allègement de leurs peines; les juifs et les sarrasins, quand ils voient des esprits, sont victimes du démon. Plutôt que de les rejeter, l'Eglise cherche donc surtout à contrôler, à encadrer toutes les manifestations de l'au-delà. C'est pour elle d'une importance stratégique puisqu'elle se veut, et se doit d'être, le seul intermédiaire entre Dieu et les hommes.

La prédication est le premier moyen pour réaliser cette intégration. Les *exempla* sur le Purgatoire sont, dans leur quasi totalité, des *exempla* sur les revenants. Au point que le dialogue entre le mort, qui purge ses fautes, et les vivants, qu'il faut convaincre de la nécessité des prières pour les âmes du Purgatoire, semble devenir au cours du XIIIe siècle un véritable genre littéraire. Comme l'avait déjà remarqué B. Hauréau à la fin du siècle dernier[127], il s'agit d'une forme rhétorique particulière, avec ses lois, son fonctionnement interne original. La reprise de la même histoire par Eudes de Sherton, Jacques de Vitry, Césaire de Heisterbach, Etienne de Bourbon et leurs émules provençaux ne s'explique pas autrement. La création de ce genre littéraire, certes mineur, qu'est le récit d'apparitions, constitue sans doute le premier essai d'intégration des âmes vagabondes dans un temps et un lieu de l'au-delà mieux contrôlé par l'Eglise. C'est davantage par la *forme* obligée du dialogue entre le défunt et les vivants, que par l'aspect anecdotique du récit que le revenant, est encadré, rendu inoffensif. Ce revenant, au moins dans les recueils d'*exempla* les plus anciens, est d'ailleurs le plus souvent un religieux (comme le Juste des *Dialogues* de Grégoire le Grand qui constitue peut-être un des modèles du genre[128]) : il se situe par là-même plus facilement du côté de l'orthodoxie.

---

[125] Guillaume Durand, *op. cit.*, Livre VII, Chap. XXXV, p. 106 dans la traduction de Charles Barthélémy.

[126] B. N. ms. lat. 10639 f° 92 et suiv.

[127] B. Hauréau, *Mémoire sur les récits d'apparition, op. cit.*, p. 239 et suiv.

[128] Grégoire le Grand, *Dialogues*, Livre IV, 57. Cf. à ce sujet l'article de M. Zink, *Le Traitement des «Sources exemplaires» dans les sermons occitans, catalans, piémontais du XIIIe siècle* in *Cahier de Fanjeaux* n° 11, Toulouse, Privat, 1976, p. 161-177, 1976.

Sans négliger la puissance de ces récits, qui parviennent par leur forme même à «détourner» une part de l'au-delà folklorique et à faire rentrer celle-ci dans des cadres plus proches de la théologie et du dogme, il faut pourtant en souligner les limites. Dans un sermon (écrit ou oral), le récit d'apparition reste une «forme», voire un genre littéraire. Dans le folklore de la mort au contraire, le revenant ne se manifeste pas seulement dans la tradition orale, dans le conte par exemple, mais aussi concrètement, dans la vie quotidienne : il rôde autour des maisons et vient tirer les pieds des vivants, la nuit, pendant leur sommeil[129]. L'efficacité de l'*exemplum* est sans doute beaucoup moins grande pour contrôler directement ces manifestations concrètes. D'autres moyens doivent être employés. L'enquête inquisitoriale par exemple à Pamiers.

A côté des cathares de Montaillou, le futur Benoît XII en effet s'efforce de poursuivre les revenants qui hantent la ville épiscopale elle-même[130]. Les interrogatoires d'Arnaud Gélis, le messager des âmes, sont à cet égard très significatifs. Ce curieux sacristain, qui rencontre les esprits des chanoines dans le cloître de la cathédrale et ceux des habitants de Pamiers dans les cimetières ou à la sortie de la ville, est très bavard. Ces fonctions le mettent plutôt du côté des clercs : les revenants qu'il interroge lui demandent souvent des messes, des distributions de pain aux pauvres, de l'huile pour les lampes des églises de la région, toutes choses que les prêtres recommandent d'ordinaire aux testateurs à l'article de la mort[131]. Dans la meilleure tradition des admonestations conciliaires certains esprits menacent les vivants qui négligent d'exécuter fidèlement leurs dernières volontés[132]. D'autres vont jusqu'à avouer qu'ils font pénitence parce que leur corps n'a pas été enterré dans le cimetière Saint Antoine, dont précisément notre sacristain a la charge[133]. Mais les «âmes en peine» qu'il rencontre au milieu des

---

[129] E. Le Roy Ladurie, *op. cit.*, et plus précisément dans le registre de Jacques Fournier (*Le registre d'inquisition de Jacques Fournier, évêque de Pamiers*, édité par J. Duvernoy, Bibliothèque Méridionale, 3 vol., Toulouse, Privat 1965-66), la confession d'Arnaud Gélis, Tome I, p. 128 : «... *cum ipse Arnaldus esset in lecto suo de nocta dormiens in domo sua quam habet in Manso predicto, dictus canonicus excitavit cum, qui excitatus vidit unnum canonicum cum superpellicio...*» Sur la tradition du *pessu de morts*, cf. F. Benoit, *La Provence et le Comtat Venaissin*, Avignon, Aubanel, p. 146-153.

[130] E. Le Roy Ladurie, *op. cit.*, p. 576 et suiv.

[131] *Le registre d'inquisition de Jacques Fournier, op. cit.*, tome I, p. 129-131 (dons à trois pauvres), 132 (dons en huile pour les lampes des églises locales) etc...

[132] *Idem*, p. 135.

[133] *Idem*, p. 134 «*audivit multos de dictis mortuis dicentes quod multum pœnitebat eos quia eorum corpora non fuerant sepulta in cimiterio ecclesie Sancti Antonii. Dixit etiam quod quilibet*

tombes ou dans les faubourgs de Pamiers demeurent insaisissables : c'est l'errance et l'instabilité qui les caractérisent. Elles font pénitence sur terre et prennent du plaisir à voir et à exciter les vivants[134]. Seul, le chanoine Pierre Durand «transite» (*transiverat*) par le feu du Purgatoire. Ce *malum locum* ne le retient que peu de temps et, loin de gagner aussitôt le Paradis, il revient ensuite parler à Gélis[135].

L'attitude de Jacques Fournier qui, à la fin de l'interrogatoire, réfute point par point les *«erreurs contre la foi catholique»* du sacristain, est très intéressante : il révoque et condamne toute idée d'errance ici-bas mais accepte l'histoire du chanoine Pierre Durand en précisant et en rectifiant la notion de Purgatoire : on purge en ce lieu, qui n'est pas terrestre mais appartient bien à l'au-delà, toutes les fautes dont on n'a pas obtenu satisfaction ici-bas; la pénitence achevée, on gagne immédiatement le Paradis[136]. Grâce à l'enquête inquisitoriale l'évêque cerne au plus près les croyances folkloriques et, partant, de ce premier constat, il élabore des réfutations qui répondent concrètement à chacune des affirmations d'Arnaud Gélis. Nul doute que cette expérience, enracinée dans sa pratique pastorale, pèse d'un grand poids quand, cardinal, il écrit un *De Statu animarum ante Generalem Judicium* et quand, pape, il met fin à la querelle sur la Vision Béatifique et peut-être indirectement, nous le verrons, favorise la diffusion d'un véritable culte aux âmes du Purgatoire.

Les effets de l'enquête inquisitoriale, est-il besoin de le préciser, restent limités quand il s'agit de promouvoir et de faire connaître une nouvelle croyance, même quand celle-ci s'appuie fortement sur des éléments de la culture populaire. Si c'est bien une profonde volonté pastorale qui guide l'action de Jacques Fournier, ses réfutations sont déjà formulées dogmatiquement et par là-même moins propres à intégrer totalement le système de représentations, d'images mentales d'un Arnaud Gélis, par exemple.

---

defunctus magis frequentat ecclesiam cuius sit parrochianus et in cuius cimiterio corpus ejus requiescit quam alias ecclesias».

[134] *Idem*, p. 128, 135; les défunts ne prennent pas seulement un malin plaisir à exciter les vivants, ils aiment aussi, plus paisiblement, les regarder vivre : *«audivit a multis mulieribus defunctis quod interdum venerant ad videndum nepotes et nepotes parvulos, baptizatos tamen, et quod multum delectabantur videre illos».*

[135] *Idem*, p. 135.

[136] *Idem*, p. 140 *«anime hominum et mulierum decedencium vadunt ad purgatorium in quo suam penitenciam peragunt quam in hoc seculo non perfecerunt; qua ibidem completa vadunt ad paradisium celeste ubi est Dominus et Beata Virgo, angeli et sancti... nullus locus requiei animarum est in terra sed in paradisio celesti».*

Quelques temps plus tard, près d'Avignon, Jean Gobi, le futur compilateur de la *Scala Coeli*, va réussir, lui, par une sorte d'exorcisme, à domestiquer un revenant et en même temps à assurer une publicité extraordinaire à la croyance au Purgatoire. En 1323, en plein consistoire, au Palais Apostolique, devant Jean XXII et les cardinaux est lu le rapport extrêmement minutieux d'une curieuse affaire qui a troublé la petite ville toute proche d'Alès. L'esprit d'un homme décédé depuis quelque temps vient hanter sa maison et, dans la meilleure tradition du «pessu de mortz»[137], effrayer sa veuve. On a insisté plus haut sur l'importance du genre littéraire du récit d'apparition et sur son caractère stéréotypé. Il n'y a pas lieu cependant de mettre ici en question l'authenticité du rapport : la lecture devant le pape, la présence de nombreux témoins[138], la forme même du récit où l'on sent, et où l'on voit au moins dans un cas, la langue parlée[139], invitent à le prendre comme un véritable compte-rendu et non comme une banale «histoire de revenant», actualisée par un procédé particulièrement habile.

Jean Gobi, prieur du couvent dominicain d'Alès, et qui est l'auteur du rapport au pape, décide, «*à la requête des meilleurs hommes d'Alès*», d'aller interroger cet esprit malin qui trouble la paix de la ville. Il est accompagné du lecteur de philosophie du couvent, de quelques frères et de nombreux laïcs qu'il poste à toutes les issues de la maison, bien décidé à montrer qu'il s'agit d'une *illusio daemonis*. Il rentre, s'assied sur le lit du mort, récite les leçons des défunts et les litanies, et demande à la veuve si l'esprit est là. Celle-ci ne tarde pas à entendre le revenant qui lui déclare bien être Gui de «Corvo» (ou de «Torno»). Jean Gobi prend alors le relais et un dialogue, qui tient de l'exorcisme et de la *disputatio*, s'engage alors entre le revenant et le

---

[137] Cf. F. Benoit, *op. cit.*

[138] Le texte du rapport nous est parvenu par plusieurs manuscrits (cf. l'article *Jean Gobi* dans le tome XXXV de l'*Histoire Littéraire de la France*, p. 532-556). L'un d'eux (ms. 21-3-2 de la Bibliothèque Universitaire de Barcelone) est précédé d'une lettre d'un frère prêcheur catalan à l'évêque de Majorque, datée d'Avignon 23 Avril 1324 et annonçant l'envoi du rapport. Un second (ms. Ripoll n° 167) est suivi de la note suivante : «*Revelationem missam domino Summo Pontificii et dominis cardinalibus lectam in pleno consistorio, ego frater Bernardus de Riparia, mito vobis...etc*» (il s'agit de nouveau du frère O. P. et de l'évêque de Majorque). Deux éditions ont été faites au XIXe siècle à partir de sources anglaises ou françaises : *De spiritus Guidonis*, édité par G. Schleich, *The Gast of Gy, Palaestra I, Untersuchungen und Texte aus der Deutschen und Englischen Philologie*, Berlin, Mayer und Muller, 1898, p. LV à LXI et édité aussi par A. Bardon, *Histoire de la ville d'Alais*, Nîmes, Imprimerie Clavel et Chastenier, 1894, p. 204-209.

[139] *De Spiritu Guidonis*, édition Bardon, *op. cit.*, p. 208 : «*Item interrogavi eum astringendo sic : quis eram; respondit : li priour*».

Dominicain. *Disputatio*, parce que l'esprit est malin et que, si ses réponses sont toujours très brèves, les questions, elles, ressemblent souvent à celles de la scholastique. Exorcisme, car avant chaque question, le prieur conjure le revenant de dire la vérité :

> «*Je t'adjure, créature de Dieu, par sa Puissance infinie, par Sa Sagesse ineffable, par Sa Bonté immense, et par toutes les vertus de la Très Sainte Trinité, qui créèrent toutes choses, par le mystère de la Sainte Incarnation, par le mérite de Sa Passion très bénie, par Sa Victorieuse et Glorieuse Résurrection, par tous les ordres des saints Anges, et par tout ce qui peut, de sa Divine Vertu, te contraindre le plus, je te conjure et je te contrains à ne pas quitter ce lieu avant d'avoir, en vérité et sans mensonge, répondu à toutes les questions que je voudrai te poser.*
>
> *Il répondit : bien, je le ferai.*
>
> *Et alors je l'interrogeai pour savoir s'il était un bon ou un mauvais esprit.*
>
> *Il répondit qu'il était un bon esprit.*
>
> *Je le conjurai ainsi pour toutes les questions suivantes et lui demandai s'il était un esprit qui atteindrait finalement, et sans aucune restriction, la béatitude et le salut.*
>
> *Il répondit que oui.*
>
> *Je l'interrogeai pour savoir qui il était.*
>
> *Il répondit qu'il était un esprit qui faisait et souffrait son Purgatoire.*
>
> *Le Frère : Pourquoi ici plus qu'ailleurs?*
>
> *Il répondit que c'était ici qu'il avait commis le péché.*
>
> *Le Frère : Quel péché?*
>
> *Il répondit que c'était l'offense à sa mère.*
>
> *Le Frère : Le péché d'offense aux parents est-il grand pour Dieu?*
>
> *Il répondit : Très grand.*
>
> *Le Frère demanda s'il purgeait ses peines dans le purgatoire commun ou dans un purgatoire particulier.*
>
> *Il répondit que c'était dans un purgatoire particulier, c'est-à-dire ce logis où, par le péché, il devait rester deux ans, à moins que des suffrages ou des bénéfices viennent à son aide...*»[140].

Dans ce dialogue extraordinaire, l'esprit de Gui de «Corvo» est littéralement domestiqué par le Frère Prêcheur, alors qu'avec sa veuve, il se comportait, si l'on peut dire, en revenant «ordinaire».

---

[140] *De Spiritu Guidonis*, édition Schleich, *op. cit.*, p. LVII.

Pendant les huit jours qui suivent le décès, et qui précèdent l'intervention de Jean Gobi, il ne parle pas, on entend indistinctement sa voix
comme beaucoup d'autres revenants il se lamente, gémit; sa fonction n'est
pas de discourir mais, en ce temps de deuil, de venir agacer, troubler le
repos de sa veuve. C'est d'ailleurs sa veuve qui l'entend venir, qui amorce le
dialogue en posant, à l'instigation de Jean Gobi, la première question :
«*Es-tu Gui de Corvo?*» C'est aussi sa veuve qui met fin au premier entretien
par un évanouissement et une crise de nerfs. Dans une des versions du
récit, nous apprenons la raison de ce trouble par l'esprit lui-même (en
réponse, on s'en doute, à une question du Dominicain) : les deux époux ont
commis ensemble un énorme péché (? . . .) dont ils se sont confessés mais la
veuve n'en n'a pas encore obtenu satisfaction[141]. Remarquons au passage
que les deux péchés mentionnés dans cette histoire concernent soit le
couple («*énorme péché*»), soit la famille («*l'offense à la mère*»). Nous sommes
devant une manifestation assez classique de deuil pathologique : notre
veuve maintient en vie de façon hallucinatoire le mari qu'elle vient de
perdre[142], et ces troubles sont assez fréquents au Moyen Age, et intégrés aux
conduites sociales, pour que les habitants et les dominicains d'Alès s'y
associent sans difficulté.

L'exorcisme récupérateur de Jean Gobi consiste à faire discourir le
revenant, à le changer en un esprit bavard et raisonneur. Le dominicain
joue ici finalement à peu près le même rôle qu'Arnaud Gélis, le «*messager
des âmes*» à Pamiers. Mais, à l'inverse du sacristain, il connaît sa théologie et
transforme l'esprit de Gui de «Corvo» en une de ces âmes du Purgatoire qui
viennent réclamer aux vivants des prières pour les morts. Les récits d'apparition et les *exempla* sur le Purgatoire, qui étaient connus du prieur d'Alès,
lui ont peut-être à ce moment précis servi de modèles. Le dialogue, non
plus comme Jacques Fournier avec «*celui qui fait parler les morts*», mais
avec le mort lui-même, permet au religieux de s'interposer entre ce fantôme
et l'ensemble des vivants, de contrôler étroitement et de donner un sens à
leurs rapports :

> «*Le Frère : Quels bénéfices sont les plus utiles?*
> *Il répondit que ce sont les messes, et ensuite, parmi les autres prières,*
> *les sept psaumes de pénitence.*

. . . .

---

[141] *Idem*, p. LX.

[142] Les phénomènes du travail du deuil sont bien connus depuis *Deuil et mélancolie* de S.
Freud, in *Métapsychologie*, traduction française par J. Laplanche, Gallimard, Paris, 1968.

Le Frère : Qui peut t'apporter le plus?
Il répondit : Toi et les autres prêtres qui célèbrent la messe pour moi[143].

. . . .

Le Frère : Combien de messes peuvent t'aider et de ces peines te soulager?
Il répondit : Cent messes.
Le Frère : Les indulgences acquises par moi peuvent-elles te profiter, si je m'en défais et te les remets?
Il répondit que oui.
Alors je me défis, autant que je le pouvais, de toutes les indulgences acquises par moi pendant un an et les lui donnai»[144].

C'est donc grâce à ce transfert d'indulgences que le temps de Purgatoire de Gui de «Corvo» va être abrégé. Ce n'est pas un exorcisme, une injonction rituelle qui le chasse de chez sa veuve, mais les suffrages des vivants ou même les bénéfices acquis par eux et transférés, par une sorte de lettre de change spirituelle, sur l'âme en peine. La comptabilité de l'au-delà est désormais possible.

Notons toutefois que le revenant ne va pas se laisser domestiquer immédiatement : deux «séances» sont nécessaires. D'autre part, Jean Gobi fait des concessions que sans doute Jacques Fournier aurait refusé de faire : il admet, par la force des choses, le dédoublement du lieu purgatoire. La nuit, les âmes expient leur fautes ici-bas, dans les lieux-mêmes où elles ont péché. Le jour, «au-delà», dans le Purgatoire «commun»[145].

Ce récit illustre parfaitement la dialectique qui existe entre les traditions folkloriques et la théologie de l'au-delà. Au point que certains ont pensé que la lecture du rapport de Jean Gobi devant Jean XXII pouvait être mise en relation avec le déclenchement de la Querelle sur la Vision Béatifique. Baluze déjà, dans une note aux *Vitae Paparum Avenionensium*[146],

---

[143] *De Spiritu Guidonis*, édition Schleich, *op. cit.*, p. LVII et LVIII. cf. la variante encore plus explicite dans l'édition Bardon : «*Interrogavi eum qui errant illi qui sibi bonum fecerant, respondit : predicatores et minores et multi sacerdotes et nos*», *op. cit.*, p. 206.

[144] *De Spiritu Guidonis*, édition Schleich, *op. cit.*, p. LVII et LVIII.

[145] *Id.*, p. LVII et surtout p. LXI : «*et qualiter de die ille spiritus patiebatur in purgatorio, et in nocte in illo particulari loco*».

[146] Baluze, *Vitae Paparum Avenionensium*, édition G. Mollat, Paris, 1914-1927, tome II, p. 289. Baluze semble avoir eu connaissance du récit par l'intermédiaire de Villani et par certaines versions manuscrites ou incunables.

le suggère très nettement. Cela paraît peu probable. Rappelons que les premiers sermons dans lesquels le pape soutient que les élus ne voient pas Dieu avant le Jugement Dernier sont prononcés six ou sept ans plus tard[147]. Les grandes controverses entre Jean XXII, qui finalement se rétractera, l'Université de Paris, Thomas Walley etc. datent des années 1332-1333. D'autre part, ce n'est pas vraiment le Purgatoire qui est en cause dans cette querelle et les problèmes de l'Union avec les Grecs, à l'ordre du jour depuis Lyon II, ont pu pousser le pape dans une direction qui n'était pas celle de la tradition latine. Néanmoins, la difficulté à caractériser le temps qui sépare le jugement individuel et le Jugement Dernier n'est pas encore levée du point de vue théologique et dogmatique. Il est possible que Jean XXII ait voulu, peut-être au souvenir des récits comme celui de Jean Gobi, proposer une solution qui intègre certaines traditions «populaires» concernant les revenants.

L'histoire du fantôme d'Alès ne s'arrête pas en 1330. Amplifié, remanié, peut-être par un clerc de Bologne[148], le récit de Jean Gobi est diffusé dans l'Europe entière et donne ainsi une publicité très large à la croyance au Purgatoire. On en connaît de très nombreuses versions latines[149], et de non moins nombreuses traductions en français, haut et bas-allemand, moyen-anglais, catalan et même gallois et suédois[150] ! Un incunable paru à Delft en 1486 inaugure les éditions du XVe et du XVIe siècle Jean Baudoin dans son *Instruction de la Vie Mortelle*, utilise le récit et Jacques Junterbuck le reproduit en 1496 dans son *Tractatus de apparitionibus et receptaculis animarum exutarum corporibus*[151]. Ce n'est plus un simple rapport d'exorcisme

---

[147] Cf. l'article Benoit XII par X. Le Bachelet dans le *Dictionnaire de Théologie Catholique*, tome II, col. 653-704 et de nombreux articles de M. Dykmans dont : *Les sermons de Jean XXII sur la Vision Béatifique* in *Miscellanea historiae pontificiae* n° 34, Presses de l'Université Grégorienne, Rome, 1973; *Jean XXII et les Carmes, la controverse sur la Vision Béatifique*, in *Carmelis*, vol. XVII, 1970, p. 151-192; *Les frères Mineurs d'Avignon au début de 1333 et le sermon de Gautier de Chatton sur la Vision Béatifique*, in *Archives d'Histoire Doctrinale et littéraire du Moyen Age*, tome 38, année 1971, Paris, 1972, p. 105-148 etc...

[148] Cf. l'article *Jean Gobi*, par Ch. V. Langlois dans l'*Histoire Littéraire de la France*, tome XXXV, p. 532-556.

[149] Cf. B. Hauréau, *Notice sur le n° 13602 des ms. lat. de la B. N.* in *Recueil des Notices et extraits des manuscrits de la B. N. et autres bibliothèques*, tome XXXIII, 1890, Ie partie, Paris, Imprimerie Nationale, 1890, p. 111-126 et B. Hauréau, *Notices et extraits de quelques manuscrits de la B. N.*, Paris, C. Klincksieck, 1891, t. II, p. 328 et suiv. Il cite 3 manuscrits de la Bibliothèque Royale de Belgique, 3 manuscrits de bibliothèques anglaises, des traductions françaises dans des manuscrits du Vatican (Regina, n° 1389), de l'Arsenal (n° 2680) etc...

[150] Cf. l'article *Jean Gobi* de Ch. V. Langlois, dans *Histoire Littéraire de la France*, op. cit.

[151] B. Hauréau, *Notices et extraits de quelques manuscrits de la B. N.*, op. cit., p. 332.

mais un véritable traité sur les âmes du Purgatoire, en forme de dialogue, avec des *quaestiones* numérotées s'enchaînant et réclamant parfois des réponses subtiles de casuistes : «*Où se trouve le Purgatoire commun?*», «*Comment le Purgatoire, lieu spirituel, et la terre, lieu matériel, peuvent-ils être dans le même lieu?*» (sixième question); «*Un homme à sa mort peut-il voir le Seigneur, la Bienheureuse Vierge Marie, les anges et tous les saints sous leurs formes propres?*» (dixième question); «*Pour combien d'hommes et d'âmes un prêtre peut-il célébrer la messe de façon à ce que tous en tirent un égal bénéfice?*» (douzième question)[152] etc...

A travers l'exemple limité, mais sans doute très important, de l'encadrement des revenants, nous venons de voir comment, dans le Midi de la France, à la fin du XIIIe siècle et au début du XIVe siècle l'Eglise essayait concrètement d'imposer le Purgatoire, d'intégrer, même au prix de quelques concessions, cette part de l'au-delà folklorique jusque là insaisissable. La prédication surtout, beaucoup plus rarement l'enquête inquisitoriale, parfois le contact direct avec les esprits, sur le modèle de l'«exorcisme» de Jean Gobi, ont été les principaux moyens qui ont assuré la pénétration de la notion de Purgatoire. Mais ce n'est vraiment que lorsqu'un culte est rendu aux âmes du Purgatoire que la croyance se diffuse en profondeur.

Le culte

Les premières mentions, dans les testaments, de legs aux âmes du Purgatoire fournissent une chronologie et une géographie assez précises du culte. Les dons et les demandes de prières, qui se multiplient à partir des années 1330-1340 sont, malgré leur date tardive, les premiers et les seuls témoignages directs d'une croyance aux âmes du Purgatoire émanant des laïcs. C'est moins l'arrivée de la notion au XIIIe siècle que, pour la première fois, l'organisation systématique d'un culte (avec «bassins», quêtes, autels, luminaires, voire même confréries) qui est intéressante puisque, par le culte, la quasi-totalité de la population est touchée.

C'est en Avignon, en 1333, dans l'Eglise Saint-Pierre, qu'est attesté le premier legs à la quête *pro animabus purgatorii*[153]. Dans les années 1340-1360 la coutume de faire des legs semblables s'étend à la Principauté

[152] *Idem*, p. 337 et suiv.
[153] Arch. Départ. de Vaucluse, Arch. hospitalières d'Avignon, Aumône de l'Epicerie, B9; c'est Agnès Vidal, femme de l'épicier Jean Arnaud qui fait ce premier legs le 27 février 1333.

d'Orange (première mention à Orange en 1339[154]), au Comtat (l'Isle-sur-la-Sorgue, 1348; Cavaillon, 1359; Vaison, 1360, etc...), à la Provence limitrophe (Châteaurenard, 1358; Apt, 1361, etc...[155]), et au Languedoc (Alès, 1341; Montpellier, 1347 etc...[156]).

Jusqu'en 1360 il semble que seules les villes importantes, en particulier les cités épiscopales, soient touchées par le nouveau culte. Dans une seconde phase de 1360 à 1390 environ, apparaissent pour la première fois des legs dans les bourgs comtadins et provençaux. En même temps, le culte s'étend géographiquement vers le Toulousain (Fanjeaux, 1364; Saint-Sulpice, 1392; Toulouse, 1410[157]) et vers l'Est de la Provence (Grasse, 1376[158]). Au milieu du XVe siècle, la quasi-totalité des villages du Comtat possède au moins un «bassin» pour les âmes du Purgatoire tandis que les Pays Niçois et le Lyonnais par exemple sont touchés plus tard encore[159].

De cette rapide géographie et chronologie des legs il ressort qu'Avignon ou la région avignonnaise pourraient être le centre initial. C'est en Avignon que nous trouvons la première mention. C'est à partir d'Avignon que, semble-t-il, le culte se répand, assez rapidement en Comtat et en Provence, plus lentement en Languedoc et vers le Nord. C'est en Avignon qu'est fondée en 1343 la première confrérie des âmes du Purgatoire. C'est enfin tout près d'Avignon, mais un siècle plus tard, qu'est réalisée la première

[154] Bibliothèque Vaticane, Atti notarii di Orange, 62 fo 50.

[155] Arch. départ. de Vaucluse, Notariat de Cavaillon, fond Rousset B. N. ms. lat. nouvelles acquisitions 1894-1895 fo ro (ce renseignement sur Châteaurenard nous a été aimablement communiqué par M. l'abbé Linsolas).

[156] Pour Montpellier cf. L. de Charrin, *Les testaments de la région de Montpellier au Moyen Age*, Ambilly, 1961. Pour Alès, A. Bardon, *Histoire de la ville d'Alais de 1250 à 1340*, op. cit., p. 179.

[157] Pour Fanjeaux, cf. A. Ramière de Fortanier, *La confrérie N. D. de Fanjeaux*, in *Cahiers de Fanjeaux* no 11 p. 333; pour Toulouse cf. M. S. de Nucé de Lamothe, *Piété et charité publique à Toulouse de la fin du XIIIe siècle au milieu du XVe siècle d'après les testaments*, in *Annales du Midi*, Janvier 1964, p. 13. Pour Saint Sulpice cf. M. Bastard-Fournié, *Mentalités religieuses aux confins du Toulousain et de l'Albigeois à la fin du Moyen Age*, in *Annales du Midi*, juillet-septembre 1973, p. 284.

[158] Cf. Malaussena, *La vie en Provence Orientale aux XIVe et XVe siècle : un exemple : Grasse à travers les actes notariés*, Paris, Bibl. d'Histoire du Droit et droit romain, 1969, p. 350.

[159] Pour le Pays Niçois cf. M. L. Carlin, *Quelques aspects de la vie religieuse à Nice d'après les testaments (XIVe et XVe siècle)* in *Mélanges Aubenas (Recueil de mémoires et travaux publiés par la Société d'histoire du droit et des institutions des anciens pays de droit écrit*, fasc. IX), Montpellier, 1974, p. 122 à 142. Pour le Pays Lyonnais, cf. toujours M.-Th. Lorcin, *Les clauses pieuses dans les testaments du plat-pays lyonnais aux XIVe et XVe siècle»*, in *le Moyen Age*, 1972, p. 287 à 323.

Carte **XX**

LA DIFFUSION DU CULTE POUR LES ÂMES DU PURGATOIRE

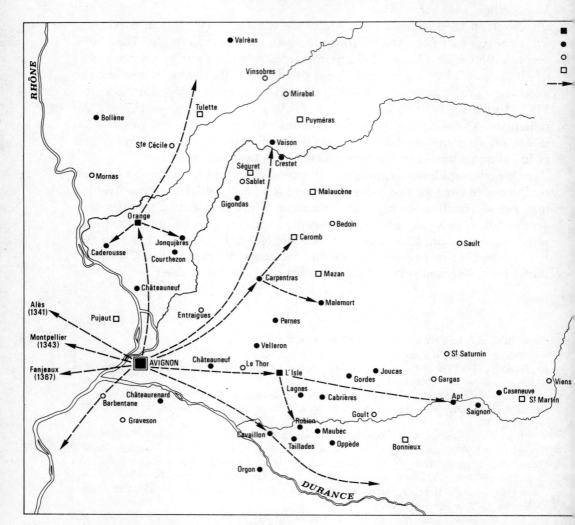

A : culte attestée avant 1350 ; B : culte attesté entre 1350 et 1400 ; C : culte attesté entre 1400 et 1450 ; D : culte attesté après 1450 ; E : diffusion possible du culte.

représentation picturale du Purgatoire que l'on connaisse dans le Midi de la France (et peut-être en Europe?)[160].

Avignon est alors la capitale de la Chrétienté mais aucun document ne permet d'affirmer qu'il s'agit d'une initiative pontificale. Le premier legs, rappelons-le, est fait dans le cadre d'une église paroissiale et plus tard c'est le simple recteur d'un des hôpitaux de la ville qui fonde la confrérie. Celle-ci doit attendre quatre ans pour être dotée d'indulgences par Clément VI[161]. En revanche, on ne peut manquer de rapprocher ce «démarrage» du culte, tel qu'on le perçoit à travers les legs, d'une série de phénomènes concomitants, déjà évoqués mais qu'il faut rappeler:

1) Les décennies 1310-1330 sont marquées, au moins dans le Midi, par le souci de l'Eglise de mieux encadrer la mort[162], d'intégrer l'au-delà folklorique à l'au-delà théologique. Pour chasser ou pour christianiser les revenants par exemple, la prédication et les *exempla* ne suffisent pas. L'enquête inquisitoriale (Jacques Fournier à Pamiers en 1319-1320) ou l'«exorcisme» (Jean Gobi à Alès, 1323) sont nécessaires.

2) Depuis le concile de Lyon II (1275), et en partie (mais en partie seulement) à cause des Grecs, l'au-delà théologique est en question. Si le Purgatoire n'est pas directement impliqué dans la Querelle sur la Vision Béatifique (1331-1333, l'année même de notre premier legs!) ce sont tout de même les incertitudes du dogme sur la nature du temps de l'au-delà que révèlent les nombreuses *disputationes* auxquelles elle donne lieu. En dehors des cercles de la Curie, des Ordres Mendiants, de l'Université, il est difficile d'évaluer les répercussions de cette Querelle célèbre sur la population avignonnaise. Mais les sermons polémiques qui étaient prononcés dans les principales églises de la ville ont pu créer un climat favorable au développement du culte pour les âmes du Purgatoire.

3) A partir de la fin du XIIIe siècle on assiste à la fois à un développement du geste des demandes de messes pour les défunts et à une croissance du nombre même des messes demandées par chaque testa-

---

[160] Il s'agit évidemment du *Couronnement de la Vierge* d'Enguerrand Quarton, cf. M. Roques, *Les rapports néerlandais dans la peinture du Sud-Est*, Bordeaux, 1963, p. 150 et suiv. et Ch. Sterling, *Les peintres du Moyen Age*, Paris, Tisné, 1941.

[161] Cf. P. Pansier, *Les confréries d'Avignon au XIVe siècle*, in *Annales d'Avignon et du Comtat Venaissin*, 1934, p. 26 et suiv. Et Arch. Départ. de Vaucluse, H, Célestins Avignon, 54 fo 94, Bulle d'Indulgence Arch. Départ. Vaucluse H1, fo 12 vo.

[162] Cf. chapitre II p. 119-120 et p. 137-138, 149.

teur[163]. A une logique de la répétition dans un temps donné (neuvaine, bout-de-l'an) ou perpétuelle (anniversaire, chapellenie), qui dominait jusque-là, vient s'ajouter une logique de l'accumulation qui consiste à concentrer dans les jours ou les années qui suivent le décès le maximum de messes. Vers 1340, les trentains grégoriens, les «cantars» par milliers si fréquents à la fin du Moyen Age et dans la piété baroque[164] se multiplient. La pratique de ces messes cumulées, organisées de façon mathématique dans un temps limité[165], implique pratiquement – on l'a vu – la croyance en un au-delà intermédiaire entre Enfer et Paradis, temporellement limité lui aussi, pendant lequel on purge les fautes qui ne méritent pas la damnation éternelle.

Vers 1330-1360 donc, tout concourt à la diffusion et au succès du culte pour les âmes du Purgatoire. La concordance chronologique entre les divers phénomènes que l'on vient d'évoquer et les premières mentions de legs ne peut être un hasard. Si le Purgatoire apparaît bien en Comtat au XIIIe siècle, il n'est vraiment l'objet d'un culte qu'à partir de la moitié du XIVe siècle. Car il s'agit bien d'un culte particulier qui se distingue de l'ensemble des prières pour les défunts. C'est la grande différence avec le XIIIe siècle, où les suffrages pour les âmes du Purgatoire se confondaient exactement dans l'esprit des prédicateurs et des liturgistes, avec toutes prières ou messes pour les morts. Pour Guillaume Durand, par exemple (*Rational*, lib. VII, cap. XXXV, «*De l'office des morts*»[166], il n'y a que les âmes «*à moitié bonnes*» (dans le Purgatoire) ou «*médiocrement mauvaises*» (dans les Limbes) qui aient vraiment besoin des suffrages des vivants.

Au contraire, vers 1330-1360 on assiste en Comtat Venaissin à la naissance d'un culte autonome; dans l'ensemble des legs destinés par le testateur à son rachat et à celui de ses «*parents, amis et bienfaiteurs*»[167], le don aux âmes du Purgatoire s'individualise nettement. Il est infime le plus

---

[163] Cf. chapitre V, p. 344 et suiv.

[164] M. Vovelle, *Piété baroque et déchristianisation, op. cit.*

[165] Rappelons seulement l'exemple de la veuve de Valréas qui demande 1485 messes réparties savamment sur 18 ans. (Arch. Départ. du Vaucluse, Notariat de Valréas, Etude Evesque 196 fº 108). Cf. chapitre V, p. 343-351.

[166] Guillaume Durand, *op. cit.*, p. 101 de la traduction de Ch. Barthélémy.

[167] La formule la plus fréquente dans les testaments est en effet: «*pro anima mea, et animabus parentium, amicorum et benefactorum meorum*». Le formulaire associe ainsi obligatoirement au défunt le groupe le plus large des chrétiens qui l'entoure dans la vie quotidienne. Au XVe siècle ce groupe s'élargira encore puisque «tous les fidèles défunts» se joindront au mort et à ses proches dans les demandes de prières et de messes.

souvent : quelques piècettes (rarement plus de cinq sous) destinées au
«*bassino sive queste animarum purgatorii*». Par «bassin» ou «quête» il faut
entendre soit un simple tronc placé contre un pilier ou devant un autel de
l'église paroissiale, soit la collecte, à intervalles réguliers, des offrandes des
fidèles par les laïcs destinés pour cette besogne : on trouve en Avignon la
trace de quêteuses pour les âmes du Purgatoire[168].

Ces offrandes, ces legs, s'ils sont maintenant relativement bien indivi-
dualisés, sont mis dans les testaments sur le même plan que les offrandes et
les legs au luminaire du saint patron, au cierge pascal, au brandon qui
accompagne le *Corpus Christi* pendant les processions, etc.[169]. A Apt, par
exemple, on donne de la cire aux âmes du Purgatoire, assimilées de ce fait
très vite à l'un des luminaires qui brûlent dans les églises de la cité. Elles
sont devenues une œuvre paroissiale parmi d'autres, et sont intégrées dans
le testament à l'ensemble rituel des œuvres qui font l'objet de legs
pieux[170].

Parfois, cet *opus* suscite une véritable dévotion que viennent révéler
des dons plus importants : quelques florins, des patenôtres, des vêtements
liturgiques, voire des biens immobiliers[171]. Quelques testateurs font même
des âmes du Purgatoire leurs héritières universelles, directes ou substi-
tuées[172]. Cette pratique est à rapprocher de celle, plus égoïste, qui consiste à
faire de sa propre âme une héritière universelle[173]. Ces gestes restent
cependant très rares et ne sont le fait que de 1% ou 2% des testateurs. Très
souvent, les legs sont sans contrepartie. En tant que tels, et parce qu'ils sont
intégrés dans l'ensemble des dons rituels, ils suffisent au rachat des fautes,
parfois de certaines fautes particulières : les forfaits que l'on a commis plus
ou moins inconsciemment («*forefactis certis et incertis*»). Mais avec l'habitu-

---

[168] P. Pansier, *Les confréries d'Avignon au XIVe siècle*, op. cit. p. 27 : «*Avem pagat a dona
Bertioneta que fon de ses Guilhem Garnier, que quer a las armas de porcatori per pagat lo legat fac
per Bernadet Fabre a les sobreditas armas XII siècle*» (Comptes de l'Aumône de la Fusterie,
reg. 1811, p. 349).

[169] Arch. Départ. de Vaucluse, notariat d'Apt, étude Pondicq 105 f⁰ 34 v⁰. Notariat de
Valréas, étude Evesque 196 f⁰ 10. Notariat d'Apt, étude Pondicq 22 f⁰ 15.

[170] Arch. Départ. de Vaucluse, notariat d'Avignon, fond Beaulieu 684 f⁰ 208, notariat d'Apt,
fond Pondicq 112 f⁰ 18 v⁰; notariat d'Avignon, fond Martin 764 f⁰ 354.

[171] Arch. Départ. de Vaucluse, notariat d'Apt, étude Pondicq 9 f⁰ 18, 11 f⁰ 53, 42 f⁰ 38 v⁰;
notariat à Cavaillon, étude Rousset 63 f⁰ 23; notariat d'Avignon, étude de Beaulieu 686 f⁰ 330
etc...

[172] Par exemple à Orange, Bibl. Vaticane, Atti Notarii di Orange 229 f⁰ 35 etc...

[173] Arch. Départ. de Vaucluse, notariat d'Apt, étude Geoffroy 1975 f⁰ 1 v⁰.

de de demander des messes viatiques pour les défunts en général, se développe celle des messes *pro animabus purgatorii*. Quelquefois encore perpétuelles, le plus souvent cumulées[174]. En échange, des terres, des maisons, des cens et surtout bien sûr de nombreuses petites sommes d'argent liquide viennent s'accumuler dans la caisse de l'œuvre.

La nécessité de gérer un petit patrimoine mobilier et immobilier impose parfois, et pas seulement dans les villes les plus importantes[175], la création d'une structure administrative assez proche de celle des confréries, avec des *rectores*, des *procuratores,* des bayles chargés de tenir les comptes et de percevoir les revenus de l'œuvre[176]. C'est peut-être d'ailleurs par ce biais que s'est réalisé dans certains cas le passage à la structure confraternelle proprement dite : à l'Isle-sur-la-Sorgue, par exemple, le «bassin» des âmes du Purgatoire est mis, dans certains testaments, sur un pied d'égalité avec les confréries[177]. Mais il n'y a qu'en Avignon que nous ayons une fondation bien attestée. Dix ans seulement après le premier legs de 1333, Guillaume Burguière, recteur de l'hôpital, de la chapelle (sous le titre de Saint-Michel) et du cimetière du Pont-Fract «*fieri fecit quandam confratriam vocatam communiter et appellatam confratriam animarum de purgatorio*»[178].

Encore une fois, aucune trace d'intervention pontificale ou même cléricale. Des statuts sont presque immédiatement rédigés[179], sur un modèle courant qui n'a rien d'original : la confrérie des âmes du Purgatoire est une confrérie comme les autres, parmi d'autres. Ces statuts ne font d'ailleurs aucune allusion au Purgatoire et rien ne permet de deviner quelles raisons profondes ont poussé Guillaume Burguière à mettre sa confrérie sous un tel vocable.

La préparation à la mort, la pompe funèbre et les prières *post-mortem* sont assurées par les confrères. Mais, nous l'avons déjà souligné, ce n'est pas un trait particulier à la fondation de Guillaume Burguière. Les mêmes

---

[174] Messes perpétuelles à Cavaillon, Arch. Départ. de Vaucluse, notariat de Cavaillon, étude Rousset 52 f⁰ 38, à Apt, idem, notariat d'Apt, étude Pondicq 89. f⁰ 48 etc... Demande de 6 trentains, notariat d'Apt, étude Pondicq 89 f⁰ 35 v⁰ etc.

[175] Il existe par exemple à Goult des *procuratores* des âmes du Purgatoire. Arch. Départ. de Vaucluse, notariat d'Apt, étude Pondicq 29 f⁰ 91.

[176] Cf. par exemple à Apt, Arch. Départ. de Vaucluse, notariat d'Apt 116 f⁰ 13 etc...

[177] Arch. Départ. de Vaucluse, notariat de l'Isle-sur-la-Sorgue, étude Roussel 617 f⁰ 31 v⁰.

[178] Arch. Départ. de Vaucluse, H, Célestins d'Avignon, 54 f⁰ 94.

[179] P. Pansier, *Les confréries d'Avignon au XIVᵉ siècle, op. cit.* p. 26 et le manuscrit n⁰ 2664 de la Bibliothèque du Musée Calvet en Avignon. Ces statuts sont en provençal. Ils ont été publiés par P. Pansier dans *Les confréries...*, *op. cit.*, p. 28 à 33.

articles se retrouvent pratiquement mot pour mot dans les statuts de la confrérie Notre-Dame de la Major (érigée en 1329) et ceux de la confrérie de Saint Georges des tailleurs (érigée en 1331)[180]. Dès le milieu du XIVe siècle, les bassins des âmes du Purgatoire sont donc des œuvres paroissiales, au même titre que le brandon du Corps du Christ, le luminaire de saint Agricol ou de saint Véran. Quant à la confrérie d'Avignon, elle ressemble à s'y méprendre à celles de sainte Lucie, de saint Crespin ou des Onze Mille Vierges. Ses statuts, par leur banalité même, attestent que l'«institutionalisation» du Purgatoire est déjà bien avancée vers 1350.

Le pape – on l'a remarqué – ne semble pas avoir joué un rôle important dans les débuts du culte. Les laïcs ont pu faire preuve, ici ou là, d'initiatives. Mais c'est sans doute l'intervention directe et quotidienne du clergé comtadin et provençal qui explique la rapidité de la diffusion, jusque dans les plus petits villages du Lubéron ou du Plateau de Vaucluse. Les clercs font très tôt des legs aux âmes du Purgatoire et montrent ainsi l'exemple[181]. L'installation d'un tronc dans l'église paroissiale dépend d'eux directement et ils font très souvent partie du petit groupe des administrateurs des biens de l'œuvre[182]. Ce sont les villes épiscopales qui sont touchées les premières. Faut-il en conclure que la hiérarchie épiscopale a joué un rôle moteur dans la diffusion du nouveau culte et que c'est seulement dans un deuxième temps que le clergé paroissial a pris le relais? Une concession d'indulgences accordées par les évêques comtadins et provençaux (ou leurs représentants) à la fin du concile régional d'Apt en 1365 pourrait le laisser entendre. Il y a là les trois archevêques d'Arles, Aix et Embrun, Philippe Cabassole, patriarche de Jérusalem, recteur du Comtat et administrateur de l'évêché de Cavaillon, les évêques de Riez, Carpentras, Vaison, Orange, Saint Paul-

---

[180] Ce sont les statuts II (*Del maistres et dels autres officials*) III (*del sagrament et dels novels officials e de metre en possescion*), IV (*De rendre los contes*) V (*del offici dels camarlens e de las causa commandadas ad els*) X (*de recebre los confraires novels*) XI (*de non recebre en confraire cels que son de mala vida*) XII (*de far lo sagrament à intrar*) XIII (*de pagar l'anada*) XIV (*d'esser los officials ensemps*) XVIII (*de non obrir la boyssera*) XIX (*del poder dels maistres*) XX (*de cels que son dezobediens als maistres*) XXV (*que femma non sia confrayrerra* – en fait il ne s'agit pas d'une interdiction mais seulement d'une restriction. Autant que l'on puisse en juger, la confrérie semble avoir respecté la mixité). P. Pansier, *Les confréries, op. cit.*, et chapitre IV, p. 278.

[181] Notons cependant que le premier legs attesté en Avignon (1333) est d'une veuve d'un artisan.

[182] Cf. par exemple l'aumône des âmes du Purgatoire d'Apt qui compte un prêtre parmi ses administrateurs : Arch. Départ. de Vaucluse, notariat d'Apt, étude Pondicq 112 fo 22 v°.

Trois-Chateaux, Marseille, Apt, Sisteron, Digne, Toulon, Senez, Nice et Vence[183]. La rédaction des nouveaux canons terminés, les pères décident, à la demande du vicaire et des habitants de Saignon (à quelques kilomètres d'Apt) d'accorder des indulgences à ceux qui visiteront l'Eglise de ce village.

Le texte même de la bulle d'indulgence est intéressant :

« ... *Sane cupientes ad devotam supplicationem et humilem vicarii perpetui Beate Marie Sanionis, Aptensis Diocesis, et nonnullorum nobilium hominum de universitate dicti loci; in qua ecclesia plurimae reliquiae verae crucis existunt, frequenter a fidelibus et peculiari reverentia honorentur, ut in illa Deum quaerere fideles Christi eo studeant devotius, et anhelent frequentius, quod in illa fructus uberriores horreis caelestibus inferendos, se percepturos noverint ad salutem et eleemosynam facientibus animabus purgatorii, de omnipotentis Dei misericordia, et gloriosae Virginis ejus matris, et beatorum apostolorum Petri et Pauli meritis, et intercessionibus patronorum nostrorum omniumque caelestium civium meritis, confidentens in sacro generali concilio supradicto, nos patriarcha, archiepiscopi et episcopi praesati, et quilibet nostrorum omnibus vere pœnentibus confessis, quibus possumus et debemus, qui dictam ecclesiam Beate Mariae Sanionis et causa visitationis visitaverint in festivitatibus singulis inventionis et exaltationis Sanctae Crucis, et per octavas, et ipsis animabus purgatorii dictae ecclesiae Sanionis manus porrexerint adjutrices, pro singulis festivitatibus inventionis et exaltationis Sancte Crucis, et cujuslibet danti... eleemosynam quilibet nostrorum XL dies injunctis pœnitentiis, tenore praesentium misericorditer relaxamus»*[184].

Il est probable que le vicaire de Saignon et ses ouailles n'ont parlé que des reliques de la Sainte Croix dans leur demande d'indulgence. Peut-être un bassin pour les âmes du Purgatoire existe-t-il dans l'église avant le concile de 1365 mais il est remarquable que les évêques lient ainsi, de façon solennelle, une nouvelle dévotion (la première mention d'un legs aux âmes du Purgatoire dans la région d'Apt est de 1361) à une dévotion très ancienne, bien établie (sans doute depuis les croisades), et pratiquée par tous les habitants de la région. De cette manière, ils assurent la vulgarisation d'un culte encore mal connu et, comme c'est souvent le cas au XIVe ou

---

[183] Cette bulle d'indulgence a été publiée par Martène et Durand, *Thesaurus novus anecdotorum*, tome IV, col. 341-432.

[184] *Idem*, col. 342.

au XVe siècle, lui donnent une publicité très efficace par la concession d'indulgences.

Si, dans la diffusion du culte, la hiérarchie et les séculiers ont joué ce rôle important et premier, les Ordres Mendiants en revanche, et cela peut paraître étonnant, semblent n'avoir fait que suivre le mouvement. A Orange comme en Avignon, ce sont d'abord les églises paroissiales qui sont pourvues de «bassins» ou de quêtes[185]. Il faut attendre la seconde moitié du XIVe siècle, voire le premier tiers du siècle suivant, pour que soient attestés des legs chez les Dominicains ou les Franciscains[186].

Dans le cadre d'un partage des tâches pastorales, c'est sans doute beaucoup plus par la prédication que par l'organisation de pratiques rituelles que les Mendiants ont contribué très fortement à imposer le Purgatoire. Il reste que la mise en place d'un véritable culte était sans doute nécessaire pour que la croyance passe dans l'horizon quotidien des provençaux et des comtadins de la fin du Moyen Age.

Mais qui sont les âmes du Purgatoire? Si elles deviennent l'objet d'une dévotion parmi d'autres et si leur culte ne se confond pas avec l'ensemble du culte pour les défunts, elles ne constituent pas pour autant, au niveau des croyances, une entité à part. Bien au contraire, leur culte a pour fonction d'élargir le cercle des défunts à l'ensemble des âmes qui purgent leurs fautes alors que, jusque là, ce cercle se limitait le plus souvent au testateur, à ses parents et ses amis.

L'essentiel des dons et des prières va évidemment à la part de la famille qui se trouve déjà «au-delà», mais le legs, parfois infime, aux âmes du Purgatoire permet à la fois cet élargissement et l'intégration des morts dans le cercle plus large de l'ensemble des chrétiens défunts. Le geste de la veuve de Bernard Blanc d'Apt, qui fait dire, sur la tombe de son mari, dans le cimetière paroissial, une messe, non pour le repos de son seul époux mais *«pro animabus purgatorii»* est à cet égard significatif[187]. Comme le sont aussi les formules de certains testaments du XVe siècle qui font demander

---

[185] Toutes les églises séculières d'Orange sont pourvues de bassins aux âmes du Purgatoire en 1351, Bibliothèque Vaticane, atti notarii di Orange 309 f° 35. Même chose en Avignon à la fin du XIVe siècle et au début du XVe siècle, Arch. Départ. de Vaucluse, notariat d'Avignon, étude Martin 98 f° 137 v°, 243 f° 87 etc...

[186] Bassins attestés seulement en 1429, en Avignon, Arch. Départ. de Vaucluse, étude Martin 98 f° 137; en 1439 à Apt, idem, notariat d'Apt, étude Geoffroy 3 f° 28; en 1460 à Valréas, idem, notariat de Valréas, Evesque 229 f° 28 etc...

[187] A. D. V., notariat d'Apt, étude Pondicq 10 f° 14.

par le testateur des prières «*pour le salut de son âme et de celles de ses parents, amis, bienfaiteurs et de tous les fidèles défunts, pour alléger les peines du Purgatoire*»[188].

On voit donc très bien ainsi la valeur pédagogique du nouveau culte qui fait entrer la «famille des morts» dans le Purgatoire avec l'ensemble des fidèles défunts. Ces morts «familiaux» qui erraient autrefois comme des «âmes en peine» dans les lieux et des espaces encore mal christianisés, à mi-chemin entre le matériel et l'immatériel, ici-bas et au-delà, sont maintenant encadrés, intégrés dans la grande famille des chrétiens qui purgent leurs fautes avant de connaître la joie du Paradis. Mieux, les orphelins de la crise démographique et sociale, qui désespèrent de retrouver leurs ancêtres, ou de devenir eux-mêmes des «ancêtres», trouvent en s'intégrant à cette société de l'au-delà une structure accueillante vers laquelle montent – ils peuvent en être certains – les prières des vivants.

Les âmes du Purgatoire élargissent donc à l'ensemble des fidèles défunts la communauté de ceux pour qui ordinairement on fait une offrande, mais inversement la communauté des vivants qui prie pour les défunts peut, elle aussi, s'élargir et dépasser le cadre familial. Au XVe siècle, c'est parfois tout un village, ou tout un bourg, qui fait dire collectivement des messes pour les âmes du Purgatoire. En 1426-1427, par exemple à Pernes, près de Carpentras, les habitants décident de faire dire à perpétuité un service solennel pour les âmes du Purgatoire afin de remercier Dieu d'avoir été délivré de la tyrannie de Boucicaut, qui tenait rudement le village entre ses mains depuis quelques années[189]. Cette action de grâce est ordonnée, dit le texte de la délibération, parce que la ville a été arrachée «…. *a manibus maligni spiritus et ejus potestate et dominio Domini Bociquandi olim domini dicti loci*». On ne saurait être plus clair, mais on voit mal le lien qui unit Boucicaut aux âmes du Purgatoire! Un peu plus tard, c'est à cause d'une épidémie que l'on fait dire un semblable service. A Piolenc, ce sont les amendes des habitants qui refusent de venir à la mise au pilori d'un de leurs concitoyens qui vont par moitié aux âmes du Purgatoire[190]. Dans tous

---

[188] *Idem*, notariat d'Avignon, étude Martin 241 fᵒ 101 : «*Accepit pro salute animie sue parentium et amicorum et benefactorum suorum ac omnium fidelium deffunctorum in aliqualem allevationem penarum purgatorii videlicet summam viginti florenos*».

[189] Archives communales de Pernes (Vaucluse), BB 23 fᵒ 4, BB 23 fᵒ 22, BB 26 fᵒ 7. Le texte de l'inféodation de Pernes par Benoît XIII à Boucicaut se trouve aussi aux Archives communales AA1 pièce 1 (3 février 1408).

[190] Cf. G. Bourgin, *Les coutumes de Piolenc* in *Mélanges d'archéologie et d'histoire de l'Ecole française de Rome*, 1904, p. 63-64 (ordonnance du 17 avril 1407).

ces cas, il est tentant de prendre les âmes du Purgatoire, si liées apparemment à la vie politique et sociale du bourg, comme des substituts des morts tutélaires, des ancêtres de la communauté que, par un vieux réflexe immémorial et bien entendu inconscient, on remercie (départ de Boucicaut) ou apaise (l'épidémie, la trangression de la coutume) selon la conjoncture. Sans aller jusque-là, on peut au moins suggérer que ces «âmes du Purgatoire», objet de tant de dévotions, remplacent en partie les ancêtres mythiques que la crise a définitivement fait disparaître. Ne jouent-elles pas pour bien des individus, le rôle de la famille imaginaire, large et englobante des parents morts? Le Purgatoire serait alors imaginé comme le dernier lieu où l'on pourrait nostalgiquement retrouver les *patres* anonymes et se mêler à eux pour gagner le repos éternel?

Si cette hypothèse est juste – et il faudrait la vérifier par une enquête beaucoup plus large que ne le permet le cadre restreint de cet essai – on comprendrait mieux pourquoi, à partir surtout du XIVe siècle, les âmes du Purgatoire deviennent de véritables intercesseurs, alors que jusque-là elles étaient restées surtout les bénéficiaires des suffrages des vivants (du moins dans l'esprit des clercs et des docteurs). On prie encore pour les âmes du Purgatoire, mais on recherche aussi de plus en plus leur appui auprès des puissances célestes car il est admis désormais que les morts peuvent intervenir en faveur de leurs proches restés sur terre.

L'idée de réversibilité des mérites, telle qu'elle est vécue dans les pratiques quotidiennes, serait donc l'ultime version, affaiblie et christianisée, de ces croyances – fondamentales dans les civilisations rurales – qui accordent aux morts un pouvoir considérable sur la vie terrestre. Les échanges entre l'au-delà et ici-bas ne sont pas à sens unique; les faveurs que les âmes du Purgatoire font descendre sur les vivants ou les mourants seraient les derniers avatars des fonctions de protection et de fécondité des morts tutélaires (telles qu'au moins on les perçoit dans les civilisations traditionnelles non ou peu christianisées[191]).

Revenons au développement du culte. Au XVe siècle, ce qui impose définitivement le Purgatoire, c'est qu'il reçoit spécifiquement des legs, possède un lieu particulier à l'église, parfois son autel, ou même, en Avignon, ses confrères. Il n'est pas certain en effet que les efforts, des prédicateurs du XIIIe siècle, d'un Césaire de Heisterbach, d'un Etienne de Bourbon et de tous les utilisateurs anonymes de leurs recueils d'*exempla*,

---

[191] Cf. toute la littérature ethnographique et spécialement L.-V. Thomas, *Anthropologie de la mort, op. cit.*

aient été aussitôt couronnés de succès. Les incertitudes des habitants du Comté de Foix, pas seulement les montagnards de Montaillou mais aussi les citadins de Pamiers, sont là pour le prouver[192]. La Parole, même quand elle sait merveilleusement utiliser le folklore dans les exemples ne suffit pas. Il faut attendre d'une part la diffusion de la pratique des messes cumulatives et d'autre part l'organisation matérielle d'un culte, pour que le Purgatoire chrétien s'impose peu à peu. Encore doit-on préciser qu'aux XIVe et XVe siècle les legs en sa faveur, comme les demandes de messes cumulées, ne sont jamais systématiques dans les testaments, surtout à la campagne. Jusqu'au XIXe siècle, dans les sociétés rurales, c'est le répétitif magique visant seulement à assurer un bon «passage» (neuvaine, bout-de-l'an) et l'errance «horizontale» des revenants qui dominent les pratiques et les représentations mentales des lieux et des temps de l'au-delà.

Comme il s'est imposé concrètement à partir du milieu du XIVe siècle par des pratiques rituelles, le Purgatoire reçoit, à partir du milieu du siècle suivant, la consécration matérielle de la représentation iconographique. En premier lieu, dans le *Couronnement de la Vierge* de Villeneuve-lès-Avignon. On ne connaît, pour le Sud de la France, et peut-être pour l'Europe tout entière, aucune représentation figurée du Purgatoire avant celle d'Enguerrand Quarton. Si, dans les œuvres antérieures, les Limbes ou le Sein d'Abraham ont souvent été interprétés à tort comme des Purgatoires, aucun doute n'est permis pour le *Couronnement de la Vierge*. Dans le prix-fait du tableau[193] le chanoine commanditaire, Jean de Montagnac, est formel :

> «... *item de la part droite sera Purgatoire où les âmes meneront joyes voyant que d'illec s'en vont en Paradis, dont les deables meneront grand tristesse.*
>
> *Item du cousté senestre sera Enfert, et entre Purgatoire et Enfert aura une montagne, et de la part de Purgatoire en dessus de la montaigne aura ung ange réconfortant les âmes du Purgatoire, et de la part d'Enfert aura un diable sur la montaigne, très défiguré, tornant le dos à l'ange et guettant certaines âmes en Enfert lesquels lui sont baillées par autres deables.*
>
> *Item en Purgatoire et en Enfert aura de tous estas, selon l'avis du-dit maistre Enguerrand ...».*

---

[192] E. Le Roy Ladurie, *Montaillou*, op. cit., p. 576 et suiv.

[193] Il a été publié par H. Chobaut, *Prix-fait du Couronnement de la Vierge*, typographie Marc Billerey, Mallefougasse, Haute-Provence, 1974.

E. Delaruelle voyait dans ce retable un écho direct de la théologie du Concile de Florence (1439)[194]. Cela n'est pas certain, mais Enguerrand Quarton a réussi pour la première fois à représenter le Purgatoire en lui donnant une place, un espace particulier, en l'intégrant dans une représentation d'ensemble de l'économie du Salut. Avec des difficultés mais aussi parfois avec bonheur. Son Purgatoire reste un symétrique de l'Enfer, et pas seulement parce qu'il a suivi à la lettre les recommandations de Jean de Montagnac, mais sans doute parce qu'il se le représente comme un Enfer plus doux que celui des tympans romans (les diables sont moins nombreux et terribles, les flammes sont blanchâtres etc...), et limité dans le temps. Mais les anges qui viennent très matériellement extirper les âmes du lieu de purgation et qui les entraînent vers le bleu intense qui figure le Paradis expriment très bien l'extraordinaire espérance que constitue finalement la croyance au Purgatoire.

En 1471 les administrateurs du luminaire des âmes du Purgatoire de Marseille font faire un retable à leur tour et les travaux de G. et M. Vovelle ont montré comment cette iconographie s'était diffusée lentement au XVIe siècle avant d'envahir les églises baroques[195]. Cette lenteur à elle seule est un signe. Il est vain d'évoquer un éventuel retard de l'iconographie sur les croyances «communes» mais on ne peut prétendre d'un autre côté que les représentations figurées évoluent de façon parfaitement autonome par rapport à ces mêmes croyances. Si le Purgatoire apparaît aussi tard dans l'iconographie, c'est qu'on ne parvient pas avant à se le représenter matériellement. Cette impossibilité ne s'explique que par les incertitudes qui règnent encore dans la théologie et les pratiques.

En l'absence provisoire de comparaison avec d'autres régions, d'études plus précises sur le «fonctionnement» des sermons et des *exempla*, de recherches approfondies sur la diffusion géographique et sociale de la mathématique des messes etc., on ne peut qu'esquisser un premier bilan qui appelle compléments et rectifications.

---

[194] *L'Eglise au temps du Grand Schisme et de la crise conciliaire*, tome XIV de l'*Histoire de l'Eglise*, Fliche et Martin, par E. Delaruelle, E. R. Labande et P. Ourliac, Paris, Bloud et Gay, 1964, p. 556. Sur ce retable cf. aussi J. Chiffoleau, *La croyance et l'image, notes sur le Couronnement de la Vierge de Villeneuve-lès-Avignon*, dans *Etudes Vauclusiennes*, 1980.

[195] Pour le retable de Marseille, cf. L. Barthélemy, *Documents inédits sur divers artistes inconnus de Marseille et d'Aix du XIVe au XVIe siècle*, in *Bulletin des travaux historiques et scientifiques*, Paris, 1885, p. 372-459. Pour les rétables baroques cf. G. et M. Vovelle, *Visions de la mort et de l'au-delà, op. cit.*

C'est le caractère tardif, mais surtout de lenteur, de la diffusion de la croyance au Purgatoire dans les pays de Langue d'Oc qui frappent d'abord. Caractère tardif dû peut-être au retard initial du Midi sur les pays de langue d'oïl (le Purgatoire viendrait-il du Nord?). Lenteur qui s'explique en tous cas par la difficile dialectique entre la culture folklorique et la théologie.

Une remarque s'impose à propos du rythme de cette diffusion. Il est d'abord lent puis s'accélère à partir des premières décennies du XIVe siècle. De façon encore trop schématique, on pourrait distinguer deux phases :

1) De la fin du XIIe siècle à la fin du XIIIe siècle c'est la prédication qui semble avoir imposé le Purgatoire comme lieu spécifique de l'au-delà. L'Eglise s'efforce d'intégrer cet espace intermédiaire à sa géographie «céleste» : elle le «tire vers le haut» pour le placer résolument entre Enfer et Paradis, sans pour autant le couper de ses racines folkloriques ici-bas (purgatoire irlandais, purgatoire sicilien, purgatoire «particulier» du revenant de Jean Gobi, etc...). Rompre trop rapidement ces liens équivaudrait en effet pour les clercs à établir une barrière étanche entre au-delà et ici-bas, à rejeter hors de leur champ d'intervention toutes les manifestations de l'au-delà sur terre (les revenants en premier lieu) et même à refuser toute idée d'échange entre les deux mondes. Si l'on met à part les messes perpétuelles des obituaires, sous-tendues par la conception eschatologique des prières pour les défunts jusqu'au Jugement Dernier, l'encadrement du temps de l'au-delà se fait encore essentiellement par la neuvaine et la messe de bout-de-l'an qui se calquent sur les vieux rites du «temps de la mort». La croyance sous-jacente à ces pratiques est que la mort n'est pas un phénomène «instantané» mais plutôt un «processus durable»[196]. Le passage dans l'au-delà se fait par étapes, possède sa durée propre. Il n'y a que les compilateurs d'*exempla* et les prédicateurs qui commencent à laisser entendre que ce temps peut se mesurer à l'aune du temps humain.

2) Il faut attendre la fin du XIIIe siècle pour voir sinon apparaître, du moins se répandre largement l'idée d'un temps spécifique de l'au-delà, qui ne serait plus le temps rituel et répétitif de l'année de deuil, ni le temps eschatologique de l'obit, mais un temps extensible, et par la-même plus proche de ce temps humain que les horloges commencent alors à mesurer plus exactement : le temps-purgatoire[197]. Odilon de Cluny déjà utilisait, dit-on, une abaque pour compter les messes qu'il avait célébrées. Mais ce

---

[196] R. Hertz, *Mélanges de sociologie religieuse et folklore, op. cit.,* p. 34.
[197] Cf. chapitre V, p. 344 et suiv.

n'est que vers 1280, et surtout à partir de la décennie 1340-1350 que se répand la pratique des messes cumulées dans un temps donné. D'abord, limitée à quelques riches citadins, elle ne va pas tarder à gagner presque toutes les classes de la société, sans jamais pourtant se généraliser ou venir se substituer entièrement aux anciennes habitudes. Les paysans, jusqu'au XIXᵉ siècle, au moins, restent fidèles à la neuvaine et au bout-de-l'an et, on l'a vu, ce ne sont pas toujours les marchands et la bourgeoisie des grandes villes qui pratiquent le plus volontiers la «comptabilité de l'au-delà». Les petits artisans de Valréas ou de Vaison sont parfois beaucoup plus attentifs que les Baroncelli ou les Perussis d'Avignon à accumuler savamment des «cantars», des trentains grégoriens et des milliers de messes basses. C'est en tout cas sur ces pratiques que s'appuie désormais la croyance au Purgatoire.

3) Croyance définitivement consacrée à partir des années 1350-1360 par l'instauration d'un véritable culte ayant pour centre initial la région d'Avignon. Le temps-purgatoire, s'il est bien un temps de transition, n'est plus, comme le *tempus mortis*, un temps intermédiaire entre ici-bas et au-delà, mais plutôt le temps intermédiaire entre la mort, cette fois conçue comme un évènement séparateur, brutal, instantané, et l'entrée en Paradis. Il appartient désormais tout entier à l'au-delà.

Le Purgatoire s'impose donc en force au moment même où les images de la mort, de la vie et du temps se transforment (fin du XIIIᵉ siècle – début du XVᵉ siècle). La comptabilité des années de purgation, comme celle des marchands, fonctionne sur des logiques cumulatives et non répétitives; elle contribue sans doute à exorciser la vieille peur de l'Enfer, à désamorcer les anciennes terreurs, sans parvenir pour autant à calmer l'inquiétude nouvelle des hommes du XVᵉ siècle face à la fragilité de la vie ou à la décomposition de leur propre corps. Mais l'extraordinaire bouleversement des relations entre les morts et les vivants provoqué par l'urbanisation, les migrations et les mortalités, a aussi permis au nouveau culte de s'implanter durablement. Les âmes du Purgatoire viennent en effet élargir le cercle des défunts, intégrer la famille des morts à l'ensemble plus vaste et accueillant des chrétiens qui purgent leurs fautes avant de gagner le Paradis. Elles se coulent à la place des revenants, ou même parfois, se substituent plus ou moins à ces ancêtres perdus ou absents que les mortalités, la guerre et les malheurs des temps ont définitivement éloignés.

Le Purgatoire devient alors un lieu d'accueil idéal, non seulement pour les âmes en peine des sociétés rurales traditionnelles, mais aussi pour toutes les âmes des déracinés de la grande crise de la fin du Moyen Age. Sa

fonction n'est pas seulement d'offrir une alternative plus optimiste à l'histoire du salut et d'encadrer une partie des croyances anciennes concernant
l'au-delà, mais aussi de proposer un autre moyen de communication entre
les morts et les vivants au moment où précisément leurs rapports sont
bouleversés et se transforment en profondeur. Ce nouveau moyen, ritualisé,
laisse intact et même renforce singulièrement le rôle de l'Eglise comme
intermédiaire entre ici-bas et au-delà.

Les contestations réformées n'empêchent pas le Concile de Trente de
systématiser l'acquis des siècles précédents et de fixer définitivement le
dogme. Les retables baroques dédiés aux âmes du Purgatoire peuvent alors
se répandre dans toutes les églises et chapelles comtadines ou provençales[198].

* * *

Si la mort change de visage, les images de l'au-delà se transforment à
leur tour. L'inventaire rapide qui précède suggère une corrélation étroite
entre le développement de certaines dévotions et la situation démographique ou psychologique des fidèles.

Les Mystères douloureux, le corps ensanglanté du Christ et le deuil
tragique de sa Mère trouvent un écho considérable au moment précis où le
corps meurtri, dénigré, décomposé, est au centre des représentations et où
les rites du deuil subissent une mutation profonde. Pourtant, c'est la Vierge
couronnée, consolatrice, protectrice, qui est évoquée le plus souvent. Elle
forme dans l'au-delà avec la foule des saints une société accueillante,
familière, familiale, tandis qu'ici-bas les hommes voient justement leur
parenté se dissoudre dans les épidémies et les migrations.

Le Purgatoire, que la pratique des messes cumulées contribue à populariser, devient le refuge des âmes en peine et des «sans-ancêtres». saint
Sébastien, saint Christophe protègent de la mort rapide (qui ne permet pas
de se préparer et d'accomplir correctement l'ensemble des rites); sainte
Catherine et les Onze Mille Vierges offrent aux célibataires un modèle de
vertu. La possibilité de la purgation des fautes éloigne un peu la Peur de la
Damnation (même si le Diable est toujours très présent); le Ciel offre aux
chrétiens un abri calme, sûr, accueillant, alors que la désolation, la fureur et
le bruit règnent sur terre.

---

[198] G. et M. Vovelle, *Visions de la mort et de l'audelà . . . op. cit.*

L'Eglise du XIVe et du XVe siècle en lançant ou en favorisant ces dévotions, manifeste une prodigieuse capacité d'adaptation, sans perdre le contact en apparence avec la Tradition. Elle laisse aussi aux laïcs une plus grande part de liberté et couvre ou encourage leurs initiatives. Le fait que l'au-delà soit désormais un pays mieux connu, entièrement exploré, mesuré, inventorié, ne va-t-il cependant pas contribuer peu à peu à le désacraliser ? Ce danger n'est encore perçu que par quelques uns. Bientôt pourtant, le moine de Wittenberg va rejeter tout ce que l'Eglise des XIVe et du XVe siècle exalte : la Vierge, les saints, le Purgatoire, les messes pour les défunts, au nom du retour à la simplicité et à la sainteté de l'Ecriture. Mais ce rejet de la piété des pères par les réformateurs du XVIe siècle, cette volonté de retrouver la Vraie Parole, ne sont-ils pas eux-mêmes en grande partie déterminés par la conscience aigüe d'une rupture de la tradition, d'une déchirure innaceptable de l'Histoire, d'un abandon provoqué par le grand bouleversement des rapports entre les morts et les vivants ? La Réforme, qui part en guerre contre les œuvres et la piété flamboyante, prend sa source, elle aussi, dans la grande mélancolie des années 1320-1480. La crise de la fin du Moyen Age, à bien des égards, semble être la matrice de la (ou des) religion(s) moderne(s).

CONCLUSIONS

Un bouleversement des pratiques rituelles, une large déchirure des pensées et des croyances : c'est ainsi qu'apparaît l'Automne du Moyen Age dans les testaments comtadins et avignonnais.

Certes, le témoignage des actes notariés reste limité: le moule de la diplomatique, la convention juridique, l'absence d'éléments nécessaires à une véritable analyse sociologique, empêchent très souvent de sonder les réactions individuelles et les conduites de groupes. L'archéologie des tombeaux et des cimetières, la lecture des livres de raisons, des recueils de sermons et des textes narratifs seraient indispensables pour construire une véritable histoire de la mort, si toutefois ce projet a un sens. Mais les testaments, malgré leur sécheresse et leur caractère répétitif, fournissent pourtant quelques bribes de solutions à deux problèmes fondamentaux : le rôle de la conjoncture démographique et économique dans la mutation des images du «passage» dans l'au-delà, la capacité de l'Eglise à encadrer ce bouleversement des mentalités, et la transformation du champ religieux qui en résulte.

La mort, la crise et la «longue durée»

Un point semble acquis : la crise démographique n'est pas à l'origine des mutations des images mentales vers 1360-1450. Les systèmes de représentations évoluent dans la «longue durée» et les habitudes ou les croyances à l'égard de la mort se transforment lentement, dès le XIIe siècle.

Le développement de la pratique testamentaire le montre bien, puisqu'avec le testament c'est déjà, dès les années 1180-1220, la «mort de soi» qui est exaltée. Si les testateurs se mettent alors à préciser avec autant de soin leurs dernières volontés, ce n'est pas, comme l'écrit Ph. Ariès, parce qu'ils «n'ont plus confiance en personne», mais parce que, dans un contexte économique et social nouveau, la place de la famille dans la société, la structure même du groupe familial et l'image que l'on s'en fait changent

considérablement. Les individus s'affirment face aux solidarités consanguines qui les enserrent; ils se libèrent de la coutume, de l'autorité du *mos
majorum*, de la tutelle des ancêtres. Cette redéfinition des rapports entre
individu, famille et société se réalise très lentement; l'histoire de la série
documentaire constituée par les testaments nuncupatifs est à cet égard
significative : Michel Vovelle voit se défaire seulement à l'époque des
Lumières les habitudes nées au XIIIᵉ siècle. Pendant six cents ans le
testament est l'instrument d'une conquête et d'une libération : celle de
l'individu par rapport au groupe.

Au Moyen Age, la ville est par excellence le lieu de cette mutation. C'est
un foyer de modernité où se développe la division du travail, où la
marchandise prend une valeur essentielle, où s'élabore une nouvelle morale
de l'intention. La vie de la famille, surtout chez les artisans, s'y développe
selon un cycle court; les vieux liens féodaux, consanguins ou territoriaux, y
sont remis en cause, s'y écaillent. Lieu de «liberté» vers lequel affluent les
ruraux qui se coupent ainsi de leurs racines ancestrales, la ville est un
espace clos, construit, culturel, que la muraille sépare radicalement de la
campagne, de la nature (même s'il est clair que les cités vivent alors très
largement de l'exploitation de leur plat-pays). D'un côté l'espace du mythe,
de la «sauvagerie», de l'autre le lieu de l'histoire, de la comptabilité, de
l'accumulation.

C'est l'urbanisation qui, en dénouant les liens traditionnels qui unissent
les vivants aux morts, en imposant de nouvelles relations familiales, en
donnant à l'individu un rôle de plus en plus grand, explique la genèse de la
nouvelle image de la mort. Les élites cultivées traduisent sans doute plus
vite ce bouleversement de mentalité, mais elles ne sont pas les seules
touchées. Très tôt, on l'a vu, de larges fractions de la population citadine
connaissent une évolution comparable. Seuls, les petits bourgs et les villages restent à l'écart de cette évolution.

La crise économique et démographique des années 1340-1450 ne fait
qu'amplifier ce mouvement en déstabilisant la société rurale traditionnelle.
Malgré les travaux de R. Boutruche, E. Baratier, G. Bois, Ch. Klapisch,
l'état des recherches en démographie (en particulier l'absence d'enquête
générale sur les déplacements de population, et les controverses sur la taille
de la famille) rend encore difficile ou aléatoire l'établissement de corrélations entre les structures mentales et l'évolution de la population. On sait
fort bien cependant (et toutes les analyses ponctuelles le confirment) qu'à
partir de 1340 les épidémies usent les lignages tandis que les migrations
désarticulent les parentèles, séparent donc aussi cruellement les vivants des
morts.

C'est à ce moment précis que les systèmes de représentations se fissurent, connaissent une mutation brutale : on assiste alors à l'explosion et la généralisation, sinon des thèmes macabres (qui se retrouvent surtout dans les productions de la culture savante) du moins des pompes funèbres flamboyantes, révélatrices d'un traumatisme profond. L'accumulation des mortalités et les migrations semblent accélérer une évolution pluri-séculaire; mais cette accélération finit par provoquer, vers 1360-1420, une véritable rupture.

Rupture, traumatisme, repérables surtout dans les attitudes nouvelles à l'égard du corps mort. E. Morin, et à sa suite Ph. Ariès, attribuent la terreur de la décomposition à la «terreur de la perte de l'individualité». A. Tenenti, en unissant «le sens de la mort et l'amour de la vie», fait aussi de la montée de l'individualisme un facteur essentiel. L'histoire de la mort et l'histoire de la personne sont en effet indissolublement liées. Mais les «progrès de l'individualisme» (ce lieu-commun de l'historiographie positiviste!) ne s'arrêtent pas avec la fin du Moyen Age ou avec la Renaissance. Pourquoi l'obsession de la mort se manifeste-t-elle alors surtout aux XIVᵉ, XVᵉ et XVIᵉ siècles?

Essentiellement parce que la découverte de la «mort de soi», de la personne, l'émergence de l'individu ne vont pas sans une perte tragique. Perte traumatisante de cette forme particulière de Père symbolique que sont les «ancêtres»; perte des *patres* anonymes, c'est-à-dire d'un certain rapport mythique au passé et au temps, que créaient et renforçaient ces rites funéraires qui autrefois socialisaient entièrement la séparation du défunt et des vivants, mais que l'urbanisation et la crise défont désormais peu à peu. Perte d'un univers où, pour reprendre les termes de Ph. Ariès, la mort semblait «apprivoisée» par la «commune coutume» (ce qui ne veut pas dire qu'elle ne faisait pas peur!).

Revenons un instant sur ce processus fondamental. En ville, les pestes et les migrations font que le deuil ne peut plus être conduit selon les règles anciennes, «normales». Point de parents autour du lit funèbre, point d'ancêtres dans la tombe du cimetière ou de l'église. Le mort gagne seul le Royaume des Ténèbres et les vivants, en attendant leur «passage dans l'au-delà», se considèrent désormais comme de véritables orphelins. Dans le meilleur des cas ils ont conscience de faire partie d'une lignée, ayant sa propre histoire, mais cette histoire n'est alors qu'une suite de biographies et non le souvenir mythique d'un groupe de puissances tutélaires. Devant cette perte des ancêtres et de la coutume, ils sont inconsolables, mélancoliques, au sens où l'entend la psychanalyse; leur narcissisme s'exaspère dans les cortèges funéraires et, pour quelque uns au moins, le corps devient un objet déprécié, macabre. A la campagne, en revanche, malgré les désertions et les mortalités, les solidarités entre les morts et les vivants ne sont pas rompues avec autant de violence et, jusqu'au XIXe siècle au moins, ce sont encore les rites de séparation traditionnels qui règlent le départ vers l'au-delà. La Grande Mélancolie de la fin du Moyen Age serait une protestation inconsciente, non pas devant l'horreur de la mort, mais devant la solitude et l'abandon où la crise a trop vite et trop radicalement jeté les citadins du XIVe et du XVe siècle. Et l'«humeur noire» qui hante les poètes, les peintres (Deschamps, Grünewald, Du Bellay, Dürer) et peut-être l'ensemble de la société, serait, en définitive la contre-partie nécessaire de cette découverte trop rapide, au cœur de la crise économique et sociale, de la personne, de l'individu. Mais c'est aussi dans la crise que se forge l'Europe Moderne, et le rejet des temps gothiques par les humanistes, leur volonté de se chercher de nouveaux ancêtres mythiques parmi les Grecs et les Romains de l'antiquité, l'importance nouvelle, au moment où s'affirment les états nationaux, de la notion de patrie, sont peut-être autant de réponses aux questions nouvelles que suscite cette situation d'orphelins.

L'Eglise, la mort, la crise

On a émis l'hypothèse que les pratiques dévotionnelles et les croyances concernant l'au-delà étaient liées très étroitement à la mutation des systèmes de représentation que l'on vient de rappeler. Cette volonté d'expliquer les transformations de la piété par la seule évolution des images de la mort comporte sans doute une part d'arbitraire. Les manifestations de la vie religieuse sont le plus souvent très complexes et ne se laissent appréhender qu'avec précautions, en faisant la part des héritages savants ou populaires et des inventions récentes. Mais la mort est au centre de l'anthropologie chrétienne, il n'est donc pas étonnant que la piété des testateurs s'organise et évolue en fonction et autour d'elle.

Si la messe devient le viatique essentiel, c'est parce qu'elle est un geste rituel qui apporte une aide directe et efficace aux défunts (sans passer, comme dans le cas des œuvres charitables, par la médiation symbolique du *pauper Christi*). Mais c'est surtout parce qu'elle peut se multiplier : la succession ininterrompue des anniversaires ou l'accumulation prodigieuse des cantars et des trentains créent, avec une sorte de fébrilité, des liens nouveaux, serrés, innombrables, entre ceux d'ici-bas et ceux de l'au-delà. La messe est désormais le seul support des échanges entre les deux mondes puisque les relations traditionnelles qui unissaient les morts aux vivants sont interrompues ou bouleversées. C'est ce qui explique son extraordinaire succès, voire son emploi presque obsessionnel dans toutes les couches de la population.

De même, l'appel à la Vierge de Consolation ne se comprend vraiment que dans le contexte mental très particulier des années 1340-1450. Certes, en faisant appel à Notre Dame, les chrétiens recherchent peut-être seulement, comme le suggèrent la plupart des historiens, une protection contre les malheurs des temps (ainsi, dans certaines représentations iconographiques la Vierge fait de son manteau un véritable bouclier contre les flèches de la peste). Mais, plus encore, c'est, semble-t-il, de se retrouver tous ensemble, blottis et confiants au pied de la Grande Mère qui importe aux «sans-ancêtres», aux orphelins si nombreux des villages et surtout des villes de la fin du Moyen Age. C'est vers une mère consolatrice, tendre, accueillante, plus que vers une protectrice habile, que montent les prières.

La terre, ici-bas, est minée par les mortalités et les hommes perdent leurs parents vivants et morts. Mais ils retrouvent dans la communion des saints une nouvelle famille et le Ciel se remplit d'une multitude d'intercesseurs familiers. Le culte pour les âmes du Purgatoire se généralise parce que ce nouvel espace de l'au-delà accueille à la fois les «âmes en peine» du folklore et les âmes des déracinés de la grande crise. Les pécheurs qui purgent leurs fautes trouvent dans l'au-delà une nouvelle famille, dans laquelle ils se fondent (ils deviennent à leur tour des âmes du Purgatoire), assurés désormais de bénéficier de prières et d'un culte quotidiens.

Le développement des messes pour les défunts, l'essor des dévotions à la Vierge de consolation, aux saints, au Purgatoire, montrent clairement l'extraordinaire capacité d'adaptation de l'Eglise aux mutations sociales et mentales. C'est pendant la crise de la fin du Moyen Age, donc bien avant le Concile de Trente, que se mettent en place les éléments essentiels de la religion moderne.

Les transformations économiques sont parfois fatales à certains ordres religieux (on a vu par exemple que les réguliers anciens, éloignés du monde de la ville et touchés par la crise, n'ont plus qu'un rôle pastoral très limité), mais le caractère polymorphe de l'institution ecclésiastique lui permet de résister aux malheurs des temps et de continuer à contrôler l'ensemble de la société. Sans doute le Comtat Venaissin est-il une région privilégiée. La présence de la cour pontificale, la densité des diocèses et des établissements religieux, le nombre très important des clercs expliquent le dynamisme de la pastorale et notamment le sursaut réformateur de l'Eglise séculière dès les années 1430-1440. Mais, sur bien des points, le Comtat ne se distingue pas du reste de la Chrétienté. Partout les clercs parviennent à mieux encadrer la mort en généralisant la pratique testamentaire, en faisant presque de la rédaction des dernières volontés un sacrement, en pénétrant dans les maisons pour assister aux veillées funéraires, en se glissant toujours plus nombreux dans les cortèges, en acceptant les tombes à l'intérieur même des sanctuaires. La création et la multiplication des confréries associent les laïcs à cette œuvre de «christianisation» de la mort, tandis que la démocratisation des suffrages pour les défunts et l'ouverture des livres d'anniversaires aux chrétiens modestes permettent aux clercs de mieux contrôler les relations entre les vivants et les morts.

L'Eglise de la fin du Moyen Age n'est donc pas seulement une Eglise «décadente», minée par les «abus», incapable de répondre aux aspirations nouvelles. Au contraire, les mutations économiques, la fragilité de la société et le bouleversement des structures mentales, semblent être pour elle l'occasion d'affirmer davantage encore son pouvoir, de mieux contrôler certaines pratiques, certains gestes, certaines croyances jusque-là restés insaisissables. L'historiographie religieuse traditionnelle insiste souvent sur les phases d'«apogée», en se référant aux périodes marquées par une sorte d'équilibre institutionnel : ainsi l'époque carolingienne, le XIIIe siècle, le temps de la Contre-Réforme sont-ils magnifiés. Mais l'enquête que l'on vient de mener confirme au contraire que ce sont les moments de crise ou de mutations (époque mérovingienne, transformations sociales du XIe-XIIe siècle, «crise du féodalisme») qui permettent le mieux à la religion des clercs de s'imposer, recouvrant, récupérant ou rejetant les croyances anciennes. En disant, et en essayant de montrer, que l'appareil institutionnel ecclésiastique s'adapte, et d'une certaine façon accentue son emprise sur la société, on ne veut pas pour autant prendre l'exact contre-pied des historiens positivistes propagateurs de la thèse des «abus» et de la «décadence» de l'Eglise latine. On veut seulement insister sur la relative cohérence (et cohésion) du système social, sur la place dominante qu'y occupent encore les clercs, et sur le renforcement de leur pouvoir spécifique que permet la situation de crise généralisée où se trouve alors l'Occident Chrétien.

Cette adaptation aux nouvelles conditions économiques, sociales, mentales, ne va pas sans provoquer des ruptures, des déchirements, ou à tout le moins des déséquilibres dans la religion des clercs elle-même. Les laïcs semblent tout à coup s'emparer, investir, une partie du domaine réservé autrefois aux hommes d'Eglise; ils font subir aux dévotions et aux croyances de multiples glissements, transformations, déplacent insensiblement le champ religieux. Le signe le plus évident de cette mutation du champ religieux est sans doute la pénétration de la mathématique, du chiffre, des logiques comptables et cumulatives dans les pratiques dévotionnelles. On

mesure, accélère, raccourcit le temps-purgatoire; on compte les intercesseurs, les messes, les psaumes, les pauvres, les torches, les pèlerinages; on
thésaurise les reliques, les indulgences, les images. La rationalité des marchands ou des maîtres de Paris et d'Oxford informe désormais les gestes
religieux.

Signe peut-être de la laïcisation de la culture. Témoignage en tous cas
de nouveaux rapports entre le sacré et le profane, puisqu'en mesurant le
temps de l'au-delà l'homme s'approprie ce qui autrefois était à Dieu.
Désormais, pour reprendre le mot d'Alberti, non seulement la fortune et le
corps, mais aussi le temps appartiennent en propre aux mortels.

Cette conquête ne se fait pas sans contradictions. Le chiffre, le nombre,
l'accumulation ont été d'abord employés de manière «délirante», «aberran-
te», «folle». L'utilisation obsessionnelle du chiffre n'est pas le signe d'une
dégénerescence mais le témoignage de la douleur des hommes devant la
perte d'une tradition, d'un passé, des pères. La mathématique du salut porte
peut-être en elle un espoir, et à terme la promesse d'une libération; pour les
testateurs du XIVe et du XVe siècle, elle n'est encore que la réponse
maladroite à une angoisse terrible.

C'est dans les larmes, la peur et la mélancolie que naît la rationalité des
modernes.

ANNEXES

RÉPARTITION PAR DÉCENNIES DES TESTAMENTS ÉTUDIÉS
I – COMTAT (TOTAL : 3.404)

Années	Apt	Cavaillon	Valréas	Orange	Courthezon	Vaison	Divers
1300-1309		1					1
1310-1319		3		5			
1320-1329		7		26	16	3	8
1330-1339		38	3	9		7	16
1340-1349	9	36	2	76		27	7
1350-1359		10	1	48		2	1
1360-1369	20	11		5		37	1
1370-1379	43	2	6	6	14	9	5
1380-1389	80	25	40	39	39		15
1390-1399	70	53	95	29	23		
1400-1409	57	61	26		1		1
1410-1419	115	63	114		13		11
1420-1429	101	60	61				2
1430-1439	111	45	37				3
1440-1449	79	36	46				3
1450-1459	117	79	112				4
1460-1469	134	151	67				3
1470-1479	105	69	43				24
1480-1489	78	87	34				14
1490-1499	57	94	54				3
TOTAL . .	1.176	931	741	243	106	85	122

29

RÉPARTITION PAR DÉCENNIES DES TESTAMENTS ÉTUDIÉS

II - Avignon (total : 1665)

A V I G N O N	5 études de base	Sondages
1300 - 1309		3
1310 - 1319		9
1320 - 1329		4
1330 - 1339		8
1340 - 1349		25
1350 - 1359		9
1360 - 1369		28
1370 - 1379		27
1380 - 1389		26
1390 - 1399		25
1400 - 1409		3
1410 - 1419	12	9
1420 - 1429	47	30
1430 - 1439	161	24
1440 - 1449	222	6
1450 - 1459	309	10
1460 - 1469	233	13
1470 - 1479	110	32
1480 - 1489	131	9
1490 - 1499	135	5
TOTAL . . .	1.360	305

ANNEXE N° I

ESSAI D'ÉPHÉMÉRIDES
(1330-1490)

Cet essai d'éphémérides n'est évidemment pas exhaustif (Il a été établi à partir de Achard, Baluze, Dubled, Fornery, Labande, Maureau, Sauve et Stouff – cf. Bibliographie et notes du chapitre deuxième).

ANNÉES	Catastrophes naturelles	Peste	Disettes	Guerres
1329 - 1330				
1330 - 1331			Disette en Comtat	
1331 - 1332				
1332 - 1333				
1333 - 1334				
1334 - 1335				
1335 - 1336				
1336 - 1337				
1337 - 1338				
1338 - 1339				
1339 - 1340			Disette	
1340 - 1341				
1341 - 1342	Inondations			
1342 - 1343	Inondations			
1343 - 1344				
1344 - 1345				
1345 - 1346	Pluies			
1346 - 1347			Disette à Apt	
1347 - 1348				
1348 - 1349		Peste Noire		
1349 - 1350				
1350 - 1351				
1351 - 1352	Inondation		Chertés	
1352 - 1353	Inondation			
1353 - 1354	Rhône gelé			
1354 - 1355	Sécheresse			
1355 - 1356	Neige abondante			Attaque par le Sire de la Garde Adhemar
1356 - 1357				
1357 - 1358	Crue de la			Arnaud de Cervole
1358 - 1359	Durance			en Comtat
1359 - 1360				
1360 - 1361		*Peste Générale*		Prise de Pont St. Esprit
1361 - 1362	Grand'hiver Inondations		Disette à Carpentras	
1362 - 1363				
1363 - 1364				
1364 - 1365	Grand'hiver			Du Guesclin en Comtat

(à suivre)

(suite)

ANNÉES	Catastrophes naturelles	Peste	Disettes	Guerres
1365 - 1366				
1366 - 1367				Ravages des Grandes Compagnies
1367 - 1368				
1368 - 1369			Disette à Apt	
1369 - 1370			Disette à Apt	
1370 - 1371	Tremblement de terre			
1371 - 1372				
1372 - 1373		*Peste Générale*		
1373 - 1374		Peste à Carpentras	Disette à Tarascon et à Avignon	
1374 - 1375				
1375 - 1376	Inondation			
1376 - 1377				
1377 - 1378	Sécheresse générale			
1378 - 1379				
1379 - 1380				
1380 - 1381				
1381 - 1382				
1382 - 1383	Grand'hiver	*Peste Générale*	Risques de disette à Carpentras	
1383 - 1384		Peste en Avignon		
1384 - 1385		Peste en Avignon		
1385 - 1386		Peste générale endémique	Disette à Carpentras et Apt Cherté en Avignon	
1385 - 1386				
1386 - 1387				
1387 - 1388				
1388 - 1389				
1389 - 1390		Peste en Avignon		
1390 - 1391	Grand'hiver		Disette à Apt	
1391 - 1392			Disette à Apt	
1392 - 1393				
1393 - 1394				
1394 - 1395			Disette à Apt	
1395 - 1396	Pluies : Tremblement de terre	Peste en Avignon		Guerres du Schisme
1396 - 1397				Soustraction d'Obedience
1397 - 1398	Inondations très importantes	Peste en Avignon		
1398 - 1399				
1399 - 1400				
1400 - 1401				
1401 - 1402		Peste en Avignon		
1402 - 1403				Siège du Palais
1403 - 1404		Peste en Avignon	Disette à Apt	
1404 - 1405	Grand'hiver		Disette à Carpentras	
1405 - 1406				

(à suivre)

(suite)

A N N É E S	Catastrophes naturelles	P e s t e	D i s e t t e s	G u e r r e s
1406 - 1407		Peste en Avignon		
1407 - 1408				
1408 - 1409	Grand'hiver			2ᵉ siège du Palais
1409 - 1410				
1410 - 1411				
1411 - 1412				
1412 - 1413				
1413 - 1414				
1414 - 1415				
1415 - 1416				
1416 - 1417				
1417 - 1418				
1418 - 1419				
1419 - 1420				
1420 - 1421		Peste en Avignon		
1421 - 1422				
1422 - 1423				
1423 - 1424				
1424 - 1425	Inondation			
1425 - 1426	Sécheresse		Disette à Apt	
1426 - 1427		Peste à Apt, en Avignon	Disette générale	
1427 - 1428				
1428 - 1429				
1429 - 1430	Sécheresse			
1430 - 1431		Peste générale endémique	Disette générale	
1431 - 1432				
1432 - 1433			Disette générale	Guerre du Cardinal de Foix. Le Comtat ravagé par les Compagnies
1433 - 1434				
1434 - 1435				
1435 - 1436		Peste en Avignon		
1436 - 1437				
1437 - 1438				
1438 - 1439				
1439 - 1440			Disette à Carpentras	
1440 - 1441				
1441 - 1442				
1442 - 1443			Crainte de disette à Carpentras	
1443 - 1444				
1444 - 1445				
1445 - 1446				
1446 - 1447				
1447 - 1448				
1448 - 1449				
1449 - 1450				
1450 - 1451				Siège et prise de Valréas par les Dauphinois

(à suivre)

(suite)

A N N É E S	Catastrophes naturelles	Peste	Disettes	Guerres
1451 - 1452				
1452 - 1453				
1453 - 1454				
1454 - 1455				
1455 - 1456			Disette générale	
1456 - 1457		Peste en Avignon	Disette générale	
1457 - 1458				
1458 - 1459			Disette à Carpentras	
1459 - 1460		Peste en Avignon		
1460 - 1461				
1461 - 1462				
1462 - 1463			Disette à Carpentras	
1463 - 1464				
1464 - 1465		Peste à Apt		
1465 - 1466				
1466 - 1467		Peste en Avignon		
1467 - 1468				
1468 - 1469	Inondation		Disette à Carpentras	
1469 - 1470			Disette à Carpentras	
1470 - 1471				
1471 - 1472	Inondation			
1472 - 1473			Disette générale	
1473 - 1474			Disette générale	
1474 - 1475	Inondation	Peste en Avignon		Territoire d'Avignon ravagé par les gens du roi de France
1475 - 1476		Peste à Apt		
1476 - 1477			Disette à Carpentras	
1477 - 1478				
1478 - 1479				
1479 - 1480		Peste en Avignon		Bernard de Galans et les Gascons en Comtat
1480 - 1481	Vent & froid		Disette à Carpentras	
1481 - 1482		Peste en Avignon	Disette à Carpentras	
1482 - 1483		Peste à Apt	id.	
1483 - 1484			id.	
1484 - 1485				
1485 - 1486				
1486 - 1487				Passage des Lorrains
1487 - 1488				
1488 - 1489		Peste en Avignon		
1489 - 1490				
1490 - 1491		Peste en Avignon		
1491 - 1492				

(à suivre)

(suite)

ANNÉES	Catastrophes naturelles	Peste	Disettes	Guerres
1492 - 1493				
1493 - 1494		Peste en Avignon		
1494 - 1495	Inondations			
1495 - 1496		Peste en Avignon		
1496 - 1497				
1497 - 1498				
1498 - 1499				
1499 - 1500				

ANNEXE N° II
DONNÉES ET REPAS FUNÉRAIRES
DANS LA RÉGION DE VAISON-VALRÉAS-ORANGE

Ville ou village	Pain	Vin	Jambon	Fêves	Référence
BUISSON	x				1480, Valréas-Evesque 1203 f° 76v
CADEROUSSE	x			x	1486, Biblio. Calvet ms. 4052 f° 71v
CAIRANNE	x			x	1481, Valréas-Evesque 1203 f° 10v
COURTHEZON	x			x	1327, E, Not. et Tab. 81 f° 13-14
CRESTET	x	x		x	1439, Valréas-Petit 100 f° 58
ENTRECHAUX	x				1326, Vaison-Milon 862 f° 44
FAUCON	x	x		x	1397, Vaison-Milon 507 f° 78v
GRIGNAN	x			x	1398, Valréas-Evesque 204 f° 70
GRILLON	x				1398, Valréas-Evesque 204 f° 49v
MALEMORT	x				1397, E, Not. et Tab. 203 f° 95
MAZAN	x			x	1437, Mazan-Bertrand, 1358 f° 47
MONTSEGUR	x				1413, Valréas-Evesque 209 f° 77rv
MORMOIRON	x				1440, Mazan-Bertrand 1291 f° 66
ORANGE	x				1351, Orange-BV. ANO 14 f° 1 recto
PUYMERAS	x	x		x	1397, Vaison-Milon 507 f° 18r
RASTEAU	x			x	1408, Vaison-Milon 873 f° 90v
ROUSSET	x				1412, Valréas-Evesque 207 f° 410
SABLET	x			x	1426, E, Not. et Tab. 178 f° 2 recto

(à suivre)

(suite)

Ville ou village	Pain	Vin	Jambon	Fêves	Référence
ST. PANTALEON	x			x	1419, Valréas-Evesque 211 f° 60 recto
SAINT ROMAIN DE MALEGARDE	x			x	1361, Vaison-Milon 868
SAINT ROMAIN EN VIENNOIS	x x	x x		x x	Vaison-Milon 507 f° 25
STE. CECILE	x	x		x	1481, Valréas-Evesque 1203 f° 51v (5e cahier)
TAULIGNAN	x	x		x	1419, Valréas-Evesque 211 f° 128
VAISON	x			x	1349, Vaison-Milon 864 f° 80rv
VALREAS	x		x	x	1385, Valréas-Evesque 194 f° 121v
VINSOBRE	x			x	1420, Valréas-Petit 59 f° 31
VISAN	x			x	1397, Valréas-Evesque 202 f° 4 verso

ANNEXE No III

CONFRÉRIES DE LA RÉGION COMTADINE
AU XIVᵉ ET AU XVᵉ SIÈCLE

Cette liste n'est pas exhaustive puisqu'elle a été établie à partir des testaments. Elle laisse de côté Avignon et la zone située au Sud de la Durance. Elle ne prétend pas donner une chronologie fine mais seulement quelques indices sur la date d'apparition de chaque groupement.

Nom de la ville	Nom de la Confrérie	Date d'apparition dans les testaments	Référence
APT	St. Castor	fin XIIIᵉ	Obituaire, éd. Sauve, p. 6
	Toussaint	1361	Apt-Pondicq 2 bis fᵒ 23
	St. Esprit	1361	Apt-Pondicq 2 bis fᵒ 23
	St. Pierre, St. Paul	1361	Apt-Pondicq 2 bis fᵒ 23
	St. Jacques	1371	Apt-Pondicq 22 fᵒ 15
	St. Auzias	1371	» » 7 fᵒ 86
	St. Antoine	1382	» » 12 fᵒ 49
	Ste. Auspice (?)	1387	» » 39 fᵒ 1
	N.D. Episcopale	1394	» » 19 fᵒ 1v
	St. Martin	1395	» » 41 fᵒ 12v
	Ste. Anne	1449	» » 157 fᵒ 23
	Dix Mille Martyrs	1451	» » 209 fᵒ 66
	St. Crispin	1451	» » 209 fᵒ 35
	St. Sébastien	1451	» » 209 fᵒ 48
	St. Cosme et St. Damien	1456	» » 209 fᵒ 14
	des Tisserands	1457	» » 169 fᵒ 3 (3ᵉ cahier)
AUBIGNAN	Confrérie sans nom	1414	C. 75, fᵒ 14, 17, 18 ; C. 78, fᵒ 7
BEDOIN	St. Esprit	1414	C. 82 fᵒ 5
	St. Antoine	1414	C. 82 fᵒ 5
	St. Sébastien	1496	Reynard. 242 fᵒ 92
BOLLENE	Corps du Christ	1387	Sabatier 1 fᵒ 3
BONNIEUX	St. Sauveur	1375	21 G 1
	St. Esprit	vers 1420	Apt-Geoffroy 889 fᵒ 18v
	St. Gervais	vers 1420	Apt-Geoffroy 889 fᵒ 18v
	Notre-Dame	1449	21 G 2

(à suivre)

(suite)

Nom de la ville	Nom de la Confrérie	Date d'apparition dans les testaments	Référence
BUOUX	Confrérie sans nom	1371	Apt-Pondicq 22 f° 24
CADEROUSSE	Des Prêtres	1362	ms. 4046 (Biblio. Calvet)
	du Corps du Christ	1368	ms. 4044 f° 57v (Biblio. Calvet)
	St. Esprit	1487	ms. 4051 f° 135v (Biblio. Calvet)
	St. Sébastien	1493	ms. 4053 f° 101v (Biblio. Calvet)
CAIRANNE	du Corps du Christ	1479	Valréas-Evesque 1203 f° 22v
CAROMB	N.D. Assomption	1419	Falque S f° 84
	St. Jean	1419	Falque S f° 84
	St. Sébastien	1476	Falque 7 f° 17
CARPENTRAS	Notre Dame	1300	Cavaillon-Rousset 12 f° 4
	St. Eloi (orfèvres)	1373-1413	Biblio. Carpentras ms. 886
	St. Jean	1376	E, nOt. et Tab. 83 f° 141
	St. Syffrein	1379	L'Tsle-Roussel 6 f° 59v
	St. Esprit	1423	Biblio. Avignon ms. 4222
	Des Notaires	1447	Avignon de Beaulieu 720 f° 409
	St. Michel (Métiers de la laine et du lin)	1448	Venard, *Confréries de Métiers*, op. cit., p. 68
	St. Sébastien	1450	E, Not. et Tab. 49 f° 37
	St. Claude	1450	E, Not. et Tab. 49 f° 37
	N.D. de Grès	1451	E, Not. et Tab. 49 f° 53
	des Laboureurs	1475	Biblio. Carpentras ms. 1536 f° 103
	St. Crispin	1477	Mazan-Bertrand 18 f° 202
	du Corps du Christ	1482	Mazan-Bertrand 20 f° 152
	St. Blaise	1487	Biblio. Avignon ms. 2812 f° 152
CASENEUVE	plusieurs confréries sans nom	1387	Apt-Pondicq 54 f° 69
CAUMONT	Corpus du Christ	1401	Cavaillon-Rousset 60 f° 29
	St. Jean	1447	Caumont-Guien 1 f° 5
CAVAILLON	du Corps du Christ	1330	Cavaillon-Rousset 24 f° 22
	St. Veran	1337	Cavaillon-Liffran 10 f° 2
	St. Eloi (Chartiers, laboureurs)	XVᵉ s.	Pansier, *Les Confréries*, op. cit., p. 12
	St. Sébastien	1451	Cavaillon-Rousset 125 f° 26
	St. Antoine	1465	Cavaillon-Rousset 177 f° 72
	N.D. de Pitié	1465	Cavaillon-Rousset 131 f° 96
	St. Crispin et Crispinien	1491	Cavaillon-Rousset 216 f° 120
CHATEAUNEUF DU PAPE	du Corps du Christ	1381	Avignon-Vincenti 242 f° 96
	St. esprit (et de St. Sébastien au XVᵉ)	1382	Avignon-Vincenti 243 f° 80 A.G. Chateauneuf AA2 Pièce 9

(à suivre)

(suite)

Nom de la ville	Nom de la Confrérie	Date d'apparition dans les testaments	Référence
CHATEAUNEUF de GADAGNE	St. Jean Baptiste du Corps du Christ	1395 1396	Apt-Pondicq 26 f° 7 L'Isle-Roussel 73 bis f° 14
CHATEAU-RENARD	St. Denis St. Esprit	1427 1427	Avignon-Martin 97 f° 98 Avignon-Martin 97 f° 98
CERESTE	Confrérie (sans nom)	1432	Apt-Pondicq 139
COURTHEZON	des Probes. homme du Corps du Christ	1380 1385	E, Not. et Tab. 97 f° 65 E, Not. et Tab. 230 f° 37
CRESTET	du Corps du Christ	1432	Valréas-Petit 84 f° 1
CUCURON	St. Esprit	1363 (?) 1456	R. Ytier, *Cucuron à travers ses Archives et ses Monuments* Apt, Reboulin, 1965, p. 45 Cucuron-Ricou 9 f° 65
ENTRAIGUES	St. Esprit St. Antoine St. Sebastien	1444 1466 1466	Avignon-Martin 58 (7 février) Avignon-Martin 58 (7 février) Avignon-Martin 58 (7 février)
ENTRECHAUX	du Corps du Christ	1327	Vaison-Milon 862 f° 56
GARGAS	Confrérie sans nom	1431	Apt-Pondicq 83 f° 56
GIGONDAS	Confrérie sans nom	1416	E, Not. et Tab. 117 f° 30
GORDES	St. Esprit	1382	Apt-Pondicq 53 f° 26r
GRAMBOIS	St. Esprit	1457	Cucuron-Ricou 9 f° 121v
GRAVESON	St. Esprit du Corps du Christ	1439 1439	Avignon-Martin 227 f° 129v Avignon-Martin 227 f° 129v
L'ISLE-SUR LA-SORGUE	sans nom du Corps du Christ N.D. « de ostia » St. Auzias St. Laurent de la Croix	XIIIe s. 1388 1390 1391 1460 1485	Laval et Chobaut, *Le consulat seigneurial,* op. cit., p. 14 Isle-Roussel 46 f° 27r Isle-Roussel 48 f° 76r Isle-Roussel 49 f° 81v Isle-Roussel 430 f° 28v Isle-Roussel 617 f° 31v

(à suivre)

(suite)

Nom de la ville	Nom de la Confrérie	Date d'apparition dans les testaments	Référence
L'ISLE-SUR LA-SORGUE	Ste Anne	1485	Isle-Roussel 617 f° 31v
	St. André	1485	Isle-Roussel 617 f° 31v
	St. Sébastien	1485	Isle-Roussel 617 f° 31v
	N.D. de l'Annonciation	1485	Isle-Roussel 617 f° 31v
	St. Crepin	1485	Isle-Roussel 617 f° 31v
	St. Antoine	1485	Isle-Roussel 617 f° 31v
MALAUCENE	du Corps du Christ	1349	Biblio. Avignon, ms. 4076 f° 125
MAZAN	Notre Dame	1406	Mazan-Bertrand 34 f° 97
	St. Antoine	1406	Mazan-Bertrand 34 f° 36
	St. Jacques	1406	Mazan-Bertrand 34 f° 97
	St. Nazaire	1406	Mazan-Bertrand 34 f° 97
	St. Roch	1438	Mazan-Bertrand 83 f° 439r
	des Pauvres du Christ	1477	Mazan-Bertrand 98 f° 198
MENERBE	Notre Dame	1416	Isl e-Roussel 37 f° 25
MORMOIRON	du Corps du Christ	1410	Mazan-Bertrand 1291 f° 38r
	du St. Esprit	1410	Mazan-Bertrand 1291 f° 38r
MURS	St. Esprit	1398	Apt-Pondicq 68 f° 59
NOVES	St. Baudile	1428	M. Mielly, *Trois fiefs de l'évêché*
	St. Esprit	1453	*d'Avignon, Noves, Agel,*
	Le Corps du Christ	1461	*Verquières, des origines à 1481,* Uzès, 1942, p. 352
ORANGE	des Savetiers	1311	BV. ANO 133 f° 33r
	du Corps du Christ	1324	BV. ANO 134 f° 27
	Notre Dame	1324	BV. ANO 134 f° 85r
	St. Jacques	1324	BV. ANO 134 f° 85r
	St. Martin	1324	BV. ANO 134 f° 41v
	du St. Esprit	1329	BV. ANO 58 f° 67
	des drapiers	1329	BV. ANO 134 f° 87
	du Bourg de l'Arc	1338	BV.ANO 61 f° 85
	St. Antoine	1340	BV. ANO 228 f° 47v
	du bourg Clastre	1341	BV. ANO 70 f° 138
	du bourg St. Florent	1345	BV. ANO 82 f° 93
	du bourg « *portularum* »	1347	BV. ANO 65 f° 130r
	des bouchers	1347	BV. ANO 65 f° 115v
	des Tours	1350	BV. ANO f° 6r
PERNES	Notre Dame	1419	Pernes-Guillaume 637 f° 2v
	St. Jean	1421	Pernes-Guillaume 637 f° 421v
	St. Esprit	1456	A.C. Pernes BB. 41 f° 8
	St. Sébastien	1467	A.C. Pernes BB. 49 f° 6
	St. Eloi	1497	A.C. Pernes BB. 69 f° 13

(à suivre)

(suite)

Nom de la ville	Nom de la Confrérie	Date d'apparition dans les testaments	Référence
PERTUIS	du Corps du Christ	1376	Pertuis-Enjoubert 304 f° 32
	du St. Esprit	1376	Pertuis-Enjoubert 304 f° 61v
	St. Antoine	1403	Pertuis-Enjoubert 311 f° 76
	St. Honoré	1403	Pertuis-Enjoubert 311 f° 76
	St. Jacques	1459	E, 120
PONT-DE-SORGUES	du Corps du Christ	1440	Avignon-Martin 789 f° 13 et 15
	du St. Esprit	1440	Avignon-Martin 789 f° 13 et 15
	de St. Antoine	1440	Avignon-Martin 789 f° 13 et 15
PUYMERAS	du Corps du Christ	1449	Vaison-Milon 932 f° 107v
RASTEAU	du Corps du Christ	1408	Vaison-Milon 873 f° 91r
SABLET	St. Esprit	1488	Not. et Tab. 370 f° 234
SAIGNON	sans nom	1361	Apt-Pondicq 2 bis f° 57v
ST. MARTIN de CASTILLON	sans nom	1374	Apt-Pondicq 8 f° 23v
ST. RESTITUT	du Corps du Christ	1434	Valréas-Petit 84 f° 130
SAINTE CECILE	Notre Dame	1477	Valréas-Evesque 1203 f° 31v (4ᵉ cahier)
	St. Sebastien	1477	Valréas-Evesque 1203 f° 31v
SARRIANS	sans nom	1298	Biblio. Avignon 2095 f° 15
SAULT	sans nom	1371	Apt-Pondicq 7 f° 56v
	du Corps du Christ	1433	Apt-Pondicq 84 f° 63
	Notre Dame	1436	Apt-Pondicq 103 f° 57v
SEGURET	St. Jean Baptiste	1479	Vaison-Milon 885 f° 105v
SERIGNAN	St. Etienne	1415	Mazan-Bertrand 1366 f° 6
TAULIGNAN	St. Vincent	1420	Valréas-Petit 59 f° 26v
LE THOR	du St. Esprit	1388	Avignon-Martin 269 f° 522
	du Corps du Christ	1431	Le Thor-Grangier 5 f° 48
	Notre Dame	1434	Isle-Roussel 180 f° 29
	St. Sebastien	1489	Le Thor-Grangier 68 f° 56

(à suivre)

(suite)

Nom de la ville	Nom de la Confrérie	Date d'apparition dans les testaments	Référence
LA TOUR d'AIGUES	du St. Esprit	1440	Pertuis-Enjoubert f° 133
VAISON	du St. Esprit du Corps du Christ St. Sebastien	1349 1380 1490	Vaison-Milou 864 f° 80rv Valréas-Evesque 191 f° 19 Valréas-Milon 932 f° 137v
VALREAS	du Corps du Christ St. George des brassiers Ste Anne St. Blaise N.D. de l'Assomption	1378 1383 1395 1481 1494 1499	Valréas-Evesque 193 f° 50 Valréas-Evesque 194 f° 30 Pansier, *Histoire de la Langue Provençale*, Avignon, Aubanel, 1932, t. V, p. 43-45 Valréas-Evesque 1203 f° 34 (5ᵉ cahier) Valréas-Evesque 302 f° 84v Valréas-Evesque 318 f° 105
VELLERON	du Corps du Christ	1368	Isle-Toussel 2 f° 8
VIENS	Notre Dame St. Esprit St. Hilaire	1421 1433 1434	Apt-Pondicq 78 f° 93 Apt-Pondicq 98 f° 103 (5ᵉ cahier) Apt-Geoffroy 13 f° 89v
VILLEDIEU	St. Claude	1499	A.D.V. E, 173
VILLENEUVE lès AVIGNON	Notre Dame	1429	Avignon-Martin 98 f° 106r
VISAN	du Corps du Christ St. Sebastien Ste Anne	1397 1457 1481	Valréas-Evesque 202 f° 4v Valréas-Evesque 1202 f° 70 (2ᵉ cahier) Valréas-Evesque 1203 f° 34 (5ᵉ cahier)

ANNEXE Nº IV

LISTE DES HOPITAUX DE LA RÉGION COMTADINE AU XIVe ET AU XVe SIÈCLE

(Mêmes remarques préliminaires que pour l'annexe nº III)

AVIGNON		XIIIe-XVe	Cf. P. Pansier, *Les anciens hôpitaux d'Avignon*, Annales d'Avignon et du Comtat, 1929
APT	St. Castor St. Jacques St. Antoine St. Benoit	XIIIe s. 1347 1371 1415	1347, Apt-Pondicq 2 fº 39 1347, Apt-Pondicq 2 fº 39 Apt-Pondicq 7 fº 77v Apt-Pondicq 108 fº 22v
AUBIGNAN	sans nom	1336	Arch. Hospt. Aubignan B 4
BARBENTANE	des pauvres	1315	Avignon 1 G 702 fº 47
LE BARROUX	sans nom	1342	Vidal, *Lettres communes de Benoit XII*, nº 9357
BEAUCAIRE	sans nom	1327	Vidal, *Lettres communes de Benoit XII*, nº 8387
BEAUMES	sans nom	1414	C 81 fº 9, C 81 fº 36
BEDOIN	sans nom	1414	C 82 fº 8r
BEDARRIDES	sans nom	1424	Arch. Hospit. Bedarrides H 1
BOLLENE	sans nom	1324	BV. ANO 134 fº 133v
BLAUVAC	sans nom	1380	A.D.V. évêché de Carpentras G 6 fº 133 Clouzot, *Pouillés*, p. 198
BONNIEUX	des pauvres	1454	Apt-Pondicq 159 fº 43
BUOUX	sans nom	1436	Avignon de Beaulieu 691 fº 114
CADEROUSSE	sans nom	1263	E, Duché de Caderousse 63 (III) nº 3
CAMARET	sans nom	1381	E, Not. et Tab. 225 fº 43rv
CARPENTRAS	des Prêcheurs des pauvres St. Raphaël	1392-98 1451 1451	Comptes A. C. Carpentras CC 113 E, Not. et Tab. 49 fº 49v E, Not. et Tab. 49 fº 49v
CAUMONT	des pauvres	1216	*Testament de G. Amic*, ed. Duprat, A.A.C.V. 1912

(à suivre)

(suite)

CAVAILLON	neuf	1347	Cavaillon-Rousset 35 f° 3v
CHATEAUNEUF DU PAPE	sans nom	1317	Mielly, *Trois fiefs de l'évêché d'Avignon, Noves, Agel et Verquières*, Uzès, 1942, p. 189
CHATEAUNEUF de GADAGNE	sans nom	1216	*Testament de G. Amic*, op. cit.
CRESTET	des pauvres	1439	Valréas-Petit 89 f° 158r
CUCURON	sans nom	1434	Pertuis-Enjoubert 272 f° 10 (2ᵉ cahier)
ENTRECHAUX	sans nom	1332	Vaison-Milon 862 f° 56
L'ISLE SUR LA SORGUE	plusieurs hôpitaux *infra* et *extra villam*	1258 1499	H, Seranque 2 n° 340 Cavaillon-Rousset 183 f° 107
MALAUCENE	St. Jean sans nom	1349 1349	Biblio. Avignon ms. 4076 f° 60 et 76 Biblio. Avignon ms. 4076 f° 60 et 76
MAUBEC	sans nom	1414	C 98 f° 10
MAZAN	St. Martial	1477	Arch. Hosp. Mazan B 3
METHAMIS	sans nom	1380	Pouillés, éd. Clouzot, p. 198
MIRABEL	sans nom	1419	Malaucène-Anres 1052 f° 182
MONDRAGON	sans nom	1351	BV. ANO 32 f° 34
MONTEUX	sans nom	1414	C 101 f° 1r
MORMOIRON	sans nom	1414	C 109 f° 11 et (1493) Ac. Mormoiron GG 23
MORNAS	sans nom	1351	BV. ANO 32 f° 34v
NOVES	sans nom	1317	M. Mielly, *Trois fiefs*, op. cit., p. 189
OPPEDE	des pauvres	1394	Isle-Roussel 232 f° 24

(à suivre)

(suite)

ORANGE	plusieurs du bourg St. Croix Vieux Pont St. Esprit	1263 1383 1324 1341 1383	E, Duché de Caderousse 63 (III) n° 3 BV. ANO 134 f° 118v BV. ANO 134 f° 118v BV. ANO 70 f° 58v E, Not. et Tab. 226 f° 14
ORGON	des pauvres	1389	Avignon-Martin 308 f° 80
PERNES	sans nom	XIIIe s.	J. J. Constantin, *Histoire de la ville de Pernes,* Carpentras, 1896, p. 182-183
PERTUIS	St. Esprit	1356	Biblio. Avivnon ms. 4084 f° 5r
PIOLENC	sans nom	1414	C 105 f° 3-4
PUYMERAS	des pauvres	1414	C 106 f° 32v
RASTEAU	sans nom	1408	Vaison-Milon 873 f° 91
ROBION	des pauvres	1329	E, Duché de Caderousse 67 (1)
ROUSSET	de l'Eglise	1453	Valréas-Evesque 228 f° 34v
ROUSSILLON	hospitalier de St. Jean de Jérusalem	1218	Guérard, *Cartulaire de St. Victor,* Tome II, Cart. n° 962
SABLET	sans nom	1468	Not. Courthezon 13-14
SAIGNON	sans nom	1373	Apt-Pondicq 8 f° 3 (2e cahier)
ST. ANDEOL	sans nom	1309	1 G 4 f° 4
ST. REMY	sans nom	1293	V. Leroy, *Cartulaire de St. Pierre de Mausole,* 1961, Cart. 139, p. 180
ST. SATURNIN	St. Maurice	1350	*Pouillés,* éd. Clouzot, p. 52
STE. CECILE	des pauvres	1415	Mazan-Bertrand 1366 f° 7
SARRIANS	sans nom	1491	A. C. Sarrians B 5
SAULT	vieux nouveau	1371 1459	Apt-Pondicq 7 f° 56v Apt-Pondicq 255 f° 11

(à suivre)

(suite)

SAUMANE	sans nom	1348	Rousset 45 f° 15-16
SENAS	sans nom	1349	A. V. Collec. 54 f° 212
TARASCON	sans nom	(XIIIᵉ) 1309	1 G4 f° 4
TAULIGNAN	sans nom	1397	Valréas-Evesque 203 f° 20
THOR (Le)	neuf	1216	*Testament de G. Amic,* op. cit., p. 163
TULETE	sans nom	1471	Valréas-Evesque 261 f° 28
VAISON	sans nom	1326	Vaison-Milon 863 f° 7 et 8
VALREAS	St. Antoine sans nom sans nom	(XIIIᵉ) 1331 1445	E. Malbois, *Notice historique sur Valréas,* Vaison, 1924, p. 67 Valréas-Petit 48 f° 105 Valréas-Petit 88 f° 120
VELLERON	sans nom	1339	Cavaillon-Rousset 33 f° 52-59
VELORGUES	sans nom	1348	V. Laval, *Vélorgue au Comté Venaisson,* Avignon-Seguin, 1919, p. 113
VINSOBRE	sans nom	1419	Malaucène-Anrès 1059, f° 9v
VISAN	sans nom	1460	

ANNEXE N° V

LÉPROSERIES COMTADINES ET AVIGNONNAISES

(Mêmes remarques préliminaires que pour l'annexe n° III)

1) *APT*	XIIe-XVe s. (1378, Apt-Pondicq 9 f° 6)
2) *AVIGNON*	XIIe-XVIIe s. P. Pansier, *Les anciens hôpitaux d'Avignon*, Annales Avignon et Comtat Venaissin, 1929, p. 35-46
3) *CARPENTRAS*	1399 (Carpentras-Béraud 60 f° 190)
4) *CAVAILLON*	1465 (Cavaillon-Rousset 177 f° 6)
5) *L'ISLE*	XIIIe s. (A. C. Isle AA, f° 34)
6) *MALAUCENE*	XVe s. (F. et A. Saurel, *Histoire de la Ville de Malaucène*, Avignon-Marseille, 1883, p. 15-16-21
7) *ORANGE*	XIIe s. (?) (comptes des trésoriers A.C. Orange GG 89 - 90 - 1431 - 1450)
8) *SALON*	1471 (Cavaillon-Rousset 197 f° 50)
9) *VAISON*	1330 (Vaison-Milon 863 f° 30v)
10) *VALREAS*	XVe s. (Valréas-Evesque 229 f° 28)
11) *VILLENEUVE*	1468 (Avignon de Beaulieu 756 f° 267)

ANNEXE N° VI

LISTE DES CHARITÉS DE LA RÉGION COMTADINE AU XIVe ET AU XVe SIÈCLE

(Mêmes remarques préliminaires que pour l'annexe n° III. On a réinséré dans cette liste les confréries du St. Esprit qui fonctionnent souvent comme des Charités)

AVIGNON	divers	XIIIe	Cf. P. Pansier, Les confréries, op. cit., p. 000
APT	Pentecôte	1361	Apt-Pondicq 2 bis f° 23
AUREL	sans nom	1470	Apt-Pondicq 234 f° 103
BARBENTANE	sans nom	1342	BV. ANO 82 f° 42
BEDOIN	sans nom (Pentecôte ?)	1487	Bédoin-Reynard 238 f° 114
BOLLENE	sans nom	1381	Bollène-Sabatier 1 f° 3
BONNIEUX	sans nom (Pentecôte ?)	1468	Apt-Pondicq 278 f° 32
BUOUX	sans nom	1371	Apt-Pondicq 22 f° 24
CABRIERE	sans nom	1390	L'Isle-Roussel 20 f° 33v
CADEROUSSE	Pentecôte (?)	1487	Biblio. Avignon ms. 4051 f° 135
CAROMB	sans nom	1419	Caromb-Falque 5 f° 84
CARPENTRAS	de Pâques	XIV-XVe	Pansier, Les confréries, op. cit., p. 6
CASENEUVE	sans nom	1433	Apt-Pondicq 102 f°
CAVAILLON	sans nom	1329	Cavaillon-Rousset 21 f° 26
CHATEAUNEUF DU PAPE	Pentecôte (?)	1382	Avignon-Vincenti 243 f° 80
CHATEAU-RENARD	Pentecôte (?)	1427	Avignon-Martin 97 f° 98
CERESTE	sans nom	1432	Apt-Pondicq 139
CUCURON	sans nom	1434	Pertuis-Enjoubert 272 f° 10
ENTRAIGUES	Pentecôte (?)	1466	Avignon-Martin 58 (7 février)
ENTRECHAUX	sans nom	1326	Vaison-Milon 862 f° 44
GARGAS	sans nom	1381	Apt-Pondicq 11 f° 9v
GORDES	Pentecôte (?)	1382	Apt-Pondicq 53 f° 26r
GRAMBOIS	Pentecôte (?)	1457	Cucuron-Ricou 9 f° 121v
GRAVESON	sans nom	1344	1 G 132 f° 18

(à suivre)

(suite)

ISLE-SUR-LA-SORGUE (L')	de Pâques	1391	Isle-Roussel 49 f° 81v
JONQUIERE	sans nom	1342	BV. ANO 82 f° 42
MALEMORT	sans nom	1392	E, Not. et Tab. 203 f° 4v
MAUBEC	sans nom	1390	Isle-Roussel 20 f° 26v
MAZAN	sans nom	1406	Mazan-Bertrand 34 f° 7
MONDRAGON	sans nom	1351	BV. ANO 32 f° 34
MORMOIRON	Pentecôte (?)	1410	Mazan-Bertrand 1291 f° 382
MORNAS	sans nom	1342	BV. ANO 82 f° 42
MURS	Pentecôte (?)	1384	Apt-Pondicq 65 f° 21v
NOVES	Pentecôte (?)	1453	M. Mielly, *Trois fiefs de l'évêché d'Avignon*, p. 352
OPPEDE	sans nom	1358	Cavaillon-Rousset 39 f° 79
ORANGE	sans nom Lundi de Pâques	1281 1311	A. C. Orange AA 5 BV. ANO 133 f° 251
PERNES	Pentecôte (?)	1456	A. C. Pernes BB 41 f° 8
PERTUIS	Pentecôte (?)	1376	Pertuis-Enjoubert 304 f° 61v
PONT DE SORGUE	Pentecôte	1440	Avignon-Martin 789 f° 13
ROQUE SUR PERNES	sans nom	1379	Isle-Roussel 6 f° 59v
ROUSSILLON	sans nom	1398	Apt-Pondicq 68 f° 85
SABLET	Pentecôte	1351	Vaison-Milon 865 f° 61v
SAIGNON	sans nom	1384	Apt-Pondicq 24 f° 43v
ST. MARTIN de CASTILLON	sans nom	1374	Apt-Pondicq 24 f° 43v
ST. ROMAIN DE MALEGARDE	sans nom	1404 XVᵉ	Malaucène-Arrès 70
ST. REMY	Lundi de Pâques	XVᵉ	V. Leroy, *Cartulaire de St. Paul de Mausole*, tome I, p. 180
ST. SATURNIN	sans nom	1387	Apt-Pondicq 36 f° 45
SARRIANS	sans nom	1298	Biblio. Avignon ms. 2095 pièce 15
SAULT	sans nom	1371	Apt-Pondicq 7 f° 56v
SEGURET	sans nom	1426	E, Not. et Tab. 178 f° 2r
SERRES	sans nom	XVᵉ s.	Not. Carpentras-Bérard 329 f° 131

(à suivre)

(suite)

THOR (LE)	sans nom	1437	Biblio. Avignon 5491 n° 317
VAISON	sans nom	1351	Vaison-Milon 866 f° 68r
VALREAS	Pentecôte (?)	1331	Valréas-Petit 48 f° 28
VELLERON	sans nom	1339	Valréas-Evesque 189 f° 28
VELORGUE	sans nom	1306	ADV, H. Maison de Charité de Velorque n° 16
VIENS	sans nom	1434	Apt-Geoffroy 13 f° 89
VILLEDIEU	sans nom	1483	Vaison-Milon 932 f° 1v

ANNEXE N° VII

CHAPELLES ET AUTELS DANS LES PRINCIPALES ÉGLISES
D'APT, D'AVIGNON ET DE VALREAS AUX XIVᵉ ET XVᵉ SIÈCLES

Il ne s'agit pas d'une liste exhaustive; les dates d'apparition dans les testaments peuvent être très éloignées des dates de création réelles, une même chapelle peut être connue sous plusieurs vocables.

CH : chapelle
A : autel

I – APT

Nom de l'église		Nom de la chapelle	Références
St. CASTOR	CH	Ste Marie Madeleine	1388, Apt-Pondicq 55 f° 16v
	A	Ste Lucie	1395, Apt-Pondicq 41 f° 22v
	A	Vraie Croix	1398, Apt-Pondicq 42 f° 56
	CH	St. Esprit	1404, Apt-Pondicq 60 f° 12v
	CH	St. Honorat	1410, Apt-Pondicq 73 f° 36
	CH	N.-D. de Consolation	1411, Apt-Pondicq 73 f° 62
	A	St. Michel	1412, Apt-Pondicq 74 f° 26
	CH	St. Jean-Baptiste	1414, Apt-Pondicq 112 f° 42v
	CH	St. Castor	1437, Apt-Pondicq 137 f° 8v
	CH	St. Sébastien	1439, Apt-Pondicq 128 f° 53v
	A	St. Auspice	1439, Apt-Pondicq 86 f° 12
	A	Sts Innocents	1444, Apt-Pondicq 155 f° 1v
	CH	St. Crispin	1451, Apt-Pondicq 209 f° 35v
	CH	St. Grégoire	1463, Apt-Geoffroy 5 f° 209
	CH	St. Antoine	1464, Apt-Pondicq 244 f° 87
N.-D. Episcopale	CH	St. Antoine	1382, Apt-Pondicq 17 f° 30r
	CH	St. Esprit	1441, Apt-Pondicq 172 f° 22
	CH	St. Loup (?)	1458, Apt-Pondicq 176 f° 20
	CH	Ste Catherine	1467, Apt-Pondicq 218 f° 26
	CH	St. Jacques	1470, Apt-Pondicq 292 f° 44
St. Pierre	A	Ste Catherine	1371, Apt-Pondicq 7 f° 77v
	A	St. Blaise	1378, Apt-Pondicq 9 f° 36
	A	St. Sébastien	1382, Apt-Pondicq 12 f° 4
	A	St. Antoine	1457, Apt-Pondicq 175 f° 80v
Cordeliers (St. François et St. Auzias)	CH	St. Antoine de Padoue	1402, Apt-Pondicq 59 f° 16v
	CH	St. André	1430, Apt-Pondicq 124 f° 13
	CH	St. Sébastien	1451, Apt-Pondicq 209 f° 48v

(à suivre)

(suite)

Nom de l'église		Nom de la chapelle	Références
Cordeliers (St. François et St. Auzias)	CH	St. Maur	1459, Apt-Pondicq 163 f° 27v
	CH	Notre-Dame	1460, Apt-Pondicq 266 f° 50
	CH	Ste Croix	1465, Apt-Pondicq 292 f° 104
	CH	Trinité	1466, Apt-Pondicq 201 f° 32v
	CH	St. Bernardin	1493, Apt-Pondicq 358 f° 61
	A	St. Fiacre	1498, Apt-Pondicq 314 f° 53v

II – AVIGNON

Nom de l'église		Nom de la chapelle	Références
N.-D. des Doms	CH	St. Pierre	Clouzot, *Pouillés des Provinces d'Aix, Arles et Embrun*, op. cit., p. 168-176
	CH	St. Donat	
	CH	Tous les saints	
	CH	St. Martial	1429, Avignon- de Beaulieu 677 f° 150
	CH	St. Jean Baptiste	1433, Avignon- de Beaulieu 684 f° 72
	CH	St. Michel	1441, Avignon de Beaulieu 705 f° 1342
	CH	St. Sébastien	1454, Avignon-de Beaulieu 733 f° 487
	CH	St. Symon et Jude	
	CH	Sts Apôtres	
	CH	Ste Croix	Clouzot, *Pouillés*, op. cit., p. 178-180
	CH	Ste Marthe	
	CH	Sts Anges	
N.-D. la Principale	CH	Ste Croix	XIVe s., A.-M. Hayez, *Clauses pieuses*, op. cit., p. 136
	A	Ste Anne	1415, Avignon-Martin 286 f° 6
	A	Ste Lucie	1440, Avignon-de Beaulieu 704 f° 517
	CH	« Luquesiorum » ?	1442, Avignon-de Beaulieu 708 f° 457
	CH	« del milanes » ?	1458, Avignon-de Beaulieu 742 f° 336
	CH	St. Ambroise	1447, Avignon-de Beaulieu 720 f° 274v
	A	Ste Catherine	1458, Avignon-Martin 248 f° 163
	A	St. Antoine	1468, Avignon-Martin 263 f° 93
	A	St. Jacques	1472, Avignon-Martin 264 f° 203
	CH	N.D. d'Espérance (cantique)	1472, Avignon-Martin 264 f° 312r
	CH	« des merciers »	1476, Avignon-Martin 455 f° 195
	CH	de l'Annonciation et de St. Nicolas	1482, Avignon-Martin 472 f° 241

(à suivre)

(suite)

Nom de l'église		Nom de la chapelle	Références
St. Agricol	CH	de la Vierge	1316, G 116 f° 14-16
	CH	St. Sébastien	1355, 8 G 6 et 8 G 26 f° 160
	CH	St. Jacques	1361, 9 G 26 f° 95
	CH	Ste Aure	1374, 8 G 10
	CH	Onze mille Vierges	1394, Fusterie B 18
	A	Crucifix	1395, 8 G 9 et 10
	A	St. Antoine	1459, Avignon-de Beaulieu 744 f° 181r
	CH	des Tisserands	1482, Avignon-Martin 330 f° 301
St. Didier	CH	Ste Marthe	1371, H Ste Praxède 49 n. 47
	CH	Onze mille Vierges	1386, 10 G 14 n. 36
	CH	St. Jacques	1389, 10 G 16 n. 126
	CH	Fonds Baptismaux	1397, 10 G 14 n. 68
	CH	St. Grégoire	1412, Avignon-Martin 46 f° 3v
	CH	Tous les Saints	1427, Avignon-Martin 97 f° 20
	CH	St. Second (ou «des Damiani»)	1441, Avignon-Martin 102 f° 11v
	CH	St. Christophe	1456, Avignon-de Beaulieu 738 f° 412v
	CH	St. Didier	1469, Avignon-Martin 264 f° 46v
	CH	St. Pierre et St. Paul *(vulgariter appellata la Capella blanche)*	1469, Avignon-Martin 737 f° 194
St. Etienne	CH	St. Jacques	1385 G 459 n. 3
St. Geniès	CH	Notre-Dame	1445, Avignon-de Beaulieu 716 f° 199
	CH	St. Michel	1466, Avignon-Martin 260 f° 123r
	CH	Ste Croix	1479, Avignon-Martin 464 f° 227v
St. Pierre	CH	St. Vincent	1357, A.C. Avignon boîte 96 n. 3226
	CH	N.D. de Bethléem	1361, Epicerie B 9 et 18 f° 24
	A	St. Sébastien	1361, 9 G 35 n. 754
	CH	St. Gille	1361, Hôpital Ste Marthe B 50
	CH	Ste Croix	1380, 9 G 34 n. 750
	CH	St. Honorat	1382, 9 G 24 n. 574
	A	St. Jacques	1392, 9 G 35 n. 752
	CH	Ste Marie-Madeleine	1393, 8 G 35 n. 776
	CH	St. Léonard	1398, 9 G 35 n. 73
	CH	«des notaires» ou de la «Conception de la Vierge»	1420, Avignon-Martin 293 f° 98
	CH	St. Georges	1464, Avignon-de Beaulieu 752 f° 407

(à suivre)

(suite)

Nom de l'église		Nom de la chapelle	R é f é r e n c e s
St. Symphorien	CH	Ste Croix	1491, Avignon-Martin 778 f° 108
Augustins	CH	St. Donat	1325, H. Augustins 26 n. 156
	CH	N.D. de Bonval	1332, H. Sainte Praxède 49 n. 44
	CH	St. Georges Martyrs	1344, H. Augustins 33 n. 698
	CH	St. Léonard	1423, Avignon-Martin 295 f° 24
	CH	St. Eloi	1435, Avignon-Martin 206 f° 138
	CH	St. Nicolas	1437, Avignon de Beaulieu 695
	CH		f° 380
	CH	St. Syffrein	1438, Avignon-Martin 226 f° 86
	CH	St. Christophe	1439, Avignon-de Beaulieu 700
			f° 510
	CH	St- Sébastien	1442, Avignon-de Beaulieu 708
			f° 189
	CH	Ste Marie Madeleine	1442, Avignon-de Beaulieu 708
			f° 189
	CH	de « Montferrat »	1445, Avignon-de Beaulieu 716
			f° 653v
	CH	N.-D. de l'Annonciation	1455, Avignon-Martin 238 f° 205
	CH	St. Honorat	1456, Avignon-Martin 243 f° 118
	CH	Ste Barbe	1459, Avignon-de Beaulieu 744
			f° 135
	CH	N.-D. de la Mayor	1466, Avignon-Martin 742 f° 284
	CH	Ste Trinité (ou St. Jacques ou St. Sébastien)	1469, Avignon-Martin 264 f° 77
	A	N.-D. de Pitié	1469, Avignon-Martin 264 f° 64v
Carmes	CH	Ste Catherine	1445, Avignon-de Beaulieu 716
	CH	St. Esprit	1447, Avignon-Martin 235 f° 48
	CH	St. Barthélémy	1447, Avignon-Martin 235 f° 48
	A	St. Blaise	1449, Avignon-Martin 237 f° 107
	CH	St. George des Tailleurs	1451, Avignon-Martin 223 f° 28
	CH	« Des Bardi »	1451, Avignon-de Beaulieu 727
			f° 132v
	CH	St. Eloi	1453, Avignon-de Beaulieu 731
			f° 633
	CH	Des Onze Mille Vierges	1462, Avignon-de Beaulieu 750
			f° 403v
	CH	N.-D. de Vie	1466, Avignon-Martin 260 f° 129v
	CH	N.-D. de « Bello Regart »	1472, Avignon-Martin 264 f° 120v
	CH	St. Eustache	1481, Avignon-Martin 764 f° 214
	A	N.-D. de Paix (des Mesureurs de Blé)	1482, Avignon-Martin 330 f° 121
	CH	St. Michel	1488, Avignon-Martin 774 f° 348
	CH	St. Cosme et Damien	id.

(à suivre)

(suite)

Nom de l'église		Nom de la chapelle	Références
Dominicains (dans le cloître ou l'église)	CH	Ste Marie Madeleine	1317, H Ste Praxède 52 n. 3
	CH	N.-D. des Anges	1362, J. Girard et H. Requin, « Le Couvent des Dominicains d'Avignon » in *A.A.C.V.*, 1912, p. 85
	CH	N.D. d'Humilité	1371, H. Dominicains 5
	CH	St. Martin	1374 9 G 15 n. 183
	CH	De la Croix	1426, Avignon-Martin 299 f° 41v
	CH	St. Jacques	1431, Avignon-Martin 266 f° 100
	A	St. Jérôme	1438, Avignon-de Beaulieu 697 f° 298
	CH	N.-D. de l'Annonciation	1447, Avignon-Martin 720 f° 485
	CH	St. Michel	1448, Avignon-Martin 722 f° 700
	A	St. Sépulchre	1450, Avignon-de Beaulieu 726 f° 570
	A	St. Sébastien	1450, Avignon-de Beaulieu 726 f° 594
	CH	St. Dominique	1456, Avignon-de Beaulieu 738 f° 390
	CH	N.D. d'Espérance	1456, Avignon-de Beaulieu 738 f° 398
	CH	St. Pierre Martyr	1458, Avignon-de Beaulieu 742 f° 537
	A	St. Vincent Ferrier	1459, Avignon-de Beaulieu 744 f° 379
	CH	« Des Brancas »	1480, Avignon-Martin 763 f° 148
	CH	« Des Panisse »	1482, G.C.N., Aix, col. 270-271
	CH	Onze Mille Vierges	1497, Avignon-Martin 493 f° 999
Franciscains	CH	Ste Anne	1345, H.-Dominicains 7, p. 128-131
	CH	Tous les Saints	1375, H. Cordeliers 10 n. 5
	CH	St. Marc	1376, H. Cordeliers 10 n. 4
	CH	N.-D. des Anges	1404, Avignon-Martin 43 f° 231
	CH	« de Francesco Ricci »	1424, Avignon-Martin 223 f° 381
	CH	Ste Croix	1429, Avignon-de Beaulieu 677 f° 211
	CH	St. Jacques	1431, Avignon-Martin 216 f° 100
	CH	« Des Pazzi »	1436, Avignon-Martin 87 f° 6
	CH	St. Antoine de Padoue	1442, Avignon-de Beaulieu 708 f° 250v
	A	St. Claude	1442, Avignon-de Beaulieu 708 f° 355
	CH	St. Esprit	1443, Avignon-de Beaulieu 710 f° 122v
	CH	« de Pons Trenquier »	1444, Avignon-de Beaulieu 714 f° 130
	CH	de N.-D. de l'Annonciation	1450, Avignon-de Beaulieu 726 f° 222v

(à suivre)

(suite)

Nom de l'église		Nom de la chapelle	Références
Franciscains	A	St. Auzias	1454, Avignon-de Beaulieu 753 fº 605
	A	St. Sébastien	1456, Avignon-de Beaulieu 738 fº 443
	CH	St. Sépulchre	1464, Avignon-de Beaulieu 759 fº 319v
	CH	St. Bernardin	1467, Avignon-Martin 745 fº 415v
	CH	St. George	1468, Avignon-de Beaulieu 756 fº 285
	CH	St. François	1482, Avignon-Martin 440 fº 7r
	CH	St. Nicolas	1486, Avignon-Martin 771 fº 94
	CH	St. Denis	1493, Avignon-Martin 488 fº 781v
	CH	Ste Catherine	1498, Avignon-Martin 494 fº 275r

III – VALREAS

Nom de l'église		Nom de la chapelle	Références
Notre Dame	A	N.-D. de Pitié	1382, Valréas-Evesque 193 fº 106
	A	St. Esprit	1385, Valréas-Evesque 194 fº 120
	CH	St. Pierre	1391, Valréas-Evesque 196 fº 45v
	A	St. Jacques	1391, Valréas-Evesque 196 fº 20r
	CH	St. Jean	1392, Valréas-Evesque 198 fº 26
	A	Ste Lucie	1395, Valréas-Evesque 201 fº 24v
	CH	St. Nicolas	1398, Valréas-Evesque 204 fº 41r
	CH	Ste Croix	1398, Valréas-Evesque 204 fº 34
	A	Ste Marguerite et Ste Catherine	1419, Valréas-Petit 56 fº 11 / 1464, Valréas-Petit 82 fº 49
	A	St. Marc	1420, Valréas-Petit 59 fº 5
	CH	Ste Marie-Madeleine	1443, Valréas-Petit 87 fº 34
	A	St. Vincent	1462, Valréas-Petit 98 fº 163v
	CH	St. Martin	1482, Valréas-Evesque 334 fº 85
	CH	St. Benoit	1487, Valréas-Evesque 266 fº 25v
	A	St. Michel	1496, Valréas-Evesque 282 fº 40
Cordeliers	CH	St. George	1383, Valréas-Evesque 194 fº 30
	CH	St. Sébastien	1400, Valréas-Evesque 206 fº 9v
	A	St. Blaise	1445, Valréas-Evesque 924 fº 14v
	A	St. Antoine de Padoue	1450, Valréas-Petit 94 fº 93
	A	St. Eutrope	1453, Valréas-Evesque 228 fº 8
	A	St. Auzias	1462, Valréas-Evesque 240 fº 86v
	CH	N.-D. de Consolation	1465, Valréas-Evesque 242 fº 41v
	CH	St. Etienne	1469, Valréas-Evesque 242 fº 74
	A	St. Michel	1496, Valréas-Evesque 282 fº 60

ANNEXE VIII

LE CULTE DE SAINT SÉBASTIEN AU XIVe ET AU XVe SIÈCLE
(mêmes remarques préliminaires que pour l'annexe nº III)

Date	Manifestations du culte	Référence
1355	– chapelle attestée à Saint-Agricol en *Avignon*	cf. Annexe VII
1361	– chapelle attestée à Saint-Pierre en *Avignon*	idem
1382	– autel à Saint-Pierre d'*Apt*	idem
1382	– confrérie à *Chateauneuf du Pape*	cf. Annexe nº III
1391	– chapelle chez les Cordeliers de *l'Isle sur la Sorgue*	Isle-Roussel 49 fº 9v
1399	– retable pour un habitant de *Saint-Saturnin d'Apt*	Labande, *Les Primitifs français*, op. cit., p. 253
1400	– chapelle chez les Cordeliers de *Valréas*	cf. Annexe VII
1416	– retable dans la chapelle St. Sébastien à *Apt*	Labande, *Les Primitifs français*, op. cit., p. 232
vers 1430	– retable de *Thouzon* (des études récentes de Miss E. Kane de Dublin semblent attribuer ce retable à J. Yverny)	Musée du Louvre Paris
1442	– chapelle chez les Augustins en *Avignon*. Confrérie attestée pendant tout le XVe s.	cf. Annexe VII et Pansier, *Confréries*, op. cit., p. 9
1442	– luminaire à *St. Saturnin d'Apt*	Apt-Pondicq 431 fº 27
1450	– autel chez les Dominicains en *Avignon*. Confrérie attestée pendant tout le XVe s.	cf. Annexes III et VII et Pansier, *Confréries*, op. cit., p. 9
1450	– confrérie à *Carpentras*	

(à suivre)

(suite)

Date	Manifestations du culte	Référence
1451 1451	– chapelle et Confrérie à *Apt* – confrérie à *Cavaillon*	Apt-Pondicq 209 f° 48v cf. Annexe III
1454	– chapelle à Notre-Dame des Doms en *Avignon*	cf. Annexe VII
1455	– retable à Saint-Pierre en *Avignon*	Brèves de G. Pasteau f° 40
1456	– autel chez les Cordeliers en *Avignon* et confrérie attestée pendant tout le XVe s.	cf. Annexe VII et Pansier, *Confréries*, op. cit., p. 9
1466 vers 1462-1468	– confrérie à *Entraigues* – les syndics de *l'Isle-sur-la Sorgue* « font observer qu'à l'époque des dernières contagions, la communauté avait voué un culte spécial à Ste Anne et St. Sébastien et qu'après la cessation de la peste on avait négligé ces pratiques	cf. Annexe III A. C. Isle BB 2
1467	– retable pour la confrérie de St. Sébastien de *Vaison*	Pansier, *Les peintres avignonnais*, op. cit., p. 203-206
1467	– confrérie à *Pernes*	cf. Annexe III
1469	– luminaire à *Sault*	Apt-Pondicq 364 f° 31
1476	– luminaire à *Courthezon* – confrérie à *Caromb*	Courzon-Faurès 6 cf. Annexe III f° 63
1477	– confrérie à *Ste Cécile*	cf. Annexe III
1479	– luminaire à *Ansouis*	Pertuis-Enjoubert 346 f° 792
1480	– autel à Noves	Mielly, *Trois fiefs de l'évêché d'Avignon, Noves, Agel, Verquières*, op. cit.

(à suivre)

(suite)

Date	Manifestations du culte	Référence
1481	– retable pour la Confrérie de *Visan*	Valréas-Evesque 1203 f° 34 (5ᵉ cahier)
1481	– chapelle à *Cairane*	Valréas-Evesque 1203 f° 22 (5ᵉ cahier)
	– chapelle à *Caumont*	Avignon-Martin 765 f° 98
1483	– luminaire à *Malaucène*	Malaucène-Anrès 109 f° 13
1485	– luminaire à *Bonnieux*	Apt-Pondicq 280 f° 28
	– confrérie à *l'Isle-sur-la-Sorgue*	cf. Annexe III
1489	– confrérie au *Thor*	cf. Annexe III
1491	– luminaire à *Gordes*	Apt-Pondicq 389 f° 108
1492	– luminaire à *Caseneuve*	Apt-Pondicq 390 f° 33r
1492	– retable chez les Dominicains en *Avignon*	Labande, *Les Primitifs*, op. cit., p. 240
		Pansier, *Les Peintres*, op. cit., p. 55 et 60
1492	– Chapellenies à *Mazan, Barbentane* et *Tarascon*	Clouzot, *Pouillés*, op. cit., p. 184 et 206
1493	« Image » de saint Sébastien à Saint-Didier en *Avignon*	Avignon-Martin 488 f° 560v
	– luminaire à *Goult*	Apt-Pondica 391 f° 106
1496	– confrérie attestée à *Bédoin*	cf. Annexe III
1499	– retable pour l'église des Cordeliers de *Valréas* – avec la légende du saint	Pansier, *Les Peintres*, op. cit., p. 217
		Valréas-Evesque 344 f° 59-60

ANNEXE Nº IX

LE CULTE POUR LES AMES DU PURGATOIRE
ÉLÉMENTS DE CHRONOLOGIE

Les dates d'apparition du culte, surtout pour les petits villages, sont indicatives. Un examen systématique des actes notariés permettrait sans doute de «rajeunir» quelques mentions. La liste reste toutefois grossièrement significative.

1170 - 1180		*Le Purgatoire de St. Patrice de H. de Saltrey*
1275		*Concile de Lyon II*
fin XIIIᵉ siècle		*Recueil du sachet provençal*
		Sermons divers
		Purgatoire de St. Patrice à Carpentras
1319		*Confession d'Arnaud Gelis à Pamiers*
1323		*« Exorcisme » de Jean Gobi à Alès*
1322 - 1330		*Scala Coeli de Jean Gobi*
1331 - 1333		*Querelle sur la Vision Béatifique*
	1333	Première mention de legs en Avignon (Aumône de l'Epicerie B9)
	1339	Première mention à Orange (BV. ANO 62 fº 50)
1341		*Premiers legs à Alès*
1343		*Premiers legs à Montpellier*
	1343	Confrérie en Avignon (H. Célestins 54 fº 942º)
	1348	Premier legs à l'Isle-sur-la-Sorgue (Biblio. Calvet ms. 2930 p. 17)
	1358	Premiers legs à Chateaurenard (B. N. Nouvelles acquisitions latines 1894-1895 ms. lot 606 fº 5)
	1359	Premiers legs à Cavaillon (Cavaillon-Rousset 39 fº 79v)
	1359	Premiers legs à Caderousse (Biblio. Calvet ms. 4041 fº 8)
	1360	Premiers legs à Vaison (Vision-Milon 867 fº 4)
	1361	Premiers legs à Apt (Apt-Pondicq 2 bis fº 6v) et à St. Romain de Malegarde (Vaison-Milon 868 fº 15rv)
	1365	Saignon (Biblio. Carpentras ms. 1655 fº 63v) Concile d'Apt. Bulle d'Indulgence pour l'église de Saignon (reliques et dons aux âmes du Purgatoire)
1367		*Premiers legs à Fanjeaux (Lauragais)*

(à suivre)

31

(suite)

1367	1367	Premiers legs à Pernes (Pernes-Guillaume 621 f° 162)
	1369	Premiers legs à Caseneuve (Apt-Pondicq 5 f° 82v) et à Velleron (Isle-Roussel 2 f° 29v)
	1374	Premiers legs au Crestet (E, Not. et Tab. 175 f° 19)
1376		*Premiers legs à Grasse (Provence Orientale)*
	1376	Premiers legs legs à Carpentras (E, Not. et Tab. 83 f° 141) et à Courthezon (E, Not. et Tab. 83 f° 89)
1380		*Premiers legs à Saint Sulpice (Toulousain, Albigeois)*
	1380	Premiers legs à Valréas Valréas-Evesque 191 f° 13
	1382	Premiers legs à Gordes (Apt-Pondicq 53 f° 2) et Bollène (Bollène-Sabatier 1 f° 3)
	1383	Premiers lergs à Gigondas (E, Not. et Tab. 176 f° 30)
	1384	L'Hers (E, Not. et Tab. 226 f° 88)
	1386	Premiers legs à Maubec (Isle-Roussel 17 f° 3v)
	1387	Premiers legs à Oppède (Isle-Roussel 18 f° 7)
	1389	Premiers legs à Orgon (Avignon-Martin 308 f° 49), Jonquière (E, Not. et Tab. 87 f° 16 recto), Taillades (Isle-Roussel 13 f° 66), Joucas (Isle-Roussel 19 f° 312)
	1390	Premiers legs à Cabrières (Isle-Roussel 20 f° 33v) et Lagnes (Isle-Roussel 20 f° 45v)
	1392	Malemort (E, Not. et Rab. 203 f° 4v)
	1396	Robion (Isle-Roussel 24 f° 26 recto), Chateauneuf de Gadagne (Isle-Roussel 73 bis f° 14)
1398		*Voyage au Purgatoire de Saint Patrice de Ramon de Perelhos (Départ d'Avignon)*
	1402	Premiers legs à St. Saturnin (Apt-Pondicq 59 f° 36)
	1404	Premiers legs à Mornas (Biblio. Calvet 4047 f° 8)
	1406	Premiers legs à Barbentane
1410		*Premiers legs à Toulouse (?)*
	1412	Premiers legs à Goult (Apt-Pondicq 29 f° 91)
	1415	Premiers legs à Sainte Cécile (Mazan-Bertrand 1366 f° 11) et Bédoin (Mazan-Bertrand 1366 f° 5)
	1419	Premiers legs à Vinsobre (Malaucène-Arrès 1052 f° 11) et Mirabel (Malaucène-Arrès 1052 f° 18r)

(à suivre)

(suite)

	1422 1428	Premiers legs à Gargas (Apt-Geoffroy 4 f° 1) Premiers legs au Thor (Le Thor-Grangier 2 f° 90v)
1429		*Confrérie à Toulouse*
	1433 1437	Viens (Apt-Pondicq 98 f° 103-5ᵉ cahier) et Sault (Apt-Pondicq 84 f° 63) Graveson (Avignon-de Beaulieu 695 f° 47)
1439		*Concile de Florence*
	1441 1445 1447 1453-54 1458	Salon (Avignon-de Beaulieu 705 f° 81) Sablet (Avignon-de Beaulieu 716 f° 10) Entraigues (Avignon-de Beaulieu 720 f° 234) *Le Couronnement de la Vierge d'Enguerrand Quarton* Pujeaux (Avignon-Martin 248 f° 18)
1471		*Retable pour les prieurs du luminaire des âmes du Purgatoire à Marseille*
	1471 1476 1479 1482 1485 1490 1499	Tulette (Valréas-Evesque 261 f° 28) Caromb (Caromb-Falque 71 f° 17) Séguret (Vaison-Milon 885 f° 106r) et Bonnieux (Cavaillon-Rousset 848 f° 55v) Mazan (Mazan-Bertrand 20 f° 147r) Malaucène (Malaucène-Arrès 89 f° 5) Puymeras (Vaison-Milon 932 f° 107v) St. Martin de Castillon (Apt-Geoffroy Castillon 67 f° 32)

INDEX DES NOMS DE PERSONNES ET DE LIEUX

Afin de ne pas alourdir cet index, on a fait seulement figurer les noms des personnes les plus importantes et les noms des auteurs les plus fréquemment cités. Sauf exceptions (Abélard, Du Bellay, Dürer, Grunewald) les anthroponymes médiévaux sont classés au prénom. Le numéro d'une page suivi de la lettre « n » renvoie aux notes. On a utilisé les abbréviations suivantes : *abb.* pour abbaye, *arch.* pour archevêque, *card.* pour cardinal, *chan.* pour chanoine, *dioc.* pour diocèse, *év.* pour évêque, *fam.* pour famille, *not.* pour notaire.

INDEX ANALYTIQUE

TABLE DES CARTES, GRAPHIQUES ET PHOTOGRAPHIES

I – Cartes

II – Graphiques

III – PHOTOGRAPHIES HORS-TEXTE

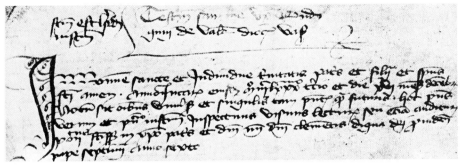

I) 1336, testament de Cavaillon, Etude Rousset 26 f° 70.

II) 1383, testament de Valréas, Etude Evesque 194 f° 58v°.

III) 1498, testament d'Apt, Etude Geoffroy 30.

Fig. 1 – L'évolution vers les préambules flamboyants. (Clichés Archives départementales de Vaucluse, Palais des papes, Avignon).

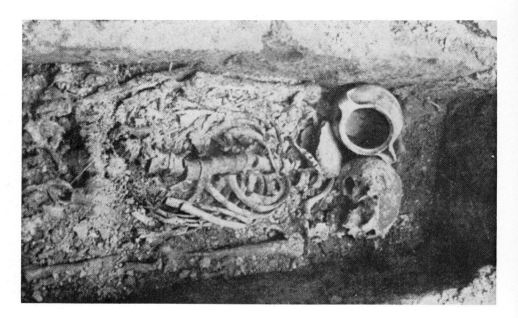

Fig. 2 – *Tombe du cimetière de la cathédrale Notre-Dame de Nazareth à Vaison* (XIIIᵉ siècle). Il s'agit d'un coffre formé de grandes dalles de mollasse. Le squelette est étendu, les bras allongé le long du corps; à la droite du crane «pégau» à bec ponté et petite dalle qui devait sans doute séparer le récipient de la tête. (Cliché S. Gagnière).

Fig. 3 – *Différents types de «Pégaus» de la Basse Vallée du Rhône*: 1. Vaison; 2. Avignon (monastère St. Laurent); 3. Villeuve (abbaye de St. André); 4. chateau de Garrigues (Gard); 5. Caumont (chapelle St. Symphorien); 6. Avignon (monastère St. Laurent). Les vases 1, 2 et 3 donnent la forme la plus répandue. Les formes cylindriques 5 et 6 semblent être les plus récentes (XIIIe siècle) et paraissent cantonnées dans la région d'Avignon. (Cliché S. Gagnère).

Fig. 4 – Pleurants de tombeaux avignonnais (XVe siècle) Avignon, Musée.
(Cliché du Musée).

Fig. 5 – Tombe d'Olivier Darian, chanoine. Avignon
(Cliché du Musée).

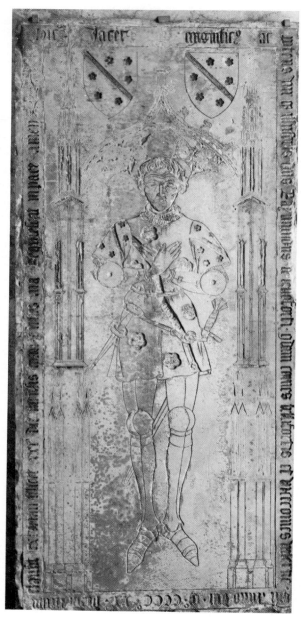

Fig. 6 – Tombe de Raymond de Beaufort, Avignon, Musée. (Cliché du Musée).

Fig. 7 – Tombeau du cardinal La Grange.
Bibliothèque Vaticane, Barberini Lat. 4426
f° 25. (Cliché Biblio. Vat.).

Fig. 8 – Tombe d'Antoine de Comps, consul d'Avignon, Avignon, Musée. (Cliché de M. J. Auboyet).

Fig. 9 – Le Couronnement de la *Vierge*, Villeneuve-lès-Avignon.
(Cliché J. Daspet)

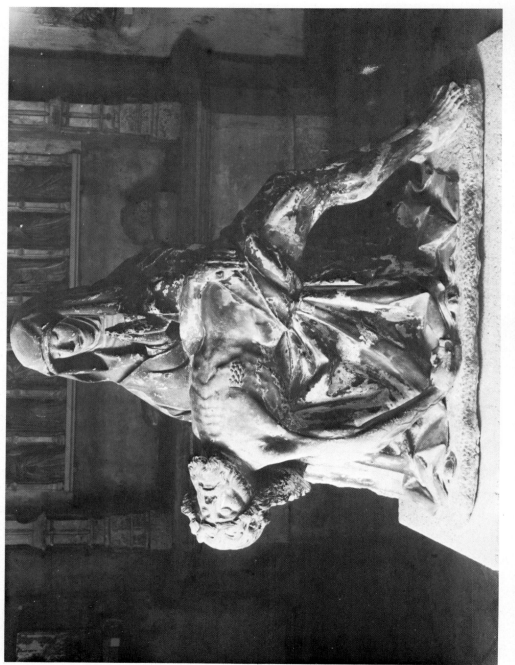

Fig. 10 — Pietà Avignonnaise. (Cliché du Musée).

TABLE DES MATIÈRES

PUBLICATIONS
DE L'ÉCOLE FRANÇAISE DE ROME

Mélanges de l'École Française de Rome

- Série Antiquité (*MEFRA*).
- Série Moyen Age-Temps Modernes (*MEFRM*).

Deux fascicules annuels dans chaque série (ces deux revues ont remplacé en 1971 les *Mélanges d'Archéologie et d'Histoire* publiés par l'École française de Rome, dont elles continuent la tomaison).

- *Tables des Mélangès d'Archéologie et d'Histoire des tomes 1-82 (1881-1970)*, 1977, 253 p.

Collection

La *Collection de l'École française de Rome* a succédé, à partir de 1972, à la série des *Suppléments aux Mélanges*, dans laquelle ont paru les volumes signalés par un astérisque.

1 - *Fouilles de Mégara Hyblaea.*
  - I — *Georges Vallet, François Villard et Paul Auberson, *Le quartier de l'agora archaïque* (avec la collaboration de Michel Gras et Henri Tréziny), 1976, 440 p., 69 fig. dans le texte dont 3 dépl., un coffret comprenant un atlas de 52 feuillets en couleur, 141 planches photos, photo aérienne, 18 plans.
  - II — *Georges Vallet, François Villard, *La céramique archaïque*, 1964, 224 p., fig. en noir et en coul. + album de 218 pl. en noir et en couleurs.
  - IV — *Georges Vallet, François Villard, *Le temple du IVe siècle*, 1966, 76 p., 96 pl., 2 pl. hors-texte.

2 - *Thamusida, fouilles du Service des Antiquités du Maroc.*
  - I — *Jean-Pierre Callu, Jean-Paul Morel, René Rebuffat, Gilbert Hallier, *Thamusida I*, 1965, XXVIII-301 p. + album de 181 planches.
  - II — *René Rebuffat, Gilbert Hallier, *Thamusida II*, 1970, 353 p., 46 fig. et 58 pl. hors-texte.
  - III — *René Rebuffat, *Thamusida III*, 1977, 359 p., 102 pl.

3 - *Jean-Paul Morel, *Céramique à vernis noir du Forum Romain et du Palatin*, 1965, 274 p., fig. + album de 68 pl.

4 - *Georges Laplace, *Recherches sur l'origine et l'évolution des complexes leptolithiques*, 1966, XII-586 p., 39 fig., XXIV-25 pl. hors-texte.

5 - *Bertrand Jestaz, *Le Voyage d'Italie de Robert de Cotte. Étude, édition et catalogue des dessins*, 1966, 289 p., 30 fig., portrait frontispice.

6 - *Fouilles de Bolsena (Poggio Moscini).*
  - II — *André Balland, Alix Barbet, Pierre Gros, Gilbert Hallier, *Les architectures (1962-1967)*, 1971, 394 p., 140 fig., 19 pl. hors-texte en noir et en couleurs.
  - III, 1 — *André Balland, *La céramique étrusco-campanienne à vernis noir*, fasc. 1, 1969, 168 p., 27 pl.
  - IV — *Christian Goudineau, *La céramique arétine lisse*, 1968, 396 p., fig., 10 pl. hors-texte.
  - V — *La maison aux salles souterraines.*
    - 1 - Françoise-Hélène Massa-Pairault, Jean-Marie Pailler, *Les terres cuites sous le péristyle*, 1979, VII-279 p., fig. dans le texte et 138 fig. en fin de vol.

7 – *Bruno Neveu, *Sébastien Joseph du Cambout de Pontchâteau et ses missions à Rome*, 1968, XIV-768 p., 1 pl. hors-texte.

8 – Jacques Gascou, *La politique municipale de l'Empire Romain en Afrique proconsulaire de Trajan à Septime-Sévère*, 1972, 250 p., 6 cartes.

9 – Jean-Pierre Cèbe, *Varron, Satires Ménippées*, fasc. 1, 1972, XXIV-157 p.; fasc. 2, 1974, 165 p.; fasc. 3, 1975, 302 p.; fasc. 4, 1977, 301 p.; fasc. 5, 1980, 204 p.

10 – *Recherches sur les amphores romaines*, 1972, 260 p., figures.

11 – Pierre Boyancé, *Études sur la religion romaine*, 1972, XII-440 p., 5 fig.

12 – Françoise-Hélène Pairault, *Recherches sur quelques séries d'urnes de Volterra*, 1972, 301 p., 158 fig.

13 – Louis Duchesne, Scripta Minora. *Études de topographie romaine et de géographie ecclésiastique*, 1973, réimpression anastatique, L-465 p.

14 – *Les cryptoportiques dans l'architecture romaine. Actes du Colloque de Rome, 19-23 avril 1972*, 1973, 440 p. dont 168 fig., 6 pl. hors-texte.

15 – Bernard Bouloumié, *Les œnochoés en bronze du type «Schnabelkanne» en Italie*, 1973, 354 p. dont LXXXIII pl., 1 carte hors-texte.

16 – Pierre Aupert, *Le Nymphée de Tipasa*, 1974, 167 p. dont 51 fig., 9 pl. hors-texte.

17 – *Recherches archéologiques à Haïdra* (série Miscellanea).
Miscellanea I – François Baratte, *Les mosaïques trouvées sous la basilique 1*, 1974, 63 p. dont 23 fig.

18 – *Recherches archéologiques à Haïdra.*
I. – Noël Duval avec la collaboration de Françoise Prévot, *Les inscriptions chrétiennes d'Haïdra*, 1975, 594 p., 312 fig. dont 1 pl. hors-texte.

19 – Jean Andreau, *Les affaires de Monsieur Jucundus*, 1974, 390 p., 23 fig.

20 – Denise Rebuffat-Emmanuel, *Le miroir étrusque d'après la collection du Cabinet des médailles*, 1973 (2 vol.), X-710 p., 110 pl.

21 – Jean Bayet, *Idéologie et plastique*, 1974, 792 p., figures.

22 – *Mélanges de philosophie, de littérature et d'histoire ancienne* offerts à Pierre Boyancé, 1974, 794 p., figures.

23 – *Monseigneur Duchesne et son temps. Actes du Colloque de Rome, 23-25 mai 1973*, 1975, 504 p..

24 – Mireille Corbier, *L'aerarium Saturni et l'aerarium militare. Administration et prosopographie sénatoriale,* 1974, 800 p. (Ouvrage publié avec le concours du C.N.R.S.).

25 – Liliane Ennabli, *Les inscriptions funéraires chrétiennes de la basilique dite de Sainte-Monique à Carthage*, 1975, 413 p., figures.

26 – Pierre Jounel, *Le culte des saints dans les basiliques du Latran et du Vatican au XIIe siècle*, 1977, 460 p., 5 cartes.

27 – *L'Italie préromaine et la Rome républicaine.* Mélanges offerts à Jacques Heurgon, 1976 (2 vol.), XXVI-1071 p., figures.

28 – *Recherches franco–tunisiennes à Bulla Regia.*
   – Azedine Beschaouch, Roger Hanoune, Yvon Thébert, *Les ruines de Bulla Regia*, 1977, 144 p., 131 fig.
   – I. *Miscellanea*, 1, sous presse.
   – IV. Roger Hanoune, *Les mosaïques*, 1, 1980, 124 p., 217 fig.

29 – *Recherches archéologiques franco-yougoslaves à Sirmium.*
   1 – Noël Duval, Vladislav Popović et collaborateurs, *Sirmium VII. Horrea et thermes aux abords du rempart sud*, 1977, 117 p., 66 fig., 7 planches hors-texte.
   2 – François Baratte, Claude Brenot, Miloje Vasić, Vladislav Popović, éd. par Noël Duval et Vladislav Popović, *Sirmium VIII. Études de numismatique danubienne*, 1978, 210 p., 24 fig. dont 1 plan h.-t., pl. h.-t.

30 – *Famille et Parenté dans l'Occident médiéval. Actes du Colloque de Paris, 6-8 juin 1974*, 1977, 473 p.

31 – *Informatique et Histoire Médiévale. Actes du Colloque de Rome, 20-22 mai 1975*, 1977, 436 p.

32 – *Méthodes classiques et méthodes formelles dans l'étude typologique des amphores. Actes du Colloque de Rome, 27-29 mai 1974*, 1977, 319 p., figures.

33 – Jean Richard, *La papauté et les missions d'Orient au Moyen Age (XIIIe-XVe siècles)*, 1977, 325 p. dont 8 cartes.

34 – *Recherches archéologiques franco-tunisiennes à Mactar.*
   I – Gilbert-Charles Picard, Colette Picard, Ariane Bourgeois, Claude Bourgeois, *La Maison de Vénus. 1 – Stratigraphies et études des pavements*, 1977, 231 p., fig. en noir et en couleurs, dépl.

35 – Henri-Irénée Marrou, Christiana Tempora, *Mélanges d'histoire, d'archéologie, d'épigraphie et de patristique*, 1978, réimpression anastatique, 427 p.

36 – Michel Humbert, Municipium et civitas sine suffragio. *L'organisation de la conquête jusqu'à la guerre sociale*, 1978, 457 p., 5 cartes.

37 – *Les dévaluations à Rome :*
   1 – *Actes du Colloque de Rome, 13-15 novembre 1975*, 1978, 340 p.
   2 – *Actes du Colloque de Gdansk, 19-21 octobre 1978*, 1980, 294 p.

38 – Jehan Desanges, *Recherches sur l'activité des Méditerranéens aux confins de l'Afrique (VIe s. av. J.-C. – IVe s. ap. J.-C.)*, 1978, XVIII-486 p. dont 10 cartes et 2 hors-texte.

39 – Bernard Guillemain, *Le compte inédit des recettes et des dépenses de la Chambre Apostolique pour la quatrième année du pontificat de Clément V* (Introitus et Exitus 75), 1978, XXXVIII-157 p., 2 cartes.

40 – Geneviève Bresc-Bautier, *Artistes, patriciens et confréries. Production et consommation de l'œuvre d'art à Palerme et en Sicile Occidentale (1348-1460)*, 1979, XVIII-315 p., 11 fig. h.-t. dans le texte, 12 pl. h.-t. en fin de vol.

41 – *Mission archéologique française à Carthage, Byrsa I. Rapports préliminaires des fouilles 1974-1976*, sous la direction de Serge Lancel, 1979, 351 p.

42 – *Poseidonia – Paestum :*
   I – Emanuele Greco et Dinu Theodorescu, *La « Curia »*, 1980, 60 p., 52 fig. dont 3 dépl.

43 – William Seston, «*Scripta Varia*». *Mélanges d'histoire romaine, de droit, d'épigraphie et d'histoire du christianisme*, 1980, réimpression anastatique, VIII-717 p.

44 – *Structures féodales et féodalisme dans l'Occident méditerranéen (Xe-XIIIe siècles). Bilan et perspectives de recherches. Actes du Colloque de Rome, 10-13 octobre 1978*, 1980, 800 p.

45 – «*Insula Sacra*». *La loi Gabinia-Calpurnia de Délos (58 av. J.-C.)*, sous la direction de Claude Nicolet, 1980, VII-163 p.

46 – *La fiscalité et ses implications sociales en Italie et en France aux XVIIe et XVIIIe siècles. Actes du Colloque de Florence, 5-6 décembre 1978*, 1980, XII-218 p.

47 – Jacques Chiffoleau, *La comptabilité de l'au-delà. Les hommes, la mort et la religion dans la région d'Avignon à la fin du Moyen Age (vers 1320-vers 1480)*, 1980, X-494 p., graph., pl. h.-t.

à paraître :

– Pierre Milza, *Français et italiens à la fin du XIXe siècle : aux origines du rapprochement franco-italien de 1900-1902.*

– *Le délit religieux dans la cité antique* (Table Ronde, Rome, avril 1978).

Bibliothèque des Écoles Françaises d'Athènes et de Rome, 1ère série

(En collab. avec l'École française d'Athènes et la Diffusion de Boccard) 238 fascicules parus à ce jour. Derniers fascicules publiés dans la série romaine :

– Pierre Toubert, *Les structures du Latium médiéval*, 1973 (2 vol.), 1500 p., 5 graph., 9 cartes dont 7 sous pochette, 17 pl. hors-texte (fasc. 221).

– Hubert Zehnacker, Moneta. *Recherches sur l'organisation et l'art des émissions monétaires de la République romaine (289-31 av. J.-C.)*, 1974 (2 vol.), 1215 p., 9 graph., 25 pl. hors-texte (fasc. 222).

– Claude Nicolet, *L'ordre équestre à l'époque républicaine (312-43 av. J.-C.) :* 2. *Prosopographie des chevaliers romains*, 1974, 395 p. (fasc. 207).

– Charles Pietri, Roma Christiana. *Recherches sur l'Église de Rome, son organisation, sa politique, son idéologie, de Miltiade à Sixte III (311-440)*, 1976 (2 vol.), 1792 p., fig. 1-34 dont 4 dépl., illustrations hors-texte *a-r* (fasc. 224).

– Henriette Pavis d'Escurac, *La préfecture de l'annône. Service administratif impérial d'Auguste à Constantin*, tome I, 1976, 474 p. (fasc. 226).

– Colette Bémont, *Recherches méthodologiques sur la céramique sigillée. Les vases estampillés de Glanum*, 1976, 297 p., figures, 16 pl. (fasc. 227).

– Stéphanie Boucher, *Recherches sur les bronzes figurés de Gaule pré-romaine et romaine*, 1976, 398 p., 101 pl. dont 512 fig. (fasc. 228).

– Pierre Gros, Aurea Templa. *Recherches sur l'architecture religieuse de Rome à l'époque d'Auguste*, 1976, 284 p., 66 pl. dont 1 dépl. (fasc. 231).

– Jean-Claude Richard, *Les origines de la plèbe romaine. Essai sur la formation du dualisme patricio-plébéien*, 1978, XIX-653 p. (fasc. 232).

– Michel Balard, *La Romanie génoise (XIIe-début XVe siècle)*, 1978 (2 vol.), 1008 p., 15 pl. h.-t., 73 illustrations dont cartes, tableaux, graphiques. (Publié en collaboration avec la Società Ligure di Storia Patria), (fasc. 235).

- Robert Delort, *Le commerce des fourrures en Occident à la fin du Moyen Age*, 1978 (2 vol.), LXVI-1379 p., dépl. h.-t., tableaux, courbes, diagrammes, schémas, cartes (fasc. 236).
- Jean-Jacques Gloton, *Renaissance et Baroque à Aix-en-Provence. Recherches sur la culture architecturale dans le Midi de la France de la fin du XVe au début du XVIIIe siècle*, 1979 (2 vol.), XXIX-479 p., 210 pl. h.-t., cartes h.-t. A–P (fasc. 237).
- Bernard Combet-Farnoux, *Mercure Romain. Le culte public de Mercure et la fonction mercantile à Rome, de la République archaïque à l'époque augustéenne*, 1980, IX-528 p., 8 pl. h.-t. (fasc. 238).

à paraître :

- Jean-Paul Morel, *La céramique campanienne : les formes.*
- André Vauchez, *La Sainteté en Occident aux derniers siècles du Moyen Age (1198-1431). Recherches sur les mentalités religieuses médiévales.*
- Pierre Pouthier, *Ops et la conception divine de l'abondance dans la religion romaine jusqu'à la mort d'Auguste.*

Bibliothèque des Écoles Françaises d'Athènes et de Rome, 2e et 3e séries

Registres des Papes du XIIIe siècle (2e série) et du XIVe siècle (3e série) publiés avec le concours du C.N.R.S.:
197 fascicules parus à ce jour. La 2e série est complète. Derniers fascicules publiés dans la 3e série :

- *Jean XXII (1316-1334), Lettres secrètes et curiales relatives à la France,* par Auguste Coulon et Suzanne Clémencet, tome IV (fasc. 9), 1967; (fasc. 10), 1972.
- *Innocent VI (1352-1362), Lettres secrètes et curiales,* par Pierre Gasnault et Marie-Hyacinthe Laurent †, tome III (fasc. 4), 1968; tome IV (fasc. 1) Pierre Gasnault et Nicole Gotteri, 1976.
- *Urbain V (1362-1370), Lettres communes,* analysées par les Membres de l'École française de Rome, Marie-Hyacinthe Laurent †, Pierre Gasnault et Michel Hayez, tome II (fasc. 3), 1967; (fasc. 4), 1972, par divers Membres de l'École française de Rome sous la direction de Michel Hayez; tome III (fasc. 1), 1974 ; tome III (fasc. 2), 1976 ; tome IV, 1978 ; tome V , 1979 ; tome VI, 1980 ; tome VII sous presse.
- *Grégoire XI (1370-1373), Lettres secrètes et curiales intéressant les pays autres que la France,* par Guillaume Mollat, tome I (fasc. 3), 1965.

Acta Nuntiaturae Gallicae

(En collaboration avec l'Université Grégorienne de Rome)
8 vol. parus à ce jour. Derniers vol. publiés par l'École française de Rome:

- Bernard Barbiche, *Correspondance du Nonce en France Innocenzo del Bufalo, évêque de Camerino (1601-1604),* 1964 (fasc. IV).
- Ivan Cloulas, *Correspondance du Nonce en France Anselmo Dandino (1578-1581),* 1970 (fasc. VIII).

– Bruno Neveu, *Correspondance diplomatique du Nonce en France Angelo Ranuzzi (1683-1689)*, 1973 (tome 1 et 2).

Les volumes des *A.N.G.* sont diffusés en Italie par:

UNIVERSITÀ GREGORIANA EDITRICE, Piazza della Pilotta, 4 – 00187 ROMA

Divers

– Émile Bertaux, *L'Art dans l'Italie Méridionale. De la fin de l'Empire Romain à la conquête de Charles d'Anjou*, 1968 (3 vol.) (réimpression anastatique de la première édition parue à Paris en 1903).
– *L'Art dans l'Italie Méridionale. Aggiornamento dell'opera di Émile Bertaux*, sotto la direzione di Adriano Prandi, 1978 (3 vol.).
– *Annuaire des Membres (1873-1975)*, 1975, 140 p.
– François-Charles Uginet, *Le Palais Farnèse*, III, 1. *Le Palais Farnèse à travers les documents financiers (1535-1612)*, 1980, XVI-176 p., 2 pl., 1 fig., plans.

Diffusion en France:

DIFFUSION DE BOCCARD, 11 RUE DE MÉDICIS, 75006 PARIS

Diffusions en Italie:

Pour les *Mélanges* (série Antiquité), les *Suppléments* et la *Collection* et pour la *BEFAR* (Antiquité) :

« L'ERMA » DI BRETSCHNEIDER
VIA CASSIODORO, 19
00193 ROMA

Pour les *Mélanges* (série Moyen Age – Temps Modernes) la *Collection* et pour la *BEFAR* (Moyen Age – Temps Modernes):

BOTTEGA D'ERASMO
VIA GAUDENZIO FERRARI, 9
10124 TORINO

et l'ÉCOLE FRANÇAISE DE ROME
PALAIS FARNÈSE

PIAZZA FARNESE, 67
00186 ROMA